U0101218

郭齐勇 主编

中国哲学通史

学术版

魏晋南北朝卷

麻天祥
秦　平　著
乐胜奎

A
HISTORY
OF
CHINESE
PHILOSOPHY

江苏人民出版社

图书在版编目(CIP)数据

中国哲学通史.魏晋南北朝卷/麻天祥,秦平,乐
胜奎著.--南京:江苏人民出版社,2022.8
　ISBN 978-7-214-25777-2

　Ⅰ.①中… Ⅱ.①麻… ②秦… ③乐… Ⅲ.①哲学史
-中国-魏晋南北朝时代 Ⅳ.①B2

　中国版本图书馆 CIP 数据核字(2021)第 002533 号

中国哲学通史

郭齐勇　主编

魏晋南北朝卷

麻天祥　秦　平　乐胜奎　著

策　　　划	府建明	
责 任 编 辑	黄　山　陈　颖	
装 帧 设 计	周伟伟	
责 任 监 制	王　娟	
出 版 发 行	江苏人民出版社	
地　　　址	南京市湖南路 1 号 A 楼,邮编:210009	
照　　　排	江苏凤凰制版有限公司	
印　　　刷	苏州市越洋印刷有限公司	
开　　　本	652 毫米×960 毫米　1/16	
印　　　张	49　插页 4	
字　　　数	655 千字	
版　　　次	2022 年 8 月第 1 版	
印　　　次	2022 年 8 月第 1 次印刷	
标 准 书 号	ISBN 978-7-214-25777-2	
定　　　价	178.00 元(精装)	

(江苏人民出版社图书凡印装错误可向承印厂调换)

目 录

导论："思潮"视野下的魏晋哲学

梁任公在其名著《清代学术概论》中,评价"时代思潮"时说道:"凡文化发展之国,其国民于一时期中,因环境之变迁,与夫心理之感召,不期而思想之进路,同趋于一方向,于是相与呼应汹涌,如潮然。始焉其势甚微,几莫之觉;浸假而涨——涨——涨,而达于满度;过时焉则落,以渐至于衰熄。"[①]他接着指出,尽管每一个时代都有各自特色的思想,但并非所有的"思"都能成"潮";能成"潮"者,必须其"思"具有相当之价值,而且适合于时代的要求。不仅如此,并非所有的"时代"都有"思潮";那些形成思潮的时代,必定是文化昂进之时代。按照这样的标准,他认为秦以后的中国能称之为时代思潮的,只有汉代的经学、隋唐的佛学、宋明的理学和清代的考证学这四者。[②]

梁任公关于"时代思潮"的界定可谓不刊之词。不过,他对于"时代思潮"的认定稍显苛刻。其实,除了他所列出的四种"时代思潮"外,还有一些"思"可以称得上"时代思潮"。因此,不少现当代学者在梁先生"思

---

① 梁启超:《清代学术概论》,第 1 页,北京,东方出版社,1996。
② 参见同上。

潮"学说的基础上作了进一步扩展,如冯友兰先生在《中国哲学史新编》中就提出:"每一个时代思潮都有一个真正的哲学问题成为讨论的中心,哲学史以讲清楚这个问题为要,不以堆积资料为高。全书讲7个时代思潮:先秦诸子(分前后期),两汉经学,魏晋玄学,隋唐佛学,宋明道学(分前后期),近代变法,现代革命。这是客观的中国哲学史的7个中心环节,也是客观的中国哲学史发展的自然格局。"①冯先生认为"思潮"的范围应该更宽泛一些,而且他极为重视各个思潮的"哲学中心问题"。他以时代思潮为纲,把整个中国哲学史发展历程概括为"先秦诸子""两汉经学""魏晋玄学""隋唐佛学""宋明道学""近代变法"和"现代革命"等七大时代思潮。在梁任公所列的四大思潮基础上,冯先生增加了"先秦子学""魏晋玄学""近代变法""现代革命"四种,同时删掉了"清代考证学"。冯先生对清代以来学术思潮的划分,可能受到创作时代的一些影响,故基本上没有被学术界继承。如高瑞泉提出:"中国古代也有思潮的变化,如人们现在说的所谓先秦子学、两汉经学、魏晋玄学、隋唐佛学、宋明理学和清代朴学,就是对历史上那些横跨数百年的大时代中思想学术有某种主流的概括。或者说一种思想或学术形态在占据主流数百年后,让位于另一种思想或学术形态,后者又会经历用现代人看几乎是漫长的绵延过程。"②他把思潮理解为"较大规模的观念形态的运动",主张从广义的思想史角度研究社会思潮,强调与社会史的结合,以突破单纯的思想家谱系式的研究,并将考察对象扩展到文学、政治、宗教等多个相关学科。高瑞泉对学术思潮的理解和划分综合了梁、冯两位先生的观点并有所发展,应该说能够更加全面和客观地反映整个中国哲学史发展进程。

本卷主要涵盖魏晋南北朝时期的哲学历程。受梁启超"时代思潮"

---

① 冯友兰:《中国哲学史新编》(下卷),第3—4页,北京,人民出版社,2007。
② 高瑞泉:《思潮研究百年反思:历史、理论与方法》,《华东师范大学学报》(哲学社会科学版)2008年第5期。

理论以及此后学者们相关研究的启发,本卷主张将魏晋南北朝时期以魏晋玄学为核心的整个哲学发展进程视作一个完整的"时代思潮"。既然是"时代思潮",自然有其主流、旁支等复杂系统的演进,以及缘起、萌发、高潮、延展、平复、余韵等一系列阶段。

魏晋玄学是这一思潮的主流。玄学的主流地位,一方面表现为自汉末至东晋时期不断有伟大的玄学家涌现,推动着玄学持续走向更深更广的领域,产生了一系列具有重大学术价值的理论成果,代表了这个时代思想文化的最强音;另一方面还体现在玄学的影响力逐渐辐射开来,不仅深刻地塑造着这一时期的精神气质与社会风尚,而且在相当大的程度上影响了本时期的道教、佛教以及儒学。随着玄学的形成、发展与流变,其影响辐射开来,玄学化的道教、玄学化的佛教和玄学化的儒学陆续涌现。这些共同构成了魏晋南北朝时期丰富而绚烂的哲学思想图景。

本卷将按照横、纵两条线索展开:

就横向的线索而言,魏晋南北朝时期哲学的主要形态有三种,即作为时代思潮主流的玄学、作为旁支的玄学化的佛教,和同样作为旁支的玄学化的儒学。三者有主有次,相互影响、彼此竞争,共同推动了魏晋南北朝思潮向社会生活的各个方面漫延。因此,本卷在整体结构上包括以下三篇:"《易》《老》《庄》会通的玄学""魏晋时期的佛教哲学""玄化的儒家哲学与儒家经典之梳理"。

就纵向的线索而言,无论主流抑或旁支,在时代思潮的涌动下,均展现出各自的缘起、初显、高潮、延展、平复、余韵等不同发展阶段。所以,本卷将通过对三者的动态思想过程的描述,揭示"魏晋南北朝思潮"在不同阶段的转进及其特质。

一、作为思潮之主潮的魏晋玄学

魏晋玄学是整个魏晋南北朝哲学的主干,也是这一"时代思潮"的主流。很多中国哲学史著作在概括不同时期哲学进程时,常常用"魏晋玄学"的说法来对应整个魏晋时期的哲学。① 这固然有以偏概全的嫌疑,但也从一个侧面体现了"玄学"在魏晋哲学史上的突出地位。

"魏晋玄学"这一概念中的"玄"字有其特定的涵义,而这又与此前的"玄"字涵义的流变有着千丝万缕的关联。因此,有必要先梳理一下"玄"字在语义上的源流。

1. "玄"

"玄"字在《诗经》中已经出现。《诗经·豳风·七月》云:"载玄载黄,我朱孔阳。"《王力古汉语字典》将此处的"玄"字解释为"黑中带红",其说源于《说文·玄部》:"玄,幽远也。黑而有赤色者为玄。象幽而入覆之也。"又《诗经·周南·卷耳》云:"陟彼高冈,我马玄黄。"《王力古汉语字典》解释为"生病的样子",其说源于王引之《经义述闻》五"我马玄黄"条:"玄黄,双声字,谓病貌",及《尔雅·释诂》:"玄黄,病也。"②

"玄"字在《尚书》中亦多见。《尚书·禹贡》有"禹锡玄圭",孔安国传训为:"玄,天色也。"《尚书·舜典》有"玄德升闻",孔颖达疏训为:"玄者,微妙之名。"③

可见"玄"的本义,大概源于古人仰观俯察的活动。

就仰观而言,"玄"与"天"关系密切:其一,"玄者,悬也",天高悬于

---

① 如前文提到的冯友兰先生的《中国哲学史新编》就用"魏晋玄学"来指代整个魏晋南北朝时期的哲学思潮[参见冯友兰《中国哲学史新编》(下卷),第 3 页]。又如劳思光的《新编中国哲学史》第二卷介绍中国哲学之中期(汉唐时期),其中第二章有关魏晋时期的哲学即用"魏晋玄学"来指称(参见劳思光《新编中国哲学史》第二卷,桂林,广西师范大学出版社,2005)。不过,劳思光对魏晋玄学的评价不高。他承认自东汉末年经曹魏而至两晋,的确出现过"清谈"之风。它具体表现为一种"放诞"的生活态度,以及具有某种共性的言论内容,"清谈之士所谈之话题亦大致有一范围,而在此范围中所提出之意见主张,亦大致表现一种思想倾向"。但他质疑"魏晋玄学"能否被视作严格意义上的学说:"清谈之士既未构成一有传承关系之学派,亦未曾建立一有严格系统之学说,故'玄学'是否被看作一严格意义之'学',确有问题。"在他看来,所谓的"魏晋玄学",其实代表作品甚少,缺乏明确的传承,是一杂乱的思想传统,是中国哲学衰落的副产物。他之所以沿用"魏晋玄学"的说法,只不过是基于哲学史的立场的一种权宜之举。(参见劳思光《新编中国哲学史》第二卷,第 121 页、3—4 页。)
② 详见王力主编《王力古汉语字典》,第 707 页,北京,中华书局,2000。
③ 参见宗福邦、陈世铙、萧海波主编《故训汇纂》,第 1437—1438 页,北京,商务印书馆,2003。

上。如《释名·释天》云："天又谓之玄；玄，悬也，如悬物在上也。"其二，"玄，天色"，天色因其高远而难辨，尤其是黄昏至夜晚时分，天呈现出赤红而近黑的颜色。如《老子》第一章中"同谓之玄"句河上公注："玄，天也。"又如《素问·阴阳应象大论》"其在天为玄"句王冰注："玄，谓玄冥，言天色高远，尚未盛明也。"再如《梦溪笔谈》卷一云："玄，赤黑，象天之色。"①

就俯察而言，"玄"与"水"关系密切：其一，水色深黑。如《淮南子·修务》"执玄鉴于心"句高诱注："玄，水也。"其二，北方之水色偏深，故"玄"亦引申为"北方水象"。如江淹《萧大傅东耕教》"今玄司调气"句胡之骥汇注："玄，黑色，北方水象也。"又如《庄子·大宗师》"以处玄宫"句成玄英疏："玄者，北方之色。"②"玄武"之说亦与之相关。

古人在仰观天象、俯察地理的活动中，由于"天""水"之本色很难清晰地辨识描述，故用"玄"字以指代其"深微难辨"之义。这一具象的含义渐渐引申出抽象的"深远幽静""神妙难测"之义。如《庄子·大宗师》"于讴闻之玄冥"句成玄英疏："玄者，深远之名也。"又如《后汉书·马融传》"则玄林包竹"句李贤注："玄，幽也。"又如《文选·皇甫谧〈三都赋〉序》"玄晏先生曰"句李善注："玄，静也。"再如《广韵·先韵》云："玄，寂也。"以上均释"玄"为"深远幽静"之意。而《文选·张衡〈东京赋〉》"玄谋设而阴行"句薛综注："玄，神也"，《玉篇·玄部》云："玄，妙也"，以及《荀子·正论》"上周密则下疑玄矣"句杨倞注："玄，谓幽深难知"，则释"玄"为"神妙莫测"之意。③此种意义上的"玄"字固然已经摆脱了"天""水"等具象，蕴含有某种抽象、微妙的特质，但是仍然未能完全脱离人的感性知觉，尚不具有独立的哲学价值。

老子是在哲学上最早重视"玄"，并且赋予其独立的哲学价值的思想家。在通行本《老子》书中，"玄"字共出现了 11 处，分列在以下

---

①②③ 上述引文均参见宗福邦、陈世铙、萧海波主编《故训汇纂》，第 1437—1438 页。条理为笔者归纳。

七章中：

道可道，非常道。名可名，非常名。无名天地之始；有名万物之母。故常无欲，以观其妙；常有欲，以观其徼。此两者同出而异名，同谓之玄，玄之又玄，众妙之门。

（一章）

谷神不死是谓玄牝。玄牝之门，是谓天地根。绵绵若存，用之不勤。

（六章）

载营魄抱一，能无离乎？专气致柔，能婴儿乎？涤除玄览，能无疵乎？爱国治民，能无知乎？天门开阖，能为雌乎？明白四达，能无为乎？

（十章）

古之善为士者，微妙玄通，深不可识。夫唯不可识，故强为之容。

（十五章）

道生之，德畜之，物形之，势成之。是以万物莫不尊道而贵德。道之尊，德之贵，夫莫之命而常自然。故道生之，德畜之：长之、育之、亭之、毒之、养之、覆之。生而不有，为而不恃，长而不宰。是谓玄德。

（五十一章）

知者不言，言者不知。塞其兑，闭其门，挫其锐；解其分，和其光，同其尘，是谓玄同。故不可得而亲，不可得而疏；不可得而利，不可得而害；不可得而贵，不可得而贱，故为天下贵。

（五十六章）

古之善为道者，非以明民，将以愚之。民之难治，以其智多。故以智治国，国之贼；不以智治国，国之福。知此两者，亦稽式。常知稽式,是谓玄德。玄德深矣,远矣,与物反矣,然后乃至大顺。

(六十五章)①

第一章"同谓之玄"句王弼注:"玄者,冥默无有也。"②第十章"涤除玄览"句王弼注:"玄,物之极也。"③普通的事物是可见、可闻、可触的,但物之极致反而不可见、不可闻、不可触,似有若无、似无实有,呈现出幽暗寂静的样态。可见,王弼实际上是从"道体"的意义上释"玄",将"玄"看作"道体"的特征。"王弼将'玄'从描述性的概念转化为本体意义的'无',此唯一且绝对的终极'玄体',超乎言象,无名无形,化生万物。因此,'玄'在性质上与《老子》'道'的幽远玄妙相通,都具有终极性和不可知性,但却是世界万物及其存在样态背后的依据。"④应该说,王弼的解释是符合老子的本意的。

"玄德"是《老子》的重要概念。第十章"是谓玄德"句王弼注:"凡言玄德,皆有德而不知其主,出乎幽冥。"⑤第五十一章"是谓玄德"句王弼注:"有德而不知其主也,出乎幽冥,故谓之玄德也。"⑥两处注文一致。清代奚侗《老子集解》注"玄德":"玄德,犹云'至德',以其深远,故云'玄'也。"⑦"玄德"即"道"之"德",它"生而不有,为而不恃,长而不宰"。有学者指出,老子所说的"玄德"是"形上道体之德性",它表现出三个特性:1."没有偏私地呴育万物";2."化贷万物而不自知";3."不宰万物而使其自己"。⑧

---

① 〔三国魏〕王弼注,楼宇烈校释:《老子道德经注校释》,第 1—2 页、16 页、22—23 页、33 页、136—137 页、147—148 页、167—168 页,北京,中华书局,2008。下引同书原典(非注释),只注书名、章数,如《老子》第一章。

② 同上书,第 2 页。

③ 同上书,第 23 页。

④ 陈怀松:《论隋唐道教"重玄学"的渊源、主题与特色》,见中国论道网,http://www.chinalund-ao.com/daoxuechunqiu/2012-06-09/5_5.html。

⑤ 〔三国魏〕王弼注,楼宇烈校释:《老子道德经注校释》,第 24 页。

⑥ 同上书,第 137 页。

⑦ 〔清〕奚侗集解,方勇导读:《老子》,第 25 页,上海,上海古籍出版社,2007。

⑧ 汪韶军:《论〈老子〉之"玄德"》,《北京社会科学》2014 年第 2 期。

正因为老子以及后来的庄子均非常强调"道"之"玄德",所以,有人干脆将"玄"视为"老庄之道":《文选·孙绰〈游天台山赋〉》"忽即有而得玄"句吕向注:"玄,道也。"《文选·孔稚圭〈北山移文〉》"亦玄亦史"句张铣注更是明言:"玄,谓老庄之道也。"《文选·左思〈魏都赋〉》"玄化所甄"句张铣注:"玄,圣。"《文选·张衡〈东京赋〉》"睿哲玄览"句薛综注:"玄,通也。"[1]"玄""道"一体,体道之圣人亦可谓之"玄";"玄"的重要内涵之一是"通"。

关于《老子》中诸"玄"的关系,张立文曾作过精彩梳理:"玄是指深奥幽远的形而上者,它是化生万物的精微奥妙的门户。此门户换言之为'玄牝之门',牝作为雌性能生育者,可谓天下母,'万物之母',即天地万物的根源。体认天地万物形而上根源,需要虚极静笃的心境,才能'玄览'天地万物生生的本根,其间便蕴含着'微妙玄通'。天地万物而为天地万物,都有其内在的德性,便称谓'玄德'。然后天地万物平铺展现,通达圆融的'玄同'之境。"[2]此说将"玄"的"生殖之门"、"万物之母"、"虚静"之心境、"玄览"之过程、"玄通"之认知、"玄德"之体认、"玄同"之境界等多重意蕴贯连一体,令人叹为观止。

《庄子》一书中,"玄"字亦多次出现:如《大宗师》篇有"颛顼得之,以处玄宫""於讴闻之玄冥";《胠箧》篇有"削曾、史之行,钳杨、墨之口,攘弃仁义,而天下之德始玄同矣";《在宥》篇有"乱天之经,逆物之情,玄天弗成";《天地》篇有"玄古之君天下,无为也,天德而已矣""其合缗缗,若愚若昏,是谓玄德,同于大顺";《天道》篇有"以此处上,帝王天子之德也;以此处下,玄圣素王之道也";《秋水》篇有"无东无西,始于玄冥,反于大通";《达生》篇有"祝宗人玄端以临牢筴";《知北游》篇有"知北游于玄水之上"。[3] 大体上,《庄子》书中的"玄"字不脱"幽深寂静""神妙莫测"诸

---

① 引文均参见宗福邦、陈世铙、萧海波主编《故训汇纂》,第 1437 页。

② 张立文:《扬雄的太玄哲学》,《孔子研究》2013 年第 6 期。

③ 参见〔清〕郭庆藩撰,王孝鱼点校《庄子集释》,第 247 页、256 页、353 页、389 页、403 页、424 页、457 页、601 页、648 页、729 页,北京,中华书局,1961。下引同书原典,只注书名及篇名。

义,依旧延续了《老子》对"玄"的理解。只不过,《庄子》对"玄"字的重视程度尚不及《老子》。

根据《老子》第一章"玄之又玄"之义,参考了魏晋玄学家如郭象等人的解释,隋唐时期还产生了以成玄英为代表的"重(读音 chóng)玄学",可见《老子》开启的"玄"观念的深远影响。

与道家突出"玄"形成鲜明的对照,先秦儒家对"玄"并没有特别看重。《论语》中"玄"字仅出现两处:

> 君子不以绀緅饰,红紫不以为亵服。当暑,袗絺绤,必表而出之。缁衣羔裘,素衣麑裘,黄衣狐裘。亵裘长,短右袂。必有寝衣,长一身有半。狐貉之厚以居。去丧无所不佩。非帷裳,必杀之。羔裘玄冠不以吊。吉月,必朝服而朝。
>
> (《论语·乡党》)

> 尧曰:"咨,尔舜,天之历数在尔躬,允执厥中。四海困穷,天禄永终。"舜亦以命禹,曰:"予小子履,敢用玄牡,敢昭告于皇皇后帝,有罪不敢赦,帝臣不蔽,简在帝心。"
>
> (《论语·尧曰》)

两处"玄"字均释为"黑色",用以形容帽子(玄冠)和公牛(玄牡)的颜色,没有太特殊的意义。值得注意的是,《论语·尧曰》用"玄牡"(黑色的公牛)对应于庄重圣洁的祭祀活动,而《老子》第六章则用"玄牝"(雌性牲畜)对应于若天地根源的生殖之门,微妙之处,有待深究。

《孟子》书中"玄"字亦仅两见,一为《滕文公(下)》篇引《尚书》"匪厥玄黄",一为同篇解释"匪厥玄黄"之义"其君子实玄黄于匪以迎其君子"①,均取"深黑色"之义,没有特别的含义。

《荀子》书中"玄"字出现得频繁一些,共十余处,分别是:《富国》篇"诸侯玄裷衣冕",《正论》篇"上周密则下疑玄矣""疑玄则难一""故先王

---

① 〔清〕焦循撰,沈文倬点校:《孟子正义》,第434页,北京,中华书局,1987。

明之,岂特玄之耳哉",《礼论》篇"尚玄尊""玄酒",《解蔽》篇"水势玄也""疑玄之时定之",《正名》篇"异物名实玄纽",《成相》篇"契玄王",《大略》篇"诸侯玄冠"和《哀公》篇"夫端衣、玄裳"。① 其含义除了基本的"深黑色"之外,亦有"高远""难测"诸义,但仍不及道家之对"玄"的重视。

其余先秦诸子各家多未对"玄"表现出特别的兴趣,如《墨子》仅《兼爱(下)》篇"惟予小子履,敢用玄牡"和《非攻(下)》篇"高阳乃命玄宫"两处出现"玄"字。②

继道家之后,另一位极其重视"玄"的思想家是西汉末期的扬雄。扬雄最著名的代表作名字就叫《太玄》。《太玄》代表了扬雄哲学的最高成就,它在形式上借鉴了《周易》的宇宙生成演化模式,在内容上吸取了老子哲学的基本精神,并杂糅进阴阳历数思想和儒家伦理观念,最终形成了一套极具创造性的涵括宇宙、社会、人生在内的庞大的思想体系。由于其体大思精,颇为后世学者所看重,甚至被称许为《太玄经》,地位可见一斑。《后汉书·张衡传》注引桓谭《新论》:"扬雄作《玄书》,以为玄者,天也,道也。言圣贤制法作事,皆引天道以为本统,而因附续万类、王政、人事、法度,故宓羲氏谓之《易》,老子谓之道,孔子谓之元,而扬雄谓之玄。《玄经》三篇,以纪天地人之道。"③

"玄"是太玄哲学的最高范畴。"在扬雄看来,宇宙是依据玄道推演出来的,玄图即是宇宙的图式,天地万物不过是这一图式所呈现的具体样态。"④扬雄吸取了老子哲学中"玄"这一概念的"幽深玄远"的意涵⑤,并将之提升至类似于《老子》的"道"的地位。

---

① 〔清〕王先谦撰,沈啸寰、王星贤点校:《荀子集解》,第178页、322页、351页、352页、405页、415页、464页、486页、538页,北京,中华书局,1988。下引同书,只注书名、篇名。
② 〔清〕孙诒让撰,孙启治点校:《墨子间诂》,第122页、146—147页,北京,中华书局,2001。
③ 〔南朝宋〕范晔撰,〔唐〕李贤等注:《后汉书》卷五十九《张衡列传》,第1898页,北京,中华书局,1965。本书引二十四史,均采用中华书局竖排标点本,以下引二十四史只注卷数和篇名。
④ 周立升:《〈太玄〉对"易""老"的会通与重构》,《孔子研究》2001年第2期。
⑤ 《太玄·玄数》"神玄冥"范望注:"玄,取其幽微。"《太玄·玄告》:"天以不见为玄""地以不形为玄""人以心腹为玄"。引文参见宗福邦、陈世铙、萧海波主编《故训汇纂》,第1438页。

> 玄者,幽摛万类而不见形者也。资陶虚无而生乎规,攤神明而定摹,通同古今以开类,摛措阴阳而发气。一判一合,天地备矣;天日回行,刚柔接矣。还复其所,终始定矣。一生一死,性命莹矣。①

张立文详细梳理了《太玄》一书中"玄"的多层含义:"其一,玄在幽冥中开展出万类万物,而不显露其形象。这就是说,玄是无形无象的";"其二,玄凭借虚空资生陶养出天体及运行的规则,换言之,玄生养天地万物";"其三,玄贯通万物古今发展的过程和区分万物的种类";"其四,玄的功用体现为伦理道德。……扬雄开出智、仁、勇、公、通、圣、命、道、德、义等道德范畴,作为玄的功用和原则,并贯通于天、地、人三道和人际伦辈之中";"其五,玄的普遍联系和变化。事物名相的存在,是相对相成的……玄非阴非阳,既主阴又主阳,是阴阳未分的混沌融合体"。②"玄"宰制万物,资陶虚无,无形无象,通古通今,潜藏于幽冥之处发挥作用。在这里,"玄"既是影响万物产生的终极根源,又是决定事物生成变化的最后力量。因此,"玄"在扬雄的哲学中具备宇宙本体的意味,这是对《老子》"玄"思想的继承和发展。"因为扬雄提出了不同于老子、孔子的新哲学概念,以标志其度越诸子。他严谨而宏大的《太玄》哲学逻辑结构的创新,是他一生智慧和心血的结晶,显示了汉代理论思维能力的提升和对烦琐谶纬经学的批判能力的提高,以及对于天、地、人价值意义的追求,启发了以后哲学新思潮的发育,特别对魏晋玄学有其特殊意义。"③周立升认为,"《太玄》的建构形式虽说不成功,但它对神学经学的背离和挑战,以及它对事物现象背后深层本质的探索,深深地启迪了魏晋玄学,为后一时期辨析才性与玄理的又一次思想解放高潮的到来,起了铺垫作用。又因《太玄》是《老子》和《周易》相结合的产物,故汉末的解《老》注《易》诸家,如宋衷、虞翻、陆绩,都熟谙《太玄》并为之作注,为嗣后《易》《老》《庄》三玄的正式形成,创造了条件。总之,《太玄》一方面希冀取代

---

① 〔汉〕扬雄:《太玄》卷七《玄摛》。
②③ 张立文:《扬雄的太玄哲学》,《孔子研究》2013 年第 6 期。

汉代经学而又未能予以取代,另方面它想超越烦琐的象数之学向思辨哲学发展而又未能达到魏晋玄学的高度,从而成为两汉哲学向魏晋玄学转化过程中极为重要的中间环节。"①应该说,张、周两位学者对扬雄"玄"思想的解析和评价是非常准确和深刻的。

2."玄学"

从字面看,"玄学"就是有关"玄"的学说,或者具有"玄"之特色的学说。据此,则老子的思想、扬雄的思想亦可以称为"玄学";并且20世纪前期中国学术界也有所谓"科学"与"玄学"的论战。不过,从严格意义上讲,这些都不能叫"玄学"。目前主流中国哲学界对"玄学"这一概念有特定的界说,"玄学"特指魏晋南北朝时期发生、发展的某种具备独特形态的学术风潮。

当然,"玄学"提法的正式出现要比魏晋思想史上的玄学风潮晚得多。有学者考证,"玄学"一词最早见于《宋书》。《宋书·雷次宗传》记载:

> 元嘉十五年,征次宗至京师,开馆于鸡笼山,聚徒教授,置生百余人。会稽朱膺之、颍川庾蔚之并以儒学,监总诸生。时国子学未立,上留心艺术,使丹阳尹何尚之立玄学,太子率更令何承天立史学,司徒参军谢元立文学,凡四学并建。②

元嘉年间,国子学(官学)立"四学","玄学"与"儒学""史学""文学"并列其间。不过,何尚之所立的"玄学",其内涵可能不完全等同于以老庄之学为灵魂的"魏晋玄学",而是兼含了佛学,"考何尚之之学术倾向……承认佛教在化民治国中的作用,曾建塔立寺、供养佛僧、开展法事",因此,何尚之的学术倾向应该是道佛兼综的。当然,老庄之学在其中占有举足轻重的地位,"何尚之的儿子何偃喜好谈玄论庄,或许是受其

---

① 周立升:《〈太玄〉对"易""老"的会通与重构》,《孔子研究》2001年第2期。
② 《宋书》卷九十三《雷次宗传》。

父影响"。①

另《晋书》卷五四《陆云传》记载:

> 初,云尝行,逗宿故人家,夜暗迷路,莫知所从。忽望草中有火
> 光,于是趣之。至一家,便寄宿,见一年少,美风姿,共谈老子,辞致
> 深远。向晓辞去,行十许里,至故人家,云此数十里中无人居,云意
> 始悟。却寻昨宿处,乃王弼冢。云本无玄学,自此谈老殊进。②

陆云夜半迷途,寄宿一人家,与一风姿卓然的少年畅谈老子,感受其意境
深远的言辞。最后才发现,此处并无人家,而是王弼之墓。这则具有神
话色彩的逸事点出了王弼与玄学的紧密联系。

关于"玄学"的定义,尽管有各种不同说法,但总体上大同小异,即玄
学讨论的问题主要是有无、本末,其性质为本体之学。这一说法源于现
代魏晋玄学研究的奠基人汤用彤先生。汤先生认为:"夫玄学者,乃本体
之学,为本末有无之辨。"③此后,学者们基本沿用了这一定义。如冯友兰
先生主张:"玄学是中国历史中的一个时代思潮。'玄学'是一个时代思
潮的名称,并不是一个哲学派别的名称,凡是一个历史时期的时代思潮,
都有一个特殊的哲学中心问题……玄学这个时代思潮,也是这样。它的
特殊的哲学中心问题,是有无问题"④。汤用彤先生的哲嗣汤一介先生指
出:"魏晋玄学是指魏晋时期以老庄思想为骨架的一种特定的哲学思潮,
它所讨论的中心为'本末有无'问题,即有关天地万物存在的根据的问
题,也就是说关于远离'事务'和'事物'的形而上学本体论的问题。"⑤辛
冠洁先生也归纳说:"但是玄学是何所谓? 则向来没有统一的定义,有的
根据《老子》'玄之又玄众妙之门'之说,谓为玄远之学;有的据其内容谓
为《老》《庄》《易》三玄之学。定义可以仔细斟酌,但作为一种思潮其特点

---

① 详见杨杰《"玄学"称谓流变考论》,《中国哲学史》2015年第1期。
② 《晋书》卷五十四《陆云传》。
③ 汤用彤撰,汤一介等导读:《魏晋玄学论稿》,第53页,上海,上海古籍出版社,2001。
④ 冯友兰:《中国哲学史新编》(中卷),第486页。
⑤ 汤一介:《郭象与魏晋玄学》,第7页,武汉,湖北人民出版社,1983。

是明显的。我们可以说玄学是通过本末、有无这些特有的范畴探讨宇宙本体亦即万有的根据的学说。"①

3. 魏晋玄学的分期

对于魏晋玄学的分期,学术界则存在不同的看法。现存最早的魏晋玄学分期说是东晋名士袁宏提出的,《世说新语·文学》篇刘孝标注曰:"宏以夏侯太初、何平叔、王辅嗣为正始名士,阮嗣宗、嵇叔夜、山巨源、向子期、刘伯伦、阮仲容、王濬仲为竹林名士,裴叔则、乐彦辅、王夷甫、庾子嵩、王安期、阮千里、卫叔宝、谢幼舆为中朝名士。"②袁宏将魏晋玄学整个发展历程区分为"正始""竹林"和"中朝"三个阶段,其中"中朝"大致对应西晋时期;他还列出了每个阶段最具代表性的玄学名士。袁宏本人就是雅擅清谈的玄学名士,这也直接影响到他的分期说的优点与不足:从优点来看,他身处魏晋玄学发展的尾声,熟悉甚至亲身参与各类玄学活动,因而他是以真正的内行身份对此前的玄学发展进行总结,其价值不言而喻。但从不足来看,正所谓"不识庐山真面目,只缘身在此山中",有时隔得太近,没有适当的距离,人们反而无法一窥全貌;袁宏所处的东晋时期,玄学仍在延续之中,导致他很难将自己所处的时代客观地纳入整个玄学发展历程中。

为此之故,后世的研究者们在参考袁宏的分期说之余,往往根据自己的理解,或多或少会对其作出修订和调整。其中,汤一介先生的观点比较全面。他说:"魏晋玄学有一个发展的过程,它从曹魏正始年间(240—249)的王弼、何晏,发展到竹林时期(254—262)的嵇康、向秀,又发展到元康前后(290 前后)的裴颜、郭象,到东晋则有张湛、道安"③。汤先生的这一概括划分了魏晋玄学发展的各个重要阶段以及每个阶段对应的主要玄学家,应该是比较合理的。所以,本书基本采用了汤先生的

---

① 辛冠洁:《玄学散论》,《文史哲》1985 年第 3 期。
② 〔南朝宋〕刘义庆著,〔南朝梁〕刘孝标注,余嘉锡笺疏:《世说新语笺疏》,第 272—273 页,北京,中华书局,1983。下引同书原文及刘孝标注,只注书名、篇名,如《世说新语·文学》。
③ 汤一介:《郭象与魏晋玄学》,绪论第 2 页。

这一魏晋玄学分期模式。当然，其中向秀的情况稍微特殊一些。从年代看，向秀的思想创造活动的确主要发生在竹林玄学时期。不过，由于《庄子注》的作者问题，导致向秀与元康时期郭象的玄学思想常常被混在一起，很难准确区分出何者为向秀的学说，何者为郭象的理论；加之向秀的学说真正产生重要影响也是在元康时期。因此，从便于梳理的角度考虑，本书将向秀的玄学成就后移到元康时期来介绍。相应地，竹林玄学时期的阮籍尽管在思想的纯粹性、深刻性方面逊色于嵇康，但其玄学的特色与影响亦不容忽视，而且后世常常将阮、嵇二人并称，故而，本书将阮籍也作为竹林玄学的重要代表人物。

4. 玄学主潮的缘起与萌发

魏晋玄学更大程度上是对两汉经学化儒学的批判，而非继承。以经学为主要形式的两汉儒学，借助官方的名义和神学的模式促成了儒家思想的时代转化以及向社会层面的落实。儒学因而成为具有宗教色彩的社会意识形态，广泛地影响了两汉社会的风俗、礼教和民生等各个方面。但是不可否认，两汉儒学的神学色彩与先秦原始儒学的人文理性之间确实存在不可调和的矛盾。甚至在某种程度上讲，两汉时期具有神学色彩的经学化儒学相较于先秦儒学，不仅在格局气象上渐趋偏狭，更在精神气质上严重萎缩。加之两汉儒学固有的一些弊端，如注重谶纬、强调感应导致它在理论性和思辨性上存在缺陷，终极理性的缺失又使得注经活动在源头活水上先天不足，必然走向烦琐、支离甚至荒诞。因此，早在两汉时期，扬雄、桓谭、王充等具有自然哲学倾向的思想家便已从各个方面对两汉儒学所存在的弊端作出批评。只是两汉儒学当时已成气候，王充等人的批评并未能伤其根本。真正终结两汉儒学，并开出一套新学的，是魏晋玄学。魏晋玄学不是凭空而来的，魏晋玄学的思想资源、论说形式与核心议题，均与两汉哲学有着千丝万缕的联系。

两汉哲学及社会变动主要从"反面的压力"与"正面的启示"两个角度对魏晋玄学的诞生发挥着影响。就"反面的压力"而言，在经历了西汉的经学鼎盛期后，从东汉时期开始，经学内部的种种缺陷与弊端逐渐显露,贯穿整个东汉的经今古文之争正是经学自身局限性的某种呈现。尤其东汉中后期以降,经学化的儒学暴露出"繁琐""肤浅""庸俗""狭隘"等种种形式上的弊端。汉末经学危机的根源在于经学化儒学的内在矛盾。两汉的社会实践基本标志着儒家经学之神圣性的褪色与理想性的破灭。汉代经学实践无法克服儒学内在的理论困境,导致经学活动在展开的过程中不断偏离了儒家的价值理想("道"),犹如无源之水、无根之木,渐渐干涸、枯萎。而以经学为统治根基的东汉王朝也随之风雨飘摇。因此,汉代经学的内部危机与外部影响,实质上表明"此路已不通",这为魏晋玄学的兴起提供了反面的压力和动力。从思想史的角度看,魏晋玄学是继两汉经学之后兴起的;玄学的产生便源自当时一批士人对经学的不满。

就"正面启示"而言,东汉后期出现的社会批判思潮对玄学的兴起所起到的作用是正向的,可视为"另辟一蹊径"的探索。如果说古文经学家的工作是尝试着在经学的大框架下进行内部的调整与改良,那么东汉后期的一批有批判精神的思想家的探索活动,在很大程度上为魏晋玄学的产生提供了正面的启示。东汉后期以王符、仲长统为代表的一批具有批判精神的思想家,以及戴良、孔融一类的具有异端思想的士人,对汉代政治的黑暗、汉代经学的弊端、汉代伦理的虚伪,乃至对汉末社会的整体危机进行了全方面、多层次的揭露与批判,推动形成了汉末社会批判思潮。汉末社会批判思潮从政治、文化、经济等各方面分析了汉代社会危机的症结与表现,在很大程度上松动了儒家正统思想对全社会的控制力与影响力,从思想观念到生活方式上启发了后起的魏晋时期的玄学家。

从汉末建安元年(196)到魏齐帝正始元年(240)之前的这一阶段,思想界出现了一些新动向:如以曹操开启、刘劭《人物志》发展、《四本论》为成熟成果的人物才性之辨;又如荆州学派所开创的清新学风,尤其是该学派在易学方面的新探索;再如裴徽、傅嘏等人推动的"辨名析理"风潮等,均间接地为魏晋玄学的出现提供了思想基础,可以视为魏晋玄学思潮正式勃兴之前的潜伏、酝酿时期。曹魏初期的一系列思想新动向尽管还未能真正达到玄学的高度,但是在逻辑上已经属于魏晋玄学思潮的一个内在部分,是魏晋玄学的萌发期。

5. 魏晋玄学的基本历程

进入正始时期,魏晋玄学正式诞生,并且诞生之初即奏出了"最强音"!夏侯玄、何晏、王弼等一批天才学者横空出世,逐渐形成了一个学术共同体,其成员频繁互动。而由汉末"清议"发展而来的"清谈"为玄学提供了完美的舞台,促成了玄学核心范畴的深度掘发、理论体系的精密建构。夏侯玄提出"天地以自然运,圣人以自然用",将道的本性归结为"自然",直接启迪了魏晋玄学对"无"的关注。何晏主张"以无释道",从逻辑上探讨"无"和"有"的终极关系,提出这个"无所有"的道才是天地万物的依据和根源,正式提出"贵无论"。王弼将何晏的"以无释道"发展为"以无为本",畅言"有之所始,以无为本","有"对应现象世界,而"无"对应本体世界。王弼通过引入经他改造过的"本""末"这对范畴来诠释"无"和"有"的关系,不仅讲清楚了"无"和"有"之间的差异性(本体不同于现象),也讲清楚了"无"和"有"之间的联系性(本体为现象提供了存在的依据),使"贵无论"成为魏晋玄学中最重要的本体哲学,并且刺激和提升了魏晋玄学本体论的整体水平。此后玄学各个发展阶段尽管主题有所殊异,但皆不离"有无""本末"的主轴。因此,正始之音不愧为玄学思潮中一股最强劲的巨浪!

"高平陵"事变标志着"正始之音"的终结,玄学的主潮因之稍有压抑,转入竹林玄学阶段。以阮籍、嵇康为核心的竹林名士将魏晋玄学探讨的领域拓展到文学、美学、语言哲学等多个方面,并以自己的鲜活生命来体证和实践玄学的精神,使魏晋玄学成为一种更具广泛影响力的社会思潮。竹林玄学以"名教"与"自然"的关系为核心议题,借助道家老子、庄子、杨朱等人遵自然、重养生等思想资源,揭露和批判司马氏宣扬的名教之治的虚伪与异化,提出"越名教而任自然",反对名教对大道的分剖和对人性的戕害,从而超越名教的束缚,使人的自然真心本性得以彰显。阮、嵇等人用率真自然、特立独行的思想言行对魏晋玄学作出了新的阐释,丰富了玄学的形式与内涵,并且为中国思想史、美学史、文学史留下了宝贵的财富。

继之而起的是魏晋玄学的又一波高潮,即以元康时期为代表的西晋玄学。裴頠从玄学内部修正了"贵无论"的偏差,提出了"崇有"哲学。向秀、郭象则主要通过对《庄子》文本的解读,将魏晋玄学发展出一个新的维度。特别是郭象提出"万物独化于玄冥之境",主张万物各有其性分,应该在各自性分的范围之内活动,各安其性、适性逍遥。从"各安其分""各适其性"的观点出发,郭象主张调和"名教"与"自然"的关系,认为名教即是自然,自然即为名教。郭象也将一度平缓的魏晋玄学主潮重新推向新的高潮。

江左(东晋时期)玄学是整个魏晋玄学主潮的尾声和余韵。在理论方面,以张湛为代表的江左玄学家们所做的工作更多是总结此前的玄学理论,调和王弼"贵无论"与郭象"独化论"之间的分歧。在形式方面,江左玄学对此前的清谈做了一些组合的工作:它择取了正始玄风的辩难形式,却忽略了更重要的开放超越的气质;它照搬了竹林玄学的自由放达的情韵,却舍弃了更有价值的批判精神;它参考了元康玄学的调和自然与名教的圆融方法,却丢掉了更关键的思辨精神。江左玄学体现了魏晋玄学主潮整体衰退的趋势。不过,王导、谢安的宰相气度,王徽之、陶渊明的潇洒淡泊,作为几朵炫目的浪花,也为江左玄学增添了些许生动的色彩。作为魏晋玄学主潮的延展,江左时期也呈现出一些新的变化,即玄学理论延伸到当时已经逐渐勃兴的道教和佛教领域,推进了玄学化的道教和玄学化的佛教的发展。

6. 玄学化的道教思想

考虑到魏晋南北朝时期道教哲学的篇幅不大,加之其与玄学关系紧密,因此本卷将"玄学化的道教思想"附在魏晋玄学之后介绍。魏晋南北朝时期,道教在与玄学的竞争与互动中获得了新的发展。这一时期的道教发生了几次重大改革,第一次是两晋时期葛洪在对战国以来的神仙方术思想系统总结的基础上,进一步将道教的神仙信仰理论化,并为上层士族道教奠定了理论基础;第二次是北魏时期寇谦之在北朝统治者支持下,对北方天师道进行改造,淡化了道教的反抗精神和不稳定因素;第三次是南朝刘宋时期陆修静对南方天师道所做的整顿与革新,进而发展了道教灵宝派。此外还有南朝齐梁时期的陶弘景对道教的修炼理论与神仙谱系作了修订,并将上清派发展为茅山宗。

就玄道关系来看,这一时期玄道关系的主流是玄学对道教发挥着重要而深刻的影响。尤其是魏晋时期,几乎所有著名道教学者的思想创造都无法完全摆脱玄学的影响。不过,这一时期玄道关系中还有另一个面向,即道教思想对玄学也发挥着举足轻重的影响力,如"竹林七贤"中的嵇康与道教的渊源就颇为深厚。而且,到了南北朝时期,随着玄学逐渐衰微,道教对玄学所起到的作用越来越明显;尽管其分量尚不如佛教,但同样不容忽视。

二、作为思潮之重要支潮的佛教思想

担纲思潮之主潮的魏晋玄学,其发展大致经历正始、竹林、西晋元康和东晋江左等几个主要阶段,理论上由何晏、王弼的"贵无论",阮、嵇的"越名教而任自然",到裴頠的"崇有论"再到郭象的"独化论",表现为由"有无分离"到"合有无为一"的认识过程。佛教哲学是魏晋南北朝时期极为重要的学术现象,可以被视作魏晋南北朝思潮的一个重要支潮。与玄学主潮的跌宕起伏相呼应,以佛教般若学为代表的佛教哲学,总体上也可划分为道安时期和鸠摩罗什—僧肇时期两个阶段,在理论上表现为由色空分离、色心分离到色空为一、即体即用的理论演变。

我们不妨将梁代僧人慧皎所著《高僧传》看作这一支潮的萌发、涌动阶段。《高僧传》系统梳理了自汉至梁四百余年高僧之行状,凸显了中国僧人对佛教哲学的诠释与综合。后来道宣的《续高僧传》和赞宁的《宋高僧传》,以及《明高僧传》等,都取法《高僧传》。《高僧传》的措辞用语多采用中国传统的概念和范畴,尤其同当时玄学思潮珠联璧合。从中可以感受到慧皎以道解佛、以儒解佛、以玄解佛,以中国传统哲学综合佛学的习惯性思维，和佛教在齐梁时代中国化的历史进程。

道安的佛教思想是佛教支潮的第一个高潮。汉至魏晋，佛教西来，主要传入的经典，一是安世高所译禅法，二是支谶、叔兰所译般若，三是法护翻译的大乘。于此三者，道安注释、研讲、表张，全面介绍与推广，因而成为两晋佛学之中心。而且，道安承前启后，在北方师事佛图澄，又有弟子慧远亦受安公之命，在南方广布教化。影响所及，遍布南北。南方佛教"皆宗其理"，北方如鸠摩罗什这样泽及后世的大翻译家，也"遥钦风德"。道安学兼内外，终其一生致力于佛教经籍翻译整理，硕果累累，初具三藏规模，于译经、于传播般若学经义，功莫大焉，不仅是两晋佛法兴盛的原因，同样对于佛教哲学在中国传播贡献殊伟。

佛教支潮与玄学主潮的交错、碰撞、融合，表现为"格义"之法及"六家七宗"的出现。三国魏晋时期，由于玄学盛行，一些佛教僧侣试图用《般若经》教义迎合玄学，同时也用玄学来讲解《般若经》。甚至有的佛教僧侣还依据《老子》《周易》作为自己辩论的依据。有的佛教徒甚至把"儒典之格言"与"释教之明训"等量齐观。佛教哲学由"格义"到"得意"的转变，鲜明地表现了佛教义理与中国传统哲学由概念的拟配到思想内涵融会贯通的演变过程，"六家七宗"竞出亦得力于此。两晋时期，有支孝龙、康僧渊、竺法蕴、支遁、僧光、竺僧敷等，大都以讲习般若性空义为业。南朝刘宋建康（今江苏南京）庄严寺的昙济便将这一时期的佛学思想总结为"六家七宗"。在这个过程中，"言意之辨"作为玄学的重要内容和方法，对般若学产生了极大的影响，可以说是佛教由"格义"到"六家七宗"转变的枢纽。玄学与中观思想融会贯通，"得意"之风更是甚嚣尘上。般若六家七宗的分野，说法虽然不同，但事实上也只是对缘起性空的理论"得意"不同，诠释不同罢了。般若六家七宗以本无、即色、心无三家为主流，其余或偏于心神关系，或基于因缘会合，论说重点各异，但都是中国学者对般若性空的诠释。

鸠摩罗什引出"实相"的概念，以"实相"为"空"，或者说"空"为事物之"实相"，称之为"毕竟空"。鸠摩罗什以此"实相无相"的"实相空"，把空的哲学升华到新的层面,从而导引出僧肇之"不真空",更是以缘生而说无生、无灭,空亦不空。自此而后,中国佛教从根本上确立了以空为思辨基础的哲学系统,开拓了中国佛教哲学的思辨之路。

慧远继承和发展了道安的思想,对佛教毗昙学、中观学说、西方净土、禅定法等均有所弘传。他对涅槃实相的佛教哲学的创造性诠释,同道生"一阐提成佛"的超前觉悟有异曲同工之妙,也为其神不灭论创获了理性的前提。

僧肇推进了佛教支潮又一次高潮的到来。僧肇从真谛俗谛相即来解释实相,阐明了体用、动静、有无等问题,主张体用一如,非有非无,即静即动,不仅批判总结了我国佛教般若空宗的各派理论,也间接批判了魏晋玄学的各个流派,大大发展了大乘般若学和三论(即龙树的《中论》《十二门论》、提婆的《百论》)的中道思想,独创了富有中国特色的佛教哲学体系,成为中国佛教史上有划时代贡献的学者。

竺道生的佛教思想则是这一波高潮的延续。他集般若、涅槃、毗昙于一身,以其睿智慧解,承接三家源流,开创中国佛学新局面。他提出佛性本有说和顿悟成佛,前者论证了佛性是达到觉悟解脱的内在心性依据,后者说明了顿悟达到觉悟解脱的方式。他对佛教哲学的中国化作出了系统全面的贡献,为其后中国化的佛学、佛教,尤其是禅宗和禅宗哲学奠定了思维的基础。

法显留学天竺,陆去海还,携佛经归国者,其西行求法的主要产品——携归之佛教经典,为佛教义学输入提供了文本的依据,奠定了佛教中国化思想基础。僧稠重视的是坐、止、定,以及观身、受、心、境具体对象的修持方法,依四念处观为根本,参照十六特胜法的禅法,发展了不同于禅宗之禅的禅法。

在玄学风行之时,佛教这一支潮的般若性空、涅槃佛性之说也代表了当时哲学的最高水平之一。不过佛教毕竟是外来文化,其价值观念、思维方式乃至生活习俗,与中国传统心理无处不存在矛盾、冲突而受主流文化的排拒。所以佛教对儒、道两家的反击,一方面显示自身的存在价值,另一方面也逐渐对自身理论予以适应性地改造,从而推进佛教哲学中国化的过程。魏晋南北朝时期,儒释两教在思想领域内有过多次交锋,如"沙门敬不敬王者之争""白黑论之争""报应论之争""神灭神不灭论之争"等;佛教和道教的交锋则包括《夷夏论》之争"《三破论》之争""《笑道论》与《二教论》之争"等。佛教通过这些争论,直面中国本土文化的挑战,系统阐发了自己的主张,完善了自身的体系。

在魏晋南北朝时期,三教之间的争论虽相当激烈,但在理论上完全排斥异教、不承认对方合理存在的人,只是极少数;多数学者都是在三教中为自己信奉的教派争高下。三教之间的相互碰撞,成了一个相互影响的过程。因此,当时的三教争论也促进了三教之间相互吸收、渗透和补充。这一时期,三教融合论相当流行,要之可分为三:一为本末内外论,二为均善均圣论,三为殊途同归论。

三、作为思潮之另一重要支潮的儒学

魏晋南北朝时期的儒学尽管已基本失去了官学的垄断地位,但在社会生活的多个方面仍发挥着重要作用,应该被视作魏晋南北朝整个思潮的另一重要支潮。魏晋南北朝儒学是中国文化史上的重要时期,是汉至唐文化思想演化的关键,是经学的中变时期。魏晋时期的儒学有两条主线,一是以郑玄、王肃学派之争而趋至对儒家礼学的深入研究;二是以王弼、郭象倡导的玄学思潮的出现。这两条主线一直延展到南朝时期且渐趋合流,使许多南朝儒者成为"礼玄双修"的学问家。

何晏的《论语集解》试图把经学的传统与玄学的创造有机地结合起来,体现了由章句训诂向义理之学的发展,有很浓的"援道入儒"的色彩。何晏的《论语集解》和王弼的《论语释疑》无论从学术上还是从思想上来说,都是论语学发展史上的一个转折点。它们既总结了前人对《论语》的研究成果,又开辟了论语学研究的新领域。皇侃从其中获益匪浅。

杜预的《春秋左氏经传集解》是对此前左传学的一次总结。杜预左传学属古文经学,它与王肃经学一样具有义理化倾向,是魏晋思潮影响

下的成果。韩康伯注《系辞》崇自然而贵无,是对王弼易学的补充。范宁则以《春秋穀梁传集解》一书闻名于世。他治《春秋》时广采博收,择善而从,"据理以通经",融会"三传"又特重杜预《春秋左氏经传集解》。

王肃之学是儒学支潮的一波高潮。王肃反对郑玄之学,他遍考诸经,不囿旧说,而后自成一家之言,"采会同异,为《尚书》《诗》《论语》《三礼》《左氏》解,及撰定父朗所作《易传》,皆列于学官。其所论驳朝廷典制郊祀宗庙丧纪轻重凡百余篇。"王学与郑学可以分庭抗礼,甚至一度在官学中占据优势。

南朝时期,王弼易学在宋代有重要地位;齐代经学主张玄儒并立,不过除《易》《左传》外,汉人经注实占多数,玄学反呈劣势;齐代礼学亦较发达,官学有王俭,私学有刘瓛,堪称大家。梁陈两朝尤其是梁武帝统治时期是南朝儒学最繁荣的时期。梁武帝既三教并行,而尤重儒学。

纵观整个南朝儒学,可以发现最发达的莫若礼学,这是儒学支潮的另一高峰。其中,尤以皇侃的成就最高。在南朝社会内部,佛、道在社会中的广泛传播也动摇了儒学在文化上的正宗地位。儒学面对佛道二教的强大挑战,遂将自身具有最深厚文化底蕴的礼学作为应对的领域。在儒学思想内部,六朝礼学是针对儒学天道的失落和性道关系的隔绝而作为回应方式逐渐繁荣起来的。六朝礼学的主要内容有两个方面,即郊祀之礼和丧祭之礼。

总体看,六朝儒学是以一种积极的、开放的心态迎接佛道等的挑战的。他们非常欣赏佛道尤其是佛学思想,普遍认为儒释虽异而其归旨则一。六朝人强调对儒释道的会通,既说明他们对三教之理归于一极存在共识,也说明儒学理论本身存在问题。

通观魏晋南北朝时期玄、道、佛、儒四大资源的潮起潮落,我们发现四者之间既有争夺与竞争、碰撞与冲突,也不乏借鉴与吸收、交叉与融合。它们之间这些错综复杂的互动,影响了魏晋南北朝时期整个时代思潮从初显、高潮到延展、平复等各个环节。在作为主潮的魏晋玄学的引领下,在作为支潮的佛教和儒学(还包括道教)的积极参与下,魏晋南北朝的时代思潮忽而齐头并进,忽而你追我赶,忽而此消彼长,忽而高潮迭出,展现出一幅深刻、广阔、多元、生动的波澜壮阔的伟大画卷!

第一篇

《易》《老》《庄》会通的玄学

魏晋玄学无疑是魏晋南北朝时期哲学思潮的主潮,它对同时代的另外两种重要哲学现象——佛教哲学和儒学——均起到了关键的牵引与辐射作用。因此,要想了解魏晋南北朝时期哲学发展的全貌,魏晋玄学自然是首先要了解的。

严格的思想史意义上的玄学风潮起于曹魏中期。但追溯其根源,则要上推至两汉经学发展的内部症结和东汉中后期社会思想的种种异动。

第一章　两汉经学的危机与东汉末期社会批判思想

著名历史学家张光直先生在深入考察古代中国和古代西方向文明转进的主要型态后,提出了"连续性"与"破裂性"的理论:古代西方的文明发展进程更多地表现为后者对于前者的战胜、克服与超越,后者与前者之间存在明显的"破裂性";与此迥异的是,古代中国的文明发展更多地表现为后者对于前者的延续、继承与扩充,后者与前者之间存在明显的"连续性"。有鉴于此,他主张应该"将中国的叫做'连续性'的型态,而将西方的叫做'破裂性'的型态"。[①]

张光直的这一理论其实具有更为普遍的方法论意义,它不仅可以用来描述中西两类文明转进的整体型态的不同特征,还可以扩展开来,用以阐明一种文明型态内部发展转进的过程中所显示出的既连续又断裂的特性。在某一文明型态的发展历程中,有些时候是"连续性"占上风,前后期的共性更为突出,这尤其体现在某个大的时期内不同具体阶段之间的关系里;有些时候则是"破裂性"占上风,前后期的差异性更为突出,这更多体现在一个大的时期向另一个大的时期转变的特定时代。但无

---

① 详见张光直《中国青铜时代》,第 487 页,北京,生活·读书·新知三联书店,1999。

论何者占上风,都不能完全抹杀另一方的存在:在"连续性"占上风的时期,前后期之间仍然表现出一定的"破裂性"(差异性);在"破裂性"占上风的时期,前后期之间仍然表现出一定的"连续性"(共同性)。一种文明正是在这两者的混杂与交替中逐步向前演进。

循着这一方法提示的角度,我们来审视两汉至魏晋时期的哲学演进,很显然魏晋玄学主要是对两汉经学的克服与超越;换言之,"破裂性"是两者之间关系的主调。但是,魏晋玄学毕竟不是凭空而来的,仔细推究魏晋玄学的思想资源、论说形式与核心议题,不难发现它们均与两汉哲学有着千丝万缕的联系。由此可以说,"连续性"也是两者之间关系的另一个不容忽视的面相。

两汉哲学及社会变动对于魏晋玄学的影响主要表现在"反面的压力"与"正面的启示"这两个方面。

两汉哲学的主体是经学化的儒学,即所谓"两汉经学"。一方面,在经历了西汉的经学鼎盛期后,从东汉时期开始,经学内部的种种缺陷与弊端逐渐显露,贯穿整个东汉的经今古文之争正是经学自身局限性的某种呈现。尤其东汉中后期以降,经学化的儒学暴露出整体性的危机,而以经学为统治根基的东汉王朝也随之风雨飘摇。因此,汉代经学的内部危机与外部影响,实质上表明"此路已不通",这为魏晋玄学的兴起提供了反面的压力和动力。从思想史的角度看,魏晋玄学是继两汉经学之后兴起的;玄学产生的原因,首先是对经学的不满。

另一方面,在汉代经学出现危机的同时,汉代一批有着忧患意识和冷静眼光的思想家们也在努力思考,试图探索新的出路。如果说古文经学家的工作是尝试着在经学的大框架下进行内部的调整与改良,那么还有一些思想家则希望在一定程度上突破经学的藩篱,"另觅一新路"。他们复活了先秦时期诸子学的很多资源,从政治、经济、思想、文化等多个方面检讨汉代社会的弊端。他们的工作是"破"大于"立"的,仍未能真正探寻出一条新的出路;但是,东汉末期这批具有异端色彩的思想家们的探索活动,在很大程度上为魏晋玄学的产生提供了正面的启示。魏晋玄学的很多资源与论题,都可以从东汉末期的批判性、革新性的探索中找到源头。

下面,我们分别从这两个方面分析。

第一节 汉代经学的危机

两汉时期经学化的儒学有其重要价值和独特贡献。由两汉开启的中国古代注经传统绝不是简单地解释经典,它无论是在学术的流传、发展,还是在学者人格的培养、形成方面,都具有十分重大的价值。在注经的过程中,学者们不仅要努力研读经典,理解其微言大义,更要一步步深入圣贤们的思想深处和心灵深处,从中汲取养料。然后将自己的创造性、才情和天分贯注到对经典的注释中。这也是孔子所说的"述而不作"的题中应有之义:在形式上只继承、陈述而不创作,但实质上在这"述"之中早已蕴涵了无限的"创作"。换句话说,注经不是要让自己成为一个简单的转译者,而是要成为一位思想的创造者。注经活动并非刻意去模仿圣人,而是要体会圣贤之心,在精神上成为和圣贤一样的人。

边家珍先生指出,"经学以其特有的稳定性、因袭性、包容性、自足性,对中国古代学术文化形态发生了重大而深刻的渗透作用,并由此形成一种经学传统"。经学的价值体系,"决不是一个空框结构,而是有其思想文化、学术方法论,包括内容与形式的丰富内涵,它不仅为中国古代学术文化提供了一个总体框架,而且对古代学术文化的基本精神提供了相当坚实的学理上的论证,提出了许多重要的范畴、命题和思想,产生了十分显著而具体的影响"。此外,"经学思维方式又表现出自我完善的机能,为了适应特定的社会文化环境,而具有某种开放性的特点。它可以吸收、容纳异质的内容,对自身做出调整,并在变化中保持自身的同一性"。[①] 总之,经学传统对中国古代学术发展产生了重大而深远的影响。

---

① 边家珍:《经学传统与中国古代学术形态》,《光明日报》2006 年 6 月 6 日。

然而,从孕育魏晋哲学的视角来看,汉代经学在东汉中后期出现的整体性危机,却为魏晋玄学的出现提供了极为关键的外在动力。

汉代经学化的儒学之所以出现严重的危机,原因是多方面的。其中,最重要的还是儒学理论内部出现了问题。汉代儒学主要以经学的面目呈现于世人面前。从形式上看,经学以整理和注解儒家主要经典(包括《诗》《书》《礼》《易》《春秋》)为中心工作。但究其实质,经学看似单纯的学术活动背后,真正起支撑作用的是儒家的"道"。尽管汉代经学的神学化色彩一直备受诟病,但是应该看到,经学被神学化绝不仅仅是因其简单有效、利于操作,更重要的原因是经学家们认定这样的形式更能体现经学的神圣性,更能实现儒家的价值理想。因此,对于很多经学家来说,神学化的经学并非他们用来谋利的手段,而是寄寓着他们的真诚信仰。这尤其突出体现在春秋公羊学上。作为今文经学典范的春秋公羊学是汉代经学(尤其是西汉经学)的核心。春秋公羊学有一个鲜明的主张:圣人创作经典,为后世立法。"经典"即"六经",尤其是《春秋》;"后世"即汉代。因此,通过整理、注解儒家经典,全面系统地挖掘和领悟经典中隐秘的圣人之"微言大义",就能找寻到圣人为汉代乃至后世社会制定的大经大法。遵循着经典的指引,人们就能一步一步将现实世界从"据乱世"提升到"升平世",最后臻至"太平世"。"太平世"就是《礼记·大同》篇所描绘的"天下为公"的社会,这也标志着儒家之"道"的实现。所以,春秋公羊学看似荒诞、架空的理论背后,承载的仍旧是儒家的价值理想("道")。

然而,两汉的社会实践基本上标志着儒家经学之神圣性的褪色与理想性的破灭。从儒家的"外王"标准看,两汉社会算得上是每况愈下,根本上背离了《公羊传》所提示的"据乱世"—"升平世"—"太平世"的理想之路。

当然,经学家们可以辩解说:之所以未能通向上升性的通道,实现儒家的"太平世"理想,恰恰是因为汉代的君臣和民众没有能够真正贯彻和遵循儒家经典的指引;因此,汉代社会实践的失败并不表明儒家经典的失效,更不代表儒家的无能。但是,这仍然无法回应批评者的指责:汉代社会实践的失败至少表明儒家经典所设计的道路并非如其所宣称的那样"天经地义";极端一点讲,它只不过是臆想与揣测;温和一点说,它至少不是一目了然、理所当然的,而是晦涩的、不清晰的,充斥着种种的误读的可能性。

由于汉代经学实践无法克服儒学内在的理论困境,导致经学活动在展开的过程中不断偏离了儒家的价值理想("道"),犹如无源之水、无根之木,渐渐干涸、枯萎。其具体表现为经学诸多弊端的集中暴露和经学整体危机的大爆发。

一、汉代经学暴露出形式上的种种弊端

"兴"与"衰"是一切事物发展的相反相合的必然环节。因此,分析厘清汉代经学兴起的缘由,对于我们理解汉代经学衰败的原因,具有很重要的对照意义。

1. 汉代经学兴起的原因

经学之所以能够在秦朝暴政和楚汉战火之后,如星火燎原般蓬勃兴盛起来,是因为它占据了天时、地利、人和,适应了社会的特点,满足了时代的需要。概括而言,汉代经学兴起的原因有以下几点:

第一,出于文化自救的需要。秦王朝焚书坑儒政策对先秦时期流传的大量典籍造成致命伤害,而秦末至汉初的持续战乱更是加重了这一伤害。因此,到了西汉中期,社会政治、经济民生等逐渐走上正轨后,抢救命悬一线的文化典籍成为时代的迫切需要。经学正是在这一背景下应运而生。

第二,出于国家政治治理的需要。到西汉武帝时期,汉初以来盛行的清静无为的黄老政策逐渐暴露出种种弊端,国家政治治理的政策需要作出重大调整。儒学在遭遇秦王朝和汉初的连番打击后,也不得不面对现实,进行自我革新。其中非常重要的一个改变就是借助经学的形式,在绍续儒学精神、整理儒家经典的基础上,通过对儒家经典的重新解读、

诠释,为汉王朝的政治变革提供精神资源和理论支撑。

第三,出于培养人才的需要。儒家经典在系统性的教育方面具有无可取代的优势。因此,通过倡导经学,吸引青年才俊研习儒家经典,在经学的训练中掌握入仕从政所需要的德性、知识、技能,同样是经学兴起的一个重要原因。

第四,出于学术竞争的需要。自从春秋晚期至战国时期诸子百家陆续出现后,各家学派一直有一种竞争关系。这一竞争在战国晚期达到顶峰,法家和阴阳家成为这一阶段的胜利者。但是好景不长,秦王朝迅速瓦解将法家打落凡尘。糅合了道家、法家等多家思想资源的黄老道家趁势而起,占据了西汉前期思想界的霸主地位。汉武帝掌权后,汉王朝政策调整的需求为儒家提供了天赐良机。董仲舒利用举贤良对策的机会上"天人三策",配合政治大一统的新政策,提出"罢黜百家,独尊儒术"的文化主张,并被汉武帝采纳。儒家随即占据垄断地位,进而成为国家意识形态。两汉儒学之所以紧紧抱着经学的旗号不放手,正是想通过不断凸显、巩固儒学的官学地位,抢夺政治和学术资源,压制其余诸子各家,以延续其主导地位。

2. 汉代经学的弊端

从西汉中期开始,直至东汉晚期,经学牢牢占据着主导地位。在长达近三百年的时间里,经学不仅是学术霸主,而且在社会道德、政治治理、人才培养等多个关键领域发挥着重要的影响。但是,这并不意味着经学就是无懈可击的,可以高枕无忧。相反,经学从兴盛的那一刻起,就一直无法彻底摆脱自身在形式和内容等方面的局限性。换言之,在经学的盛世欢歌中,始终暗藏危机。东汉中期以后,经学的内部危机与社会的外在矛盾相互叠加,导致经学的各种弊端集中爆发出来,经学陷入内忧外患的境地,生命力逐渐萎缩。

汉代经学暴露的第一个弊端是"繁琐"。经学发展的早期,出于抢救典籍、恢复旧说的需要,有必要对历经秦火摧残的儒家经典做一番记录、编撰、整理、阐述的工作。应该说,这是学术发展的内在要求。但是,当儒家主要经典已经基本被梳理完成后,经学仍然死守师法、家法传统,满足于对儒家经典做一点重复性、繁琐细密的考证工作,显然就不合适了。

据《文心雕龙·论说》篇记载,汉代儒生秦延君注释《尚书·尧典》洋洋洒洒十万言;朱文公解《尚书》更是煌煌三十万字!时人解经甚至不乏百万字的"鸿篇巨制"!但深究其内容,或是无病呻吟,或是炫耀卖弄,多半废话连篇、繁琐要命!此类琐碎枝蔓的经学形式格局偏狭,既缺乏深入经典的悟性,更缺乏开创新经典的魄力,渐渐为人厌弃。

汉代经学暴露的第二个弊端是"肤浅"。为了实现"为后世立法"的经学理想,达到论证汉王朝政治神圣性的目的,经学选择了天人感应的神学化形式。客观地讲,经学选择神学化的形式自有其理由,这是对战国后期以来阴阳家思想传统的继承和发挥;而且,神学化的形式具有直接、简便的优点,对于历经磨难、饱受摧残的汉代思想文化界而言,不失为一种易操作、见效快的方案。但是,神学化的模式与人文理性之间存在难以调和的矛盾,也很容易陷入"流于形式"的危机。尤其是当宗教情感逐渐淡漠以后,过分依赖神学化形式的经学很快暴露出其理论上的先天不足。说到底,相较于先秦儒家的人文理性,神学化的经学毕竟缺乏理论深度,容易陷入逻辑困境。

例如当时最盛行的以公羊学为典范的今文经学,特别喜欢讲阴阳灾异,主张天人感应,将人间的治乱与天道的运行一一对应。董仲舒的"谴告说"就认为:天地之间除了那些正常的现象之外,有时还会出现一些异常的现象。少数异常现象为祥瑞之兆,大多数则为不祥之兆。在不祥之兆中,小的异常称之为"灾",大的异常称之为"异"。一般的情形是"灾"先出现,"异"随后而来。这些"灾"和"异"都不是平白无故出现的,它们是天对人间的警告。上天一直关心着人类社会的治理情况,如果人间国家的统治出现了一些小的过失,天就会降下水、旱之类的灾害来"谴告"之;如果"谴告"了人们还不知改正,天就会降下日食、月食之类的怪异现象来"惊骇"之;倘若仍然无济于事,就只能说明人君是咎由自取,天将革掉他的"命"。这样的思想,当然有借助神权来约束君王权力的进步意义。但是,这种神学意味浓厚的学说,往往经不起推敲,显得很肤浅。东汉王充就曾经讽刺说:这个德行上出了过错的统治者是怎么来的?原来他竟然就是由天亲自挑选出来的!这就意味着天先挑选了一个德行上并不完满的所谓"庸庸之君"接受福命,然后等到这个庸君失道废德、出现问题后,再用灾异现象去谴告他,甚至最后革他的命,天真的是不怕麻烦啊!在王充看来,既然天有意志、能判断,可以谴告人间君王,那么天自然也就能够直接挑选出一个像尧、舜一样德行高洁、才能出众的圣贤,赐给他福命,让他做人间的统治者。王充对今文经学"谴告说"之荒谬性的深刻揭露,充分暴露出汉代神学化的经学所具有的粗疏、浅陋的理论缺陷。

汉代经学暴露的第三个弊端是"庸俗"。汉代官方倡导经学,本意之一就是希望发挥经学在培养人才、选拔官员方面的重要作用。从理想的角度看,儒家经典承载着崇高的政治理想和高洁的道德原则;经生们在诵习儒家经典、研读经义的过程中,受到潜移默化,由此培育出一批德才兼备的治世良才。然而,现实情况是经学逐渐堕落为时人追名逐利的工具。

《汉书·韦贤传》记载,汉代社会流行"遗子黄金满籯,不如一经",与其留给子孙黄金万两,不如让他们精通掌握一种儒家经典。这就好比"授人以鱼,不如授人以渔",给他钱财不如给他谋生的方法。在汉代,研习经典不仅是谋生之方,更是飞黄腾达的捷径。如公羊学学者公孙弘,就因精通《春秋》而当上了丞相。然而,汉代经学的这一功利化倾向,使它根本偏离了儒家"学为帝王之师以匡正社会"的理想色彩,而沦为"学成文武艺,货与帝王家"的利禄之学。经学不得不成为社会政治的附属品,丧失了学术的独立性,甚至成了散发铜臭味的俗物。

汉代经学暴露的第四个弊端是"狭隘"。遵守"师法""家法"传统是两汉经学独特的传承形式。客观地说,强调"师法""家法"传统最初有其合理性,一方面在秦末汉初的思想学术窘境下,坚守"师法"和"家法"传统、借助学派的力量,更有利于学术的保护和传承;另一方面,固守"师法"和"家法"传统,也是因为学习者、传承者服膺师说,感情上与认知上均更熟悉、亲近和敬爱其"师说"。但是发展到后来,学术思想环境已发生巨大变化,经学不再形势危殆,而是成为显学,甚至与政治权利、经济利益、身份名誉等纠葛在一起,成了一个极大的名利场。此时,经生们仍严守"师法""家法"传统,彼此攻讦、党同伐异,则更多是出于抱残守缺、垄断权利的自私心理,经学也因而丧失了基本的学术客观性和公正性。

西汉末期古文经学的兴起,可以理解为经学内部对于汉代经学种种弊端的修正。东汉晚期,郑玄兼采古文经和今文经以遍注群经,正是修正的最高成果。但这一修正仍然是不彻底的,无法从根源上解除经学的危机。

二、汉代经学危机的实质

从表面上看,东汉中期以降愈演愈烈的经学危机主要表现在经学形式的繁琐、庸俗、狭隘、固化;但仔细深究,我们会发现经学的整体危机有着更为深刻的根源。

西汉中期,公羊学大师董仲舒因势利导建构起一套庞大的经学化儒学。这一特殊的儒学形式带有鲜明的神学特征,在很大程度上继承了战国后期以来的兼综、杂糅的思想特质。在董仲舒所建构的儒学体系中,兼综了儒家、阴阳家、名家、法家等各家学说的因子。

必须承认,在特定时代对多元学术和思想做一番兼综、杂糅的工作是很有必要的。例如战国后期,诸子各家的思想学说已比较成熟,各类观点、主张也基本展示出来了,诸子峰起、百家争鸣达到高潮,"道术将为天下裂"。然而,从社会现实与政治实践的角度看,此时的诸子各家往往各执己见,"是其所非,而非其所是",仿佛每一家都有一把开启各自房门的钥匙,但却没有通用于所有房间的万能钥匙。有鉴于此,一些学者逐渐意识到自身的局限,尝试着将各自珍藏的钥匙拿出来交流,努力找到那把足以应对日新月异之时代变迁的万能钥匙。战国中后期齐国稷下学宫的辉煌和战国后期士人频繁的迁徙流动,均可以视作此类的实践。

但同时也应该看到,对学术和思想所做的兼综、杂糅的工作,本质上只能是阶段性的、过渡性的;换言之,在完成形式上的统合之后,还必须进行下一步的沉淀、消化、精酿的工作,从形式的综合走向内容的创新。

然而,汉代经学(尤其是作为经学主体的今文经学)在完成了形式上的兼综、杂糅后,并未能真正开展下一步。追溯原因,其一,在经历了种种劫难后,整个社会动极思静,高效、实用的功利原则占据上风,而神学化的经学形式就是这一原则的体现;不过,神学化的形式是一种冒险的尝试,固然受益于其简洁、直白,但亦受困于其不够精致,经不起推敲。其二,秦火及楚汉战争实际上造成了学术传统在某种程度上的中断,因而经学家们或多或少存在“先天不足”的问题,由此缺乏极研精思的深刻创造性。其三,汉王朝大力扶持经学,建立学官制度,设置五经博士,给经学披上了一件金灿灿的外袍,固然在初期起到抢救文献、扶持绝学的效果;但发展到后来,也让一部分经学家醉心于名利,丧失了学术动力。经学随之转变为争权夺利、排斥异己的工具,沦为利禄之学。其四,汉代经学借鉴法家精神,倡导“罢黜百家、独尊儒术”的文化专制政策,以及经学内部盛行的师法、家法传统,又从一大一小两个层面造成思想的固化与萎缩。

因此,汉代经学的创造性是不完整的,甚至是畸形的。从外在的创造性来看,汉代经学总结历史经验教训、杂糅诸家学说,在思想的广度、资源的灵活取用等形式方面做得极为成功。但从内在的创造性来看,汉代经学往往表现出原创性不足、思想的深度不够、理论的系统性和周密性不足等致命缺陷。

对于汉代经学危机的实质,还有学者从“外王”与“内圣”关系的角度做了深入的分析,极有启发意义。如陈立旭指出,在儒学的理论逻辑里,“外王”必然本于“内圣”,“用”必然本于“体”,道德践履必然本于道德自觉。以内在的道德心性为基本点,进而将之落实到人伦日用上,这是儒学道德实践的一个完整程序和内在要求。而汉代儒学(经学)过于强调敬天法祖、通经致用等"外王"的方面,将先秦儒学既向内("内圣")也向外("外王")的精神旨趣,改造成了单纯向外用功的学问。这样一来,就把外王的源流即"反求诸己"的"内圣之道"堵塞了。结果,"外王""通经致用"必然因无"内圣"之源而丧失生命力。[1] 如果外王的达成是通过由本及末的方式实现,亦即在德性修养、体悟天理的基础上,推己及人扩展至家国天下,则是一种理想的状态。在此种状态下,由于内圣能够为外王提供永不枯竭的动力,外王的达成表现为彻底的"平天下"。反之,如果外王的达成是通过舍本逐末的方式,忽视内在心性修养和道德体认,仅仅满足于"头痛医头,脚痛医脚"的功利实用,甚至沦为追慕名利的"为人之学",那么,这样的外王是病态的、畸形的。由于缺乏内在的长久源泉与动力,只能是无源之水、无本之木,最终半途而废。这一视角也为人们审视汉代经学的得失提供了有益的参考。

第二节　东汉末期社会批判思想的兴起

魏晋玄学研究权威汤用彤先生指出:"文化学术虽异代不同,然其因革推移,悉由渐进。魏晋教化,导源东汉。王弼为玄宗之始,然其立义实取汉代儒学阴阳家之精神,并杂以校练名理之学说,探求汉学蕴摄之原理,扩清其虚妄,而折衷之于老氏。于是汉代经学衰,而魏晋玄学起。故玄学固有其特质,而其变化之始,则未尝不取汲于前代前人之学说,渐靡而然,固非骤溃而至。今日而欲了解玄学,于其义之所本,及其变迁之迹,自不可忽略也。"[2]汤先生的这一论述对我们理解魏晋玄学的发生具有重要的指导意义。魏晋玄学看似与两汉学术迥乎不同,但若要寻根问底,仍旧能从两汉学术的某些活动和现象中找到源头。其中,最值得关注的是东汉末期出现的社会批判思潮。

从玄学产生的角度讲,东汉中后期出现的经学的整体性危机所起到

---

[1] 陈立旭:《儒学精神旨趣与魏晋玄学的兴起》,《福建论坛》1999年第1期。
[2] 汤用彤撰,汤一介等导读:《魏晋玄学论稿》,第23页。

的作用主要是负向的,表明"此路已不通"。与此相对应,东汉末期出现的社会批判思潮所起到的作用则是正向的,可视为"另辟一蹊径"的探索。

学界多用"两汉经学"概括汉代学术的基本面貌。这一说法大体是没错的,但是这并不意味着整个两汉时期的思想学术界就只有经学一种声音,同时也不意味着经学在两汉的各个具体阶段都是安贞稳固、铁板一块的。东汉开始,古文经学对占据官学地位的今文经学不断发起一轮又一轮的挑战,显示出经学内部的竞争与调整。而在经学之外,以道家、名家、法家为代表的诸子学,也借着经学危机的机遇趁势兴起,展现了某种复兴趋势。张岱年先生认为诸子学的复活发生在汉末魏初,他将诸子学的这次复活定位为一次"思想解放":"从东汉末到魏晋,可以说有一次思想解放,在一定程度上从汉代的烦琐的经学中解放出来。当时的一些学者突破了儒家经学的藩篱,注意先秦诸子的学说,何晏王弼崇尚老庄,鲁胜研究墨学,还有阮裕对公孙龙的《白马论》感兴趣。刘劭、傅嘏善谈名理,与先秦名家也有一定关系。诸子学在一定程度上复活,当然可以说是思想解放。"①这一时期的诸子学突破了儒家经学的藩篱(当然也源于儒家经学自身的问题,导致其藩篱千疮百孔),为一些学者提供了更为广阔的思想资料、理论资源和方法原则。

需要注意的是,我们说诸子学在东汉末期出现复兴的迹象,并不是说它们仍能保留着先秦时期的道家、名家或法家等学派的具体形式来发生作用,而是说这些诸子学的理论内容和精神资源重新焕发生机,借助一些灵活的形式来发挥其影响。具体地讲,东汉末期的这轮诸子学的复兴主要表现为一股社会批判思潮。任继愈先生主编的《中国哲学发展史(秦汉)》一书较早地提出了"汉末社会批判思潮"的概念,指出东汉末年的社会批判思潮是"从秦汉到魏晋的哲学发展史上的一个重要环节。如

---

① 张岱年:《魏晋玄学的评价问题》,《文史哲》1985 年第 3 期。

果抽掉这个环节,从经学到玄学的过渡就无法得到合乎规律的说明"①。任先生的这一说法得到了学术界的普遍认可,如余敦康也认为:"就思想渊源而言,东汉末年的社会批判思潮为魏晋玄学的产生准备了必要条件,魏晋玄学所讨论的一系列的哲学问题,东汉末年都由不同的哲学家从不同的角度、不同的深度提出来了,但是他们的哲学探索尚处于量的积累阶段,还没有引起质的飞跃。"②东汉末期社会批判思潮中的思想家们的工作包含了两面性:一方面,为魏晋玄学的产生准备了条件,他们讨论的很多问题都直接影响到后来的玄学的主题;另一方面,仍旧未能彻底终结经学,他们对一些重要问题的讨论在深度和广度上仍存在局限性,所以无法从根本上应对经学的整体危机,并回应汉末社会的严峻挑战。

尽管汉末社会批判思潮具有不彻底性,但仍为玄学的萌发准备了合适的土壤。余敦康指出,"王符、崔寔、仲长统、荀悦等人的思想(也可以追溯到王充),作为经学思潮的对立物,在哲学史上的作用和意义,主要是破坏性的而不是建设性的。他们深刻地揭露了经学思潮的理论上的虚妄,立足于人类的理性,把神学问题还原为现实问题,提供了一系列真理的颗粒,作出了许多哲学上的创新,但却不能建立一个囊括宇宙、统贯天人的完整的体系来取代经学思潮,开拓出一个哲学史上的新时期"③。应该说,这一结论是极为精准的。

汉末社会批判思潮比较分散,并未形成相对统一、一致的观点和理论。其中,王符和仲长统的批判思想较有深度,也较为系统。下面,以二人为例,介绍汉末社会批判思潮的基本情况。

一、王符

王符(约85—约163),字节信,东汉后期思想家、政论家。著有《潜

---

① 任继愈主编:《中国哲学发展史(秦汉)》,第712页,北京,人民出版社,1985。
② 余敦康:《魏晋玄学史》,第4页,北京,北京大学出版社,2004。
③ 同上书,第5页。

夫论》一书,书名取义"以讥当时失得,不欲彰其名"①。王符在书中对汉代思想界进行了尖锐的批评,指出时人的几大弊端:好标新立异、热衷交游、薄养厚葬,"所谓作文的标新立异,是想以文章的新、奇、怪引起人们的注意,从而扬名;所谓热衷交游,是为了广交朋友,互相吹捧以扬名;所谓薄养厚葬,是为了以盛大的丧事来表现自己的孝,以丰盛的款待收买宾朋来扬名"②。王符毫不留情地揭穿了汉代经学浮躁、庸俗的面目,鞭挞了名教的伪善。③

王符最重要的思想成果是"元气说"和"本末说"。"元气说"主要继承了汉代的学术传统,而"本末说"则更多是王符的创新,"王符等人从怀疑经学始,一方面并没有彻底摆脱两汉经学的思维模式,继续讨论着一些旧的哲学话题,比如王符的'元气说';另一方面又提出了许多新的哲学问题,比如王符的'本末说',为魏晋玄学的本体理论的产生创造了条件,做了准备"④。

在《潜夫论·务本》篇,王符罗列了八种本末关系:

> 夫富民者,以农桑为本,以游业为末;百工者,以致用为本,以巧饰为末;商贾者,以通货为本,以鬻奇为末;三者守本离末则民富,离本守末则民贫,贫则厄而忘善,富则乐而可教。教训者,以道义为本,以巧辩为末;辞语者,以信顺为本,以诡丽为末;列士者,以孝悌为本,以交游为末;孝悌者,以致养为本,以华观为末;人臣者,以忠正为本,以媚爱为末;五者守本离末则仁义兴,离本守末则道德崩。慎本略末犹可也,舍本务末则恶矣。⑤

---

① 《后汉书》卷四十九《王符传》。

② 郝虹:《从两汉经学到魏晋玄学的过渡:汉末社会批判思潮》,《烟台大学学报》(哲学社会科学版)2011 年第 1 期。

③ 与王符同时代的崔寔也批评过汉代社会存在的"三患":奢僭、弃农经商、厚葬。详见《全后汉文》卷四十六《政论》。

④ 王继训:《从经学到玄学:以王符、仲长统为例》,《孔子研究》2005 年第 2 期。

⑤ 〔汉〕王符:《潜夫论》,第 6—7 页,诸子集成本,北京,中华书局,2006。

以百工和商贾为例,王符认为:产生工匠的初衷,是为了满足对某些生活必需品的实用需要;产生商人的初衷,是为了满足不同地域物品流通的需要。但是,发展到后来,出于获取更多利益的目的,工匠们越来越倾向于制作装饰性、奢侈的东西,而商人们也更愿意贩卖这些商品。原本满足生活基本需要的物品,反而没有工匠生产、没有商人贩卖了。这就是"本末倒置""舍本逐末"。只有清楚了"本"与"末"的差别,不受"末"的干扰,而专心致力于"本",才能功成事遂。可见,"王符所说的'本'是指正常的封建统治秩序,'末'指的是当时社会政治危机中的各种反常现象",王符之所以批判汉代社会种种"舍本逐末"的怪象,目的是希望通过理顺本末、重建标准,以遏制当时社会的崩坏趋势。因此,"王符讨论本末,与王弼的本末之辨在思想上有着一致和联系,但在王符那里,本末还没有被提到抽象的理论高度,只是被当作一对重要的哲学范畴,用来指导具体的社会政治生活。只是就事论事,而不是一种本体论的思辨"①。

二、仲长统

仲长统(180—220),姓仲长,名统,字公理,山阳郡高平(今山东邹城)人,东汉末年政论家、思想家。他自幼好学,博览全书,擅长言辞。成年后,他四处游学,见识不凡,"性倜傥,敢直言,不矜小节,默语无常,时人或谓之狂生"②。他不慕名利,屡次告病推辞州郡征召。仲长统是一位有着独立精神的思想家,《后汉书·仲长统传》说他"每论说古今及时俗行事,恒发愤叹息,因著论,名曰《昌言》,凡三十四篇,十余万言"③。《隋书·经籍志》杂家著录《仲长子昌言》12 卷。全书现已佚失,仅有少量佚文存于《后汉书》本传及《群书治要》等书中。

仲长统思想主张的重点在两个方面:其一,深刻揭露并尖锐批判现实政治(尤其是汉代政治)的黑暗、腐败、奢侈、荒谬;其二,质疑两汉经学

---

① 王继训:《从经学到玄学:以王符、仲长统为例》,《孔子研究》2005 年第 2 期。
②③《后汉书》卷四十九《仲长统传》。

天人感应的神学色彩,批评谶纬之学,进而倡导道家超脱的自然之道。

在整个汉代的思想家中,仲长统对现实政治之弊端的揭露与批判的深刻程度极为罕见。在《昌言·理乱》篇中,他指出,从现实政治的源头来讲,开创某个王朝的豪杰之士往往打着"天命"的旗号,其实不过是"伪假天威,矫据方国",借"天命"之名以成其霸业,真正发挥作用的是他们的才智与勇武。一旦获得政权,王朝的拥有者仍旧以"天命"自居,"贵有常家,尊在一人"。只不过王朝初创时期的帝王通常有过人的才智,还能维系有效的统治与管理。然而,后世的继承者中,难免会出现一些愚顽之辈,借着"天命"的幌子肆无忌惮地满足其邪心与私欲:"彼后嗣之愚主,见天下莫敢与之违,自谓若天地之不可亡也,乃奔其私嗜,骋其邪欲,君臣宣淫,上下同恶。目极角抵之观,耳穷郑卫之声。入则耽于妇人,出则驰于田猎。荒废庶政,弃亡人物,澶漫弥流,无所底极。信任亲爱者,尽佞谄容说之人也;宠贵隆丰者,尽后妃姬妾之家也。使饿狼守庖厨,饥虎牧牢豚,遂至熬天下之脂膏,斫生人之骨髓。怨毒无聊,祸乱并起,中国扰攘,四夷侵叛,土崩瓦解,一朝而去。昔之为我哺乳之子孙者,今尽是我饮血之寇仇也。至于运徙势去,犹不觉悟者,岂非富贵生不仁,沉溺致愚疾邪?存亡以之迭代,政乱从此周复,天道常然之大数也。"[1]由此,现实政治陷入黑暗、贪婪、残暴的深渊,必然引起人民的反抗,于是王朝更迭、江山异代。仲长统认为,这才是真正的"天道",而并非如王朝的拥有者所说的"奉天承运"的虚妄之"天命"。

进而,他对汉代社会政治也作了尖锐的批判,他说:

> 汉兴以来,相与同为编户齐民,而以财力相君长者,世无数焉。而清洁之士,徒自苦于茨棘之闲,无所益损于风俗也。豪人之室,连栋数百,膏田满野,奴婢千群,徒附万计。船车贾贩,周于四方;废居积贮,满于都城。琦赂宝货,巨室不能容;马牛羊豕,山谷不能受。妖童美妾,填乎绮室;倡讴伎乐,列乎深堂。宾客待见而不敢去,车

---

[1] 《后汉书》卷四十九《仲长统传》。

骑交错而不敢进。三牲之肉,臭而不可食;清醇之酎,败而不可饮。
睇盼则人从其目之所视,喜怒则人随其心之所虑。此皆公侯之广
乐,君长之厚实也。苟能运智诈者,则得之焉;苟能得之者,人不以
为罪焉。源发而横流,路开而四通矣。求士之舍荣乐而居穷苦,弃
放逸而赴束缚,夫谁肯为之者邪![①]

达官贵人凭借权势享受着豪奢、荒淫、堕落的生活,德性高洁的"清洁之
士"则处于困厄之中,无法扭转日渐衰败的风俗人心。整个社会都向往
通过才智与奸诈来获得高官厚禄,人们不以为耻,反而竞相效仿。于是,
追逐荣华富贵、沉湎享乐放纵成为社会风尚。

　　在《昌言·损益》篇,仲长统还详细分析了汉初分封制的弊端。他认
为,秦朝统一之后,原本已废除分封诸侯的旧制。但汉初的帝王出于种
种考虑,又在一定范围内恢复了分封制度,引发了许多严重的后果:"汉
之初兴,分王子弟,委之以士民之命,假之以杀生之权。于是骄逸自恣,
志意无厌。鱼肉百姓,以盈其欲;报蒸骨血,以快其情。上有篡叛不轨之
奸,下有暴乱残贼之害。虽藉亲属之恩,盖源流形势使之然也。降爵削
土,稍稍割夺,卒至于坐食奉禄而已。然其洿秽之行,淫昏之罪,犹尚多
焉。故浅其根本,轻其恩义,犹尚假一日之尊,收士民之用。况专之于
国,擅之于嗣,岂可鞭笞叱咤,而使唯我所为者乎?时政雕敝,风俗移易,
纯朴已去,智惠已来。出于礼制之防,放于嗜欲之域久矣,固不可授之以
柄,假之以资者也。"[②] 很多被分封的王侯狐假虎威,骄奢淫逸,昏庸无
能,只知道鱼肉境内、盘剥百姓,甚至有不臣之心,背叛王朝。可见,分封
诸侯之制危害极大,应该彻底放弃,并引以为戒。除了分封制外,仲长统
还讨论了井田制等土地分配制度和肉刑等刑罚制度。他希望通过对这
些具体制度进行分析和探讨,为困境中的汉代政治找寻一条出路。

　　东汉后期,政治腐败,社会凋敝,人心浮动,谶纬之说大行其道。针
对当时谶纬横行的社会乱象,仲长统说:"故知天道而无人略(事)者,是

①②《后汉书》卷四十九《仲长统传》。

巫医卜祝之伍,下愚不齿之民也;信天道而背人略(事)者,是昏乱迷惑之主,覆国亡家之臣也。"①他反对汉代经学的天人感应之说和谶纬之学,认为"天道"与"人事"无关;与虚无缥缈的"天道"相比,"人事"才是我们应该关注和重视的。由于其思想有着鲜明的反神学色彩,他也常常被视为汉代无神论的重要代表。

仲长统身处的东汉晚期,社会政治已经病入膏肓,无药可救。仲长统也逐渐意识到这一点。因此,他在批评现实政治和谶纬神学之余,也对儒家正统思想产生了怀疑。他曾这样描述自己的理想:

> 使居有良田广宅,背山临流,沟池环匝,竹木周布,场圃筑前,果园树后。舟车足以代步涉之艰,使令足以息四体之役。养亲有兼珍之膳,妻孥无苦身之劳。良朋萃止,则陈酒肴以娱之;嘉时吉日,则烹羔豚以奉之。蹰躇畦苑,游戏平林,濯清水,追凉风,钓游鲤,弋高鸿。讽于舞雩之下,咏归高堂之上。安神闺房,思老氏之玄虚;呼吸精和,求至人之仿佛。与达者数子,论道讲书,俯仰二仪,错综人物。弹南风之雅操,发清商之妙曲。逍遥一世之上,睥睨天地之间。不受当时之责,永保性命之期。如是,则可以陵霄汉,出宇宙之外矣。岂羡夫入帝王之门哉!②

这是一大段优美的文字。一开始,仍然传达着儒家和乐安顺的治世理想,从中我们看到孔子的"风乎舞雩"之志和孟子"五亩之宅"之愿。但是,接下来,作者明显转向道家,"思老氏之玄虚,呼吸精和,求至人之仿佛",企慕老子的玄虚之论和道家的呼吸养生之术。最后,作者寄希望于"论道讲书,俯仰二仪","逍遥一世之上,睥睨天地之闲",道家"达者"清逸峻拔、逍遥傲视的形象成为仲长统最高的精神典范。

公元220年,汉献帝逊位。同年,仲长统辞世,年仅41岁。他的朋

---

① 《全汉文》卷八十九《昌言(下)》。
② 《后汉书》卷四十九《仲长统传》。

友缪袭评价其"才章足继西京董、贾、刘、扬"①,仲长统的才学、辞章不逊色于董仲舒、贾谊、刘向、扬雄。清人严可均和马国翰也都认同这一评价。② 仲长统对汉代政治的全面批判、对儒家正统思想的质疑,以及对道家境界的向往,是汉末批判思潮的重要思想成果,为魏晋玄学的萌发作了必要的思想铺垫。

从更加宽泛的角度看,东汉后期以来陆续出现的一些异端思想与言行,也可以被视作广义上的汉末批判思潮的一个部分。东汉中期以降,种种虚伪狡诈、名实乖张的异化现象层出不穷,引起了一些有独立精神的士人的不满,"东汉后期的一些名士以其具有叛逆性的言行,表达了他们对现实生活中伪善和伪孝行为的不满"③。如戴良,因为母亲喜欢听驴叫,他就常常模仿驴叫让母亲高兴。母亲去世,办理丧事期间,戴良肉照样吃、酒照样喝,哀痛至极则痛哭。面对旁人的质疑,他回应道:"礼的作用是防止感情佚失;既然我的感情没有佚失,何必需要礼来管束?"④其言行做派几与魏晋名士无异。余嘉锡先生据此得出结论:"盖魏、晋人一切风气,无不自后汉开之"⑤,"此可见一代风气,有开必先。虽一驴鸣之微,而魏、晋名士之嗜好,亦袭自后汉也。况名教礼法,大于此者乎?"⑥

再如孔融,尽管为孔子之后,但其任情放诞,颇有名士之风。《后汉书》卷七十《孔融传》记载:

> 与白衣祢衡跌荡放言,云"父之于子,当有何亲? 论其本意,实为情欲发耳。子之于母,亦复奚为? 譬如寄物缶中,出则离矣"。既

---

① 《后汉书》卷四十九《仲长统传》。
② 严可均:"然其阖陈善道,指掉时弊,剀切之忧,踔厉震荡之气,有不容磨灭者。缪熙伯方之董、贾、刘、扬,非过誉也。"(《全后汉文》卷八十八)马国翰:"其言时事,切中利弊,缪熙伯以董、贾、刘、扬拟之,洵非溢美。"(《玉函山房佚书》第十一函,第五十四册)
③ 王永平:《魏晋风度的前奏——论东汉后期士人的"激诡之行"及其影响》,《浙江社会科学》2008 年第 11 期。
④ 参见《后汉书》卷八十三《戴良传》。
⑤ 〔南朝宋〕刘义庆著,〔南朝梁〕刘孝标注,余嘉锡笺疏:《世说新语笺疏》,第 21 页。
⑥ 同上书,第 636 页。

> 而与衡更相赞扬。衡谓融曰："仲尼不死。"融答曰："颜回复生。"大
> 逆不道，宜极重诛。

孔融公然质疑儒家奉为圭臬的父子之情，认为：父母对于其子女，实在谈不上有多少恩义亲情；他们之所以生子女，完全是情欲发作之后的"副产品"；母亲十月怀胎，也不能说明母子情深、联系久远，因为子女在母亲腹中，不过是像物品寄放在容器之中，子女出生就好比物品被从容器中取了出来。他甚至与祢衡相互标榜为"孔子""颜回"，其言行可谓惊世骇俗，所以《后汉书》评价其"大逆不道，宜极重诛"。有学者指出，孔融的这些言论"并不是真的要人们不顾及父母，而是为了冲击那种有悖人伦的僵化的礼教"，"最终都是为了消解儒家伦理的神圣性，恢复这些伦理关系的自然属性"。^① 按照这一理解，则孔融的思想中有明显的道家色彩；老子所申言的"绝仁弃义，民复孝慈"（《道德经》第 19 章）正是孔融这一言论的背后理据。

　　总体而言，东汉后期以降，以王符、仲长统为代表的一批具有批判精神的思想家，以及戴良、孔融一类的具有"异端"思想的士人，对汉代政治的黑暗、汉代经学的弊端、汉代伦理的虚伪，乃至对汉末社会的整体危机进行了全方面、多层次的揭露与批判，推动形成了汉末社会批判思潮。这一思潮的局限性在于，"他们过于把注意力集中在现实的政治领域，忽视了对理论的研究与提炼，没有建立起一种思辨体系，没有涉及到关于普遍问题和范畴的抽象思维，这是他们的缺憾"^②。但其贡献更值得重视：汉末社会批判思潮从政治、文化、经济等各方面分析了汉代社会危机的症结与表现，在很大程度上松动了儒家正统思想对全社会的控制力与影响力，从思想观念到生活方式上启发了后起的魏晋时期的玄学家。

---

① 王永平：《魏晋风度的前奏——论东汉后期士人的"激诡之行"及其影响》，《浙江社会科学》
　　2008 年第 11 期。
② 王继训：《从经学到玄学：以王符、仲长统为例》，《孔子研究》2005 年第 2 期。

第二章　魏晋玄学的萌发期

　　学术界公认的魏晋玄学兴起的标志是"正始玄风"。而从汉末建安元年(196)到魏齐王正始元年(240)之间的这一阶段,历经魏武帝曹操、魏文帝曹丕、魏明帝曹叡三帝四十余年。在这一阶段中出现的种种思想界的新动向,可以视为魏晋玄学思潮正式勃兴之前的潜伏、酝酿时期。如果说汉末产生的异端思想和社会批判学说间接地为魏晋玄学的出现提供了思想基础,那么曹魏初期的思想异动则直接地为魏晋玄学的兴起提供了理论前导。因此,曹魏初期的一系列思想新动向尽管还未能真正达到玄学的高度,但是在逻辑上已经属于魏晋玄学思潮的一个内在部分,是魏晋玄学的萌发期。

第一节　才性之辨

　　曹魏初期,在思想界首先集中讨论并引起巨大反响的是"才性"之辨。才性论在魏晋玄学与清谈中贯穿始终,一方面联系着形而上学的思辨,一方面又与时政现实以及生命体悟息息相关。

　　"才性"论题与先秦时期诸子各家的人性论既有联系,也有差异;它在思想渊源上继承了先秦的人性论和名实学说。不过,实际酝酿过程中,曹魏初期的"才性之辨"更多地受到王充的性情学说和汉末人物品评风气的启发。

在《论衡·本性》篇,王充系统归纳了前人的性情学说。为了区别于先秦人性论说,王充除了沿用"善恶"的评价标准外,还引入"禀气"的观念,指出人之性乃是禀元气于天,"用气为性,性成命定"①,且人性"定有善有恶",性之善恶又可以因后天教导而化,"善渐于恶,恶化于善,成为性行","夫人之性犹蓬纱也,在所渐染,而善恶变矣"。② 牟宗三在《才性与玄理》中将言"性"分为两路:"顺气而言"和"逆气而言",王充的思想便属于顺气而言,以性为"材质之性"。③ 丁四新认为:"王充元气自然偶生的思想是哲学理论上的一个巨大转折。王充依此禀气的理论,可以必然地认为有人天生禀得至善之性,有人天生禀得至恶之性。这不仅在人性善恶的理论根据上与扬雄不同,而且在具体的三品人性理解上也差别巨大。"④

王充的"禀气材质之性"一说,继承了荀子一系的性情主张,对汉魏时期的性情才性学说影响巨大。由此"性"导出的才性学说及人物品评,可以发展出如下观念:一、人的材质高下禀之先天,不待学而后定,故而品评人物时多有"三岁看老"的趋势,观先天气质而不必问学业功绩。二、才性与身体同禀先天,故而观人骨相形貌等可以有迹可循,"贵贱贫富,命也。操行清浊,性也。非徒命有骨法,性亦有骨法"⑤。是以品评人物往往兼论相貌,且不断挖掘观相识人之法,并由此而渐趋抽象,如蒋济观眸子等。三、人性之气质可以变化,"其善者,固自善矣。其恶者,故可教告率勉,使之为善"⑥。

① 〔汉〕王充著,张宗祥校注,郑绍昌标点:《论衡校注》,第30页,上海,上海古籍出版社,2013。
② 同上书,第35—36页。
③ 参见牟宗三《才性与玄理》,第3页,长春,吉林出版集团有限责任公司,2010。
④ 丁四新:《世硕与王充的人性论思想研究——兼论〈孟子·告子上〉公都子所述告子及两"或曰"的人性论问题》,《文史哲》2006年第5期。
⑤ 〔汉〕王充著,张宗祥校注,郑绍昌标点:《论衡校注》,第59页。
⑥ 同上书,第35页。

汉末兴起的人物品评风气，一方面继承和发展了王充以来的才性理论，另一方面适应了当时社会的需要，因此很快成为席卷全社会的风潮。以当时最著名的汝南"月旦评"为例："'月旦'即月朔，每月初一。它是东汉末年汝南郡每月初一进行的品评人物、论士议政的一项活动"，"汝南月旦评是由汝南名士许劭为首，与其族兄许靖共同主持的。……这项活动在汝南一带蔚成风气，参与者甚众，影响也非常大。其后，月旦评便逐渐成为名士们品评人物的代名词"。① 以"月旦评"为代表的汉末人物品评是经学选拔人才功能的一个变种。由于东汉后期经学逐渐失去活力和权威性，其原本承载的选拔、输送人才的功能也随之褪色。汉末出现的人物品评在形式上保留了原有的交游、评论的方式，但在内容方面则突破了经学的藩篱，而是拓展到人物的气质、风神等抽象领域。

汉末人物品评的影响极大，例如，倘若在品评中被名士李膺看中，获得佳评，被称作"跃龙门"，可以步入青云；又如名士郭泰的品评非常准确，经他品评的人物在后来均一一应验，众人都佩服他的眼光。整个社会乃至官府对品评的结果越来越看重，甚至在一定程度上能左右朝廷的用人决定，"大约汉末名士互相品题，遂成风气，于时朝廷用人，率多采之"②。因此，当时的士人皆趋之若鹜，一方面希望能从李膺、杜密、陈蕃、陈寔等声名卓著的名士那里收获好的品评结果，另一方面又担心得到恶评，"宁为刑罚所加，不为陈君（陈寔）所短"③，"所称如龙之升，所贬如坠于渊，清论风行，高唱草偃，为众所服"④。汉末兴起的人物品评风潮在一定程度上填补了两汉选官制度的结构性缺陷，反映了时人对汉代官方僵化的用人模式的反感。不过，从本质上讲，人物品评是"人治"的极端化形式，将人才评价与选拔寄托在若干德高望重、见识不凡的名士身上，固

---

① 朱子彦、李迅：《论东汉末年汝南郡的月旦评》，《学术月刊》2002 年第 9 期。

② 〔清〕王鸣盛：《十七史商榷》（上），黄曙辉点校，第 452 页，上海，上海古籍出版社，2013。

③ 《后汉书》卷六十二《陈寔传》。

④ 《谢承后汉书》卷四《许劭传》，〔清〕汪文台辑：《七家后汉书》，第 74 页，石家庄，河北人民出版社，1987。

然有灵活、清雅等优点，但仍无法摆脱主观化、形式化等弊端。尤其到了后来，人物品评活动逐渐被一些豪强大族所把持，变成他们相互吹捧、自我标榜、党同伐异的工具，正如余嘉锡先生所言："所谓汝南月旦评者，不免臧否任意，以快其恩怨之私，正汉末之弊俗。虽或颇能奖拔人才，不过藉此以植党树势，不足道也。"①

鉴于汉末人物品评所具有的局限性，整个社会需要一种更加实用、高效的人物品鉴与选拔任用模式来取代它。曹操的"唯才是举"政策在时代呼唤下应运而生。

一、曹操与《求才令》

从建安时期开始，思想界更加系统、全面地分析、归纳才性问题。从表层来看，曹操的《求才令》所代表的才性主张是对汉末人物品评风潮的发展；但究其实质，建安时期出现并持续拓展的才性之辨已逐渐推陈出新，不断突破传统的"德才"观念，具有全新的时代价值。

概括而言，曹操通过《求才令》传达出的才性主张，是为了应对汉代经学在选拔、输送人才之功能方面出现的严重危机，更加全面、准确地挑选能够满足复杂的社会变迁之需要的合适人才。人才选拔制度反映着一个社会的统治策略和价值取向，影响着一个社会的政风民风和道德行为。统治者制定的人才选拔制度，将成为全社会的风向标。由于汉代经学的内忧外患，导致经学培养输送人才的传统通道（即"征辟"、举"孝廉"等）中断。汉末人物品评风潮固然能在一定程度上发挥替代作用，不过，因其固有的主观性、模糊性等特质，汉末的人物品评很难从根本上摆脱形式主义的窠臼，容易沦入暗箱操作的泥潭。在此背景下，曹操的《求才令》应时而出。

如果追溯更为久远的源流，则有必要重新梳理秦汉以来的人才选拔和官员任用方式的变迁。我们在理解汉朝的政治与文化时，必须注意到

---

① 〔南朝宋〕刘义庆著，〔南朝梁〕刘孝标注，余嘉锡笺疏：《世说新语笺疏》，第418页。

一个很重要的事实,即在一定意义上,汉朝是中国历史上第一个由平民开创的王朝。此前的夏商周三代均是由贵族(部落首领、联盟领袖、宗族族长)开创的;扫平六国、一统天下的秦王朝,本质上仍旧是先秦贵族政治的延续。三代至秦朝的贵族政治有许多共性,很重要的一点就是:其统治依靠较为稳定与成熟的贵族集团①。周代的宗法制度所推崇的"亲亲"原则与"尊尊"原则均是在贵族集团内部运行的,因此,人才选拔、官僚任用顺理成章地成为维持贵族集团垄断国家治理权力的关键。正因为如此,孔子等人所开启的"有教无类"的平民化的教育,方显得格外震撼。

自平民教育出现后,贵族官僚集团的藩篱逐渐松动。学术下移和"士"阶层的崛起伴随了整个战国时期。尽管如此,直至秦王朝建立,贵族阶层对社会政治与文化仍有着决定性的影响。在人才选拔、官僚任用上,主流的考核方式仍然是围绕"六艺"展开,不仅考核者由贵族主导,而且被考核者也以贵族为主。

秦王朝的建立对这一贵族官僚体系造成更大的冲击。然而,秦王朝的官僚体制实质上具有某种过渡性质:一方面,秦王朝的胜利奠基于其革新性,作为秦王朝意识形态的法家思想极有突破性,较好地保护了新兴势力的崛起。但另一方面,秦王朝仍旧无法彻底摆脱其贵族属性,秦王朝的前身秦国乃是先秦的七国之一,包括嬴政在内的王朝统治者原本都是传统贵族官僚集团的重要成员。因此,秦王朝在人才选拔和官员任用方面的变革依旧是不彻底的。

陈胜、吴广"王侯将相,宁有种乎"的登高呼号根本上昭示了延续千年的贵族政治的危机。尽管秦末农民战争中各个政权仍然半遮半掩地打着恢复六国的旗号,尽管刘邦试图为自己披上贵族的外衣,但是,刘邦所开创的汉王朝本质上是一个平民王朝。当然,这并不是说汉王朝是由平民治理的;而是说汉王朝的开创者刘邦和他的文武大臣(功臣集团)多

---

① 与此相关的是春秋学中讨论比较多的"世卿""世禄"现象。

半原本并不具有贵族的身份。因此,汉王朝在经过了一段暧昧的王国、郡县并行的阶段后,坚定奉行了郡县制度。

汉王朝的统治集团主要是由一群平民升格而成的。原有的战国至秦王朝的贵族阶层实质上逐渐被汉王朝边缘化。当然,原本是平民身份的刘邦和他的追随者们,在取得胜利后,努力洗刷掉自己的平民色彩,并迅速成为新的贵族官僚阶层。但是,汉王朝的新贵族官僚阶层显然不能完全沿用此前的游戏规则,因为这些规则实质上会束缚他们,甚至干脆将他们排除在外。

所以,汉王朝在人才选拔、官僚任用上表现出全新的面貌。汉朝所采用的"察举"制度、"征辟"制度等,均开始面向民众敞开,平民俊彦也可以凭借德性与才干踏上仕途,成为官僚阶层中的一员。从某种意义上讲,公羊学之所以被汉代社会推崇,并且成为选官、任官的重要指标,与它背负包袱较少,具有灵活、趋新的特点不无关系。

但到了东汉中后期,君权衰微,宦官、外戚交替专权引发的社会政治危机,严重地影响了官僚制度的正常运转。汉末盛行的清议现象和人物品评之风,可以视作对这一危机的回应和补救。尽管清议和人物品评活动有时会被各大集团利用;但更多时候,清议、人物品评体现了当时的士人对宦官、外戚集团的厌恶与批判,以及他们参与政治、改变社会的理想抱负。

接踵而来的两次党锢之祸表明清议和人物品评具有某种脆弱性,而董卓之乱则将汉末社会推入彻底的乱世。东汉末期是真正的乱世,乱世呼唤人才。最上等的人才当然是圣人,次一等的是英雄,再不济枭雄也可以接受。所以,曹操才会对"治世之能臣,乱世之奸雄"[1]的评价大笑而纳之。

作为曹魏初期最有权力的人,曹操提出了全新的人才选拔标准。建安十五年(210)至建安二十二年(217),曹操在八年内先后发布了三道求

---

[1]《三国志·魏书》卷一《武帝纪》裴松之注引《魏书》。

才令,旗帜鲜明地提出了"唯才是举"的人才主张。

第一次求才令发布于建安十五年(210):

> 自古受命及中兴之君,曷尝不得贤人君子与之共治天下者乎!及其得贤也,曾不出闾巷,岂幸相遇哉? 上之人不求之耳。今天下尚未定,此特求贤之急时也。"孟公绰为赵、魏老则优,不可以为滕、薛大夫"。若必廉士而后可用,则齐桓其何以霸世! 今天下得无有被褐怀玉而钓于渭滨者乎? 又得无盗嫂受金而未遇无知者乎? 二三子其佐我明扬仄陋,唯才是举,吾得而用之。[①]

建安十九年(214),曹操发布了第二次求才令:

> 夫有行之士未必能进取,进取之士未必能有行也。陈平岂笃行,苏秦岂守信邪? 而陈平定汉业,苏秦济弱燕。由此言之,士有偏短,庸可废乎! 有司明思此义,则士无遗滞,官无废业矣。[②]

第三次求才令发布的时间是建安二十二年(217):

> 昔伊挚、傅说出于贱人,管仲,桓公贼也,皆用之以兴。萧何、曹参,县吏也,韩信、陈平负污辱之名,有见笑之耻,卒能成就王业,声著千载。吴起贪将,杀妻自信,散金求官,母死不归,然在魏,秦人不敢东向,在楚则三晋不敢南谋。今天下得无有至德之人放在民间,及果勇不顾,临敌力战;若文俗之吏,高才异质,或堪为将守;负污辱之名,见笑之行,或不仁不孝而有治国用兵之术:其各举所知,勿有所遗。[③]

为了网罗人才,曹操一改两汉以来重德轻才的价值导向,将其改为重才轻德,要求属下甚至可以推荐那些"不仁不孝,但有用兵之术"的人为官。曹操还明确指出了"德"和"才"之间存在的差别和矛盾:"有行之士未必能进取,进取之士未必能有行",在曹操看来,"才"还应当凌驾于

---

①②《三国志·魏书》卷一《武帝纪》。
③《三国志·魏书》卷一《武帝纪》裴松之注引《魏书》。

"德"之上,很显然,曹操是同两汉以来的名教思想唱反调。曹操"唯才是举",其重才轻德主张的提出,犹如晴天霹雳,震撼了当时与后来多少士人的心灵!曹操的人才选拔标准具有根本的颠覆性,极大地解放了士人的天性,对于魏晋时期名士精神的塑造、思想观念的解放、自由精神的申发,都具有深刻的影响。

不过,曹操的"唯才是举"主张,应该被理解为在看重才干的前提下对"德"的削弱,而非彻底否定。曹操本人也很赞赏那些忠孝节义之士,但基本的前提是:这些人必须有真才干。因此,曹操对人才的真实态度包括三层涵义:

第一层,放弃东汉以来基于乡间风评("孝廉")的"察举""征辟"的选官制度。因为与之相伴随的,是越来越多的人开始钻制度的漏洞,采用投其所好的方式骗取善名,或者利用广泛的交游来增益名望。结果导致人才的名实脱节,很多人有"德性"之名而无"德行"之实在,反而刺激了伪善浮夸和交游结党的不良风气。

第二层,即便一些人名副其实地具备"仁孝"等品格,也不一定是真正的人才。在社会实践中,"德"与"才"存在四种情形:第一类的人"德才兼备",第二类的人"有德无才",第三类的人"有才无德",第四类的人"无德无才"。这种分类与东汉以来传统德才观念的差别在于:增加了"有德无才"和"有才无德"的类型。东汉以来的德才观主张"德才一致、以德为主"。具体到个人,有德必有才,无德亦无才;"德"为本,"才"为末;君子务本,应先立其德。这延续了儒家"修身为本"、"内圣"重于"外王"的基本思路。曹操的政策实际上是对东汉奉行的儒家人才观的扩充,而非否定。换言之,在处理"德才一致"的情况时,曹操仍然是赏识"德才兼备"的人,并视之为第一流的人才;同时,对那些"无德无才"的人,则不屑一顾。不过,曹操更加关注"德才分离"的情形,他发现"有德无才""有才无德"的人要比"德才兼备"的人多得多,尤其是在社会急剧变动时期,原有的社会秩序和结构被破坏,"德"与"才"脱节的情况会更加明显。此时,"德才兼备"之士可谓凤毛麟角,各方霸主对其趋之若鹜。

如此一来，如何在"有德无才""有才无德"这两类人中选拔人才，反而成为乱世人才竞争的关键。在这一层意义上，曹操尚未对传统德才观提出真正的挑战。

第三层，"两害相权取其轻、两利相权取其重"，在处理"德才分离"的情况时，曹操认为，如果无法求到"德才兼备"的人才，退而求其次，宁愿得到"有才无德"之人，也不要"有德无才"之人。如此一来，"才干"被升格为人才标准的关键要素，有真正才干的人就是人才，无论其有德无德；没有才干的人就不是人才，哪怕他的德性很好。东汉人才观最为推崇的"德性"指标，在曹操这里，被降格为锦上添花的非必要指标，实质上成为可有可无的东西。这一点，是对东汉以来的儒家人才观的根本动摇和致命挑战。因为按照儒家的思路，最好的情形当然是"德才兼备"；最坏的情形是"无德无才"。万一"德才分离"，出现了"有德无才""有才无德"的情况，也应该是选拔"有德无才"之人，而贬抑"有才无德"之辈。正如《论语·阳货》中谈及"勇"时，特别强调"勇"和"义"的关系："君子义以为上，君子有勇而无义为乱，小人有勇而无义为盗。"这里的"勇"属于"才"的范畴，"义"属于"德"的范畴，孔子主张：有德性的才干是值得倡导的，对社会、对个人都是一件好事；没有德性的才干则是需要警惕的，有可能给社会带来灾难。因此，对于没有德性的人来说，有才干还不如没有才干。而曹操则旗帜鲜明地提出：倘若德才不可兼得，宁要才也不要德。曹操的观点明显与孔子相左，带有法家思想的功利务实色彩。

曹丕继任后，对人才制度作了调整，提出"九品中正制"。曹操和曹丕在用人制度上的差异，与他们所处的社会环境以及政治形势有关。

曹操所面对的东汉末期，经学疲敝，政治昏聩，整个社会盛行伪饰钻营之风，即便是以"清"自恃的名士清流，亦不乏沽名钓誉、浮夸吹捧之徒。东汉社会所推崇的"德"在此时已全面异化，放眼所见多为"伪君子"。曹操因个人出身等因素的影响，对传统儒家的德性缺乏亲近感，反而更看重法家的务实精神。在他看来，宁为"真小人"，毋做"伪君子"，索性扯下了汉末"德性"的遮羞布，主张"唯才是举"，很大程度上放弃对

"德"的要求。汉末的社会危机意味着原有的社会结构与秩序出现了严重的问题,需要作出根本性的调整。而调整的关键之一,就在于人才观念的更新。具备何种内在或外在特征的人,才是新的时代所需要、所看重的人才?这个问题关涉到新建立的社会结构和秩序中的权力重新分配问题。

因此,曹操便将人才观作为突破口,以求贤令的方式旗帜鲜明地提出了"唯才是举"的人才价值观。另外,联系到西汉开国皇帝刘邦最初对待儒学的态度,不难发现:乱世争雄的豪杰们往往更青睐机变多谋之士,而鄙薄奉行传统德性的士君子。

曹丕对人才标准所作的修正,并不意味他全盘否定了曹操的"唯才是举"标准。曹丕之所以用"九品中正制"代替"唯才是举",是因为曹操的政策已经在很大程度上完成了自己的时代使命,即破除原有的、业已僵化的、顽固的东汉德性价值观,为曹丕的执政提供了一个更加松动、灵活的社会土壤。有破方有立,曹丕的政治使命是在曹操极端政策所开辟的新的土壤上建立新的社会结构,形成新的政治秩序。正如汉初陆贾对刘邦的施政建议所言:"逆取而顺守",草创时期(争霸阶段)固然应该采用非常手段,但到了承平时期(稳固阶段)则应该回归到中正平和的传统主流路线。通过形式上对传统主流人才观的复归,曹丕将新政权的部分实惠与新的世族高门分享,而这些力量正是新的政治秩序和社会结构赖以确立的根基。

二、刘劭与《人物志》

刘劭的《人物志》是曹魏初期集中讨论才性问题的一部重要论著。在《人物志》之前,品评人物而自成学说的作品便已屡见不鲜,即使抛开已失传的著作,王充的《论衡》、王符的《潜夫论》等书均有论及品评人物、选拔人才的篇章,如《论衡》有《程材》《超奇》等篇,《潜夫论》有《考绩》《思贤》等篇,徐幹《中论》有《智行》《审大臣》等篇,均关注人才评定、选用问题。但只有《人物志》是一本专门论述人物才性的著作,代表了魏初刑名学的思想水平。《人物志》一书的作者刘劭曾在景初年间奉命作《都官考课》，后虽不行，不过刘劭的学术活动与政治实践均明显偏重人物选拔。

关于《人物志》的属性及源流，汤用彤先生在《读〈人物志〉》一文开篇即作了梳理："刘邵①《人物志》三卷十二篇，隋唐志均列入名家。梁刘昞为之注。唐刘知几《史通·自序篇》及《李卫公集·穷愁篇》均有称述。此外罕有论及者。宋阮逸序惜其由魏至宋，历数百载，鲜有知者。"②进而，汤先生指出："按汉魏之际，中国学术起甚大变化。当时人著述，存者甚尠。吾人读此书，于当世思想之内容，学问之变迁，颇可知其崖略，亦可贵矣。"③汤先生独具慧眼，从八个方面具体阐发了《人物志》书中的大义。他主张，《人物志》一书的出现是汉代人物品鉴风气的结果；《人物志》是正始时期之前的重要学术作品，通过考察《人物志》，可以发现正始前后迥乎不同的学风与殊异的谈论主题。④　自汤用彤以后，《人物志》在魏晋玄学的研究中已确立起不可忽视的地位。

魏晋时期学术政治思想呈现出新的百家争鸣局面，从原有的儒家到曹魏所重的刑名法家、术家，乃至后兴的道家，一时皆活跃于舞台，并往往集于一身。顺应此时代，"刘劭政治思想的特点，是企图统一儒、法、术、道各派，建立新的政治体系。我们说，这一特点，正是汉晋之际政治思想运动的历史趋势"⑤。"三材为源，习者为流。流渐失源，其业各异。"⑥刘劭将人物分为三材十二流业，"性既不同，染习又异，枝流条别，各有志业"⑦。虽然仍以"中和""中庸"为最上，并强调"训六蔽，以戒偏

---

① 关于《人物志》一书的作者，一般作"刘劭"；汤用彤先生《魏晋玄学论稿》一书此处写作"刘邵"。本书除引用汤先生著作原文外，其余均作"刘劭"。
②③ 汤用彤撰，汤一介等导读：《魏晋玄学论稿》，第 3 页。
④ 参见汤用彤撰，汤一介等导读《魏晋玄学论稿》，第 11 页，14 页。
⑤ 王晓毅：《从〈人物志〉看魏晋玄学的形成》，《学术月刊》1986 年版，第 53 页。
⑥⑦ 〔三国魏〕刘劭著，〔西凉〕刘昞注、杨新平、张锴生注译：《人物志》，第 63 页，郑州，中州古籍出版社，2007。

材之失"①。但其条别已显示出对偏材异能者的重视。刘劭讲人物之性，犹继承汉代五行之说，材质之性，"凡有血气者，莫不含元一以为质，禀阴阳以立性，体五行而著形"②。但另一方面，对圣人中和之质的描述则可以窥见道家思想及早期玄学的影子，如"夫中庸之德，其质无名"③。这与"贵无论"之思想又何其相似！在推崇君主之无为上，刘劭已然指出"圣人兴德，孰不劳聪明于求人，获安逸于任使者哉"④。又言："主德者，聪明平淡，总达众材而不以事自任者也。"⑤可以看出，刘劭一方面表现出了儒法向玄学转变的倾向，另一方面仍远不及王弼等玄学之深远，其论述停留于选贤任能与人物德才，而没有再进一步辨析德才的本质，也从未冲击和否定已有的传统观念。

在性情论上，不同于《论衡》集中论述普遍的人性，《人物志》的论述更为切实和具体，但也可稍窥见其人性论的思想，如论"夫学，所以成材也。恕，所以推情也。偏材之性不可转移矣。虽教之以学，材成而随之以失。虽训之以恕，推情各从其心。信者逆信，诈者逆诈。故学不入道，恕不周物，此偏材之益失也"⑥。相比于王充，刘劭对于"秉性"区分更为详细，且对后天学习所能"率性"的改变持悲观态度。刘劭虽称"盖人物之本，出乎情性。情性之理，其微而玄，非圣人之察，其孰能究之哉"⑦，即对性情之理给予了重视，但《人物志》本身对于性情与才能的思考却远没有达到形而上的层面，刘劭本人亦不以清谈玄远闻名。从同时期其他政治性的人物评论中也可看出，《人物志》虽然与玄学的萌芽紧密相关，但仍与《四本论》更接近玄学的气质大不相同。

---

① 〔三国魏〕刘劭著，〔西凉〕刘昞注，杨新平、张锴生注译：《人物志》，第 23 页。
② 同上书，第 31—32 页。
③ 同上书，第 50 页。
④ 同上书，第 22 页。
⑤ 同上书，第 72 页。
⑥ 同上书，第 60 页。
⑦ 同上书，第 31 页。

首先，《人物志》不仅仅是以儒家的"高低优劣"来评判人才，而更多加入多元化评价，重视具体的、定向的才能，虽然仍以德才并举的思想为主流，但人物品题中对"才"的重视大大提高。如《智行》篇直言："或问曰：'士或明哲穷理，或志行纯笃，二者不可兼，圣人将何取？'对曰：'其明哲乎。夫明哲之为用也，乃能殷民阜利，使万物无不尽其极者也。圣人之可及，非徒空行也，智也。……'"①这是干脆将才能明智的地位放到了德性之上，即使在二者不可兼时，仍选择了智而非行，无异于曹魏"唯才是举"的政策，可见当时思想风向。

其次，《人物志》关注到了现实问题与理想之间的矛盾，将个人的际遇发展纳入考量，而非固守德才，表现出对儒家传统观念的动摇和反思。王充《论衡》中《逢遇》《幸偶》《命禄》《累害》等篇，都申明幸运际遇与才能德行无关，修德勤学未必能确保富贵。《潜夫论·贤难》篇直言"将言乎：循善则见妒，行贤则见嫉也，而必遇患难者也"②，道出了有才有德反而受嫉受难的事实。结合当时日渐兴起的道家、术家思想，个人主义意识更加鲜明，推崇舍生取义的道德固然仍在话语的主流中，但明哲保身的思想却也更多地扎根在士人心中，甚至影响到部分人物评论。汉末范滂曾有"吾欲使汝为恶，则恶不可为；使汝为善，则我不为恶"③的感叹，为了在黑暗与动荡的政治中寻求安身立命，韬光养晦、玄默退让俨然成为越发受到重视的"美德"，以"恬静寡欲，含垢匿瑕"为赞誉，"发言玄远，口不臧否人物"为"至慎"。④ 而这种趋势也促生了对"识"的重视，如孙登谓嵇康："用光在乎得薪，所以保其曜；用才在于识物，所以全其年。今子才多识寡，难乎免于今之世矣。"（《世说新语·栖逸》）这也可以看出人物评论

---

① 〔汉〕徐幹撰，孙启治解诂：《中论解诂》，第 144 页，北京，中华书局，2014。
② 〔汉〕王符著，张觉校注：《潜夫论校注》，第 50 页，长沙，岳麓书社，2008。
③ 《后汉书》卷六十七《党锢列传》。
④ 参见《晋书》卷四十九《阮籍传》。

倾向的一些改变。

最后,《人物志》品评人物越来越与玄学思想紧密结合,既因清议而持续深入,推动了魏晋玄学的初期形成,也因玄学应运而生,吸取道家名家等思想,达到新的理论高度后反哺人物评议与才性学说。《人物志》品人物为十二:清节家、法家、术家、国体、器能、臧否、伎俩、智意、文章、儒学、口辨、雄杰,此以职官任事言;而又言:“夫理有四部,明有四家。……若夫天地气化,盈虚损益,道之理也。法制正事,事之理也。礼教宜适,义之理也。人情枢机,情之理也。……是故质性平淡,思心玄微,能通自然,道理之家也。质性警彻,权略机捷,能理烦速,事理之家也。质性和平,能论礼教,辨其得失,义礼之家也。质性机解,推情原意,能适其变,情理之家也。”[1]此谓“自成一家”者,其“言论”内容便带有玄学色彩,且无疑包含道家、法家、儒家、刑名家多方的思想。可以说,关乎人物才性的刑名学与探讨形而上问题的“正始之音”密切相关而不可分割,都可视为玄学发展的一部分。

三、《四本论》

对《人物志》所揭示之才性论题作出进一步深化的,是《四本论》。《四本论》又称《才性四本论》,是曹魏前期关于才性论问题思考的集大成者。《世说新语·文学》载:“钟会撰《四本论》,始毕,甚欲使嵇公一见。置怀中,既定,畏其难,怀不敢出,于户外遥掷,便回急走。”刘孝标注:“《魏志》曰:‘会论才性同异,传于世。’四本者,言才性同,才性异,才性合,才性离也。尚书傅嘏论同,中书令李丰论异,侍郎钟会论合,屯骑校尉王广论离。文多不载。”《四本论》虽假钟会之手而成,但其思想来源多

---

[1] 〔三国魏〕刘劭著,〔西凉〕刘昞注,杨新平、张锴生注译:《人物志》,第78—80页。

端,在刘注看来,即包括才性之同、异、离、合等四个角度,汇集了傅嘏、李丰、王广以及钟会本人的才性观点,故而可视为曹魏前期围绕才性讨论的代表性作品。《四本论》一方面吸取之前人物品鉴、性情学说的经验,一方面也融合玄学思辨,并与当时的政治时策息息相关,可谓曹魏前期政治、思想的一次集中碰撞。四论中才性之同、异、合、离的见解分别对应着不同的才性概念与政治主张,同时也是当时人性观念转变的一个缩影。《才性论》对整个魏晋玄学产生了重要的影响,如殷浩善谈《四本》,《世说新语·文学》载:"殷中军虽思虑通长,然于才性偏精。忽言及《四本》,便若汤池铁城,无可攻之势。"王僧虔在《诫子书》中谈到魏晋清谈的主要材料:"且论注百氏,荆州《八帙》,又《才性四本》《声无哀乐》,皆言家口实,如客至之有设也。……《八帙》所载,凡有几家;《四本》之称,以何为长。"①"言家口实"即指"清谈所根据的文献",余英时已有辨析,②由此可见《四本论》于清谈中之地位不容忽视。

遗憾的是,昔日钟会汇集各家观点所撰的《四本论》文本今已失传,其具体讨论如何难以复知,关于其立论的方向,学界更有多种猜测。早期以陈寅恪、唐长孺为代表的开创性学者,主张以政治立场来解释《四本论》的立意,并将才性问题视为才智与德性的关系。而后的学者相继提出多种解释,如田文棠等认为四论的角度可分为二,即"同异"之论为"德、才"模式,而"离合"之论为"体用"模式,这就进一步将玄学发展中体用关系的推进纳入了考虑。③ 又如王晓毅同样反对之前仅仅将之附会于政治的说法,并详细区分了才性的定义,乃至将"性"的定义细致地区分为"本质、道德品行、性格、气质"四种。然而无论区分是详细还是粗略,

---

① 《南齐书》卷三十三《王僧虔传》。
② 余英时:《王僧虔〈诫子书〉与南朝清谈考辨》,《中国文化》1993 年第 1 期。
③ 参见田文棠、刘学智《魏晋"四本才性"之论述略》,《陕西师大学报》(哲学社会科学版)1989 年第 3 期。

前人的研究都在具体解释上较为模糊,即立论如何成立? 又如何为之辩护? 都尚有缺憾。姚维《才性之辨》一书用较长篇幅对《四本论》的话题进行了梳理,填补了以往魏晋玄学研究的空白,凸显了《四本论》的哲学高度和价值,但其在具体分析时则过多地比附其他哲学命题,强化了《四本论》的思辨性,至如以"同、异、离、合"取自先秦名家、墨家的"合同异"等说,而以钟会"才性合"为玄学、道家所讲"合于自然本性"的理想、以"四本"为本末之辨。①

为了最大程度地还原《四本论》的内容,我们不妨结合史书上傅嘏、李丰、钟会、王广四人的其他言论及记载,作出分析和推论。

傅嘏其人,有"善言虚胜"之誉,《三国志·傅嘏传》注引《傅子》:"嘏既达治好正,而有清理识要,好论才性,原本精微,鲜能及之。司隶校尉钟会年甚少,嘏以明智交会。"②傅嘏在景初年间曾对刘劭制定考课法提出异议,正始时又因非议何晏、邓飏、夏侯玄等人而被排挤,至嘉平年间方升任尚书,论才性同异且被钟会收入《四本论》当在此时。

傅嘏虽然未在政治职官中担任选拔人才的职务,但却以识人之名而著称于世。先是刘劭作考课法(应即为《都官考课法》)时,傅嘏尚为陈群掾,认为刘劭考课法"未尽人才",作《难刘劭考课法论》一文。其大意即认为当时政治不同于上古,官职事务并不明确,"经邦治戎,权法并用,百官群司,军国通任,随时之宜,以应政机"③,因此考课难以实行,借用上古考课之义而行于今则不可,"制宜经远,或不切近,法应时务,不足垂后"④。傅嘏虽没有直接否定考课法,但明确质疑此时实行考课法的功效和意义,并就此引申,认为"夫建官均职,清理民物,所以立本也;循名考实,纠励成规,所以治末也"⑤,即应该先应对当时任官随意、职务不明的混乱现状,另推行教化,改革选拔方式,由此才能"尽人才"。傅嘏评价

---

① 参见姚维《才性之辨——人格主题与魏晋玄学》,第106—135页,北京,人民出版社,2007。
②③④⑤《三国志·魏书》卷二十一《傅嘏传》。

时人,往往言辞尖锐而断语精准。他评何晏等人:"夏侯太初,志大心劳,能合虚誉,诚所谓利口覆国之人。何晏、邓飏有为而躁,博而寡要,外好利而内无关籥,贵同恶异,多言而妒前。多言多衅,妒前无亲。以吾观之,此三贤者,皆败德之人耳!远之犹恐罹祸,况可亲之邪?"(《世说新语·识鉴》)又谏于曹爽:"何平叔外静而内銛巧好利,不念务本。吾恐必先惑子兄弟,仁人将远,而朝政废矣。"①对于这些记载,也有研究者提出怀疑,认为不可信;但傅嘏与何晏等人不和,亦非空穴来风。可以说傅嘏虽然任职于曹魏,但更倾向于司马氏。傅嘏又评李丰:"丰饰伪而多疑,矜小失而昧于权利,若处庸庸者可也,自任机事,遭明者必死。"②从傅嘏的上述断语中,可以看出他十分鄙薄出名者表现出的外在才行存在"伪"的现象,认为名不副实者不仅徒有其表,更易招致祸患。

《三国志·荀彧传》裴松之注又引《晋阳秋》:"(荀粲)常谓嘏、玄曰:'子等在世涂间,功名必胜我,但识劣我耳!'嘏难曰:'能盛功名者,识也。天下孰有本不足而末有余者邪?'粲曰:'功名者,志局之所奖也。然则志局自一物耳,固非识之所独济也。我以能使子等为贵,然未必齐子等所为也。'"③傅嘏与荀粲皆擅谈玄理,裴徽则为二人协调,荀粲丧妻时傅嘏亦曾往劝,可谓交情甚笃。傅嘏既认为才识为功名之本,又论李丰、何晏等人之德才不足以长保"功名",应是并以德、才为本,主张"才性同"。

李丰言才性的言论记载甚少,更不似傅嘏、钟会乃至王广都因善谈才性而有明确记载,其名望仅称"识别人物",没有提到具体的理论。《魏略》记载,李丰好求名而未见实才,当曹氏与司马氏争衡中又犹疑不定,所谓"曹爽之势热如汤,太傅父子冷如浆,李丰兄弟如游光"④。而后"丰为中书二岁,帝比每独召与语,不知所说。景王知其议己,请丰,丰不以

---

①②《三国志·魏书》卷二十一《傅嘏传》。
③《三国志·魏书》卷十《荀彧传》。
④《三国志·魏书》卷九《夏侯玄传》裴松之注引《魏略》。

实告,乃杀之"①。

与李丰的才性主张相关的记载仅见于《卢毓传》:"毓于人及选举,先举性行而后言才。黄门李丰尝以问毓。毓曰:'才所以为善也,故大才成大善,小才成小善。今称之有才,而不能为善,是才不中器也。'丰等服其言。"②李丰十分服膺卢毓,因此可以通过了解卢毓的才性观点从侧面探寻李丰的思想。

卢毓认为选举可选有名者,其选任又"先举性行,而后言才",可见其对"名"或名所代表的"性行之善"的重视,与傅嘏恰好相反,或可代表"才性异"的立论。赵翔在考察了傅嘏与卢毓的差异后,认为:"才性同的命题认为才能的本质为先天禀性,因此观察人物应超略后天才有的不具稳定性的相状,而探寻具有稳定性、必然性的先天性质。"③如按此说,则"才性同"之才乃由性所生发,性为才之本,且性禀先天不可更改;"才性异"之才则为在性的基础上后天学习而得,性则仍为先天禀性,如此才性才有"异"可言。赵翔指出:"才性异的命题肯定本性有种种不足和缺陷,还不能称为才,而后天力学的作用即在于完善本性,突破其限制,使人物成才。因此,与才性同重自然轻人为不同,才性异重人为而轻自然。"④

陈寅恪主张《四本论》之思想立场与其作者的政治倾向有关,"至若前期之清谈,则为当时清谈者本人生活最有关之问题,纯为实际性质,即当日政治党系之表现"⑤。按这一说法,李丰"才性异"与傅嘏"才性同"的对立,亦可以视为曹氏与司马氏不同政治立场的对立。

王广所留资料甚少,故而推测才性离之意者,往往据《世说新语》记

---

① 《三国志·魏书》卷九《夏侯玄传》裴松之注引《魏略》。
② 《三国志·魏书》卷二十二《卢毓传》。
③④ 赵翔:《才性四本论与魏晋玄学》,《河北师范大学学报》(哲学社会科学版)2013年第2期。
⑤ 陈寅恪:《金明馆丛稿初编》,第47页,北京,生活·读书·新知三联书店,2001。

载钟会作《四本论》毕，恐嵇康难已一则，推测嵇康或主张才性离的观点。如嵇康的《明胆论》将"明"与"胆"决然分割开，认为既然"二气不同"，不能相生，二者虽共同影响、决定最终的行为，但并非由明生胆。赵翔据此推测才性离亦当将"才"与"性"割裂开，认为二者各自独立，并不相互转化。① 据"才性离"之字面理解而作此推测实无不可，但若据嵇康之《明胆论》一文而认为嵇康支持"才性离"的观点则似有不妥。如韩国良认为嵇康的《明胆论》中，"明"不仅是才智见识，更包含道德性，而"胆"也有勇决之义，带有明智的属性，由此而附会嵇康此论即才性论的一种，并以嵇康的立场倾向于曹魏而与司马氏对立②，证据并不充分。《明胆论》中，"明"为智慧、见识无疑，即便可以成就道德，本身亦不具备道德性，在"才性"之中，比起"德"更接近于"才"；而"胆"虽也可以成就道德，但以嵇康的语义，其分离明与胆，便表明"无明"时胆仅如孟施舍之"养勇"，虽无惧但不明道义，而并非无胆，那么胆便理应完全脱离道德属性，亦只能算是"才"的一种。如"性"与"才"离，"性"便完全不具备生化出"才"的关联性，那么"性"便不能指代"才"之"本"，而只能是独立于才、并非"本性"而是"德行"的性，抑或以"自然之性"来理解嵇康的性，而以"才"为后天矫作，但如孙登言嵇康才高识浅，此"才"岂可如此解释？而嵇康之《明胆论》难以才性论解释，纵持论与王广同，文献亦不足征。

陈寅恪认为："据此，王、李乃司马氏之政敌。其持论与孟德求才三令之主旨符合，宜其忠于曹氏，而死于司马氏之手也。"③以政见之不同论，才性异、才性离属曹魏，而才性同、才性合属司马氏。

---

① 参见赵翔《才性四本论与魏晋玄学》，《河北师范大学学报》（哲学社会科学版）2013 年第 2 期。
② 参见韩国良《嵇康〈明胆论〉与才性四本》，《史学月刊》2013 年第 8 期。
③ 陈寅恪：《金明馆丛稿初编》，第 53 页。

钟会作为《四本论》最终集成者，应该说是对《四本论》影响最大的，且其人留下的相关史料也最为丰富。钟会具体论述才性关系的文献已不可见，但钟会既然论才性合，我们首先要搞清楚何为"合"与"离"，钟会讲："胶之与漆，合而不离，烟之与水，离而不合。"[①]仅仅是一个比喻，只能看出"合"即虽为二物、性质不同，但融合一处，不可分割；而"离"则同样为二物，但互不相容，极易分开。钟会以此语解释"合""离"，那么类比到才性上，或许也正指才与性相互影响、联系紧密、无法分割，即为才性合，而若才与性可决然分开看待，互相没有影响则可视为离。

由于缺乏权威性的直观文献，妨碍人们具体地理解《四本论》。我们只有尝试回答以下几个问题，并由此对四论各自观点稍作推论：第一，性是狭义地指"本性"，还是广义地指包括后天作为品行根据的"德性"？第二，性是指包括才能在内的人的一切外在表现的内在根据，还是仅仅是德行所对应的内在根据？第三，性是否直接地表露出来，能否根据外在表现判断和辨别？

1. 性是仅指"先天"，还是包含"后天"？

性是仅言"先天"，还是包括"后天"？根据前面的文献梳理，我们可以看出，在《四本论》形成之前的文化语境中，性既可以狭义地指先天"本性"，也可以广义地指包含后天改变后最终形成的"性"。例如王充《论衡》中认为性可以变化，那么这个"性"就是指广义的性，而其他认为"生之谓性"，又或《本性》篇中所梳理的观点，虽只言性，但多狭义地指先天的秉性，在语境中亦成立。而由此引申出，如果性本身并不仅指先天之性，那么性是否可以改变？这个问题中，王充论其可，刘劭论其难。即使抛开秦汉等较远的论述，最迟到王弼时，其论"性"已然不再是王充的"材质之性"，而是倾向于"义理之性"，与宋明理学遥相呼应，性为义理之性

---

① 王天海、王韧：《意林校释》，第 592 页，北京，中华书局，2014。

则必然禀之先天，更谈不上也无须谈善恶以及改变，而强调人能"反本复性""性其情"。集成《四本论》的钟会与王弼同时，则关于性的种种说法都可能出现在《四本论》中。有理由认为，《四本论》中四论的"性"未必一致，如傅嘏反对"伪饰"，亦反对考课法，似乎不承认卢毓所言"畏教慕善"可以改善本性，则其思想可能更倾向于先天的"性"。而李丰认可卢毓将"性"与"善行"近乎等同地联系起来，这样则必然可勉而至，那么"性"的后天成分便不可忽略。王广言才性离，其"性"仅强调内在于人，不受"才"的影响，至于"性"是否可以后天培养抑或只是先天的自然之性，则不可得知，但如果认为嵇康持此论，则嵇康心目中的"性"更接近自然之性，而反对违背本性，遑论更改？ 至于钟会所论，既然合才性，那么二者必有相互影响、交叉融合之处，则不可能只是先天禀赋，故而大抵亦兼先天与后天而言，如果此猜想成立，则钟会虽预玄谈，终究与王弼等不同。

2. 性是德与才总的根据，还是仅仅是道德的根据？

性对应的外在表现仅仅是德，还是包含德与才？ 对于这一问题，王晓毅认为："正始前后的理论界对'才'的看法出入不大，而对'性'的认识则至少存在四种观点：一、指人的本质，二、指人的道德伦理方面的属性，三、指人的自然气质，四、指人的性格。"[1]简单来说，当时的日常语言中，"性"是一个比较宽泛的概念，可以说某人"性纯孝"，也可以说某人"性好货殖"等，几乎任何特点或性质都可以用"性"来指称，这样的"性"并非一个统一的哲学范畴，甚至也不具备"内在""本质"等特点。但当"性"被纳入进思辨讨论后，"性"的定义就从宽泛的日常用语中迅速地狭义化，因为必先要形成一个"性"的概念，而后才能谈论"性"。这也促使才性论的思考者不得不去清理、明确此前纷扰杂乱的"性"的概念；在这个"定义"的过程中，"性"的概念也被分化开来，形成了截然不同的解释，而解释的

---

① 王晓毅：《魏晋才性论新探》，《东岳论丛》1986 年第 3 期。

不同直接导致了讨论"性"的命题结论的互异。

一个最为常见和符合当时人直觉的解释，就是把"性"与"德行"联系起来，德行因性善恶而生，性由德行善恶而表现，所谓"汉末魏晋之时，性行很少简称为'性'，而多称为'行'。才智与操行的关系也就成为才与行的关系"①。细辨之，并非当时人将"性"等同于"行"，而是将"性"与"行"互为表里地联系起来，举"性"便可以代指"行"，举"行"便可以代指"性"。可以说，"性"与"行"在一部分人看来是紧密联系的，这正是因为他们将"性"定义为"德行之性"，推想其理由，不外乎认为德行由本性决定，善恶忠孝等德行不同于随时可学可改的知识能力。即便在今天，也可以说人的性格一旦形成很难更改，这种困难正是刘劭等人都意识到的，上古传说中圣人垂裳而化，百姓可比屋而封的"神话"在魏晋之时看来已如痴人说梦，求贤才、依明主、择贤而任、择木而栖才是当务之急，一系列的识鉴人物的论述中，"性"逐渐成为可以观骨相、观眸子乃至于占卜生辰异象而可知的禀赋。这种禀赋里，尤数道德性情最难更改，故而德行也被视为"秉性"。而同样，才智、聪敏这样"天赋"式的能力也不同于后天学习得来的知识和技巧，同样是后天难以改变的，正因此，另一部分人即转而认为才智更是"本性"，而德行尚可以后天勉励乃至伪饰，这便是杜恕所谓"人之能否，实有本性"②，又如荀悦所说"才之实也，行可为，才不可也"③。

我们甚至不妨大胆地猜想，傅嘏所论"才性同"，正是以先天天赋为"才"，而以"性"为广义的"本质、秉性"，人表现出的"才干"就是"本性"所包含的，故而"同"。袁准认为："曲直者，木之性也。曲者中钩，直者中绳，轮桷之材也。贤不肖者，人之性也。贤者为师，不肖者为资，师

---

① 赵翔：《才性四本论与魏晋玄学》，《河北师范大学学报》（哲学社会科学版）2013年第2期。

② 《三国志·魏书》卷十六《杜畿传》。

③ 〔汉〕荀悦撰，〔明〕黄省曾注，孙启治校补：《申鉴注校补》，第182—220页，北京，中华书局，2012。

资之材也。然则性言其质，才名其用，明矣。"①如此则"才"与"性"只是功用与本质的差别，自然可谓"同"。而以"才"为知识性、后天习得的能力，以"德行"为先天不可更改的禀赋，故而仅视"行"与"性""同"，而"才"独立于"性"之外，则可言"才性异"。而如果直接以"性"为"德性禀赋"，"才"为"先天能力"，即"才"与"性"实际上是处于平等的地位，都是内在本质的一种，又或者"才"是包含禀赋与后天习得能力的总称，而"性"是包含先天道德属性与后天德行的总称，这才谈得上"合"与"离"。因为按钟会本意，离、合都是指平等地位、同一层次的两物相关与否，"才性合"即"才"与"性"紧密关联、互相影响甚至也许会互相转化，而"才性离"则是"才"与"性"截然不同、互无关联，只能共同作用于人，并不会相互影响。由此我们不妨推测，钟会必以"才""性"分别为"才"与"德"的先天后天之总称，如此二者才能相互影响，而王广仅强调了二者无关，则即分之为"能力"和"德行"，无论先天后天，都互相独立，截然二物。

3."性"能否根据外在表现判断和辨别？

这个问题之所以关键，正因为才性论与人才品鉴和选拔密切相关。无论"性"对应"才"还是"德"，其如何能够体现出来、识别出来的问题都必须受到重视，并且其解释也与其对才性的理解息息相关。也正因如此，欧阳建《言尽意论》中提到："世之论者，以为言不尽意，由来尚矣。至乎通才达识，咸以为然。若夫蒋公之论眸子，钟、傅之言才性，莫不引此为谈证。"②可见钟会、傅嘏在谈论才性问题时也引用言不尽意论。"言不尽意"即表面的言语或"名"不能彻底完全地反映本质和实际；在才性论中，即体现为"外在"是否足以完全地反映人物的"本质"。

这里涉及两个分歧，一是"德行"和"才能"分别属于外在还是内在，

---

① 〔晋〕袁准：《才性论》，〔清〕严可均辑：《全晋文》卷五十四，第 1769 页，北京，商务印书馆，1999。

② 〔晋〕欧阳健：《言尽意论》，〔清〕严可均辑：《全晋文》卷一百九，第 2084 页。

二是人物的外在是狭义地指"名声"还是广义地指外貌行为等一系列可以观察到的表现。如果认为人物的"外在"只是"名声",那么"外在"往往是不足以表现"本质"的,如傅嘏认为李丰等人"伪饰",即其名声与实际相违背,名不副实。而反过来说,李丰等人将外在表现均视为"外在",则"善行""才名"共同构成与内在本质相对应的"表现",那么能否通过外在完全地认识到内在,就只是一个抽象的"可知论"或"不可知论"的差异:认为可以反映,则无疑是将内在本质等同于"能被人通过外在所认识到的本质",视二者无差别,如《论语》言:"视其所以,观其所由,察其所安,人焉廋哉?"(《论语·为政》)这也是识鉴人才的基本根据,若人完全"不可貌相",那么识鉴品评也就无从谈起了,故而汉末以来传统的清议或选任都默认可以依据外在而辨别"性"。如果外在表现可以轻易地反映内在本质,那么循名责实顺理成章;如果外在表现与内在本质仍隔着一层"矫情伪饰",但终究是可以被认识到的,那么具体的考察、品鉴、慧眼识人的能力则更为关键,故持此论者反对简单的吏部选任和粗暴的考课,而寄望于中正能够详细地考察定品。

赵翔指出:"曹魏之时,政治选举中九品中正制与吏部选举并行。从原则上讲,吏部选举因名取士,重一时之名;中正为乡里清议的代表,重一贯之实。……'循名案常'即道出吏部选举的特点。'名'因'常士畏教慕善'而有,即为后天性的,因此也就有虚假的可能。"[1]他将中正制与吏部选举两种选拔方式对立起来,分别按以才性同、才性异的立场。这种说法是不严谨的,因为对于识鉴人物、选贤任能的方式主张的差异,并不完全取决于才性之同异的立场。才、性的同异,与名、实的同异也不可混淆。至于傅嘏既以才性为同,又以名实为异,亦带有偶然性。同样,钟会或许也持"言不尽意"的观点,但形之于"言"的,不仅仅是名声,更包括外貌、行为等外在表现,如葛洪《抱朴子》提到:"区别臧否,瞻形得神。存乎

---

① 赵翔:《才性四本论与魏晋玄学》,《河北师范大学学报》(哲学社会科学版)2013年第2期。

其人,不可力为。"①因为人物识鉴之难,只能心领神会,不能具体地区别表述,只能由有识之士来做,不能著于律法考课等而让常人去"按图索骥",其政治主张与傅嘏反对吏选、考课相同,而理由根据则未必一致,即一为名实考察之意,一为玄学式的本末言意之辨。当然,也可能傅嘏所持论也同于后者,但从其斥"名不副实"的记载尚看不出这种倾向。而钟会则与何晏、王弼等形而上玄学家交往更密,据其精于道家名家之说,而未以识人之明著称,或可推想其更接近后者。至于王广,其文献难征而且与所持之论及主张关系不大,此姑存而不论。

"才性同"认为"才"是"性"的外在功能,"性"是"才"的内在根据,二者的内容是相同的,都既包含道德也包含能力,二者并重。傅嘏评论夏侯玄、何晏等人时,一方面认为其才能不足,如"博而寡要"等,另一方面也认为其道德修养不足,如"贵同恶异"等,并不区分道德与才能,而将二者都视作才干志局,所谓"能否"也,并出于"本性"。

"才性异"则认为"才"即展现于外在的"才华",笼统地包括知识、能力、技巧等后天可学而至者,而"性"即"性行""德性",仅与道德相关,李丰是否区分"性"与"行"不可得而知。赵翔针对二者区别,提出:"以质用关系看待才性,则才能根源于本性,具有先天性;以文质关系看待才性,则才能根源于学习,具有后天性。前者以性为人物恒定的本质,不可改造,重质轻文;后者以性为人才发展的起点和可变的先天基础,必须被改造,重文轻质。"②即认为李丰将才性关系作为文质关系,但这样表述尚有异议,即"才"和"性"并非一者为"文"、一者为"质",而是"才"和"性"都是建立在"质"的基础上并可以"文"饰的。这里尚有一个疑问,即李丰所论的"性"究竟只包括内在的、本质的"性",还是包含"行"在内的"性行"之统称? 我们认为,泛泛而谈的"性"虽然可以与"行"通用,但"性"本身即蕴含着内在、本质的意思;虽然李丰的"性"与"德行"乃互为表里,可称为

---

① 《抱朴子外篇·清鉴》,〔晋〕葛洪著,庞月光注译:《抱朴子外篇全译》,第 423—438 页,贵阳·贵州人民出版社,1990。以下引该书,只注书名、篇名。
② 赵翔:《才性四本论与魏晋玄学》,《河北师范大学学报》(哲学社会科学版)2013 年第 2 期。

"同",但"性"仍旧仅指内在本质,而不包括外在行为。反过来讲,李丰所认为的人的内在本质也只有道德之性,而才华能力的禀赋则未被纳入考量。

对比"才性同"和"才性异",首先,前者是将才能与道德平等看重,而后者是重视道德大于才能。仅论"才能"与"道德"之轻重关系,当魏晋之时,有认为才能更重要的,如徐幹等;有认为德行更重要的,如卢毓等;有认为同等重要、不分彼此的,如傅嘏等。其次,前者看重先天禀赋,后者看重最终表现。看重先天者,其理由在于后天既可伪饰,又可更改,没有定准故而不足以为凭据;看重后天者,其理由在于"性相近,习相远",德性才识多于后天习得,且强调教化之作用、勤勉之有得,足以劝进后辈;至若无论先天后天,而以行为、名望、功业等为标准者,其理由在于法度明确,考核简便,易于实行,虽不能辨识异才而可以得常士。总体而言,"才性同"与"才性异"都没有把"才"和"性"放到同一个层次上,而是分属不同层次的概念。而"才性离"与"才性合"中"才"和"性"都是同一层面的概念,由此有"离""合"的说法。

"才性合"认为"才"是既包括聪明敏捷等天赋,也包括学识技能等后天习得的才华,而"性"也既包括先天禀赋的天性,也包括通过社会教化而得的德性;或者说,在"才性合"的命题中,既没有理由排除先天禀赋的差异,也决不能否定后天影响,因为"才"可以影响"性",譬如多学多识,而能行孝悌仁义,如《论语》称:"贤贤易色,事父母能竭其力;事君能致其身,与朋友交言而有信,虽曰未学,吾必谓之学矣。"(《论语·学而》)而"性"也可以影响"才",譬如夏侯玄在《时事议》中说:"夫孝行著于家门,岂不忠格在于官乎。仁恕称于九族,岂不达于为政乎。义断行于乡党,岂不堪于事任乎"①,即在古代社会中,为政所需要的才能,实际上与个人的德行密切相关,如果德行足称,即使没有什么超常的能力,为官也不至

---

① 《三国志·魏书》卷九《夏侯玄传》裴松之注引《魏略》。

于太差，何况还有表率作用，也正因此，连下求贤令的曹操也认同"治平尚德行"。

　　而"才性离"则以"才"为才能的天赋，而"性"为道德的禀赋，虽然也没有证据表明"才性离"中的"才""性"不包括后天习得，但其与"后天习得"的关系并不似"才性合"那样紧密。以"才""性"为截然不同的两种东西，且互相没有影响也没有必然联系，可以有两种解释，一种是"才"就是"才"的禀赋，"性"就是"德"的禀赋。比如聪明、敏捷是"才"，善良、忠厚是"性"，一个人既可以木讷而善良，也可以愚笨而狡诈，既可以聪明而凶恶，也可以聪明而善良，则可知"才""性"为二物，毫无联系，决不能因为一人忠孝便认为他耳聪目明，也不能因为一个人愚笨而认为他无恶不作。另一种解释是和"才性合"一样，"才"既包括先天也包括后天，"性"也同理。比如文采斐然既需要先天聪慧也需要后天学习，而彬彬有礼也既需要先天善根也需要后天教养，但不妨有人才高八斗但贪利忘义，也不妨有人急公好义但目不识丁。王广究竟持何论不可得而知，但相对来说，前者更容易辩护，毕竟先天的两种属性互不影响是理所当然，而后天的"才"和"性"如何论证其完全互不影响，能够应对"才性合"的反驳，则较有难度。

　　反过来看顾欢对四论的评价，傅嘏"危而密"，李丰"安而疏"，可以理解为李丰所认为的"才"和"性"更符合直觉，即将"才"简单地当做后天习得的知识能力，而"性"则是人的道德修养的根本，这也符合一般人心目中"德"与"才"的关系，但是如此定义"才"不免难以回应才华所需要的天赋该如何解释。而钟会"似而非"，王广"非而似"，则可理解为才华与德性紧密相关是当时一般人的直觉，其缺陷在于"才"和"性"的定义过于广泛；而将"才"和"性"狭义地定位为先天的禀赋，这个定义其实也并不符合直觉，但将"才""性"视为"毫无关系，可以彻底分开"的说法则更为"惊世骇俗"，反而细思后才能察觉其合理。

　　《四本论》是在玄学形成过程中将刑名学与抽象思辨相联系的代表作品。针对这一时期的刑名学发展，汤一介指出："所谓'名理之学'，在汉魏之际开始时大体上是讨论'名分之理',人君臣民各有其职守,如何使之名实相符,又如何使名实符而天下治,此为政治理论的问题。后来渐渐进而讨论鉴识人物的标准问题,于是讨论趋向于'辨名析理',而向着抽象原理或概念内涵之'应然'方面发展。"①而另一方面,抽象的天道也与人物性情学说建立了联系,"在王弼的《周易·乾卦·文言》注中说:'不为乾元,何能通物之始? 不性其情,何能久行其正?'可见'性'是合'理'的,用'性'来规范'情',就是'从情从理'。这样一来'人性'问题就和'天理'问题联系起来了"②。

而《四本论》的价值也正在于其既代表了玄学之前阶段人物才性讨论的成就,也在之后魏晋玄学中占据一席之地,虽然其文本已散佚,但通过零散记载而推想,足以窥当时人物才性论思辨之一斑,也可以填补性情学说发展转折的重要阶段。《四本论》既不可以仅仅被视为政治立场的催生物,也不能仅根据字面理解而简单地作纯思辨看待,理应结合具体记载分析。《四本论》中四论对"才""性"的定义都不尽相同,一方面,这种概念上的不同,导致了其立意相悖,另一方面,这种概念的不同本身也体现了其对才性的认识与思考,如:"才"是一种外在表现、功用,还是一种人物的本质、属性? "性"是仅指人物的道德属性,还是包含其他能力属性? "才""性"是否包含后天习得、可改变的部分? 政治才能与人物的道德水平关系为何? 如何通过人物的外在表现辨别其"才"与"性"? 选任官职时应当以什么为标准?

第二节　荆州学派与易学

在考察汉末社会变故时,汉献帝初平元年(190)是一个值得关注的分水岭。在此前的一年,董卓废汉少帝刘辩,立汉献帝刘协。由于不满董卓的嚣张跋扈,初平元年,各地郡牧守起兵反对董卓,董卓之乱爆发。

---

① 汤一介:《魏晋玄学论讲义》,第 224 页,厦门,鹭江出版社,2006。
② 同上书,第 225 页。

在众叛亲离的处境下,董卓挟持汉献帝从都城洛阳迁居长安。疯狂的董卓同时下令焚毁故都洛阳,将一片废墟留给敌人。接下来的十多年时间里,以洛阳为中心的中原地区饱受战火荼毒。

同样是初平元年,毗邻中原的荆州迎来了新的领导者——刘表开始担任荆州刺史。从这一年开始,直至建安十三年(208),荆州地区在刘表的统治下,迎来了近二十年的稳定发展期。刘表没有问鼎天下的野心,而是脚踏实地经营好荆州这片土地。荆州之地原本就是鱼米之乡、膏腴之地,非常富足,尽管有流寇干扰,但远离混战中心。据《后汉书》记载:"初,荆州人情好扰,加四方骇震,寇贼相扇,处处糜沸。表招诱有方,威怀兼治,其奸猾宿贼更为效用,万里肃清,大小咸悦而服之。关西、兖、豫学士归者盖有千数。"①刘表团结当地大族,恩威并重,迅速安定了荆州之地,"开土遂广,南接五岭,北据汉川,地方数千里,带甲十余万"②。不仅如此,他还利用北方战乱、流民南下的机遇,很好地发挥了荆州(包括今日襄阳)的地理优势,招贤纳士,广泛吸引知识分子来此居住。由于刘表本人就是汉末名士,位列"八及"之一,因此,中原地区的儒生士人对他颇感亲近,十余年间从关西、兖州、豫州等中原地区迁到荆州的儒生士人数以千计。刘表非常重视思想文化事业,几乎是倾尽全力地支持并推动荆州地区的学术活动。"刘表积极救助这些落难的知识分子,或延揽他们从事学术研究,或聘请他们从事文化教育事业。在荆州州学里,聚集了当时全国知名的学者。刘表在荆州设立的学校,从教的儒士有三百多人,在州学就学的生徒有千余人,荆州学校的规模和制度也远超出郡国学校的范畴,使荆州代替洛阳成为全国的学术中心。"③在刘表的大力支持下,初平至建安时期,在荆州地区形成了独具特色的"荆州学派"。

荆州学派以刘表开设的荆州官学(州学)为活动中心,来自中原地区

---

① ②《后汉书》卷七十四《刘表传》。
③ 夏日新:《融汇与创新:三国时期的"荆州学派"》,《中国社会科学报》2012 年 9 月 5 日第 B06 版。

和本地的宿儒名士可以安心地切磋交流,教育学生,"州学的学生,主要是官员的子弟和年轻的下级官员以及外地来荆求学的青年。史载司马徽的学生有庞统、向朗、刘廙、李譔、尹默等,向朗在荆州跟从司马徽学习时,与徐庶、庞统关系亲密,而徐庶又与诸葛亮、石韬、孟建来往密切,可见这些人当时均在州学学习"①。

一、宋忠与荆州学派的易学

宋忠(也作"宋衷"),生卒年不详,字仲子,南阳章陵(今湖北枣阳)人,东汉末期学者,荆州学派最重要的代表人物。宋忠"是古文经学大师,著作有《周易注》十卷、《世本》四卷、《法言注》十三卷、《太玄经注》九卷"②,尤其擅长《易》与《太玄》。宋忠的影响遍及中原地区和江南诸地,尹默、王肃、李譔等皆从其游学。

东汉末年,宋忠应刘表征辟出任荆州五业从事,受其委托负责管理荆州官学。王粲《荆州文学记》云:"荆州牧刘君命五业从事宋忠所作文学延朋焉。宣德音以赞之,降佳礼以劝之,五载之间,道化大行。"所谓"五业",即儒学"五经";"五业从事",即编撰研究"五经"之学,并普及推广。荆州官学规模宏大、人才众多。宋忠与学者们共同编撰《后定五经章句》,以作为荆州官学的教材。《刘镇南碑》云:"君深愍末学远本离质,乃令诸儒改定五经章句,删划浮辞,芟除烦重。"之所以名为"后定",取其"重新编定,有推陈出新之意";宋忠等"荆州诸儒仍讲习五经,但不守汉儒解经之法,能独标新意,多有所创"。③ 荆州学派放弃了中原地区经学盛行的今文经学传统,改以古文经学为宗。

荆州学派成就最高、影响也最深远的是易学。汤用彤先生曾言,"我们回溯魏晋思潮的源头,当然要从汉末三国时期荆州一派《易》学……说

---

①② 夏日新:《融汇与创新:三国时期的"荆州学派"》,《中国社会科学报》2012 年 9 月 5 日第 B06 版。

③ 张运华:《荆州之学与魏晋玄学》,《湘潭大学学报》(社会科学版)1992 年第 4 期。

起"①。有学者指出：

> 荆州之学以《易》学为重，颇重洞悉"天人之际"的义理的探讨，是两汉经学向魏晋玄学过渡的关键点。以宋衷等学者的《易》学研究为代表的荆州《易》学，与江东以虞翻、陆绩等人为代表的今文《易》学不同，与北方以郑玄、荀爽等儒者为代表的象数《易》学也有所区别，而是在遵循古文费氏易的基础上标新立异、申发义理。汉魏之际玄风的兴起，其重要的表现即为《易》学研究的新变。以宋衷的《周易注》为代表的荆州《易》学，重在援道入儒、阐发义理，此种学风后来为王弼所继承，对于汉魏之际学风的变革颇有影响。②

　　宋忠本人是汉末最重要的《周易》和《太玄》研究专家之一，其易学不同于虞翻等人的今文易学，亦不同于郑玄等人的象数易学。宋忠主要继承了费直的古文易学传统。"古文《易》的创始人为费直，其解经'亡章句，徒以彖、象、系辞十篇、文言解说上下经'（《汉书·儒林传》）。即以《易传》解释经文，所以《汉书·丁宽传》说费氏解经是'言训诂举大义而已'。"③东汉后期经学家马融研习费直古文易学，马融"能通古今学，好研精而不守章句"④，其治学方法破除汉代的家法和师法，偏重义理，"这实际上就是由汉代名物训诂的经学到魏晋玄学（义理之学）的一种过渡"。不仅如此，马融还"'达生任性，不拘儒者之节'，'居宇器服，多存侈饰。尝坐高堂，施绛纱帐，前授生徒，后列女乐'（《后汉书·马融传》），这与后来魏晋人士那种放浪形骸，旷达大度的惊世骇俗之举何其相似"⑤。

　　以宋忠为代表的荆州易学继承费直和马融的易学传统，并且加以发展、改造，"摒弃了象数占验的易学传统，而注重文字的阐释和文意的理

---

① 汤用彤撰，汤一介等导读：《魏晋玄学论稿》，第120页。
② 宋展云：《汉末荆州流寓士人学术文化与文学考论》，《中国文化研究》2014年夏之卷。
③⑤ 张运华：《荆州之学与魏晋玄学》，《湘潭大学学报》（社会科学版）1992年第4期。
④ 《后汉书》卷六十四《卢植传》。

解,开辟了易学的新道路。荆州学派质朴清新的学术风气对后来的学术发展产生了深远的影响"①。

汤用彤先生认为,最能代表王弼玄学成就的是其易学;而"王弼注《易》,祖述肃说"②。王肃的易学又深受荆州学派宋忠易学的影响,《魏志·王肃传》言其"从宋忠读《太玄》而更为之解"。③ 因此,魏晋玄学的重要奠基石之一的王弼易学,正是在继承并发展荆州学派宋忠易学传统的基础上建构起来的。

二、荆州学派的学术特点

除了易学传统之外,荆州学派对其后的魏晋玄学起到重要促进作用的,还有其倡导的清新、开放、求新的学风,也颇有影响。

张运华将荆州之学的特点归纳为三点:第一,荆州之学以《易》为宗,兼治《春秋》《礼》《老子》等,其代表人物皆为享誉一世的易学大家;第二,学宗古文,注重训诂大义;第三,坚持以义理释《易》,摒绝阴阳灾异之论、摈著术数之象。他明确指出荆州学派的独特学术风格对魏晋玄学产生了巨大影响,"玄学家早期所推重的正是被称为'三玄'之一的《周易》,只是玄学家解经方法更为新颖,思维领域更为宽广,思想更活跃,独见精湛之处更多,但其本于荆州之学是无可否认的"。④

也有学者从"崇尚简约、注重义理"和"思想多元、儒道兼综"两个方面总结了荆州学派的学风:

> 荆州之学一改两汉经学的繁缛学风,在融会儒道学说的同时注重经世致用思想,对汉魏之际的学术思想及士风等方面有较大影

---

① 夏日新:《融汇与创新:三国时期的"荆州学派"》,《中国社会科学报》2012 年 9 月 5 日第 B06 版。
② 〔清〕张惠言:《易义别录》,转引自汤用彤撰,汤一介等导读《魏晋玄学论稿》,第 79 页。
③④ 张运华:《荆州之学与魏晋玄学》,《湘潭大学学报》(社会科学版)1992 年第 4 期。

响。荆州学风的特色主要体现在以下两点：

其一，崇尚简约、注重义理。荆州经学推崇古文经学，堪称汉代官方经学由今文经学向古文经学过渡的转折点。……两汉古今文之争较为激烈，但古文经学一直未能立为官学，刘表以古文经作为官方经学，标志着汉魏之际学术风尚的变革。荆州儒士秉承汉末约简之学风，对注经文本进行删改，追求简明务实之学。……荆州学士删繁就简、务本尚用的学风继承汉末务实致用的学风，对汉魏之际学风的变革有较大影响。……

其二，思想多元、儒道兼综。荆州地处南北文化的交汇点，尤其是荆州的治所的南郡襄阳以及作为东汉帝乡的南阳两地，同时受到中原及荆楚文化的影响，因此具有融汇南北、儒道兼综的鲜明特点。……除了经学礼乐之外，荆州的诸子学也颇为兴盛。……首先表现为黄老学说的兴盛。东汉中后期，由于战乱频繁，黄老之学重新复兴，张衡、仲长统等学者颇能从黄老学说中吸取异质思想。荆州学派在继承两汉时期黄老学说的基础上有所发展，其中尤以宋衷的《太玄经注》为代表。……黄老之学在荆州的盛行为日后道家思想的复兴埋下了伏笔，同时对汉魏之际援道入儒的学风也有所影响。①

综合上述意见，我们认为：在特定时代条件下形成的荆州学派，在精神上主要继承并改造了古文经学传统，形成了以易学为宗、注重义理、清通简要的学术风格；在气质上摒弃了汉代经学繁琐、偏狭、固陋的弊端，形成了简洁明快、兼容并包的清新的学术气质。可见，荆州学派的学风与两汉经学有着明显的差异，这主要是由两个原因造成的：其一，与中原地区相比，荆州属于相对偏远的地区，文化开发较为迟缓，正统儒学影响要小一些。"荆州诸郡除南阳之外，很少开发，西部南部为诸蛮所居，山林丛莽，以大土地所有制为基础的士家大族势力较为薄弱，因而维护大族利

---

① 宋展云：《汉末荆州流寓士人学术文化与文学考论》，《中国文化研究》2014 年夏之卷。

益的正统儒学在这里很少市场。"①其二,归附荆州的众多外来学者中,有相当多的人是因为不满北方僵化的学术风气和压抑的政治气氛而汇集到荆州的。受益于刘表营造的宽松包容的学术氛围,荆州学派的思想家们能够更加自由地发展不同的学术传统,而较少受到传统经学的压制。刘表尽管名列清流"八及"之一,但并未笃守汉儒正统经学。据《三国魏志·刘表传》注引《零陵先贤传》:"(刘)先字始宗,博学强记,尤好黄老言,明习汉家典故,为刘表别驾。"刘表能够任命不善儒经而独好黄老之言的刘先作为别驾,反映出他对学术的开放态度。

总之,荆州学派虽然延续的时间不长,但是从思想资源和学术风格等多个方面为玄学提供了宝贵的资源。

第三节 辨名析理

汉末魏初,还有一批学者活跃在思想舞台上。与正始时期的夏侯玄、何晏、王弼等人相比,这些学者的思想资料保存得有限,特别是他们的玄学主张往往相对零散,缺乏成熟性、体系性和深度。"在何晏、王弼'祖述老庄',玄学正式登上思想舞台致力解决名教与自然统一之前和同时,以裴徽、傅嘏、荀粲,还包括钟会为代表的准玄学家们已经在不同的方向上探讨和实践着儒道兼治的理论了。"②他们虽不属于严格意义上的玄学家,但是他们与正始玄学有着千丝万缕的联系。一方面,他们谈论的主题和思考的重心均与玄学关系密切;另一方面,他们与正始时期的主要玄学家们交往甚密,对夏侯玄、何晏、王弼等人的玄学思想的形成和完善,曾经发挥过重要的作用。因此,可以将这批学者称作"准玄学家",裴徽、傅嘏、荀粲和钟会是其中的典型代表。这批准玄学家们在接续魏初才性论的讨论主题的同时,逐渐将思考与关注的重点放在"辨名析理"

---

① 鲁锦寰:《汉末荆州学派与三国政治》,《中州学刊》1982 年第 4 期。
② 秦跃宇:《会通孔老 催生玄学——早期名士兼综儒道研究》,《学习与探索》2005 年第 2 期。

上。在正式了解魏晋玄学之前,有必要对这些学者的"准玄学"思想作简
要介绍。

一、裴徽

裴徽,字文季,具体生卒年不详,河东闻喜(今山西运城闻喜县)人,
三国曹魏时期思想家。裴徽的"谈玄活动主要在正始前"①。他"有高才
远度,善言玄妙",经常与人清谈终日,不觉疲倦。当时的著名士人管辂
曾评价:"与此五君(指裴徽、何晏、邓飏、刘寔、刘智五人)共语使人精神
清发,昏不暇寐。自此以下,殆白日欲寝矣。"他还专门强调:"冀州裴使
君才理清明,能释玄虚,每论《易》及老庄之道,未尝不注精于严、瞿之
徒也。"②

《世说新语·文学》篇记载:

> 王辅嗣弱冠诣裴徽,徽问曰:"夫无者,诚万物之所资,圣人莫肯
> 致言,而老子申之无已,何邪?"弼曰:"圣人体无,无又不可以训,故
> 言必及有;老、庄未免于有,恒训其所不足。"

《三国志·王弼传》有类似记录:

> 时裴徽为吏部郎,弼未弱冠,往造焉。徽一见而异之,问弼曰:
> "夫无者诚万物之所资也,然圣人莫肯致言,而老子申之无已者何?"
> 弼曰:"圣人体无,无又不可以训,故不说也。老子是有者也,故恒言
> 无所不足。"群亦为傅嘏所知。③

裴徽曾经同王弼讨论过"圣人"与"无"的关系问题。裴徽提出了自己的
困惑:"无"是万物存在的根据,既然"无"这么重要,为什么孔圣人却很少

---

① 康中乾:《魏晋玄学》,第 61 页,北京,人民出版社,2008。
②《三国志·魏书》卷二十九《管辂传》引《管辂别传》。
③《三国志·魏书》卷二十八《王弼传》裴松之注引何劭《王弼传》。

讲论"无"？倒是老子反而经常谈论"无"？换言之，似乎老子比孔圣人要更加关注"无"、重视"无"。裴徽的疑问反映了人们的一种普遍困惑，而这也刺激了王弼提出著名的"圣人体无"之说。与此类似，他还曾与何晏讨论老庄及《周易》。从这个意义上讲，裴徽对于正始玄风有着重要的助推作用。

《世说新语·文学》还提到裴徽调停傅嘏与荀粲言论分歧的故事："傅嘏善言虚胜，荀粲谈尚玄远。每至共语，有争而不相喻。裴冀州释二家之义，通彼我之怀，常使两情皆得，彼此俱畅。"汤一介先生对"虚胜"和"玄远"作了极为细致的辨析，他认为："'虚胜'则谓为'虚无贵胜之道'，盖所论不关具体事实，而以谈某些抽象原则为高明，但似仍未离政治人伦的抽象原则而进入宇宙本体的形而上学领域"；"'玄远'在当时或有二义：说阮籍'言及玄远'，则指远离'事务'（世事），仍属政治人伦方面；而说荀粲'尚玄远'，则指远离'事物'，则属于超言绝象的形而上学问题"。[①]无论"虚胜"还是"玄远"，都是精妙、抽象的思辨论题，而裴徽能够"释二家之义，通彼我之怀"，最终令二人都心服口服，这表明裴徽的理解能力、协调能力，特别是玄理见识均已达到极高水准。有学者认为，裴徽调停二人之说，并不是不偏不倚，折衷其间，而是更加偏向荀粲的"玄远"之论："裴徽通识二家自然是倾向荀粲玄远之义解说才性名理，而其所立足的哲学高度又比荀粲更上一层楼，他在儒道兼治的问题上意识到了'有'与'无'的矛盾存在，更切近于玄学核心。……裴徽在荀粲言意之辨探及本末的基础上，认识到了'无'是世界万物的本源，有生于无，无为万有之凭资，应该说这已到达对道家思想关于世界观的本体哲学的最终认识了，但是在将对现实世界儒道关系存在的疑惑思考上升为系统化的哲学理论的努力方面，裴徽相较于荀粲并没有本质性进步。"[②]应该说，这一

---

① 汤一介：《郭象与魏晋玄学》，第5—6页。
② 秦跃宇：《会通孔老　催生玄学——早期名士兼综儒道研究》，《学习与探索》2005年第2期。

判断是比较可信的。裴徽对"无"之价值的体认已经深入到道家本体哲学的内部；不过，如果从玄学的视角看，裴徽尚未完全进入魏晋玄学"有无本末"的本体论的论域。

二、傅嘏

傅嘏(209—255)，字兰石(一作硕石)，北地泥阳(治今陕西铜川耀州区)人，汉末魏初思想家。傅嘏与夏侯玄、荀粲二人同年，均出生于公元209年。傅嘏家世显贵，弱冠之年即已知名于世。傅嘏是《四本论》的作者之一，前文"才性之辨"一节在介绍《四本论》时，已提及傅嘏好论才性，关注考课法，并主张"才性同"。

与裴徽不同，傅嘏与夏侯玄、何晏等正始名士的关系不太和睦。当时何晏、夏侯玄等人已经名重士林，皆为玄谈宗主；但是，面对何晏、夏侯玄递过来的橄榄枝，傅嘏却拒绝接纳，"皆求交于嘏，嘏不纳也"①。荀粲试图调和他们之间的矛盾，傅嘏却直言评夏侯玄、何晏等人："夏侯太初，志大心劳，能合虚誉，诚所谓利口覆国之人。何晏、邓飏有为而躁，博而寡要，外好利而内无关籥，贵同恶异，多言而妒前。多言多衅，妒前无亲。以吾观之，此三贤者，皆败德之人耳！远之犹恐罹祸，况可亲之邪？"(《世说新语·识鉴》)又向主政的大将军曹爽进言："何平叔外静而内铦巧好利，不念务本。吾恐必先惑子兄弟，仁人将远，而朝政废矣。"②可见，傅嘏与夏侯玄、何晏等人有着颇深的矛盾，其中既有为人行事的风格差异，更有政治立场上的分歧。夏侯玄、何晏等人属于曹魏集团；而傅嘏虽然任职于曹魏，但更倾向于司马氏。

傅嘏出身于传统经学世家，与同为儒学世家的司马氏在根本利益上是一致的。傅嘏论学虽尚"虚胜"，但仍以儒学为纲领，"其治以德教为

---

① 《世说新语·识鉴》刘孝标注引《傅子》。
② 《三国志·魏书》卷二十一《傅嘏传》。

本,然持法有恒,简而不可犯,见理识情"①。在人才问题上,他坚持传统的才性合一的立场,维护汉代的选官原则,"昔先王之择才,必本行于州间,讲道于庠序。行具而谓之贤,道修则谓之能。乡老献贤能于王,王拜受之,举其贤者,出使长之,科其能者,入使治之。此先王收才之义也。"②其目的在于维护地方世家大族在官员推选上的权力,实质上有利于司马氏等儒学大族。

人们在研究魏晋玄学时,往往会陷入两个误区:第一,把魏晋玄学看作是纯粹的、抽象的学问,与现实几乎完全脱节。造成这种印象的原因有很多,如作为魏晋玄学重要表达形式的"清谈"常常表现出非政治性、非功用性的特质;又如魏晋玄学最为推崇的典籍中,《老子》尤其《庄子》所带有的精神洁癖,为名士们所赏识和继承,并成为魏晋名士们精心编织的超然世界的基色;再如,魏晋玄学讨论的主题中,除了名教与自然外,其他如有与无、本与末、动与静、体与用、言与意等,都是相对客观、独立与抽象的。第二,把魏晋玄学看作是具有高度内部统一性的思潮。仿佛魏晋时期的名士们所批评和抗争的是统治者的专制与虚伪(尤其是司马氏统治集团)。至于名士们之间,则都是同声相应、同气相求的志同道合者。似乎名士们一见面,要么手持拂尘、畅言玄理,要么相视一笑、莫逆于心。

其实,魏晋玄学的真实面目恐怕要复杂得多。从政治的角度看,玄学各阶段的思想家们的思考与观点背后,都或多或少地受到他们的政治身份的左右。因此,尽管从形式上看,魏晋玄学不像两汉经学那样带有浓郁的意识形态色彩,但是,东汉后期直至魏晋时期的政局变化仍然深刻地影响到玄学的发生、展开与演变诸环节。相应的,魏晋玄学内部不同政治学术团体之间的分歧、争论贯穿于玄学发展史的始终。正是玄学内部所具有的内在张力,推动着玄学主题的转换,并呈现为玄学发展的不同阶段。

---

①②《三国志·魏书》卷二十一《傅嘏传》裴松之注引《傅子》。

　　以才性问题为例。曹操提出"唯才是举",从理论上看,是对东汉人才观念的反思与矫正,即从德才统一转向德才分离。从实际效果上看,一方面,放宽人才尺度,便于延揽更多的人才;另一方面,为曹氏篡汉做铺垫。此外,开创时期的雄主们往往不拘小节,敢于打破常规,乐于看到风气与人心的更化。而曹丕主张"九品官人法",可以看作是在局势稳定之后对矫枉过正的激进政策作出的调整,以培植新的政权基础。另外,曹丕与曹植争位,无法依靠曹氏宗族的支持,转而拉拢世家大族。魏明帝曹叡短寿、无子,政策也不得不偏向世家大族。魏齐王曹芳幼君即位,辅政的曹爽实际上希望恢复曹操的路线,因此夏侯玄的改革目的之一就是加强中央权力,抑制世家大族。司马懿为首的司马氏是传统儒学世家大族的佼佼者,在曹魏初期代表着地方势力("中正"),而傅嘏的家族正属于这一阵营。司马氏篡夺政权之后,提倡"以名教治天下",形式上是对两汉崇德重孝价值观的复归,现实中也是出于政治上的策略,以打击曹魏的残余势力。

　　体现在才性问题上,其最根本的差异就是"才性异"与"才性同";而前者的主要支持者多是维护曹魏等新兴世家利益的士人,后者的坚定信奉者往往与司马氏等传统儒学世家大族关系密切。后来,持"才性异""才性离"立场的李丰、王广等人皆死于司马氏的屠刀之下。傅嘏对许多名士不冷不热,交好的仅有荀粲、钟会两人。荀粲是少有的不参与政治的名士,而钟会所持的"才性合"观点与傅嘏相近,同属于司马氏阵营。因此,傅嘏不喜夏侯玄、何晏,更多的原因是彼此的政治立场迥异,而非单纯不满夏侯玄、何晏的浮华风气。故傅嘏倡导"才性合",并不等同于他本人看重德行与才干的一致。相反,傅嘏、钟会等人在道德上乏善可陈,甚至颇为不堪。

　　傅嘏对于玄学的贡献在于其精通名理、"善言虚胜"。汤一介先生指出:"所谓'名理',开始盖为讨论'名分之理',人君臣民各有其职守,如何使之名实相符而天下治,此为政治理论的问题;后来渐进而讨论鉴识人物的标准问题,于是'名理之学'趋向'辨名析理',向着抽象原则的方面发展"①。曹魏初期兴起了辨名析理之风,才性问题的讨论正是其成果之一。辨名析理与魏晋玄学关系密切,可以被视作魏晋玄学思想的萌芽。傅嘏善言虚无贵胜之道,不离政治人伦,而谈抽象之道,是辨名析理的重要代表。

三、荀粲

荀粲(209—238),字奉倩,颖川(今河南禹州)人,曹魏初期著名思想家。史料记载:

> 何劭为粲传曰:粲字奉倩,粲诸兄并以儒术论议,而粲独好言道,常以为子贡称夫子之言性与天道,不可得闻,然则六籍虽存,固圣人之糠秕。粲兄俣难曰:"易亦云圣人立象以尽意,系辞焉以尽言,则微言胡为不可得而闻见哉?"粲答曰:"盖理之微者,非物象之所举也。今称立象以尽意,此非通于意外者也。系辞焉以尽言,此非言乎系表者也;斯则象外之意,系表之言,固蕴而不出矣。"②

荀粲出身于儒学世家,但他喜爱道家,特立独行。他公然质疑"六经"的价值,认为儒者奉为圭臬的"六经",其实不过是"圣人之糠秕"。荀粲此说的本意不是要否认孔圣人的价值,而是援用"言不尽意"之说,质疑"六经"等所谓"经典"能否代表孔圣人?在荀粲看来,"六经"只是形式,并不能真正传达孔子"性与天道"的智慧。"荀粲言、意之辨……核心命意在于崇本体而抑言象。儒家六经的语言文体虽然存在,但作为理解者和阐释者,如果执着于有限的文本语言,则不能把握无限的'性与天道',因为'性与天道'是关于宇宙人生的问题,也就是天人之学,属于本体论的境域,本体之境是超语言的,所以'性与天道'根本上不能被语言之网所拘囿。同样,就《周易》而言,六十四卦的卦象不能表现'象外之意','系辞'

---

① 汤一介:《郭象与魏晋玄学》,第5页。
② 〔清〕严可均辑:《全晋文》卷十八。

也无法传达精微之理。圣人'立象'、'系辞'的真意在卦象之外、系辞之表。"①继《易传》《庄子》之后,荀粲在曹魏初期所开启的关于言意问题的思考,不仅深刻批判了汉儒的章句之学,而且对于王弼有着重要启发作用。

　　另据《世说新语·惑溺》篇记载:"荀奉倩与妇至笃,冬月妇病热,乃出中庭自取冷,还以身熨之。妇亡,奉倩后少时亦卒。以是获讥于世。奉倩曰:'妇人德不足称,当以色为主。'裴令闻之,曰:'此乃是兴到之事,非盛德言,冀后人未昧此语。'"荀粲与妻子感情深厚,妻子病重,高烧不退;荀粲大冬天不穿衣服跑到室外,故意让自己身体冰凉,然后抱着妻子,给她降温。妻子去世之后,荀粲"痛悼不能已,岁余亦亡"。荀粲至情至性、不在乎世人眼光,正是后世的阮籍等任情放诞名士的楷模与先导。

四、钟会

　　钟会(225—264),字士季,颍川长社(今河南长葛东北)人,曹魏时期思想家。钟会曾参与才性问题讨论,主张"才性合",并汇集时人论点完成《四本论》。前文介绍《四本论》时已提及他。其父南阳太守钟繇为曹魏开国功臣,亦是楷书的创造者。其母雅好书籍,钟会受到了良好的家庭教育。钟会自幼聪慧过人,名士蒋济评价他"非常人也"。钟会成年后,博学多才,尤其以精练名理著称,"钟会似乎更重视刑名家学传统,'有才数技艺,而博学精练名理,以昼继夜,由是获声誉'。长期以形式逻辑冷静地分析才理和法理,容易造就多理性少情感、重利益轻信仰的品质。这种品质与其天性中伶俐善变的因素相结合,决定了历史舞台上钟会集思辩学者与政治市侩于一身的复杂形象"②。

　　就政治立场来看,尽管钟会的父亲钟繇是曹魏重臣,深得曹操、曹丕

---

① 李耀南:《略论荀粲与言、意之辨的关系》,《安徽教育学院学报》(哲学社会科学版)1999 年第
　2 期。
② 王晓毅:《钟会——名法世家向玄学转化的典型》,《中国史研究》1997 年第 2 期。

两代帝王信重,但是钟氏高祖钟皓是汉末经学大师,因而钟氏家族乃是传统经学世家,与司马氏同类。最终,钟会选择了他更看好的司马氏,和傅嘏一样,成为同情曹魏的士人的对立面。

钟会的学术兴趣广泛,他曾经与何晏、王弼辩论"圣人有情无情"的问题:"何晏以为圣人无喜怒哀乐,其论甚精;钟会等述之。而弼与不同,以为圣人茂于人者神明也,同于人者五情也,神明茂故能体冲和以通无,五情同故不能无哀乐以应物,然则圣人之情,应物而无累于物者也。今以其无累,便谓不复应物,失之多矣。"①又同王弼讨论《周易》"互体"之说,史书记载:"会尝论易无互体、才性同异。及会死后,于会家得书二十篇,名曰道论,而实刑名家也,其文似会。初,会弱冠与山阳王弼并知名"②,"(荀融)与王弼、钟会俱知名……与弼、会论《易》《老》义,传于世"③。不过,尽管钟会十分聪明,但用功都不长久;他的旨趣似乎不在学术上,故对于不少重要论题仅仅满足于浅尝辄止。

总体上看,"从傅嘏、钟会的才性名理到荀粲、裴徽的言意本末,可以看到道家本体哲学由隐约到明朗在士大夫学术思想与政治生活各方面和传统儒家本位意识冲撞对立,并引发诸多对现实矛盾的理论思考,虽然他们融合儒道的努力未竟全功,但是在方法论和具体演进方向上已经指明正始道路,并由此营造出会通孔老的高潮趋势催生玄学思潮给出第一个初步答案"④。再结合前文提到的才性之辨,以及荆州学派的易学成就,这些种种不同于两汉经学的思想新动向,从多个方面为魏晋玄学的正式兴起提供了必要的理论前导。

---

① 《三国志·魏书》卷二十八《钟会传》裴松之注引何劭《王弼传》。
② 《三国志·魏书》卷二十八《钟会传》。
③ 《三国志·魏书》卷十《荀彧传》裴松之注引《荀氏家传》。
④ 秦跃宇:《会通孔老 催生玄学——早期名士兼综儒道研究》,《学习与探索》2005 年第 2 期。

第三章　正始玄学

魏晋玄学正式勃兴的第一个阶段发生在正始时期。据《晋书·王衍传》记载：

> 魏正始中，何晏、王弼等祖述老庄，立论以为："天地万物皆以无为本。〔九〕无也者，开物成务，无往不存者也。阴阳恃以化生，万物恃以成形，贤者恃以成德，不肖恃以免身。故无之为用，无爵而贵矣。"①

"正始"是魏齐王曹芳的年号，从公元 240 年开始，至 249 年截止。这短短十年，是魏晋玄学发展史上最重要的阶段。一般的学术思潮往往有一个由弱到强、由低潮到高潮的渐次上升的过程，但魏晋玄学则迥乎不同，它在正式兴起的第一个阶段——正始时期——就奏出了"最强音"！可以说，无论是在天才学者的横空出世、学术团体的频繁互动方面，还是在核心范畴的深度掘发、理论体系的精密建构方面，正始时期的玄学均达到了巅峰。与此后的竹林时期的玄学、元康时期的玄学和江左时期的玄学相比，正始时期更能代表整个魏晋玄学的理论水平和思想成

---

① 《晋书》卷四十三《王衍传》。

就。也因为如此,正始时期的玄学被专门称作"正始玄风"或"正始之音",具有了特殊的地位。《世说新语·赏誉》篇记载:

> 王敦为大将军,镇豫章,卫玠避乱,从洛投敦,相见欣然,谈话弥日。于时谢鲲为长史,敦谓鲲曰:"不意永嘉之中,复闻正始之音……"

《世说新语·文学》篇亦记载:

> 殷中军为庾公长史,下都,王丞相为之集,桓公、王长史、王蓝田、谢镇西并在。丞相自起解帐带麈尾,语殷曰:"身今日当与君共谈析理。"既共清言,遂达三更。丞相与殷共相往反,其余诸贤,略无所关。既彼我相尽,丞相乃叹曰:"向来语,乃竟未知理源所归,至于辞喻不相负。正始之音,正当尔耳!"明旦,桓宣武语人曰:"昨夜听殷、王清言,甚佳,仁祖亦不寂寞,我亦时复造心;顾看两王掾,辄翣如生母狗馨。"

"正始玄风""正始之音"的说法,透显出以下几层意思:第一,在正始时期的开始(240 年左右),学术思想发生了重大转向,与此前的学术有着根本的性质上的差异。第二,这一学术的重大转向是在正始时期(240—249)短短十年间基本完成的,可见新思想的爆发十分急遽,新学说的涌现高度集中。第三,新学术的部分特征可以用"玄"或者"音"来概括。"玄",对应的是这一学术现象的超言绝象、探寻本体的特质;"音",既可以理解为该学术现象余音绕梁、令后人神往,也可以解释为其特有的载体形式——清谈。

正始年间,思想界涌现出一批重要学者,他们不满于汉代儒学的粗疏、浅陋,试图沟通儒、道,祖述老、庄,纵横易、孔。他们保留了天人之际的模式,却"旧瓶装新酒",抛开现实问题,把论题完全抽象化,而以"无"为立论之本,围绕着"有无""本末""体用""动静"等抽象的哲学论题展开对本体论的探索,振起玄风,开启了以"虚无"为本的魏晋本体之学,这就是"玄学"。

这一时期玄学的代表人物是夏侯玄、何晏和王弼,而本时期最为推崇的经典是《周易》《论语》和《老子》。何晏和王弼都曾经为《论语》《老子》和《周易》作过注解,这不是偶然的现象,而是玄学发展的内在需要。

《周易》曾经是两汉儒学感应思想形成的理论依据之一,所以,要批判汉代儒学的感应之说,就必须从《周易》思想的内部去转化它。而且,《周易》是除《老子》《庄子》之外最具丰富玄思的著作,因此,它在玄学时代倍受重视。此外,荆州学派发扬的古文解《周易》传统和注重义理阐发的学风,对王弼等人也产生了重要影响。

《论语》是最直接反映孔子思想学说的作品。两汉时期,孔子被朝野升格为"圣人","五经"的价值亦因之水涨船高。至少从今文经学的角度看,汉代经学之所以具有重大价值(尤其是经天纬地、安邦定国的政治价值),相当大的程度上是因为它们均或多或少地寄寓着孔圣人的理想目标与价值追求。但是,以《公羊传》为代表的今文经学过度依赖阴阳灾异之说,渐渐沦为谶纬之术;而这实际上背弃了孔子的"不语怪、力、乱、神"的人文理性精神。魏晋玄学批判的是被歪曲的孔学(经学),而非否定孔子本人。所以,回归到更能平实展现孔子思想原貌的《论语》,便顺理成章地成为玄学家们的必然选择。

《老子》富含"玄之又玄"的形上哲思,其对宇宙生成和万物本原的天才论说一直深深地吸引着后人。尤其是当正始时期的名士们开始将思索的重心从庸俗、固陋、繁琐的章句经学转向"性与天道"的抽象玄思时,《老子》的思想恰好可以弥补儒学在这方面的不足。因此,《老子》很快被玄学家们奉为圭臬。

此外,《论语》和《老子》这两部书是先秦人文理性的最高典范,它们在思想史上对于促使天神信仰的消逝曾产生过重大作用;同时,它们又代表了先秦诸子的两大巅峰和权威,利用孔子和老子的思想和诸子的多元、自由的学术精神,去廓清谶纬神学的迷雾,消解汉代经学的束缚,不失为当时一个明智的选择。

通过对《周易》《论语》和《老子》的全新解读,正始时期的玄学家们挖掘出新的论题,建构起新的思想体系。其中,由夏侯玄启其端、何晏承其绪、王弼集其大成的有无、本末之辨,以及由此生发开来的一系列论题,贯穿于整个玄学思潮过程中,成为魏晋玄学最具代表性的哲学主题。

第一节　清谈

正始玄风得以大行其道,清谈功不可没。清谈是魏晋时期特有的一种学术社交活动,是魏晋玄学必不可少的重要载体和平台。

一、"清谈"与"清议"

从渊源上看,魏晋时期的"清谈"与东汉后期的"清议"有一定的关联性,但二者之间存在着很大的差别。清议是东汉后期社会动荡的特殊产物。当时皇权旁落,宦官、外戚交替专权,政治腐败,民生艰苦。一批有良知、有责任感的知识分子(他们中的很多人都是在野士人)痛感于此,于是自发地形成一个个民间思想团体,大声地表达自己对于社会政治的批评意见。清议的参与者们十分关心政治,他们经常议论国事、臧否人物,依托各自的思想团体,发出了一些与当政的宦官集团或外戚集团不同的抗争的声音,形成一股足以影响朝廷的舆论力量,并赢得广大知识分子尤其是太学生的拥护。东汉的清议继承了传统儒家"以德抗位"的优秀传统。清议中的"清"指的是议论者的身份和地位——他们多半不在庙堂之上,而是身处学校、乡野之间。也就是说,议论来自民间。"议"指的是这些士人通常采用议论、评论的形式,表达自己对社会政治现象的态度。应该承认,这种不盲从于当权统治者的清议,反映了东汉后期学术的一种可贵的独立性和批判性。但到了后来,清议活动渐渐卷入到政权之争中,被一些政客利用,成为争权夺利的工具,加之清议本身所具有的政治敏感性,所以,清议无可幸免地在东汉末期的"党锢之祸"中遭到弹压。

东汉末期的清议有时也被称作清谈,不过其内涵与魏晋清谈有很大差别。唐长孺先生在讨论清谈与清议时指出："当玄学还没有兴起,老庄之学尚未被重视之先,业已有清谈一辞。所谓清谈的意义只是雅谈,而当东汉末年,清浊之分当时人就当作正邪的区别,所以又即是正论。当时的雅谈与正论是什么呢? 主要部分是具体的人物批评,清谈内容也是如此,既非虚玄之谈,和老庄自无关系。因为如此,所以在初期清谈与清议可以互称;魏晋之后清谈内容主要是谈老庄,但仍然包括人物批评。"①汉末的清谈主要内容在于人物批评,是为选拔人才的社会现实需要服务的,与老庄关系不大,也不崇尚虚玄之谈。由正始之音开启的魏晋清谈则主要谈老庄,崇尚虚玄之论。当然,魏晋清谈也没有完全放弃人物品评的内容,这是魏晋清谈与汉末清议(清谈)相一致的地方。唐先生很重视汉末清议向魏晋清谈发展的线索,他认为汉末清议关注现实政治、重视人物批评,这可以视作是清谈的早期形式,这一阶段的清谈和清议可以互通:"清谈开始是以人物批评为主的,与清议可以互通。……玄学是从怎样确立选举标准这一点出发的,以后才发展为有无、本末之辨。清谈从人物批评发展到虚玄之谈,正与玄学的发展相符合。后世因为晋以后的清谈内容与汉代清议不同,认为一开始就有严格的区别是错误的。"②唐先生的观点有助于我们看到魏晋清谈与汉末清议的联系性的一面。

当然,魏晋清谈与汉末清议的差异性更为重要。与东汉清议关注政治、具有抗争性不同,魏晋玄学所特有的"清谈",其特点之一却是不谈国事、不言民生。

从社会历史原因看,魏晋清谈所具有的非政治性、非抗争性、不关注现实而追尚虚无玄远之论的特点,还体现着名士们存身免祸的不得已苦衷。魏晋之交,司马氏集团篡夺曹魏集团的大权之后,钳制思想,控制物议,知识分子的思想言论空间狭窄,生存处境残酷,大批杰出知识分子惨

---

① 唐长孺:《魏晋南北朝史论丛(外一种)》,第 277 页,石家庄,河北教育出版社,2000。
② 同上书,第 282 页。

遭杀戮。可以说,名士们"清议玄谈",乃至纵酒服药、狂逸放荡,很大程度上是为了明哲保身,逃避黑暗的社会现实,寻求精神上的解脱。在他们的内心深处,沉淀的是深深的无奈和浓浓的悲哀。

二、清谈的特征

魏晋玄学研究专家唐翼明先生对清谈有非常精到的考察,有利于我们了解魏晋清谈的全貌。根据他的定义,清谈"指的是魏晋时代的贵族和知识分子,以探讨人生、社会、宇宙的哲理为主要内容,以讲究修辞技巧的谈说论辩为基本方式而进行的一种学术社交活动"①。作为魏晋时期极具特色的学术社交活动,清谈的参与者都是魏晋时期有文化、有地位的社会精英,也就是所谓"名士";清谈的内容距现实生活比较疏远,而是指向抽象、深刻的玄理;清谈在形式上十分重视语言艺术和论说技巧,既有先秦名家的遗风,又融入汉末以来"辨名析理"的新风尚。唐翼明将魏晋清谈与西方学术沙龙进行了比较,并努力还原清谈的历史场景:

> 就社交和游戏这一点说,清谈的斗智色彩也比沙龙浓厚,沙龙更多像讨论,清谈更多像辩论。沙龙多半由一个美丽的贵族妇女主持,参与者大都是文化名流,大家就文学和哲学的问题发表见解,比较随性。而清谈通常是由两个人就一个哲学命题进行辩论……一人为主,一人为客,各执一理。……主方先叙理,客方再反驳,主方再辩,客方再驳。手执麈尾,言辞精妙,声情优雅,充满机锋,而且有一套约定的程序和规矩。参与者全是士族精英分子,也就是名士。有主持人,即谈座的主人,称为谈主。这个谈主不是美艳妇人,却是社会地位和学术地位都很高的名士。两人辩论的时候,其他人不得插话,而是静静地欣赏。一辩一驳,称为一番或者一交。

---

① 唐翼明:《魏晋清谈》,第 28 页,成都,天地出版社,2018。

来来往往,可至数十番,延续一两个钟头,直到一方认输。而最后辩赢的一方所执之理则称为胜理。于是主宾皆欢,气氛热烈而融洽。①

与西方的学术沙龙相比,魏晋时期的清谈在形式上更正式、严肃、规范一些,清谈的目的也更加明确一些,就是展示自己的见解,赢得最后的胜利。相应地,魏晋清谈的内容也不像西方学术沙龙那样随意、松散,而是更加集中、系统,并且形成了鲜明的特色:

清谈到底谈些什么内容呢,或说辩论些什么道理呢? 总结起来,大致有以下几个方面。

第一,三玄及其注解。三玄是清谈所依据的基本经典,就是《周易》《老子》和《庄子》。这三本书是先秦经典中最富于哲理的书,涉及宇宙、社会、人生、人性等各方面的基本问题。谈士们从这三本经典中抽出一些基本观点来进行辩谈和讨论,所以清谈又称谈玄,就是这个原因。清谈中还常常会涉及各家注解异同的辩论。

第二,名家学说。名家用今天的话来讲就是逻辑学家。但是在中国传统中,名家经常被曲解,常常被当作诡辩家,因为他们常常提出一些超出一般人常识范围的命题。……这些命题并非诡辩,其实包含了很深奥的哲理,又很容易引起有趣的辩论,所以是清谈家们很喜欢的论题。

第三,特别值得注意的是当时思想家们提出的新的哲学命题及其论辩。例如我们前面讲过的"圣人有情无情之辩""才性之辩",又如"有无本末之辩""自然名教之辩""性情之辩""君父先后之辩"等。其中"有无本末之辩"与"自然名教之辩"是当时最著名的两大辩论,牵涉现象和本质的问题、宇宙万物存在的根本依据问题、儒道异同及孔老高下问题。经过这两大辩论,本来看起来互相对立的儒家和

---

① 唐翼明:《中华的另一种可能性:魏晋风流》,第98—99页,北京,民主与建设出版社,2014。

道家,终于有了融合的可能。从此,融合儒道、儒道互补就成为魏晋时期的主流思潮,并且奠定了中国文化的基本性格,也奠定了中国传统知识分子的基本文化人格。

第四,东晋以后的清谈还常常以佛理为论题,这样就把外来的佛教带进了中国知识精英圈中,逐渐中国化,到隋唐时盛极一时,变成具有中国特色的佛教,也就是禅宗。

第五,到清谈后期尤其是南北朝以后,儒家的礼和律也常常成为清谈辩论的对象。①

综合唐翼明先生和其他研究者的成果,我们可以这样大致描述魏晋清谈:

从形式上看,魏晋时期的清谈颇有些类似于今天的辩论赛或学术沙龙:论辩者少则两人,多则十余人,分为"主""客"双方。先是为"主"的一方就某一抽象论题提出自己的新颖观点,并予以论证;接着,为"客"的一方批驳"主"方的观点,并提出不同意见。如此你来我往,针锋相对,以驳倒对方为目的,展开思想和语言的游戏。有时,当其他人对某一问题并无高见时,某一玄学家也可以分任"主""客"二职,自己设问,自己解答,尽情展示思想才华和语言技巧。清谈活动有着相对固定的程序,"玄学家们举行辩论,常常有通(即正面解释议论),有难(即发难致诘),有胜(即辩论胜利),有屈(即辩论失败),有主客之设,还有评判人。这比起儒家的师道独尊来,实在是一种学术风气上的解放"②。换言之,清谈活动在形式上保证了参与者能够畅所欲言,独立、清晰地表达自己的观点,充分、完整地论述自己的理由。这对于玄学思想的酝酿、升华起到了无可替代的重要作用。

从内容上看,清谈的内容可以用两个字来概括:第一个字是"清",第二个字是"玄"。"清"与"俗"相对立,有清逸、清雅之意。魏晋名士

---

① 唐翼明:《中华的另一种可能性:魏晋风流》,第100—102页。
② 辛冠洁:《玄学散论》,《文史哲》1985年第3期。

们是一群精神上的贵族,他们很看不惯汉代经学家凭借通晓经典而博得名利、飞黄腾达。不过,名士们的态度不免有些矫枉过正,连带着也鄙视起经世致用之学,对那些讨论治理国家、强兵富民的学说主张冠以"庸俗"之名,极尽挖苦、嘲讽之能事。与之形成鲜明的对照,魏晋名士们的清谈几乎不涉及社会或人生的具体问题,而努力保留其超脱、优雅、飘逸、从容的特色。说到"玄",魏晋名士们很反感两汉经学沉溺于章句训诂以致支离与琐碎,于是转而将目光投向先秦时期的典籍,尤其是《周易》《老子》和《庄子》。在他们看来,这三部书雅致玄远、浩博无涯,论及了宇宙天地的终极奥秘。所以,《周易》《老子》《庄子》被他们尊奉为"三玄",并成为清谈的主要内容。正因为如此,魏晋的清谈也被称作"玄谈"。

不过,由于魏晋清谈对现实问题缺乏兴趣,而是追崇抽象高远的玄理,所以从魏晋时期开始,就一直受到人们的质疑。质疑的焦点就是:清谈是否会"误国"?

《世说新语·言语》篇记载:

> 王右军与谢太傅共登冶城。谢悠然远想,有高世之志。王谓谢曰:"夏禹勤王,手足胼胝;文王旰食,日不暇给。今四郊多垒,宜人人自效。而虚谈废务,浮文妨要,恐非当今所宜。"谢答曰:"秦任商鞅,二世而亡,岂清言致患邪?"

时任会稽内史的东晋名士王羲之喜好畅游玄谈,还曾经邀四十余位名士友人举行过一场闻名后世的兰亭聚会。但是,王羲之在纵情畅游、酣肆清谈之余,又觉得他们没有能够像大禹、文王等圣贤那样勤勉向上、务实进取,反而"虚谈废务,浮文妨要",心中不免有些负疚感。他的好朋友、后来成为东晋顶梁柱的大名士谢安则比他要坦然多了,说道:"没听说过秦王朝崇尚清谈,却也不过二世而亡,可见不清谈也未必长久,清谈也未必亡国!"尽管谢安言之凿凿、语气坚定,但是无法彻底消除人们对清谈的疑虑。

　　魏晋之际的傅玄批评清谈是"虚无放诞之论",清谈盛行将导致"亡秦之病"。①《资治通鉴》记载,以注解《穀梁传》闻名的东晋大儒范宁,对王弼、何晏等人开启的清谈玄风深恶痛绝,直斥道:"王、何蔑弃典文,幽沈仁义,游辞浮说,波荡后生,使缙绅之徒翻然改辙,以至礼坏乐崩,中原倾覆,遗风余俗,至今为患。桀、纣纵暴一时,适足以丧身覆国,为后世戒,岂能回百姓之视听哉!故吾以为一世之祸轻,历代之患重;自丧之恶小,迷众之罪大也!"②范宁认为魏晋清谈"蔑弃典文,幽沈仁义,游辞浮说,波荡后生",对社会、人心的破坏甚至要重过桀纣。北宋司马光在反对王安石变法的奏折中,讽刺王安石等人"言必称新法"的做法就像是魏晋清谈一样,是浮夸、无用之学。唐朝宰相姚崇曾经掌掴其子,原因就是其子好与人论辩,像魏晋清谈的名士一般虚滑无物。可以说,从魏晋时期开始,历唐宋直至今日,"清谈误国"的担忧不绝于耳,不少人认为清谈只不过是"虚无之谈,尚其华藻,此无异于春蛙秋蝉,聒耳而已"③。

　　此类的质疑存在一个误区,即把魏晋时期的清谈看作是形式单一、性质不变的活动。其实,从更加客观、细致的角度来看,魏晋时期不同具体阶段的清谈活动在主题、旨趣和形式方面均存在着明显的变动性;而且,参与清谈活动的主体不同,对学术和政治所造成的影响也会随之有异。

　　许抗生先生不赞同把清谈和玄学等同起来的观点,他认为清谈和玄学既有联系又有区别。二者的共同点在于它们都标榜远离实际,但二者的区别更值得注意,"清谈的内容是多方面的,它包括评论人物、讨论才性等等。而玄学的清谈是直探哲学根本问题的一种'高级'的清谈。因此,不能把玄学简单地等同于清谈"④。在他看来,清谈可以分为两类:一

---

① 《晋书》卷四十七《傅玄传》。
② 《资治通鉴》卷一百一。
③ 〔晋〕杨泉:《物理论》,《太平御览·学部》卷十一。
④ 许抗生:《略论魏晋玄学》,《哲学研究》1979 年第 12 期。

类是"非玄学"的清谈,其形式与东汉末期存在明显的连续性,谈论的主题为人物品藻和才性之辨等;另一类是"玄学"的清谈,形式上与东汉末期有显著差异,谈论的主题是世界的本质、世界存在的依据等本体论问题。许抗生对清谈类型的辨析很有意义,利于我们把握玄学的真正特征。按照他的看法,不同类型的清谈所具有的优点和缺点均有所差异,其社会影响亦因之不同。唐长孺先生的看法亦属此类。唐先生进一步指出,非玄学的清谈向玄学的清谈转变的关键是王弼。在何晏的清谈活动中,人物批评与老庄玄言仍然混杂在一起;但是,王弼的清谈活动已经不再关心人物批评的内容,"从王弼以后清谈重心集中于有无、本末之辨,具体的人物批评不被重视,于是清谈与清议从互通变为不同的意义"①,从中也能看出清谈逐渐由实而虚的演进脉络。

也有学者指出,魏晋清谈可以按照时代区分为三种,即正始之音的清谈、中朝时期(以西晋元康时期为主)的清谈和江左时期(即东晋时期)的清谈。尽管同样名为"清谈",但三者的主题、内涵和精神气象等有着明显差别。清谈的第一个阶段,即正始时期的清谈仍然延续了"汉末以来那种以真诚追寻真善美统一为底蕴,以批判名教、张扬个性自觉,思想自由为主要内容的新思潮精神",因此表现出一种"独立求真,创新超越,激烈批评的学术精神"。到清谈第二个阶段,即中朝时期(以西晋元康时期为主),尽管清谈已经成为士风的象征,"名称沿用了正始的叫法,形式依然是聚而论道",其规模和现实影响也都超过了正始玄谈,但是"再也看不到正始清谈为学术而学术,追根问底的辩难气氛,以及无所顾忌的批判精神和'究天人之际'的超越胸怀","代之以为调和名教与自然而出现的迎合温顺并带有娱乐色彩的学术风格"。这一阶段清谈的"主题转换为名教、自然调和为一","学术目标总不明确,给人的感觉是'醉翁之意不在酒',清谈成为他们慰藉心灵的一种'精神会餐',并非真有'道'要问,'惑'需解"。至于清谈的第三个阶段,即东晋江左时期的清谈,"在新

---

① 唐长孺:《魏晋南北朝史论丛(外一种)》,第283—284页。

的时代环境中从正始之音和中朝清谈(笔者按:元康玄学)中各汲取一部分内容,整合为一种与体制化儒家和平共处,政治上奉行'无为而治',精神和生活上追求浪漫自由的江左玄风"。这一阶段的清谈在开放性和自由度上固然有所推进,但是学术独立精神和求真态度更加萎缩,江左时期的清谈"不会有任何芒锋,更谈不上多少创新。它从内容上讲,承乎正始玄学,从精神上讲,近乎中朝清谈,名教与自然调和在东晋是作为一个既成事实来接受的,是为东晋玄谈的基点。所以说,东晋玄谈没有产生可观的思想成果,也未能出现大师级的玄学家。玄谈演为时尚,其成就主要是体现在玄学的思想普及上"。①

陈寅恪先生则提出,魏晋的清谈可分前后两期:魏末西晋时代为清谈的前期,这一时期的清谈并未真正脱离政治与社会的实际问题,"与士大夫的出处进退关系至为密切";东晋一朝为清谈后期,这一时期的清谈沦为"口中或纸上的玄言,已失去政治上的实际性质,仅止作为名士身份的装饰品"。他还对"清谈误国"之说作了具体分析,指出:如果参与清谈的是一些"林泉隐逸"的闲散士人,那么,他们的清谈活动"纵使无益于国计民生,也不致误国";但是,倘若参与清谈的都是些达官贵人,背负着治国安邦的重任,他们"崇尚虚无,口谈玄远,不屑综理世务"的清谈活动,实际上等同于逃避责任、玩忽职守,当然要对"误国"的结果承担责任。② 其实,也有一些明智的名士,如谢安,将"私"与"公"的区分处理得较为理想:就个人雅好而言,可以纵情山水、享受清谈;就公职责任来说,则应该忠于职守、尽心竭力。由此可见,无论是乡野闲人,还是朝廷大臣,其喜好清谈,并不会必然导致祸民亡国的结局。

综上,在魏晋南北朝时期的不同历史阶段,随着社会政治形势的不断剧烈变化,清谈也在相应调整和改变。其中,正始时期的清谈无疑更

---

① 详见徐斌《魏晋玄学新论》,第 233—270 页,上海,上海古籍出版社,2000。
② 参见陈寅恪著,万绳楠整理《陈寅恪魏晋南北朝史讲演录》,第 39—52 页,天津,天津人民出版社,2018。

具有价值,其对魏晋玄学所产生的作用也更加直接和重大。"事实上,对于中国哲学思想的发展来说,魏晋清谈是极其重要的一环,因为魏晋清谈的出现,中国的哲学出现了一次重要的融合。相比于春秋诸子百家时期经常出现的辩论,魏晋清谈时期,因为有了这样一个特定的平台,并且没有政治言论的介入,因此魏晋的清谈,在内容上更加趋向于思想领域本身,虽然有脱离现实的负面作用,但内容也更加纯洁,西方汉学家曾经把魏晋清谈比作'在没有重力的月球上蹦跳'。这个比喻很有意思,因为清谈这个特定的氛围,不同的思想流派可以从中得到更多的轻松交流,相互吸引彼此之间有用的养料,然后再去接受实际的检验。从这个意义上说,魏晋清谈对中国文化的发展有着非同寻常的意义。因为这个特殊的平台,中国思想文化的融合,可以以包容的方式进行,因为相互的交流,脱离了现实问题的羁绊,也使得清谈的内容,在想象力和创造力上,都出现了质的飞跃。"[1]

辛冠洁先生特别看重"清谈"在突破权威观念、锻炼玄学思维和丰富玄学理论方面所发挥的作用。他指出,与汉代经学讲究师承家法、固守门户不同,魏晋玄学因于清谈,"向来不问系统师门,在他们既定的范围内,甚至不论长幼,均可以自由讨论"[2]。魏晋时期的清谈活动没有设置一个独尊的权威,没有设定一个不容置疑的标准答案,参与者的身份、年龄、师承等因素均被尽量淡化。如《晋书·卫玠传》记载:两晋之交的名士卫玠一次去拜访大将军王敦,在王敦府中见到了仰慕已久的名士谢鲲。尽管谢鲲只是王敦的属下,但卫玠却撇开了正主人王敦,而是与谢鲲清言畅谈终日。位高权重的王敦也没有觉得自己被忽视、被冒犯,反而甘愿为二人的清谈提供不受干扰的场所,并且对卫玠赞叹有加。[3] 这可以从一个侧面看出魏晋社会对清谈的态度。在这种宽松而不失严肃、自由而不致散漫、开放而不乏集中的独特学术氛围中,魏晋名士们可以

---

[1] 王升:《魏晋风尚志》,第60页,苏州,古吴轩出版社,2011。
[2] 辛冠洁:《玄学散论》,《文史哲》1985年第3期。
[3] 详见《晋书》卷三十六《卫玠传》。

尽情地舒展天性,醋肆地展现才华,通过倾听、反思、论辩等形式,锻炼心志,凝练观点,在思想内容和谈说技巧等各个方面都有了极大的提升。"玄学之前,虽有像《老子》、《庄子》那样长于思辨的哲学,也有像名家、墨家那样的逻辑,但由于思考的对象偏于宇宙的发生,因而限制了水平的提高,及至玄学,不但要知其然,而且要知其所以然,知道宇宙的发生,还要知道宇宙发生的根据,即宇宙的本体。于是抽象理论的水平提高了,而且如上面所说的为适应抽象理论所需要的一系列范畴、概念、命题(如有无、本末、体用、言意、一多、性情、名教、自然等),应运而生了,同时方法的理论也提高了。"①

由于不同阶段的清谈在主题和风格上有着显著的差异,后文在介绍元康玄学和江左玄学时,还将具体讨论各个时期清谈的特征。

第二节　夏侯玄

夏侯玄(209—254),字太初(亦作泰初),沛国谯县(今安徽亳州)人,三国曹魏时期著名玄学家。夏侯家族是曹魏的世家大族,也是曹魏政权的重要支柱之一。夏侯玄是曹魏名将夏侯渊的从孙,家学渊源深厚,自幼便以聪慧出名。其父夏侯尚"智略深敏,谋略过人"②,随曹操父子征战多年,尤其得到魏文帝曹丕的信任。夏侯尚临终前,"帝数临幸,执手涕泣";夏侯尚去世后,魏文帝更是下诏:"尚自少侍从,尽诚竭节,虽云异姓,其犹骨肉,是以入为腹心,出为爪牙。"③夏侯玄继承了父亲的爵位,当时年仅十七岁。到魏明帝太和初年,夏侯玄以弱冠之龄任清贵的散骑黄门侍郎。但由于夏侯玄耻于与皇后的弟弟毛曾同席并坐,得罪了魏明帝,被贬为羽林监,不被重用。正始初年,年少的魏齐王曹芳即位,大将军曹爽和太尉司马懿共同辅政。夏侯玄的母亲是曹爽的姑姑,曹爽对这

---

① 辛冠洁:《玄学散论》,《文史哲》1985 年第 3 期。
②《三国志・魏书》卷九《夏侯尚传》。
③《三国志・魏书》卷九《夏侯尚传》裴松之注引《魏书》。

个表弟非常欣赏,夏侯玄因此连续升任散骑常侍、中护军。夏侯玄颇具政治才干,识人断事极有章法。他还提出选官制度等方面的改革举措,目的是加强曹魏中央的管理权力,矛头直指以司马懿为代表的豪门世族。夏侯玄"尝著乐毅、张良论,以见其自负文武之才,殷殷有用世之志,与曹爽共主伐蜀之议,此当时清谈名士欲对外立功借以对内之策略,终为司马氏所阻梗而无成"①。夏侯玄以副帅的身份辅佐曹爽西征蜀国,未果。正始末年,高平陵事件爆发,曹爽一派被司马懿诛杀殆尽,夏侯玄被剥夺权力,迁离关中。嘉平六年(254),受李丰、张缉等密谋诛杀大将军司马师一事牵连,夏侯玄被司马氏杀害。在刑场上,夏侯玄"格量弘济,临斩东市,颜色不变,举动自若"②,从容赴死,时年46岁。

夏侯玄是正始玄学的领袖,也是当时名士心中的典范。据东晋袁宏《三国名臣颂》:"邈哉太初,宇量高雅。器范自然。标准无假。全身由直,迹淹必伪。处死匪难,理存则易。万物波荡,孰任其累!六合徒广,容身靡寄。君亲自然,匪由名教。爱敬既同,情礼兼到。"③夏侯玄气质高贵、举止从容、情理真挚、雅好自然,时人称其"朗朗如日月之入怀"(《世说新语·容止》),荀粲评论"夏侯太初一时之杰"④。

南宋叶适非常钦佩夏侯玄的政治见识与才能,曾发出感叹:"如玄之智,虽未必存魏,然玄死而后魏卒亡,盖与其国相始终矣。"(《习学记言序目》卷二七)认为夏侯玄去世不久,曹魏政权便败亡,两者正相始终;言外之意,若曹魏能采纳夏侯玄的远见卓识,或许能够避免快速覆亡的结局。李澄宇在《读三国志蠡述》卷一中亦有言:"曹爽诛而魏一亡,夏侯玄诛而魏再亡矣。"可见,他们都将夏侯玄之死看成魏、晋易代的一个重要标志。

《隋书·经籍志》记载,夏侯玄著有文集三卷(《唐书·经籍志》作二卷),已散佚。他尚存于世的作品,有《艺文类聚》《全三国文》中收录的

---

① 贺昌群:《魏晋清谈思想初论》,第41—42页,北京,商务印书馆,1999。
②《三国志·魏书》卷九《夏侯玄传》。
③《晋书》卷九十二《袁宏传》。
④《三国志·魏书》卷二十一《傅嘏传》裴松之注引《傅子》。

《皇胤赋》《时事议》《答司马宣王书》《肉刑论》《答李胜难肉刑论》《乐毅论》《辨乐论》《夏侯子》等残篇。

一、浮华交会宗主

正始玄风滥觞于魏明帝太和时期的浮华交会。东汉时期,浮华交会即已成为士人社会交往的重要形式。汉代社会以"征辟""察举"等形式面向士人甄选人才,输送到各级官府任官吏。而"征辟""察举"所依据的一个很重要的指标就是乡间风评。这一指标本义是希望士人不离乡土、恳切笃行,是儒家重视日用常行的中庸精神的直接体现。但是,由于它与现实的重要利益紧密地联系在一起,逐渐发生异化,士人越来越看重交游的形式,寄希望在由声名卓著的名士主持的交会场合获得好的风评名声,而不再以恳切笃行为重心。因为此类的交游、交会往往看重抽象化、形式化的言谈举止,不乏相互标榜之风,颇有夸张浮华之气,故被批评者斥之为"浮华交会"。随着东汉末期社会危机的加剧,浮华交会渐渐演变为士人臧否人物、抨击时政的重要舞台。然而,在批评者看来,东汉以来的浮华交会活动在本质上违背了笃守根本的"为己之学",沦为舍本逐末的"为人之学",并且偏重破坏、少有建设,对于整个社会是有害无益的。如曹操就曾经宣称"孤为人臣,进不能风化海内,退不能建德和人,然抚养战士,杀身为国,破浮华交会之徒,计有余矣"[1],对以孔融为代表的浮华交会之士痛下杀手。曹魏初期主要以刑名法家为指导,录人唯才是举,处世事功为先,因此对浮华交会之士无法容忍。

不过,浮华交会屡禁不止。尤其是魏明帝太和时期,在都城洛阳,以夏侯玄、诸葛诞、何晏、邓飏等为首的一批地位清贵的重臣之后相互结交、彼此论辩、辨名析理、品评人物、议论国事、共相题表,掀起了新一轮"浮华交会"。据《三国志·魏书·诸葛诞传》裴松之注引《世语》:

---

[1]《后汉书》卷七十《孔融传》。

是时，当世俊士散骑常侍夏侯玄、尚书诸葛诞、邓飏之徒，共相题表，以玄、畴四人为四聪，诞、备八人为八达，中书监刘放子熙、孙资子密、吏部尚书卫臻子烈三人，咸不及比，以父居势位，容之为三豫，凡十五人。帝以构长浮华，皆免官废锢。

这些相互标榜为"四聪""八达""三豫"的浮华交会之士，多为政治地位不高的青年才俊。他们家世显赫，有着很好的学识修养，尤其擅长清谈玄论，对社会政治和抽象玄理表现出同样的兴趣。尤其是夏侯玄，尽管在政治上遭受挫折，被魏明帝贬为羽林监（按：引文中对夏侯玄官职的描述不准确。当时，夏侯玄任羽林监；直到魏齐王正始时期，他才被升迁为散骑常侍），但因其"宇量高雅""器范自然"，学识与气象均出类拔萃，故被众人推为"宗主"，影响最大。

魏明帝对这一轮浮华交会活动十分反感，"兵乱以来，经学废绝，后生进趣，不由典谟。岂训导未洽，将进用者不以德显乎？其郎吏学通一经，才任牧民，博士课试，擢其高弟者，亟用；其浮华不务道本者，皆罢退之"[1]，"前此诸葛诞、邓飏等驰名誉，有四聪八达之消，帝疾之。时举中书郎，诏曰：得其人与否，在卢生耳，选举莫取其名，名如画地作饼，不可啖也"[2]。魏明帝斥责浮华交会之士"不务道本"、空谈国事，其臧否人物、干涉选官的企图仅仅是画饼充饥，没有实际价值。因此，魏明帝对参与浮华交会的夏侯玄等人严加贬抑，或免官罢黜，或斥责禁锢。

对于太和时期的这轮浮华交会，我们有必要从政治和思想两个不同层面来评价。

从政治层面看，"四聪""八达""三豫"等士人通过交会响应、评议人物国事的方式，抱团发出自己的声音，希望获得当政者的重视与赏识；但是，由于他们的政治主张激进、不成熟，不符合主政者的执政原则，并且威胁到当权的官僚集团的既得利益，必然会受到打压。就此而言，这轮

---

[1]《三国志·魏书》卷三《明帝叡传》。
[2]《三国志·魏书》卷二十二《卢毓传》。

浮华交会是一场失败的政治秀。

但是,就思想层面而言,借助浮华交会的形式,以夏侯玄为代表的士人形成了松散的团体,团体中的主要成员在知识背景方面多半学养深厚、儒道兼通,在精神气质上往往洒脱任性、不拘礼俗①。在关注现实政治的同时,他们表现出对抽象玄理的独特兴趣。他们既精擅清谈的形式,有良好的辨名析理的训练,又兼治儒道,有摆脱汉代庸俗、繁琐之经学的可能性,同时不缺乏打破常规、开拓创新的激情和勇气。因此,魏明帝太和年间以夏侯玄为代表的一批贵族青年士人兴起的这一轮"浮华交会",具有不同以往的意义,可以被视作"魏晋玄学思潮即将到来的前兆,正始之音的序曲"②。

二、玄学先驱

后世学者在介绍"正始玄风"时,往往将焦点放在何晏、王弼二人身上,而忽略了夏侯玄在其中发挥的重要作用。这一方面是因为何晏、王弼的玄学主张的确精彩绝伦,令人钦佩不已;另一方面也是因为夏侯玄有关玄学的思想资料几乎散佚殆尽③。后人能找寻到的只有以下寥寥几条简要的记录和评论:

> 夏侯玄曰:"天地以自然运,圣人以自然用。"④
>
> 详观兰石之才性,仲宣之去伐,叔夜之辨声,太初之本玄,辅嗣之两例,平叔之二论,并师心独见,锋颖精密,盖人伦之英也。⑤
>
> 唯深也,故能通天下之志,夏侯泰初是也。⑥

---

① 魏明帝的大臣董昭曾上疏指责浮华交会之士"毁教乱治、败俗伤化",见《三国志·魏书》卷十四《董昭传》。
② 王晓毅:《王弼评传(附何晏评传)》,第71页,南京,南京大学出版社,1996。
③ 据《世说新语·文学》篇"裴成公作《崇有论》"条注引《晋诸公赞》:"自魏太常夏侯玄、步兵校尉阮籍等,皆著《道德论》"。夏侯玄曾著有《道德论》,已失传。
④ 《列子·仲尼》张湛注引何晏《无名论》。
⑤ 〔南朝梁〕刘勰:《文心雕龙·论说第十八》。
⑥ 《三国志·魏书》卷九《何晏传》裴松之注引《魏氏春秋》。

泰初志大其量,能合虚声而无实才。①

其中,《文心雕龙》所言"太初之本玄",指的是夏侯玄曾著有《本玄论》一书,可视作其玄学代表作,可惜失传。何晏、傅嘏的两则均为感叹、评论,没有太多实质内容。因此,最值得重视的是第一条,即夏侯玄主张"天地以自然运,圣人以自然用"。"夏侯玄的这句话,是对《老子》中的'人法地,地法天,天法道,道法自然'的发挥,意在说明,天、地、人都是自然即道的作用与表现,亦即在于说明,自然即道是体,天、地、人是用,二者是体用关系。夏侯玄强调道是自然,这是他的一个贡献。既然道是自然的,本来如此的,那么它也就是无为,也就是无名,因为任何的名都是人为的结果。这样,也就为何晏的'无名论',提供了理论根据。"②"天地以自然运,圣人以自然用"一句中的"以"字,当解作"因""凭借",即天地之所以运行,乃是由于"自然";圣人之所以发挥治世之功用,同样是由于"自然"。"自然"就是"道"的本质,亦即"道"之"体";天地和圣人恰恰是因为顺此"自然"("体道"),方能成就自身的运化、功效。"自然"就是"循其本性""自己而然",不待勉强、无需强加,所以"自然"对应的行为是"无心作为",亦即"无为"。"无为"的关键并非形式上如何选择"做"或者"不做",而是精神上如何体证"有"与"无"。"有"属于"功用"层面,"无"则对应"本体"层面;只有"体无",才能抓住根本,进而"由本及末";否则,仅仅停留于"有"、执着于"有",则流于"舍本逐末"。"体无"方能"体道",能够领悟并遵循"道"的"自然"本性,就可以纵心所欲、放手而为,此时无论是"做"还是"不做",都不会违背"自然",都属于"无为"。就这样,从夏侯玄的"道本自然"主张出发,可以一步步推导到对"无"的重视。

正因为如此,太和至正始时期这么多才华横溢、个性张扬的名士们,

---

① 《三国志·魏书》卷二十一《傅嘏传》裴松之注引《傅子》。

② 臧宏:《简论夏侯玄的玄学思想》,《淮北煤师院学报》(哲学社会科学版)2000 年第 8 期。

才会心甘情愿地奉夏侯玄为"宗主";何晏才会感叹夏侯玄的思想深刻玄妙,"能通天下之志"! 尽管夏侯玄的玄学思想主张存世极少,但我们仍能从只言片语中感受到其思想的宇宙本体论色彩,而这恰恰是正始玄学区别于此前学术的最重要的特质。夏侯玄是一位完整意义上的玄学家,他在实质上开启了"以无为本"的正始玄学,对何晏和王弼的玄学创造工作起到了直接的启发作用。

三、风度典范

魏晋时期的众多玄学家风格各异、精彩纷呈,其精神之真致、行为之脱俗,与之前的先秦两汉时期和之后的唐宋明清时期的学者有着明显的差异。鲁迅先生在《魏晋风度及药与酒的关系》的著名演讲中,把魏晋名士们的独特气质称作"魏晋风度",应该是非常贴切的。"魏晋风度"并非千篇一律,而是各具特色,如阮籍之放达,嵇康之清旷,谢安之从容,王羲之之洒脱,等等,各擅胜场、千姿百态。其中,夏侯玄以其高雅从容的精神气象和雅致肃穆的思想言行,在"魏晋风度"的群像馆中占据了独树一帜的地位,成为正始时期玄学家风度的典范。

夏侯玄的风度首先表现为"温润肃穆"的气度。据《世说新语·赏誉》篇载:

> 裴令公目夏侯太初:"肃肃如入廊庙中,不修敬而人自敬。"一曰:"如入宗庙,琅琅但见礼乐器。"

在人们的印象中,魏晋玄学家往往不拘小节、轻狂脱俗,以毁弃礼法为标榜。这个印象并不准确,固然有不少玄学家(如"竹林七贤")在言行中表现出对世俗礼仪的不屑,但仍有一些玄学家反对通过毁弃礼法的方式来体现其玄学精神。夏侯玄就是其中的典范。他儒道并重、礼玄兼修,在彰显道家之高妙清玄、探寻本体的形上智慧的同时,对儒家之典雅雍容、肃穆平正的伦常价值也表示出尊重。因此,后人在赞颂夏侯玄"宇量高雅、器范自然"后,又说他"爱敬既同,情礼兼到"①,便是一个明证。

正是因为夏侯玄拥有这种"温润肃穆"的儒家式气质,使得他在一群叛逆性渐强的名士群体中显得与众不同,给人一种庄重、典雅的和睦之感。人们看到他,就像进入到宗庙看到各种高贵精致的礼器,感受到一种肃穆、虔敬的气度,进而令人反省自律。《晋书·和峤传》云:"和峤字长舆,汝南西平人也。……峤少有风格,慕舅夏侯玄之为人,厚自崇重,有盛名于世,朝野许其能整风俗、理人伦。"②魏晋之交的名士和峤是夏侯玄的外甥,他非常仰慕舅舅夏侯玄的气度,仿效夏侯玄典雅厚重、不离根本,朝野都称许他的气度能够整顿风俗、廓清人伦。由此,可以推见时人对夏侯玄的独特风度的仰慕。

夏侯玄的风度又表现为一种"从容悠然"的做派。玄学家崇慕自然,看重内在精神的独立与完满,往往表现出类似于"泰山崩于前而色不变"的从容不迫,以凸显其内在精神世界不受外在变迁的干扰、影响。夏侯玄正是玄学名士这一做派的鼻祖。据《世说新语·雅量》篇记载:

> 夏侯太初尝倚柱作书。时大雨,霹雳破所倚柱,衣服焦然,神色无变,书亦如故。宾客左右,皆跌荡不得住。

一次,夏侯玄倚着柱子写字,其时大雨滂沱、雷电交加,一道迅雷闪电从天而降,击中了他靠着的柱子,引发大火,夏侯玄的衣服都被点着烧焦了。众宾客、随从都吓得跌跌撞撞、站立不稳,只有夏侯玄仿佛什么都没有发生一样,依旧神色不变,继续写字。夏侯玄的这一做派和后世谢安下棋一样,都是在紧张急迫的现实处境中,表现得轻描淡写、不以为然,以显示自己的从容不迫。今天的人们或许会嘲笑这类名士故作镇静、实则做作,不过,推溯其思想渊源,极有可能是受到了《庄子》的影响。《庄子·逍遥游》篇曾评论宋荣子"定乎内外之分,辩乎荣辱之境",知道

---

① 《晋书》卷九十二《袁宏传》所载《三国名臣颂》。
② 《晋书》卷四十五《和峤传》。

内与外的边界,不以物喜,不以己悲;《庄子》的这一思想或许正是夏侯玄等名士"从容悠然"做派的理论根据。时人品评他"朗朗如日月之入怀"(《世说新语·容止》),原因之一就是他从容镇定的气度。甚至在遭到司马氏迫害,被押上刑场时,夏侯玄仍然保持了这一气度:"格量弘济,临斩东市,颜色不变,举动自若,时年四十六。"①我们有理由相信,夏侯玄在刑场上从容自若的表现,直接影响到稍晚于他的嵇康。

夏侯玄的风度还表现为一种"高洁清雅"的精神。夏侯玄喜擅清谈,持论平正,"风格高朗,弘辩博畅"②;同时代的玄学名士们大多很钦佩他,称其"渊雅有德量"(《世说新语·德行》)。但是,夏侯玄对那些趋炎附势、德性有亏之徒,却旗帜鲜明地表达了自己的鄙视。

《三国志·夏侯玄传》记载:魏明帝时,夏侯玄"尝进见,与皇后弟毛曾并坐,玄耻之,不悦形之于色。明帝恨之,左迁为羽林监"③。《世说新语·容止》也记载了此事,语词稍有不同:"魏明帝使后弟毛曾与夏侯玄共坐,时人谓'蒹葭倚玉树'。""蒹葭"就是"芦苇",地位卑微;"玉树"则是美玉雕琢而成,高贵雅致。人们把毛曾比喻为芦苇,把夏侯玄比喻为玉树,二人地位、价值悬殊,并坐在一起显得格外不协调。夏侯玄当时仅二十岁时,任散骑黄门侍郎,可谓前途光明。但是,当魏明帝安排他与皇后的弟弟毛曾并坐时,夏侯玄感到羞辱,并且在脸上显露出明显的不高兴的神色。夏侯玄并非不懂得这样做会得罪皇后进而得罪皇帝,但是他就是不愿意委屈自己。因为毛曾出身微贱,凭借姐姐被立为皇后,才飞黄腾达。对于这样一个政治上的暴发户,夏侯玄根本瞧不起,将和毛曾并排而坐视为奇耻大辱。就局限性而言,这显示了魏晋玄学家们仍然固守士族门第的森严界限,对于地位卑微的庶族之人存在偏见。不过,夏侯玄这一高傲的举止,也表明玄学名士往往有一种精神上的洁癖,这使得

---

① ③《三国志·魏书》卷九《夏侯玄传》。
②《世说新语·方正》刘孝标注引《魏氏春秋》。

他们不会屈己以从人，哪怕面对的是帝王。

夏侯玄与钟会的交往也体现了他的"高洁清雅"的精神。钟会聪颖圆滑，玄学造诣颇深；但由于他趋炎附势、毫无气节，夏侯玄一直对他很冷淡。直到夏侯玄被捕入狱，钟会的哥哥钟毓任司马氏的廷尉，直接管辖监狱。钟会以为身陷囹圄的夏侯玄应该识时务了，想趁此机会向夏侯玄表示友好，以挽回自己的颜面。哪知面对钟会伸过来的橄榄枝，身临绝境的夏侯玄不冷不热地回复道："虽复刑余之人，未敢闻命"（《世说新语·方正》），断然拒绝！

夏侯玄的气度风范虽然不是玄学思想的直接表述，但是，一方面，它是从夏侯玄之玄学精神由内而外折射出来的，可以很好地补充后人对夏侯玄思想的理解；另一方面，它对同时代及其后的玄学家产生了多方面的影响，具有重要意义。因此，夏侯玄肃穆、典雅、从容、高洁的风度，同样应被视作魏晋玄学的宝贵资源。

第三节 何晏

何晏（约 193—249），字平叔，南阳宛县（今河南南阳）人，三国曹魏时期著名玄学家，"正始玄风"的主要开创者之一，与王弼并称于世，常被合称为"何王"或"王何"。何晏的家世显赫，他的祖父是汉末的大将军、外戚何进。其父何咸早亡，母亲尹氏带着年幼的何晏改嫁给曹操。《太平御览》记载：

> 晏小时养魏宫，七八岁便慧心大悟。众无愚智，莫不贵异之。魏武帝读兵书，有所未解，试以问晏。晏分散所疑，无不冰释。[1]
>
> 晏小时，武帝雅奇之，欲以为子，每挟将游观，命与诸子长幼相次，晏稍觉，于是坐则专席，上则独步。或问其故，答曰："礼，异族不

---

[1]《太平御览》卷三百八十五引《何晏别传》。

　　相贯坐位。"①

　　类似的记载亦见于《世说新语·夙惠》：

　　　　何晏七岁，明惠若神，魏武奇爱之。因晏在官内，欲以为子。晏
　　乃画地令方，自处其中。人问其故？答曰："何氏之庐也。"魏武知
　　之，即遣还。

　　七岁左右，何晏随改嫁的母亲来到曹府。他自幼便聪慧异常，甚至
能帮助曹操解决兵书中的疑难未解之处。曹操本就是爱才之人，所以对
何晏宠爱无比。尽管何晏的母亲改嫁给曹操，但何晏本人很可能并未改
姓更宗，而是依旧归属于何家。曹操对他喜爱至极，希望他能够放弃何
家，真正成为自己的儿子。曹操为此经常带何晏出席各种场合，让他享
有和自己的儿子们一样的权力、地位。何晏察觉后，心中不情愿改姓更
宗，但他没有直接反对，而是采取"坐则专席，上则独步"、"画地令方"、自
处"何氏之庐"的委婉方式，既清楚地表达了自己的心意，又很好地顾全
了曹操的颜面。曹操因此更加宠爱、重视何晏，待何晏长大后，把自己的
女儿金乡公主嫁给了他。

　　何晏有些恃宠而骄，言行放肆而无所忌惮，与同样寄居于曹府的秦
朗表现得截然相反："苏（秦朗）性谨慎，而晏无所顾惮。服饰拟于太
子，故文帝特憎之，每不呼其姓字，尝谓之'假子'。"②秦朗与何晏的情
形相似，他的母亲杜夫人也是带着年幼的秦朗改嫁给了曹操。秦朗在
曹府谨小慎微，而何晏则肆无忌惮。曹操让何晏穿与太子曹丕类似的
服装，他也毫不推辞。曹丕对深得父亲宠爱的何晏颇为嫉恨，嘲讽何
晏是"假子"。等曹操去世，曹丕执掌大权，便一直压制何晏。这种情
况一直延续到魏明帝时期，魏明帝对何晏也不重视，一个原因是何晏

――――――――――

① 《太平御览》卷三百八十五引《何晏别传》。
② 《三国志·魏书》卷九《曹爽传》裴松之注引《魏略》。

喜好清谈，卷入浮华交会活动，与魏明帝的政策相左；另一个原因有点戏剧化，可能是魏明帝嫉妒何晏肤白貌美。总之，魏明帝时期，何晏只能担任一些闲散的官职。直到魏齐王正始时期，曹爽执掌政权，重用浮华交会之士，何晏由此身居高位，任吏部尚书。正始末年（249）发生高平陵政变，曹爽在与司马懿的权力斗争中失败被杀，何晏也成为陪葬品。

据王晓毅《何晏评传》考证，何晏的著作大约有九种，分别是《论语集解》《周易何氏解》《乐悬》《孝经注》《官族传》《魏晋谥议》《老子道德论》《老子杂论》《何晏集》。其中，《论语集解》完整传世，后被儒家《十三经注疏》收录。王晓毅认为，《论语集解》系多人共同完成的官书著作，部分作者并非玄学家，该书似乎并未受"贵无"思想的过多影响，也很难表现出何晏的玄学思想。① 唐长孺先生曾表达过类似的观点，他说："曹魏时成书的《论语集解》署名何晏，据上书表实是孙邕、郑冲、曹羲、荀顗、何晏等五人合撰，其中汇集汉代孔安国、包咸、周生烈、马融、郑玄诸人之说，大抵解释字句，间有新注，带有玄味者，或许是何晏所增，但还算不上玄学化经注。在《集解》基础上充分发挥玄学论点的则是梁代皇侃的《论语义疏》。本书从多方面阐发了王弼的贵无思想，郭象的独化思想，以及玄学家得意忘形的方法论"②。唐先生也认为署名何晏的《论语集解》算不上真正意义上的玄学论著，与其相近的皇侃的《论语义疏》方是完整意义上的玄学著作。

除《论语集解》外，何晏尚有《无名论》《道论》《无为论》三篇佚文收录在《全三国文》中。其中，《无名论》代表了何晏早期的玄学主张，《道论》和《无为论》则体现了何晏后期（与王弼相互影响的阶段）的玄学思想。③

---

① ③ 详见王晓毅《王弼评传（附何晏评传）》，第 125 页。
② 唐长孺：《魏晋南北朝隋唐史三论——中国封建社会的形成和前期的变化》，第 213 页，武汉，武汉大学出版社，1992。

一、首倡"贵无论"

"究竟是先有鸡，还是先有蛋？"这是一个令人头疼的问题。如果说先有鸡，那么请问鸡是从哪里来的？显然是从蛋孵化而来！所以，"先有鸡"之说不能成立。如果说先有蛋，那么蛋又是从哪里来的？显然只能是由鸡下的！所以，"先有蛋"之说也不能成立。

这个看似儿戏的两难论题，其实显示了人们对于终极根源的追寻。人之为人，一个根本的标志就在于我们会反思，会追溯事物存在的终极根源。当人们在反思自身和宇宙存在的终极根源时，除非将一切抛弃于充斥着偶然性的混乱世界中，否则，必然会尴尬地发现自己陷入了一种"恶的循环"、一种无穷回溯的困境：有果必有因，因又有其因，因之因又有其因，如此无限追溯。这种无穷回溯的困境，可以看作对"第一因"的追寻；而所谓"第一因"，在逻辑上其实也就是"终极果"。任何一位探索宇宙与人生之极境的思想巨匠，都不能不对"第一因"（亦即"终极果"）有所思考。

魏晋时期由何晏、王弼开创的"贵无论"，以及元康时期裴頠提出的"崇有论"和郭象提出的"独化论"，正是玄学家们对此问题的探索。

现代魏晋玄学研究的奠基人汤用彤先生曾说过："夫玄学者，乃本体之学，为本末有无之辨。"①汤先生的这一论断对于研究魏晋玄学具有纲领性的指导意义，因而被学者们普遍接受。如冯友兰先生也主张魏晋玄学"特殊的哲学中心问题，是有无问题"②，辛冠洁界定"玄学是通过本末、有无这些特有的范畴探讨宇宙本体亦即万有的根据的学说"③。

学术界大都认可"魏晋玄学是以'有无之辨'为核心的本体之学，与老子哲学有着密切关系"这一说法。但是，如何定位老子哲学？特别是

① 汤用彤撰，汤一介等导读：《魏晋玄学论稿》，第 53 页。
② 冯友兰：《中国哲学史新编》（中卷），第 486 页。
③ 辛冠洁：《玄学散论》，《文史哲》1985 年第 3 期。

老子哲学是否已达到本体论层面？对此，学术界则有不同看法。很多论者认为，老子哲学更强调"无为有之始，有从无中生"，偏向宇宙生成论，尚未达到本体论的层面。张岱年先生不赞同这一说法，他指出："中国古代本体论的创始者是老子，庄子又加以发展。老子所说的道，既是天地的来源，又是天地万物所以存在的根据。老子的哲学既是一种宇宙生成论，又包含一种本体论。现在常讲的本体论是一个翻译名词，指探讨存在根据的学说。而老子的道论确实是以道为天地万物存在的根据。"[①]老子哲学不仅有宇宙生成论的内容，也有本体论的成分。老子所畅言的"道"既在宇宙生成论的意义上，为万物的产生提供了来源；同时也在本体论的意义上，为万物的存在提供了终极依据。

　　所谓"无"，原本是老子用来描述"道"之特性的重要观念。"道"是老子哲学的最高范畴，体现了老子对终极本体的追寻。本体论探讨的是宇宙万物产生、存在和作用的终极原因，所以，本体性的"道"超出了人们的日常经验，不是日常语言所能形容与界说的。为此，老子采用了一系列否定的方式来诠释"道"："道可道，非常道；名可名，非常名"（《老子》第一章），"道"是无限的，不可以用有限的感观、知性、名言去感觉、界说或限制；可以言说、表述的"道"与"名"，不是永恒的"道"与"名"。"视之不见名曰夷，听之不闻名曰希，搏之不得名曰微"（《老子》第十四章），"道"是看不见、听不到、摸不着的，倘若人们执意用日常经验来把握"道"，势必会如盲人摸象，离真相越来越远。

　　然而，这绝不意味"道"就是空无所有的绝对"虚无"。或许我们可以如此来理解"道"与"无"的关系：当人们在认识和描述某个事物时，总是要将其放置在一定的参照系中，通过将该事物与那些我们已经熟知的参照物进行对比，借此来认知该事物。换言之，我们只能在一定的参照系统中把握某一对象。但"道"却是这样一种东西：它是"绝对"的，也就是没有任何东西和它相对、相似、相反。因此，我们不可能建构起一个形容

---

① 张岱年：《魏晋玄学的评价问题》，《文史哲》1985 年第 3 期。

和描述"道"的参照系;"可道"之"道",绝非老子此处所申言的"道";"道"是无法形容的。然而,有时我们又不得不"言说不可言说者",老子只好用"无"来勉强描述"道"的一部分特性。所以,"道"之"无"并非空无所有,而是指"道"的绝对性、超越性、无规定性和无以名状性。

不过,老子思想的旨趣在宇宙生成论上,他说:"天下万物生于有,有生于无。"(《老子》第四十章)此处的"生"看重的是时间上的先后秩序,而不是逻辑上的前后关系。换言之,老子更为关注宇宙天地万物生成的过程,而非背后的根源。这就使得老子未能将本体性的追寻贯彻到底,他的思想重心仍然在"宇宙生成论"层面,而未能完全达到"宇宙本体论"层面。彻底贯彻本体性的追寻、建构系统本体论的任务,便落在魏晋玄学家的身上。

率先展开形上玄思、系统提出"贵无"主张、建构本体论的,是正始时期的玄学家何晏。史载何晏"善谈《易》《老》","好老庄言,作《道德论》及诸文赋,著述凡数十篇"。此外,他对《论语》也颇有研究;今天我们读《论语》,何晏的《论语集解》就是必不可少的参考书。何晏的著作多已散佚,至今保留完整的只有《论语集解》和《景福殿赋》。另外,《列子》张湛注还保存了何晏《道论》和《无名论》的部分佚文,其中的《道论》很可能是何晏所著的《道德论》的一部分。

何晏"以无为本"的"贵无论"是对夏侯玄思想的继承和发展。根据夏侯玄所提出的"天地以自然运,圣人以自然用",何晏解说道:

> 自然者,道也。道本无名,故老氏曰:强为之名。仲尼称尧荡荡无能名焉,下云巍巍成功,则强为之名,取世所知而称耳,岂有名而更当云无能名焉者邪?夫唯无名,故可德遍以天下之名而名之。然岂其名也哉?惟是喻而终莫悟,是观泰山崇崛而谓元气不浩芒者也。[1]

---

[1]《列子·仲尼》张湛注引何晏《无名论》。

　　夏侯玄主张,天地凭借"自然"得以运行,圣人凭借"自然"得以发挥治世之功用;"自然"即"道"之"体",天地和圣人顺此"自然",故能成就自身的运化、功效。何晏则进一步明确指出:"道"的本性就是"自然";正如"自然"的变化往往是潜移默化、不露痕迹的,"道"也是不可定义、无法言诠的。老子之所以将天地万物及世间万象之背后根据(即"自然")称之为"道",是一种不得已的勉强之举,因为实在没有一个合适的"名"来指称它了!因此,无论"自然"或者"道",其实都是这个超言绝象的本体的权宜称呼,而非对它的界定和定义。正如圣人尧,他的伟大恰恰在于人们无法罗列出他的丰功伟绩。在何晏看来,尧成为圣人的关键在于他"则天",即体认、领悟了"天"(即"道""自然")的精髓,并将其作为自己立身行事的法则。从尧的例子可以看出,"道"是无法名诠的,它超出了语言和经验的范围。正因为它是无法用具体语言描述、界定的,才可以"遍以天下之名而名之"。然而,即便"遍以天下之名而名之",仍然无法说清楚这个本体之"道"。所以,用任何"有"都无法描摹"道",甚至越执着用"有"言说"道",就越会偏离"道"的本质。无奈之下,我们只能放弃用"有"的方式言说"道",而将"道"界定为"无"。

　　所谓"无",是何晏对《周易》《老子》和《论语》中"道"的理解。一方面,他认为"道"是《周易》所形容的"元亨日新之道";另一方面,他又借用了老子哲学的幽深玄远、不可闻见的说法来界定"道"的特点。而从根本上讲,"道"的本性只能是"无"。他说:"夫道者,惟无所有者也。"①如果说天地万物是"有所有",那么"道"则是"无所有",是"不可体"的。他继承了老子的"道可道,非常道"思想,承认言论、经验等属性化的"有"在面对"道"时无能为力。老子也讲过"大音希声""大象无形",初步讨论了"无"和"有"之间的微妙关系。与老子相比,何晏的理论贡献在于,他进一步从逻辑上探讨"无"和"有"的终极关系,提出这个"无所有"的道才是天地万物的依据和根源。所以,无语、无名、无形、无声才是"道之全"。

---

①《列子·仲尼》张湛注引何晏《无名论》。

由此，与夏侯玄将"道"的本性规定为"自然"有所不同，何晏将"自然"进一步抽象化，提出"道"的本性只能是"无"。正因为将"道"的本性规定为"无"，所以何晏对"道"的强调实际上就意味着对"无"的突出，其开创的理论体系相应地被称为"贵无论"。在何晏看来，"有"与"无"两者之中，"无"才是根本，才是真正起决定作用的。他说："有之为有，恃'无'以生，事而为事，由'无'以成。"①"无"是宇宙间万事万物产生的依据和根源，也是人类社会的最高法则。

很显然，何晏"贵无论"所说的"无"，并非虚空无物，而是指现实世界的天地万物赖以存在的根据，亦即作为本体的"道"。"道"超言绝象，不可描述、无法言诠，是一种玄之又玄的绝对之物。道是天地万物的本体，天地万物是道的作用；而成就这一切的，就是这个神奇的"无"。一方面，"无"不是具体的"有"，否则它无法融摄千差万别的"万有"；另一方面，"无"不是绝对的"虚无"，否则就会切断它与现象世界的必然联系，导致现象世界成为漂浮的无根之木。

冯友兰先生在讨论魏晋玄学时，通过他擅长的逻辑分析对"有""无"作了精彩的解析。他说："每一个名都有两个方面。一方面是这一类东西的规定性，这就是这个名的内涵。另一方面就是这个名所指的那一类具体的个体，这就是这个名的外延。内涵越多，外延就越小；外延越大，内涵就越少。"②"内涵"对应的是"名"的内在规定性，只有完全符合其规定性，才能配得上其"名"；"外延"对应的是"名"的外在范围，凡是能够以该"名"称呼的事物都在其范围之内。对于同一个名而言，"内涵"和"外延"构成一组相反相对的关系："内涵"越多，则外延越小。例如当"内涵"是"《水浒传》中打死老虎的好汉"时，其对应的"外延"包括了"李逵和武松"；但当"内涵"变成"《水浒传》中赤手空拳打死老虎的好汉"时，其对应的"外延"则只有"武松"。反之，"外延"越大，则"内涵"越少。例如当"外

①《列子·天瑞》张湛注引何晏《道论》。
② 冯友兰：《中国哲学史新编》（中卷），第343页。

延"是"关羽、张飞、赵云、马超、黄忠"时,其对应的"内涵"是"《三国演义》中刘备集团武将中的'五虎上将'";而当"外延"变成"关羽、张飞、赵云、马超、黄忠、姜维、魏延、王平、马忠、廖化"时,其对应的"内涵"就减少为"《三国演义》中刘备集团的武将"。冯先生接着说:"'有'是一个最大的类名,它的内涵就很难说了。因为天地万物除了它们都'存在'以外,就没有别的共同性质了。所以这个最高类,就只能称为'有',这个最高类的规定性,就是'没有规定性'。所以'有'这个名的内涵也就是没有规定性。实际上没有,也不可能有没有任何规定性的东西。这就是说实际没有、也不可能有不是任何东西的东西,这样也就是无了。直截了当地说,抽象的有就是无。"①既然这个本体性的"道"被视作天地万物的共同根据,那么它就必须要能够包容并解释纷繁复杂的世间万象,因此,"道"的"外延"是最大的,囊括天地之间一切事物和现象。与此相联系,"道"的"内涵"则是最小的,即"存在",而且是没有具体颜色、形状、气味等属性,无所谓高矮、大小、轻重、厚薄、美丑等标准的"存在",换言之,是"没有任何规定性"的"存在"。冯先生认为这样的"存在"实际上是不存在的,因为"不可能有没有任何规定性的东西",因此,这样的"存在"就是"无"。

冯先生的分析很有启发性。但是,运用逻辑分析方法来理解"道"时,会存在一个根本的悖论,即如果"道"本身即是超越"逻辑"的,"逻辑"也是在"道"之下的低一层次的工具,那么"逻辑"如何能够全面、完整地"丈量"这个"道"?借用"维度"的说法,如果"逻辑"是在"三维"世界中存在并发生作用的工具,而"道"却是"四维""五维"甚至更高"维度"的存在,那么,"逻辑"怎么可能明白"道"的全部?正如"盲人摸象"的寓言所展示的,如果我们人类的理性和逻辑认知能力,只能帮助我们"摸"到大象的一条腿、一只耳朵、一面身躯,我们只能得出"大象"像"一根柱子""一把扇子""一堵墙"之类的片面的结论。但是,我们能不能因为自己无

———————————————
① 冯友兰:《中国哲学史新编》(中卷),第 343 页。

法完整把握"大象"的全貌,而否定有一个"完整的大象"存在？回到"有""无"问题。如果"道"是一切事物、现象的根据,是唯一的、最高的本体,它的"外延"包罗一切,那么,我们并不能说它的"内涵"就是"什么也没有",而只能说它的内涵不是我们过去所认为的那些"有"(规定性)。因此,老子在谈论"道"的时候,只说"道"不是什么,如"道不是用眼睛看得见的","道不是用耳朵听得着的","道不是用手触摸得到的",而不会说"道"是什么都没有(虚空),或者"道不存在"。我们认为,冯先生的观点的唯一不足,就是过于相信"逻辑"的力量,认为"道"也在"逻辑"的统治之下。其实,如果"道"真的是可以用"逻辑"来解释的,它还是那个"不可道""不可名"的"本体"吗？如果人类的理性和逻辑能够完整地分析"道",那么理性和逻辑至少是和"道"平级的,此时的"道"还是绝对的、唯一的最高本体吗？

所以,何晏将老子所言的"道"解释为"无",并不等于他认为"道"是不存在的。正如人们无法称颂圣人尧的具体功绩,并不等于尧什么也没做。何晏之所以"以无释道",乃是看到"以有释道"有难以克服的机械的局限性。"以有释道"的思路仍旧无法超出经验的范围,因此是属于认识论层面的;而"以无释道"则是一种超验的、形而上的智慧,因此上升到本体论层面。正是在这个意义上,何晏首倡的"以无释道"的"贵无论",更加彻底地贯彻了老子哲学已经蕴含的本体论倾向,将魏晋玄学正式提升至全新的本体哲学的层面。

二、傅粉何郎

与先秦、两汉、隋唐、宋明及清代等其他时代的学术不同,魏晋玄学不仅仅指魏晋时期学者们具有某种共性的学术活动和思想创造,同时还包括了这些学者们在学术活动之外的感性、丰富的生活内容,如他们的行为做派、仪态风度等都是玄学密不可分的内在组成。由此,魏晋时期的思想家们有一个专门的称呼——名士。所谓"名士",并不是字面上显示的"有名望的士人"。唐代学者孔颖达说过:"名士者德行贞绝,道术通明,王者不得臣,而隐居不在位者也。"①"名士",就是那些德行高洁、性格孤傲、隐居山林的高人。当然,魏晋时期的名士,不再突出儒家式的伦理道德修养,西晋的王恭认为:"名士不必须奇才,但使常得无事,痛饮酒,熟读《离骚》,便可称名士。"(《世说新语·任诞》)所谓名士,首先要潇洒脱俗,要能不拘小节,譬如能豪爽痛快地喝酒,还要有一定的文化素养;至于有没有过人的才情与出众的功业,倒在其次。魏晋名士尤其看重"容貌俊逸""崇尚艺术""率真自然"。这明显受到了道家文化清迈飘逸之风神的影响。在很大程度上,魏晋玄学可以看作是道家思想的新的发展。魏晋名士比以往任何时代都更加看重"容止",也就是外形举止以及风度气质。从源头看,重视"容止"与汉代以来的官员选拔制度休戚相关。无论是东汉的察举制,还是汉末的人物品藻,都是比较主观的人才评定和官员选拔方式,被选人给他人留下的印象感受变得至关重要。

不过,魏晋的名士把对容貌的重视推向了极端。与秦汉时期的风尚不同,魏晋名士们开始"剃须""敷粉""薰香"。作为正始名士的代表,何晏同样十分看重外在容止。他除了以极其抽象深奥的学理对魏晋玄风产生深刻影响之外,还通过其非常感性、生动的容止仪态塑造着魏晋玄学特有的精神气质。

《魏略》云:"晏性自喜,动静粉帛不去手,行步顾影。"②《世说新语·容止》记载:

> 何平叔美姿仪,面至白。魏明帝疑其傅粉,正夏月,与热汤饼。既啖,大汗出,以朱衣自拭,色转皎然。

何晏丰神俊朗、仪态优美,尤其是脸部白皙。他的晚辈、魏明帝曹叡怀疑何晏是因为傅粉的缘故,脸才会这么白。魏明帝不太欣赏何晏,干脆利用皇帝的权力给何晏来了一个恶作剧:一个炎热的夏日,魏明帝故意让人给何晏端来一碗热汤,让他喝。因为是皇帝所赐,不能不喝,

①《礼记·月令》"勉诸侯,聘名士,礼贤者"句孔颖达疏,见《十三经注疏》阮元校勘本。
②《世说新语·容止》刘孝标注引《魏略》。

何晏只得遵旨喝热汤。喝完后，何晏出了一头大汗，赶紧擦汗。而这正是魏明帝的目的：只要何晏一擦汗，脸上的粉就会被擦掉，自然会暴露脸部本色。哪知随着何晏擦汗，其面色反而更加白皙细腻。余嘉锡先生质疑《世说新语》的说法，他认为何晏自幼长在宫中，长期与魏明帝相处，后者对其知根知底，又何必需要借助喝热汤的方式来验证何晏是否傅粉？因此，余先生认可《魏略》的说法，即何晏习惯于傅粉；而傅粉的风俗在后汉已形成，"何晏之粉白不去手，盖汉末贵公子习气如此，不足怪也"[①]。

《世说新语》此条的目的在于为何晏辟谣，认为何晏皮肤白皙实与傅粉无关。相传何晏曾改良并推广食用"五石散"，而"五石散"据说就有美白的功效。《世说新语·言语》注引秦丞相《寒食散论》记载："寒食散之方虽起汉代，而用之者寡，靡有传焉。魏尚书何晏首获神效，由是大行于世，服者相寻也。""五石散"就是"寒食散"，鲁迅先生在《魏晋风度及药与酒的关系》一文中详细讨论了五石散：五石散主要成分是五种药：石钟乳、石硫黄、白石英、紫石英、赤石脂，另外再配点其他药。最初的五石散配方毒性较大，很少有人敢服用。但经过何晏摸索改良后，五石散毒性减弱，加之又有"奇效"，故很快在名士中流传开来。五石散的功效，据说有这么几种：其一，服食之后，能让人进入一种恍恍惚惚、飘飘欲仙的迷离之境，精神如同超脱尘世，令名士们颇为着迷；其二，长期服食，能让人的皮肤变得细腻、白嫩；其三，服食五石散还有一定的壮阳功效。何晏对魏晋名士服食五石散之风气的形成起着关键作用，"近世尚书何晏，耽好声色，始服此药，心加开朗，体力转强。京师翕然，传以相授，历岁之困，皆不终朝而愈。众人喜于近利者，不睹后患。晏死之后，服者弥繁，于时不辍"[②]。其实，五石散不过是一种慢性毒药，服了会上瘾，甚至会毒发身亡。魏晋名士们癫狂放纵、宽衣缓带、不鞋而屐等种种做派，或多或少

---

① 〔南朝宋〕刘义庆著，〔南朝梁〕刘孝标注，余嘉锡笺疏：《世说新语笺疏》，第 608 页。
② 〔晋〕皇甫谧：《寒食散论》，转引自王晓毅《王弼评传（附何晏评传）》，第 65 页。

与服食五石散脱不了干系。

何晏等名士们为什么冒着生命危险服食五石散呢？一个重要原因是玄学追求幽深玄远的境界，这种境界在现实中是无法体会到的；只有在服食五石散之后精神飘摇之际方能感受一二。另一个重要原因是受庄子的影响。《庄子·逍遥游》中写道："藐姑射之山，有神人居焉，肌肤若冰雪，绰约若处子。不食五谷，吸风饮露，乘云气，御飞龙，而游乎四海之外。"藐姑射山这位神人行为高妙脱俗，令人向往，也成为庄子理想人格的化身。魏晋名士大多喜好老庄，何晏等人在思想上受老子哲学影响极深；而在感性生活方面，庄子对他们更有吸引力。于是乎，藐姑射山的神人"肌肤若冰雪，绰约若处子"的柔美形象也成为一些魏晋名士们竞相模仿的楷模。不仅如此，何晏喜欢穿妇人之服，行动妖丽，也可以由此得到解释。毕竟，庄子笔下的这位神人过于柔美，颇有女性化的特征。

在"肌肤若冰雪，绰约若处子"的特殊风尚指引下，通过"傅粉"或服食"五石散"来保持"肌肤若冰雪"，成为不少名士热衷的行为方式。

除了"傅粉何郎"外，后人还用"行步顾影"来形容何晏的风姿。所谓"行步顾影"，是说何晏在走路时非常注意仪态，常常是走几步，就回头来欣赏下自己投在地上的曼妙身影。《魏略》说何晏"自喜"，也就是很自恋。不过，何晏"行步顾影"并不只是单纯的"自恋"。何晏等名士对容止近乎病态的追求，既是魏晋玄学在挣脱了汉代正统思想束缚后，彰显个体、自我意识觉醒的一种极端外化的形式，也是汉末人物品评风潮、魏初才性之辨的某种发展，即看重人物的形神一致。这在魏晋玄学不同阶段的名士身上都有着种种个性十足的反映。

三、玄谈宗主

何晏喜好《周易》《老子》《论语》，擅长"清谈"，加之他年长德勋，身居高位，所以，当时很多玄谈之士都很尊崇仰慕他。何晏主持的"清谈"，成为"正始之音"最绚丽的华章之一。

据古籍记载,何晏在清谈中的主题主要有以下几个:

> 自儒者论以老子非圣人,绝礼弃学。晏说与圣人同,著论行于世也。①

> 何晏以为圣人无喜怒哀乐,其论甚精,钟会等述之。

> 《魏氏春秋》曰:初,夏侯玄、何晏等名盛于时,司马景王亦预焉。晏尝曰:"唯深也,故能通天下之志,夏侯泰初是也;唯几也,故能成天下之务,司马子元是也;惟神也,不疾而速,不行而至,吾闻其语,未见其人。"盖欲以神况诸己也。②

何晏对正始清谈活动的影响是全面的。从内容上看,他在清谈中阐发的"贵无"主张影响极大;从形式上看,他在清谈活动中展现的学术态度更是意义深远。"正始玄风"所以能够蔚然大观、成其气象,除了有"清谈"这样开放、包容、灵活、深邃的完美平台作为形式之外,也离不开何晏等人的领袖之功。何晏是正始玄谈最重要的宗主之一。"何晏为清谈领袖,早负盛名,但从不拿权威架子,在清谈中奉行'以理服人'的原则……正始名士在谈论中观点不同发生争执是常有之事,关键是大家都追求'彼此俱畅',就是沟通思想,各有收获。……当时的讨论,人们似乎并不要求达成一致认识,求得思想统一,而是各抒己见,各持己理,自圆其说即可。最终以理取胜。"③与汉末"月旦评"活动中的许劭兄弟相比,正始玄谈中的何晏显然更加宽和、平易一些。许劭兄弟常常用三言两语便能简明精要地评点某人的长短得失,其眼光当然令人钦佩。不过,"月旦评"活动主要是单向的,而不是互动的;换言之,许劭兄弟的评论就是定论,不容他人置喙,更不可能有你来我往的交锋与反驳。可见,在"月旦评"活动中,许劭兄弟的地位是超然的、独尊的。与此不同,在正始玄谈中,何晏等人虽然是"清谈"活动的召集人和主持者,而且学问深厚、年

---

① 《世说新语·文学》刘孝标注引《文章叙录》。
② 《三国志·魏书》卷九《何晏传》。
③ 徐斌:《魏晋玄学新论》,第108—109页。

龄更长、地位更高,但是何晏并没有依仗这些优势来压制旁人、一家独大,反而努力地为"清谈"活动营造一种单纯的学术氛围,让参与者不用考虑年龄、地位、声望等因素,只需要针对"清谈"的主题,尽情思考、畅所欲言,即便出丑、犯错也没有关系。

正是有了何晏等一批尊崇学术、极具包容精神的优秀宗主,才锻造出正始"清谈"独一无二的学术品质,一些非常有天分的青年甚至少年思想者得以在玄谈中汲取养分、训练思维、挑战心智,并有机会脱颖而出。

何晏对王弼的提携与扶持就是一个完美的例证。学术界往往将正始之音的何晏、王弼这两位主要代表并称作"何王"或"王何",这既是因为二人在思想上志趣相投、观点相近,更是因为他们私交笃厚。

其实,何晏与王弼不是同一代人,他们是忘年交,何晏长王弼三十余岁。在王弼未及弱冠时,何晏已经名动天下,贵为吏部尚书。但是当年仅十七岁、籍籍无名的王弼参加了何晏主持的一次清谈活动,并且大放异彩,展示出其精彩绝伦的天分后,何晏没有因为被一个小后生抢了风头而暗生不满,更没有因为被无名小辈驳倒而恼羞成怒。何晏欣喜地表达了对王弼的赞赏,称许其"后生可畏",感叹"若斯人者,可与言天人之际乎",认为只有王弼这样的天才,才有资格谈论天人之际最深刻、精微的智慧啊!《世说新语》记载了一个故事:何晏一直有注释《老子》的念头,并且已经付诸行动。当他注释了一半时,一次与王弼交谈,王弼对何晏谈起了自己注释《老子》的一些心得,原来王弼也在注释《老子》!何晏听了王弼的观点,坦然承认王弼的注释要远胜过自己,于是放弃了已经完成一半的注文,改而作《道德论》。不仅如此,何晏还尽力将王弼引荐给当时的一些权贵,希望能够在仕途方面助王弼一臂之力。

《大学》中有一段话:"见贤而不能举,举而不能先,命也",句中的"命"解释为"慢",取"轻慢""怠慢"之意。整句话的意思是说:如果遇到了有贤德的人才,却不愿意去举荐他;或者即使举荐了他,却不希望被举荐者位列自己之上,这就叫"轻慢""怠慢",也就是不称职。对于句中的前一种情况,即"举荐贤才",还是有不少人可以做到的。然而,对于后一种情况,即"甘愿看到被自己举荐的贤才最终发展得比自己还要好,甚至位列在自己之上",能够做到的人则屈指可数。人多少都是有私心的,而何晏则战胜了自己的私心,欣喜地提携、扶持王弼,甚至坦然承认自己不如王弼,心甘情愿地看到王弼的学术声誉超过自己。何晏对学术公正、开放、包容的态度,对魏晋玄学造成的影响完全不亚于他提出"贵无论"所带来的影响。也正因如此,向来骄傲自负、不通人情世故的王弼,自始至终对何晏有着景仰、孺慕的真挚情感。

第四节　王弼

王弼(226—249),字辅嗣,曹魏山阳(今河南焦作)人,魏晋时期最著名的思想家,正始之音最主要的代表。王弼的家世显赫,山阳高平王氏是汉魏时期的名门大族,累世高官。"建安七子"之一的王粲与王弼渊源深厚,王粲本是王弼的同族叔祖。王粲天资聪颖,深受当时的文坛前辈蔡邕赏识。蔡邕不仅推崇王粲,坦承自愧不如,而且决定将自己精心收藏的近万卷藏书作为遗产送给王粲,王粲得到了这些珍贵的书籍。王粲原本生有二子,但皆因卷入曹魏时期魏讽的谋反案被处死,王粲由此绝嗣。王粲的族兄王凯生有一子,名王业(即王弼的父亲)。魏文帝曹丕不忍王粲绝嗣,遂命王粲的族侄王业过继到王粲名下。王业生有二子,长子王宏,次子王弼。因此,王粲也就成了王弼的祖父。王粲临终前将这批书籍留给了继子王业。王业正是王弼的父亲,所以因缘巧合之下,王弼在一个书香浓郁的氛围下长大。

王弼的父亲王业原本希望两个儿子在仕途上大展宏图。他为长子起名为"宏","就是要他光宗耀祖,重现昔日山阳高平王氏的辉煌。当第二个儿子降生以后,王业或许认为让长子一人孤身奋斗终究势单力薄,于是庄严地赋予了新生命以辅佐兄长、助其一臂之力的使命,不然,王业何必名次子曰'弼'呢? 王弼以'辅嗣'为字,更明显不过地表达出了乃父寄予他的助兄成大器的殷切期望①。长子王宏不负所望,在仕途上走得很顺利,最终位列九卿。不过,次子王弼就不免有些"不务正业"了,他的志趣和专长不在官场上,反而对读书问学、谈玄论道表现出极大的兴趣,"其父继承来的蔡邕赠送给王粲的那近万卷藏书,无疑成了这株学术幼苗茁壮成长的温床和沃土,凭借它们,王弼足可以尽情地在知识的海洋里遨游,汲取充分的精神养料"②。从整个中国文化史来看,王弼名垂千古,其成就要远远超过他的哥哥王宏,反倒是王宏要沾弟弟的光,才会被后世提及。父亲王业寄托在两个儿子身上的"光宗耀祖"的梦想,通过另一种方式实现了。

王弼是中国哲学史上罕见的少年天才哲学家,他"幼而察慧,年十余,好老氏,通辩能言"③,很早就表现出思维的敏感性和思想的深刻性。王弼也是正始清谈最闪光的主角之一,他在十七岁时便因清谈结识何晏,深得何晏赞赏,被何晏称许为"后生可畏","可与言天人之际乎"! 二人因此成为忘年交,成为正始玄学最闪耀的双子星,并在很大程度上奠定了魏晋玄学的格局与气质。王弼还通过清谈活动与当时许多清谈名士辩论过各种问题,他曾与裴徽讨论"圣人体无"问题,与何晏、钟会讨论"圣人有无喜怒哀乐"问题,与荀融讨论"《周易》大衍义"问题等。王弼在思维能力、理论素养和思想深度等各方面均超越了同时代的其他思想家,他在清谈活动中如鱼得水,挥洒自如,"弼天才卓出,当其所得,莫能夺也",只要他坚持某方的观点,就能够深入而充分地论证这一观点的合理性,让人无法反驳。因此他在清谈中罕有匹敌的对手,甚至一人分别扮演主、客两种身份,自己与自己辩论。"王弼与同时代的思想家比,更具备哲学家的素质,儒道两家的思想在他身上得到了融会贯通,

① 裴传永:《王弼与魏晋玄学》,第 17 页,济南,山东文艺出版社,2004。
② 同上书,第 18 页。
③《三国志·魏书》卷二十八《王弼传》裴松之注引何劭《王弼传》。

其超乎寻常的抽象思辨能力,为玄学的诞生作出了最主要的贡献。"①王弼由此成为魏晋玄学最重要的理论开拓者和奠基人,深得当时名士们的推崇。

不过,智商超群的王弼,在情商方面则相形见绌。王弼"颇以所长笑人,故时为士君子所疾",他少年得志,为人高傲,经常以自己所长嘲笑人之所短,不免有些不通人情,也引起了时人的一些非议。王弼的政治才华很一般,"事功亦雅非所长",尽管何晏不断为他创造机会,但最终王弼在仕途上没有什么成就。何劭《王弼传》记载:何晏曾向辅政的大将军曹爽举荐王弼,曹爽也给了王弼畅所欲言的机会,"爽为屏左右,而弼与论道,移时无所他及,爽以此嗤之"②,王弼把拜见曹爽的场合当成了一次清谈,在曹爽面前大讲了一番道论玄理,很长时间过去了,王弼仍未将话题从抽象、玄奥的谈玄论道转到实用事功上。这令曹爽大失所望,认为王弼只会夸夸其谈,不过是个书呆子,没什么安邦治国的真本领。此后,曹爽一直没有重用王弼。从这个故事可以看出,王弼是一个优秀的读书人、思想家,但是让他理政治国就有些勉为其难了。

正始十年(249)初,司马懿发动高平陵之变,将曹爽集团一网打尽,先后下令要灭曹爽、何晏等九族。同年秋,王弼身患厉疾,英年早逝,其时年仅24岁。何晏、王弼相继去世,表明勃兴了十年的正始玄风落下帷幕。

在24年的短暂生命里,王弼完成了多部思辨性极强的哲学论著,为"贵无论"的完善和魏晋玄学理论体系的确立奠定了坚实的基础。他也成为魏晋时期思想最深邃的哲学家。裴传永《王弼与魏晋玄学》一书详细列举了历代史志和目录之书记载的王弼著述情况:

1.《三国志·魏志·钟会传》:"弼好论儒道,辞才逸辩,注《易》及《老子》。"据此可知,王弼著有《周易注》和《老子注》。

---

① 徐斌:《魏晋玄学新论》,第105页。
② 《三国志·魏书》卷二十八《王弼传》裴松之注引何劭《王弼传》。

2.《三国志·魏志·钟会传》注引何劭《王弼传》："弼注《易》,颍川人荀融难弼《大衍义》。""弼注《老子》,为之《指略》,致有理统。著《道略论》。注《易》,往往有高丽言。太原王济好谈,病《老》《庄》,常云:'见弼《易注》,所悟者多'。"据此可知,王弼著有《周易注》《大衍义》《老子注》《老子指略》和《道略论》。

3.《隋书·经籍志》记载,王弼著有《周易六十四卦注》六卷、《易略例》一卷、《老子道德经注》《论语释疑》三卷。

4.《旧唐书·经籍志》记载,王弼著有《周易注》《周易大衍论》一卷、《论语释疑》二卷、《玄言新记道德注》二卷、《王弼集》五卷。

5.《新唐书·艺文志》记载,王弼著有《周易注》《大衍论》三卷、《论语释疑》二卷、《新记玄言道德注》二卷、《老子指略》二卷、《王弼集》五卷。

6.《宋史·艺文志》记载,王弼著有《周易略例》一卷、《易辨》一卷、《老子注》二卷、《道德略归》一卷。①

上述记载,存在同书异名等情形,归并之后,"王弼的著作应该是以下七种:《老子注》《老子指略》《道略论》《周易注》《周易略例》《论语释疑》和《王弼集》。……目前,《王弼集》《道略论》久已失传,《老子指略》本在宋末就已佚失,近人王维诚据《云笈七签》和《道藏》辑出部分内容,《论语释疑》只有部分内容保留在皇侃《论语义疏》和邢昺《论语正义》中,其它三书相对而言保存比较完整"②。王弼的思想著作较为集中地收录在楼宇烈先生校释的《王弼集校释》一书中。

一、"以无为本"

何晏在吸纳《老子》《论语》《周易》的思想资源之后,将老子哲学的核心范畴"道"定性为"无"。何晏"以无释道",并没有将"道"虚无化、解构

---

① 裴传永:《王弼与魏晋玄学》,第32—33页。
② 同上书,第35页。

掉,而是通过突出"道"无法言诠、不可形容的超验色彩,强化了"道"相对于现实世界的超越性。在何晏的"贵无论"体系中,老子哲学原本具有的宇宙生成论意味被进一步淡化,"道"作为世间万事万物之所以存在的终极理由和依据的形而上价值则被极大凸显。因此,何晏的"贵无论"所具有的本体论色彩要明显高于老子的道论,他通过"以无释道"将正始玄学整体提升到本体论的层面。

何晏用"无"来形容"道",主要目的是要突破以往"以有释道"的思维局限性。尤其是汉代流行的宇宙论,存在着经验性、机械性、僵化性的弊端,其抽象性和思辨性甚至要远远逊色于先秦时期。从某个角度看,汉代经学之所以有浓厚的教条主义色彩,汉代盛行的宇宙论恐怕难辞其咎。魏晋玄学是对两汉经学的反动,其主要任务之一是全面清理汉代学术。为此之故,何晏有意识地对两汉经学背后的机械、僵化的宇宙论进行了深刻反思。在他看来,汉代宇宙论的症结就在于仅仅停留在感性经验的层面,满足于表层的、形式化的解读,而未能"知其所以然",深入探寻现象世界背后更加内在的、终极的奥秘。

何晏的工作主要是"破",即破除汉代宇宙论的机械、教条色彩。他认为"夫道者,惟无所有者也"①,不同于天地万物("有所有"),"道"只能是"无所有",是"不可体"的。汉代宇宙论习惯于从经验的、日常的角度理解天地万物的存在,即便是做比喻也常常不脱感性、具象的范围。何晏"以无释道",则彰显了"道"玄之又玄、不可描述、无法言诠的超验性。如此一来,我们倘若要体"道",显然无法依照一条"眼观、耳闻、手触"之类的经验、具象的道路,而只能踏上另一条抽象的、超验的形而上之路。不过,何晏在"立"的一面做得不够。尽管他也提出"有之为有,恃'无'以生,事而为事,由'无'以成"②,讲明这个"无所有""不可体"的"道",才是现象世界万事万物得以产生和存在的根源和依据,但是何晏并没有充分

①《列子·仲尼》张湛注引何晏《无名论》。
②《列子·天瑞》张湛注引何晏《道论》。

论述"无何以能生有"，即"无所有""不可体"的"道"究竟是如何为"有所有""可体"的世间万物提供根据的。

"贵无论"的这个"立"的工作是由王弼来完成的。王弼提出：

> 天下之物，皆以有为生。有之所始，以无为本。将欲全有，必反于无也。①

> 夫物之所以生，功之所以成，必生乎无形，由乎无名。无形无名者，万物之宗也。②

王弼的做法是将何晏的"以无释道"发展为"以无为本"。《晋书·王衍传》记载，三国曹魏正始年间，"何晏、王弼等祖述《老》《庄》，立论以为天地万物皆以无为本"。王弼认为，具体的万物是"有"，道是"无"；以无为本，则以有为末。王弼"以无为本"，引入"本"与"末"这对范畴来解析"道"与"天下之物"、"无"与"有"的关系。"本"和"末"的提法并非王弼首创。在《论语·学而》篇，有若就曾经说过："君子务本，本立而道生。孝悌其为仁之本与"，据宋儒的解释，意谓孝悌是行仁之本，孝悌是人们实践仁德的出发点和本根，正如一棵大树的根，根保护好了，就可以自然长养出树干、枝叶，长成仁爱的参天大树。有若对"本""末"的概念有两层用意：一方面，"本"重于"末"，"孝悌"之类的切己笃行、德性涵养为本，事功则为末，不可"舍本逐末"；另一方面，"本""末"原为一体，并非截然对立，所以，可以"由本及末"，即德性修养到了一定程度，自然能够功成事遂。

王弼用"本""末"的概念讲"无""有"，与有若的用法既有相同之处，也有不同之处。相同之处是王弼也保留了"本""末"二者之间的"本重于末"和"由本及末"这两层含义，不同之处则在于王弼对这两层含义的理解均有所发展。

从"本重于末"的一面看，由于王弼继承了何晏的"贵无"主张，"道"

---

① 〔三国魏〕王弼著，楼宇烈校释：《王弼集校释》，第110页，北京，中华书局，1980。
② 同上书，第195页。

即"无"即"本","万物"即"有"即"末",如此,则"本重于末"不仅有着程度上的差别,即"道"重于"万物",更有着性质上的差别,即"无"不同于"有"。具体来看,"万物"—"有"—"末"对应的是千姿百态的具体事物和现象,"道"—"无"—"本"则是这些具体事物及现象之所以能够存在的依据和理则。可见,在有若的话语中,"本""末"固然有轻重之别,但仍同属于现实世界,他讲"君子务本"是在伦理学(或道德哲学)层面说的。而到了王弼这里,"本""末"已经分属于不同层面,前者对应本体世界,后者对应现象世界,他提到的"有之所始,以无为本"是在本体论层面上说的。

从"由本及末"的一面看,在有若这里,是先有"本",后有"末";或者说,先把"本"做好了,再来从事"末"("末"可能会顺理成章地自然达成)。王弼以"无"为"本",以"有"为"末",讲"举本统末",聪明地跳出了"有"和"无"何者生成何者的时间性思维模式,而从两者存在的逻辑关系上探讨"有""无"何者为本、何者为末的问题。他讲"物之所以生,功之所以成,必生乎无形,由乎无名",世间万有的存在、万事的变迁,从根本上是以"无形""无名"的"无"作为终极原因和最高根据的。在哲学上,王弼把本末关系看成是本体与现象的关系。

因此,王弼哲学的本体论意味不仅要强于老子哲学,同时也要强于何晏哲学。张岱年先生认为,"王弼的本体论比老子更进了一步,所谓'以无为本'、所谓'寂然至无,是其本矣',认为无是天地万物之本,他以为无是本、有是末,比老子更明确了,但是基本上还是老子学说的发展"[1]。王弼对老子学说的发展主要表现于他在本体论层面探究得更深入、更彻底。王弼完善了何晏开创的"贵无论","如果说何晏是贵无论的发凡起例者,那么王弼显然就是贵无论的系统阐发者。可以说正是因为有了王弼的理性思考和严密论证,'无'的本体地位才得以确立"[2]。王弼通过引入经他改造过的"本""末"这对范畴来诠释"无"和"有"的关系,不

---

① 张岱年:《魏晋玄学的评价问题》,《文史哲》1985 年第 3 期。
② 裴传永:《王弼与魏晋玄学》,第 52 页。

仅讲清楚了"无"和"有"之间的差异性(本体不同于现象),也讲清楚了"无"和"有"之间的联系性(本体为现象提供了存在的依据),使"贵无论"成为魏晋玄学中最重要的本体哲学,并且刺激和提升了魏晋玄学本体论的整体水平。而强调本体论正是魏晋玄学区别于汉代学术的一个重要特征。所以,《四库全书总目提要》卷一《周易正义提要》称:"王弼乘其极敝而攻之,遂能排击汉儒,自标新学。"以王弼"贵无论"哲学为代表的魏晋玄学是与汉代哲学风格迥异的"新学"。

王弼还引入"动""静"这对概念来进一步说明"有"与"无"、"本"与"末"的关系。王弼通过一系列的事例来加以论证:以"动静"而言,"动"与"静"不是对等的,"静"是根本,是本原状态,是"动"的原因和根据。以"语默"而言,"言语"和"静默"也不是对等的,"静默"才是基本型态,"言语"是在"静默"基础上产生的,以"静默"为存在的前提。同样,天地万物风云变幻并不是本然状态,"寂然至无"才是其本体;万物生灭、雷动风行,都依据"寂然至无"而生,并回归于"寂然至无"。"动"、"语"、风云变幻都属于"有","静""默""寂然"都属于"无";可见,"无"是"有"产生和存在的前提与根据。

在"以无为本"的基础上,王弼进而提出了"崇本息末"的思想。他创造性地将《老子》一书的宗旨归纳为"崇本息末",认为这是以"道"治国的关键。他说:

> 《老子》之书,其几乎可一言而蔽之。噫! 崇本息末而已矣。观其所由,寻其所归,言不远宗,事不失主。文虽五千,贯之者一;义虽广赡,众则同类。解其一言而蔽之,则无幽而不识;每事各为意,则虽辩而愈惑。[1]
>
> 　夫以道治国,崇本以息末;以正治国,立辟以攻末。本不立而末浅,民无所及,故必至于以奇用兵也。[2]

---

[1]〔三国魏〕王弼著,楼宇烈校释:《王弼集校释》,第 198 页。
[2]同上书,第 149 页。

王弼讲"崇本息末"不是说只要本体,不要现象,而是说本体比现象更为重要,具有统帅的地位与作用;他还从本体的实践功能的角度讲内圣外王之道。在现实社会生活中,这也是一种管理智慧,即统之有宗,会之有元,以寡治众,以静制动,约以存博,简以济众。

许抗生先生归纳了"贵无论"哲学的基本特征:"'贵无派'认为,形形色色的多样性的现实世界的背后,必有一个同一的本体的世界存在。不然的话,这个多样性的现实世界就杂乱无章统一不起来。现实世界是'有'('有'指各种事物的具体存在),而这个本体世界只能是'无',因为他们认为'有'是不能作为自身存在的根据的。现实世界的'有'只能依赖于这一本体世界'无'才能存在。这种以'有'为末,以'无'为体的本体论思想,就是玄学'贵无派'的基本特征。"①不过,他认为何、王一般不讲什么道(即"无")生成天地万物的问题,而只是讲天地万物存在的根由、依据是"道"、是"无",讲"本无"即本体是无的问题,目的是避开老子哲学中一个不可解决的问题,即"无"怎么能生出"有"的问题。②许先生对何晏、王弼"贵无论"基本特征的归纳是准确的,但是他说何、王为了避开"无如何生有"的问题,只讲"道"—"本"—"无"为万物存在提供根由、依据这一面,而不讲道(即无)生成天地万物这另一面,许先生的这一说法值得商榷。的确,王弼没有在宇宙生成论的意义上讲道(即无)生成天地万物的具体机制与过程,但是从本体论看,王弼讲"由本及末""举本统末"是有其深刻用意的。"本""末"这对概念源于树木的"本根"与"枝叶",王弼在改造"本""末"这对概念时,并未完全抛弃其原初意义。如果说王弼在论述"本重于末"时,更多强调的是"本""末"二者断裂性的一面,那么在讨论"由本及末"时,他更看重"本""末"二者的连续性的一面,即"本"(本根)养护好了,便可以"自然地"长出"末"(枝叶)。所以,道(即无)生成天地万物的过程其实不需要多讲,因为它就是"自然"。联系到上文所言的"崇本息末",我们认为,从消极的意义上看,王弼主张"崇本

---

① ② 许抗生:《略论魏晋玄学》,《哲学研究》1979 年第 12 期。

息末",避免"舍本逐末",防范"末"对"本"的干扰与伤害,就像树木需要剪枝一样,过多的枝蔓会妨碍树木的正常生长;而从积极的意义上讲,王弼还主张"崇本及末",守住本根,无为无言,听任其"自然"长出枝叶。

王弼对待"本""末"的这一立场,比较突出地体现在其有关"自然"与"名教"二者关系的论述中。"自然"和"名教"的关系问题主要是魏晋玄学第二个阶段——竹林玄学时期——的核心议题,在正始时期尚不占据重要地位。不过,王弼从"以无为本"的角度,已经开始了对"自然"和"名教"二者关系的考察。王弼以"自然"为"无"、为"本",以"名教"为"有"、为"末",主张"名教本于自然",这一立场包括两个方面。一方面,"名教"应该出于"自然",而不应违背"自然",这主要是从"崇本息末"的角度讲的;另一方面,"名教"可以合于"自然",而不一定是对"自然"的违背与伤害,这主要是从"崇本及末"的角度讲的。所以,王弼对"自然"与"名教"的关系持有一种温和的立场,主张调和二者的矛盾。在他看来,倘若"名教"是本于"自然"而建立的,那么此时的"名教"在本性上就与"自然"一致,当然不会出现违逆"自然"的异化现象。现实生活中如果存在"名教"与"自然"的冲突,也仅仅是因为此种"名教"未能本于"自然"。不过,王弼并未过多关注如何按照"自然"的标准来矫正那些"不自然"的"名教"。

需要注意的是,尽管王弼也曾用到"体""用"的说法,但是其用法与后世有很大区别。王弼说:"万物虽贵,以无为用,不能舍无以为体也。"[1]按照后世的理解,"体""用"和"本""末"、"有""无"结合,表现为"本"为"体"、"末"为"用",或者"无"为"体"、"有"为"用"。但是,在王弼这里,既以"无"为"体",又以"无"为"用"。有学者指出,王弼所说的"'用'字应该是'凭借'的意思,'以无为用'就是以无为凭借或以无为根据、以无为主宰,这和王弼所说的'以无为本'意思完全一样","'体'字应该是'形体'

---

① 〔三国魏〕王弼著,楼宇烈校释:《王弼集校释》,第 94 页。

的意思,是就'万物'的存在状态而言"。① 这个解释应该是可以成立的。王弼"以无为用"的观点受到老子的影响,他在使用"体""用"的说法时,仍旧沿用了老子哲学的宇宙生成论模式,而没有将"体""用"概念真正提升到本体论的层面使用。

二、圣人体无

何晏首倡"贵无论","以无释道",凸显了"道"的本体色彩。王弼对何晏的"贵无"思想作了进一步的论证。王弼说:"无形无名者,万物之宗也。不温不凉,不宫不商。听之不可得而闻,视之不可得而彰,体之不可得而知,味之不可得而尝。故其为物也则混成,为象也则无形,为音也则希声,为味也则无呈。故能为品物之宗主,苞通天地,靡使不经也。"②"道"之所以能够品万物、苞天地,正在于它超出了形象、温度、声音、色彩、重量、味道等种种经验的规定性,从而无所不包、无所不是。这个本体意义上的"道"显然不能用具体的名称来指代,"名之不能当,称之不能既。名必有所分,称必有所由。有分则有不兼,有由则有不尽;不兼则大殊其真,不尽则不可以名"③。用任何"名"来命名"道"都不可能对应、贴切,用任何称呼来指称"道"都不可能完备、周全;因为对某个事物的"名"一定是用来说清楚该事物与其他事物的分际与区别的,对某个事物的称呼也一定是有其非此不可的理由的。具体的"名"总是强调分际与差异,而不可能兼容一切的事物;具体的称呼也因为有自己非此不可的理由,而不可能涵括所有的事由。然而,何晏、王弼所讨论的"道"乃是本体之道,能够为世间万事万物的存在提供终极根据,显然不能偏向某些事物而背离另一些事物。如此一来,任何具体的"名"和具体的称呼都因其具有的特殊性和局限性,不能用来命名和称呼这个本体之道。所以,只能

---

① 裴传永:《王弼与魏晋玄学》,第 64 页。
② 〔三国魏〕王弼著,楼宇烈校释:《王弼集校释》,第 195 页。
③ 同上书,第 196 页。

用"无"来勉强称谓它。

与何晏相比，王弼对"道"何以为"无"的论证要更加清晰和充分。不过，"以无释道"必然会产生一个现实的问题，即对于现实的人类来说，这个本体之道是可以"体知"的吗？王弼的答案是肯定的，他心目中的"圣人"就是"体道之人"。当然，我们可以说圣人体道的过程是神秘玄妙的，无法具体描述。但是，究竟如何判断某个人是否是体道了的圣人？或者说圣人体道后的表现是什么？这是王弼接下来必须回应的问题。王弼通过讨论"圣人体无"完美地回答了这个问题。

《三国志·王弼传》记载：

> 时裴徽为吏部郎，弼未弱冠，往造焉。徽一见而异之，问弼曰："夫无者诚万物之所资也，然圣人莫肯致言，而老子申之无已者何？"弼曰："圣人体无，无又不可以训，故不说也。老子是有者也，故恒言无所不足。"群亦为傅嘏所知。[①]

《世说新语·文学》篇有类似记录：

> 王辅嗣弱冠诣裴徽，徽问曰："夫无者，诚万物之所资，圣人莫肯致言，而老子申之无已，何邪？"弼曰："圣人体无，无又不可以训，故言必及有；老、庄未免于有，恒训其所不足。"

王弼比较了两种情况：一种是老子，经常讲"无"；另一种是孔子，很少讲"无"，而是经常讲"有"。由于"无"为"本"，"有"为"末"，表面上看，老子讲"无"乃是务本，要比孔子更高明。但是，"无"这个"本"不同于一般的"本"，之所以用"无"来形容，正是因为它是超出经验、无法言诠的，换句话说，"无"是无法用语言来讲述的。如此一来，老子大讲特讲"无"，反倒陷入了自相矛盾的困境。孔子才是真正的圣人，他体认到"无"，并明白"无"具有不可言说性，索性不讲"无"，而专门讲"有"。

王弼提出"圣人体无"的学说，是为了克服"贵无论"面对的一个现实

---

①《三国志·魏书》卷二十八《王弼传》裴松之注引何劭《王弼传》。

困境。当时的情况是：一方面，自战国时期到汉代，尤其是汉代经学兴盛之后，孔子的"圣人"地位已逐渐深入人心，不仅被士大夫阶层所公认，而且也为普通民众所接受。也就是说，孔子的"圣人"地位几乎是不可挑战的。但另一方面，据已有的资料记载，孔子很少谈论虚无玄远的东西，而是多就日常生活中的伦常仪则随机指点，内容都很具体；倒是老子，对"无"谈论得很多、很彻底。从形式上看，孔子是探讨"有"的，老子才是讨论"无"的。现在何晏、王弼等人要讲"贵无""以无为本"，就会面临一个尴尬的局面：凸显"无"的价值，就会抬升老子的地位而压低孔子的地位；但这又与当时人们对孔子的情感相左，甚至会因此而遭到坚决的批评和抵制。这个问题对于玄学的确立与发展意义重大。"当时，第一代玄学家们尽管已经自觉地摆脱了正统思想，对老、庄的说教给予了充分的关注，有意识地汲取其中的思想精华，但是对于如何把握儒家学说与道家学说的关系，摆正彼此的位置，却一直感到茫然，而能否在主从关系上对儒与道或曰孔子与老子合理定位，事关玄学理论能否为整个统治阶级和全社会所乐于接受，进而能否成为新的统治思想的大局，也就是说，关系到玄学的兴衰成败。然而，这一道为第一代玄学家们百思不得其解、棘手挠头的大难题，却被年仅 18 岁的王弼轻松解决了。王弼既维护了儒学的主干地位，同时也婉转地揭示了道学的理论价值；既明确了孔子的圣人人格，同时也赋予老子以仅在其次的贤人的地位，从而为玄学理论大厦的构筑奠定了坚实的基础。"①

天才的王弼另辟蹊径，跳出了这种两难处境。他采取的方法是：剥离老子与"无"的联系，让孔子成为"无"的真正代表。王弼并没有对孔子采取批评的态度，表面上仍然尊重孔子为圣人。不过，在实质上，王弼却以老子的义理来界定孔子思想。王弼指出，尽管老子总将"无"字放在嘴边论说，但其实他并不真正懂得"无"，而是反复申言，谈玄论无。孔子则不然。尽管他绝少谈论"无"，但他才是真正体悟到"无"的精神的人；只

---

① 裴传永：《王弼与魏晋玄学》，第 22 页。

不过因为他明白"无"是不能够用言语去论说的,所以才不愿意妄谈"无"。如此一来,孔子反而是"体无"者,老子却成了"有者"。就形式而言,王弼主张孔子比老子高明,孔子才是真正的"圣人";但实质上却是"阳尊孔丘""阴崇老聃",抽换了孔子"圣人"之所以为"圣"的依据。正是通过这种将孔子思想道家化的巧妙伎俩,王弼漂亮地解决了"以无为本"和"孔优老劣"之间的矛盾。当然,我们也不难发现,经过这样解释的孔子,已经不是原先意义上的"孔子",而是被王弼改造过的道家化的"孔子"。

三、圣人有情而无累

何劭《王弼传》记载了王弼与何晏、钟会等人辩论"圣人是否有情"的故事:

> 何晏以为圣人无喜怒哀乐,其论甚精;钟会等述之。而弼与不同,以为圣人茂于人者神明也,同于人者五情也,神明茂故能体冲和以通无,五情同故不能无哀乐以应物,然则圣人之情,应物而无累于物者也。今以其无累,便谓不复应物,失之多矣。①

何晏主张"贵无",认为道的本性是"无";圣人即体道之人,圣人体认到"道"的本性是"无",自然也就会效法"道"之"无"。落实到言论上,就是王弼所说的"圣人说'有'不说'无'";落实在情感上,就是"圣人无喜怒哀乐之情"。应该说,何晏的理解从形式上看是很顺畅的,所以钟会很钦佩何晏的"圣人无喜怒哀乐"之说,并述而广之。当然,也有学者认为,何晏说"圣人无喜怒哀乐"并不是讲圣人如草木一般绝对无情,"结合何晏在这个问题上的其他表述,察其本意并非说圣人绝对无情。他在《论语集解》中多处引注或自注孔子的动情之处。如《论语·八佾》:'子曰:《关雎》乐而不淫,哀而不伤。'何晏引孔安国疏:'乐而不至淫,哀而不至伤,

---

① 《三国志·魏书》卷二十八《王弼传》裴松之注引何劭《王弼传》。

言其和也。'《述而》：'子食于有丧者之侧，未尝饱也。子于是日哭，则不歌。'何晏注：'丧者哀戚，饱食于其侧，是无恻隐之心也。'可知何晏认为孔子是具有喜怒哀乐的。那么，他为什么偏要倡'无情'说呢？……圣人是有情的，但圣人之喜怒哀乐已高度地融入道德规范之中，达到了超然物外的地步，成为一种纯道德化的感情，远非普通人的自然之情。所以，这是一种无形的情，即'无情'"①。不过，何晏的讲法的确容易令人产生一种印象：圣人和我们普通人是完全不一样的，因此，我们与圣人之间存在一条不可逾越的鸿沟；而且圣人的所作所为与我们的现实存在之间就相应地有了疏离感。

王弼对何晏的"圣人无喜怒哀乐"之说不以为然。王弼虽然很敬重何晏的宽厚与睿智，并且在"贵无论"上将何晏引为同调；但是，倘若在清谈中出现意见分歧，王弼照样会据理力争，毫不相让。王弼直接否定了何晏的主张，他说：自己一开始也以为圣人没有喜怒哀乐的情感。但是，后来读《论语》读到孔丘为颜渊好学而高兴、为颜渊早逝而悲哀时，才意识到原来圣人也是有情的！原因不难理解：喜怒哀乐是人的"自然之性"，圣人也是人，当然也有"自然之性"，这是圣人和寻常人一样的地方。不过圣人之所以为圣人，在于他们在智慧上、在对待"情"的态度上超出常人。王弼的理论，可以归结为一句话："圣人有情而无累"。套用《世说新语》里面的讲法，圣人是"忘情"，而不是"无情"。"情"是人与外物接触而产生的反应，圣人与常人皆同。然而圣人之心就像明镜一样，能反映外物却不受其干扰、影响。故而，圣人虽"有情"，却不受情的牵累。"有情"是人性自然的表现，而"无累"则是体道的结果，只有圣人才能做到。推究其原因，是因为圣人洞悉了"有"和"无"的关系——"有情"为"有"，"无累"为"无"；"无累"为"有情"之本，"有情"需回归于"无累"。

通过"圣人有情而无累"的学说，王弼一方面保证了圣人相对于普通人的超拔性——"无累"——圣人不会受到喜怒哀乐等情感的羁绊束缚；

---

① 徐斌：《魏晋玄学新论》，第 119 页。

另一方面也强调了圣人与普通人之间的联系性——"有情"——圣人和我们普通人一样有着喜怒哀乐的情感。如此一来,圣人体"无",这个本体性的"无"就不再是某种与现实世界无关的孤悬的绝对之物;"无"和"有"之间也不是绝对隔裂的。这亦即是上文所说的"崇本及末"之义。

四、言意之辨

"无不可以训"是王弼用以评判孔、老优劣的关键,而这实质上涉及"言""意"二者的关系。"言"与"意"是中国传统哲学的一对重要范畴。所谓"言",是指言说、名词、概念等;所谓"意",是指意象、义理、精神等。"言"与"意"之间的关系问题,早在先秦时期就已引起许多思想家的注意。在《墨子·经下》《庄子·外物》《周易·系辞》《吕氏春秋·离谓》等篇目中都有相关的精彩论述,如:

> 子曰:"书不尽言,言不尽意。"然则圣人之意,其不可见乎? 子曰:"圣人立象以尽意,设卦以尽情伪,系辞焉以尽其言。"(《周易·系辞》)
>
> 荃者所以在鱼,得鱼而忘荃;蹄者所以在兔,得兔而忘蹄;言者所以在意,得意而忘言。吾安得夫忘言之人而与之言哉?(《庄子·外物》)

到了魏晋时期,"言""意"之辨成为玄学家们集中讨论的主题之一,并先后形成三派有代表性的观点,即"言尽意"论、"言不尽意"论和"得意忘言"说。

荀粲继承了先秦道家的主张,坚持"言不尽意"论,甚至提出"六经"不过是"圣人之糠秕"的激进主张。通过解读《周易》,荀粲指出《周易》之"意""象""系"的意义系统均可分为内、外两部分,即"意内""象内""系内"和"意外""象外""系表"。只有前者可以用语言传达出来;对于后者,语言却无能为力。

欧阳建站在客观主义的立场上,提出"言尽意"论。他注意到语言在辨名析理方面的重要作用,指出"言"与"意"的关系正如"响"之应"声"、"影"之附"形",是紧密相连、不可分割的;经过"正名"的"言"可以完全穷尽事物的意涵。

王弼是"得意忘象"说的典型代表。"得意忘象"说是对"言不尽意"论和"言尽意"论的调和。一方面,王弼承认语言在表达事物意涵的过程中存在很大的局限,肯定"言不尽意"论具有一定的合理性;另一方面,他又认为事物的终极意涵是可以被我们穷尽的,这与"言尽意"论殊途同归。"王弼言'贵无',以无为本,而'无'作为宇宙本体无形无名,本不可说,那么如何把握这个作为宇宙本体之'无'呢? 如果说,根本不能把握,那么就无法证明天地万物是'以无为本';如果'本体'可说,那么'本体'就成为认识的对象,而有名有形。为了解决这一矛盾,王弼提出'得意忘言'这一玄学方法。"①

王弼的做法是:在原有的"言""意"两大要素之间,再加入一个新的要素——"象"。在王弼看来,"言"与"意"之间存在一定的距离,倘若坚持用语言来传达意义,必然会陷入词不达意的窘迫境地。而"象"则可以很好地充当中介和桥梁作用。在《周易略例》一书中,他提出了"寻言以观象""寻象以观意""得象而忘言""得意而忘象"的全新解《周易》方法。他说:

> 夫象者,出意者也。言者,明象者也。尽意莫若象,尽象莫若言。言生于象,故可寻言以观象;象生于意,故可寻象以观意。意以象尽,象以言著。故言者,所以明象,得象而忘言;象者,所以存意,得意而忘象。犹蹄者所以在兔,得兔而忘蹄;筌者所以在鱼,得鱼而忘筌也。然则,言者,象之蹄也;象者,意之筌也。是故,存言者,非得象者也;存象者,非得意者也。象生于意而存象焉,则所存者乃非其象也;言生于象而存言焉,则所存者乃非其言也。然则,忘象者,乃得意者也;忘言者,乃得象者也。得意在忘象,得象在忘言。故立

① 汤一介:《郭象与魏晋玄学》,绪论第6—7页。

象以尽意,而象可忘也;重画以尽情,而画可忘也。

是故触类可为其象,合义可为其征。义苟在健,何必马乎?类苟在顺,何必牛乎?爻苟合顺,何必坤乃为牛?义苟应健,何必乾乃为马?而或者定马于乾,案文责卦,有马无乾,则伪说滋漫,难可纪矣。互体不足,遂及卦变;变又不足,推致五行。一失其原,巧愈弥甚。纵复或值,而义无所取。盖存象忘意之由也。忘象以求其意,义斯见矣。①

"得意忘象"说是王弼在摈斥象数之学"案文责卦""存象忘意"的传统解《周易》方法之后,提出的一种新的解《周易》方法,也是一种具有普遍意义的玄学认识论和方法论。"王弼的高明之处,在于将《庄子·外物》中所说的'得意忘言'与孔子讲的'言不尽意'结合起来,以道释儒,以儒融道,创造出一套汲取——解构——整合——超越的玄学方法论。"②王弼认为,作为万物之本的"无"是无言、无形、无名、无象的;如果人们只停留在言辞、概念的层面上去追索"无",结果是不可能达到对"无"的体认和把握的。"'言'和'象'只是认识问题的手段和过程。形象地讲,就是工具,而不是追求的目标。那么,当通过'言'了解了'象',又通过'象'明晓了圣人之'意'后,'言'、'象'作为工具,就不必很当真了,即可'忘'也。如果不是这样,仍然抱着'言'、'象'不放,认识到此为止,不仅无法深入到'意'的层面,连'言'、'象'本身也因其工具性质而失去了本身的意义。"③要想真正把握"无"的意涵,就必须通过直观的"形象"才能实现。从方法论上来讲,也就是必须"寻象以观意"进而"忘象以求意"。因为"有生于无","象生于意"。"本体固然超言绝象,但它是万有存在的根据,因此人们可以根据万有的存在以知它必有其存在的根据。但是,万有只是'用',而非'体',故不能执着'用'以为'体',就像执着'言'以为

---

① 〔三国魏〕王弼著,楼宇烈校释:《王弼集校释》,第609页。
② 徐斌:《魏晋玄学新论》,第113页。
③ 同上书,第114页。

'意'一样；如欲'得意'、'知体'，则须忘言忘象，以求'言外之意'，'象外之体'。"①王弼的这一思想包含有重视直觉体认的合理因素。但由于过分强调"得意在忘象"，片面夸大了"立言垂教"的作用，使它带上了一种神秘主义的色彩。"得意忘象"作为一种方法论，不仅对玄学"贵无"理论的建立有着重要意义，而且对当时佛教在中国的传播和发展也起到了重要作用。

---

① 汤一介：《郭象与魏晋玄学》，第32页。

第四章　竹林玄学

　　魏晋玄学第一阶段和第二阶段的分水岭，是发生在正始十年（249）的"高平陵事变"。有学者指出，"高平陵事变"除了政治影响之外，还具有重大深刻的思想文化影响，"司马氏在夺取曹魏政权的过程中，消灭了其主要的政治对手——正始名士集团。这个集团并非一支单纯的政治力量，它更是一个学术流派和文化集团，其领袖人物还代表着中国传统文化思维的极高水准，且对'独尊儒术'的统治思想发起历史上唯一一次具有超越性的挑战。'高平陵之变'使上述努力骤然夭折"①。随着何晏、夏侯玄陆续被杀以及王弼病逝，极具活力和深度的"正始之音"遂成绝响。

　　不过，魏晋玄学并未因此走向尾声，而是转进到它的第二个发展阶段——竹林玄学时期。究其原因，"一方面，营造出玄学清谈气氛的大环境并未有所改变；另一方面，玄学内在的逻辑性也尚未完整展现出来"②。竹林玄学主要对应的时段是曹魏嘉平元年（249）至景元四年（263），起点为公元 249 年"高平陵事变"以及紧随而来的何晏、王弼去世，正始之音

① 徐斌:《魏晋玄学新论》,第 169 页。
② 高峰、戴洪才、雷海燕:《魏晋玄学十日谈》,第 71 页,合肥,安徽文艺出版社,1997。

终结;终点是公元263年嵇康、阮籍相继离世。①

竹林玄学之所以得名,源于这一时期非常活跃的"竹林七贤"。据《世说新语·任诞》篇记载:

> 陈留阮籍,谯国嵇康,河内山涛,三人年皆相比,康年少亚之。预此契者:沛国刘伶,陈留阮咸,河内向秀,琅邪王戎。七人常集于竹林之下,肆意酣畅,故世谓"竹林七贤"。

同样的内容,在《三国志·魏书·王粲传》裴松之注引《魏氏春秋》中也有记载:

> 康寓居河内之山阳县,与之游者,未尝见其喜愠之色。与陈留阮籍、河内山涛、河内向秀、籍兄子咸、琅邪王戎、沛人刘伶相与友善,游于竹林,号为七贤。

此外,《晋书·嵇康传》也讲到:嵇康居山阳,"所与神交者惟陈留阮籍、河内山涛,豫其流者河内向秀、沛国刘伶、籍兄子咸、琅邪王戎,遂为竹林之游,世所谓'竹林七贤'也。"②可见,"竹林七贤"的说法是当时人们的一种共识。"竹林七贤",具体指阮籍、嵇康、山涛、刘伶、阮咸、向秀、王戎等七位名士。这七人志趣相投,心意相通,常相邀聚集于太行山之阳的竹林中,酣酒雅谈,弹琴赋诗,辨名析理,其行为高妙潇洒,令人神往,故时人称许他们为"竹林七贤"。但仔细观察,不难发现这七位名士其实在道德与才能等方面并不都令人信服,有些甚至备受争议,如王戎的市侩、山涛的钻营,以及刘伶的荒唐放纵,显然算不上道德上的楷模。所以,这里的"贤"不再是以传统儒家的伦理道德标准来论定的,而是指这七位名士都是率真自然、才情出众、气质独特之人。

关于"竹林"一词,历代都认为是指这七人聚会清谈的地点乃是在一

---

① 关于嵇康去世的具体时间,学术界有公元262年和263年等不同观点。本书取"嵇康去世于公元263年"之说。

② 《晋书》卷四十九《嵇康传》。

片竹林之中。郦道元《水经注·清水》引郭缘生《述征记》载：

> 山阳县城东北二十里，魏中散大夫嵇康园宅，今悉为田墟，而父老犹谓嵇公竹林也，以时有遗竹也。①

在嵇康生活隐居的山阳县附近有一片竹林，七贤们常常在此聚会，故以"竹林七贤"名之。

不过，一些现代学者对"竹林"一词的来源提出了一种新的解释，即"竹林"的说法可能源于佛教。高峰等人著《魏晋玄学十日谈》一书汇总了前人的这一论点：随着现代文史研究的发展，学者们发现"竹林"二字还大有文章可做。先是著名佛学家汤用彤先生指出"竹林一语本见佛书"，但对于"竹林高士与释教有无关系"的问题没有作深入追究。既而，国学大师陈寅恪先生明确认定："大概言之，所谓'竹林七贤'者，先有'七贤'，即取《论语》'作者七人'之事，实与东汉末'三君'、'八厨'、'八及'等名同为标榜之义。迨西晋之末僧徒比附内典外书之'格义'风气盛行，东晋初年乃取天竺'竹林'之名加于'七贤'之上，至东晋中叶以后江左名士孙盛、袁宏、戴逵辈遂著之于书(《魏氏春秋》、《竹林名士传》、《竹林名士论》)，而河北民间亦以其说附会地方名胜，如《水经注》中'清水篇'所载，东晋末年人郭缘生撰著之《述征记》中嵇康故居有遗竹之类是也。"照陈寅恪先生的看法，"竹林"云云，是比附佛典中的天竺迦兰陀之竹园；当时的名士以此作为标榜，凑七人之数，尊之为"竹林七贤"。② 汤用彤先生只是点到佛书中也有"竹林"的用法，但并未认定"竹林七贤"称呼中的"竹林"一词源于佛教。陈寅恪先生则断言"竹林七贤"的说法晚出于东晋初年，其时佛学影响日隆，格义之风盛行，于是时人将取自佛教的"竹林"一词加在此前流行的"七贤"之上，遂有了"竹林七贤"的称呼。尽管这并不是说此七人与佛教有渊源，但"竹林"之说出自佛教是没有疑问的。陈先生的论断固然有其依凭，不过证据不够充分，也无法讲清楚时人非要将

①《艺文类聚》卷六十四，四库全书本。
② 参见高峰、戴洪才、雷海燕《魏晋玄学十日谈》，第73页。

佛教"竹林"一词加于此"七贤"之上的内在理由,仅仅是依据"格义"现象进行联想与揣测,并不能完全驳倒"竹林指山阳县境内的一片竹林实地"的传统看法,因此只能聊备为一说。

从玄学的角度看,阮籍、嵇康、山涛、刘伶、阮咸、向秀、王戎等七人虽同列"竹林七贤",但他们对玄学的贡献相差悬殊。牟宗三先生曾经评价道:"竹林名士之特点,世称之为任放或旷达。然阮籍有奇特之性情,而嵇康'善谈理'(《晋书·嵇康传》语),余者皆无足取焉。"①阮籍与嵇康是竹林玄学的核心人物,代表了竹林玄学时期的最高水平。此外,向秀注《庄》的成就颇高。不过,因《庄子注》的作者存在争议,很难从中准确区分出哪些是向秀的学说,哪些是郭象的学说,而且向秀的学说主要是在元康时期产生了重要影响。因此,本书将向秀的玄学归属到此后的元康玄学阶段。其余四子,在言行、容止、处世、为官等方面或许有所贡献,但在玄学理论方面,几乎乏善可陈。

与正始玄学相比,竹林玄学的一个显著变化是《庄子》一书取代了《论语》的地位,与《周易》《老子》等一起正式成为魏晋玄学最重要的基础典籍——"三玄"。

据《颜氏家训》记载:

> 夫老、庄之书,盖全真养性,不肯以物累己也。故藏名柱史,终蹈流沙;匿迹漆园,卒辞楚相,此任纵之徒耳。何晏、王弼,祖述玄宗,递相夸尚,景附草靡,皆以农、黄之化,在乎己身,周、孔之业,弃之度外。而平叔以党曹爽见诛,触死权之网也;辅嗣以多笑人被疾,陷好胜之阱也;山巨源以蓄积取讥,背多藏厚亡之文也;夏侯玄以才望被戮,无支离拥肿之鉴也;荀奉倩丧妻,神伤而卒,非鼓缶之情也;王夷甫悼子,悲不自胜,异东门之达也;嵇叔夜排俗取祸,岂和光同尘之流也;郭子玄以倾动专势,宁后身外己之风也;阮嗣宗沈酒荒迷,乖畏途相诚之譬也;谢幼舆赃贿黜削,违弃其余鱼之旨也:彼诸

---

① 牟宗三:《才性与玄理》,第 249 页。

人者,并其领袖,玄宗所归。其余栖栖尘溽之中,颠仆名利之下者,岂可备言乎!直取其清谈雅论,剖玄析微,宾主往复,娱心悦耳,非济世成俗之要也。洎于梁世,兹风复阐,《庄》、《老》、《周易》,总谓三玄。①

尽管《颜氏家训》偏重于从批判的角度审视玄学,但也从一个侧面勾勒出魏晋玄学的面貌。而《易》《老》《庄》合称为"三玄",表明魏晋玄学的核心经典体系正式形成。一个思潮的发展是多端善变的,然而其核心经典体系往往相对稳定而明确,其作用也更内在且深远。正如汉代经学化的儒学之所以能辉煌数百年,其"五经"(以及《孝经》《论语》)的核心经典体系实发挥着至关重要的作用。古典时代的学术共同体虽然比较松散,但是,一旦核心经典体系得以确立并获得大多数成员的认可,就会对学术共同体的成员产生明显的向心力,吸引着该思潮中的思想家们围绕这些核心经典展开学术活动与思想创造。因此,在某种程度上,核心经典体系的形成也可以被视作某个思潮成熟的一个重要标志。

后人在谈及"三玄"时,往往习惯采用"《易》《老》《庄》"的顺序。不过,《颜氏家训》在论及"三玄"时,却是将《庄子》放在最前面。这或许不是随意为之,而是体现了作者明晰的判断,即《庄子》在"三玄"的玄学经典体系中占据着最为突出的地位。

正始玄学的最核心典籍是《老子》;到了竹林玄学时期,最核心典籍变成了《庄子》。这一转变有着重要的思想史意义。在正始时期,何晏"以无释有"、王弼"以无为本"的本体论建构,更多是通过注解《老子》的形式来完成的;《老子》一书的宇宙生成论和不完整的宇宙本体论对何、王二人思想的形成产生了深刻影响。而何、王通过注《老》解《老》,完善了《老子》的宇宙本体论,取得了极高的思想成就。而竹林时期的阮籍、嵇康、向秀(乃至元康时期的郭象),都选择把关注点集中在《庄子》而非《老子》。从消极的角度看,这一转变是因为何、王二人注《老》解《老》的

---

① 王利器:《颜氏家训集解·勉学第八》,第 186—187 页,北京,中华书局,1993。

成果太出色了,使得后人很难超越而只得转向;从积极的角度看,这一转变是因为何、王二人注《老》解《老》无法从根本上说清楚"无中生有""有始于无"的具体情形,后人于是转而从《庄子》中找寻答案。

与此前的正始时期以及此后的元康、江左时期相比,"清谈"在竹林玄学时期并不占有重要地位。唐翼明先生认为,"从清谈的角度看,竹林时期其实是一种变调,因为它不是以谈为主,而是以写为主",这一时期,阮籍、嵇康等人都完成了一些篇幅不大但十分重要的玄学论著,"像嵇康的《养生论》《声无哀乐论》,阮籍的《达庄论》《大人先生传》等,都是玄学的重要理论文章"。①

此外,经过"高平陵事变",竹林玄学相较于正始玄学还有另一个很大的改变,其风格"由抽象凝远的玄思变为风神潇洒的生命情调的展示和欣赏,并因此在中国文化中开拓了一重新的美学境界"②。然而,倘若就理论的创造性与深刻性而言,竹林玄学实不如正始玄学之辽远、深邃。阮籍、嵇康等人的主要贡献不在于深度,而在于广度;他们将魏晋玄学探讨的领域拓展到文学、美学、语言哲学等多个方面,并以自己的鲜活生命来体证和实践玄学的精神,使魏晋玄学真正成为一种极具影响力的社会思潮。

竹林玄学的核心议题是"名教"与"自然"的关系。"名教"与"自然"的关系问题,是"有""无"之辨在社会政治领域的集中反映。

什么是"名教"? 陈寅恪先生说:"故名教者,依魏晋人解释,以名为教,即以官长君臣之义为教,亦即入世求仕者所宜奉行者也。其主张与崇尚自然即避世不仕者适相违反,此两者之不同,明白已甚。"③唐长孺先生主张:"东汉以名教治天下。所谓名教乃是因名立教,其中包括政治制度、人才配合以及礼乐教化等等。"④"名教"指的是社会的等级名分、伦理

---

① 参见唐翼明《中华的另一种可能性:魏晋风流》,第 105 页。
② 高峰、戴洪才、雷海燕:《魏晋玄学十日谈》,第 71 页。
③ 陈寅恪:《金明馆丛稿初编》,第 203—204 页。
④ 唐长孺:《魏晋南北朝史论丛(外一种)》,第 299 页。

仪则、道德法规、制度典范等的统称;"自然"则是指人的本初状态或自然本性,同时也指天地万物的自然状态。"名教"之说可以溯源至汉代。两汉以经学立国,儒家的伦理仪则、纲常礼法在整个社会生活中影响巨大。尤其是东汉光武帝即位之后,更加突出儒家礼乐教化的地位,表彰仁义,劝善任贤,整顿风俗,奠定了整个东汉时期的治理格调。袁宏《后汉纪》云:"夫君臣父子,名教之本也。"①以君臣父子等儒家伦理规范为核心的"名教"成为汉代社会的官方意志。加之两汉社会施行"征辟""察举"等选官制度,看重人物的风评,使得这套儒家的伦理仪则、纲常礼法等备受重视。但是,"名教"的实用化乃至功利化,导致儒家的伦理仪则、纲常礼法等逐渐脱离其内在精神,变得越来越形式化、表面化。可以说,两汉经学的危机也同时表现为汉代名教的危机。

汉末批判思潮的锋芒很多都是指向名教的。而曹操在建立政权之后对名教更是不屑一顾,他石破天惊地提出不论德行、"唯才是举"的极端主张,未尝不是对汉代名教之治的一种厌弃。曹丕实行"九品中正制",固然对曹操的激进立场有所缓和,但总体而言,整个曹魏集团对名教都持有一种有所抑制、有所防范的态度。

司马氏篡夺曹魏政权之后,又重新祭起了"名教"的大旗,一个很重要的原因就是司马氏家族从两汉时期起一直是儒学大族,熟悉名教。比起阉宦出身的曹氏家族,司马氏在儒学名教方面有着得天独厚的优越条件。"名教"显然是司马氏手中的一张王牌,司马氏可以通过"名教"的旗号彰显自己不同于曹魏的新特色,同时可以团结吸纳类似的儒学世家大族加入自己的阵营,巩固自身的统治。此外,司马氏乃是通过不光彩的手段从曹氏手中窃取政权的。为了掩盖丑行,司马氏在鼓吹儒学"禅让"传统的同时,不遗余力地宣扬儒家的纲常名教,以表明自己政权的正统性和合理性,顺便将可能有的忤逆反叛扼杀在摇篮之中。

在这样的背景下,阮籍和嵇康等竹林名士掀起了"名教"与"自然"之

---

① 〔晋〕袁宏:《后汉纪》,四库全书本。

关系的大讨论。一方面,是因为他们鄙薄司马氏的虚伪,对司马氏所倡导的"名教"深恶痛绝;另一方面,还因为司马氏滥杀名士、迫害异己的暴行给整个时代笼罩上了一层阴霾,阮籍和嵇康等人更加渴望能够自然地生活、自由地呼吸。

第一节 阮籍

阮籍(210—263),字嗣宗,陈留尉氏(今属河南)人,三国时期曹魏著名思想家、文学家,"竹林七贤"的主要领袖之一。其父阮瑀曾任魏丞相掾,是"建安七子"之一。阮籍熟读儒书,"博览群籍,尤好《庄》《老》"[①],尤其《庄子》一书对他影响颇深。史籍记载"阮籍容貌瑰杰,志气宏放,傲然独得,任性不羁"[②],很有庄周的傲世与独立精神。他才华横溢,不仅擅长玄谈和文学,而且"嗜酒能啸,善弹琴。当其得意,忽忘形骸"[③]。

在阮籍的身上,集中体现了竹林玄学时期思想家们的性格冲突。一方面,阮籍是一个骄傲狂放的人,他任性不羁,不拘礼教,自诩"平生少年时,轻薄好弦歌"[④]。阮籍自视甚高,曾有济世之志,"尝登广武,观楚汉战处,叹曰:时无英雄,使竖子成名!"[⑤]但另一方面,阮籍为人十分谨慎,喜怒不形于色,"口不臧否人物",也就是"口不论人之过"。据李康《家诫》记载,魏文帝曹丕曾经对李康说:"天下之至慎,其惟阮嗣宗乎?每与人言,言及玄远,而未尝评论时事,臧否人物,可谓至慎乎?"[⑥]尤其到了魏晋之交,司马氏肆无忌惮地迫害名士、杀戮异己,"属魏晋之际,天下多故,名士少有全者,籍由是不与世事,遂酣饮为常"[⑦]。面对险恶的世道,阮籍只得压制狂放的本性,尽管内心对司马氏十分鄙薄,也不得不降低姿态,对司马氏作出一些妥协与配合。

阮籍的作品以《咏怀》诗八十二首最为著名,另外还有散文和辞赋。

---

① ② ③ ⑤ ⑦ 《晋书》卷四十九《阮籍传》。
④ 陈伯君校注:《阮籍集校注》,第222页,北京,中华书局,1987。
⑥ 《三国志·魏书》卷十八《李通传》裴松之注引李康《家诫》。

其中最能代表其哲学成就的有《大人先生传》《通老论》《达庄论》《通易论》等。其著作被后人编辑整理为《阮步兵集》。

一、《通老论》《通易论》

汤用彤先生曾下过一个论断："嵇康、阮籍虽唱'越名教而任自然'，由于出身于大家贵族，他们所受的教育仍为礼教之熏陶，根本仍从礼教中来。他们的学说乃是精神上的、心理上的放达，而不只限于外表也。"①汤先生认为，竹林时期的玄学家们虽然表现出强烈的抨击名教、挣脱礼法束缚的思想倾向，但是无论从他们思想产生的背景看，还是从其学说的内在精神看，均与儒家礼教有着千丝万缕的联系。换言之，阮籍、嵇康等名士并不是真的要毁弃儒家的一切价值。阮籍的思想存在明显的发展变化过程，丁冠之将阮籍的思想发展分为三个阶段："在正始之前，阮籍的思想以儒家为主，他的《乐论》大约写于魏明帝末年或正始初年。正始十年中，阮籍受玄学影响，也致力于儒道（老）结合，他的《通老论》和《通易论》亦可能作于此时。正始十年司马氏控制曹魏政权后，阮籍鄙弃礼法，推崇庄子，著《大人先生传》和《达庄论》。"②阮籍家传儒学渊源深厚，儒家"内圣外王"的理想人格仍旧深深影响了阮籍。在阮籍早期的价值理想中，儒家的"内圣外王"之道仍占据重要地位。阮籍早年也曾热衷于建功立业，持有一种关注现实、积极入世的人生态度和拯救社会、兼济苍生的人文关怀。他在《咏怀诗》中常常表现出凌云壮志：

> 壮士何慷慨，志欲威八荒。
>
> 驱车远行役，受命念自忘。
>
> 良弓挟乌号，明甲有精光。
>
> 临难不顾生，身死魂飞扬。

---

① 汤用彤撰，汤一介等导读：《魏晋玄学论稿》，第 174 页。
② 方立天、于首奎编：《中国古代著名哲学家评传·续编二·魏晋南北朝部分》，第 105 页，济南，齐鲁书社，1982。

岂为全躯士？效命争战场。

忠为百世荣，义使令名彰。

垂声谢后世，气节故有常。

（《咏怀诗》其三十九）①

王业需良辅，建功俟英雄。

元凯康哉美，多士颂声隆。

（《咏怀诗》其四十二）②

在这些诗句中，阮籍高度赞扬了壮士以身殉国的忠义气节和伟大壮举，也表现出其早期有着建功立业的现实追求和英雄主义的情结。此时的阮籍并未表现出对儒家名教的反感和批评，"阮籍对待礼法名教的态度，是以其政治立场和政治倾向的变化为推移的。中、青年时期的阮籍，由于他对曹魏政权还有着一定的好感，怀着一线的希望，所以，当他由儒家的济世理想转变为道家的无为思想的时候，他便在'自然之道'的基础上，把自然与名教统一起来，主张名教与自然结合。这种思想上的变化在早期的玄学论著中表现得比较突出"③。"高平陵事变"之前，阮籍的思想仍比较正统，对儒、道两种思想资源都很看重。在处理名教与自然的关系时，这一阶段的阮籍持有与王弼相近的立场，主张自然与名教可以统一，名教本于自然。这主要体现在阮籍早期著作《通老论》和《通易论》之中。

《通老论》是阮籍青年时期完成的一篇论著，文章的主体部分均已散佚，仅在《太平御览》中保留了三段，陈伯君《阮籍集校注》将其收录：

> 圣人明于天人之理，达于自然之分，通于治化之体，审于大慎之训，故君臣垂拱，完太素之朴；百姓熙怡，保性命之和。

（《太平御览》一）

---

① 陈伯君校注：《阮籍集校注》，第 321 页。
② 同上书，第 329 页。
③ 田文棠：《阮籍评传——慷慨任气的一生》，第 76—77 页，南宁，广西教育出版社，1994。

> 道者,法自然而为化,侯王能守之,万物将自化。《易》谓之"太极",《春秋》谓之"元",《老子》谓之"道"。　　　　　　(《太平御览》一)
>
> 三皇依道,五帝仗德,三王施仁,五霸行义,强国任智。盖优劣之异,薄厚之降也。　　　　　　　　　　　　(《太平御览》七十七)①

就《通老论》残篇内容来看,阮籍重视老子的"道",认为圣人正是由于体察此"道",才可以做到"明于天人之理,达于自然之分,通于治化之体,审于大慎之训",进而达到无为垂拱而治的效果。但在阮籍看来,老子所申言的"道"与《周易》讲的"太极"、《春秋》讲的"元"是同类的东西。可见,阮籍虽然崇《老》,但并不因此排斥、贬低儒家经典《春秋》和《周易》的价值,而是努力兼容并包。这一时期的阮籍固然强调"道""德""仁""义""智"等价值标准存在优劣、厚薄之分,但究其实而言,"仁""义""智"等名教范畴内的价值之所以要低劣一些,源于它们未能本于"道"、出于"自然"。倘若名教做到了本于道、出于自然,这些弊端也就可以克服了。

在《通易论》中,阮籍进一步申言了相似的观点:

> 君子曰:《易》,顺天地,序万物,方圆有正体,四时有常位,事业有所丽,鸟兽有所萃,故万物莫不一也。阴阳性生,性故有刚柔,刚柔情生,情故有爱恶。爱恶生得失,得失生悔吝,悔吝著而吉凶见。八卦居方以正性,著龟圆通以索情。情性交而利害出,故立仁义以定性,取著龟以制情。仁义有偶而祸福分,是故圣人以建天下之位,定尊卑之制,序阴阳之适,别刚柔之节。②

《周易》乃是圣人通过仰观俯察制作而成,可以"顺天地,序万物",包罗万象。万物(包括人)禀阴阳二气而生,其性有刚有柔,其情有爱有恶。因爱恶之别而有得失之分,遂有吉凶悔吝的分殊。当性情、爱恶不得其正时,凶险悔吝更甚。故圣人"立仁义以定性,取著龟以制情",通过仁

---

① 陈伯君校注:《阮籍集校注》,第159—160页。
② 同上书,第130页。

义、尊卑的名教礼制，达到"序阴阳之适，别刚柔之节"的目的。因此，理想意义上的"名教"乃是圣人体察"道"（或"太极"或"元"）后所制作的，此时的名教本于自然，可以起到调和性情、移风易俗等治理教化作用。

阮籍具体罗列了本于《周易》之精神的名教对社会所发挥的正面价值：

> 于是大人得位，明圣又兴，故先王作乐荐上帝，昭明其道以答天贶。于是万物服从，随而事之，子遵其父，臣承其君，临驭统一，大观天下，是以先王以省方观民、设教，仪之以度也。……富贵侔天地，功名充六合，莫之能倾，莫之能害者，道不逆也。……改以成器，尊卑有分，长幼有序。①

阮籍认为，不违背《周易》之"太极"精神所建构的名教制度，对于整个社会是积极有效的。"从君臣、父子的人伦关系来说，'子遵其父、臣承其君'、'尊卑有分、长幼有序'，这是人事关系中表现出来的一种自然之道。从富贵功名来说，'富贵侔天地，功名充六合，莫之能倾，莫之能害者，道不逆也'，这是以自然之道为其基础的一种富贵功名观。从刑罚设施来说，'正义以守位，固法以威民'，'刑设而不犯，罚著而不施'，'王正其德，公守厥职，上下不疑，臣主无惑'，这就是一种顺其自然的刑罚观念和措施。而贤明的圣王正是按照这种自然之道来'树其义'、'正其命'、'施其令'、'督其正'、'昭其禄'、'静其民'的。……阮籍在这里，既讲了自然无为的'天道'，又讲了社会政治和人伦关系，表面上他是阐发《易》理，但实际上是在论证他的名教与自然的关系的思想，认为名教取法于自然、名教出自于自然。"②阮籍的这一看法延续了夏侯玄"天道以自然运，圣人以自然用"的观点，其"以老解儒"的立场与正始玄学殊无二致。

---

① 陈伯君校注：《阮籍集校注》，第111—116页。
② 田文棠：《阮籍评传——慷慨任气的一生》，第78—79页。

二、《达庄论》《大人先生传》

司马氏集团通过"高平陵事变"篡夺曹魏政权后,大肆诛杀异己,其中就有相当多的玄谈名士。司马氏当时虚伪而残暴的统治让竹林时期的玄学家们既失望又压抑,尤其是司马氏用以遮羞的儒家名教,很快成为竹林名士们抨击的目标。阮籍的思想也发生了急遽的变化,原本对儒家名教所抱有的梦想已经彻底幻灭,他关注的重心也从儒家、《周易》、《老子》,转向《庄子》。阮籍喜好《庄子》,一方面是因为《庄子》书中超然高拔的真人形象能让他暂时逃避沉闷、丑陋的现实,获得一点心灵的慰藉;另一方面也因为相较于《老子》,《庄子》对社会上的虚伪、异化现象揭露得更深刻、更彻底,抨击得更直接、更猛烈,这就为阮籍批评名教、聊舒郁气提供了完美的借鉴。

徐斌比较了正始时期和竹林时期名士们学术的不同之处:"以王弼、何晏、夏侯玄为代表的正始名士……关心和研究的重点为本体哲学和政治哲学,学术思辨性较强,靠近道家中的老子,贡献在于创建了玄学的思想体系。而以嵇阮为代表的竹林名士……关注的重点是玄学中人生哲学的内容,且与何王思辨特点不同的是,嵇阮诗人气质甚浓,偏重道家庄子之风,对名教批判的辛辣程度旷古未见。"[1]这是从整体上所作的比较。具体到阮籍,他本人的前期与后期正好可以分别对应正始玄学和竹林玄学。"如果说阮籍前期对自然的理解,着重于强调其内部的'别'与'分',那么,阮籍后期对自然的理解,则又着重于强调其内部的'合'与'同'了"[2]。正始时期的青年阮籍受到正始之音的影响,加上当时的社会矛盾与名教异化还不算严重,他看重自然内部的"分"与"别"。如此一来,名教便可视作"自然"的一种殊相,从而具有合理性与存在价值。进入竹林玄学时期,中年阮籍对名教已经不抱指望,转而看重自然的"合"与"同"。

———————————————

① 徐斌:《魏晋玄学新论》,第93页。
② 田文棠:《阮籍评传——慷慨任气的一生》,第81页。

"自然"是同一的、纯净的,没有异化,没有杂质。因而,所谓"名教",在本质上是不合于"自然"的,是对"自然"的背离与异化。

阮籍的这些转变,集中体现在他后期完成的《达庄论》和《大人先生传》等论著中。

在《达庄论》中,阮籍首先描绘了一位得道先生的形象:

> 先生徘徊翱翔,迎风而游,往遵乎赤水之上,来登乎隐岕之丘,临乎曲辕之道,顾乎泱漭之洲。恍然而止,忽然而休,不识曩之所以行,今之所以留。怅然而无乐,愀然而归白素焉。①

从阮籍的描绘中,我们很容易看到《庄子》中体道真人的影子。接下来,阮籍设想了一群"缙绅好事之徒"(也就是儒家名教之士)误解先生,并群起而攻之。对此,先生从容自若,讲述了一番天地自然的深刻道理:

> 天地生于自然,万物生于天地。自然者无外,故天地名焉。天地者有内,故万物生焉。当其无外,谁谓异乎? 当其有内,谁谓殊乎? ⋯⋯故以死生为一贯,是非为一条也。别而言之,则须眉异名;合而说之,则体之一毛也。彼六经之言,分处之教也。庄周之云,致意之辞也。大而临之,则至极无外;小而理之,则物有其制。夫守什伍之数,审左右之名,一曲之说也。循自然,性天地者,寥廓之谈也。凡耳目之耆,名分之施,处官不易司,举奉其身,非以绝手足,裂肢体也。然后世之好异者,不顾其本,各言我而已矣,何待旌彼。残生害性,还为仇敌。断割肢体,不以为痛。⋯⋯儒墨之后,坚白并起,吉凶连物,得失在心,结徒聚党,辩说相侵。昔大齐之雄,三晋之士,尝相与瞋目张胆,分别此矣。咸以为百年之生难致,而日月之蹉无常。皆盛仆马,修衣裳,美珠玉,饰帷墙。出媚君上,入欺父兄,矫厉才智,竞逐纵横。家以慧子残,国以才臣亡。②

---

① 陈伯君校注:《阮籍集校注》,第133页。
② 同上书,第138—152页。

借得道先生之口，阮籍首先表达了对天地万物关系的看法："天地生于自然，万物生于天地。自然者无外，故天地名焉。天地者有内，故万物生焉"，这一看法仍然不脱夏侯玄"天道以自然运，圣人以自然用"的正始玄学的范围，延续了阮籍早期著作《通易论》所持的态度。不过接下来，得道先生具体解析了天地万物所由从出的"自然"的内涵是"故以死生为一贯，是非为一条也"。这一解释不再满足于从天地万物的特殊性来谈论"自然"，而是汲取《庄子》的"齐物，齐论"的智慧，转而强调"自然"的内在同一性。从这一视角重新审视天地万物的所谓特殊性，就会发现其中很多地方都存在违背"自然"内在同一性的问题。包括儒家的《六经》，都不过是从差别处着眼，是"分处之教"，同样存在偏离自然的危险。自然原本浑然一体，不谴是非，然而"后世之好异者""不顾其本"，局囿于自我，执着于是非，举一曲之说，行残生害性之事。随即，得道先生直斥儒墨之徒就是"后世之好异者"，其逞耀才智、好为辩说，实质不过是偏离自然、剖分大道，会导致家残国亡的恶果。

正如《庄子·逍遥游》篇末名教的代表尧在见到得道的四位真人后顿觉怅然若失一样，《达庄论》的结尾，代表儒家名教的"二三子"也同样失魂落魄、惭愧若失。阮籍借此以凸显体道先生行为之高妙、思想之通达，能够感人至深。

在《大人先生传》中，阮籍追求自然、抨击名教的立场更加鲜明。开篇记载了阮籍著作《大人先生传》的缘由：阮籍在苏门山偶遇云游修行的道士孙登，向孙登请教修神养生之术，孙登闭口不答，阮籍长啸而退。阮籍下至山腰时，突然听到孙登发出的长啸声，如鸾凤之音，响彻山谷。阮籍心有所感，回去后便写了《大人先生传》一文。文中写道：

> 大人先生盖老人也，不知姓字。陈天地之始，言神（农）、黄帝之事，昭然也。莫知其生平年之数。尝居苏门之山，故世或谓之。问养性延寿，与自然齐光。其视尧、舜之所事若手中耳。以万里为一步，以千岁为一朝。行不赴而居不处，求乎大道而无所寓。先生以

应变顺和,天地为家,运去势隤,魁然独存。①

在《大人先生传》中,阮籍想象出"大人先生"这一人格形象。大人先生超然世外,举止高妙,逍遥独立,"养性延寿,与自然齐光",不受时间和空间的束缚,能够顺应外界的变化,以天地为家。表面上看,阮籍塑造"大人先生"的形象受到道士孙登言行举止的启发;但究其实质,"大人先生"是阮籍出入儒道、醉心老庄、感时悟世的最后结晶,是他心目中理想人格的最完美典范。

与"大人先生"相对的是所谓"域中君子",即那些拘束于礼乐名教的世俗之人。"域中君子"主张:

> 天下之贵,莫贵于君子。服有常色,貌有常则,言有常度,行有常式。立则磬折,拱若抱鼓。动静有节,趋步商羽,进退周旋,咸有规矩。心若怀冰,战战栗栗。束身修行,日慎一日。择地而行,唯恐遗失。诵周、孔之遗训,叹唐、虞之道德,唯法是修,唯礼是克。手执珪璧,足履绳墨,行欲为目前检,言欲为无穷则。少称乡闾,长闻邦国,上欲图三公,下不失九州牧。故挟金玉,垂文组,享尊位,取茅土。扬声名于后世,齐功德于往古。奉事君上,牧养百姓。退营私家,育长妻子。卜吉而宅,虑乃亿祉,远祸近福,永坚固己:此诚士君子之高致,古今不易之美行也。今先生乃被发而居巨海之中,与若君子者远,吾恐世之叹先生而非之也。行为世所笑,身无自由达,则可谓耻辱矣。身处困苦之地,而行为世俗之所笑,吾为先生不取也。②

"域中君子"坚持儒家的礼法名教立场,服饰有常色,容色有常则,言行举止无不规规矩矩,待人接物时刻谨慎刻板。他们谨守周公、孔子之遗训,仰慕唐尧、虞舜之道德,言必称礼法,行必遵则范;借此谋得荣华富贵,光

---

① 陈伯君校注:《阮籍集校注》,第161页。
② 同上书,第163—164页。

宗耀祖,声名后世,功在千秋。"域中君子"以礼法名教的维护者自诩,满足于内圣外王的功业,并讥讽"大人先生",恐其为世人所嘲笑。

"大人先生"对此作了回应:"夫大人者,乃与造物同体,天地并生,逍遥浮世,与道俱成,变化散聚,不常其形。"①"大人"乃体道之人,与造物同体,与天地并生。"大人"感受到天地的广淼博大,体察了万物的聚散变化,故能与道俱成,不再为外在的名利所动。"大人先生"接下来的这段话可以看作是阮籍对名教发出的战斗檄文:

> 且汝独不见夫虱之处乎裈中,逃乎深缝,匿夫坏絮,自以为吉宅也。行不敢离缝际,动不敢出裈裆,自以为得绳墨也。饥则啮人,自以为无穷食也。然炎丘火流,焦邑灭都,群虱死于裈中而不能出。汝君子之处区内,亦何异夫虱之处裈中乎?悲夫!而乃自以为远祸近福,坚无穷也。亦观夫阳乌游于尘外,而鷦鹩戏于蓬艾,小大固不相及,汝又何以为若君子闻于余乎?②

君不见生活在人们裤裆中的跳蚤,它们躲藏在裤缝、坏絮之间,把这里当做安全长久的藏身之所。它们一举一动都不敢离开裤裆、缝隙,只能吃一点残渣、秒末,还洋洋自得地声称它们已经掌握了行为的正确仪则,能够衣食无忧。一旦裤子被洗晒,这些跳蚤们根本无法逃脱,只能死在裤裆中。你们这些执着于名教礼法的"域中君子",自以为潇洒自在、远祸近福、安稳无比,其实你们不过像住在人们裤裆中的跳蚤一样,行为低俗、目光短浅!

在阮籍眼中,"大人先生"彻底摆脱了世俗名利礼教的束缚,摒弃了儒家道德偶像式的君子形象,"是故不与尧、舜齐德,不与汤、武并功,王、许不足以为匹,阳、丘岂能与比纵?天地且不能越其寿,广成子曾何足与并容"③。尧、舜、汤、武等所谓圣人都不值得崇拜和追随,王倪、许由等所

---

① 陈伯君校注:《阮籍集校注》,第 165 页。
② 同上书,第 165—166 页。
③ 同上书,第 186 页。

谓高人都不足以与之齐肩,杨朱、孔丘等所谓大哲都无法与之并列。"大人先生"与道同体,不为物累,逍遥于世间,不受时间长短和空间大小的束缚,"夫然成吾体也,是以不避物而处,所睹则宁;不以物为累,所逅则成;彷徉足以舒其意,浮腾足以逞其情。故至人无宅,天地为客;至人无主,天地为所;至人无事,天地为故;无是非之别,无善恶之异,故天下被其泽而万物所以炽也"①。阮籍厌弃社会名教规范,盛赞上古社会的"万物并生,大者恬其性,细者静其形"②,"无君而庶物定,无臣而万事理"③。"域中君子"则是"服有常色,貌有常则,言有常度,行有常式",其循礼守则,"诵周孔之遗训,叹唐虞之道德",以名教为圭臬。这两个形象的鲜明对照,体现了阮籍崇尚自然、反对名教的自由精神。阮籍认为一切的纷乱困扰、异化怪相都是名教所致,希望回到远古时代结绳记事的素朴状态,那时一切都是自然和谐的。

可见,竹林时期的阮籍已经完全抛弃了对名教的幻想,转而激烈抨击名教带来的异化。"他在言论上,不再重复维护名教、主张名教与自然结合的种种陈词滥调,转而在嘲笑怒骂、鄙弃和攻击礼法之士的同时,又以自然之道和自然人性理论为武器,批判和反对名教,坚持名教与自然的对立。"④

在《大人先生传》中,阮籍表达出追求心灵绝对自由和逍遥自在的愿望,表现出了一定的幻想色彩:"今吾乃飘飘于天地之外,与造化为友。朝食汤谷,夕饮西海,将变化迁易,与道周始。"⑤这也可以看出阮籍与王弼的差别。王弼的气质是一位哲学家,面对变动的世道,倾向于通过精微、深刻的反思来探寻隐藏在世间万象背后的本质;阮籍的气质是一位文学家,一旦现实令他窒息,便会转向虚构的缥缈世界中

---

① 陈伯君校注:《阮籍集校注》,第 173 页。
② 同上书,第 169 页。
③ 同上书,第 170 页。
④ 田文棠:《阮籍评传——慷慨任气的一生》,第 81 页。
⑤ 陈伯君校注:《阮籍集校注》,第 170—171 页。

寻求慰藉。

在阮籍的价值意识中,向往自由、渴望脱俗的一面发展成崇尚自然、狂放不羁的外在行为表现,这也表现在其文学作品中。我们可以从阮籍的诗文中看到大量的仙人形象,这是在现实生活中难以找寻到的,是一种理想化的玄学人格塑造。

> 西方有佳人,皎若白日光。
>
> 被服纤罗衣,左右佩双璜。
>
> 修容耀姿美,顺风振微芳。
>
> 登高眺所思,举袂当朝阳。
>
> 寄颜云霄间,挥袖凌虚翔。
>
> 飘飘恍惚中,流眄顾我傍。
>
> 悦怿未交接,晤言用感伤。

（《咏怀诗》其十九）[1]

> 南方有射山,汾水出其阳。
>
> 六龙服气舆,云盖切天纲。
>
> 仙者四五人,逍遥晏兰房。
>
> 寝息一纯和,呼噏成露霜。
>
> 沐浴丹渊中,照耀日月光。
>
> 岂安通灵台,游濲去高翔。

（《咏怀诗》其二十三）[2]

阮籍笔下的佳人与庄子笔下的神人有共通之处,都不以物喜,不以己悲,其形体和精神都畅游于天地之间,达到了自由逍遥的精神境界。不过,在庄子这里,神人境界仍旧是经过体道可能臻至的;而阮籍则走得更远,仙人的世界变成了完全的幻想,是人们完全不可能企及的缥缈之

---

[1] 陈伯君校注:《阮籍集校注》,第 280 页。

[2] 同上书,第 289 页。

境。如阮籍笔下的松乔、安期子等形象：

> 混元生两仪,四象运衡玑。
>
> 暾日布炎精,素月垂景辉。
>
> 晷度有昭回,哀哉人命微！
>
> 飘若风尘逝,忽若庆云晞。
>
> 修龄适余愿,光宠非己威。
>
> 安期步天路,松子与世违。
>
> 焉得凌霄翼,飘飘登云巍。
>
> 蹉哉尼父志,何为居九夷！

(《咏怀诗》其四十)[1]

阮籍将追慕先贤转向了仙者,他发现万物皆是瞬间的存在,即便是圣贤君子,也不能"明达",于是他"乘云招松乔",希望能学神仙呼吸之术,以求"呼吸涌矣哉"。阮籍将眼光从现实世界转向了不可达致的仙人世界,可以说是对现实世界从希望到失望,又坠入更深的失望当中,于是产生出逃避现实的出世幻想。以阮籍为代表的竹林玄学的核心精神是倡导超越名教生死、摆脱情欲物累的自然人生,试图在世务纷扰、生存危机下构建一个能够安身立命的具有独立人格而又逍遥自由的精神境界。在这一过程中,不断发展的道教学说也成为阮、嵇等人摆脱黑暗现实、追求精神自由的重要资源。

三、阮籍与酒

与正始时期的玄学家们醉心于建构精微玄奥的玄学理论体系不同,竹林时期的玄学家们转而纵情于通过生动、感性的方式,以生命体证玄学的精神。阮籍就是其中的翘楚。在撰写一系列玄学论著表达自己崇尚自然、反对名教的玄学立场的同时,阮籍以其敏锐的感受,用活泼泼的

---

[1] 陈伯君校注:《阮籍集校注》,第 324 页。

生命来真诚地体证和实践玄学的精神。在阮籍的玄学贡献中,理论著述活动与感性实践活动各占半壁江山。所以,要理解阮籍的玄学,就不得不具体探寻他的生命实践活动。在阮籍感性、丰富、极具特色的实践活动中,酒有着特殊的地位。

阮籍好酒,但不同于同为"竹林七贤"之一的刘伶。对于刘伶来说,酒才是其生命存在的意义;只有在酩酊之间,他方能感受到生命的通达与逍遥。在这种意义上讲,酒造就了刘伶。阮籍则不同。酒对于阮籍来说,有时是躲避是非的挡箭牌,有时是摆脱现实的麻醉剂,有时是怡情纵性的催化剂。

阮籍本性疏淡,喜好自然,《晋书·阮籍传》载,阮籍"或闭户视书,累月不出;或登临山水,经日忘归"。不过为了容身于乱世,不得已屈己以从人。司马氏征召阮籍出来做官,眼见无法逃脱,阮籍就和司马氏讨价还价:"听说在您麾下的步兵厨有一位酿酒的高人,已经精酿了三百斛。如果您一定要我出来做官,我希望能到步兵厨任步兵校尉。"阮籍通过这种戏谑的方式,既给了司马氏颜面——我不是很配合着出来做官了吗?又保留了自己的尊严和底线——我做官的目的就是来喝酒的!后世称阮籍为"阮步兵",正与他的这段经历有关。阮籍虽然答应做步兵校尉,但当官不做事,只是游山玩水,或纵情宴饮。

其后,晋文帝司马昭想要与阮籍结亲家,为儿子司马炎(即后来的晋武帝)求娶阮籍之女。当使者来到阮籍家,发现阮籍喝醉酒了,无法商议,只得日后再来。然而,过几日再登阮府的使者发现阮籍仍然醉着。就这样,使者多次登门,阮籍皆在酒醉酣卧中。阮籍居然前前后后连续大醉六十天!司马昭也只好作罢。可见,醉酒是阮籍在两难处境中的自保妙法:他既不愿意攀龙附凤,与司马氏同流合污,又不能明目张胆地拒绝司马昭的求婚,就只好让自己一醉到底了!酒醉为阮籍提供了很好的借口:不是我不给司马昭面子,实在是醉酒之人,无法自控。如此,既成全了自己的心愿,也给了司马昭台阶下——寡人不和这个醉鬼一般见识!

当时攀附司马昭的钟会不怀好意,多次用敏感的时事试探阮籍,目的是找到阮籍的过失,罗织罪名收拾阮籍。阮籍心知肚明,"皆以酣醉获免"。

阮籍希望通过这种消极避让的方式躲过现实的是非纷扰。但是,尽管阮籍酣饮佯狂,但终究无法躲过。《晋书·阮籍传》记载:

> 会帝让九锡,公卿将劝进,使籍为其辞。籍沈醉忘作,临诣府,使取之,见籍方据案醉眠。使者以告,籍便书案,使写之,无所改窜。辞甚清壮,为时所重。[①]

其时,司马昭觉得时机已经成熟,打算逼迫曹魏政权的幼君将大位"禅让"给他。司马昭指使爪牙命令阮籍作《劝进辞》。阮籍深知此事极其严重,甚至会导致他遗臭万年,于是,又祭出"醉酒"的法宝。但这次司马昭铁了心,命使者等在阮府,唤醒阮籍,逼着他马上写。阮籍推辞不得,只好伏案一蹴而就。尽管引文字面上赞颂阮籍文思泉涌、言辞清壮,但阮籍心中不得已的怨气同样弥漫在字里行间。

关于阮籍嗜酒的原因,稍后的名士王大说得较为合理:"阮籍胸中垒块,故须酒浇之。"(《世说新语·任诞》)"垒块",指的是心中的不平之事、不畅之气。阮籍是一个傲然独立、疾恶如仇的人,这样的人如同庄子一般,都有一些精神上的洁癖。然而阮籍偏偏身处险世,不得不与自己心中极为鄙薄的司马氏集团相周旋,心中的不平之气逐渐郁积而无法宣泄,只好浇之以酒了。

《世说新语·任诞》篇还记载了一则有关阮籍与酒的故事:

> 阮公邻家妇有美色,当垆酤酒。阮与王安丰常从妇饮酒,阮醉,便眠其妇侧。夫始殊疑之,伺察,终无他意。

《晋书·阮籍传》有类似描述:

---

① 《晋书》卷四十九《阮籍传》。

> 邻家少妇有美色,当垆沽酒。籍尝诣饮,醉,便卧其侧。籍既不
> 自嫌,其夫察之,亦不疑也。

阮籍邻居家有一位美丽的少妇,坐在垆边卖酒,阮籍经常到她那里喝酒,一旦喝痛快、喝醉了,便毫无顾忌地躺在她旁边睡着了。邻居家的男主人最初还有些猜忌,但多次悄悄观察后,发现阮籍从未有其他越轨行为。像阮籍这样惊世骇俗而又纯真无邪的举动,正是魏晋风流的写照。

四、痴狂真人

阮籍的思想深受道家影响,崇尚自然真致。而在魏晋名士风流的洗荡下,他的自然真致表现为一种任性放诞。

尽管阮籍言语谨慎,口不论人是非,但另一方面他毫不掩饰对人的喜恶。《晋书·阮籍传》记载:"籍又能为青白眼,见礼俗之士,以白眼对之。及嵇喜来吊,籍作白眼,喜不怿而退。喜弟康闻之,乃赍酒挟琴造焉,籍大悦,乃见青眼。"阮籍见到自然真致之人,便以青眼视之;而遇到礼俗之士,则以白眼对之。通过一双妙眼,阮籍清晰传递了自己的真实好恶,尤其表达了对虚伪名教之辈的不屑一顾。

《世说新语·任诞》篇又云:"阮籍嫂尝还家,籍见与别。或讥之。籍曰:'礼岂为我辈设也?'"阮籍的嫂子要回娘家了,阮籍去送她。这在当时是很出格的行为,因为叔嫂关系在古代社会中一直比较敏感,礼制中甚至有"叔嫂无服"的规定,即叔嫂中的一方去世了,另一方不需要为其服丧,借以通过此类规定防范叔嫂之间的逾矩私情。于是时人讥讽阮籍"失礼"。阮籍大为光火,反驳道:"礼岂为我辈设也?"像我们这样的人又岂是那些繁文俗礼所能束缚得了的!阮籍此言并不是强调自己有违礼的特权,而是说礼法之类的庸俗名教对于他这样崇尚自然真致的人是没有意义的。这一点同样反映在阮籍对待母亲丧事的态度上。《世说新语·任诞》篇记载:

> 阮步兵丧母,裴令公往吊之。阮方醉,散发坐床,箕踞不哭。裴

> 至,下席于地,哭吊喭毕,便去。或问裴:"凡吊,主人哭,客乃为礼。阮既不哭,君何为哭?"裴曰:"阮方外之人,故不崇礼制;我辈俗中人,故以仪轨自居。"时人叹为两得其中。

阮籍的母亲去世,中书令裴楷前去吊喭。阮籍毫不理会丧期不得饮酒的礼制规定,喝得酩酊大醉,披头散发,张开两腿坐在床上,没有哭。裴楷到了灵堂,找了个席子坐在地上,哭泣一番;吊喭完毕,就自行离开了。有人问裴楷道:"按照吊喭之礼,往往主人哭,客人才行礼。作为主人的阮籍都不哭,您为什么要哭呢?"裴楷说:"阮籍是超脱世俗的方外之人,当然可以不尊崇礼制;你我乃是世俗中人,自然要遵守礼制准则。"阮籍居母丧而不哭,并不是他不悲伤,他其实比大多数痛哭流涕的人更悲伤,只是他不屑于以世俗之人采用的痛哭的方式表现自己的悲伤,而偏偏要用喝酒吃肉等特立独行的方式表现对亡母的哀思。当母亲下葬之际,阮籍特意给自己蒸了一只小肥猪,喝了两斗酒,然后与母亲告别,口中喊了一声"完了",便口吐鲜血。在阮籍心目中,悲痛与思念都是自我的真情实感,为什么一定要按照儒家的那套礼法名教做才是孝?他宁愿采用自己独特的方式来寄托对母亲的情感,他也相信母亲的在天之灵应该会更愿意看到这样的儿子。

正是这种不拘于礼的性格,使他做出了许多惊人的举动。当时一军户人家有个女儿,才色双全,可惜天妒红颜,这个女孩子尚未出嫁就去世了。阮籍听说此事,尽管他与这家人素不相识,但是却径直前往灵堂哭吊,尽哀而还。在阮籍看来,一个美好的事物消逝了,他很悲伤,因此就去痛哭一场。至于是否认识这个女子或她的家人,又有什么关系呢?

阮籍的时代发生过一起儿子杀亲生母亲的案件。阮籍听说后,议论道:"儿子杀父亲还差不多,怎么能杀母亲呢?"在中国古代,父子关系是最为重要的天伦,因此人们都怪他胡说八道,晋文帝司马昭也说:"儿子杀父亲,是天底下最大的罪恶,你怎么能说'儿子杀父亲尚可'呢?"阮籍回答道："禽兽是只知道母亲是谁而不知道父亲是谁的,所以,杀父亲,就像禽兽一样也。而杀母亲,则是禽兽都不如!"阮籍看似强词夺理的回应,其实反映了他不遵礼法、狂放任情的心声。

阮籍还时常独自驾车出游,却行不由径。当走至无路可走时,痛哭而反。阮籍所哭的是世道的艰辛,更是生命的无奈。

所以当时的人们都感叹阮籍是一个"痴人"。阮籍的"痴",不是愚笨、混乱,而是感性、真挚到了极致之后的癫狂,正如高洁孤傲的凤凰在烈火中自焚,浴火重生。所以,阮籍是中国古代思想家中罕见的有着古希腊悲剧意味的人物,他的很多言行举止具有史诗悲剧般的震撼性。

第二节　嵇康

嵇康(223—263),字叔夜,谯国铚县嵇山(今属安徽涡阳)人,三国时期曹魏著名思想家、文学家、音乐家,"竹林七贤"之一。由于"嵇"姓较为罕见,有学者考证了嵇康姓氏的来历:"嵇康的祖先原是会稽上虞(今浙江绍兴)人,因为避怨迁徙至谯国铚县(今安徽宿县),连带着,将原先的姓氏'奚'也改为'嵇',据说是取会稽之稽的上半部分再加上'山'而成,意在不忘原籍。"[1]嵇康"少有俊才,旷迈不群,高亮任性,不修名誉,宽简有大量。学不师授,博洽多闻,长而好老庄之业,恬静无欲。性好服食,尝采御上药。善属文论,弹琴咏诗,自足于怀抱之中"[2]。在竹林名士中,嵇康的外形分外夺目,"身长七尺八寸,美词气,有风仪,而土木形骸,不自藻饰,人以为龙章凤姿,天质自然"[3]。他身材挺拔,气质清峻,潇洒自适,尽管不修边幅,时人仍推崇他有"龙章凤姿",令人神往。时人形容嵇康"肃肃如松下风,高而徐引"(《世说新语·容止》)。同为"竹林七贤"之

---

① 高峰、戴洪才、雷海燕:《魏晋玄学十日谈》,第74页。
②《三国志·魏书》卷二十一《王粲传》裴松之注引嵇喜《嵇康传》。
③《晋书》卷四十九《嵇康传》。

一的山涛称颂道:"嵇叔夜之为人也,岩岩若孤松之独立;其醉也,傀俄若玉山之将崩。"(《世说新语·容止》)甚至有砍柴的樵夫远远见到嵇康,会惊呼他为"仙人"。由于一个偶然的机遇,嵇康娶了曹操曾孙女长乐亭主为妻,进入上流阶层,并曾担任中散大夫。嵇康性格疏懒冲淡,喜弹琴咏诗,常为养性服食之事。他曾经自述心志道:"守陋巷,教养子孙,时与亲旧叙阔,陈说平生。浊酒一杯,弹琴一曲,志愿毕矣"①,不慕富贵,尝以锻铁为生。然而,因为他个性外柔内刚,对篡权的司马氏集团采取不合作态度,加之他拥有曹魏宗室的身份,使得他在政治立场和价值观念上均与司马氏针锋相对,颇招忌恨。最后在司马昭的心腹钟会的陷害下,死于司马氏之手。

嵇康的作品以诗歌和散文为主,其中比较集中反映其玄学思想的有《释私论》《难自然好学论》《管蔡论》《声无哀乐论》《养生论》《与山巨源绝交书》等。他的作品被收录在后人整理的《嵇中散集》中。鲁迅先生也曾经辑校过《嵇康集》,收入《鲁迅全集》第9卷中。

一、"越名教而任自然"

"名教"与"自然"的关系是嵇康哲学关注的核心主题。魏晋玄学家对"名教"与"自然"的关系格外重视。王弼从道家的自然哲学的立场出发调和二者,主张"名教本于自然",以"自然"为"无",为本;以"名教"为末、为用,强调名教应该顺应人的自然本性。阮籍则以"大人先生"的形象喻示了自然对名教的突破。但是,直到嵇康这里,才明确地把"名教"与"自然"的关系作为哲学的主题,提出了"越名教而任自然"的思想主张。

在嵇康生活的时代,儒家名教思想及其所宣扬的忠、孝、节、义等规范已经逐渐被篡权的司马氏集团所利用,成为他们维护统治、钳制人心的有效工具。嵇康对这种现象深恶痛绝,决心从根子上动摇司马氏的说教。同时,由于深受道家思想影响、追求精神自由独立,嵇康从思想上也

---

① 戴明扬校注:《嵇康集校注》,第126—127页,北京,人民文学出版社,1962。

不愿意接受名教的规范。所以,他将"名教"和"自然"对立起来,认为名教是违背自然本性的,是对大道的陵迟。

嵇康"越名教而任自然"的思想主要体现在《释私论》《难自然好学论》等文章中。在《释私论》中,嵇康写道:

> 夫称君子者:心无措乎是非,而行不违乎道者也。何以言之?夫气静神虚者,心不存于矜尚;体亮心达者,情不系于所欲。矜尚不存乎心,故能越名教而任自然;情不系于所欲,故能审贵贱而通物情。物情顺通,故大道无违;越名任心,故是非无措也。是故言君子,则以无措为主,以通物为美。言小人,则以匿情为非,以违道为阙。①

这里所说的"君子",并不是在儒家道德伦理意义上说的,而是近乎道家的、以追求更为广阔的"道德"为目标的有德之人。怎样才能称得上"君子"呢?嵇康给出了"君子"的两个标准:一是内心不再纠结于是是非非,二是行为不再违背"道"。换言之,"君子"的内心通达,不谴是非;行为高妙,合于自然。如果说得更具体一点,"君子"因为做到了"气静神虚",内心不再执着于荣辱得失,当然不在意是是非非;"君子"由于身心通透、意念顺达,其情感流露不再沾滞于欲望,当然不会偏离大道。因此,"君子"摆脱了荣辱得失、计较是非之心,故而能够超越名教的束缚而纯任自然;"君子"不再受欲望的摆布,故而能够明察世相的分殊而洞悉万物的真实面目。嵇康在此明确提出了"越名教而任自然"的主张。在他看来,儒家的礼法制度、典章规范等名教会导致人们追仁逐义、沉迷得失、执着是非,进而行为异常、背弃大道。因此,真正的智慧与高明的境界应当是彻底舍弃儒家的名教之治,超越相对的名利是非,身心均随顺自然地运化流转。

之所以将"越名教而任自然"的重要主张放在《释私论》中提出,是

---

① 戴明扬校注:《嵇康集校注》,第234页。

因为嵇康将"名教"与"私"紧密联系在一起,"个体从人之真性出发,不再考虑是非标准以及遵循礼教给自己带来的好处,这就是'释私'"①。司马氏集团一方面贪婪残暴,大肆残杀名士,另一方面又到处宣扬孝悌仁义,以名教维护者自居。嵇康对司马氏这种荒谬、虚伪的丑态极为鄙薄,认为名教已经成为司马氏的遮羞布与帮凶,沦为司马氏攫取私利、迫害士人的工具。因此,嵇康从批评"私"入手,进而对当时名教的伪善与荒唐进行了全面而深入的揭露。嵇康将"是非与公私结合形成新的社会伦理准则:一方面以是非标准约束人们的行为,所谓'重其名';另一方面,还要考查'是非之情',所谓'贵其心'。'执必公之理,以绳不公之情'。这样,为善者不再有所隐瞒,而'无匿情之不是';而有过失之处的人由于公开自己的想法,而可以得到纠正,不会因为'匿情'而再加上'不公之大非'。善行由此可以走向完全的善,而有非者亦可以救其非,而走向善"②。"释私"的关键是令是非"无措"于心,也就是让那些片面的、不公的是非无法在心中落实、在心中发挥作用,即内心不受其影响。嵇康认为,名教的荒谬之处就在于其片面、偏激,而根源则是隐藏在名教背后的自私自利之心。与"私"相对的"公",由于"虚心无措",故能超脱私利,做到客观、公正。嵇康讲的"公"不同于当代伦理学中讨论的"公";在嵇康眼中,"公"实质上源于"自然",或者说,"自然"之本性的一个表现即是"公"。因此,嵇康"越名教而任自然"的观点可以从"功夫"与"根据"两个层面来讲:从功夫层面看,通过不谴是非、超越名教的方式,人们可以在精神上进入纯任自然的境界;从根据层面看,"自然"之"公"为人们战胜私利、摆脱名教提供了参照标准与动力。两层含义浑融互辅,将魏晋玄学有关"名教"与"自然"关系的讨论提升到更高的理论水平。

---

① 童强:《嵇康评传》,第 292 页,南京,南京大学出版社,2006。
② 同上书,第 294 页。

在《难自然好学论》一文中，嵇康更加细致地分析了名教的根源与弊端。他首先点出人的本性都是"好安而恶危，好逸而恶劳"；在太古洪荒之世，淳朴和谐的状态尚未被破坏，人们都依照着本性来行为，根本不知道"仁义""礼律"等名教教条。名教不是从来就有的，而是在原始的淳朴状态被破坏后，被人为提出来的：

> 及至人不存，大道陵迟，乃始作文墨，以传其意；区别群物，使有类族；造立仁义，以婴其心；制其名分，以检其外；勤学讲文，以神其教。故六经纷错，百家繁炽，开荣利之途，故奔骛而不觉。[①]

"仁义"等德目被创造出来，用以束缚人的内心；"名分"等教条被制作出来，用以节制内外亲疏。渐渐地，名教的内容越来越繁杂，并且为人们开启了一条利禄之途，世人奔走趋附而不自知。遂有人断言："人们学习名教规范是源于天性自然。"嵇康不以为然，指出"仁义""廉让"等名教主张既非养真之要术，更非自然之所出。儒者人人诵习的"六经"，其主旨是抑制人的真性实情；而真正的"自然"应该是顺应人之真性实情的，可令人从容欢愉。可见，世人学习礼法名教并非出于自然本性，而是利禄诱导的结果。

接下来，嵇康通过大胆的假设，驳斥了名教的必然性。他说：

> 今子立六经以为准，仰仁义以为主，以规矩为轩驾，以讲诲为哺乳。由其途则通，乖其路则滞；游心极视，不睹其外；终年驰骋，思不出位。聚族献议，唯学为贵。执书摘句，俯仰咨嗟；使服膺其言，以为荣华。故吾子谓六经为太阳，不学为长夜耳。今若以明堂为丙舍，以诵讽为鬼语，以六经为芜秽，以仁义为臭腐，睹文籍则目瞧，修揖让则变伛，袭章服则转筋，谭礼典则齿龋。于是兼而弃之，与万物为更始，则吾子虽好学不倦，犹将阙焉。则向之不学，未必为长夜，六经未必为太阳也。俗语曰：乞儿不辱马医。若遇上古无文之治，

---

① 戴明扬校注：《嵇康集校注》，第259—260页。

可不学而获安,不勤而得志,则何求于六经,何欲于仁义哉? 以此言
之,则今之学者,岂不先计而后学? 苟计而后动,则非自然之应也。
子之云云,恐故得菖蒲菹耳![1]

今日人们相信"名教",尊奉"六经"等典章、"仁义"等德目、"规矩"等法
则、"讲诲"等教化,而且相信只有遵循这些"名教"才能顺畅、成功,甚
至将"六经"尊奉为太阳,而不习"六经"会导致人们沉沦在漫漫长夜。
但是,我们假设一下,倘若某个社会宣称:儒家的明堂、诵讽不过是荒
诞不经的胡话,"六经""仁义"不过是污秽、腐臭的垃圾,修行"礼仪"
"典章"不过是像人驼背、抽筋、蛀牙一般患了病。这时候,人们还会辛
辛苦苦地学习儒家的名教规范吗? 还会认为不学"六经"就是在长夜
中苦熬吗? 所以,如果不需要学习名教就能获得安逸,不需要辛勤劳
作就可以满足心愿,人们哪里会去苦学"六经",哪里会去遵行仁义!
由此可见,今日的人们学习"六经"、趋附名教,其实是"计而后学""计
而后动",是在算计得失之后采取的行动,并不是出于自然本性。此处
的"计"与《释私论》中的"无措"正相对应,鲜明地揭示了"名教"功利
的、非自然的本质。

从形式上看,嵇康在人性论上接受了荀子的观点,其结论似乎带有
贪图安逸、放弃努力的反智主义的色彩。不过,结合嵇康对"名教"与"自
然"关系的一贯立场,不难发现嵇康的用意在于:借助道家老子、庄子、杨
朱等人遵自然、重养生等思想资源,揭露和批判司马氏宣扬的名教之治
的虚伪与异化。"嵇康、阮籍将'自然'看成是一个混沌无限的整体,因为
其无分别,所以就是'和'与'谐'的有序状态,但人类后天的政治以有为
的方式破坏了源初的和谐,结果造成了'名教'与'自然'的对立。在这样
一种理论前提下,嵇康、阮籍各逞才性,倡导'越名教而任自然'、'非汤武
而薄周孔',遂引导了整整一代的风气。"[2]嵇康继承了老庄的"绝仁弃义"

---

[1] 戴明扬校注:《嵇康集校注》,第262—264页。

[2] 高峰、戴洪才、雷海燕:《魏晋玄学十日谈》,第14页。

的思想，认为"名教"乃是"自然"破坏之后的产物，是低于"自然"甚至违背"自然"的。"自然"才是合乎大道之本性的，是天地间的最高法则，也是最真实的存在。因此，针对时人推崇名教的风尚，嵇康提出要"越名教而任自然"，反对名教对大道的分割和对人性的戕害，从而超越名教的束缚，使人的自然真心本性得以彰显。他追求的是一种源于自然的、本真的生存方式。嵇康的提法可能存在"矫枉过正"的瑕疵，但其思想的积极意义和正面价值不容抹杀。

二、《管蔡论》

《管蔡论》是嵇康写的一篇奇文。在文中，嵇康公然替历来公认的千古罪人管叔和蔡叔辩护、翻案。管叔和蔡叔都是周文王的儿子，与周武王、周公是亲兄弟。武王伐纣胜利后，二人被分封到管地和蔡地，因而得名。史书记载，周武王去世后，武王之子成王年幼，天下尚不稳定，殷商残余势力仍有卷土重来之势。于是，武王之弟周公挺身而出，践祚为天子以稳定局势。周公并非眷恋权势，此举目的是暂时管理天下，待成王长大再将天下交还给成王。原本受命监督商纣王之子武庚的管叔、蔡叔见势蠢蠢欲动，勾结武庚，发动叛乱，企图推翻周公，以取而代之。周公东征平息叛乱，诛杀武庚、管叔，流放蔡叔。按史书的讲法，管叔和蔡叔是勾结敌人、阴谋叛乱的叛国者，是只顾一己私利的小人。嵇康却不这么看，他说：

> 夫管、蔡皆服教殉义，忠诚自然，是以文父列而显之，发、旦二圣举而任之；非以情亲而相私也。乃所以崇德礼贤，济殷弊民，绥辅武庚，以兴顽俗。功业有绩，故旷世不废，名冠当时，列为藩臣。[①]

嵇康辩解道，管叔和蔡叔其实都是忠贞朴实、有德有才的善良之人，文王、武王两代君王正是看到这一点，才会重用二人。而且管、蔡二人也不

---

① 戴明扬校注：《嵇康集校注》，第 245 页。

负所托,为周王朝立下了极大的功劳。之所以后来出现所谓的"管蔡叛乱",嵇康认为其实是天大的误会:武王去世后,周公亲自践祚为天子;此时管、蔡二人在偏远的东方,与周公之间的信息交流不畅通,无法明白周公的真正心愿,而误认为周公贪恋权势,意图不轨,将加害于成王。在管、蔡二人看来,这是周王室面临的巨大危机,二人决定挺身而出,率勤王之师讨伐周公,辅佑成王。同样因为信息交流不畅,周公也误会了管、蔡二人的做法,以为他们想要趁乱打劫,勾结殷商残余势力,将不利于周王朝。因此,周公使用雷霆手段镇压了管、蔡。所以,嵇康认为管叔、蔡叔二人就这样阴差阳错地成了历史罪人,其实他们是背负了千古奇冤。当然,这不是说镇压他们的周公是坏人。只能说,这一切都是误会。嵇康还举例说,周公摄政的时候,不仅管叔、蔡叔心有猜疑,就连邵公、君奭等贤者同样对周公的举动也感到不悦。只不过周公和他们距离比较近,能够有效沟通,化解了他们的疑虑,而管叔、蔡叔距离太远,无法有效沟通,以致酿成遗憾。

嵇康写《管蔡论》并非出于对历史的兴趣。一方面,嵇康为管叔、蔡叔二人叫屈、辩解,与他本人特立独行的性格分不开。骄傲而独立的嵇康不屑于人云亦云地照搬前人的说法,于是乎,他对某些众所周知的说法非要表达出与众不同的新见解来。就这一点看,嵇康与汉代的王充有相近之处,后者在《论衡》中也时不时对一些常识性的看法提出截然不同的理解。实际上对于嵇康而言,他并不一定真的坚信管、蔡二人是被冤屈的;嵇康只是提出了一种新的可能性。在这个意义上讲,他写《管蔡论》更像是一次学术性的探讨,即先假设一种新的历史解读,然后努力论证它。另一方面,嵇康为管、蔡二人平反,是针对现实有感而发。明代学者张采说道:"周公摄政,管、蔡流言;司马执权,淮南三叛。其事正对。叔夜盛称管、蔡,所以讥切司马也。"[①]当时,司马昭已经逐渐剪除异己,大权在握,打算逼迫曹魏政权名义上的统治者高贵乡公曹髦将大位"禅让"

---

① 戴明扬校注:《嵇康集校注》引张采之言,第248页。

给他。虚伪狡诈的司马昭一向以周公自居,于是嵇康就专门写《管蔡论》来打司马昭的脸。

三、《声无哀乐论》

与正始之音的玄学家相比,竹林时期的玄学家们尽管在思想的纯度与深度上明显不及,但在艺术与文学方面却大大胜出。"竹林七贤"都是多才多艺之辈,而嵇康又是其中之冠。他长于书法,尤其精擅草书,深为后人推崇。另外,嵇康自幼喜好音乐,造诣高深;他弹奏的古琴冠绝天下,无有匹敌者。与音乐实践相对应,嵇康在音乐理论研究方面同样有着极高的成就,这主要表现在他写的《声无哀乐论》中。冯友兰先生曾评价嵇康的《声无哀乐论》"是中国美学史上讲音乐的第一篇文章"[1]。在思想史上,《声无哀乐论》同样有着重要价值。

在嵇康之前,中国古代已有悠久的乐论传统,产生了很多著名的讨论音乐的论著,如《礼记·乐记》《荀子·乐论》等专门研究乐的文章,以及《吕氏春秋》《史记》《淮南子》《说苑》《论衡》等书中有关乐论的内容。《乐》更是先秦儒家"六经"之一,地位显赫。这些乐论传统大体上都坚信音乐与政教风俗之间有着密不可分的关系,强调音乐在移风易俗、感化人心方面的教化作用。在魏晋之交的特定历史时代,"乐"相应成为儒家名教的重要组成部分,成为宣扬名教之治的载体和工具。因此,以"越名教而任自然"为价值圭臬的嵇康把批评的矛头指向传统的乐论。

在《声无哀乐论》中,嵇康借"秦客"与"东野主人"问答论辩的形式,表达了不同于传统乐论的全新音乐理论,即"声无哀乐"。文中的"秦客"代表了传统儒家的乐论立场,"东野主人"则是嵇康本人的化身。首先,"秦客"从传统儒家"治世之音安以乐,亡国之音哀以思"的乐论立场出发,质疑"东野主人"的"声无哀乐"主张。对此,"东野主人"作了大段

---

① 冯友兰:《中国哲学史新编》(中卷),第 395 页。

回应：

> 夫天地合德，万物贵生。寒暑代往，五行以成。故章为五色，发为五音。音声之作，其犹臭味在于天地之间。其善与不善，虽遭遇浊乱，其体自若，而不变也。岂以爱憎易操，哀乐改度哉？及宫商集比，声音克谐。此人心至愿，情欲之所钟。古人知情不可恣，欲不可极，因其所用，每为之节。使哀不至伤，乐不至淫。因事与名，物有其号。哭谓之哀，歌谓之乐。斯其大较也。然乐云乐云，钟鼓云乎哉？哀云哀云，哭泣云乎哉？因兹而言，玉帛非礼敬之实，歌舞非悲哀之主也。何以明之？夫殊方异俗，歌哭不同；使错而用之，或闻哭而欢，或听歌而戚。然其哀乐之情均也。今用均同之情，而发万殊之声，斯非音声之无常哉？然声音和比，感人之最深者也。劳者歌其事，乐者舞其功。夫内有悲痛之心，则激切哀言。言比成诗，声比成音。杂而咏之，聚而听之。心动于和声，情感于苦言。嗟叹未绝，而泣涕流涟矣。夫哀心藏于内，遇和声而后发；和声无象，而哀心有主。夫以有主之哀心，因乎无象之和声，其所觉悟，唯哀而已。岂复知吹万不同，而使其自己哉？[1]

音声源于自然，是天地万物运化过程的自然呈现。就像天地之间弥漫着各种气味一样，音声也是各式各样的，"口鼻之味有甘苦芬芳，音声有'善与不善'，即和谐与刺耳的差别，这些都是'物之自然'，不会因为人们的喜怒哀乐而有所变化"[2]。作为自然之物，音声本身是客观的，不会因为听者的喜怒哀乐的情绪而改变自己的本性。音声是各种音调混合在一起形成的，如果多种音调混合得比较理想，也就是顺乎自然，此时音声给听者的感觉就比较和谐而悦耳；相反，如果多种音调混合得不够理想，就会显得比较杂乱，此时音声给听者的感觉就会很刺耳。我们可以说音声给人的感受有和谐与刺耳的差别，但不能因此讲音声与人的喜怒哀乐的

---

① 戴明扬校注：《嵇康集校注》，第197—199页。
② 童强：《嵇康评传》，第387页。

情感有关。正如唱歌与哭泣，人们都说唱歌是因为喜悦，哭泣是因为悲哀。但是正如孔子说过，钟鼓和玉帛并不是礼乐的本质，而只是礼乐的外在表现形式。同样的道理，歌唱或者哭泣也并不是喜悦和悲哀等情感的本质，而只不过是一些外在表现形式罢了。而且不同的地方有不同的风俗，在有些地方，人们听到哭泣声会感到欢乐，听到歌唱声会感到哀伤。所以，同样是欢乐的情感，有时表现为歌唱，有时却表现为哭泣。悲伤的情感亦然。同理，均为哀乐之情，但表现在音声上可能千差万别，这不正好说明了某种音声与某种情感并不是固定对应的吗？

在切断了音声与哀乐情感之间的固定联系后，嵇康指出"心动于和声，情感于苦言"，人的感情之所以听到某个音声会愉悦，听到另一个音声会悲苦，并不是因为音声本身有愉悦和悲苦的差别，而是听者的内心蕴藏着喜悦或悲苦的情绪，只不过在听到某个音声时有感而发罢了。但这种有感而发不是必然的，并不是说听到某个音声就一定会喜悦，听到另一个音声就一定会悲伤。最后，嵇康借鉴《庄子·齐物论》中"天籁"的说法："天籁"就好比天地之间的气息，原本是同一的、没有声音的；它吹过大地上的万般孔窍，才会出现各种声音。这些声音所以会千差万别，其实都源于大地孔窍的差异；至于"天籁"，根本就是无声的，哪里会有什么差别！音声与情感的关系也是如此：音声本身没有喜怒哀乐的差别；真正有喜怒哀乐差别的是在不同境遇中的人；当这些人听到某个音声时，内心有所感，可能会临时产生某种情绪。因此，我们不能说音声一定对应着人的喜怒哀乐的情感，更不能把音声看作是整顿情感、移风易俗的教化工具。

通过《声无哀乐论》，嵇康深入探讨了音声的本质与功能，彰显了音声的自然色彩和客观性，并且对音声与人之情感的关系作了独到的解析。但这都不是嵇康的用意所在。嵇康创作《声无哀乐论》的主要目的，在于将音乐从道德教化的名教体系中剥离出来，还原音乐的本真面目。这样做有两个好处：其一，揭露司马氏利用音乐作为名教之治的工具，通过鼓吹音乐教化功能的方式来束缚人们思想与情感的所谓乐教的本质；

其二,让嵇康心爱的音乐能够不再被名教玷污,使音乐得以在自然、纯粹的天地中自在飞舞。

嵇康的朋友阮籍也曾著有《乐论》讨论音乐。不过,嵇康的《声无哀乐论》与阮籍的《乐论》虽有共同之处,但差异更明显。二者的共同之处在于都主张音乐出于"自然","阮籍通过音乐强调'自然'和'无欲',嵇康在文中也说'音声有自然之和,而无系于人情'"①。二者的差异表现在,嵇康的态度更激进,而阮籍则温和了很多:"嵇康通过文中的'东野主人'之口,对'秦客'所宣扬的'治世之音安以乐、亡国之音哀以思'等儒家传统学说作了系统的否定,而阮籍在文中则还在说着'乐法不修,淫声遂起'、'天下治平,万物得所,音声不哗'一类话,还在调和儒道两家的学说。"②一定程度上讲,阮籍由儒转道是不彻底的,在他的思想中,儒家的价值始终或明或暗地发挥着影响。这一方面是由于阮籍在性格上要软弱一些,另一方面也与他的文学家气质分不开。如果说在阮籍身上,是文学家的色彩重于思想家的色彩,那么嵇康就正好相反。尽管嵇康的文学造诣很深厚,但在他身上,思想家的色彩要明显浓于文学家的色彩。因此,嵇康在从儒家转向道家的路上走得更坚决、更彻底,他对儒家名教之治的抨击也格外全面和深刻。

四、《与山巨源绝交书》

正是因为反对司马氏所倡导的名教,嵇康对当权者采取了不合作的态度。他或者与竹林好友欢聚纵酒、傲啸弹琴;或者避居山阳,以锻铁为生,自得其乐。他不仅自己远离政治,而且也反对朋友出卖自我、干禄从政。他的朋友、"竹林七贤"之一的山涛(字巨源)从吏部郎的职位上升迁,向当权者司马昭推荐嵇康来继任吏部郎。山涛此举的目的,可能是要缓和嵇康与司马氏集团之间的紧张关系。作为朋友,山涛很担心嵇康处处表现出不合作,很可能会激怒司马昭,并招致不测。于是,他希望通

---

① ② 徐公持:《阮籍与嵇康》,第 37 页,上海,上海古籍出版社,1986。

过举荐嵇康担任吏部郎，让嵇康哪怕做个样子，当官不做事，也可以给司马昭一个台阶下。嵇康得知此事，写了《与山巨源绝交书》一信，公开表示与他绝交。当然，嵇康写此信，并不是说他不了解山涛的良苦用心，他也没有真的与山涛恩断义绝。这从嵇康临刑前，把幼子托付给山涛（而不是自己的哥哥嵇喜）即可看出一二。可以说，嵇康写此信，是写给司马氏看的。

在信中，嵇康首先表达了对山涛的失望：原以为山涛是他的知音，明白他无心仕途的志愿；结果山涛居然推荐他出来做官，显然山涛并不真正了解他。嵇康说："足下傍通，多可而少怪；吾直性狭中，多所不堪"①。你山涛性格圆滑机变，待人也是称赞多而批评少，你这样的人当然适合做官了；而我性格耿直，内心认死理，对很多看不惯的事情不能忍受，所以我这样的人完全不适合做官。

嵇康直言："老子、庄周，吾之师也，亲居贱职；柳下惠、东方朔，达人也，安乎卑位"②。他以老子和庄周为师，向往柳下惠和东方朔的通达；即便老子、庄周、柳下惠、东方朔这些了不起的人，也都只能担任一些低微卑贱的职务。可见，真正清高耿介的人做不了达官贵人。如果一个人的本性忍受不了某些东西，再怎么勉强他也是没有用的。

嵇康承认自己性情疏懒："头面常一月十五日不洗，不大闷痒，不能沐也。每常小便而忍不起，令胞中略转乃起耳。"③他常常半个月甚至一个月都懒得洗一次脸；除非身上痒得忍受不住了，否则懒得洗澡；睡觉时懒得去小便，直到膀胱难受得没法了才起身。嵇康又说自己"纵逸来久，情意傲散，简与礼相背，懒与慢相成"④。他一贯放纵散漫，既孤傲不合群，又简慢不守礼。加上读了《庄子》《老子》，更是加倍狂放，仕进荣华之心日减，任情率真之性日增。总之，嵇康不断强调自己既疏懒、散漫，又狂放、任情，无论哪一方面都不适合仕途。

---

① 戴明扬校注：《嵇康集校注》，第 113 页。
② 同上书，第 114 页。
③④ 同上书，第 117 页。

嵇康还将自己与阮籍作了对比:阮籍言语谨慎,"口不论人过"①,这一点自己虽然羡慕,却也无法做到;阮籍天资聪颖,这一点自己比不了,反而有简慢的毛病;阮籍尽管被礼法之士仇视,但备受大将军司马昭的庇护,这一点自己同样比不了。此外,自己还有很多缺点,如不通人情世故,不懂权宜机变,说话总是无所顾忌。自己有这么多毛病,万一真的当官,就会不断犯差错、得罪人,恐怕难以善终。

接下来,嵇康详细罗列了自己"有必不堪者七,甚不可者二":

> 卧喜晚起,而当关呼之不置,一不堪也;抱琴行吟,弋钓草野,而吏卒守之,不得妄动,二不堪也;危坐一时,痹不得摇,性复多虱,把搔无已,而当裹以章服,揖拜上官,三不堪也;素不便书,又不喜作书,而人间多事,堆案盈机,不相酬答,则犯教伤义,欲自勉强,则不能久,四不堪也;不喜吊丧,而人道以此为重,已为未见恕者所怨,至欲见中伤者,虽瞿然自责,然性不可化,欲降心顺俗,则诡故不情,亦终不能获无咎无誉,如此,五不堪也;不喜俗人,而当与之共事,或宾客盈坐,鸣声聒耳,嚣尘臭处,千变百伎,在人目前,六不堪也;心不耐烦,而官事鞅掌,机务缠其心,世故烦其虑,七不堪也。又每非汤、武而薄周、孔,在人间不止,此事会显,世教所不容,此甚不可一也;刚肠疾恶,轻肆直言,遇事便发,此甚不可二也。以促中小心之性,统此九患,不有外难,当有内病,宁可久处人间邪?②

前面几条还说得委婉一点,只说自己懒惰、散漫、狂放不羁、不愿费神理事,故不便于做官。但越到后面,嵇康说的理由就越尖锐。如不耐烦伪饰俗礼,不喜欢名教俗人,不愿意俗事缠身。尤其是"二不可":"每非汤、武而薄周、孔","刚肠疾恶,轻肆直言,遇事便发"。前者离经叛道,后者易遭嫉恨,两者都不见容于世。

嵇康在信中对自我作了十分清醒的剖析,他明白自己的很多言行举

---

① 戴明扬校注:《嵇康集校注》,第118页。
② 同上书,第119—123页。

止十分犯忌讳,容易招致祸患。信中,他也说到希望自己能够"离事自全,以保余年",有机会"守陋巷,教养子孙,时与亲旧叙阔,陈说平生,浊酒一杯,弹琴一曲"①,以终其一生。但无论嵇康怎样担心,他从没有想过要彻底改变自己,让自己去适应虚伪、庸俗的现实社会。因为与生命相比,嵇康更看重自由旷达的本性。他反复申言"性有所不堪,真不可强","循性而动","夫人之相知,贵识其天性,因而济之"。"性"就是独立的意志、高贵的人格;倘若一定要违逆本性而苟活,毋宁死!在这一点上,唐翼明先生可谓是嵇康的知音。他说:"颜之推在《颜氏家训·养生》里说嵇康注意养生,却因为恃才傲物而丧失了自己的生命,其实这是完全不理解嵇康。在嵇康看来生命是可贵的,所以要养生,但是独立的意志和人格比生命更重要。如果丧失了独立的意志和人格,养生只是养了一个没有灵魂的躯壳,就算能够长寿又有什么意义?跟一棵树、一块石头有什么区别呢?"②正因为如此,《晋书·嵇康传》在概述《与山巨源绝交书》的内容后,评价道:"此书既行,知其不可羁屈也!"的确,一个能够写出此信的高洁的灵魂,又岂是名利富贵、生死得失所能羁縻束缚得了的!

在《与山巨源绝交书》中,嵇康用了一些略带自我贬损意味的描述,这何尝又不是一种自傲?徐公持指出,嵇康故意不修边幅,常常半个月甚至一个月不洗头脸,身上长了虱子,在公众场合也毫无顾忌地捉虱子,此外还以锻铁为乐。嵇康的这些表现,"实质上就是以土木形骸的方式,来表示他们超脱俗情、藐视功名的心志"③。同样,信中嵇康的那些疏懒、散漫的做法,正好反衬出名教的庸俗、肤浅和虚伪。在信中,嵇康倡言不愿从政的原因有"必不堪者七,甚不可者二",表面上似乎是解释自己在生活习惯和性格喜好上与政治的不相谐之处,实质上则是巧妙地表达了他对当时的礼教和政治的嘲讽与厌恶。尤其是他提出"非汤武而薄周孔"的大胆主张,矛头所向,直指名教的核心和司马氏的统治。

---

① 戴明扬校注:《嵇康集校注》,第126—127页。
② 唐翼明:《中华的另一种可能性:魏晋风流》,第30—31页。
③ 徐公持:《阮籍与嵇康》,第10页。

正因为如此，嵇康一直深为司马氏所忌。尽管他自言志向不过是"守陋巷，教养子孙，时与亲旧叙阔，陈说平生。浊酒一杯，弹琴一曲，志愿毕矣"，但就是这么简单的愿望对他来说也成了奢望。可以说，他的思想和性格决定了他的悲剧性命运。

五、嵇康之死

分析嵇康思想的儒道性质是件很难的事情。他的言行带给人们的印象是：深受庄子影响，同时喜好道教的养生之术，因此对儒家的价值不屑一顾。据《晋书·嵇康传》记载，嵇康曾经追随道士孙登修行，也曾获得道士王烈的帮助。在《养生论》中，嵇康这样表述自己的养生主张："故修性以保神，安心以全身，爱憎不栖于情，忧喜不留于意，泊然无感，而体气和平，又呼吸吐纳，服食养身，使形神相亲，表里俱济也。"[1]他的养生观延续了其在《声无哀乐论》中反复强调的"喜怒哀乐与音声脱离"的立场，发展为"喜怒哀乐不系于心、不伤其性"的道家冲淡思想，与王弼的"圣人有情而无累"学说有一定的相似性。他在《幽愤诗》中有类似的表述："采薇山阿，散发岩岫，永啸长吟，颐神养寿。"[2]总体看，嵇康的养生主张深受道家学说影响，向往自然、淡泊的生活方式。他"性绝巧而好锻"，宁可锻铁为乐，也不愿意委屈自己出仕做官。

但是，同样在《晋书·嵇康传》中，也说到道士孙登评价嵇康"君性烈而才隽，其能免乎"，嵇康性格刚烈而才华横溢，恐怕很难在复杂的社会中幸免于难。嵇康与道士王烈之间的故事则具有神话色彩：王烈曾经得到养生的天材地宝石髓，这份珍贵的石髓是液态的；王烈服食了一半，将剩余的一半让给嵇康服用。但是嵇康一接过来，剩下的这一半液态石髓竟然顿时变成坚硬的石头，无法服食。王烈于是感叹说："叔夜志趣非常而辄不遇，命也！"嵇康的志向旨趣高远异常，欲超脱俗世却屡屡失败，这

---

[1] 戴明扬校注：《嵇康集校注》，第146页。
[2]《晋书》卷四十九《嵇康传》。

都是命啊！孙登和王烈都提到嵇康的个性耿介、志趣脱俗，均不利于修道养生。嵇康也自述"刚肠疾恶，轻肆直言"，可见嵇康是一个外冷内热的人，他的个性刚烈，疾恶如仇，无法忍受庸俗的、异化的礼法名教。其实，嵇康批评的并非是礼法名教本身，他批评的矛头指向的是被扭曲、异化后的礼法名教，是违逆自然的名教。鲁迅先生在《魏晋风度及文章与药及酒之关系》一文中也说过：

> 例如嵇阮的罪名，一向说他们毁坏礼教。但据我个人的意见，这判断是错的。魏晋时代，崇奉礼教的看来似乎很不错，而实在是毁坏礼教，不信礼教的。表面上毁坏礼教者，实则倒是承认礼教，太相信礼教。因为魏晋时代所谓崇奉礼教，是用以自利，那崇奉也不过偶然崇奉，如曹操杀孔融，司马懿杀嵇康，都是因为他们和不孝有关，但实在曹操司马懿何尝是著名的孝子，不过将这个名义，加罪于反对自己的人罢了。于是老实人以为如此利用，亵渎了礼教，不平之极，无计可施，激而变成不谈礼教，不信礼教，甚至于反对礼教。但其实不过是态度，至于他们的本心，恐怕倒是相信礼教，当作宝贝，比曹操司马懿们要迂执得多。①

鲁迅先生认为，表面上嵇康、阮籍对礼教猛烈抨击，实际上他们比一般人更加相信礼教、尊重礼教。他们的批评针对的是当时那些歪曲、利用礼教来为自己谋私利的虚伪的当权者；这些人亵渎了礼教，使礼教蒙羞。嵇康、阮籍等人正是要通过"抨击异化后的礼教"这一极端方式，来恢复礼法名教的本来面目。唐翼明也认为："嵇康表面是道家的信徒，其实是儒家思想的真正信奉者。"②嵇康宁可牺牲生命，也不愿意背叛自己的精神、意志、人格，"其实这正是儒家的真精神"，和孔孟的"三军可夺帅也，匹夫不可夺志也""无求生以害仁，有杀身以成仁""富贵不能淫，贫贱不能移，威武不能屈，此之谓大丈夫"的精神完全一致。相反，"打着儒家旗

---

① 鲁迅：《魏晋风度及文章与药及酒之关系》，《而已集》，北京，人民文学出版社，1927。
② 唐翼明：《中华的另一种可能性：魏晋风流》，第31页。

号的司马氏倒是真正糟蹋儒家精神的",嵇康借批评儒家名教的方式来打击司马氏歪曲名教、糟蹋儒家的虚伪做法,目的恰恰是为了保护儒家的真精神,让礼法名教重新出于自然、合于自然。

或许正是在儒道立场上的这种模糊、矛盾的态度,令嵇康比阮籍更难说服自己、适应社会。尽管嵇康很羡慕阮籍的谨慎、小心,也努力做到喜怒不形于色,"竹林七贤"之一的王戎曾说过,"与康居山阳二十年,未尝见其喜愠之色"(《世说新语·德行》)。但是,嵇康不是阮籍,他无法学习阮籍借酒佯狂的"潇洒"。对嵇康来说,即使闭上眼睛,即使沉醉酣睡,世间的不平之事依旧会存在。徐公持对阮籍、嵇康二人毁弃礼法的言行做了独到的对比研究,观点颇令人耳目一新。他将"礼法"一词中的"礼"与"法"作了区分,前者属于细枝末节的形式,后者才是名教之治的根基。他指出,尽管阮籍对礼法之徒嬉笑怒骂,"但他在多数场合所大加攻击的,还是'礼法'中的'人伦有礼'部分。他不遗余力地揭露的,主要是'礼法之士'们的'欺'、'诳'、'伪'、'诡'等品行,是他们的'姿态',至于对'朝廷有法'问题,他虽也有触及,但态度谨慎得多,写得既抽象又隐晦,远没有那样尖锐、泼辣而具有锋芒"[1]。而嵇康则不同。尽管嵇康抨击礼法的次数要少一些,语气、态度也更冷静一些,但是嵇康批评得更多的是"朝廷有法"的部分,"政治色彩却很强,带有更加严重的性质"[2]。正是由于这种区别,当权的司马氏对阮籍还能够容忍,但却把嵇康视作心腹之患,断断无法容忍。

钟会在嵇康之死中扮演了一个不光彩的角色。钟会是南阳太守钟繇之子,也是当时的名士,精擅才性之辨。钟会早期曾非常崇拜嵇康,在完成了《四本论》后,悄悄将此文投掷到嵇康家的门窗外,希望能够得到心中偶像的指点和赏识。但是,钟会贪慕富贵、不择手段,主动投靠司马氏集团,位高权重,春风得意。据《晋书·嵇康传》记载:

> 初,康居贫,尝与向秀共锻于大树之下,以自赡给。颍川钟会,

---

① 徐公持:《阮籍与嵇康》,第30页。
② 同上书,第29页。

贵公子也,精练有才辩,故往造焉。康不为之礼,而锻不辍。良久会去,康谓曰:"何所闻而来? 何所见而去?"会曰:"闻所闻而来,见所见而去。"会以此憾之。①

钟会轻裘肥马,宾从如云,来到山阳寻访嵇康,一方面欲借以自重,另一方面未尝不是要挽回青年时在嵇康面前的自卑失态。奈何嵇康完全不配合,对钟会一行不理不睬,视若无人,继续打铁,弄得钟会大失颜面。钟会等人悻悻然欲去之际,嵇康突然发语问道:"何所闻而来? 何所见而去?"钟会也算机灵,回答道:"闻所闻而来,见所见而去!"遂含恨离去。

从某种意义上讲,钟会是一个分裂的人。钟会自幼受到系统严格的儒学训练,熟稔儒家的礼义德性,但是他的一生却在不断追求名利,甚至不惜背信弃义。在贪慕名利的同时,钟会又对"名士"的身份割舍不下。他曾经参与玄学的创立活动,对才性问题有过独到的思考;他还多次对夏侯玄、嵇康等孤傲的名士表现出推崇、羡慕之意,希望能与其结交,一方面固然是想抬高自己的学术声誉,另一方面未尝不是抚慰自己半途而废的"名士"之梦。

钟会是一个内心敏感而自卑的人。因为他太聪明了,聪明到总是找寻成功的捷径,而不下苦功夫覃研精思;但同样是由于他的聪明,使他清醒地意识到,自己永远比不上王弼、夏侯玄、嵇康这样天资卓越而又性情孤傲的真正名士。所以,钟会的心态发生了扭曲:既然我在学术上比不上你们,就要在权势上压倒你们。不过,当他发现即便自己拥有了巨大的权势,仍然被夏侯玄、嵇康等人不屑一顾时,他选择了将其毁灭。

钟会揣摩主子司马昭的心意,借机陷害嵇康,对司马昭进言道:"嵇康,卧龙也,不可起。公无忧天下,顾以康为虑耳。……康欲助毋丘俭,赖山涛不听。昔齐戮华士,鲁诛少正卯,诚以害时乱教,故圣贤去之。康、安等言论放荡,非毁典谟,帝王者所不宜容。宜因衅除之,以淳风

---

① 《晋书》卷四十九《嵇康传》。

俗。"①钟会又上疏说嵇康"上不臣天子,下不事王侯,轻时傲世,不为物用,无益于今,有败于俗。……今不诛康,无以清洁王道"②。这些话正中司马昭下怀。于是他们狼狈为奸,利用嵇康朋友吕安的子虚乌有的"罪名",设置圈套陷害嵇康。嵇康未能看清世道险恶,一如既往仗义执言,写了《与吕长悌绝交书》,与吕安的哥哥吕巽③彻底决裂,并表达了对司马氏混淆黑白的愤慨与鄙视。司马昭怒火中烧,下令逮捕并处死嵇康。对嵇康之死,史书中有一段详细的描述:

> 康将刑东市,太学生三千人请以为师,弗许。康顾视日影,索琴弹之,曰:"昔袁孝尼尝从吾学广陵散,吾每靳固之,广陵散于今绝矣!"时年四十。海内之士,莫不痛之。帝寻悟而恨焉。初,康尝游于洛西,暮宿华阳亭,引琴而弹。夜分,忽有客诣之,称是古人,与康共谈音律,辞致清辩,因索琴弹之,而为广陵散,声调绝伦,遂以授康,仍誓不传人,亦不言其姓字。④

当时三千太学生齐拜嵇康为师,请求赦免嵇康。司马昭不许。临刑前,嵇康神色自若,让人拿来古琴,在刑场上弹奏《广陵散》一曲。曲罢掷琴,仰天长叹:"广陵散于绝矣!"从容赴死,时年四十岁。嵇康之死是一个哲学家的死亡。嵇康用他的生命和死亡体证了魏晋玄学的真精神,也是以另一种方式对"自然"与"名教"的关系作出了解答。

曾有学者指出"竹林双璧"阮籍、嵇康的区别:阮籍是以放荡取胜,而嵇康是以旷达取胜。无论是放荡,还是旷达,以阮籍、嵇康为代表的竹林名士们用率真自然、特立独行的思想言行对魏晋玄学作出了新的阐释,丰富了玄学的形式与内涵,并且为中国思想史、美学史、文学史留下了宝贵的财富。

---

① ④《晋书》卷四十九《嵇康传》。
②《世说新语·雅量》刘孝标注引《文士传》。
③ 按:此人禽兽不如,先是淫辱弟媳,后恶人先告状,诬陷弟弟吕安不孝。

第五章　元康玄学

　　随着公元 263 年嵇康、阮籍相继离世,竹林玄学落下帷幕。魏晋玄学逐渐进入到西晋玄学阶段。有学者提出应将西晋时期的玄学称作"中朝玄学",但更多学者主张将西晋时期的玄学称作"元康玄学"。

　　"中朝玄学"提法的根据是《文心雕龙·时序》篇中"自中朝贵玄,江左称盛"一说。其中"江左"指的是东晋时期;与此相对,"中朝"则说的是西晋时期。由此,一些学者主张将竹林玄学结束至江左(东晋)玄学之间的这一时期的玄学进程称作"中朝玄学":"历史上的中朝,指惠帝在位的西晋中后期,时间上约 20 年光景。这期间,曾一度沉寂的玄学重新活跃,掀起一股席卷士林的清谈之风。"①

　　"元康"是西晋晋惠帝司马衷的年号,起于公元 291 年,终于公元 299 年,一共九年。"元康玄学"这一提法,源于这一时期集中出现了一些最有代表性的新的玄学成果:"西晋玄学发展当然不限于这十年,之所以以元康来命名西晋玄学,是因为玄学在这一时期出现了新的思想高潮。"②与正始时期(一共十年)惊人相似,西晋元康年间,裴頠、郭象等玄学家先

---

① 徐斌:《魏晋玄学新论》,第 233 页。
② 张齐明:《玄学史话》,第 77 页,北京,社会科学文献出版社,2012。

后提出了自己的玄学主张,掀起了魏晋玄学的新高潮。

本书取"元康玄学"之说,认为元康年间的玄学成就可以代表整个西晋玄学的最高水平。这一时期的代表人物分别是裴颜和向秀、郭象。前者从玄学内部修正了"贵无论"的偏差,提出了"崇有"哲学;后两者则主要通过对《庄子》文本的解读,将魏晋玄学发展出一个新的维度。

第一节　西晋时期的清谈与思想变化[①]

西晋起于公元 266 年,终于公元 316 年,延续了半个世纪。元康阶段(291—299)居于西晋的中后段。欲全面了解元康玄学发生、发展的缘由,有必要对西晋时期社会文化思想的变化做一番梳理。

一、西晋清谈之变

"清谈"曾是正始之音得以响彻云霄的重要载体和平台。但是,在稍后的竹林玄学时期,司马氏在政治上实际掌握大权,在文化思想上采取高压政策,向一些同情曹魏的名士大肆挥舞屠刀。在这种敏感背景下,"清谈"之风几乎偃旗息鼓,名士们更多是借助会饮、啸聚或者著书、立说等方式展示各自的玄学风采。

到了西晋时期,司马氏已经完成了形式上的禅代,直接登上王位。因此,从当政的司马氏角度来说,形势已明朗、稳定,不需要像此前那样敏感防范;从士人的角度来说,嵇康被杀表明曹魏的大势已去,无论怎么不喜欢司马氏,都不得不承认西晋王朝的确立已势不可挡。如此一来,双方之间的紧张关系反而大为缓解。"清谈"便是在这样的时代背景下重新兴起,并很快席卷整个士林。

徐斌对西晋(他称作中朝)时期的清谈作了深入细致的研究。他指出:"清谈成为中朝士风的象征,其规模和现实影响都超过了正始玄谈。

[①] 本节主要参考了徐斌《魏晋玄学新论》一书的有关内容。

名称沿用了正始的叫法,形式依然是聚而论道,不过再也看不到正始清谈为学术而学术,追根问底的辩难气氛,以及无所顾忌的批判精神和'究天人之际'的超越胸怀。中朝清谈,也围绕着某些玄学品题展开,但学术目标总不明确,给人的感觉是'醉翁之意不在酒',清谈成为他们慰藉心灵的一种'精神会餐',并非真有'道'要问,'惑'需解。"①西晋时期的清谈与正始玄谈"小"同"大"异,相同的方面主要是一些外在的形式;不同的方面要更为根本,如学术目的、论辩氛围,特别是独立思考的传统和批判的精神,在这些方面,西晋清谈都要远远逊色于正始清谈。"在中朝清谈中,正始玄学那种独立求真,创新超越,激烈批评的学术精神不复存在,代之以为调和名教与自然而出现的迎合、温顺并带有娱乐色彩的学术风格。"②

据《世说新语·文学》篇记载,"竹林七贤"之一阮咸的侄儿阮修是西晋时期清谈的高手。一次清谈活动中,太尉王戎("竹林七贤"之一)问了阮修一个问题:"老庄道家与孔子儒家究竟是同还是异?"这是一个贯穿整个魏晋玄学的重要问题,复杂而微妙,不容易回应。结果阮修用三个字来回答:"将无同。"意思是"大概没什么不同吧!"即道家思想和儒家思想在最根本的层面上是一致的。王戎认为阮修这三个字的答案精彩绝伦,大为赞赏,于是就举荐阮修做了掾吏。于是时人称阮修为"三语掾"。同时期的名士卫玠听罢,嘲笑说:"其实只用一个字就可以被举荐,何必要三个字呢?"阮修不卑不亢地回应:"如果是天下仰慕的人,即便无一字也可举荐,又何必非要一个字呢!"卫玠听了,深为折服,两人遂成为知交好友。这场清谈听上去玄奥别致,颇有后世禅宗以言遣言的顿悟色彩;但是,与正始之音的清谈相比,则明显流于形式,在思想内容上则有些空洞无物。

在西晋时期,清谈逐渐超出玄学家辩难的场面,进而演化成当时名

① 徐斌:《魏晋玄学新论》,第 240 页。
② 同上书,第 235 页。

士大族社会交往的重要方式，成为高门士族炫耀其文化优势的一种手段。《世说新语·文学》篇记载：西晋名门望族王衍将第四个女儿嫁给名士裴遐为妻。婚后不久，王衍便邀请了当时很多著名的名士到家中，展开了一场高规格的清谈活动。因注释《庄子》而声名鹊起的玄学大家郭象也应邀前来。清谈活动由郭象挑起话题，主要在郭象与裴遐之间进行。郭象在开始阶段还占据着部分优势，但裴遐好整以暇，辨名析理，引人入胜，渐渐把劣势扳了回来，甚至慢慢占据上风。王衍十分得意，开玩笑说："要不就到这里结束吧！否则，你们都会被我的女婿驳倒的！"其实，这场清谈只不过是王衍主导的一次娱乐社交活动，主要用意在于帮新女婿裴遐营造名声。郭象对此心知肚明，为了讨好王衍，甘愿做绿叶来陪衬裴遐，从而满足王家的虚荣心。可见，这样的清谈活动几乎没有任何严肃性，讨论的内容已经没有人在意了。所以，西晋玄学尽管还是崇尚清谈，但是此时清谈的"研究之风淡化，致使其学术成就平平"[①]。

二、西晋思想氛围与学术精神之变

西晋清谈所表现出的形式化、娱乐化、空泛化等特点，源于西晋时期思想氛围与学术精神的转变。西晋时期社会各个方面都发生了重大的变化，"统治思想方面，名教成为独尊的正统思想；政治方面，魏国灭蜀汉、平孙吴，使多年的分裂局面归于统一。司马氏正式取曹立晋，紧张的政治斗争宣告结束。然而时隔不久又政局失序，司马氏内部的争斗尖锐起来，统治危机再度出现；经济方面，庄园经济迅速扩张，世族阶层力量随之进一步膨胀……这是一个解决了许多明显矛盾同时又种下了更深层次矛盾的时代。当新的矛盾逐步浮出水面时，士人们仍试图通过思想关怀、社会关怀和人格关怀找到化解矛盾和慰藉心灵的路径和载体，玄学思潮由之重新抬头，风靡士林"[②]。

---

①② 徐斌：《魏晋玄学新论》，第 234 页。

徐斌通过向秀的个案,展示了西晋士人生存处境的变化。他指出,向秀在屈服于晋文帝司马昭时所说的"巢许狷介之士,不足多慕"这句话,"显示士人独立精神,认真于'越名教而任自然'是行不通的。'高平陵之变'表明其在体制内行不通,嵇康受诛则宣告它在体制外也难以生存。士人的路只有一条,归顺体制,在名教旗号下讨生活"①。司马氏掌握政权后,高标名教,顺之者昌、逆之者亡,名教成为士人无法逃脱的牢笼。向秀屈从于名教,"意味着汉末以来那种以真诚追寻真善美相统一为底蕴,以批判名教,张扬个性自觉,思想自由为主要内容的新思潮精神趋于瓦解,全面体现这一精神的正始玄学从此划上句号"②。正始之音之所以可贵,在于其纯粹;竹林玄学之所以动人,在于其真诚。而进入西晋后,纯粹的学术活动、真诚的思想探索均已成为奢望,个性和自由变成危险的代名词。为了苟活于乱世,名士们只得放下个性、埋葬自由,老老实实地论证名教的正确性。"西晋时期,从某些局部看,玄学还有延续和发展,但在总体上,正始之音的精神实质开始经历被淡化、同化、异化和分化的命运。对于汉末魏晋新思潮来说,算是它退出历史舞台过程中的余音和尾声。"③

"名教"与"自然"的关系仍是西晋玄学讨论的主题之一。但是,不同于嵇康、阮籍"越名教而任自然"、以自然来批评异化的名教,也不同于王弼"名教本于自然"、强调自然对名教的指导作用,西晋时期的玄学家们做得最多的是"调和名教与自然",尤其是为名教论证,帮名教"找到"自然的根据,"其主题转换为名教、自然调和为一,各有所用,名教主宰社会秩序,引导入世行为,自然调节生活情趣,培育出世心境。……理论上是把所有的矛盾全部统一于'内放其身而外冥于物'之中,实际是割裂了真善美的统一。中朝玄学与正始玄学,不光背景不同,心态不同,内容不同,连所追求的目标也显示出差异。这中间最根本的区别,即中朝玄学

---

① ② ③ 徐斌:《魏晋玄学新论》,第 233 页。

是一次专制体制内的思潮涌动。它是名士群体在没有思想出路情况下一次并不认真的体制化生存现象,其慰藉心灵的意义远远大于'弘道济世'的追求"①。

总之,相较于此前的正始之音和竹林玄学,西晋玄学的思想氛围和学术精神都发生了很大的变化。这种变化主要是倒退式的、萎缩式的。在这样的时代背景下,元康玄学诞生出来了。元康玄学在整体的思维格局与学术精神方面,实要逊色于前两个阶段。裴頠、向秀、郭象等人的确有很多精彩的理论创新,但这些创新更多是在思想的细节方面,因此精巧别致有余,大中至正不足。

第二节　裴頠的《崇有论》

裴頠(267—300),字逸民,河东闻喜(今山西绛县)人,西晋时期思想家。其父为魏晋著名学者裴秀。裴頠自幼发奋读书,闻名于世,博学儒雅,有远见卓识。当时的御史中丞周弼评价裴頠:"頠若武库,五兵纵横,一时之杰也。"②称赞他博学多才,是一时之英杰;见到他就像走进兵器库,里面陈列着各般兵器,应有尽有。裴頠擅长清谈,据《晋书·裴秀传》记载:"乐广尝与頠清言,欲以理服之,而頠辞论丰博,广笑而不言。时人谓頠为言谈之林薮。"③"林"的本义是树木茂密的丛林,"薮"的本义是水草丰泽的湖泽;"言谈之林薮"是形容裴頠语辞宏丰、论说无碍,有着极高的清谈技巧。裴頠曾历任要职,为官清正,治政有方。西晋外戚贾充是裴頠的姨丈,贾充之女贾南风是晋惠帝司马衷的皇后。贾南风生性多妒,擅权而欲乱政。裴頠刚正不徇私情,先是恳请姨母(贾南风之母)多多管束女儿,后来更是与朝臣商议要废黜贾南风。尽管裴頠亦属外戚,但由于他深明大义、执礼有节、"雅望素隆",所以当时人们都唯恐裴頠不

① 徐斌:《魏晋玄学新论》,第 234 页。
② 《晋书》卷三十五《裴頠传》。
③ 《晋书》卷三十五《裴秀传》。

能身居高位,因为只有裴頠才能抑制权奸、匡正朝政。赵王司马伦奴颜婢膝,谄媚讨好贾南风;裴頠对司马伦颇为不屑,多次反对司马伦的逾礼之举,深遭司马伦怨恨。后来司马伦发动叛乱,裴頠遭司马伦杀害,年仅三十三岁。

一、综合儒道

在竹林玄学时期,由于所处的时代条件发生了急剧变化,以阮籍、嵇康为代表的竹林玄学家们在名教与自然的关系问题上,采取了比何晏、王弼等人更加激进的学术立场,表现出援引道家(尤其是庄子)思想来反思与批判儒家名教的思想倾向。正如前文所述,嵇康等提出"越名教而任自然"的激进主张的目的并不是要彻底否定名教、颠覆儒家,而是谴责将名教庸俗化、功利化的异化现象,从而将名教重新纳于自然的轨范之下。不过,由于阮籍、嵇康等人采取了矫枉过正的极端化形式,对现实名教进行不遗余力地冷嘲热讽,锋芒甚至旁及唐尧、大禹、汤武、周孔,显然会伤害儒家的权威性。加上阮籍、嵇康等人在精神上更亲近庄子,必然会继承庄子思想的解构色彩,从形式到内容对儒家名教都造成了冲击。

竹林时期的阮籍、嵇康等玄学家们都是清高自傲之人,或多或少有着精神洁癖;因此,他们批评儒家、质疑名教时表现出来的更多是"世人皆浊我独醒"式的狂放与任情。但是,进入西晋时期之后,名士们关怀现实、安邦济世的经世理想实际已经破灭,越来越多的名士陷入精神的迷茫之中,逐渐丧失了精气神。有的名士彻底抛弃理想性,随波逐流,趋附司马氏,成为现实政权的附庸;还有一些名士完全歪曲了何、王的"贵无论"和阮、嵇的"越名教而任自然",将孤傲的狂放任情变为庸俗的任情纵欲。一些名士以"贵无自然"为标榜,将"贵无"思想作庸俗化的理解,以为非礼毁法就是自然,于是裸体、纵酒、放荡、服食,无所不为。此类现象越来越频繁,而且上行下效,严重地败坏了社会风气,造成恶劣的社会影响。

裴頠正是有感于这种社会乱象,才创作了《崇有论》。据《晋书·裴頠传》记载：

> 颁深患时俗放荡，不尊儒术，何晏、阮籍素有高名于世，口谈浮虚，不遵礼法，尸禄耽宠，仕不事事；至王衍之徒，声誉太盛，位高势重，不以物务自婴，遂相放效，风教陵迟，乃著崇有之论，以释其蔽。①

裴颁有着非常强烈的现实关怀。他十分担忧时人"而忽容止之表，渎弃长幼之序，混漫贵贱之级。其甚者至于裸裎，言笑忘宜，以不惜为弘，士行又亏矣"②的荒唐做派。不过，作为一位思想家，裴颁在谴责当时毁弃礼法、败坏风气的错误行为之后，更深入思考了出现这些社会乱象的根源。在他看来，这些人之所以能够如此明目张胆、肆无忌惮地放纵、堕落，而不以为耻，就是因为他们信奉"贵无论"："察夫偏质有弊，而睹简损之善，遂阐贵无之议，而建贱有之论。贱有则必外形，外形则必遗制，遗制则必忽防，忽防则必忘礼。礼制弗存，则无以为政矣。"③"贵无论"的提出固然有其合理的一面，但是，畅言"贵无"也将导致"外形"（放浪形骸）、"遗制"（不尊刑制）、"忽防"（混淆尊卑、长幼、贵贱、男女之别）、"忘礼"（背弃礼法）等一系列恶果，将名教彻底边缘化、虚无化，甚至解构。而最终社会政治也会因此而崩溃。

与阮、嵇相反，裴颁坚信名教仍是社会赖以有序运行的必不可少的保障，尤其是在秩序混乱的状况下，名教更为社会所急需。从这个意义上讲，裴颁的价值关切体现出强烈的儒家经世情怀。他十分重视儒家典籍和礼乐的作用，《晋书·裴颁传》云："时天下暂宁，颁奏修国学，刻石写经。皇太子既讲，释奠祀孔子，饮飨射侯，甚有仪序。又令荀藩终父勋之志。铸钟凿磬，以备郊庙朝享礼乐。"④他奏请朝廷重修太学、勒石刻经、祭祀孔子，完善儒家经典的规范与仪则，恢复儒家的权威与尊荣；同时发挥儒家在礼乐仪式方面的优势，赢得统治者的支持。他希望借助儒家的

---

①②③④《晋书》卷三十五《裴颁传》。

精神与形式来彰显名教的价值,移风易俗,自上而下地纠正当时败坏的社会风气。

不过,是否可以由此得出这样的结论:裴頠的"崇有论"在根本上是反道家的,是一种非玄学的主张,即站在玄学之外来反思与批判玄学?恐怕不行。关于裴頠思想的儒道性质,唐长孺先生有着非常精彩的分析,他认为,尽管裴頠倡导尊崇儒家礼制、恢复名教来救治社会风气败坏与道德沦丧的现实危机,但并不能因此判定裴頠就属于儒家;裴頠关注的核心论题仍然是"有无之辨",其思想仍是玄学内部的某种发展,而非反玄学的。裴頠也没有真正排斥道家,他反对的是将道家思想偏激化;在对待儒道两家的问题上,裴頠仍主张兼容儒道、综合儒道,与王弼等人并没有本质区别。[①] 唐先生的结论是合理的,裴頠批评道家的目的是检讨"贵无论"的理论弊端;他批评的其实是阮、嵇等人的极端化的反名教学说。

二、《崇有论》

何晏、王弼的"贵无论"主张"以无释道""以无为本",认为"无"是道的本性,是世界万物的本原;"有"都是从"无"中产生出来的。裴頠不赞同"贵无论"的看法,他说:"夫总混群本,宗极之道也。方以族异,庶类之品也。形象著分,有生之体也。化感错综,理迹之原也。"[②]裴頠的致思取向偏重于经验。从经验来看,世界上只存在那些在形状、颜色、重量、气味等属性上千差万别的具体事物。换言之,一切可以被经验到的存在者都是有具体规定性的;就经验而言,不存在没有任何规定性的抽象的事物。裴頠将这一经验的结论推到了极致,主张世间具体的万有的总和就是"宗极之道";那种认为在具体万有之上还存在一个没有具体规定性的、抽象的本体的观点是荒谬的、无法理解的。在裴頠看来,"除了个别

---

① 参见唐长孺《魏晋南北朝隋唐史三论——中国封建社会的形成和前期的变化》,第 77 页。
②《晋书》卷三十五《裴頠传》。

就没有全体,除了特殊就没有一般,决没有一个生有之无,未分之全"①。因此,在"有"和"无"的关系上,裴頠坚信世界的本原只能是"有",万物都生于"有",甚至"无"也是从"有"而来。他说:

> 夫至无者无以能生;故始生者自生也。自生而必体有,则有遗而生亏矣。生以有为已分,则虚无是有之所谓遗者。……由此而观,济有者皆有也,虚无奚益于已有之群生矣。②

首先,从发生的角度看,"无"既然是"无",就应该是没有任何内容,也没有任何规定性的。这种没有任何规定性的"无"理所当然地不可能产生任何有规定性的东西("有")。而从"有"之存在的角度看,"有"都是有着具体内容、具体属性、具体规定性的,很难想象这些千差万别的"有"是从一个无具体规定性的、抽象的"无"中产生出来。

那么,有规定性的东西("有")是怎么产生的呢?裴頠特意提出了"自生"的观念:这些有规定性的东西其实都是"自生"的!不过,裴頠并没有详细说明"自生"的涵义。如何理解"自生"?康中乾注意到裴頠提出的"资"的观念,认为这是理解裴頠"自生"思想的关键。裴頠说:"夫品而为族,则所禀者偏,偏无自足,故凭乎外资。是以生而可寻,所谓理也。理之所体,所谓有也。有之所须,所谓资也。"③康中乾认为,"资"的提法表明裴頠已经意识到了各个具体的"有"在"质性"上都是"偏"而不是"全":

> 世上的众有有不同的族类、种类;众有有不同之族类,这也表明众有之每一有都是有区别的和不同的。每一有为何会有区别和不同?是因为每一有都有自己的质性。既然是质性,那么每一有就有一种或一个质性,不会也不可能同时会具有各种质性或一切质性;所以,有质性的每个有在本性上就都是"偏"的。既然每个有在本性

---

① 唐长孺:《魏晋南北朝隋唐史三论——中国封建社会的形成和前期的变化》,第78页。
②③《晋书》卷三十五《裴頠传》。

上有"偏",这个"偏"就是固有的,也是每一有自己难以自我满足的,这就要"凭乎外资",即一有总要凭借他有来满足自己的"偏",以之而存在着。显然,这个"资"非常重要,它就是一有和他有的每一有得以存在的前提条件。①

每一个具体的"有"在质性上都与其他的"有"存在差别,换言之,它的"质性"是具体的、特殊的。不存在这样的"有",即它的质性是一般的、普遍的,可以兼容任何其他的"有"而不冲突。任何具体的"有"在"质性"上只可能是"偏"的,而非"全"的。就某个具体的"有"而言,自身的"偏"的"质性"导致它无法仅仅凭借自身就能自我存在、自我满足。在论述了具体存在物自身的局限性后,裴頠没有像何晏、王弼那样,试图从具体存在物之外(即"无")来找寻自身存在的根据,而是将目光投向了同为具体存在物的"他者"。单单看某个具体的"有",它的"质性"当然是"偏"的;但是倘若从所有的具体的"有"的总和来看,这些一个又一个的"偏"正好组合成了"全"。而这个"全"就能够为各个具体的"偏"的存在物提供根据。这个过程就是所谓的"资",即某个具体的"有"凭借、依赖"他有"的总和而得以存在和满足。康中乾将裴頠的"资"的观念看作"存在者之存在的外构架或外存在构架"。

不过,康中乾没有注意到具体的"有"所"资"的并非简单的"他有",而是由全体"他有"组成的"整全的有"(或简称为"全有")。只有"全有"才能成为具体的"偏有"的根据,通常意义上的"他有"尚无法为某个"偏有"提供存在的根据,也就是尚不足以"资"。康中乾受西方哲学的现象学和存在主义的启发,将裴頠的"崇有"思想解读为"回到事物本身"。我们认为,康中乾的这种解读思路过于现代,不太符合裴頠的原意。因为"回到事物本身"说法中的事物只能是具体的"他者",是建立在解构"整全"的基础上提出的。而裴頠所说的具体的"有"所"资"的仍旧是"整全的有",而非"具体的他者"。尽管在裴頠这里,"整全的有"不具有形而上

---

① 康中乾:《裴頠"有"论在魏晋玄学中的思想贡献》,《中国哲学史》2011 年第 2 期。

的抽象色彩,更多近似于经验的、机械的拼凑组合;但这个"整全的有"仍然是必不可少的。

另外,康中乾认为裴頠既讲"资于他物",又讲"自生",二者之间存在矛盾;这个矛盾留给了其后的郭象来解决。我们认为"资于他物"与"自生"之间的矛盾或许没有那么明显。表面上看,裴頠一方面提出某个具体的"有"的存在和满足必须"外资于他物",另一方面又讲"有"其实是"自生",看似矛盾。但是,如果我们把"自生"中的"自"不要理解成"我"这个具体的"有",而是理解为"整全的有",则可以化解这个矛盾。裴頠讲"自生",是针对何晏、王弼的"贵无论"而发。何晏、王弼主张"以无为本,以有为末",实质上是强调"他生",即具体的"有"的存在根据只能是"非有"的"无"。而裴頠讲"自生",则是主张具体的"有"的存在根据仍然在"有"自身,而不是"无";只不过这个作为根据的"有"不是哪一个具体的"有",而是全体"有"的总和——"整全的有"。

裴頠认为,这个"整全的有"就是"道"。因此,"道"不是王弼等人所说的没有具体规定性的、抽象的"无","道"就是世界上具体的"有"的总和。万物"自生"过程的实质是万物剖分了"大有"之"道"。"无"则是"有之所谓遗者",是"大有"被剖分完之后剩余下来的虚空。由此,裴頠得出结论:"有"才是世界的本原,是"道"的本性。世间万物都是分享"有"而得以产生的;"无"作为"有"被分享殆尽之后剩余的虚空,从根本上来说,也是由"有"而产生的。只有"有"才能济"有";"虚无"对于万有的产生是无能为力的。

裴頠的"崇有"思想的落脚点在于解释"名教"与"自然"之间的关系。既然万有之总和就是"宗极之道",那么世界上最高的价值就不再是"贵无论"所说的"返回抽象、虚无的本体之道",而是"顺有之用以全生,循有之道以理众"。[1] "贵无论"的"自然-名教"学说包含两层;第一层是从"自然"着眼的,即"名教应本于自然";第二层是从"名教"着眼的,即"名教可

---

[1] 参见唐长孺《魏晋南北朝隋唐史三论——中国封建社会的形成和前期的变化》,第78页。

以合于自然"。不过,王弼对这两层含义的论述不是特别充分和清晰;而竹林时期的阮籍、嵇康等人则彻底放弃了第二层含义,而强化了第一层含义,利用"自然"来批判那些"未出于自然"的"名教"。裴頠的做法正好与阮籍、嵇康形成对比,在"自然"与"名教"关系问题上,他发展了第二层含义,指出"名教"不仅可以合于"自然",甚至"名教"本身即是"自然"。如此一来,裴頠就为复兴名教找寻到哲学上的依据,从而在学理上回击了借"贵无"之名义毁弃名教的现象。

　　裴頠从"崇有"的立场阐发了"有"相对于"无"的决定作用,以及"名教"相对于"自然"的重要价值,在一定程度上弥补了"贵无论"的理论偏失,使魏晋玄学围绕"有""无"关系问题的讨论更加全面和深入。不过客观地讲,裴頠"崇有论"对王弼"贵无论"的批评并没有真正对"贵无论"构成理论挑战。张岱年先生曾简要评价:"裴頠的《崇有论》,基本观点是正确的,而语焉不详,理论贡献不大。"①许抗生先生则说得更具体:"裴頠的崇有学说,虽然强调了万有的客观实在性,但对'有'(客观事物)本身缺乏深入的认识,不如王弼玄学那样深入到事物的本性、本质,揭示了本质与现象的矛盾等,因此从某种意义上说,他的理论思维水平又略逊于何、王玄学。"②裴頠的思考更多是立足于经验,因而在思辨性方面要远远逊色于王弼。"崇有论"对有无关系的讨论与"贵无论"尚不在一个层次上:"贵无论"是在形上本体的层面展开的,而"崇有论"则是在经验的、机械的层面展开的。后者在思辨的精微性和思想的深刻性上,均远不及前者。裴頠"崇有论"的这些不足,主要是由郭象来弥补的。

第三节　向秀、郭象的《庄子注》

　　向秀(约 227—272),字子期,河内怀(今河南武陟西南)人,魏晋时期玄学家,"竹林七贤"之一。他"清悟有远识","雅好老庄之学"。在"竹林

---

① 张岱年:《魏晋玄学的评价问题》,《文史哲》1985 年第 3 期。
② 许抗生等:《魏晋玄学史》,第 293 页,西安,陕西师范大学出版社,1989。

七贤"中,向秀思想的深刻性仅次于阮籍、嵇康。他曾经研究过"养生"问题,观点与嵇康不同,二人有过多回合的辩难。向秀早年淡于仕途,有隐居之志,尝从嵇康锻铁为乐,又从吕安灌园于山阳。嵇康被杀害后,向秀不得不对当权的司马氏屈服。《晋书·向秀传》说:"康既被诛,秀应本郡计入洛。文帝问曰:'闻有箕山之志,何以在此?'秀曰:'以为巢许狷介之士,未达尧心,岂足多慕。'帝甚悦。"①向秀为了避祸,不得已而出任一些闲职,但"在朝不任职,容迹而已"。向秀的主要著作有《庄子注》。

郭象(约265—311),字子玄,洛阳(今河南洛阳)人,西晋著名玄学家,被后世尊为"王弼之亚",是仅次于王弼的第一流玄学大家。郭象是元康时期最重要的玄学家,他通过注《庄子》将玄学推到了一个新的高度。和王弼一样,郭象也是早慧型人才,自幼聪颖,能言善辩,喜好清谈,尤其精擅老庄。"口若悬河"的成语典故便是源自他。据《世说新语·赏誉》篇记载,著名玄学家、太尉王衍经常与郭象言谈,感叹说:"听郭象谈玄论理,就像是看到悬河泻水,滔滔不绝!"当地州郡官员听说他的名声,纷纷征召其入仕。郭象均一一推辞,闲居在家,以谈玄读书著述为乐。不过,郭象并非真的无心于仕途,而是待价而沽。后来,他被征辟为司徒府的属吏,逐渐升迁至清贵的黄门侍郎。据《世说新语·文学》篇记载,名士裴遐娶名门望族王衍之女为妻,王衍为了帮助新姑爷出名,主持了一场高规格的清谈,邀请了包括郭象在内的众多名士。郭象心甘情愿扮演陪练的角色,让裴遐出尽了风头。郭象也因此进入上流社会。其时,东海王司马越大权在握,很欣赏郭象的才华,提拔他为太傅主簿,对他很是信任。郭象因此位高权重。不过由于司马越卷入"八王之乱",独揽大权,滥杀大臣,引起天怒人怨;因依附司马越而飞黄腾达的郭象亦随之成为众矢之的,受到很多玄学士人的批评和鄙薄。永嘉末年,郭象病逝。

据史料记载,郭象曾著有《论语体略》、《论语隐》、碑论十二篇等著作,也可能有注《老子》的著作;《旧唐书·艺文志》著录有《郭象集》五卷,

---

① 《晋书》卷四十九《向秀传》。

但均散佚了。得以完整保留下来的，是他最重要的作品《庄子注》。

一、《庄子注》的作者

这部影响极大的《庄子注》的作者究竟为何人？自古以来一直存在争议。现存《庄子注》的文本究竟是向秀所著？还是郭象所著？答案莫衷一是。《庄子注》的著作权问题，遂成为千年来学术界的一桩公案。据《晋书·郭象传》记载：

> 先是注庄子者数十家，莫能究其旨统。向秀于旧注外而为解义，妙演奇致，大畅玄风，惟《秋水》、《至乐》二篇未竟而秀卒。秀子幼，其义零落，然颇有别本迁流。象为人行薄，以秀义不传于世，遂窃以为己注，乃自注《秋水》、《至乐》二篇，又易《马蹄》一篇，其余众篇或点定文句而已。其后秀义别本出，故今有向、郭二庄，其义一也。[1]

又《世说新语·文学》篇云：

> 初，注《庄子》者数十家，莫能究其旨要。向秀于旧注外为解义，妙析奇致，大畅玄风。唯《秋水》、《至乐》二篇未竟而秀卒。秀子幼，义遂零落，然犹有别本。郭象者，为人薄行，有俊才。见秀义不传于世，遂窃以为己注。乃自注《秋水》、《至乐》二篇，又易《马蹄》一篇，其余众篇，或定点文句而已。后秀义别本出，故今有向、郭二《庄》，其义一也。

据《晋书·郭象传》和《世说新语·文学》篇的说法，《庄子注》的原作者应该是向秀，他完成了除《秋水》《至乐》两篇之外的所有注文。但是向秀早卒，其子又年幼无知，结果被"为人薄行，有俊才"的郭象钻了漏洞，补注了《秋水》《至乐》两篇，又改易《马蹄》一篇注文，"其余众篇，或定点文句而已"，以自己成果的名义公布出来。此说认为《庄子注》的主要作者是

---

[1]《晋书》卷五十《郭象传》。

向秀,郭象实际上剽窃了向秀的成果。

但《晋书·向秀传》却有另一种说法：

> 向秀……雅好老庄之学。庄周著内外数十篇,历世才士虽有观者,莫适论其旨统也,秀乃为之隐解,发明奇趣,振起玄风,读之者超然心悟,莫不自足一时也。惠帝之世,郭象又述而广之,儒墨之迹见鄙,道家之言遂盛焉。①

《晋书·向秀传》认为,向秀为《庄子》隐解,"发明奇趣,振起玄风",而"惠帝之世,郭象又述而广之,儒墨之迹见鄙,道家之言遂盛焉"。可见,《庄子注》是经过郭象"述而广之"方得以完成,郭象实质上是《庄子注》的主要著作者之一。此说主张郭象的确有攘善之病;不过,他的问题在于掩盖了向秀对《庄子注》所作的部分贡献,而非总体性的剽窃。

对这一思想史上的公案,目前学术界主要有以下几种论断：

一是认为郭象窃取了向秀的成果,将《庄子注》据为己有,持这种论断的主要有钱穆《庄老通辨》、侯外庐《中国思想通史》(第3卷)、余嘉锡《世说新语笺疏》等。

二是以《晋书·向秀传》的记载为准,将今本《庄子注》视作向、郭二人的共有成果,是郭象对向秀《庄子注》的述而广之,可以代表郭象的思想。如汤用彤《崇有之学与向郭学说》、王叔岷《庄子向郭注异同考》、杨宪邦《中国哲学通史》(第二卷)、张岱年《中国哲学史史料学》等,均持此看法。

三是认为向、郭二人各有一部《庄子注》,向本《庄子注》已佚,而郭注流传至今。持此观点的有冯友兰《中国哲学史新编》中的《向秀的〈庄子注〉和郭象的〈庄子注〉的关系》、汤一介的《郭象与魏晋玄学》、庞朴的《沉思集》、萧萐父的《中国哲学史史料源流举要》、方勇的《庄学史略》等。

四是认为应该就《庄子注》本身进行研究,至于其作者究竟是郭象还是向秀则暂不考察。如孙叔平在《中国哲学史稿》中说："向注、郭注在东

---

① 《晋书》卷四十九《向秀传》。

晋时代还同时存在,曾为《列子注》作者张湛所引用。后来,流传下来的只有郭注,是否由于'其义一也'而郭注比较完全呢? 不得而知,也无暇去查考。现在只有撇开作者,就《庄子注》谈《庄子注》。"①

五是认为今本《庄子注》为郭象所著,但经过唐人整理之后已经混有了向秀注中的文字了。如王葆玹在《郭象庄注的改编及其与向注的混合——从一新角度看向郭庄注问题》中说:"最近,笔者注意到有助于解决这问题的一条线索,即唐代一些学者利用整理皇家藏书的机会,将郭本《庄子》三十三篇三十卷改编成四篇十卷,并根据向秀注文对郭注作了改订和补充。这一情况意味着在现存的郭注十卷本中,不但有郭象抄自向注的部分文字,还掺有一些与郭注原文不同的向秀佚文。将这些佚文分离出来并与郭注相对照,可以揭示出向、郭思想的许多差异"②。

另外还有一种看法,即赖伟均在《郭象的一些"历史"问题》中提出从《晋书》记载的前后矛盾处着手,认为这是儒墨之争导致的;《晋书》的作者没有秉承史书写作的"实录"原则,而是站在儒家的思想立场,不愿见到郭象把道家思想发扬光大,于是将郭象对向秀《庄子注》的"述而广之"混淆为"窃以为己注"的学术剽窃行为,以模糊郭象《庄子注》的真实性。

上述看法可以归纳成四种立场:1.《庄子注》是向秀所著,后被郭象窃取。2.《庄子注》为向秀、郭象二人合著,郭象在向秀注本的基础上"述而广之"。3. 今本《庄子注》是郭象所著,向秀《庄子注》已失传。4. 应就文本本身而言,不必过分追究作者是何人。

笔者认为,《晋书·郭象传》中说:"象为人行薄,以秀义不传于世,遂窃以为己注"③,而《晋书·向秀传》却说:"庄周著内外数十篇,历世方士,莫适论其旨统也。秀乃为之隐解。发明奇趣,振起玄风。读之者超然心悟,莫不足于一时也",说明《晋书》记载确实有前后矛盾处。就《庄子注》

① 孙叔平:《中国哲学史稿》,第 430—431 页,上海,上海人民出版社,1980。
② 王葆玹:《郭象庄注的改编及其与向注的混合——从一新角度看向郭庄注问题》,《中国哲学史》1993 年第 1 期。
③ 《晋书》卷五十《郭象传》。

本身来说,其所反映的思想基本上是前后一致的,而且郭象的《论语指略》的九条佚注中反映的思想,也并不违背《庄子注》的思想宗旨。综合《世说新语》、《晋书》、东晋张湛《列子注》、唐李善《文选注》以及唐陆德明《经典释文·叙录》等文献中的材料进行分析研究,今本《庄子注》可以看成是郭象的作品,即便认为郭象《庄子注》是在向秀《庄子注》基础上的"述而广之",也是郭象根据建立其哲学体系的需要而有所选择地采纳了向秀的注。因此,《庄子注》的内容大体上能够代表郭象本人的哲学思想。

目前学术界对《庄子注》中所呈现的郭象哲学体系的界定尚未达成一致意见,有学者以"崇有论"或"独化论"来界定郭象哲学,也有学者以"无无论"、"自生论"或"本性论"来界定。汤一介在《郭象与魏晋玄学》中提出郭象以"造物者无物"为其理论起点,通过对"有""自性""自生""无待""自然""无心""顺物""独化"等概念的阐明,得出"物各自造"的结论,完成了对其哲学体系的建构。① 许抗生在《关于玄学哲学基本特征的再研讨》中提出,郭象从自生、独化说出发,万事万物皆各有其性分,每一事物都只需要自足其性,就能获得其个体自由的存在,整个宇宙也将因个体的自足完满而达到和谐状态。因此,许抗生将郭象的哲学定义为万有的本性之学。② 王晓毅另辟蹊径,他以刑名学的视角为切入点,沿着自生与独化的路径对郭象哲学中"性"的本体意义进行了详细分析,将郭象哲学界定为"性"本体论。③ 杨立华的《郭象〈庄子注〉研究》着力于对郭象《庄子注》的注释特色进行提炼,从而进一步揭示出《庄子注》与《庄子》文本之间充满张力的对话关系,以便突显郭象在注《庄》时所作出的构建文本统一性的努力。④ 暴庆刚的《反思与重构——郭象〈庄子注〉研究》一书以逍遥问题为主线展开《庄子注》的思想体系,认为适性逍遥、齐物诠释、

---

① 参见汤一介《郭象与魏晋玄学》。
② 参见许抗生《关于玄学哲学的再研讨》,《中国哲学史》2000 年第 1 期。
③ 参见王晓毅《郭象评传》,南京,南京大学出版社,2006。
④ 参见杨立华《郭象〈庄子注〉研究》,北京,北京大学出版社,2010。

内圣外王构成《庄子注》逍遥理论的实践内容,性分论、自然论则构成《庄子注》逍遥理论的形上根据。他认为郭象对庄子的道、有、无、逍遥、是非、生死、无为等范畴和观点进行了创造性地诠释,将庄子思想从超越的境界形态诠释为实然的知性形态,构建了以"适性逍遥"为核心的"实然的知性形态诠释学体系"。[①]

二、郭象的"性"论

"性"是中国哲学史上的一个重要概念,从孔子论"性与天道",到孟子、告子的性善性恶之辩,"性"成为先秦思想家们经常讨论的话题。从其内涵来看,主要有两层含义:一是从道德价值上说,认为"性"是人之所以为人的根本,是人作为类的共同属性;二是从自然材质上说,认为"性"是人生而具有的特质。两汉时期,思想家们开始超越此前对"性"的道德属性和自然属性层面上的讨论,而是结合当时的政治发展来讨论人性。在继承先秦思想家关于"性"的讨论的基础上,汉代学者结合阴阳气化学说对人之善恶作品级区分。及至魏晋时期,社会动荡、名教式微,道家思想的影响渐兴,玄学家们对"性"的探讨开始转向自然材质的层面,如王弼说"万物以自然为性"[②]。大概与魏晋时期的政治昏暗、社会动荡有关,文人士子们的个体意识有了相当程度的觉醒,开始将目光转向了人的个体性与差异性。政治的分立和争斗使得老庄哲学受到士人的广泛关注,尤其是庄子哲学中所展现的超然于万物之外的精神境界以及对人生自由和个体尊严的热切追求,更是与文人士子的内心向往相契合。郭象或许就是在这样的时代背景下,高标自然生命的原发精神,强调当下的直觉式的精神体悟,采用寄言出意的诠释方法,将庄子对性的类的层面的定义转向了更多地关注其中个体差异的一面,提出"性分"思想,一反以往学说,独标自然生命的原发精神,将物我的区分上升到了魏晋玄学的

---

① 参见暴庆刚《反思与重构——郭象〈庄子注〉研究》,南京,南京大学出版社,2013。
② 〔三国魏〕王弼著,楼宇烈校释:《王弼集校释》,第77页。

最高境地。

在《庄子注》中,郭象提及"性"一字共有 267 次之多。"性"的概念几乎贯穿了《庄子注》整个文本,而在郭象著《论语体略》的九条佚注中也可以看到他对"性"的论述。应该说,"性"是郭象玄学思想中的一个核心概念,而且其思想中的其他重要概念——"自然""自生""命"等均与其"性"论有着不可分割的关联。王晓毅认为"性"在郭象哲学体系中居于核心和枢纽地位,郭象的全部哲学范畴和命题都从"本性"衍生出来。王晓毅从"自生说"和"独化说"对郭象的性本论作了结构性的解读。但是,他并没有对郭象的"性"的概念予以系统梳理,也没有对郭象何以如此重视"性"论的原因作更深入的研究。

郭象对"性"有着多层次、全方面的讨论。解析郭象的"性"论,对于我们把握郭象思想的内在脉络有着重要的启发意义。"夫小大虽殊,而放于自得之场,则物任其性,事称其能,各当其分,逍遥一也,岂容胜负于其间哉!"①这是郭象第一次提到"性",是在《逍遥游》篇目之后所言,大抵是对文章要旨的总结。此处,"性"大概是指一物之所以为此物的本质意义上的概念。《逍遥游》一篇以达乎逍遥之境为旨,物皆因有其本质,方能区别于他物而成其为一物,"性"指一物之是此而非彼的本质规定。但是,"性"的概念还有其他含义,比如"性命""才性""生理本能欲望",以及精纯朴素的自然之性,这种自然之性不但使人上契天道成为可能,也是人之才性得以无好无坏、无贵无贱的根据。换句话说,此精纯素朴的自然之性是"适性逍遥"之所以可能的依据。"性之不可去者,衣食也;事之不可废者,耕织也。"②衣食、耕织是人天性使然,这是人性的物质资料方面的内容,也是人的生理本能欲望。但是,对郭象来说,性的内容并不只是物质方面的,比如,就马来说,其性不仅在于"龁草饮水,翘足而陆",还在于为人所骑乘,这是郭象所谓"马之真性"。③ 在《庄子注》中,"性"这一

---

① 〔清〕郭庆藩撰,王孝鱼点校:《庄子集释》,第 1 页。
② 同上书,第 334 页。
③ 参见同上书,第 331 页。

概念往往是以"性""性分""性命""性情""天性""自然之性""情性"等形式出现。我们可以从性分、性与自然、性与心、性与情、性与命等方面来分析郭象哲学中"性"的内涵。

1. 性各有分

"不知其然而自然者,非性如何!"①对于"性"的定义,郭象只给出以上具有模糊性的说法,并没有明确定义。在对郭象哲学思想的研究中,有学者曾对"性"这一概念的定义作出总结。冯友兰先生认为,"郭象所说的'性'就是一个事物所以是那个样子的内因"②。汤一介先生也提出过相似的主张:"所谓某一事物的'性'或'本性'、'性分',在郭象和庄周看来都是指某一事物之所以为某一事物者,也就是某一事物本身所固有的内在素质。"③可见,一方面,"性"是自然而生的生命气质,它是事物如此存在的根据;另一方面,"性"暗含了一种差异,每个事物的生命气质有所不同,这就是"性分"。

"性分"一词在《庄子》一书中并没有出现,应当是郭象注《庄子》时根据其自身理论建立的需要而提出的。郭象强调自然生命的原发精神,将庄子对于性的类的层面的关注转向了个体差异的层面。因此,在《庄子注》中,"性"与"分"这两个概念经常一起出现。前者强调的是一事一物成其为某事某物的内在特有属性,而后者则强调此事此物与他物的差异性,或者说边际性。如郭齐勇与冯达文合编的《新编中国哲学史》中所言:"每一事物、每个个人先天禀赋所得构成其稳定的本质特征是谓'性';每一事物、每个个人先天禀赋所得的本质特征即'性'是有区别的,此之谓'性分'。"④

总之,"分"这一概念所指是事物的定分、本分,所反映的是个体的独立性和区别性。这也就意味着,"分"是事事物物之间的界限,是世间万

---

① 〔清〕郭庆藩撰,王孝鱼点校:《庄子集释》,第881页。
② 冯友兰:《中国哲学史新编》(中卷),第451页。
③ 汤一介:《郭象与魏晋玄学》,第187页。
④ 郭齐勇、冯达文主编:《新编中国哲学史》,第294页,北京,人民出版社,2004。

物千差万别的原因之所在。

郭象的"性分"概念确实以其天然区别的特性取消了事物之间、人与人之间相互比较的可能性和必要性,但是这种对自然之性的定义恰恰调和了名教与自然的紧张关系,也给了当时困顿不安的士人安顿身心的理论基础,确实具有一定的政治实用性。

2. 性与自然

郭象所谓的"性分"也即"自性",他将"自然"视为万物原有之本性。杨国荣曾指出,"魏晋时期,辨析名教与自然成为理论热点。名教代表的是社会的普遍规范,自然则与个体的自性相联系"①。关于"自性",郭象说:

> 物各自然,不知所以然而然,则形虽弥异,其然弥同也。②
> 言物之自然,各有性也。③

"自性"或"性分"也就是事物存在、发展之内在根据,是此事物成为此事物而非其他事物的原因。事物在"自生"之时就已经本然地具备了其不可改变的"自性",事物的"自性"是自然而得,而非人为或后天添加上去的,正如郭象在《庄子·养生主注》中说道:"天性所受,各有本分,不可逃,亦不可加。"④在郭象看来,每一事物、每个个人所禀得的"性分"各有不同,其自足性也是在"性分"的范围内体现的:

> 物各有性,性各有极,皆如年知,岂跂尚之所及哉!⑤
> 性各有极,苟足其极,则余天下之财也!⑥

人与人或物与物之间的差异肯定是存在的,而这种差异也本来具足于其自性之中,所谓"极"也就是事物的本性所具有的相应的限度或边

---

① 杨国荣:《群己之辩:玄学的内在主题》,《哲学研究》1992 年第 12 期。
② 〔清〕郭庆藩撰,王孝鱼点校:《庄子集释》,第 55 页。
③ 同上书,第 533 页。
④ 同上书,第 128 页。
⑤ 同上书,第 11 页。
⑥ 同上书,第 25 页。

际,只要人或物在这种限度内寻求自身的变化和发展,就能够圆满具足。万有世界中的每一事物都是无待而自足的,所谓无待而自足,即是绝去对待,如此便不受他人他物之限制。而若把人或物放置于相互比较和对待之中,则如泰山之大也有其所不大,如秋毫之小也有其所不小,因为一旦落入对待,则总是有限之物,所以郭象说:

> 所大者,足也;所小者,无余也。故因其性足以名大,则毫末丘山不得异其名;因其无余以称小,则天地梯米无所殊其称。①

可见,在郭象的思想中,万物之间的差异无疑是绝对的,而这种绝对差异就要求万物各自按照自己的内在要求去发展,试图学习或模仿他物的造作行为是对于"自性"的否定,势必会扰乱其正常发展的秩序。如此一来,这种本意为谋求自身发展的行为反而会伤害其"自性",无异于自毁前程。所以,郭象极力主张各安其性。

就"性"与"自然"的关系来说,首先,"自然"是"性"的特性,"自然耳,故曰性";其次,就"性"的运作来看,"自然"是"性"的要求,所以要率性自然。此外,何善蒙在《魏晋情论》中以人为例,认为人之性来自自然。本书不太赞同这个说法,因为在郭象的哲学中,"自然"并不是大自然意义上的,而是自然而然、不知所以然而然、天然之意,也就是说,这种自然并没有什么特别的内容。既然如此,用"自然"来表示性的状态、属性、要求就显得毫无疑问,但说"性"来自自然、自然是人性之依据这种提法则值得商榷。

3. 性与心

在郭象的《庄子注》中,"心"承载了喜怒哀乐等主观情感,是主观意识的载体,在很多情况下承担了主体最重要的思考、思虑的功能。"率性而动,动不过分,天下之至易者也;举其自举,载其自载,天下之至轻者也。然知以无涯伤性,心以欲恶荡真,故乃释此无为之至易而行彼有为

---

① 〔清〕郭庆藩撰,王孝鱼点校:《庄子集释》,第578页。

之至难,弃夫自举之至轻而取夫载彼之至重,此世之常患也。"①所谓"知以无涯伤性,心以欲恶荡真",是指主体与外物相接时容易产生对智巧、欲望的追求,而这种追求又会伤害本性,迷失自我。人世间的大患乃在于摒弃无为这种最简单的应世之法,而行有为之事,放弃自举、自载而取载彼之至重。然而,"事必有至,理固长通,故任之则事济,事济而身不存者,未之有也,又何用心于其身哉"②!在郭象看来,若是主体不对"心"强加某种主观上的操控和施为,"心"将会自然而然地达到与主体性分的契合状态,也就是所谓"冥"的状态。可见,在郭象的哲学中,心具有两面性:一方面,心是知和欲的发动者,是万有本性迷失之元凶;另一方面,心又可以做到无心以与物冥合,复归本性。所以郭象又提出:

> 世以乱故求我,我无心也。我苟无心,亦何为不应世哉!③

这就是所谓"无心应世"的观点,郭象认为"无心"才能"体玄而极妙",才能"会通万物之性,而陶铸天下之化"④,亦方能"不为为之",做到无为而无不为。在郭象看来,"心"是内在的精神主体,具有认知能力,而"性"作为人或物事的内在属性是不尽相同的。因此,"心"的认知能力要想达到会通万物的高度,也就只有圣人之"无心"才能做到。所谓"无心",应当是指"无成心"。关于"成心",郭象曾下过这样的定义:"夫心之足以制一身之用者,谓之成心"⑤,这就是说"成心"是指具有成见的精神主体。"夫以成代不成,非知也,心自得耳。故愚者亦师其成心,未肯用其所谓短而舍其所谓长者也。"⑥愚笨之人才会师法自己的"成心"。因为在郭象看来,"成心"正是是非产生的源头,"今日适越,昨日何由至哉?未成乎心,是非何由生哉?明夫是非者,群品之所不能无,故至人两顺

---

① 〔清〕郭庆藩撰,王孝鱼点校:《庄子集释》,第 184 页。
② 同上书,第 156 页。
③ 同上书,第 31 页。
④ 同上书,第 31—32 页。
⑤⑥ 同上书,第 61 页。

之"①。万事万物都有正反两面对立的观点存在,所以圣人执两顺之,不执着于对错。"成心"又可以解释为"惑心":"理无是非,而惑者以为有,此以无为有也。惑心已成,虽圣人不能解,故付之自若而不强知也。"②世间之理并没有是非对错,而"心惑者"以为有是非对错,把"没有"当作"有"。"惑心"已经形成,即使是圣人也无法解决这个难题,只能付之自若而不强求令惑者领悟。在这里,所谓的"惑心"与"成心"似乎可以互释。圣人对"惑心"的解决办法是"两顺之",无心而与物冥合。

郭象的哲学是本于"性"而非本于"心"的,因此应该"无心"而"任性",顺性而为,舍弃一切成心。"人生而静,天之性也;感物而动,性之欲也。物之感人无穷,人之逐欲无节,则天理灭矣。真人知用心则背道,助天则伤生,故不为也。"③静是人的天性要求,但人性中有欲望,外物的刺激容易激发人的欲望,而人若无节制地追逐欲望,则有违自然之道。圣人知"遣心""用智"有违天道,故此,圣人不为。而人也不应该以其心智去阻碍人性的自然发展,"以心自役,则性去也"④。"无心"的功夫指向一种忘而又忘、遣而又遣的超越之境,群生万有唯有在这种超越高蹈的忘境之中,才能达到真正的适性逍遥。

4. 性与情

"情"是魏晋时期玄学家们讨论的一个重要议题。何晏提出圣人无喜怒哀乐之说,带动了时人对圣人是否有情的探讨,同时也刺激了玄学家们对"情"之于个体生命的意义与影响的思考。前文说过,何晏、钟会均主张圣人有情说,至王弼也主张圣人有情论,但与凡人之情不同,主要在于圣人有情无累。至于圣凡之"性"则秉承气化论观点,认为圣凡之性皆无善恶,然有浓薄之异。圣凡之性与情有同有异,王弼提出性其情的主张。至郭象则主张圣人无情论。二者共同点在于:一则以性为根本,

---

① ② 〔清〕郭庆藩撰,王孝鱼点校:《庄子集释》,第 62 页。
③ 同上书,第 230 页
④ 同上书,第 553 页。

情为发用，均就自然称性述情；二则二者皆认为性乃一居中的无善无恶者，都有"性静情动"的思维。

《说文·心部》云："情，人之阴气有欲者"，也就是说情是情感、情欲之意。郭象哲学中，"情"也有情感、情欲两层含义，他就不同含义提出了不同主张。

首先，就情感义之情而言，郭象提出了"任力称情"的主张。"必将有感，则与本性动也"①，指与物相接，而人心有所应感乃生情。此"情"是人之喜怒哀乐的心理状态，既是摇撼本性而动，故易生流弊。人有好恶之情皆起因于以外物为宗，徒使内心产生欲求。物之感人无穷，人若不知节欲自反，将不免役于物而丧失本心。《庄子注》中郭象对墨子"生不歌，死不服，桐棺三寸而无椁"的主张提出批评："物皆以任力称情为爱，今以勤俭为法而为之大过，虽欲饶天下，更非所以为爱也。"②情并不都是应当阻绝的，重点在于其发显是否过度。就万物之生存来说，"任力称情"才是正确方式。古代圣王亦持简易之教；不过，黄帝有咸池，尧有大章，舜有大韶，古之葬礼也是天子棺椁七重、诸侯五重、大夫三重、士两重，所以歌、服实在无须禁绝，重点在于是否恰当。何谓恰当？以歌服葬制为例，以个体的客观条件为准则，以情感抒发之需求为考量，而不是过度追求，即可谓是恰当。"夫天地之理，万物之情，以得我为是，失我为非，适性为治，失和为乱。"③所谓"得我""失我"，在这里应当是"得性""失性"之意。郭象认为，性分乃是个体行为的根据和准则，而天地万物也各有其理分，个体所为应以性之得失为准则，适性则治，失性则乱。

其次，就欲望义之情而言，郭象提出"无情"之说：

> 人之生也，非情之所生也；生之所知，岂情之所知哉？故有情于

---

① 〔清〕郭庆藩撰，王孝鱼点校：《庄子集释》，第 1041 页。
② 同上书，第 1075 页。
③ 同上书，第 583 页。

为离旷而弗能也,然离旷以无情而聪明矣;有情于为贤圣而弗能也,然贤圣以无情而贤圣矣。岂直贤圣绝远而离旷难慕哉?虽下愚聋瞽及鸡鸣狗吠,岂有情于为之,亦终不能也。不问远之与近,虽去己一分,颜孔之际,终莫之得也。是以关之万物,反取诸身,耳目不能以易任成功,手足不能以代司致业。故婴儿之始生也,不以目求乳,不以耳向明,不以足操物,不以手求行。岂百骸无定司,形貌无素主,而专由情以制之哉![①]

这里所谓"情"即是一种欲望、追求,表达了个体主观上的欲求,暗含一种向本性之外求索的心态。郭象认为,人之生,并非因情而生。生之所知,也非因情所有。人皆希望如离旷般聪明,似圣贤般贤德,但是此二者得以如此皆因"无情"。因为超出性分之外的追求是不可能达到的,不论这种追求是远是近,哪怕有毫厘之差,也难以达到。耳目手足各有其功用,生来如此,何曾见得婴儿初生时以目代口、以耳向明、以足取物、以手求行?"然情欲之所荡,未尝不贱少而贵多也,见夫可贵而矫以尚之,则自多于本用而困其自然之性。"[②]情者,接物而生。在接物过程中所产生的对是非、大小、多少、贵贱的判断,难免使人产生欲望追求,违背人所本有的自然之性。有情则有为,为则为伪,有违于人性之自然,所以应当以"无情"之法绝去欲望追求。"斯皆先示有情,然后寻至理以遣之。若云我本无情,故能无忧,则夫有情者,遂自绝于远旷之域,而迷困于忧乐之竟矣。"[③]

郭象通过对"情"的含义的界定和区分,完成了其在性情论方面对个体的安顿,以"称情"和"无情"之方法消释个体生命的有限性与欲望的无限性所带来的窘迫与困顿。

[①] 〔清〕郭庆藩撰,王孝鱼点校:《庄子集释》,第 221 页。
[②] 同上书,第 313—314 页。
[③] 同上书,第 617 页。

5. 性与命

关于"性"与"命"之间的关系,郭象说:

> 夫德形性命,因变立名,其于自尔一也。①
>
> 不知其所以然而然,谓之命,似若有意也,故又遣命之名以明其自尔,而后命理全也。②

"德""形""性""命"等概念都是因变立名,是对万物自尔的不同层面的表达。以"命"立言,"命"是自然而然、不知所以然而然者,但这种提法容易引起"命"是独立于事物之外、有意识地操控万有之实体的误会。故此,须"遣命之名以明其自尔",将"命"的概念也遣去,以表明一切皆是物之自尔。

一方面,"命"与性有关。虽然一切都是物之自尔,但这种"不知其所以然而然"表明"命"也是一种无可奈何的遭遇与限制。因为面对际遇变幻,欻然往逝,飘荡于自然造化之流的生命,本就不由自主。这种不由自主与"性"有关,自性本身就是具有限制性的,万有生而有之的性分决定了其作为何种身份而存在——动物还是人类,富贵还是贫贱,都是由"性分"决定的。实存生命本身就是有限的,而且是不可改变的,只能顺应。"夫物皆先有其命,故来事可知也。是以凡所为者,不得不为;凡所不为者,不可得为。"③虽然郭象强调万物在其一生之中,之所以成为此番模样,而非成为彼种形貌,都是由先天之"性分"所决定,但也正是这种先天性表明命是有其可知的一面的。既然性分固定,那么只需要明其性,知其分,便可以顺此可明可知的一面去认识性命,并安于性命:"苟知性命之固当,则虽死生穷达,千变万化,淡然自若而和理在身矣。"④

另一方面,"命"也与"遇"相关。什么是"遇命"? 郭象以古之善射

---

① 〔清〕郭庆藩撰,王孝鱼点校:《庄子集释》,第 426 页。
② 同上书,第 959 页。
③ 同上书,第 908 页。
④ 同上书,第 213 页。

者——羿的射艺来解释所谓"遇命"："弓矢所及为彀中。夫利害相攻,则天下皆羿也。自不遗身忘知与物同波者,皆游于羿之彀中耳。虽张毅之出,单豹之处,犹未免于中地,则中与不中,唯在命耳。而区区者各有所遇,而不知命之自尔。故免乎弓矢之害者,自以为巧,欣然多己,及至不免,则自恨其谬而志伤神辱,斯未能达命之情者也。夫我之生也,非我之所生也,则一生之内,百年之中,其坐起行止,动静趣舍,情性知能,凡所有者,凡所无者,凡所为者,凡所遇者,皆非我也,理自尔耳。而横生休戚乎其中,斯又逆自然而失者也。"①"彀"指箭所能射到的范围。天下间充满了利害关系,在这种关系中,人人都是羿。除了"遗身忘知"的人,其他人都处在射程之中,每个人都在别人的彀中行走,随时都有可能中箭,但有人被箭射中,有人却能够生存下来,在这个过程中,命没有明显的意志,也没有目的,只是一种人类自身所无可奈何的具有盲目性的力量,这就是所谓"遇命"。"遇与不遇,非人为也,皆自然耳。"②诚如王晓毅所说:"在这个靶场上演的一切人间悲喜剧,并没有导演,而是自然发生,找不到任何预测方法。"③

矛盾的是,郭象虽然试图消解"命"的宿命论含义,却又正因为强调这种自然而然而导致"命"具有不可改变的必然性。性命的必然性和遇命的偶然性不可调和,偶然与必然在"命"这一概念上恰恰就表现了一种宿命的论调。这也是郭象哲学容易遭人诟病的一个原因。

在梳理了"性"与"自然""心""情""命"等范畴之间的关系后,我们可以从郭象的"性"论中提炼出如下几层含义:

第一,物各有性。"性"对于万有来说,是万有成其为自己、有别于他物的独特根据。万物皆有属于自己的自然本性。"苟足于天然而安其性命,故虽天地未足为寿而与我并生,万物未足为异而与我同得。"④万事万

---

① 〔清〕郭庆藩撰,王孝鱼点校:《庄子集释》,第199—200页。
② 同上书,第226页。
③ 王晓毅:《郭象评传》,第322页。
④ 〔清〕郭庆藩撰,王孝鱼点校:《庄子集释》,第81页。

物各有其性分,无法超越性分谋求性分之外的东西,个体与个体之间也就不需要相互比较,因为性分是自然而然、不知所以然而然的,各种大小、寿夭、长短、高下的比较就都毫无意义。也就是说,物各有性,而且这种种性分之间没有任何优劣之分。"夫大鸟一去半岁,至天池而息;小鸟一飞半朝,抢榆枋而止。此比所能则有闲矣,其于适性一也。"①在郭象的哲学中,个体的自性就是衡量和评价的标准,超出性分之外的其他任何事物都不具有衡量该事物的能力。从万物存在的终极意义上说,每个个体都是平等的,其性分也不具有可比较性,所谓的大小、寿夭、高低、长短、贵贱的差别,都会因各适其性的主张而消解。

第二,性各有极。"物各有分,性各有极",郭象从一开始就对"性"的限制性作了解释。万物各有其性分。所谓"分",就是指群物万有各自有其成其为自身的内在规定性,这种规定性既是万有存在的根据,也是其区别于他物的根本。也就是说,万物的性分既成全了万物的存在,也因此表现出了性的限制性特点,也就是郭象所谓的"极"。所谓"极",一方面体现了事事物物之间性分的边界,这是万有之间有区分的表现;另一方面也体现了万物性分的所有内容,是万物行为活动的根据和范围,包含了万有对潜在质素的发掘的可能性。

第三,各有定分。郭象认为:"天性所受,各有本分,不可逃,亦不可加。"②"性"是群生万有"是其所是而非彼"的规定性特质,这种规定性是天性所受,自然而成的,不会随任何主观意愿的变化而发生改变。万有无法摆脱本性中所固有的质素,也无法通过后天的努力去增加本性中所不具备的能力,所能够做到的一切都必须是在性分的范围之内,超出性分之外的追求或欲望都是无济于事的:"性各有分,故知者守知以待终,而愚者抱愚以至死,岂有能中易其性者!"③万有在本性中各有其定分,聪明或者愚笨皆是取决于先天所秉受的质素,与后天的人为的努力毫不相

---

① 〔清〕郭庆藩撰,王孝鱼点校:《庄子集释》,第5页。
② 同上书,第128页。
③ 同上书,第59页。

干。以颜回为例:颜回贤能,却终不及孔子,究其根本原因,乃在于颜回在先天的性分上与孔子有差距,这种差距即便细微,也无法逾越。

正因为万有之先天质素各有定分,所以郭象认为后天的教化与学习都需要在性分的范围内进行:"此言物各有性,教学之无益也。"①郭象认为性分不可能中途变易,否认后天教化的有用性。但他并没有完全否认后天学习的必要性。之所以一方面否定教化之功,另一方面又肯定学习之必要,其原因在于郭象对于"学"和"习"的定义不同:

> 由外入者,假学以成性者也。虽性可学成,然要当内有其质,若无主于中,则无以藏圣道也。②

> 教因彼性,故非学也。③

郭象以"性分"概念为标准,对"学"和"习"的内涵作了严格区分。所谓"学",是指超出了性分的范围,在性分之外寻求不属于自己的东西;而所谓"习",是指在性分的范围之内,根据性分的要求来激发潜藏于性分之内的质素。如此将"学"与"习"进行严格区分之后,郭象又主张"习以成性",提倡在性分之内进行成性的功夫修养:

> 言天下之物,未必皆自成也。自然之理,亦有须冶锻而为器者耳。④

"自然之理",言万有之自性,虽然这种自性是万有先天而有,但并非都处于已发状态,某些质素会作为潜在者存于事物之中,需要后天的行为实践使其显露出来,这就是所谓"积习之功"。郭象说:"夫积习之功为报,报其性,不报其为也。然则学习之功,成性而已,岂为之哉!"⑤积习之功不在于性分之外,而在于依据万有所秉之性分,以成全性分之内在质

---

① 〔清〕郭庆藩撰,王孝鱼点校:《庄子集释》,第 491 页。
② 同上书,第 518 页。
③ 同上书,第 938 页。
④ 同上书,第 280 页。
⑤ 同上书,第 1043 页。

素。可见,在郭象看来,学是有意之习,而"习"虽看似有意,却是自然而然、不知所以然而然的顺性之为,这种顺性之为实则有无为之功,全其自然之理:

> 夫穿井所以通泉,吟咏所以通性。无泉则无所穿,无性则无所咏,而世皆忘其泉性之自然,徒识穿咏之末功,因欲矜而有之,不亦妄乎!①

如地底之泉水一样,本性中的潜能虽然存在,却并不都是天然显露在外的。穿井之所以能成功,是因为泉水的真实存在。如果穿井之处原本不存在泉水,再多的穿凿也无能为力。同样的道理,本性中的潜能之所以能够被激发,积习之所以能成性,皆因为本性中有此潜能,并非从无中生出此有,而世人"谓己能有积学之功,不知其性之自然也"。

郭象唯恐生命不能正视自身之殊异而各安其性,反羡逐于性分之表,遂使天下皆摒弃真朴而沦于矫效,所以汲取《老子》的"绝学"主张,"绝学去教,而归于自然之意也"②,意在劝晓万物师法合宜适性之道,杜绝羡欲之心,去绝蕲外之累,返于真朴,回归自然。

> 古不在今,今事已变,故绝学任性,与时变化而后至焉。③
> 因物随变,唯彼之从,故曰日出。日出,谓日新也,日新则尽其自然之分,自然之分尽则和也。④

虽然郭象主张万物万品皆有其特殊性及分限,此自然之分终有其偏至,只能各守一隅,不能中正周遍,但这并不意味着生命面对命行事变时只能因循守故。郭象说:"人之生,必外有接物之命,非如瓦石,止于形质而已。"⑤可见,生命虽然需要怀抱自身殊异与限制,却不能如瓦石静止,

---

① 〔清〕郭庆藩撰,王孝鱼点校:《庄子集释》,第 1044 页。
② 同上书,第 758 页。
③ 同上书,第 492 页。
④ 同上书,第 947 页。
⑤ 同上书,第 692 页。

而需要投身于境遇的变化纷纭中,因时而动,方能尽自然之分的全幅意蕴。

三、物各自生

郭象关注的核心问题仍然是"有""无"的关系。一方面,郭象否定"以无为本"的"贵无论","若无能为有,何谓无乎! 一无有则遂无矣。无者遂无,则有自欻生明矣"①。另一方面,虽然郭象延续了裴頠思想中对"有"的高度认可,但也反对"以有为本"的"崇有论"。他对"有"和"无"的概念重新进行定义。所谓"有",在郭象哲学中是指存在着的具体事物,可以是具体的一事一物,也可以是事物之全体;所谓"无",指的是空无或不存在。在这里,他对王弼哲学中"无"的概念作了新的解释。王弼哲学中的"无"并非空无,而是一种无形无名的本体性的存在者。"无"这个本体因为无形无象而可以遍通天下之形象;同时也因为无形无象,而只能存在于抽象思维的领域。问题是这个只能存在于抽象领域的东西如何能够成为现象界的本体。任继愈认为王弼对"有""无"的诠释,使得本体与现象之间"只做到了外部的松散联结,而没有达到内部有机紧密联结的水平"。② 对于郭象来说,"有"和"无"都不具有形上性格,通过对"无"这个概念的重新定义,使本体问题从超现实层面回到现实中来,解决了王弼哲学中无法解决的矛盾。

郭象汲取了向秀、裴頠的"自生"学说,并且将之完善化。向秀说:"吾之生也,非吾之所生,则生自生耳。生生者岂有物哉? 故不生也。吾之化,非吾之所化,则化自化耳。化化者岂有物哉? 无物也,故不化焉。若使生物者亦生,化物者亦化,则与物俱化,亦奚异于物? 明夫不生不化者,然后能为生化之本也。"(《列子·天瑞注》)向秀认为万物的产生是自然而然的,产生万物的"生生者"哪里有形体内容呢? 既然没有形体内

---

① 〔清〕郭庆藩撰,王孝鱼点校:《庄子集释》,第 802 页。
② 任继愈主编:《中国哲学发展史(魏晋南北朝)》,第 144 页,北京,人民出版社,1988。

容,又如何能产生万物?同样的道理,万物的变化也是自然发生的,并没有一个"化化者"主宰万物的变化消亡。如果有一物能作为生物者、化物者,那么这个物本身就应该是不生不化的,否则与他物无异,又如何能作为生化之本?所以他提出物的生化是由自己决定的,万物生化的原因也在物自身之中。

裴颎则认为:"夫至无者无以能生,故始生者自生也。自生而必体有,则有遗而生亏矣。生以有为已分,则虚无是有之所谓遗者也。"①与向秀一样,裴颎也认为万物是自生的,他明确反对以"无"为生化之本的观念。裴颎以"群有"为本,认为存在者的生存根据就在其自身之中,是自然而然地存在的。然而,裴颎并没有对"自生"作出更细致的解释,比如自生如何可能、自生如何实现以及自生过程如何。

郭象进一步发展了向秀、裴颎的"自生"概念,提出"物各自生":

> 无既无矣,则不能生有;有之未生,又不能为生。然则生生者谁哉?决然而自生耳。自生耳,非我生也。我既不能生物,物亦不能生我,则我自然矣。②

> 非唯无不得化而为有也,有亦不得化而为无矣。是以夫有之为物,虽千变万化,而不得一为无也。不得一为无,故自古无未有之时而常存也。③

> 一无有则遂无矣。无者遂无,则有自欻生明矣。④

郭象首先说明了"生生者"的问题,指出这个"生生者"就是事物本身,提出"自生"的观点;然后,他又以"天"言"自然",认为"自然而然,即是天然",又丰富了"自生"的含义。因为"天"作为"万物之总名",尚且不能作为生化万物的造物者,何况其他事或物呢?于是,又回到"自生"这个观

---

① 《晋书》卷三十五《裴颎传》。
② 〔清〕郭庆藩撰,王孝鱼点校:《庄子集释》,第 50 页。
③ 同上书,第 763 页。
④ 同上书,第 802 页。

念,唯有"自生"才是所谓"天道"。

事物自生是自然而然的,并非有什么原因使然,也并非有什么目的使然,所以郭象说:"天不为覆,故能常覆;地不为载,故能常载。使天地而为覆载,则有时而息矣;使舟能沉而为人浮,则有时而没矣。故物为焉,则未足以终其生也。"①天地之所以存在并非有目的的,所以天能常覆、地能常载。"故"者,言其有意识性和目的性,如此则违背自然之性。所以说,郭象的"自生"概念取消了造物主,也消解了目的论。

郭象关于"有""无"关系有三个论断:首先,"无"不能生"有"。"无"既然是空无、不存在的,那么也就不可能变为"有"。其次,"有"也不能生"有","有"在尚未产生之前不可能有别的"有"来产生它,而且存在者有既定的形状大小和特征,也就不可能产生出千差万别的他物。若把一个抽象意义上的"有"当作"生生者",则又必然会出现一个造物者,然而根据郭象对自性的理解来看,世间万物的存在并非有造物者使然,一切皆是不知所以然而然的。以为"至道"在万物之先,"至道"即是"至无",既然是"无",又在谁先呢? 在万物之先的究竟是谁呢? 假使有在万物之先的东西存在,那么物之先还有物,就永远不能停止追问。根据这个推论,可以明了万物是自然产生的,没有使它产生的东西存在。既然无不能生有,有也不能生有,那么就涉及万物自何处而来、如何生成的问题。这就是第三点,排除了"有""无"相生的关系之后,郭象给万物生成的原因作出了回答,即"物各自生"。任何事物不是因"无"而生,也不是因"有"而生,亦不是事物自己有意而生,而是不知其所以然而然的"自生",所以郭象既否认了王弼所说的"以无为本",也反对裴頠所说的"济有者有也",认为事物的生成变化本来就没有所谓的根据,所以他说:"既明物物者无物,又明物之不能自物,则为之者谁乎哉? 皆忽然而自尔也。"②

郭象排除了造物者的存在,认为事物的生成变化没有一个形上的本

①〔清〕郭庆藩撰,王孝鱼点校:《庄子集释》,第203页。
②同上书,第754页。

体,而具体事物也不可能成为万物的生成源头,一切事物的生成都是"忽然而自尔"的。"上知造物者无物,下知有物之自造",万物只能是自我生成、独立存在的,相互之间并不存在任何的转化关系,所以万物的发展变化并不是由于外部的力量推动的。真正的造物者是万物自己,万物出现和存在的原因只能在于自己本身。

四、无待而相因

郭象的"自生"观念是针对裴頠"自生"观念中的理论缺陷而提出的。裴頠说:"夫品而为族,则所禀有偏,偏无自足,故凭乎外资。"①万物之间因差别形成不同类别,所禀受之天性各有所偏,有偏则不能全,也无以自足,如此就需要凭乎外资,万物之间的相互依存是事物的存在条件。而郭象则反对这种"凭乎外资"之说,因为他主张自性已足,以其性论为核心立论,所以万事万物皆以自得其性而足,没有目的性,也没有依赖性。因此,郭象主张"自生"的过程并非"外资于他物",而是"无待而相因"。

所谓"无待",是指不依赖外部条件之意。"无待"之言出于《庄子·逍遥游》:"夫列子御风而行,泠然善也,旬有五日而后反。彼于致福者,未数数然也。此虽免乎行,犹有所待者也。若夫乘天地之正,而御六气之辩,以游无穷者,彼且恶乎待哉!"意思是列子御风而行,须借风之力行御之道,虽能免于行,却依赖于风这个外部条件;如果能乘天地之正,御六气之辩而游乎无穷之境,又哪里需要依凭外在条件呢!庄子用"无待"的概念来阐明逍遥的境界,而郭象则用此概念斩断世间事物之间的一切因果联系,否认事物生成变化存在任何外部原因,从而将事物生成变化的动力全部归结到事物自身之内。

既然世间万物并没有一个"始生者",一切事物都是自然而且独立生成变化的,没有外在的决定因素,那么世间万物又何以能够以一种有序的状态呈现? 对此问题,郭象提出了"相因"的说法。所谓"相因"是指事

---

① 《晋书》卷三十五《裴頠传》。

物之间无待而又能够并存的状态。汤一介先生认为,在郭象的哲学体系中,"因"有两种含义,一是顺应,"因其性而任之则治"[1];二是原因,"不知所以因而自因"。[2]

在注解《齐物论》"罔两问影"一章时,郭象说:

> 今罔两之因景,犹云俱生,而非待也……故罔两非景之所制,而景非形之所使,形非无之所化也。则化与不化,然与不然,从人之与由己,莫不自尔,吾安识其所以哉! 故任而不助,则本末内外,畅然俱得,泯然无迹。若乃责此近因,而忘其自尔,宗物于外,丧主于内,而爱尚生矣。虽欲推而齐之,然其所尚已存乎胸中,何夷之得有哉![3]

此段解释了罔两与影、形虽然处于共存的状态,但三者之间并不存在必然的因果联系,而是独立生成与变化的。罔两不是因为影子而出现的,影也不是由形所驱使的,万物的生成变化"莫不自尔",我们并不能从外部寻找到它们之所以如此的根源,只能任其自生而不助长。如果非要将事物变化的原因归于一些可见的直接联系,承认外因的存在,而忘记事物是自己而然的,就会迷失在无穷无尽的追问之中:"若责其所待而寻其所由,则寻责无极,卒至于无待,而独化之理明矣。"[4]

郭象用唇与齿的关系来解释事物的存在是自为而不相为:"天下莫不相与为彼我,而彼我皆欲自为,斯东西相反也。然彼我相与为唇齿,唇齿者未尝相为,而唇亡则齿寒。故彼之自为,济我之功弘矣,斯相反而不可以相无者也。"[5]天下的事物之间存在一种彼我关系,彼我皆自为,同时又成就了对方。以唇齿为例,唇齿之间并没有因果关系,唇不是为齿而产生,然则唇亡齿寒。故此,恰恰是事物的自为成就了他物。此中并不

---

[1] 〔清〕郭庆藩撰,王孝鱼点校:《庄子集释》,第398页。
[2] 汤一介:《郭象与魏晋玄学》,第299页。
[3] 〔清〕郭庆藩撰,王孝鱼点校:《庄子集释》,第112页。
[4] 同上书,第111页。
[5] 同上书,第579页。

存在任何必然的因果联系,也没有任何主观的意图,而是一种客观效应,可以视为"自为"的派生物。正如余敦康所言:"每个具体的事物虽然都是按照自己特有的性分而独化,但并不是彼此孤立,互不相涉,而是结成一种协同关系,在玄冥之境中得到统一,创造出整体和谐的关系。"①

五、"万物独化于玄冥之境"

对于裴頠没有回答的问题——自生如何可能、如何实现以及自生过程如何,郭象以其"独化论"进行了系统论述。"凡得之者,外不资于道,内不由于己,掘然自得而独化也"②,郭象以所谓"独化"之论来保证事物的无待而自尔。万物独立地产生而不需要他物作为凭借,生死变化,都是忽然如此、自己而然的。关于万物何以能够"自生""自为""自有",郭象提出"万物独化于玄冥之境"的思想。

独者,谓独自、独立;化者,生化、变化之意。所谓"独化",就是"无待"之化。郭象说:"若责其所待而寻其所由,则寻责无极,卒至于无待,而独化之理明矣。"③如果一定要追溯万物生化的原因,就必然会陷入无尽的因果循环中。世间万物惟其不依赖于他物,无需任何条件,真正做到"外不资于道,内不由于己,掘然自得而独化也"④,方能从这种因果的无限循环中解脱出来。

汤一介对郭象的"独化"范畴在其哲学思想中的地位评价甚高:"如果说'有'是郭象哲学体系最普遍的概念,那么'独化'则是他的哲学体系中的最高范畴。上述诸概念最终都是为了证成'独化'这个范畴的。所谓'独化',从事物存在方面说,是说任何事物都是独立自足的生生化化,而且此独立自足的生生化化是绝对的、无条件的。"⑤我们认为"独化"这个范畴在郭象哲学中确实是至关重要的,是郭象哲学思想中极具个人特

---

① 余敦康:《魏晋玄学史》,第 357 页。
②④〔清〕郭庆藩撰,王孝鱼点校:《庄子集释》,第 251 页。
③ 同上书,第 111 页。
⑤ 汤一介:《郭象与魏晋玄学》,第 310 页。

色的地方；至于是否是最高范畴，尚有待讨论，毕竟与"性""自然""自生"等概念相比，"独化"二字出现的频率并不高。

"玄冥"一词在《庄子注》中出现多次：

> 无所藏而都任之，则与物无不冥，与化无不一。①
>
> 玄冥者，所以名无而非无也。②
>
> 是以涉有物之域，虽复罔两，未有不独化于玄冥者也。③

关于"玄冥"的含义，学界意见不一。汤用彤先生认为，"独化"是"有"的一面，"玄冥"是"无"的一面，"独化于玄冥之境"实际上是在调和"有""无"之间以及名教与自然之间的关系，所谓玄冥之境是指一种"未限定"的、平等的境界。④ 牟宗三先生将"玄冥"视为一种致虚守静的修养工夫及此工夫所能达到的修养境界。⑤ 黄圣平认为"玄冥"是一个关系范畴，"其内涵主要是物与其亲和物间因为彼此独化而具有的一种玄妙而又默契的关系，但这种关系也可以扩展开来，从而所谓玄冥之境也可以是对天地万物间一种整体性和谐关系与境界的描述"⑥。高晨阳主张："在本体论范围内，玄冥表征着万有的独化状态；在人生论的范围内，玄冥表征着人的某种精神状态；在历史哲学的范围内，玄冥又表征着社会存在的某种理想状态。这三种意义，本质上又是统一的。"⑦

我们认为玄冥之境是一种主客合一、物我冥合的和谐而神秘的状态。郭象说："唯无而已，何精粗之有哉！夫言意者有也，而所言所意者无也，故求之于言意之表，而入乎无言无意之域，而后至焉。"⑧玄冥之境是一种无意之域，很难用言语表达，但是又必须借助于言意之用才能进

---

① 〔清〕郭庆藩撰，王孝鱼点校：《庄子集释》，第 245 页。

② 同上书，第 257 页。

③ 同上书，第 111 页。

④ 参见汤用彤撰，汤一介等导读《魏晋玄学论稿》，第 179—192 页。

⑤ 参见牟宗三《才性与玄理》，第 156—197 页。

⑥ 黄圣平：《郭象玄学研究——沿着本性论的理路》，第 78 页，北京，华龄出版社，2007。

⑦ 高晨阳：《玄冥》，《中国哲学史研究》1989 年第 2 期。

⑧ 〔清〕郭庆藩撰，王孝鱼点校：《庄子集释》，第 573 页。

入这种"无意之域"。值得注意的是,郭象在描述"玄冥"时,常常会使用到"忽然""掘然""窈冥昏默""绋了无也""绋不知其所以然,故曰芒也""天下莫不芒也"等语句,也用"自得之场""无名之境""惚怳之庭"等词来与"玄冥之境"相置换,说明这种"玄冥之境"的状态是若有似无、混沌不分而且玄妙莫测的。

玄冥之境与自性相关,郭象认为只有在"足性""尽性"之后,才能遗彼忘我,泯却一切差别对待,从而达到玄同物我的和谐状态。

在郭象看来,事物不仅各自"独化",而且相互之间也不存在转化的关系。"玄冥之境"正是万物"独化"的场所和境界,是一种抹杀差别、取消是非、不分彼此、自满自足的境界。

万物"独化"的另一个依据在于万物"各有定分"。郭象对庄子的《齐物论》思想加以改造,指出大鹏与小鸒各有其定分,"小大之殊,各有定分,非羡欲所及"。所以,它们不必彼此羡慕,而应该"各适其性"。只要能"自足其性",就可以做到"大小俱足"。

六、适性逍遥

郭象的"万物独化于玄冥之境"思想落实在人生论上,表现为"适性逍遥"。"逍遥"是庄子所追求的理想的精神境界,这也是郭象在注《庄》时必须尊重的。不过,在庄子的思想中,"逍遥"乃是通过克服局限与超越命限方能实现的;因此,庄子在讨论"小大之辩"时,一方面强调了大者对小者之局限性的克服,另一方面突出了大者对自身命限的不断超越。可以说,在庄子的哲学中,"逍遥"观念本身蕴含着某种突破性和批判色彩。然而,到了郭象这里,完全抛弃了"逍遥"观念的突破性和批判色彩。郭象认为"小大之辩"的实质是小者与大者各有其性分,因此,无论小者还是大者,都应该自适其性,在各自性分的范围之内活动,而不要羡慕对方。如此,就能做到各安其性、平等逍遥。所以,郭象所理解的"逍遥"是万物在各足其性的前提下所达成的齐同平等、无所阻碍的精神境界。

所谓"各足其性",有两重含义:一则要求万物从心理上满足于自己天性所禀之质素；二则要求万物在实际活动中各尽自己性分之极，也就是要实现性分中所包含的潜能。比如大鹏能飞至九万里，斥鷃只能达到数仞的高度，但是就其各自性分来说，二者之间没有孰高孰低，只是自然天性不同而已，二者所要做或者说所能做的就是尽其各自所能并满足于己之所能，而不是以小羡大，以异为悲。他说：

> 各以得性为至，自尽为极也。向言二虫殊翼，故所至不同，或翱翔天池，或毕志榆枋，直各称体而足，不知所以然也。今言小大之辩，各有自然之素，既非践慕之所及，亦各安其天性，不悲所以异。[1]

郭象主张"物各有性，性各有分"，"分"这一概念包含了对个体性的认同，指向世间万物的差异与区别。对郭象来说，正是因为性分，万物才有其独立性和差异性，所以万物不论其性如何，都是平等的，没有高低贵贱。也就是说，性分是万物活动的起点，也是万物在各种活动中所希望达成的目标。万物虽有形体、外貌、行为等方面的差别，但如果它们都处于自得的状态，那么只要各自顺任其自性，按照各自性分之规定去做其分内之事，那么万物一样都能达到逍遥的境界，没有胜负优劣之分。

庄子讲万物齐一，是因为一切都是相对的，以相对取消差别；而郭象则以性分消解不同。通观《庄子注》全篇，可以发现郭象虽然提出"各知其极，物安其分，逍遥者用其本步而游乎自得之场矣"，主张得性且尽性者即可达到逍遥之境。但是这只是普遍的，或者说凡人凡物皆有望达到的境界，而更高明的逍遥是属于圣人的："夫圣人之心，极两仪之至会，穷万物之妙数。故能体化合变，无往不可，旁礴万物，无物不然。"[2]依照郭象的看法，只有能玄同彼我而无所依恃才能达到逍遥，所谓玄同彼我就是要做到应物无对、与物冥合。

---

① 〔清〕郭庆藩撰，王孝鱼点校：《庄子集释》，第 16 页。
② 同上书，第 31 页。

七、名教即自然

魏晋玄学发展至郭象，司马氏政权已有所稳定，重整名教的要求极为迫切。郭象身居要职，所要考虑的是在阮籍、嵇康等人所倡导的"越名教而任自然"的理论大行于世之时，如何缓和自然与名教之间的矛盾，重新证明名教的合法性与合理性，并重新树立士人对政治的信心。郭象从其自性论出发，论证了万物的自生独化、自然而然。这种自然而然的状态是万物现存的状态，也是万物所应有的状态。可以说，对郭象来说，现存的一切都是合理的，而名教也是存在的一部分，名教即自然。

首先，君臣上下的等级制度是自然而然的。"臣妾之才，而不安臣妾之任，则失矣。故知君臣上下，手足外内，乃天理自然，岂真人之所为哉！"[1]郭象认为万物皆有其性分。人一出生，性分即具，才性已定，人所能做的只有安于性分，自足其性，为性分所当为，有性分所当有。所以，君臣上下的关系也是一定的，有臣之性者只能为臣，有君之性者自当为君，分位之属，自然已定。

其次，郭象认为仁义本身也是性之内涵的一部分。"夫仁义自是人之情性，但当任之耳。"[2]郭象将仁义等本属于名教规范的内容包含在人的自然本性之中，认为仁义就是人性之内容。

从"各安其分""各适其性"的观点出发，郭象主张调和"名教"与"自然"的关系，认为名教即是自然，自然即为名教。他说："牛马不辞穿落者，天命之固当也。苟当乎天命，则虽寄之人事，而本在乎天也。"(《庄子·秋水注》)因此，仁义之类的道德规范并不在人的本性之外，而正是人性自然的一部分。人们如果能够"各安其天性"，顺应名教的规范，就能各遂其欲、各尽其性，实现自然。为了论证这一点，他特别举了圣人的例子。圣人身处于名教包裹之中，似乎是无法实现其自然本性的。其实不

---

① 〔清〕郭庆藩撰，王孝鱼点校：《庄子集释》，第58页。
② 同上书，第318页。

然,"自然无为"并不是终日"拱默乎山林之中"。郭象说:"夫圣人虽在庙堂之上,然其心无异于山林之中,世岂识之哉!徒见其戴黄屋,佩玉玺,便谓足以缨绂其心矣;见其历山川,同民事,便谓足以憔悴其神矣。岂知至至者之不亏哉!"①圣人无心,虽然身处于庙堂之上,却不异于山林之中,世俗之人、事对于圣人来说不会有丝毫亏损和影响。所谓"圣"是指这种理想人格在外在的政治事功上的作为,也就是说圣人并不是无为于政治,只是他能够做到无心而顺物,不治而天下自治,不化而臣民自化。只要是顺着本性,哪怕是"戴黄屋、佩玉玺""历山川、同民事",都不会改变他自然无为的本性。所以,"夫圣人虽在庙堂之上,然其心无异于山林之中"。

总之,从魏晋玄学的发展来看,正始玄学以何晏、王弼为代表,以清谈为方法,以有无、本末、言意之辨为立论之基础,开启了玄学思潮;至正始十年,经历"高平陵之变",曹魏政权被司马氏所取代,魏晋名士陷入恶劣的政治环境和思想环境,玄学也因此进入竹林时期。竹林玄学以阮籍、嵇康为代表,将视角转向对名教的批判和对自然的向往,侧重于发现庄子哲学的人生价值和审美价值,从庄子哲学中寻找思想资源和精神慰藉,将魏晋玄学推进到一个新的阶段;然而,司马氏的高压政权所允许的自由只能是在名教体制之下的有限自由,阮籍、嵇康"越名教而任自然"的口号以血的代价宣告终结;直至元康时期,裴頠、郭象的出现,才使玄学走出了低谷。时处短暂的王朝统一之际,玄学主体也与西晋政权的根本利益相一致,玄学也是在名教体制的框架内形成的,此阶段的玄学以调和自然与名教为首要任务。于是,君臣上下,仁义礼法,一切政治制度、道德规范都是理应如此的自然而然。自然即名教,名教即自然,郭象以此种对名教与自然关系的重新界定,实现了对名教礼法、等级制度以及道德规范的维护,也完成了魏晋玄学中名教与自然之辨的正—反—合的过程。

---

① 〔清〕郭庆藩撰,王孝鱼点校:《庄子集释》,第28页。

第六章　江左玄学

　　江左玄学是整个魏晋玄学的尾声，具体指的是东晋时期的玄学。公元 317 年，西晋在"八王之乱""五胡乱华"的连番致命打击下走向灭亡；同年，西晋宗室司马睿在建康（今江苏南京）称帝，建立政权，史称东晋王朝。东晋王朝统治的区域主要位于江东（长江以东），"江东"在古代又称作"江左"，因此后人常常用"江左"指代"东晋"；相应地，东晋时期的玄学也被称作"江左玄学"。

　　江左玄学在思想理论方面的成就并不高。汤一介先生评价说："魏晋玄学发展到郭象已达到了顶点，其所要解决的'本末有无'的问题，调和'自然'、'名教'问题，齐一儒道问题等等，在郭象的哲学体系里可以说是已经解决了。……到东晋，玄学虽不能说有什么大的发展，然而一方面有像张湛这样比较重要的玄学家出现；另一方面则表现为佛教和道教接着玄学而又有较大的发展。"[①]从玄学自身而言，经过元康时期郭象等人的思想创新，玄学理论的拓展空间已经很小了。东晋（江左）时期的玄学整体上没有太大的发展，包括张湛在内的玄学家们所做的工作更多是总结此前的玄学理论，调和王弼"贵无论"与郭象"独化论"之间的分歧。

---

① 汤一介：《郭象与魏晋玄学》，第 78 页。

此外,江左玄学的另一个重要任务是将现有的玄学理论延伸到当时已经逐渐勃兴的佛教和道教领域。因此,也有学者将江左(东晋)时期的玄学比喻为玄学的"暮歌"。[①]

第一节 江左清谈与玄学风潮的变化

由于东晋王朝偏安东南、形势危殆,加之门阀世族崛起,诸多特殊的社会政治经济文化因素,导致江左玄学相较于此前的几个玄学发展阶段,呈现出不少新特征、新变化。因此,首先有必要从整体上对江左时期的玄学做一番勾勒。

一、江左清谈

"清谈"是贯穿整个魏晋玄学发展史的最重要的学术文化现象。除了在竹林玄学时期清谈稍受抑制外,其余的正始时期、元康时期和江左时期,清谈都是玄学家们阐发思想、展示才情的最主要的舞台。江左时期的名士们酷爱清谈,《世说新语》里记载的清谈活动中,江左清谈占了很大的比例。这固然是因为编撰者刘义庆所处的南朝与东晋时间相接、传统相近,江左清谈的材料更易获得;但同时也与江左玄风炽盛不无关系。

我们先来看看《世说新语·文学》篇中记载的几则清谈:

> 卫玠始度江,见王大将军。因夜坐,大将军命谢幼舆。玠见谢,甚说之,都不复顾王,遂达旦微言。王永夕不得豫。玠体素羸,恒为母所禁。尔昔忽极,于此病笃,遂不起。

> 旧云,王丞相过江左,止道声无哀乐、养生、言尽意,三理而已。然宛转关生,无所不入。

[①] 裴传永认为:"东晋时期是魏晋玄学的最后一个阶段。东晋之后,在一段时间内,玄学尽管在社会上仍有相当广泛的影响,但独领风骚的时代却是一去不复返了,有鉴于此,我们把东晋时期的玄学比喻为'暮歌'。"见裴传永《王弼与魏晋玄学》,第127页。

殷中军为庾公长史，下都，王丞相为之集，桓公、王长史、王蓝田、谢镇西并在。丞相自起解帐带麈尾，语殷曰："身今日当与君共谈析理。"既共清言，遂达三更。丞相与殷共相往反，其余诸贤，略无所关。既彼我相尽，丞相乃叹曰："向来语，乃竟未知理源所归，至于辞喻不相负。正始之音，正当尔耳！"明旦，桓宣武语人曰："昨夜听殷、王清言，甚佳，仁祖亦不寂寞，我亦时复造心；顾看两王掾，辄翣如生母狗馨。"

谢镇西少时，闻殷浩能清言，故往造之。殷未过有所通，为谢标榜诸义，作数百语。既有佳致，兼辞条丰蔚，甚足以动心骇听。谢注神倾意，不觉流汗交面。殷徐语左右："取手巾与谢郎拭面。"

孙安国往殷中军许共论，往反精苦，客主无间。左右进食，冷而复暖者数四。彼我奋掷麈尾，悉脱落，满餐饭中。宾主遂至莫忘食。殷乃语孙曰："卿莫作强口马，我当穿卿鼻！"孙曰："卿不见决鼻牛，人当穿卿颊！"

殷中军虽思虑通长，然于才性偏精。忽言及"四本"，便若汤池铁城，无可攻之势。

第一则材料中，东晋名士卫玠在大将军王敦府上见到名士谢鲲。二人一见如故，完全不理会主人王敦，彻夜清谈。尤其是卫玠，向来体弱多病，其母禁止他过度劳累。但卫玠谈兴所致，不管不顾，殚精竭虑，竟然因此一病不起，可谓为清谈献出了生命！《世说新语·赏誉》篇同样记载了此事："王敦为大将军，镇豫章，卫玠避乱，从洛投敦。相见欣然，谈话弥日。于时谢鲲为长史，敦谓鲲曰：'不意永嘉之中，复闻正始之音。'"第二、第三则材料讲述了东晋王朝的栋梁宰相王导精擅"声无哀乐""养生""言尽意"等玄学论题，而且时常抽出时间，与众名士们析理清谈至夜半三更，并自叹"正始之音，正当尔耳"。后面几则展示了清谈名家殷浩的风度：

在与谢尚的清谈中,殷浩无需准备,洋洋数百语,内容佳致,言辞丰赡,动人心魄,令谢尚汗流满面。在与孙安国的清谈中,宾主二人你来我往,异彩纷呈,紧张激烈,以至于顾不上吃饭,饭菜都已经热了几遍;激动之处,二人挥动手中麈尾,麈尾散落,覆满饭桌。殷浩尤其擅长才性四本之论,一旦言及,其论说宛如汤池铁城,完全无懈可击。通过上述清谈例证,可以看出江左时期清谈活动的风靡之势。"东晋时期,反思西晋覆亡而指责玄谈'虚无'误国的舆论盛极一时,然而,谈玄之风却前所未有地高涨起来,玄学不仅成为士人的普遍爱好,而且被统治当局视为指导思想,并于泰元年间正式列入官学。"①泰(太)元是东晋孝武帝司马曜的年号,起止年是公元 376 年到 396 年,处于东晋后期,玄学在这一时期被列入官学。不过,也有学者指出,东晋初期太兴二年(319)王弼《周易注》开始立于太学,已经标志着魏晋玄学的义理易学成为官方的政治哲学。②

为何在离乱之后,偏安东南一隅的名士们能够复畅玄风? 主要有三个原因。第一个是形式上的原因,即河洛地区的名士们南渡,将玄学传播至江南地区,并逐渐影响江南本地士人接受了玄学。唐长孺先生指出:"永嘉乱后,大批名士南渡,本来盛行于京洛的玄学和一些新的理论,从此随着这些渡江名士传播到江南。以琅琊王氏、陈郡谢氏、殷氏为首的侨姓高门在江左大畅玄风固不必论,一向偏于保守的江南学门,如吴郡陆氏、会稽虞氏、贺氏等,虽然大体上仍传授汉代以来累世相承的家学,但也不免逐渐为侨人风尚所移,开始重视玄理。特别是吴郡张氏,家世相传,研习玄学,受到新学风的影响更深。"③河洛地区的思想文化代表了当时的最高水准,名士南渡的同时也将盛行于河洛的玄学推广到文化欠发达的江南地区。第二个原因是东晋王朝汲取了西晋动荡败亡的教训,晋王室紧紧依托王、谢等大族世家来治理国家,各方力量在危机面前基本能做到以大局为重,加之诸多巧合因素,使得东晋得以度过最初的

---

① 徐斌:《魏晋玄学新论》,第 264 页。
② 参见王晓毅《王弼〈周易注〉与东晋官方易学》,《周易研究》2013 年第 6 期。
③ 唐长孺:《魏晋南北朝隋唐史三论——中国封建社会的形成和前期的变化》,第 212 页。

波动期,逐渐安定下来,为名士清谈提供了相对安全稳定的社会环境。第三个原因是东晋王室衰微,门阀士族崛起,这对于整个社会政治而言固然弊病不少,但从江左名士的角度来看,他们在政治和经济方面的地位更加独立,学术精神也相应地更加自由。江左名士们不仅不需要像竹林时期的阮籍、嵇康等人那样慎言以避祸,甚至也不需要像元康时期的郭象等人那样让玄学屈从于政治。他们可以在相对宽松自由的环境中享受清谈:"将玄学视为时代精神的江左时代,玄学首次在不受压制的环境中自由流行,一时间上至股肱重臣,下至名士百官,人人以谈玄为尚,掀起前所未有的玄学思潮。此时的玄学既是士人的思想信仰,又是他们不可或缺的精神生活。"①

不过,江左清谈尽管在形式上依旧喧嚣热闹,但其重心已不在思想领域的形上玄理的探究上,而是转向精神领域的清虚自适境界的体认上,"'清虚'成为东晋谈玄的主题"②。尽管以张湛为代表的少数玄学家仍旧以精研、调和"贵无论"和"独化论"为中心工作,但从总体上看,江左名士们最欣赏的不是王弼、郭象等以思辨见长的玄学家,而是夏侯玄、嵇康这样的形神兼具、气质清雅的玄学家。因此,较之于从前,江左玄学要少几分抽象、深邃的意蕴,而要多几分浪漫、空疏的色彩。

再以《世说新语》中记载的清谈为例:

> 庾公造周伯仁,伯仁曰:"君何所欣说而忽肥?"庾曰:"君复何所忧惨而忽瘦?"伯仁曰:"吾无所忧,直是清虚日来,滓秽日去耳。"
>
> （《世说新语·言语》）

> 刘尹云:"清风朗月,辄思玄度。"　　（《世说新语·言语》）

> 王司州至吴兴印渚中看,叹曰:"非唯使人情开涤,亦觉日月清朗。"
>
> （《世说新语·言语》）

---

① 徐斌:《魏晋玄学新论》,第268页。
② 同上书,第269页。

王子敬云："从山阴道上行,山川自相映发,使人应接不暇。若秋冬之际,尤难为怀。"　　　　　　　　　（《世说新语·言语》）

郭景纯诗云："林无静树,川无停流。"阮孚云："泓峥萧瑟,实不可言。每读此文,辄觉神超形越。"　　　　　（《世说新语·文学》）

羊孚作《雪赞》云："资清以化,乘气以霏。遇象能鲜,即洁成辉。"桓胤遂以书扇。　　　　　　　　　（《世说新语·文学》）

王公与朝士共饮酒,举琉璃碗谓伯仁曰："此碗腹殊空,谓之宝器,何邪?"答曰："此碗英英,诚为清彻,所以为宝耳。"

（《世说新语·排调》）

上引清谈言论虽出自不同篇目,但均表现出崇尚自然、向往清虚的精神旨趣,明显受到庄子的逍遥超世思想的影响。倘若从美学的角度看,此类江左清谈超然物外、提起神于太虚,实在具有极为崇高的美学价值。宗白华先生就曾赞叹："晋人以虚灵的胸襟、玄学的意味体会自然,乃能表里澄澈,一片空明,建立最高的晶莹的美的意境!"①不过,若是从玄学的角度看,此类江左清谈除开精神意蕴,就显得有些空洞无物了。因此,陈寅恪先生对东晋清谈的评价颇低,他说："当魏末西晋时代即清谈之前期,其清谈乃当日政治上之实际问题,与其时士大夫之出处进退至有关系,盖藉此以表示本人态度及辩护自身立场者,非若东晋一朝即清谈后期,清谈只为口中或纸上之玄言,已失去政治上之实际性质,仅作名士身份之装饰品者也。"②

在江左时期的清谈活动中,即便是那些有实际内容的清谈,也往往避实就虚,更加突出形式而对内容有所忽略。如太傅司马道问车骑将军谢玄："都说惠施学富五车,为什么他没有一句话涉及玄言?"谢玄回答:

---

① 宗白华:《美学与意境》,第 186 页,北京,人民出版社,1987。
② 陈寅恪:《金明馆丛稿初编》,第 201 页。

"这恐怕是因为玄言的精微处难以言传吧！"①谢玄的答案不可谓不精彩，不过却没有借此来继续探讨和申发"言意"问题。又如庾子嵩完成了《意赋》，侄儿庾亮看了，问道："如果您有那样的心意，那心意不是赋能说得尽的；如果您没有那样的心意，又写赋做什么？"言外之意，无论有无内心感受，词赋都是无法传达的。庾子嵩回答说："我写赋正是在有意和无意之间。"②庾子嵩的答案颇有庄学意味，显得很高明；但是仅停留于此，而未从玄学的层面展开进一步思辨。

对于江左清谈的实质，徐斌作了精到的分析：江左玄学"在新的时代环境中从正始之音和中朝清谈（按：元康玄学）中各汲取一部分内容，整合为一种与体制化儒家和平共处，政治上奉行'无为而治'，精神和生活上追求浪漫自由的江左玄风"③。说得通俗一点，江左时期的清谈是没有追求的，既没有突破玄理的野心，也没有安身立命的考量，而仅仅是一种随遇而安，暂且享受清闲。这样的清谈是"不会有任何芒锋，更谈不上多少创新。它从内容上讲，承乎正始玄学，从精神上讲，近乎中朝（按：元康玄学）清谈，名教与自然调和在东晋是作为一个既成事实来接受的，是为东晋玄谈的基点。所以说，东晋玄谈没有产生可观的思想成果，也未能出现大师级的玄学家。玄谈演为时尚，其成就主要是体现在玄学的思想普及上"④。江左清谈更多是在形式上对此前的清谈做了一些组合的工作：它择取了正始玄风的辩难形式，却忽略了更重要的开放超越的气质；它照搬了竹林玄学的自由放达的情韵，却舍弃了更有价值的批判精神；它参考了元康玄学的调和自然与名教的圆融方法，却丢掉了更关键的思辨精神。所以，就玄学自身而言，江左清谈的理论价值有限。它的贡献更多体现在与佛教、道教的融合过程中。

---

① ② 参见《世说新语·文学》。
③ 徐斌：《魏晋玄学新论》，第264页。
④ 同上书，第270页。

二、江左玄学风潮的变化

江左清谈的种种优缺点都是这一时期玄学风潮的折射。受社会政治变局的影响,江左时期的玄学呈现出一些新的变化。

首先,江左名士的精神气质表现出一种既积极又消极的矛盾色彩。一方面,饱受国破家亡之痛的名士们开始反思西晋败亡教训,试图积极奋发,振作向上。《世说新语·言语》篇记载:"过江诸人,每至美日,辄相邀新亭,藉卉饮宴。周侯中坐而叹曰:'风景不殊,正自有山河之异!'皆相视流泪。唯王丞相愀然变色曰:'当共戮力王室,克复神州,何至作楚囚相对!'"王导的态度代表了当时很多名士的心声,他们希望发愤图强,光复神州。贯穿东晋时期的北伐派就是其中坚力量。但另一方面,东晋王朝面临的外敌众多而强大,内部却君臣不靖,山头林立,不仅中兴希望渺茫,还随时有覆亡之虞。因此,东晋的名士们大多有一种衰世的无可奈何感,渐渐由对现实的失望转向逃避。正如汤一介先生所言:"到东晋,门阀世族这个统治集团不再关心解决现实社会中的种种矛盾,而是更加着力地去虚构超现实的世界,企图把现实社会中存在的种种矛盾统统推到那里去解决。他们最关心的不再是社会现实问题,而是个人的生死解脱问题。个人的生死解脱问题既然成为这个集团最关心的实际,于是它就成为张湛《列子注》的中心课题和东晋以后玄学的特殊内容。"[1]总之,江左名士们欲进无力,欲退不甘,经常在积极与消极之间徘徊,即便王导、谢安这样的栋梁之臣也常怀隐世之志。因此,江左玄学在某种意义上延续了竹林玄学的趋势,将玄学风潮进一步向文学、艺术、生活情调等感性化领域拓展;不过,缺少了竹林玄学的尖锐的批判意识。

其次,江左名士的玄学立场是妥协的结果。东晋政治的最大特征之一就是妥协。开创东晋王朝的晋元帝司马睿本是宗室远支,原来轮不到他即位。只是因缘际会,他才得以登顶为君。但司马睿的权势有限,必

---

[1] 汤一介:《郭象与魏晋玄学》,第78—79页。

须依托南渡的王氏、谢氏等世家大族,才能站稳脚跟。东晋初期民间流传"王与马,共天下",意谓世家大族的代表王氏与皇族司马氏共治天下。世家大族对魏晋易代之际司马昭等人大肆灭杀名士的惨痛教训记忆犹新,因此不愿让皇权过分张大。故各世家大族相互支持,形成了与皇室分庭抗礼的政治力量。世家大族也相应发展成为门阀。东晋政治就是在皇室与门阀相互妥协的基础上建立的。

江左玄学的发展也受到这一特殊政治形势的影响。"东晋政权在确定统治思想上陷入两难之中,反省的结果要求振兴儒学,门阀政治格局却不喜欢直接为君权服务的儒家思想来约束自己,但他们也认识到在维护社会基本秩序方面,儒家思想是不可替代的。最终,双方找到一个平衡点,即仍公开宣布儒家为正统官方思想,共同维护儒家伦理的社会基本秩序。在这个大框架内,另外寻找一种符合世族名士阶层需求,能够平衡各方矛盾,维持偏安局面的指导思想,在实践中加以运用。兴起于正始而命运多舛的玄学,出乎意料地在东晋走上前台,被奉为官方思想。由此在总体上构成了'外儒内道'统治思想结构。……儒学与玄学的共融与平衡,与其说是玄风煽炽的结果,莫如视为君权与士权取得相对平衡的思想折射。"①江左名士普遍选择了玄与儒相互妥协、彼此适应的立场,在政治领域尊重儒家名教的主导作用,在精神文化层面则更倾心于玄学的自然超脱境界。可以说,名教与自然之间的矛盾在这一时期是最淡化的。

再次,一些江左名士开始有意识地反思与总结此前的玄学成就,一批总结玄学发展历程的作品陆续涌现。如《世说新语·文学》篇记载:"褚季野语孙安国云:'北人学问,渊综广博。'孙答曰:'南人学问,清通简要。'支道林闻之,曰:'圣贤故所忘言。自中人以还,北人看书,如显处视月,南人学问,如牖中窥日'。"时人已经开始从整体的高度评价南北学风的差异,而南学"清通简要"的论断对应的正是玄学的特质。相似的说法

---

① 徐斌:《魏晋玄学新论》,第 266—268 页。

亦见于《隋书·儒林传》："大抵南人约简，得其英华；北学深芜，穷其枝叶。"①据唐长孺先生分析，"所谓'约简'与'深芜'不一定在乎文字的繁简……'约简'和'深芜'也许可以解释为南学重义解，北学重名物训诂，这正是魏晋新学风和汉代学术传统的区别所在"②。"约简"和"清通简要"相类，都是形容魏晋玄学的抽象思辨、直探本体的基本特色。

在著文总结玄学发展史的江左名士中，袁宏是比较有代表性的一位。袁宏，字伯彦，大约与谢安、桓温同时代，以文章著称于世，尤其长于史学，编著有《后汉纪》和《三国名臣颂》等史学作品。在玄学方面，他著有《名士传》。有学者考证，袁宏的《名士传》包括正始名士、竹林名士和中朝名士三个部分。③《世说新语·文学》篇云："袁彦伯作《名士传》成，见谢公。公笑曰：'我尝与诸人道江北事，特作狡狯耳！'彦伯遂以箸书。"刘孝标注曰："宏以夏侯太初、何平叔、王辅嗣为正始名士，阮嗣宗、嵇叔夜、山巨源、向子期、刘伯伦、阮仲容、王濬仲为竹林名士，裴叔则、乐彦辅、王夷甫、庾子嵩、王安期、阮千里、卫叔宝、谢幼舆为中朝名士。"袁宏对魏晋玄学所作的分期是现存最早的，对于后人全面了解魏晋玄学的发展历程有重要的作用。

此外，东晋名士孙盛不仅擅长清谈，而且著述颇丰。他先后写了《老聃非大贤论》《老子疑问反讯》等玄学文章，特别是他撰写的《魏氏春秋》《晋阳秋》等书籍，保留了魏晋玄学不同阶段的重要资料，具有极高的史料价值。南朝时期出现的《世说新语》和《颜氏家训》等著作，均分别从整体和局部反思和总结了魏晋玄学，亦可以视作江左玄学总结之风的余韵。

最后，也是江左玄学最重要的变化，就是调和之风盛行。作为魏晋玄学发展的尾声，到江左时期，玄学内部与外部的种种旧矛盾、新冲突已经展露无遗。江左名士们在总结前贤的基础上，开始对各种主要异质思想进行统摄与调和。如调和名教与自然，调和"贵无论"与"崇有论""独

---

① 《晋书》卷七十五《儒林传序》。
② 唐长孺：《魏晋南北朝隋唐史三论——中国封建社会的形成和前期的变化》，第213页。
③ 参见熊明《〈名士传〉〈竹林七贤论〉考论》，《淮阴师范学院学报》2009年第5期。

化论",乃至调和玄儒、调和玄佛、调和玄道(教)。汤一介先生指出:"这时佛道二教更为发展,《世说新语·文学》'简文称许掾'条注引《续晋阳秋》说:'正始中,王弼、何晏好庄老玄胜之谈,而世遂贵焉,至过江佛理尤盛。'且当时名门大族如王氏、殷氏、沈氏等等均有奉道教者。"[①]不过,由于缺乏对核心思想的理论创新,江左名士们所做的调和工作更多是在表层意义上的,其理论深刻性尚未能达到王弼和郭象等人的层次。而在调和玄佛的过程中,生命力渐渐萎缩的玄学遭遇生机勃勃的佛教,导致玄学的主导地位被后者取代,玄学也随即落下帷幕。

第二节 王导与谢安

唐代诗人刘禹锡《乌衣巷》一诗中写道:"旧时王谢堂前燕,飞入寻常百姓家。"同为唐朝诗人的羊士谔在《忆江南旧游二首》诗中也说道:"山阴道上桂花初,王谢风流满晋书。""王谢"指的就是东晋时期的两大显赫家族:以王导为首的王家和以谢安为首的谢家。王、谢世家是东晋王朝的中流砥柱。其中,王导与谢安二人分别在东晋开创时期和中后期担任宰相,以不同方式力挽狂澜,是东晋王朝最为重要的栋梁。二人的政治才干不是本书关注的重点。从玄学的视角看,王导和谢安将政治与玄学相融合所体现出的极具特色的"宰相气度",可以被视为江左玄学的一种独特发展。

一、王导

王导(276—339),字茂弘,琅琊临沂(今山东临沂西北)人,东晋前期著名政治家、思想家。据史书记载,王导出身于世家大族琅琊王氏,以"卧冰求鲤"的事迹位列"二十四孝"的王祥就是他的祖辈。琅琊王氏累世高官,人才辈出。王导年少之时即已表现出不凡之处,"识量清远",被评价为有"将相之器"。永嘉之乱时,琅琊王氏衣冠南渡,逐渐发展成为

---

① 汤一介:《郭象与魏晋玄学》,第 79 页。

东晋时期顶级门阀士族。开创东晋王朝的晋元帝司马睿与王导素来亲善,司马睿正是在以王导为代表的王氏家族的支持与拥戴下,才得以站稳脚跟,度过最初的艰难时光。于是投桃报李,司马睿拜王导为王朝宰相,对其敬重有加,以至于当时民间流传有"王与马,共天下"的说法。据田余庆先生的研究,"'王与马共天下',不再是指裂土分封关系,而是指在权利分配和尊卑名分上与一般君臣不同的关系"①。王氏家族与司马氏皇族分庭抗礼,实为时事所然,是多方妥协的结果。王导不负重托,他向晋元帝进言,要帝王礼遇士人、招揽人才,尤其要汲取西晋初期暴虐残害名士的教训,又联系笼络其余南渡世家,求同存异。王导巧妙地化解了各方之间的矛盾与利益冲突,最大限度地整合了南渡的种种力量,使东晋王朝能够稳定下来。陈寅恪先生曾评价:"王导之笼络江东士族,统一内部,结合南人北人两种实力,以抵抗外侮,民族因得以独立,文化因得以续延,不谓民族之功臣,似非平情之论也。"②陈先生的论断是在回应历史上对王导的批评意见,如清人王鸣盛就对王导极为鄙薄:"其实乃并无一事,徒有门阀显荣,子孙官秩而已。"③王鸣盛认为,王导的所作所为对东晋实际上并没有什么贡献,其"成功"只不过是凭借王氏门阀的势力,而王导所做的也不过是延续和壮大王氏家族的尊荣富贵。陈先生不同意此类看法。的确,永嘉之乱后,北方豪强虎视眈眈,南渡各家茫然不安,在这样极端复杂危殆的情况下,王导能够扶持司马睿,团结众人,一举奠定东晋王朝,显然不能用运气好或者背景深来解释。因为论家世背景,王导的族兄王衍同出于琅琊王氏,地位更尊荣,最后却落得国破身死、贻笑后世的结局。

　　王导的宰相气度酷肖夏侯玄。在正始名士中,夏侯玄与众不同,拥有一种"温润肃穆"的儒者气质:他反对通过毁弃礼法的方式来体现其玄学个性,而是"情礼兼到",对儒家典雅雍容、肃穆平正的伦常价值十分推

① 田余庆:《东晋门阀政治》,第 3 页,北京,北京大学出版社,1996。
② 陈寅恪:《金明馆丛稿初编》,第 77 页。
③ 〔清〕王鸣盛:《十七史商榷》(中),第 591 页,上海,上海古籍出版社,2013。

崇。在夏侯玄这里,名教与自然不必分离,可以相互助长、彼此成就。王导继承了夏侯玄"情礼兼到"的风格,在处理政治与玄学关系时,巧妙地将名教与自然融为一体。

东晋初年,乱后甫定,南渡士人在感伤家国离散的同时,对前路亦茫然无措。《晋书·王导传》记载:"过江人士,每至暇日,相要出新亭饮宴。周𫖮中坐而叹曰:'风景不殊,举目有江河之异。'皆相视流涕。惟导愀然变色曰:'当共戮力王室,克复神州,何至作楚囚相对泣邪!'众收泪而谢之。"当众人感怀悲观之时,王导作狮子吼,激励大家振作精神、昂扬进取、以图中兴。王导在关键时候率先垂范,起到了稳定军心、提升士气的重要作用。不仅如此,王导清醒地认识到,东晋王朝初定,朝纲不振,人心未定,危机潜伏。因此,他明确提出弘扬名教的主张。其时,晋皇室衰微,群臣对皇室缺少敬重,不祭拜历代晋朝皇帝的陵墓;而且晋元帝司马睿并非皇室正嫡,位卑势弱,虽得登大宝,但权威有限。王导见此情形,带头祭拜晋皇室陵墓,"不胜哀戚","由是诏百官拜陵,自导始也"。他还刻意维护晋元帝的权威,借以提升凝聚力。王导反省西晋覆亡的原因之一,就是"公卿世族,豪侈相高,政教陵迟,不遵法度,群公卿士,皆厌于安息,遂使奸人乘衅,有亏至道"。于是,他身体力行,主张生活节俭,"简素寡欲,仓无储谷,衣不重帛"。[①] 尤其重要的是,王导旗帜鲜明地倡导复兴儒家名教:

> 夫风化之本在于正人伦,人伦之正存乎设庠序。庠序设,五教明,德礼洽通,彝伦攸叙,而有耻且格,父子兄弟夫妇长幼之序顺,而君臣之义固矣。……诚宜经纶稽古,建明学业,以训后生,渐之教义,使文武之道坠而复兴,俎豆之仪幽而更彰。(《晋书·王导传》)

王导认为,端正社会风气的关键在于兴教育、正人伦;如此,可以使"父子兄弟夫妇长幼之序顺""君臣之义固",进而达到"使文武之道坠而复兴,

---

① 《晋书》卷六十五《王导传》。

俎豆之仪幽而更彰"的治世效果,实现东晋王朝的中兴。"王导身为一个有眼光、有抱负的政治家,他很清楚东晋初建,政局不稳,需要利用儒家礼仪制度来整齐人心、规范南北士族的行为。"①儒家名教所具有的规范性和秩序色彩对于东晋初期有着无可替代的作用,这是王导提倡名教的根本原因。

不过,王导在倡导儒家名教以整顿人心、移风易俗的同时,并没有放弃玄学崇尚自然的立场。《世说新语·文学》篇记载:

> 旧云,王丞相过江左,止道声无哀乐、养生、言尽意,三理而已。
> 然宛转关生,无所不入。

> 殷中军为庾公长史,下都,王丞相为之集,桓公、王长史、王蓝田、谢镇西并在。丞相自起解帐带麈尾,语殷曰:"身今日当与君共谈析理。"既共清言,遂达三更。丞相与殷共相往反,其余诸贤,略无所关。既彼我相尽,丞相乃叹曰:"向来语,乃竟未知理源所归,至于辞喻不相负。正始之音,正当尔耳!"明旦,桓宣武语人曰:"昨夜听殷、王清言,甚佳,仁祖亦不寂寞,我亦时复造心;顾看两王掾,辄翣如生母狗馨。"

王导对玄学的"声无哀乐""养生""言尽意"等清谈议题极为用心,反复思索,务求赅备无遗。不仅如此,王导还十分热衷于清谈活动,常常召集名士雅会清谈,直至通宵达旦。《世说新语·轻诋》载:"王丞相轻蔡公,曰:'我与安期(王承)、千里(阮瞻)共游洛水边,何处闻有蔡充儿?'"对王导来说,最引以为傲的并不是位极人臣、风光无限,而是当年与一众友人畅游谈玄的经历。

王导仿效夏侯玄"情礼兼到"的做派,主张玄儒并重,调和名教与自然的关系,"以'名教'为用,以'自然'为体"。②他还在政治实践中贯彻这一精神,史书记载"导为政务在清静"③,"政务宽恕,事从简易"(《世说新

---

①② 汪浩、程刚:《论东晋王导的儒家、玄学思想》,《乐山师范学院学报》2014 年第 11 期。
③《晋书》卷六十五《王导传》。

语·政事》),努力达成名教与自然的平衡。

二、谢安

谢安(320—385),字安石,陈郡阳夏(今河南太康)人,东晋中后期著名政治家、思想家。谢安出生的陈郡谢氏是与琅琊王氏比肩的顶级门阀世家。谢安四岁时,便被人评价"风神秀彻",将来有大成就;少年时,他气宇非凡,"神识沈敏,风宇条畅",显示出远远超过同龄人的素养与性格;成年后,他更是深得王导等前辈器重。谢安在当时的名士阶层中声望极高,众人都服膺他的品行与才干,官府也多次征召他出仕为官。谢安不得已赴召,但只做了一个月就告病辞官。谢安的内心企慕竹林贤士洒脱放达的生活方式,更情愿隐居东山,"与王羲之及高阳许询、桑门支遁游处,出则渔弋山水,入则言咏属文,无处世意"[1]。于是,谢安此后多次推辞官府征召,而放情丘壑、挟妓出游。后来,谢氏家族在官方的代表谢万因故被黜废。为了家族的利益,谢安不得不正式踏入仕途,此时他已经年过四十。由于谢安长期隐居在东山,所以后人把他重新出来做官之事称为"东山再起"。

当时,王氏家族的王坦之与谢安齐名,被视为政坛双璧。但是其后发生的一件事情让人们看出了两人的高下:简文帝病重,桓温推荐谢安任顾命大臣。简文帝病逝后,权势滔天的桓温起了不臣之心,率大批兵将逼近晋皇室的陵墓,企图取晋室而代之。此时最大的阻碍就是谢安和王坦之,因为站在他们身后的是谢氏和王氏两大家族。桓温召谢安、王坦之二人前来见他,准备伺机加害他们。见此情形,王坦之非常害怕,便向谢安询问对策。谢安神色不变,说道:"晋祚存亡,在此一行。"见到桓温,王坦之惧怕得大汗淋漓,连手中的笏板拿反了都未察觉;而谢安则气定神闲,从容自若,对桓温说:"我听说倘若诸侯有德行、守道义,就会带领兵将镇守四方,保境安民。可是您却为什么把兵将埋伏在影壁之

---

[1]《晋书》卷七十九《谢安传》。

后?!"谢安悠然镇定的神情和不卑不亢的言论,令桓温意识到众多名士阶层的人心仍没有归附于他,篡权之举恐怕不会有好的结局,只好偃旗息鼓。从此,名士们更为推崇谢安,而认为王坦之远不如他。后来,桓温病重,命不久矣,再无顾忌,逼迫朝廷加九锡于他,希望在去世之前一遂帝王心愿。面对袁宏起草的加九锡的昭告文书,谢安没有直接拒绝,而是明智地采取了"拖"字诀。谢安表示,此事重大,袁宏写的昭告文书不够完美,他要亲自修改。而且改一次还不行,还要一改再改,就这样拖延了十几天,直到桓温病逝还没改好。就这样,谢安将一场朝廷的危机不动声色地化解掉了。

东晋太元二年(377),已经统一了北方的前秦王苻坚志满意得,兵多将广,准备出兵攻灭东晋。这是东晋王朝面对的一次最大的危机。谢安选用杰出的将领、训练精兵,做好统筹工作,并保证了后方的安定。太元八年(383)苻坚南征,经淝水之战,东晋战胜前秦军队,获得巨大胜利,东晋王朝由危转安。

谢安的名声因此如日中天。但他深知盛极而衰的道理,淝水之战后,主动将手中的权力逐步交还给东晋皇室。史书记载:"安虽受朝寄,然东山之志始末不渝,每形于言色。及镇新城,尽室而行,造泛海之装,欲须经略粗定,自江道还东。雅志未就,遂遇疾笃。"[1]他刻意表现出闲云野鹤的出世之意,以缓解与晋皇室之间的矛盾。谢安的苦心没有白费,他终于得以善终,而谢氏家族也能继续显荣,且人才辈出。

谢安与前辈王导一样,都服膺夏侯玄。但谢安的宰相气度与王导又有所区别。王导看重的是夏侯玄温润肃穆、"情礼兼到"的气质,其宰相气度主要表现为玄儒并重,调和名教与自然。谢安则更看重夏侯玄从容悠然、镇定自若的精神气韵,其宰相气度主要表现为举重若轻、潇洒从容。

《晋书·谢安传》记载:

　　尝与孙绰等泛海,风起浪涌,诸人并惧,安吟啸自若。舟人以安

―――――――――――――

① 《晋书》卷七十九《谢安传》。

为悦，犹去不止。风转急，安徐曰："如此将何归邪？"舟人承言即回。众咸服其雅量。[1]

在谢安隐居东山、放情山水的岁月里，一次，他和孙绰等名士相约泛舟海上，不料风浪骤起，波涛汹涌，同船之人大惊失色，只有谢安一人吟诗长啸，若无其事。划船者见谢安神闲气定，欣悦自适，便继续向远方划去。直至风浪更大，众人惊慌失措，东倒西歪。谢安才不紧不慢地说："大家这样乱成一团，我们怎么回去啊？"大家听了谢安的话，安静下来，船得以平安驶回。名士们由此愈发钦佩谢安的"雅量"。置身于风高浪急的大海之上，心生恐惧是人之常情。但谢安偏偏要"吟啸自若"，展现出一种不以为然的安闲做派。我们既可以说谢安的这种"雅量"只是刻意为之，有假装的嫌疑，但同时也可以将谢安的做法视作一种对心志的训练，即通过挑战极端情形，磨砺心志，坚韧意念。

谢安的这种宰相气度在淝水之战中也有鲜明表现。据《晋书·谢安传》记载：

> 玄等既破坚，有驿书至，安方对客围棋，看书既竟，便摄放床上，了无喜色，棋如故。客问之，徐答云："小儿辈遂已破贼。"既罢，还内，过户限，心喜甚，不觉屐齿之折，其矫情镇物如此。[2]

淝水一战，谢玄大获全胜，军情急报送到谢安府上时，他正悠闲自在地与客人下棋。谢安拿过军情急报看了一眼，随手放在床边，不动声色，一如既往地继续下棋。客人迫不及待地问道："前方战事怎么样啊？"谢安淡淡回答："不过是儿郎们打败了敌人罢了！"即使是在生死存亡的紧要关头，谢安仍要保持从容、雅致的气度，这就是一种"魏晋风度"。不过，等客人离开，谢安独自回内室去时，由于心中喜悦，走得太急，以至于脚上的木屐之齿撞在门槛上折断了，他都没有察觉。

谢安对玄学的贡献主要就体现在雅致从容的气质上。这种雅致从

---

①②《晋书》卷七十九《谢安传》。

容的气质,是魏晋玄学名士风度的一种体现。表现到政治上,谢安"不存小察,弘以大纲",与王导一样,以宽简、自然的方式治理国家;表现在清谈中,谢安面对王羲之"清谈误国"的担忧,从容自信地回答:"秦任商鞅,二世而亡,岂清言致患邪?"国之兴亡与清谈无关,于是乎,大家可以心安理得地享受清谈了。

第三节　王徽之和陶渊明

东晋士人衣冠南渡,举目有山河之异,生死离散,颠沛困厄无时不在困扰着他们,随时改变着他们的生活。如何在这个动乱的时代,在这个天灾人祸、人的生命如草芥的时代,保全自我生命,让自我生命的价值得以展现,成为江左士人思考的首要问题。宗白华先生曾指出:"汉末魏晋六朝是中国政治上最混乱、社会上最痛苦的时代,然而却是精神史上极自由、极解放,最富于智慧、最浓于热情的一个时代。"[1]士人们目睹了种种动乱、杀戮、背叛、兴衰,内心的震撼是深刻的,必然会引起其对民族的出路、人生之疾苦的思考。而且,经历了魏晋异代、西晋败亡等诸般冲击,东晋士人已基本摆脱了儒教统治下的礼法束缚,思想更趋向多元化。即便如王导等人倡导"名教",也仍旧不忘坚守"自然"的立场,最多是"玄儒兼综",而非"独尊儒术"。加之这个时代"孔教以外的思想源源引入",名士们有了更多的选择。在不断探讨本无有末的过程中,名士们独立的思想意识被激发,对于人本身的关注度提高,逐渐意识到个性之美,认识到自我存在的价值和意义以及生命自我保存的必要性。钱穆先生认为:"魏晋南朝三百年学术思想,亦可一言以蔽之,曰'个人自我之觉醒'是也。"[2]魏晋时期是人的自我意识觉醒的启蒙时期,人们开始关注本体、关注"人本身"。在玄学的影响下,士人挣脱儒家纲常的束缚,挑战传统礼教的要求,追求个体的自由,

---

[1] 宗白华:《美学与意境》,第 183 页。
[2] 钱穆:《国学概论》,第 146—147 页,北京,商务印书馆,1997。

有力地促进了自我意识的觉醒。

以王徽之、陶渊明为代表的一类江左名士,将自我觉醒、个性发现的生命意识贯注于当下的现实生活之中,将魏晋玄学的风潮向文学、艺术、生活情调等感性化领域拓展。在一定意义上,王徽之、陶渊明继承了庄子以来的超然、淡泊的自由精神,发展了阮籍、嵇康等竹林名士所具有的真挚、洒脱、清澈、自适的生命情怀。不过,与阮、嵇等人借抨击名教之异化来彰显生命的自然与自由不同,王徽之、陶渊明等江左名士更看重对生命无常的体味以及返璞归真式的遁世归隐。阮、嵇与王、陶的思想均可以追溯到庄子,不过前者承续了庄子的批判意识,而后者发展了庄子的隐逸之志。

一、王徽之

王徽之(338—386),字子猷,是"书圣"王羲之的儿子。王羲之生有七子一女,最为后世所知的是幼子王献之。不过,倘若论及玄学上的成就,其五子王徽之要更胜一筹。王徽之生性高傲,狂放不羁,曾任桓温府上参军,但"蓬首散带,不综府事"。后又任桓冲骑兵参军,桓冲问他:"你负责哪个部门?"王徽之回答:"好像是管理军马吧?"桓冲又问:"你管理的军马总数是多少?"王徽之理直气壮地回答:"我又不懂马,哪里知道有多少匹马?"桓冲追问:"那你管理的马匹病死的多不多?"王徽之答曰:"未知生,焉知死!"又有一次,王徽之陪同桓冲出巡,王徽之骑在马上,桓冲坐在车中。突然天降大雨,王徽之毫不客气地钻进桓冲乘坐的马车中,对桓冲说:"您怎么能独享这辆车呢?"其不拘礼俗、任情不羁显露无遗。

在王徽之的气质中,可以明显看到阮籍和嵇康的影子。他非常仰慕阮籍的痴狂、真挚和嵇康的狂放、洒脱。《晋书·王徽之传》记载:

> 时吴中一士大夫家有好竹,欲观之,便出坐舆造竹下,讽啸良
> 久。主人洒扫请坐,徽之不顾。将出,主人乃闭门,徽之便以此赏

之，尽欢而去。尝寄居空宅中，便令种竹。或问其故，徽之但啸咏，指竹曰："何可一日无此君邪！"①

吴中一位士大夫家中有竹园，王徽之慕名而访。不过王徽之的"慕名而访"实在太过"名副其实"了——他直奔竹园，干脆不搭理竹园的主人，逼得竹园主人关上大门，不放他出去，王徽之方才与主人交谈尽欢。王徽之爱竹成痴，曾放言"何可一日无此君邪！"后世苏轼"可使食无肉，不可居无竹"（《於潜僧绿筠轩》）之情怀以及郑板桥爱竹之种种，可谓与王徽之英雄所见略同，均是看重竹子清丽挺拔、高洁傲世的精神。

《世说新语》记载：王徽之应诏坐船回京城，船行至青溪边上，看到岸边的路上有一群人拥着一辆车经过。王徽之的门客中有人认出这是名士桓伊和他的朋友们。王徽之听说桓伊善于吹笛子，便叫门客向岸上的桓伊传话："听说您擅长吹笛子，能否为我吹奏一次？"桓伊此时地位显赫，也早听说过王徽之的名字，于是，从车上下来，坐在凳子上，为王徽之吹奏了三支曲子，吹完就上车走了。从始至终，两人没有交谈过一句话。王徽之与桓伊相遇，一个想听笛子，一个愿意吹笛子，完事后各赶各的路，不需要寒暄、打招呼。整个过程简单澄净，如行云流水一般，自然而玄远，这就是名士作风。

在王徽之诸多的潇洒故事中，最脍炙人口的，莫过于"雪夜访戴"。据《世说新语·任诞》记载：

> 王子猷居山阴。夜大雪，眠觉，开室，命酌酒。四望皎然，因起彷徨，咏左思《招隐》诗。忽忆戴安道；时戴在剡，即便夜乘小船就之。经宿方至，造门不前而返。人问其故，王曰："吾本乘兴而行，兴尽而返，何必见戴？"

《晋书·王徽之传》亦记载此事：

> 尝居山阴，夜雪初霁，月色清朗，四望皓然，独酌酒咏左思招隐

---

① 《晋书》卷八十《王徽之传》。

诗,忽忆戴逵。逵时在剡,便夜乘小船诣之,经宿方至,造门不前而反。人问其故,徽之曰:"本乘兴而行,兴尽而反,何必见安道邪!"①

王徽之居住在山阴,一个冬夜,天降大雪,王徽之醒来,打开窗户赏雪,命仆人焙酒。他吟诵着左思的《招隐》诗,忽然间想到了他的朋友当世名贤戴逵(字安道),深觉此情此景若能与这位朋友一起喝酒赏雪,岂不快意?于是,王徽之不顾当时正值深夜还下着大雪,自己住在山上,而且戴安道家远在几十里外的剡县,他就这么打着灯笼、披着蓑衣连夜出发,又是下山,又是乘船,折腾了一夜,直到天色已亮,才好不容易赶到了戴安道家。哪知,到了戴府门口,王徽之却突然停住了,没有进门,而是折身返回了。有人奇怪,问他:"你辛辛苦苦远道来访,为什么到了戴府门前,不进去见一见戴安道就返回了呢?"王徽之说:"我本来是乘着兴致来找戴安道喝酒的,现在兴致已尽,自然返回了。只要我尽兴就好,又何必一定要见到戴安道呢?"的确,"只要尽兴就好,何必见戴!"王徽之看似荒诞不经的行为,完美地诠释了魏晋玄学名士风流的一个侧面,即一种彻头彻尾的无拘无束,一种纯之又纯的自由自在——我可以完全不受任何外在因素的干扰,只需按我的本性生活行事,这就是真正的率性而为,任性放荡。

王徽之对玄学的体悟还表现为一种真挚痴狂。这可以从他对待弟弟王献之逝世的态度反映出来:

> 与献之俱病笃。时有术人云:"人命应终,而有生人乐代者,则死者可生。"徽之谓曰:"吾才位不如弟,请以余年代之。"术者曰:"代死者,以己年有余,得以足亡者耳。今君与弟算俱尽,何代也!"未几,献之卒,徽之奔丧不哭,直上灵床坐,取献之琴弹之,久而不调,叹曰:"呜呼子敬,人琴俱亡!"因顿绝。先有背疾,遂溃裂,月余亦卒。②

①②《晋书》卷八十《王徽之传》。

> 王子猷、子敬俱病笃,而子敬先亡。子猷问左右:"何以都不闻消息? 此已丧矣!"语时了不悲。便索舆奔丧,都不哭。子敬素好琴,便径入坐灵床上,取子敬琴弹,弦既不调,掷地云:"子敬! 子敬! 人琴俱亡。"因恸绝良久。月余亦卒。(《世说新语·伤逝》)

王徽之、王献之兄弟两人都病重。当时天师道有一种术法:当某人快死的时候,如果有他人愿意牺牲自己的阳寿来代替濒死者,那么濒死者便能起死回生。王徽之对术士说:"我的才能、地位均不及弟弟献之,希望用我的阳寿为弟弟续命!"术士回答:"能够替他人续命的人,必须自己先有未尽的阳寿。而如今,你与你的弟弟阳寿都快要尽了,你拿什么来替弟弟续命呢?"不久,王献之去世。王徽之问左右之人:"为什么听不到献之的消息? 他恐怕是去世了!"说话时好像并不悲伤。他坐车去奔丧,也不哭,而是坐到灵床上,取来弟弟王献之生前喜好的古琴,要弹奏一曲。奈何琴弦却怎么也调不好。于是王徽之将古琴扔在地上,感叹说:"子敬! 子敬! 人和琴都去世了!"悲痛欲绝,仅仅月余也去世了。

从王徽之的言行事迹来看,他并未继承父亲王羲之对世事的感怀与对永恒的执念。他更为倾心的是嵇康的狂与傲和阮籍的痴与真。尤其是后者,无论是为人处世的形式,还是傲世独立的精神,都对王徽之影响至深。在这个意义上,王徽之是阮籍真正的精神传人。

二、陶渊明

陶渊明(365—427),字元亮,或云名潜、字渊明,别号五柳先生,浔阳柴桑(今江西九江西南)人,东晋著名文学家、思想家。他的曾祖父陶侃做过东晋的大司马,但到陶渊明时,家境已经衰败。陶渊明8岁丧父,12岁丧母,仰赖外祖父抚养而成年。虽处厄境,他不自怨自艾,而是读书自强,"少怀高尚,博学善属文,颖脱不羁,任真自得"①。

---

① 《晋书》卷九十四《陶渊明传》。

他曾著《五柳先生传》云：

> 先生不知何许人，不详姓字，宅边有五柳树，因以为号焉。闲静少言，不慕荣利。好读书，不求甚解，每有会意，欣然忘食。性嗜酒，而家贫不能恒得。亲旧知其如此，或置酒招之，造饮必尽，期在必醉，既醉而退，曾不吝情。环堵萧然，不蔽风日，短褐穿结，箪瓢屡空，晏如也。常著文章自娱，颇示己志，忘怀得失，以此自终。①

五柳先生就是陶渊明的自况。借五柳先生之口，陶渊明表达了自己的心志——"闲静少言，不慕荣利"。他淡泊名利，不喜钻营，唯好读书和饮酒。萧统《昭明文选·陶渊明传》云："贵贱造之者，有酒辄设。渊明若先醉，便语客：'我醉欲眠，卿可去！'其真率如此。"然而家徒四壁，对他而言，养家糊口都成了艰难的事情。不得已，陶渊明违心地出来做官，但总是无法适应官场上的尔虞我诈和虚伪排场。上司督邮来到陶渊明任职的彭泽县视察，众人皆趋附逢迎，小吏建议陶渊明换上官服、束紧官带，郑重其事地去拜见督邮。陶渊明积蓄已久的压抑与愤懑终于爆发，他愤然叹道："吾不能为五斗米折腰，拳拳事乡里小人邪！"解下官印，辞官归隐。

辞官之后，陶渊明写下名垂千古的《归去来兮辞》以抒其意：

> 归去来兮，田园将芜胡不归？既自以心为形役，奚惆怅而独悲？悟已往之不谏，知来者之可追。实迷途其未远，觉今是而昨非。舟遥遥以轻飏，风飘飘而吹衣。问征夫以前路，恨晨光之希微。乃瞻衡宇，载欣载奔。僮仆来迎，稚子候门。三径就荒，松菊犹存。携幼入室，有酒盈樽。引壶觞以自酌，眄庭柯以怡颜。倚南窗以寄傲，审容膝之易安。园日涉而成趣，门虽设而常关。策扶老而流憩，时翘首而遐观。云无心而出岫，鸟倦飞而知还。景翳翳其将入，抚孤松而盘桓。
>
> 归去来兮，请息交以绝游。世与我而相遗，复驾言兮焉求！悦

---

① 《晋书》卷九十四《陶渊明传》。

亲戚之情话，乐琴书以消忧。农人告余以暮春，将有事乎西畴。或命巾车，或棹孤舟。既窈窕以寻壑，亦崎岖而经丘。木欣欣以向荣，泉涓涓而始流。善万物之得时，感吾生之行休。

已矣乎！寓形宇内复几时，曷不委心任去留？胡为乎遑遑欲何之？富贵非吾愿，帝乡不可期。怀良晨以孤往，或植杖而芸耔。登东皋以舒啸，临清流而赋诗。聊乘化以归尽，乐夫天命复奚疑！①

与嵇康相似，陶渊明也有一种精神上的洁癖。故而，他对现实的污浊与贪鄙更加无法忍受。尽管窘迫的家境迫使他不得不委屈自我，为稻粱谋。但本质上他是一个孤傲高洁的人，只有简单而恬静的田园，才能让他舒心惬意。他也曾自嘲不通人情世故，但是，"陶渊明把自己不合于世事、不能尘俗浮沉的性情称之为'拙'，认为这是'非矫励可得'的'质性自然'。他说自己归隐，正是不能应付外在的机巧的'守拙'"②。对他而言，"守拙"的目的正是"全性葆真"，保护至为珍贵的纯真天性。

就精神而言，陶渊明更接近嵇康，而非阮籍。阮籍可以借助酒将自己分裂为两个自我，一个痴狂自恣，另一个与世沉浮。嵇康做不到这一点，因此在复杂的政治环境中无法保全自己。陶渊明也做不到这一点；不过比嵇康幸运的是，陶渊明所处的时代要更宽松一些，更重要的是他可以将高洁的精神寄托于山水田园之间。有学者比较了魏晋玄学不同阶段的隐逸生活："怡情山水原为名士隐逸的生活方式，经嵇康等竹林名士改造为一种具有傲世色彩的审美化生活，中朝则将之与荣华富贵联为一体。东晋名士的怡情山水抛弃了中朝的富贵气，上承竹林风韵，但也滤出其傲世情结，转化为追求宁静精神天地的依托。"③陶渊明正是东晋名士隐逸生活的典范。不同于谢安、王羲之、谢灵运等东晋其他名士的

①《晋书》卷九十四《陶渊明传》。
② 曹胜高：《陶渊明与东晋玄学之新变》，《中国文学研究》2012 年第 1 期。
③ 徐斌：《魏晋玄学新论》，第 288 页。

隐逸,隐居于田园山川对陶渊明而言,绝不是动极思静后的调剂,也不是闲情雅致般的点缀,而是他整个生活的全部。"在陶渊明与自然山水的关系中,看不到中朝名流的显贵,江左世族的潇洒,甚至也不同于竹林名士的傲世。他是全身心地投入田园之中。田园之于他,是生活的也是审美的。生活的田园因其维系吃穿之用而体现出世族名士无法品尝的内在价值,而审美的田园则由于建立在生活基础之上而别具真朴风韵。"① 也只有隐居于田园山川,陶渊明才能避免身与心的分裂,将物质化的现实生活与审美化的精神生命完美地融合为一体,达到真正的自由。

由于将全部生命投射于山水之间,以陶渊明为代表的江左名士在获得精神的愉悦与自由的同时,也从自然山水中收获着丰富的感性体验,并转化到其文学作品之中。可以说,在江左名士这里,玄学往往与文学、艺术等感性形式浑融无间。"东晋士人谈玄,更多是将注意力从社会移向个人,不再关注于外在的事功,而是审视内在的玄默,把礼乐修养和自然性情结合起来,通过自我体验,使得玄意内敛,不再注重理论的辨析,而重视玄意的实践。内化了的玄意,蕴涵于山川田园,随着作者的游目经历,使得外在景物与心相通,与情相契,田园诗、山水诗能够替代玄言诗、游仙诗,体玄之风当是其转型的主要思想动力。"② 江左名士在发现自我、彰显个性的过程中,将玄学从抽象的理论世界拉回到感性的现实人生;而融合了玄学的文学与艺术也成为名士们安顿身心的最好载体。魏晋南北朝时期的文学、艺术等都有着伟大的成就,这不是偶然的;玄学为这一时期的文学与艺术提供了源源不绝的精神资源。

不仅如此,由正始之音启其端、竹林玄学承其绪、元康玄学总其成,直至江左玄学收其音的魏晋玄学高扬个体精神,追求独立、自由、高洁、超拔的人格理想,更对后世产生了极其深远的影响。徐斌归纳了三种有代表性的情形:"其一,羡慕正始嵇康、阮籍之风,将之转化为新庄子精

---

① 徐斌:《魏晋玄学新论》,第 293 页。
② 曹胜高:《陶渊明与东晋玄学之新变》,《中国文学研究》2012 年第 1 期。

神。这些士人生活于体制之中,但坚持人格真诚,鄙视阿上媚俗,襟怀坦荡,敢于直言,不拘小节,恃才傲物,颇具艺术家气质。代表人物为李白、苏东坡等。其二,效法江左陶渊明所为,构成士人阶层中的'世外桃源'情结。他们主要生活于体制之外,崇尚'不为五斗米折腰',宁可隐逸田园,固守清寒,也要保持真诚质朴的人格。代表人物为林和靖、八大山人朱耷之流。其三,信奉郭象'内圣外王'哲学,为体制化生存构筑精神家园。他们不以真诚为念,深通'名教内自有乐地'的奥妙。"①这三种人格,尤其前面两种,进一步发展了孔子所言的"狂狷"气质和庄子口中的"遗世独立"的真人品格,融入魏晋名士的清逸、真挚、洒脱、超拔的性灵情韵,构成了中国传统人格的重要组成部分,与儒家的刚毅、笃诚、包容、进取的圣贤人格形成了良性的互补。

第四节　张湛的《列子注》

张湛,字处度,东晋著名思想家。其生卒年不详,大约活动在东晋中期,高平(今山东金乡)人,与王弼是同乡。张湛与王弼的家族有一点亲戚关系,据《列子序》,张湛的祖父是王家的外甥,并在王家生活过一段时间。《宋书·王歆之传》记载:"高平张祐,并以吏材见知。……祐祖父湛,晋孝武世,以才学为中书侍郎、光禄勋。"张湛曾在东晋孝武帝时期任中书侍郎、光禄勋。《世说新语·任诞》载:"张湛好于斋前种松柏。时袁山松出游,每好令左右作挽歌。时人谓'张屋下陈尸,袁道上行殡'。"人们通常将松柏栽种在墓园中,但张湛不以为然,居然在住宅门前栽种松柏;正如名士袁山松出行之时,喜欢让左右之人唱丧事上的挽歌。因此,人们将他们相提并论,说二人是"张屋下陈尸,袁道上行殡"。可见张湛性情古怪,行为放达,不拘礼俗,有阮籍之风。张湛擅长医学养生。据《新唐书·艺文志》记载,除《列子注》外,张湛还著有《养生要

---

① 徐斌:《魏晋玄学新论》,第 294 页。

集》10 卷、《养性集》2 卷、《古今箴铭集》13 卷,但后三种均已佚失。汤一介先生认为,张湛编撰的《养生要集》虽已佚失,"但在陶弘景的《养生延命录》以及其他一些书中还有佚文,可见他的思想和当时流行的'养生术'有关。'超生死,得解脱',是张湛《列子注》要解决的中心问题,而这个问题在现实社会生活中当然无法解决,因而它不得不求之于'超现实的世界'"①。

不少研究东晋玄学的论者都认为,张湛在江左玄学中占据重要的甚至是独一无二的地位。如果不考虑佛学化的玄学,那么江左玄学整体上的思辨水平并不算高。不过,张湛思想的理论色彩要明显超出同时代的其他玄学家。有学者评价:"真正自觉地将民族的传统文化与外来的佛教文化糅和在一起来思考、探讨社会、人生,进行系统理论构建的,张湛恐怕是第一人。这既是张湛对于古代思想文化发展的最大贡献,同时也是张湛同其他玄学家、道家思想家的最大区别之所在。"②这一评价当然有过誉之处,但倘若从魏晋玄学自身发展历程来看,张湛可以被视为魏晋玄学的殿军,是魏晋玄学的最后一位重要理论家。

一、《列子》与《列子注》

张湛最有代表性的作品是《列子注》。顾名思义,《列子注》是为注解《列子》一书而创作的。然而,《列子》一书的真伪存在较大问题。因此,首先有必要讨论《列子》与《列子注》的各自价值与相互关系。笔者认为,关于《列子》一书与张湛所作的《列子注》,有必要区别对待。

关于《列子》一书的真伪问题,学术界的主流意见认为,先秦思想史上的确有列子其人,《庄子》中就曾多次提及他;列子很可能有著作传世,《汉书·艺文志》就著录有《列子》八篇。但是,现存的《列子》一书并非《汉书·艺文志》著录的《列子》,而是后人伪作。任继愈先生指出:"现存

---

① 汤一介:《郭象与魏晋玄学》,第 79 页。
② 蒙子良:《东晋玄学和张湛的贡献》,《广西社会科学》2000 年第 1 期。

的《列子》八篇不是班固所著录的那原来的八篇,可能是魏晋人掇辑的。因此,我们把它作为魏晋人的思想资料来处理。"①冯友兰先生也持类似观点,他说:"现在通行的《列子》这部书并不是《汉书·艺文志》所著录的那部《列子》,而是在晋朝才出现的。"进而冯先生认为张湛就是《列子》一书的伪造者,"现在通行的《列子》出于张湛之手,由他自编自注,成为《列子注》,希望能和王弼的《老子注》、郭象的《庄子注》并之而三"。② 杨伯峻先生在《列子集释》一书的"前言"详细辨析了《列子》的真伪:据张湛在《列子注》的"序"中说,他所注释的《列子》,是由他的祖父在东晋初从外舅王宏、王弼等人家里发现,经过拼合、整理、校勘,"始得齐备"。而王宏、王弼家的书又属王粲书藏,而王粲的书又是蔡邕所赠,好像流传有绪。但过去很多学者认为张湛的话是欲盖弥彰,《列子》一书是伪作,而造假者就是张湛;张湛为了掩盖伪造的事实,编造了《列子》一书的来历。杨先生尽管也认为《列子》一书是后人伪造,但他不同意张湛是伪造者的说法,因为"如果是张湛自作自注,那就应该和王肃伪作《孔子家语》又自作注解一样,没有不解和误解的地方。现在张湛注《列子》,有的地方说'未详其义',有的简直注释错了。还有纠正正文之处……还有批评正文处……由此也可见张湛思想和伪作《列子》者有所不同"。因此,杨先生主张,此书伪作于张湛以前,张湛本人也是上当受骗者之一。③ 杨先生还引用了马叙伦先生《列子伪书考》以说明伪书《列子》的形成脉络:"盖《列子》晚出而早亡,魏、晋以来好事之徒聚敛《管子》、《晏子》、《论语》、《山海经》、《墨子》、《庄子》、《尸佼》、《韩非》、《吕氏春秋》、《韩诗外传》、《淮南》、《说苑》、《新序》、《新论》之言,附益晚说,假为向序以见重。"④

不过,也有学者认为现存《列子》一书并非伪作,如詹石窗主编《新编中国哲学史》就主张:"关于《列子》一书,以往多怀疑后人伪托,但近年来

---

① 任继愈主编:《中国哲学史》第二册,第241页,北京,人民出版社,1996。
② 参见冯友兰《中国哲学史新编》(中卷),第497—498页。
③ 参见杨伯峻《列子集释》,前言第2—3页,北京,中华书局,1979。
④ 转引自同上书,前言第3页。

由于地下发掘出一大批道家文献,许多学者据之而重新进行考证,指出《列子》非伪书,尽管掺入某些后人的言辞,但其主体当属先秦道家著作。"①由此可见,《列子》一书的真伪问题尚无最终定论。

若今存《列子》一书为真,是先秦道家类的重要著作,则张湛《列子注》的价值不言而喻。退一步讲,若今存《列子》一书为假,系魏晋人伪托列子之名而作,那么张湛《列子注》是否仍有价值呢?

通常而言,如果原书是伪作,则为伪书所作的注解的价值也会相应大打折扣。但这一惯例对于张湛所作的《列子注》不太适用。概括起来,有三点原因:其一,即便今存《列子》为伪作,但其中仍保留了不少先秦至汉代的珍贵资料,这些资料为他书所不存,故今存《列子》有相当的史料价值;其二,伪作不一定等同于粗制滥造,今存《列子》一书有可能是魏晋时期的文人托名列子而作,该书可以从侧面展示魏晋思想的某些面貌;其三,最重要的是,张湛对《列子》一书所作的注,并非汉代经学意义上亦步亦趋的注释,而是借作注的形式,表达了张湛本人的玄学主张。所以,尽管《列子》一书可能为魏晋人伪造,但张湛的《列子注》仍有不可抹杀的学术价值。

有学者归纳了张湛《列子注》在形式上的三大特点:第一,典籍引用丰富。张湛充分利用了前人成果,引用大量的文本资料,引用的古籍达25种以上。其中保留了向秀《庄子注》的部分内容,有重要学术价值。第二,文字考释详实。张湛《列子注》不仅较系统地阐发了对自然、社会、人生等重大问题的认识和思考,还对《列子》原文作了详实的考释。第三,治学态度严谨。张湛在利用前人成果时,都一一注明出处,不掠他人之美;对于不懂之处,存而不论,并明确标出,从不遮掩,也不强作解释;遇到存疑之处,不强下断语。②

---

① 詹石窗主编:《新编中国哲学史》,第 275 页,北京,中国书店,2002。
② 详见蒙子良《东晋玄学和张湛的贡献》,《广西社会科学》2000 年第 1 期。

二、调和"贵无"与"独化"

本章第一节曾提到,江左玄学作为魏晋玄学的尾声,针对此前玄学诸阶段所暴露出的思想对立与观念矛盾,展开了有意识的调和工作。如果仔细分疏的话,"调和"其实可以分为两类:一类是浅层意义上的"调和",侧重于从形式上弥缝对立双方的分歧点,以使原本势不两立的对立双方可以在一定程度上接纳对方,从而做到彼此共存;另一类则是深层意义上的"调和",此类"调和"更看重对立双方实质上的靠拢乃至融合,即通过解析双方各自的局限和不足,促使双方放弃原本的极端化立场,汲取对方的长处,修正自己的观点,逐渐达到彼此立场接近甚至一致。如果说王导等人所做的工作主要是在浅层意义上调和名教与自然的关系,那么,张湛则希望通过注解《列子》,从深层意义上调和魏晋玄学中最重要也是最深刻的思想分歧,即王弼的"以无为本"的"贵无论"与郭象以"自生"为核心的"独化论"。

在《列子・天瑞》篇"夫有形者生于无形"句下,张湛注曰:

> 谓之生者,则不无;无者,则不生。故有无之不相生,理既然矣,则有何由而生? 忽尔而自生。忽尔而自生,而不知其所以生;不知所以生,生则本同于无。本同于无,而非无也。此明有形之自形,无形以相形者也。[①]

张湛指出,既然谓之"生",则必有实物,故不可谓之"无";同样,既然谓之"无",则空寂无物,故不可以"生"物。可见,"有"和"无"不能相互产生,具体而言,就是"无"不能生"有"。那么"有"是怎么产生的呢? 答案就是"忽尔而自生","有"其实是"自生"的。仅就上述观点而言,张湛几乎全盘接受了裴頠、郭象的"崇有"和"自生"思想,认为"无不能生有","有乃自生"。不过,张湛并未止步于此。他在"忽尔而自生"一句中已经埋下

---

① 杨伯峻:《列子集释》,第 5—6 页。

伏笔——"忽尔"！接下来，张湛围绕"忽尔"二字开始做文章：所谓"忽尔"，就是不知其故，也就是只能看到"自生"的表象，但无法明白"自生"所以发生的根由。既然无法知道"自生"的"所以然"，那么从源头来看，"自生"乃是源于"未知"；这个"未知"就可以被理解为"无"。从这个意义上讲，说"有生于无"也未尝不可。只不过，这里的"无"并非"空寂无物"的"无"罢了。从张湛的后半段论述来看，又明显转向王弼的"贵无"思想，承认在一定意义上，"以无为本""有生于无"是能够成立的。由此可以很清晰地看出张湛调和郭象的"自生（独化）说"与王弼"贵无论"的努力。

由于郭象以"自生"为中心的"独化论"与王弼"以无为本"的"贵无论"之间存在巨大的理论鸿沟，张湛为了弥合二者，往往不直接讲"无"，而是用"至虚"来代替。在他写的《列子序》中，明确说道："大略明群有以至虚为宗，万品以终灭为验"，"群有"在形式上固然是"自生"，但究其实仍是以"至虚"为生化之宗主。而在《列子·天瑞》篇题之下，张湛注曰：

> 夫巨细舛错，修短殊性，虽天地之大，群品之众，涉于有生之分，关于动用之域者，存亡变化，自然之符。夫唯寂然至虚凝一而不变者，非阴阳之所终始，四时之所迁革。[1]

可见，此"至虚"的本性"寂然""凝一"，亘古不变，不与阴阳四时终始变迁。在张湛这里，"至虚"其实与王弼所说的"无"发挥着同样的作用，都是万有之所以存在的背后根据，即本体。

张湛为什么会在继承郭象的"自生说"之后，转向王弼的"以无为本"呢？很重要的一个原因就是他对郭象学说的局限性有所不满。郭象提出"自生""独化"等理论，将"群有"产生和存在的根据拉回到"群有"自身，固然能够避免王弼"贵无论"在"无中生有"这个环节上的缺弱，但是也造成了一个问题，即否定了世间万事万物存在的统一性。对于这一点，许抗生先生分析得很全面，他说："'崇有派'认为，各个事物都是绝对

---

① 杨伯峻：《列子集释》，第 1 页。

的、孤立的、独自存在物。因此他们否定了世界的统一性,并认为不需要在现象世界之外去找一个统一的本体世界的存在。所以向、郭一派又不同于何、王的'以无为本'的本体学。但他们也是把每个事物的现象与本质加以隔裂,认为每一个现实存在的具体事物都有现象与本质两部分,但现象只是现象而已,是'末有'的东西,是一些呈迹而已,决定事物本质的东西则是在事物现象之外或背后存在着的事物的本性(或理),所以他们的学说又可称为'本性之学'。并且他们认为这些本性的东西,'所以迹'的东西,是一般正常的认识途径所不能认识的,是些超言绝象的东西。这种说法虽说并不主张有一个以无为本的本体世界,但是这种以现象为末,以现象之外(超言绝象)的性(理)为本的观点,本质上与何王一样都是讲的本体之学,即都是割裂了现象与本质的关系,把本质说成是脱离现象而存在的东西,同属于客观唯心主义的本体论哲学范畴的。"①当然,许先生主要是从批评客观唯心主义的角度来做评价的。不过,他注意到尽管向秀、郭象的学说也讲本体之学,但是他们将"有"和"无"区隔开来,只承认各个事物在"有"的层面的存在及相互作用,而不承认在具体事物之上有一个共同的"无"来为"群有"的存在提供根据。从某种意义上讲,郭象的本体之学是没有"本体"的本体论。其后果就是每个具体的事物都是孤立的、分散的存在物,找不到它们之间实质意义上的统一性。对于郭象而言,这个所谓的"统一性"毫无意义。但是,张湛不认同郭象的这一看法,他仍希望保留世间万象背后的统一性。

因此,张湛对"自生"的理解不同于郭象。在郭象那里,群有"自生"不过是一种偶然的过程,"凡得之者,外不资于道,内不由于己,掘然自得而独化也"②。"自生"的原因既不能向外界求索,也无法从内在探得,故只能是"皆不知其所以然而然,故曰芒也"③。"芒"即"茫昧无知",是说不清、道不明的。张湛也赞同"自生"的过程是"忽尔"达成的,无法说清楚。

---

① 许抗生:《略论魏晋玄学》,《哲学研究》1979 年第 12 期。
② 〔清〕郭庆藩撰,王孝鱼点校:《庄子集释》,第 251 页。
③ 同上书,第 61 页。

但是人无法说清楚"自生"的根据,并不意味这个根据不存在。"忽尔"所强调的其实是"自生"的根源乃在于"至虚"之域。这只不过是"无"的一种变相罢了。

张湛有时干脆直接突出"无"的重要性:

> 形、声、色、味皆忽尔而生,不能自生者也。夫不能自生,则无为之本。无为之本,则无当于一象,无系于一味;故能为形气之主,动必由之者也。①

> 至无者,故能为万变之宗主也。②

"忽尔而生"意味着不是"有迹而生",故"自生"是无迹可寻的。从这个意义上讲,万物并非"由自己产生";万物的根源可以上溯至"无"。"张湛对贵无和崇有两派观点的调和并不是也不可能是不偏不倚的,其思想的落脚点还是王弼的贵无论。"③

不过,与王弼哲学中的"无"不同的是,张湛在解释"无"的时候,又从汉代的元气思想中汲取了"气"的观念,作为"无"与"有"之间的一道桥梁。他说:

> 夫生者,一气之暂聚,一物之暂灵。暂聚者终散,暂灵者归虚。

> 圣人知生不长存,死不永灭,一气之变,所适万形。何生之无形,何形之无气,何气之无灵?然者心智形骸,阴阳之一体,偏积之一气;及其离形归根,则反其真宅。

> 夫万物与化为体,体随化而迁。化不暂停,物岂守故?故向之形生非今之形生,俯仰之间,已涉万变,气散形朽,非一旦顿至。

先秦时期,包括庄子在内的很多思想家都很关注"气"的观念;到汉代时,元气学说更是风靡一时。不过,汉代的元气学说偏向经验,思辨的意味较之先秦有所退化。魏晋玄学以批判汉代学术起家,连带着对汉代元气

---

① ② 杨伯峻:《列子集释》,第10页。
③ 裴传永:《王弼与魏晋玄学》,第128页。

学说也一并忽视了。直到江左时期,张湛为了调和郭象与王弼之间的巨大分歧,才又从汉代思想中提取出"气"的观念来。因此,汤一介先生认为张湛的基本思想中有两个问题值得注意:其一,是"张湛如何把王弼的'贵无'思想和郭象的万物'自生'的思想结合起来";其二,是"张湛如何把魏晋玄学讨论'本末有无'问题的本体论和两汉以来以元气为核心的宇宙构成论结合起来"。[①] 张湛企图借助"气"这一环节来沟通"至虚"与"群有",从而使"忽尔而自生"变得不再神秘与偶然。但是,汉代"气"观念所具有的感性经验色彩与不够精致的局限性,导致张湛在运用"气"观念调和"贵无"学说与"自生(独化)"学说时,常常心有余而力不足,并不能真正让二者融合为一体。

从根本上讲,张湛调和"贵无"与"自生(独化)"的努力是不成功的。"张湛的'至虚'(或'至无')论就是这样,在王弼的'无'本论和郭象的'独化'论这两大玄学理论之间摆动不定。它想统一这两种玄学,但只是外在的拼合,无法做到内在的结合。"[②]而张湛学术尝试的不成功,也标志着江左玄学在玄学理论上的探索宣告失败。

---

① 汤一介:《郭象与魏晋玄学》,第 80 页。
② 康中乾:《魏晋玄学》,第 314 页。

第七章　玄学化的道教思想

在魏晋南北朝时期,随着玄学浪潮汹涌澎湃、席卷社会的方方面面,形成于东汉时期的道教也在与玄学的竞争与互动中获得了新的发展。从曹魏时期开始,统治阶层就不得不慎重对待道教,"从黄巾起义以来,封建统治者由于害怕农民起义者利用宗教组织来进行革命,便对民间的早期道教活动采取了两手政策,一方面进行限制或镇压,另一方面又进行利用或改造。加之这个时期道教本身缺乏统一领导,组织非常涣散,很多高级士族又加入道教,遂促使道教发生了分化:一部分向上层发展,'攀龙附凤',参与宫廷政治,成为为封建统治服务的驯服工具;一部分逃遁山林,服食修道,企图超脱于尘世之外,遗世而独立;还有一部分,则继续活动于民间,为农民起义者所利用"①。

魏晋南北朝时期道教的发展,与这一时期的几次道教改革与整顿活动关系密切。"组织上的混乱,教戒上的松弛,乃是整个魏晋时期天师道的状况。为了克服这种状况,避免其腐败,促进其发展,对此就必须加以整顿,这是大势所趋。但是究竟怎样进行整顿?是复旧,还是革新?这

---

① 卿希泰主编:《中国道教史》第一卷,第222—223页,成都,四川人民出版社,1988。

是天师道发展过程中所面临的一个实际问题。"①这一时期的道教发生了几次重大改革,第一次是两晋时期葛洪在对战国以来的神仙方术思想系统总结的基础上,进一步将道教的神仙信仰理论化,并为上层士族道教奠定了理论基础;第二次是北魏时期寇谦之在北朝统治者支持下,对北方天师道进行的改造,淡化了道教的反抗精神和不稳定因素;第三次是南朝刘宋时期陆修静对南方天师道所做的整顿与革新,进而发展了道教灵宝派。此外还有南朝齐梁时期的陶弘景对道教的修炼理论与神仙谱系做了修订,并将上清派发展为茅山宗。

在魏晋南北朝之后,出现了独立的道教组织,道教组织已经与政权组织分离;道士或居宫、观、馆率众传道。著名道观有南朝刘宋时修建的崇虚馆、齐代的兴世馆、梁代的朱阳馆,后魏太武帝为寇谦之建五层重坛道场,供养道士一百二十人,北周有通道观、玄都观。以著名的宫观、道经或道教圣地而命名的道教教派甚多,他们聚众讲经传徒,世代相传。例如楼观派、灵宝派、上清派、茅山宗等。道教徒的成分也复杂化,既有下层劳动人民,也有大量的统治者。道教长生不死、修道成仙的理论进一步系统化、理论化。这一时期的道教代表人物有葛洪、寇谦之、陆修静、陶弘景等人。

道教在这个时期开始兼融儒家、佛教思想。晋代道教学者葛洪认为儒道本来"殊途同归"(《抱朴子外篇·逸民》),二者既可以互相补充,又可以互相调和。因此,他主张儒道"兼而修之",要求"以六经训俗士,以方术授知音,欲少留则且止而佐时,欲升腾则凌霄而轻举",力图把道教长生成仙的幻想与儒家的纲常名教结合起来。在南北朝时期,寇谦之与陆修静都把一些佛教科仪引入了道教。同时,佛学理论也融入了道教之中。例如,成书于西晋末至南北朝宋齐时期的道教经典《太上洞渊神咒经》将佛教大乘般若学的基本观点,以及佛教的生死轮回和来生学说引入道教。南朝梁代著名道士陶弘景更是主张儒、释、道合流,认为"百法纷凑,无越三教

---

① 卿希泰主编:《中国道教史》第一卷,第247页。

之境"。道教对于儒佛思想的吸收,有力地推动了道教的发展。

就玄道关系来看,这一时期玄道关系的主流是玄学对道教发挥着重要而深刻的影响。尤其是魏晋时期,几乎所有的著名道教思想家的思想创造都无法完全摆脱玄学的影响。不过,这一时期玄道关系中还有另一个面向,即道教思想对玄学也发挥着举足轻重的影响力。"在魏晋士大夫中,还有部分人虽不一定是道教徒,但却对道教的神仙方术十分向往,并且躬行实践,异常虔诚。如竹林七贤中的嵇康,便是这类人物的著名代表。"[1]嵇康恬静寡欲,好《老》《庄》之书,修养性服食之事,信神仙长生之说,经常采药于山泽之间,并且曾从道士孙登游历三年。可见,嵇康与道教的渊源颇为深厚。而且,到了南北朝时期,随着玄学逐渐衰微,道教对玄学所起到的作用越来越明显;尽管其分量尚不如佛教,但同样是不容忽视的。

第一节　两晋时期葛洪对道教的改革

葛洪(约283—363),字稚川,自号抱朴子,丹阳句容(今属江苏)人,两晋时期著名道教思想家。葛洪出身于江南士族大家,祖辈父辈累世担任三国孙吴政权的重要官职。吴亡后,其父葛悌入西晋为官。葛洪十三岁时,其父去世,遂家道中落。他曾自述:"饥寒困瘁,躬执耕穑,承星履草……伐薪卖之,以给纸笔,就营田园处,以柴火写书。"(《抱朴子外篇·自叙》)少年时期的葛洪生活贫困,经常食不果腹,衣不蔽体,但他潜心向学,由于没钱买纸,只好在一张纸上反反复复地写字,以至于错综难辨。葛洪抓住一切机会读书,涉猎广泛,读书近万卷。不过,他的读书兴趣不在河洛图纬,也不在星算易理,除了传统儒家典籍之外,他还对"神仙导养之法"情有独钟。他说:"余少好方术,负步请问,不惮险远。每有异闻,则以为喜。虽见毁笑,不以为戚。"(《抱朴子外篇·自叙》)

葛洪的道教思想主要是炼丹成仙,属道教中的丹鼎派。他著有《抱

---

[1] 卿希泰主编:《中国道教史》第一卷,第292页。

朴子》内外篇、《神仙传》、《隐逸传》以及其他医药炼丹之书多种。其代表作《抱朴子》分内篇 20 篇，外篇 50 篇。他在《自叙》中说："其内篇言神仙方药，鬼怪变化，养生延年，禳邪祛祸之事，属道家（指道教）。其外篇言人间得失，世事臧否，属儒家。"可见，《抱朴子》是把道教的神仙思想和儒家的礼法思想结合起来了。

侯外庐等著《中国思想通史》一书，将东汉时期的太平道和五斗米道概括为"廉价的符水道教"，而将魏晋时期由葛洪开启的道教称作"高贵的金丹道教"。① 侯先生的观点有一定的时代特征，不过也指明了葛洪前后道教的不同特质，强调了葛洪在道教发展历程中的显著地位。魏晋以来，社会变动急遽，道教的发展也面临着诸多挑战和机遇。"魏晋时期，随着道教的分化和繁演（衍），特别是封建士大夫的大量涌进道教，这就不能不引起道教内部在思想上和组织上的变化。于是，道经的造制日益增多，新的道派也相继出现"，葛洪关注到新时期道教发展所呈现出的新变化，他"在这个转变关头，对战国以来的神仙思想作了系统的总结，使道教的神仙信仰理论化，为上层士族道教奠定了理论基础，并为封建统治阶级镇压民间道教提供了依据，在道教思想史上和科技史上都有着极其重要的意义，由此他成为道教史上一个承前启后的划时代人物"。②

两晋时期，玄学方兴未艾，对社会生活的方方面面仍发挥着重要作用。葛洪的道教改造活动正是在这一背景下进行的。

一方面，葛洪对魏晋以来的玄学提出了尖锐的批评。葛洪出身儒学世家，自幼好学，熟读《孝经》《论语》《诗经》《周易》等典籍，深受儒家价值影响，原本希望成为一个儒者。③ 尽管他后来更倾心于道教方术，但仍对儒家的很多观念抱有好感。"在其代表作《抱朴子》里，内篇言神仙方药，鬼怪变化，养生延年、禳邪却祸之事，属道家；其外篇言人间得失，世事臧否，属儒家，关注的是现实。当然，就儒道两者的关系而言，葛洪在《抱朴

---

① 侯外庐等：《中国思想通史》第三卷，第 237—241 页，北京，人民出版社，2011。
② 卿希泰主编：《中国道教史》第一卷，第 302 页。
③ 参见同上。

子内篇·明本》中讲得很明白:'道者,儒之本也,儒者,道之末也。'道本儒末的思想始终贯穿于他的著作之中。由此可见,葛洪不仅是道教理论的集大成者,同时也是传统儒学的继承者,他站在正统儒家立场上对标新立异的玄学加以驳斥无疑是合乎情理的。"①葛洪尤其反感玄学的机辩巧令的清谈和名士们离经叛道的行为方式。他说:"士有机辩清锐,巧言绮粲,滥引譬喻,渊涌风厉,然而口之所谈,身不能行,长于识古,短于理今,为政乱政,牧民乱民"(《抱朴子外篇·行品》),"汉之末世则异于兹,蓬发乱鬓,横挟不带,或裸衣以接人,或裸袒而箕踞……终日无及义之言,彻夜无规箴之益,诬引老庄,贵于率任,大行不顾细礼,至人不拘检括,啸傲纵逸,谓之体道,呜呼惜乎! 岂不哀哉!"(《抱朴子外篇·疾谬》)葛洪认为,玄学家沉湎于空谈玄论,甚至放纵形骸,对于社会政治和道德人心均有害无益。可见,葛洪主要是站在儒家名教的立场上反思与批判玄学的弊端。

另一方面,葛洪对玄学的一些理论主张又有所借鉴吸收。"道教思想与玄学并不冲突,甚至存在千丝万缕的联系,况且他(葛洪)作为道教理论的集大成者,其思想本身也掺杂了不少玄学的东西"②。学者孙亦平主张"将葛洪的道教思想放到与魏晋玄学的相互关系中来加以考察,以期展示葛洪通过借鉴魏晋玄学的养生思想推动了道教仙学的发展",他认为,"玄学家在魏晋时期政治动荡的社会中,通过对虚伪名教的批评和对生命存在的关注,使养生之风盛行一时,也影响到道教的发展",而葛洪的道教改造活动与魏晋以来玄学盛行的养生风尚关系密切,"葛洪所倡导的神仙道教是在吸收魏晋时期流行的养生思想和神仙方术,在改造旧天师道的基础上,为适应士族上层社会需要,以肉体飞升为目标的丹鼎道派","其代表作《抱朴子内篇》中对神仙存在的论说,对得道成仙途径与方法的介绍,既反映了他对道教'得道成仙'信仰的理论论证和具

---

① ② 钟盛、罗毅:《从〈抱朴子〉看葛洪对玄学的批判》,《中华文化论坛》2008 年第 S1 期。

体践行,也充满着玄学的清谈思辨和养生追求"。① 由此不难看出,葛洪有意识地对玄学的各种资源作了区分,将其中一些与道教相得益彰的内容(如养生学说等)吸纳进道教,同时将玄学中那些具有破坏性的内容(如空谈和任诞等)舍弃不用。

一、以"玄""道"为核心的本体论

葛洪道教理论体系的最高概念是"玄","玄"也叫作"元""道"和"一",很明显,这些词汇都来自《老子》。卿希泰先生指出,"葛洪力图从宇宙论、本体论的高度来论证神仙长生的思想,以建立一套神秘主义的道教哲学。他吸取扬雄《太玄》的思想,在《抱朴子内篇》一开始,便提出了一个'玄'的范畴,认为它是宇宙的本质,世界上的一切都是由'玄'产生的"②。葛洪认为,"玄"即是"玄道"或"道",它是天地万物的总根源。他说:"玄者,自然之始祖,而万殊之大宗也。"(《抱朴子内篇·畅玄》)万事万物(万殊)都是由玄产生的。而玄的性质和作用,在他看来,是深远高旷,无所不在,包罗万象,无所不有,行云施雨,无所不为,无所不能。"乾以之高,坤以之卑,云以之行,雨以之施,胞胎元一,范铸两仪,吐纳大始,鼓冶亿类。……增之不溢,挹之不匮,与之不荣,夺之不瘁。"(同上)"道者涵乾括坤,其本无名。……为声之声,为响之响,为形之形,为影之影。方者得之而静,圆者得之而动,降者得之而俯,升者得之以仰。"(《抱朴子内篇·道意》)一切都从玄和道产生,万事万物从"玄"和"道"得到其精神性和规定性。

"玄"或"道"无形无象,其高可"冠盖九霄",其旷可"茂罩乎八隅","眇昧乎其深也,故称微焉;绵邈乎其远也,故称妙焉"。从"无"这个方面说,它比影子和回音还要虚无;从"有"这个方面说,它比存在着的万物都实在。"论其无,则影响犹为有焉;论其有,则万物犹为无焉"。因为它无

---

① 参见孙亦平《葛洪与魏晋玄学》,《南京社会科学》2011年第1期。
② 卿希泰主编:《中国道教史》第一卷,第305页。

名无形,没有任何的规定性,当然是最空虚的,是绝对的"无",但作为产生天地万物的总根源,它又是最实在的存在。葛洪认为,玄是世界的本体,是宇宙万物生成运动的根源。就此而言,葛洪的思想与"贵无论"玄学有相近之处。但是,葛洪未止步于此。在他看来,"玄"虽具有天地万物之本体的形式,却更具有产生天地万物的精神性实体的特色。这样,"玄"或"道""玄道"似乎具有了造物主的地位,只要人能与这种神秘的超自然的力量结合,有限的个体的人即可超出有限、超出个体而具有神秘的无限超自然力。在葛洪看来,这个"玄"是"先于一切事物而存在,是一切事物的主宰。这个超自然的神秘主义的宇宙本体——'玄',是葛洪对于神仙思想的最高概括,构成了他的神仙道教唯心主义思想体系的理论基础"①。在关注玄、道的同时,葛洪还对"气"赋予了一定的本体意义。他说:"夫人在气中,气在人中,自天地至于万物,无不需气以生矣。"(《抱朴子内篇·至理》)

葛洪认为,"玄、道、一"是最高的宇宙本体,这种本体也存在于人的生命中。人如果修炼"守一",使自己与"元一"合而为一,那么"守一存真,乃能通神",就能永生,精神就可以不离开肉体而永恒存在。葛洪也把修仙的人叫作冥思玄道,所谓"夫玄道者,得之乎内,守之者外,用之者神,忘之者器,此思玄道之要言也"(《抱朴子内篇·畅玄》)。这个"玄道",就是道教的思想体系的主核。这一核心思想来源于《老子》,但葛洪赋予了其炼丹成仙的神秘意义,使之成为道教的哲学根据。

二、"我命由我不由天"

长生成仙是葛洪神仙道教的核心宗旨。因此,葛洪提出,"道家之所至秘而重者,莫过于长生之方也"(《抱朴子内篇·勤求》),"长生之道,道之至也,故古人重之也"(《抱朴子内篇·黄白》)。然而,现实世界中所有人的生命都是有限的,即便道家传说中活了八百岁的彭祖,也依旧逃

---

① 卿希泰主编:《中国道教史》第一卷,第305—306页。

不过死亡的阴影。如何化解道教长生成仙理想与尘世中凡人皆难逃一死的现实之间的矛盾呢？一方面，葛洪罗列了自古以来流传的种种神仙不死的传说，如刘向所撰《列仙传》，记载了仙人七十余人（见《抱朴子内篇·论仙》）；而综合前人的记录，仙人接近千人（见《抱朴子内篇·对俗》）。另一方面，他又从事物的差异性、特殊性的角度，试图论证神仙长生不死的可能性。他说："天地之间，无外之大，其中殊奇，岂遽有限？"（《抱朴子内篇·论仙》）天地之间的变化无穷无尽，任何一种可能性都不可轻易排除。他说："夫存亡始终，诚是大体。其异同参差，或然或否，变化万品，奇怪无方，物是事非，本钧末乖，未可一也。夫言始者必有终者多矣，混而齐之，非通理也。谓夏必长，而荠麦枯焉；谓冬必凋，而竹柏茂焉；谓始必终，而天地无穷焉；谓生必死，而龟鹤长存焉。盛阳宜暑，而夏天未必无凉日也；极阴宜寒，而严冬未必无暂温也。"（《抱朴子内篇·论仙》）他认为，宇宙万事的变化是有规律的，但是并非千篇一律，总有许多例外。这一观点是为他的神仙理论作支撑的，他证明万事万物变化中的例外，就是为了证明人之生死规律也有例外，人基本上都在生死循环之中，而不死成仙则是例外之事。

葛洪认为，人的有目的的活动可以改变万事万物变化的轨迹，"泥壤易消者，而陶为之瓦，则于二仪齐其久焉。柞楢速朽者，而燔之以为碳，则可亿载而不败焉"（《抱朴子内篇·论仙》）。泥土被人烧成陶器，木头被人烧成木炭，这都改变了事物的变化轨迹。他依此认为，人可以用自己的力量改变生命轨迹，达到"我命由我不由天"（《抱朴子内篇·黄白》）的自由境界。

三、内修与外养

在论证了神仙的存在及成仙的可能性，并点明人的有目的的活动所可能具有的价值之后，葛洪进一步论述了成仙的方法。他总结历代以来的神仙方术，介绍了不同的修持方法，"总起来看，不外内修与外养两个方面,内修主要是宝精行气,外养主要是服仙药"①。

葛洪指出:

> 欲求神仙,唯当得其至要,至要者,在于宝精行炁,服一大药便足,亦不用多也。(《抱朴子内篇·释滞》)

卿希泰先生主编的《中国道教史》详细介绍了葛洪的内修方法。葛洪的内修之法主要包括行气和房中两类。"行气"之法就是关于体内元气新陈代谢的理论,其观念根据是"人在气中,气在人中,自天地至于万物,无不须气以生者也"(《抱朴子内篇·至理》)。"行气"的核心是"胎息",即如胎儿在母亲腹中一般,不以鼻口呼吸。具体修炼方式,是"以鼻中引气而闭之,阴以心数一、二、三至一百二十,然后以口徐徐吐之,并且要'入多出少',在引入和吐出时,都不能使自己的耳朵听到气的出入的声音"。行气的时间当在每天子夜到日中这段时间。行气之时,不宜多食,不宜多怒。行气的功效可以治百病、防瘟疫、禁蛇虎、居水中、辟饥渴,乃至延年命。至于"房中"之法,"或以补救伤损,或以攻治众病,或以采阴益阳,或以增年延寿"(《抱朴子内篇·释滞》),其根本在于"还精补脑"。卿希泰先生认为,葛洪所介绍的内修之术,"除去其中长生成仙之类的宗教杂质,仅就其行气、养生之类的方法而言,对于增进人们的身体健康不无一定的裨益……它与后来道教所说修炼精气神的内丹方术在精神上是一致的,是后者的思想渊源之一"②。

葛洪所说的"外养",就是服食丹药之法。丹药之术历史久远,早在战国后期即已盛行。尤其是源于齐地的神仙方术,在战国末至秦汉时代影响极大。早期道教的符水之法或许与其有某种渊源。不过,"早期道教多将长生不死寄托于符咒、祭祀等巫术之类,这并不适用于上层统治阶级,反而较适用于民间",葛洪不赞同早期道教求长生的方式,他"将服食还丹金液视作最主要也是最重要的成仙方法,是学仙修

---

① 卿希泰主编:《中国道教史》第一卷,第310页。
② 详见同上书,第315页。

道的第一要紧之术"①。葛洪说:"'长生之道'不在祭祀事鬼神也,不在导引与屈伸也。'升仙之要'在神丹也。知之不易,为之实难也。"(《抱朴子内篇·金丹》)

葛洪非常关注金丹之术。他解释了金丹之术的理论根据:

> 夫金丹之为物,烧之愈久,变化愈妙。黄金入火,百炼不消,埋之,毕天不朽。服此二物,炼人身体,故能令人不老不死。此盖假求于外物以自坚固,有如脂之养火而不可灭,铜青涂脚,入水不腐,此是借铜之劲以扞其肉也。金丹入身中,沾洽荣卫,非但铜青之外傅矣。(《抱朴子内篇·金丹》)

葛洪希望用含铅、汞等的矿物质炼出长生不老药和金银财宝。他依据自己的变化理论,说:"变化者,乃天地之自然,何谓嫌金银之不可以异物作乎?"(《抱朴子内篇·黄白》)相较于草木之药和符咒小术,金丹才是长生成仙的关键:"不得金丹,但服草木之药及修小术者,可以延年迟死,不得仙也。"(《抱朴子内篇·极言》)他甚至将早期民间道教的符水、咒语之术斥之为"邪道""妖术",竭力贬斥。

葛洪的金丹理论中有很多不科学的地方,传言他便死于乱服丹药。卿希泰先生指出,葛洪"把人体复杂的生命运动规律与自然界无机物的化学运动规律混为一谈,于是企图'假求于外物以自坚固',以为金质不败朽,便认为人服了金丹就可以长生不死,成为神仙。这乃是违反科学的一种不切实际的幻想"②。当然,炼外丹也在一定程度上反映了道教学者的探索精神和想象力。

从总体看,葛洪的神仙道教理论在总结、扬弃前人神仙方术的基础上,将道家从重视符咒、祭祀等巫术形式的早期阶段发展到看重"行气""外养"等形式的新阶段。尤其是他提出的"金丹"学说,适应了两晋社会

---

① 王艺群、宁俊伟:《宿命与超越:葛洪的道教神仙信仰》,《中北大学学报》(社会科学版)2017 年第 3 期。
② 卿希泰主编:《中国道教史》第一卷,第 316 页。

的新特点和道教自身的新变化,对其后的道教发展起到了至关重要的作用。"正因为葛洪能集神仙思想之大成,所以他在道教发展史上具有承先启后的重要作用。无论从其教理或修炼方式来看,他都是从旧天师道、太平道等早期民间道派向后来的上清、灵宝等上层化道派过渡的桥梁。"[1]在儒道关系上,葛洪的神仙道教理论注意吸纳儒家的名教纲常思想,"葛洪宣扬'欲求仙者,要当以忠孝和顺仁信为本,若德行不修,而但务方术,皆不得长生'(《对俗》),将儒家的忠孝仁信等纲常名教纳入道教仙学之中,建立的'内道外儒'的思想体系,推动了道教仙学向贵族化、理论化、技术化的方向发展"[2]。在玄道关系上,葛洪对玄学既有批判,也有借鉴。这反映出在玄学盛行的时代背景下,道教哲学与魏晋玄学既竞争抗衡又彼此映鉴的复杂面貌。

第二节　王羲之的道教"千龄"思想

王羲之(303—361),字逸少,出身于琅琊王氏,祖籍山东琅琊(今山东临沂),后迁会稽山阴。王羲之是东晋司徒王导之从子,淮南太守王旷之子。幼年的王羲之并未表现得异常聪慧,"羲之幼讷于言,人未之奇",他为人木讷,不善言谈,也不引人注目。后来,尚书左仆射周顗发现了王羲之的过人之处,对其青眼有加。成年后,王羲之以书法名冠江左,"尤善隶书,为古今之冠,论者称其笔势,以为飘若浮云,矫若惊龙"。但他最负盛名的是行书,代表作《兰亭集序》被后人称为"天下第一行书"。名士阮裕称许王羲之为"王氏三少"之一,是王氏的后起之秀。太尉郗鉴希望与琅琊王氏结亲,想在王氏青年子弟中挑选一位女婿。琅琊王氏的众子弟得知此事都很激动,个个正襟危坐、仪态优雅,指望着被选中。只有王羲之不以为然,旁若无人地敞开衣服,横卧在大厅东面的床上悠然自得地吃东西。郗鉴决定:"躺在东床上的那个就是我的女婿!"于是,把女儿

---

[1] 卿希泰主编:《中国道教史》第一卷,第 329 页。
[2] 孙亦平:《葛洪与魏晋玄学》,《南京社会科学》2011 年第 1 期。

嫁给了王羲之。这就是千古美谈"东床快婿"的由来。由这一典故可以看出王羲之洒脱不羁的名士风范。王羲之从秘书郎做起,陆续担任庾亮幕中参军、长史,又任宁远将军、江州刺史,后拜护军将军,转右军将军、会稽内史,任期未满,因与扬州刺史王述不和,愤而于父母墓前发表《誓墓文》,辞官归隐。由于王羲之曾做过右军将军,因此后人习惯称其"王右军"。

史书关于王羲之父亲的记载甚少,只知其父与司马睿是姨表兄弟,并且首创渡江之议。但是其父在一次带兵出征时全军覆没,本人亦不知所踪。于是年幼的王羲之跟随哥哥王籍之生活,然而王籍之亦英年早逝。两个能够庇护他的人相继去世,"归属感"一词对于他而言成了奢望。生命之脆弱、世道之无常、人心之莫测,使得王羲之产生无依无靠之感。王羲之经历两朝,见过九个皇帝的更替,既感受到了末世王朝的悲凉,又目睹了新兴王朝之飘摇,其内心的不安与飘零感可想而知。缺乏安全感与稳定感的王羲之极其渴望安定,而"不朽"是真正的永恒的"安定",于是他不断地追求"不朽""永恒"。而在追求"不朽""永恒"的过程中,王羲之的思想逐渐向道教靠拢,成为魏晋时期玄学化道教的一个生动范例。

一、追求儒家之"不朽"

最初,王羲之尽心于建功立业,试图实现儒家的"三不朽"。据史料记载,王羲之颇为重视"忠孝之节""推贤之义"等儒家名教,意欲教授"子孙以敦厚退让"等儒家伦理道德。[①] 他推崇"夏禹""文王"一类的古代圣王,认为对于当时的东晋来说,"四郊多垒",更应人人为国效力,而不是虚谈废务。在他出仕期间,不喜"虚谈废务",而是以夏禹、文王为榜样,积极为百姓请命。"时东土饥荒,羲之辄开仓振贷","朝廷赋役繁重,吴会尤甚,羲之每上疏争之",深体黎民之疾苦。对于朝廷政事,他也是积极建言献策,"今事之大者未布,漕运是也","思简而易从,便足以保守成业",提出了复开漕运、

---

① 参见《晋书》卷八十《王羲之传》。

改革官制、精简官吏等建议。[①] 殷浩二次北伐之前，王羲之深知不可为，遂致书劝阻，并且指出当今之务乃是"亟修德补阙，广延群贤，与之分任，尚未知获济所期"。但殷浩执意北伐并以失败告终。尽管王羲之的许多主张在当时未被朝廷采纳，但在其后的南北朝时期却被移植借用，如开仓赈灾、兴修水利、减租轻徭等，起到了很好的稳固统治的效果。

当王羲之在儒家"不朽"的道路上孜孜不倦地前进时，现实却不尽如人意：他曾多次上疏，但均未被朝廷重视、采纳；他努力劝阻殷浩冒失的北伐之举，也得不到殷浩的理解。尽管他竭尽全力，然而社会、国家的糟糕状况没有得到一丝一毫改善。连番挫折使得他逐渐对儒家提倡的"不朽"产生了动摇。而与王述不和就像一条导火索，王羲之愤而辞官，标志着他在儒家理想中追求"永恒""不朽"尝试的终结。

二、反思生命

仕途不顺对于王羲之经世致用的理想固然是一个沉重的打击；但就精神境界而言，这些现实的打击反而在很大程度上成就了他。王羲之开始深刻反思：在辗转沉浮、颠簸莫测的乱世中，如何理解生命存在的意义？如何安顿身心？他在诗作中写道：

> 其二
>
> 悠悠大象运，轮转无停际。
>
> 陶化非吾因，去来非吾制。
>
> 宗统竟安在？即顺理自泰。
>
> 有心未能悟，适足缠利害。
>
> 未若任所遇，逍遥良辰会。
>
> 其三
>
> 三春启群品，寄畅在所因。

---

① 参见《晋书》卷八十《王羲之传》。

> 仰望碧天际,俯磐绿水滨。
>
> 寥朗无厓观,寓目理自陈。
>
> 大矣造化功,万殊莫不均。
>
> 群籁虽参差,适我无非新。①

"悠悠大象运,轮转无停际"不仅仅是王羲之对于宇宙自然的理解,也是他对于人世的认识,社会动荡、时局变幻,没有什么是固定不变的。正如他在另一首诗中所言"代谢鳞次,忽焉以周"②,政权代谢、王朝更替未尝不是如此。"陶化非吾因,去来非吾制",面对这纷繁变化的外部世界,王羲之充分认识到这并非因自己而起,也并非自己所能把握,自己也在这变化之中。"宗统竟安在? 即顺理自泰",既然自己不是这变化的主宰者,那这"大象"背后的"宗统"在哪里呢? 王羲之透过眼前纷乱的现象世界,试图去寻找它背后的永恒的、普遍的、唯一的原因。他得到的结论便是万事万物各顺其理、各得其安。这种"自理"的说法,就是他对自然、对人世的基本认识,"寥朗无厓观,寓目理自陈",正与向秀、郭象的"万物自生自化"的哲学主张相契合。"有心未能悟,适足缠利害。未若任所遇,逍遥良辰会",对于这"自理"的世界,虽然有心却未能了悟其中奥妙,反而为之苦恼,倒不如随遇而安、逍遥自在地享受这良辰佳时。王羲之不仅表达了自己有知有觉("有心"),而且表示出能知能觉的能力。但这种认知能力却给自己带来了烦恼,这充分反映出当时的士人能够自觉地运用知觉能力,但为时所限,不得不放任自流的无奈心境。另一方面,因为万事万物皆是"自理",而自己亦是其中之一,所以顺己自为也是理所当然了。逍遥、自然便是王羲之在面对当时的世界所采取的消极的人生态度了。③

　　"大矣造化功,万殊莫不均",王羲之感叹万物造化之功,事物表象万

---

① ② 逯钦立编:《先秦汉魏晋南北朝诗·晋诗》卷十三,北京,中华书局,1983。

③ 此处用"消极"一词,乃是指王羲之在面对万事万物变迁无常时采取的与一般士人无异的顺应态度,但其实王羲之在内心深处是更为积极的。

殊本质并无不同。这与郭象在《庄子·齐物论注》中阐发的"性分"说一脉相承。郭象又言:"夫臣妾但各当其分耳,未为不足以相治也。相治者,若手足耳目,四肢百体,各有所司而更相御用也"[1]。郭象运用"性分"说论证了他的"名教即自然"说。王羲之不仅在认识论上更倾向于向秀、郭象一派,赞同郭象的"名教即自然"之说,并且躬亲践履"任自然而不废名教"。

王羲之频频推掉朝廷的征召,却在殷浩遗书劝其出仕后,欣然应允。殷浩之所以能打动王羲之,就是因其深知羲之之心,殷浩在信中写道:

> 悠悠者以足下出处足观政之隆替,如吾等亦谓为然。至如足下出处,正与隆替对,岂可以一世之存亡,必从足下从容之适?幸徐求众心。卿不时起,复可以求美政不?若豁然开怀,当知万物之情也。[2]

王羲之在复信中虽提到"吾素无廊庙志",但是既然出仕与退隐均是顺万物之情,亦又有何不可,遂"豁然开朗"。而他在辞官的《誓墓文》中也曾提道:"自今之后,敢渝此心,贪冒苟进,是有无尊之心而不子也。子而不子,天地所不覆载,名教所不得容。"[3]如若违背誓言,则是天地、名教均所不容。出仕、退隐就是名教与自然的代名词,说明王羲之是崇尚自然却不废名教的;他将天地、名教均作为誓言的一部分,可见其重视之至。

在自然与名教关系上,王羲之显然任自然而不废名教,与向秀、郭象之"名教即自然"说极为相近;在认识论上,他也是继承向秀、郭象的"独化论",认为"万物自生自化""各自为殊"。在面对万物生生灭灭、代谢鳞次时,不仅人类无法左右其变化、消逝,而且人类自身即是这万物之一,也逃不了这生生灭灭的规律的困境。对此,王羲之只是一味消极地"任逍遥"吗?信奉"即顺理自泰"吗?或者说,他到底持何种生命态度呢?

---

① 〔清〕郭庆藩撰,王孝鱼点校:《庄子集释》,第58页。
②③《晋书》卷八十《王羲之传》。

向、郭在万物自化之后，提出了"任逍遥"的处世观，认为"情欲自然"，该当"任性而为"，真正的逍遥乃是"有待之自足"与"无待之至足"。而王羲之则不然，他虽否定"贵无论"，认为万物乃自生自化，各自为殊，但他并不认为如此就该顺应情欲、任性而为。虽然其本传亦记载，王羲之常与士人游山玩水，似乎与一般玄学名士无异，但是王羲之在感叹大自然与生命之美之余，更多的时候是在悲叹生命的倏忽即逝。尤其是在归隐之后，他大部分的游山玩水，乃是"不远万里采药石"以作服食养生之用。可见，他在面对万物自生自化、永不停驻的状态下，并未止步于感官享受，而是内省于身，更关注人本身、生命本身以及生死问题。这在他的名作《兰亭集序》中体现得淋漓尽致：

> 永和九年，岁在癸丑，暮春之初，会于会稽山阴之兰亭，修禊事也。群贤毕至，少长咸集。此地有崇山峻岭，茂林修竹，又有清流激湍，映带左右，引以为流觞曲水，列坐其次。虽无丝竹管弦之盛，一觞一咏，亦足以畅叙幽情。
>
> 是日也，天朗气清，惠风和畅，仰观宇宙之大，俯察品类之盛，所以游目骋怀，足以极视听之娱，信可乐也。
>
> 夫人之相与，俯仰一世，或取诸怀抱，悟言一室之内，或因寄所托，放浪形骸之外。虽趣舍万殊，静躁不同，当其欣于所遇，暂得于己，快然自足，不知老之将至。及其所之既倦，情随事迁，感慨系之矣。向之所欣，俯仰之间，已为陈迹，犹不能不以之兴怀。况修短随化，终期于尽。古人云，死生亦大矣，岂不痛哉。
>
> 每览昔人兴感之由，若合一契，未尝不临文嗟悼，不能喻之于怀。固知一死生为虚诞，齐彭殇为妄作，后之视今，亦犹今之视昔，悲夫。故列叙时人，录其所述，虽世殊事异，所以兴怀，其致一也。后之览者，亦将有感于斯文。①

---

① 《晋书》卷八十《王羲之传》。

在一二段,王羲之着墨于美景乐事带给人的"视听之娱"与"耳目之娱"中:暮春时节,群贤少长咸集,于流觞曲水间畅叙幽情,这与孔子所赞"莫春者,春服既成,冠者五六人,童子六七人,浴乎沂,风乎舞雩"(《论语·先进》)有异曲同工之妙,皆是人归于自然、融于天地间自由徜徉的愉悦境界,正是朱熹所言"其胸次悠然,直与天地万物上下同流"①之境。三四段,王羲之从形而下的感官体验上升到形而上的内心思考,笔锋转向了人的旨趣取向。人的一生或是内取于怀抱或是外寄于形骸,若遇到一物契合于内心,莫不欣喜、快然感到"自足"。自足,乃是郭象所言"逍遥"之义。但王羲之认为,"快然自足"亦难挡"老之将至",山水或是其他外物尽管能带来自足之逍遥,但是或长或短,"终期于尽",终要归于死亡。表面看,王羲之似乎沉浸在人生之短暂、生死之无奈的消颓中,在感叹"死生亦大矣,岂不痛哉",但其实更透露出他对生命的思考、强烈欲求以及留恋。

兰亭集会是一次名垂千古的名士交游聚会,江左名士们或辨名析理,或体悟自然,王羲之亦被这"天朗气清""惠风和畅"所折服,感叹真是"极视听之娱,信可乐也"。然而,魏晋士人(尤其是江左士人)对于生命悲剧性的体验仍然深藏于王羲之的心中,尤其王羲之是一位具有艺术气质的极其敏感、敏锐的思想家。他固然总是能迅速地体味自然万物的美感,但当万物消逝时,他敏感的心灵更易受到震撼,进而意识到自身亦是处在这自然万物之中,也不得不面临生灭变幻之理,内心的悲怆、不舍可想而知。于是对生命的留恋、对实现生命价值的渴求,使他发出"不朽""千龄"的呼唤。

三、祈求道教之"千龄"

王羲之曾试图在儒家精神世界中找寻"不朽",但在追求不朽的路途中坎坷重重,浮华、名誉、功业似乎又成过眼云烟,不具有他所追求的永

---

① 〔宋〕朱熹:《四书章句集注·论语集注》卷六。

恒的安定价值。因此辞官后,他又转向道教,借用非常手段——服食养生,试图"羽化登仙",实现自我的保存。

《晋书·王羲之传》记载,王羲之愤而辞官后,醉心于服食养生,祈求道教之"千龄""羽化登仙"。归隐之后,他全身心地投入到服食养生中,少理世事。关于王羲之辞官后的生活,他曾自述:

> 顷东游还,修植桑果,今盛敷荣,率诸子,抱弱孙,游观其间,有一味之甘,割而分之,以娱目前。虽植德无殊邈,犹欲教养子孙以敦厚退让。或以轻薄,庶令举策数马,仿佛万石之风。君谓此何如?
>
> 比当与安石东游山海,并行田视地利,颐养闲暇。衣食之余,欲与亲知时共欢宴,虽不能兴言高咏,衔杯引满,语田里所行,故以为抚掌之资,其为得意,可胜言邪。①

而《晋书·王羲之传》亦载:

> 羲之既去官,与东土人士尽山水之游,弋钓为娱。又与道士许迈共修服食,采药石不远千里,遍游东中诸郡,穷诸名山,泛沧海,叹曰:"我卒当以乐死。"②

以上两则史料记录了王羲之悠闲的田园生活、自由自在的交游感受,似乎与一般玄学名士无异。但是,所谓"老庄道德之宣言通玄学""张、许方术之秘法通道教",二者有性、命之别。③ 我们再查阅其他资料,发现关于王羲之隐居这一段生活,史料记载得更多的是他服食养生的事迹。如《全晋文》辑录了大量他在此时期的书札,无任何探讨老庄道德玄言的记录,均是谈论服食修道之事:

> 服食故不可,乃将冷药。仆即是复是中之者,肠胃中一冷,不可如何,是以要春秋辄大起多,腹中部调适。君宜深以为意。省君书,

---

① ②《晋书》卷八十《王羲之传》。
③ 参见张文江《管锥编读解》,第410页,上海,上海古籍出版社,2000。

亦比得之,物养之妙,岂复容言? 直无其人耳。许君见验,何须多云矣。(卷二)①

服足下五色石膏散,身轻,行动如飞。足下更与下匕致之不? 治多少,寻面言之。委曲之事,实亦口人,寻过江言散。(卷五)②

前一书札中的"中冷"现象是服食"寒食散"的明显症状,第二封书札中的五色石膏散也是将石膏研磨炙制而成。因为道教宣称服食药散、松脂等物后可以飞升,遂有上述"身轻,行动如飞"之言论。

王羲之似乎对此深信不疑,在有名的《择药帖》中,他说:"乡里人择药,有发简而得此药者。足下岂识之不? 乃云服人令人仙。不知谁能试看。形色故小异,莫与尝见者,谢二侯"③,对"令人仙"甚是好奇。

道教以不死的神仙信仰为特征,力图揭开宇宙生化的奥秘,并盗取生化之"天机",以求得生命的还原与永驻。可见,道教的神仙信仰也就是现实生活中个体生命的无限延伸和深化。西晋时期,天师道(五斗米道或太平道)的影响已经非常广泛了,东起东海、西至蜀郡、南达江湘。据学者统计,两晋时期北方的大士族如清河崔氏、范阳卢氏等,南方士族琅琊王氏、高平郗氏、颍川庾氏、陈郡殷氏、谢氏等,东晋王室司马氏等都有人信仰道教。④ 王羲之是琅琊王氏的一员。陈寅恪先生就曾指出,在琅琊王氏姓名中普遍使用的"之"字,如羲之、献之、凝之,父子名字可以不避讳而共用,就是因为"之""道"等字与宗教信仰有关。⑤ 从王羲之这代算起,琅琊王氏以"之"字命名延续了六代,这至少说明天师道影响这六代人甚大。《晋书·王羲之传》中亦言:"王氏世事张氏五斗米道,凝之弥笃。"可见,琅琊王氏世代信奉五斗米道。

---

① 转引自雒三桂《王羲之评传》,第 189 页,北京,人民美术出版社,2007。

② 转引自同上书,第 191 页。

③ 转引自同上书,第 327 页。

④ 详见任继愈《中国道教史》第四章,上海,上海人民出版社,1990。

⑤ 参见陈寅恪《金明馆丛稿初编》,第 9 页。

不仅如此，王羲之的交游圈中也不乏信道之人，他的岳父家郗氏就是信奉天师道的大族之一。王羲之妻弟郗愔信道甚勤[1]，《晋书·郗鉴传附子愔传》有言："(愔)会弟昙卒，益无处世意，在郡优游，颇称简默，与姊夫王羲之、高士许询并有迈世之风，俱栖心绝谷，修黄老之术。"[2]"栖心绝谷"乃为道教修行方式之一，道家认为，人食五谷杂粮，会产生秽气，阻碍成仙的道路，故主张绝谷、辟谷。

《晋书·王羲之传》记录有王羲之为道士"写经换鹅"的故事："又山阴一道士，养好鹅，羲之往观之，意甚悦，固求市之。道士云：'为写《道德经》，当举群相赠耳。'羲之欣然写毕，笼鹅而归，甚以为乐。"有学者指出，王羲之之所以欣然以书法换鹅，固然是因为他喜爱鹅，也与交换者为道士且抄录的对象是《道德经》分不开，换言之，与他素来亲近道教有关。[3]

《世说新语·排调》还记载了一段王羲之与简文帝的趣事：

> 简文在殿上行，右军与孙兴公在后。右军指简文语孙曰："此啖名客！"简文顾曰："天下自有利齿儿。"后王光禄作会稽，谢车骑出曲阿祖之。王孝伯罢秘书丞在坐，谢言及此事，因视孝伯曰："王丞齿似不钝。"王曰："不钝，颇亦验。"

"名"乃为"石"之误。[4] 道教中素有"啖石"之说，认为吃石子乃是崇自然，且"啖石"后能飞空走险。在这段对话中，简文帝和王羲之都巧妙地借用了道教的术语，表明简文帝和王羲之均非常熟悉道教。

放弃了儒家"三不朽"导向的永恒，王羲之对道教的"羽化登仙"甚是痴迷。《晋书·王羲之传》后附了一篇《许迈传》，"也表明他们二人的志

---

[1] 《世说新语·术解》记载："郗愔信道甚精勤，常患腹内恶，诸医不可疗。闻于法开有名，往迎之。既来，便脉云：'君侯所患，正是精进太过所致耳。'合一剂汤与之。一服，即大下，去数段许纸如拳大；剖看，乃先所服符也。"

[2] 《晋书》卷六十七《郗愔传》。

[3] 参见卿希泰主编《中国道教史》第一卷，第 288 页。

[4] 参见〔南朝宋〕刘义庆著，〔南朝梁〕刘孝标注，余嘉锡笺疏《世说新语笺疏》，第 816 页。

同道合"①。传记中称许迈常与王羲之游,而且提到许迈曾给王羲之致书:"自山阴南至临安,多有金堂玉室,仙人芝草,左元放之徒,汉末诸得道者皆在焉",谈的多是"仙人芝草"之事。许迈最终莫测所终,信道者皆认为其"羽化矣"。王羲之也亲为许迈作传,多载灵异之迹。可见,王羲之对修道、得道推崇之至、笃信之至。

除了道教之外,王羲之对当时盛行的佛教亦相当关注。尽管并没有史料明确记载王羲之信佛,他也没有选择佛教寻求不朽与永恒;但是他与众多佛教信徒来往甚密,其中他的莫逆之交殷浩晚年精研佛理,曾言"理应在阿堵上"。而王羲之与支道林的交往更是被传为佳话:

> 王逸少作会稽,初至,支道林在焉。孙兴公谓王曰:"支道林拔新领异,胸怀所及,乃自佳,卿欲见不?"王本自有一往隽气,殊自轻之。后孙与共载往王许,王都领域,不与交言。须臾支退,后正值王当行,车已在门。支语王曰:"君未可去,贫道与君小语。"因论《庄子·逍遥游》。支作数千言,才藻新奇,花烂映发。王遂披襟解带,留连不能已。(《世说新语·文学》)

两人相见恨晚,王羲之甚至"披襟解带""留连不能已"。他们谈话的具体内容已是不得而知了,但是至少可以给我们一个讯息:王羲之并不全然反对支道林的观点,他与支道林在思想上是有共通之处的。

《法书要录·右军书记》中收录的王羲之写给友人的一封书信中谈道:

> 省示。知足下奉法,转到胜理,极此。此故荡涤尘垢,研遗滞虑,可谓尽矣,无以复加。漆园比之,殊诞谩如下言也。吾所奉设教意政同,但为形迹小异耳。方欲尽心此事,所以重增辞世之笃。今虽形系于俗,诚心终日,常在于此,足下试观其终。②

---

① 卿希泰主编:《中国道教史》第一卷,第 288—289 页。
② 〔唐〕张彦远辑:《法书要录》,洪丕谟点校,第 293 页,上海,上海书画出版社,1986。

可见王羲之是将佛教与道教归为一类,他认为就教义而言,佛教与道教大同小异,佛教教义追求涅槃、重生亦是一种永恒与不朽。但佛教说理方面胜过道教,相比之下道教的创始人、做过漆园小吏的庄周"殊诞漫如下言"了。

总体而言,王羲之既具有江左名士的共性,即对生命意识有着悲剧性体验,对于万事万物的自生自化亦无奈地感叹"代谢鳞次,忽焉以周",然后"散怀一丘""逍遥良辰会";同时,王羲之也有其自身的个性:在其人生的旅程中,不管是"散怀一丘"还是"尽山水之游",始终不曾放弃追求"不朽"与"永恒",由儒家之"三不朽"到道教之"羽化登仙",皆是全力而为,《真诰·阐幽微》云:"王逸少有事系禁中,已五年,云事已散",显然,陶弘景将其作为道教中人了,并坚信他已羽化登仙。

王羲之最终还是实现了他所追求的"不朽"与"永恒"——他旷古烁今的书法使得他的精神生命千古长存!

第三节　北朝寇谦之对北方天师道的改革

寇谦之(365?—448),字辅真,祖籍上谷昌平(今属北京)。寇氏累世信奉五斗米道,祖上随张鲁投降曹魏而北迁。其父寇修之在前秦苻坚时为东莱太守,其兄寇赞在北魏初任南雍州刺史。寇谦之"早好仙道,有绝俗之心,少修张鲁之术"[1],"年十八,倾心慕道,幽感上玄"[2]。寇谦之曾多年服食饵药,但没有什么效果。他真正融入道教是在遇到成公兴之后。《魏书·释老志》详细记载了此事:

> 有仙人成公兴,不知何许人。至谦之从母家佣赁,谦之常觐其姨,见兴形貌甚强,力作不倦。请回赁兴,代己使役。乃将还,令其开舍南辣田。谦之树下坐算,兴垦发致勤,时来看算。谦之谓曰:

---

[1]《魏书》卷一百一十四《释老志》。
[2]《道门通教必用集》卷一《寇天师》,《道藏》第32册,第5页,北京、上海、天津,文物出版社、上海书店、天津古籍出版社,1988。

"汝但力作,何为看此?"二三日后,复来看之,如此不已。后谦之算七曜,有所不了,惘然自失。兴谓谦之曰:"先生何为不怿?"谦之曰:"我学算累年,而近算《周髀》不合,以此自愧。且非汝所知,何劳问也。"兴曰:"先生试随兴语布之。"俄然便决。谦之叹伏,不测兴之浅深,请师事之。兴固辞不肯,但求为谦之弟子。①

文中所说的"仙人"成公兴,可能是北魏时期一位隐逸民间的高道。成公兴用神秘玄妙的举动指点了寇谦之。寇谦之尊之为"仙人",并追随他游历华山、嵩山等名山,学道七年。成公兴曾评价寇谦之:"先生未便得仙,政可为帝王师耳!"②成公兴去世后,寇谦之继续专心修道,并成长为北朝道教的重要代表人物。在北朝统治者的大力支持下,寇谦之对北方天师道进行了整理和改革,推进了道教理论的体系化。

据学者刘惠琴的研究,寇谦之对北方天师道所作的改革主要集中在两个方面:其一,制定了较为系统的道教戒律。针对北方天师道戒律松弛的问题,寇谦之通过整肃戒律,建立道教的行为规范,使之与中国传统文化心理相适应。其二,积极参与封建统治政权,消除原始道教中的反抗精神。道教由于追求当世的幸福,故具有入世的特点,容易被利用作为反抗现实统治的工具。有鉴于此,寇谦之改造了原始道教朴素的入世思想和原始的幸福观念,利用对道教思想的规范化和伦理化,使道教成为官方宗教,自己也积极参与封建统治政权。"由于寇谦之吸收儒家思想对原始道教的改造,使北方天师道逐渐摆脱了巫师方术的原始面貌,不但在宗教理论方面更加完善,也更适合于现实的统治秩序,在北魏社会得到了广泛的传播,并使天师道成为北魏的官方宗教,对北魏社会生活产生了深刻的影响。这不但是道教发展史上的一个重要阶段,更重要的是,它体现了儒学对北朝社会政治生活的广泛影响。"③

---

① ②《魏书》卷一百一十四《释老志》。
③ 刘惠琴:《引儒入道——寇谦之对北方天师道的改造》,《敦煌学辑刊》2000 年第 1 期。

一、反对原始道教

在寇谦之看来,早期原始道家最大的危机在于其追求现实幸福的愿望容易被人利用,进而沦为一些人争夺权力乃至谋反作乱的工具。换言之,对于现实的统治者而言,原始道教具有潜在的危险性。寇谦之认为,原始道教的这一特点非常不利于道教的健康发展。因此,他改造道教的第一步,就是要通过批评原始道教消除掉其中的叛逆色彩。

为此,寇谦之假托太上老君之口,敷衍了一段神话:

> 嵩岳道士上谷寇谦之,立身直理,行合自然,才任轨范,首处师位。吾故来观汝,授汝天师之位,赐汝《云中音诵新科之诫》二十卷……汝宣吾《新科》,清整道教,除去三张伪法,租米钱税,及男女合气之术。……专以礼度为首,而加之以服食闭练。

寇谦之借太上老君的权威,要求除去"三张伪法",所反对的"三张"是指张角、张宝、张梁,也指张道陵、张衡、张鲁。因为在寇谦之看来,张道陵等创立的原始道教已被张角等所利用,成为造反的工具。此外,他提出废除原始道教中的"租米钱税制度"和"男女合气之术",指出"黄赤房中之术,授人夫妻,淫风大行,损辱道教",①将道教的主要内容放在"专以礼度为首,而加之以服食闭练"。

寇谦之在改造天师道的过程中,大量吸收了传统儒学礼教思想资源,以维护礼教的儒学去改革道教,从而极大地弱化了道教的批判色彩,使其成为巩固现实统治的温顺的工具,受到北魏统治者的欢迎。《魏书·释老志》载:"世祖欣然,乃使谒者奉玉帛牲牢祭嵩岳,迎致其余弟子在山中者。于是崇奉天师,显扬新法,宣布天下,道业大行。"道教也因此在北魏太武帝时期被奉为国教,寇谦之得以成为"帝王师"。

---

① 《魏书》卷一百一十四《释老志》。

寇谦之之所以"援儒入道，一方面是因为在魏晋南北朝时期的思想主流依然是儒家学说；另一方面，道教的改革者们也认识到用儒家礼教规范道教，才可以实现道教的发展及治国安邦的使命"①。

寇谦之承袭葛洪的道教思想，注重内丹、外丹的修炼和道教礼仪制度的建立。当时北魏社会较为安定。寇谦之为司徒崔浩所信任，并推荐给魏太武帝。他们都想用宗教来实现改革政治的理想。《魏书·卢玄传》说："（崔）浩大欲齐整人伦，分明姓族。"寇谦之也企图"兼修儒礼，辅助泰平真君，继千载之绝统"。他主张把道教定为国教，建立一个政教合一的国家。魏太武帝听从他们的意见，亲自到道坛受符箓。寇谦之利用政治力量传播道教，以儒家礼法为道教的内容，以佛教的戒律为其形式，把宗教戒律宣布为法律的信条。他的《云中音诵新科之诫》实是道教的国家法典，它用宗教戒律来补充国家法令。这样的戒律，既有强制的作用又有信仰的作用，并把强制的作用建立在信仰的基础上。今本《道藏》中的《老君音诵诫经》，就是《释老志》中所说的《云中音诵新科之诫》。其中的戒律多是为了巩固封建伦常等级制度，再掺杂以道教的"修身成仙之术"而成的。寇谦之吸收儒家、佛家的思想制度"革新"天师道、建设新道教后，开始与佛教的相互攻击。道教攻佛的理由之一是华夷之辨，寇谦之和崔浩企图通过排佛活动来巩固汉族豪门大族的统治地位。公元446年，魏太武帝在崔浩、寇谦之的劝说下灭佛，力图亲汉不亲"胡"。

二、注重"中和"

寇谦之的"新"道教虽有道教的形式，但吸取了儒家的礼法、佛教的戒律和以老庄思想为中心的玄学理论。寇谦之还把道教的"道"和儒家的"中和"思想结合起来。他说：

---

① 谢路军:《寇谦之援儒入道思想述评》,《中央民族大学学报》(哲学社会科学版)2005年第2期。

道以冲（中）和为德，以不和相克。是以大地合和，万物萌生，华英熟成；国家合和，天下太平，万姓安宁；室家合和，父慈子孝，天垂福庆。贤者深思念焉，岂可不和！天地不和，阴阳失度，冬雷夏霜，水旱不调。万物乾陆，华叶焦枯。国家不和，君臣相诈，强弱相凌，夷狄侵境，兵锋交错，天下扰攘，民不安居。室家不和，父不慈爱，子无孝心，大小忿错，更相怨望，积怨含毒，鬼乱神错，家致败伤。此三事之怨，皆由不和，善积合道，神定体安。（《正一法文天师教诫科经》）

这一中和思想与《中庸》所言"致中和，天地正，万物育"的思想非常相似。由此足见道教对于儒家思想的吸收和融汇。寇谦之"把'中和'思想与维持社会秩序紧密结合起来。他认为，'不和'是产生'坏乱土地'、'称官设号'、'贫者欲富'、'颠倒伦常'、'诈伪乱真'等思想和行为的根源"[①]。

此外，寇谦之还借鉴儒家的"中和"思想，建议统治者对待人民既要"威猛"，又要"宽惠"，两者并举，不可偏废。

三、吸收佛教轮回思想

寇谦之在改造道教的实践中，没有故步自封、自我设限，而是以开放的眼光，吸纳不同思想资源。除了上文提到的儒家礼教思想，当时已逐渐流行的佛教的某些学说也成为寇谦之学习仿效的对象。

以佛教的"生死轮回"学说为例。道教本来讲肉体成仙，不讲灵魂不死，更没有轮回的思想。但寇谦之却把与道教养生理论相矛盾的轮回思想引入道教，给他的新道教增加了一些新内容。寇谦之认为前世对今世的修炼很有影响。《太上老君诫经》说："本得无失，谓前身过去已得此戒，故于今身而无失也。"又说："生死轮回，无闻无见。"这些思想都来源于佛教。对于作恶之人，"死入地狱，若转轮精魂虫畜猪羊，而生尝罪难

[①] 谢路军：《寇谦之援儒入道思想述评》，《中央民族大学学报》（哲学社会科学版）2005 年第 2 期。

毕"(《老君音诵诫经》)。

除"轮回"学说外,寇谦之还吸纳了佛教的"十善十恶""诵经斋戒""三毒三业""种民"等理论学说和戒律教条。从一定意义上讲,"他实际上已开了道教改革中融合三教之先河"[①],尽管这种尝试仍处于不自觉的状态。

寇谦之还主张只靠炼形养生不一定能成仙,成仙的首要功夫是积有善功。这些主张是对道教教义的扩展和深化,对道教和佛教在生死形神问题上的矛盾进行调和。

第四节　南朝陆修静和陶弘景的道教革新思想

与北朝寇谦之对天师道所做的改革相呼应,南朝的一些道教思想家也陆续对南朝统治范围内的道教资源进行了清理、整顿与改革。相较于寇谦之对北方天师道的改革,南朝以陆修静和陶弘景为代表的道教改革在广度和深度上要更胜一筹。"南朝统治地区是南北朝时期道教发展的重要基地。在那里,不仅有天师道的长期传播,而且又是上清派和灵宝派的发源之地。因此,在那里不仅有改革天师道的任务,又有充实和提高包括上清派和灵宝派在内的整个道教的任务。"[②]其中,南朝刘宋时期的道士陆修静着重对南方的天师道及灵宝派进行了系统的革新,而南朝齐梁时期的道士陶弘景着重弘扬了上清派,并以此为基础开创了茅山宗。

一、陆修静

陆修静(406—477),字元德,吴兴东迁(今浙江湖州)人,南朝刘宋时期著名道士,道教思想家。陆修静是三国时期东吴丞相陆凯的后裔,陆

[①] 刘伟航:《寇谦之与陶弘景道教改革比较研究》,《许昌师专学报》(社会科学版)1997 年第 1 期。

[②] 卿希泰主编:《中国道教史》第一卷,第 465 页。

氏世代为南方显族。陆修静自幼学习儒学,好读书,兴趣广泛,涉猎象纬之学。他尤其喜好道术,《全唐文》称其"研精玉书,稽仙圣奥旨。……勤而习之,不舍痼痹"①。成年后,他倾心于方外之游。尽管已结婚生子,但最终他还是弃绝妻子,入云梦山修道,又不远千里,寻访仙人异士,搜罗道书,游历名山。后声名远播,受到刘宋帝王信重。其后,陆修静在庐山隐居修道。晚年,受宋明帝礼遇,他在都城建康北郊天印山崇虚馆定居,全力推进南方道教的改革。他"广集道经,辨别真伪,整理道教经戒、方药、符图等书1128卷,分为'三洞'。泰始七年又撰定《三洞经书目录》,是为我国最早之道教经书总目。后世道藏分类'三洞'之名,初见于此"②。

据卿希泰先生主编《中国道教史》统计,陆修静一生著述颇丰,已知不下30多种。有《道德经杂说》1卷,《遂通论》1卷,《必然论》1卷,《归根论》1卷,《明法论》1卷,《自然因缘论》1卷,《五符论》1卷,《三门论》1卷,《陆先生答问道义》1卷,《陆先生黄顺之问答》1卷,《灵宝经目序》1卷,《陆先生道门科略》1卷,《太上洞玄灵宝众简文》1卷,《洞玄灵宝五感文》1卷,《太上洞玄灵宝授度仪》1卷,《洞玄灵宝斋说光烛戒罚灯烛愿仪》1卷,《升玄步虚章》1卷,《灵宝步虚词》1卷,《步虚洞章》1卷,以及《灵宝道士自修盟真斋立成仪》《金箓斋仪》《玉箓斋仪》《九幽斋仪》《解考斋仪》《涂炭斋仪》《三元斋仪》《古法宿启建斋仪》《然灯礼祝威仪》等多卷。其中大部分已散佚,仅有《太上洞玄灵宝众简文》《洞玄灵宝五感文》《陆先生道门科略》《太上洞玄灵宝授度仪》《洞玄灵宝斋说光烛戒罚灯烛愿仪》等著作收录在《正统道藏》中。③

由陆修静的著作名目可以看出,他对于此前的道教资源采取泛观博览、不主一家的开放态度,其学说涉及天师道、上清派、灵宝派等道教的

① 《全唐文》卷九百二十六。
② 陈运炎:《陆修静》,《宗教学研究》1983年第2期。
③ 参见卿希泰主编《中国道教史》第一卷,第466 467页。

众多道派。其中,"在他一生中,对天师道和灵宝派的贡献是更为突出的"①。

王承文指出,陆修静的道教思想存在一个明显而重大的转变:早期的陆修静信仰天师道,这一阶段完成的《道门科略》(也称《陆先生道门科略》)就是其代表;到了后期,陆修静的道教信仰从天师道转向灵宝经,他的其他著作都呈现出这种特征。② 王承文的这一观点对于我们理解陆修静道教思想的全貌具有重要启示作用。结合卿希泰先生主编的《中国道教史》,我们可以对陆修静的道教思想作如下梳理。

1. 以《道门科略》为中心的早期思想

在陆修静思想的早期,他关注的核心是南方的天师道。在这一时期完成的《道门科略》一书中,陆修静针对南方天师道组织混乱、科律废弛的严重局面,提出了一整套从组织方面整顿、改革天师道的方案。

其一,整顿组织系统,健全"三会日"制度。"三会日"制度是早期天师道维护道官、道民统属关系的一种制度,规定凡三会之日,每个道民必须到本师治所去参加宗教活动。"三会日",一说指正月初五、七月初七、十月初五,一说指正月初七、七月初七、十月十五,一说指正月初七、七月初七、十月初五。具体日期大同小异。《道门科略》规定"正月初七、七月初七、十月初五"为"三会日"。在这三天,全体道民要到本师所在的治所参加集体活动,活动内容包括:道民向道官申报家口录籍,道官向道民宣令科戒,道官考论道民功过等。至南朝时期,天师道的"三会日"制度已逐渐废弛,"今人奉道,多不赴会。或以道远为辞,或以此门不往。……明科正教,废不复宣,法典旧章,于是沦坠"③。鉴于"三会日"在天师道组织系统中的重要价值和当时道教组织涣散的严重状况,陆修静决心重新整治秩序,恢复、重建"三会日"制度,加强道官与道民之间的有效联系。

---

① 卿希泰主编:《中国道教史》第一卷,第 467 页。
② 参见王承文《陆修静道教信仰从天师道向灵宝经转变论考——以陆修静所撰〈道门科略〉为起点的考察》(上、下),《宗教学研究》2014 年第 2、3 期。
③ 《陆先生道门科略》,《正统道藏》第 41 册,总第 33120 页。

其二,整顿名籍混乱状况,加强"宅录"制度。"宅录",指的是道民入道时,须把全家的男女口数登记于册;以后凡有生、聚添口,或死、亡减口,都需要在"三会日"时赴本师治所进行登记或注销。道民凭此"宅录"向道教组织缴纳"命信"(敬神的信物),道教组织依此派守宅之官予以保护。当时,"宅录"制度混杂错谬、名存实亡,极大地影响了道教组织对道民的管理。陆修静主张重新清理宅录,要求道民在每年"三会日"及时申报人口变化。

其三,禁止道官自行署职,健全道官按级晋升制度。当时道官的任用很混乱,不少无德无才之人充任道官,玩忽职守,甚至为非作歹。陆修静主张整顿道官祭酒,恢复天师道的依功受箓和按级晋升的制度。[①]

2. 后期对灵宝派的发展

到了陆修静思想的后期,其道教信仰已逐渐从天师道转向灵宝派。王承文认为,陆修静思想的这一重大转变的根源在于天师道自身的缺陷:天师道的很多组织形式仍属于早期民间道教的形式,已经不能适应新的形势;尽管陆修静试图援用早期天师道的科律和组织形式重新整顿天师道,但是效果渺渺。天师道可谓积重难返,陆修静渐渐意识到这一点,索性放弃了天师道的信仰,转而信仰当时已盛行于世的灵宝派。[②]

灵宝派是道教早期重要派别之一,相传由东晋葛巢甫据古《灵宝经》创建。灵宝派奉元始天尊为最高神,尊三国时期东吴道士葛玄为祖师。"灵宝派虽为葛巢甫所创建,但是真正把灵宝派发扬光大的是陆修静,陆修静为灵宝派做出了巨大的贡献。《灵宝经》在流传过程中混乱不堪、统属难辨。陆修静对该经进行了系统的整理和归纳,并编制灵宝斋仪,为灵宝派在南朝的发展奠定了基础,'故后世把陆修静视为灵宝派的实际

---

① 以上主要参考了卿希泰主编《中国道教史》第一卷,第 468—472 页。
② 参见王承文《陆修静道教信仰从天师道向灵宝经转变论考——以陆修静所撰〈道门科略〉为起点的考察》(下),《宗教学研究》2014 年第 3 期。

创始人'。"①

陆修静对道教灵宝派的贡献主要体现在斋醮仪范的创制方面。"系统总结天师道以来斋醮仪范经验,对之作系统阐发、补充,并创制出全套完整的道教斋仪的,则是陆修静。"②

据卿希泰先生主编的《中国道教史》,陆修静对灵宝派的整理与发展主要表现在以下几个方面。

其一,著录了大量斋醮仪范书籍。从前引陆修静的著述目录来看,他后期撰写的书籍中,有关道教斋醮仪范的内容占据很大一部分。

其二,辨析《灵宝经》真伪。当时社会上流行了很多号称《灵宝经》的道书。陆修静发现,其中不少《灵宝经》的内容真伪混杂、颠倒是非。于是,他下决心对这些道书仔细考订真伪,并将他认为真实的《灵宝经》汇总,编订出《灵宝经目》。

其三,创制斋醮活动。在葛巢甫所撰《太极真人敷灵宝斋戒威仪诸经要诀》的基础上,陆修静吸收、总结历代以来的各种斋仪,创制出一整套道教斋醮仪则。"由于陆修静以很大精力创制道教斋仪,使道教斋醮仪范得以基本完备,这就为道教的创建工作完成了一项重要任务,使道教向其成熟阶段迈进了一大步。"③

二、陶弘景

陶弘景(456—536),字通明,丹阳秣陵(今江苏南京)人,南朝齐梁时期著名道士,道教思想家。陶弘景出身于南朝士族家庭,自幼好学,读书万卷。据《南史·陶弘景传》记载:"至十岁,得葛洪《神仙传》,昼夜研寻,便有养生之志。"④不过,也有学者质疑这一说法。如程喜霖认为陶弘景

---

① 吴成国、曹林:《论陆修静与刘宋时期灵宝道教的流行》,《宗教学研究》2014 年第 2 期。
② 卿希泰主编:《中国道教史》第一卷,第 473 页。
③ 参见同上书,第 473—481 页。
④ 《南史》卷七十六《陶弘景传》。

遁入道门其实与他成长过程中的一些重要经历关系密切:第一,在陶弘景青年时期,一直对他欣赏有加的刘宋吏部尚书刘秉因反对肖(萧)道成的篡权废立之举,发动石头城兵变,结果事败身死;肖(萧)道成篡宋建立齐代后,将陶弘景视作刘秉一党防范压制。陶弘景在齐代任诸王侍读十四年,只能做塾师、伴读兼秘书之类的闲散差事,完全不受重用。仕途受阻,陶弘景对肖(萧)齐政权完全失望了,只有归隐一途。第二,陶弘景的父亲被妾室害死,陶弘景惊闻噩耗,悲痛之余,发誓不近女色,终生不娶。第三,陶弘景曾得过一场重病,昏迷七日,迷离之间仿佛看到了石头城的腥风血雨、至交好友曝尸街头以及慈父被妾谋害的无头公案,于是厌弃尘世,萌生遁世的念头。可以说,陶弘景到了此时,方才真正理解了十岁所读葛洪《神仙传》的真谛。[1] 陶弘景遁入道门后,从道士孙游岳学习上清派的经法、符图,与上清派结下不解之缘。他又游历各地名山,隐居于江苏句容之句曲山(茅山)。陶弘景在茅山隐居四十余年,经他革新后的上清派也被称为"茅山宗"。

与陆修静一样,陶弘景也是著述颇丰。他学识渊博,各类著述不下80余种,涉及道教、天文、历算、地理、兵学、医药等诸多领域。其中,与道教相关的著作有《真诰》20卷、《真灵位业图》1卷、《登真隐诀》3卷、《合丹药诸法节度》1卷、《集金丹黄白方》1卷、《太清诸丹集要》4卷等。[2]

1. "山中宰相"

史书论及陶弘景时,常常会提到"山中宰相"的称呼。《南史·陶弘景传》云:"国家每有吉凶征讨大事,无不前以咨询。月中常有数信。时人谓之山中宰相。"[3]从上文介绍陶弘景的生平看,他在遁世隐居之前的仕途是非常坎坷的,宋齐易代对其事业造成了致命的打击。这也是陶弘景毅然遁世的主因之一。然而吊诡的是,恰恰在他放弃仕途、遁入道门之后,他在尘世间的事业仿佛冲破了一层看不见的屏障,突然变得顺畅

---

[1] 参见程喜霖《论陶弘景生卒年与遁入道门的原因》,《学术研究》1994年第1期。
[2] 参见丁贻庄《陶弘景》,《宗教学研究》1983年第2期。
[3] 《南史》卷七十六《陶弘景传》。

无比。无论是齐代的王室权贵,还是梁代的帝王将相,均对他推崇备至,甚至顶礼膜拜。

为什么会有这种戏剧性的变化? 卿希泰先生主编的《中国道教史》认为,这一方面由于陶弘景的学识渊博,受到梁武帝等人的赏识;另一方面也因为他归隐以后,并未真正忘怀政治,而是站在士族知识分子的立场,积极地为封建统治阶级出谋划策所致。[①] 除此之外,还有两个可能的原因:其一,对于旁人来说,由于陶弘景遁入道门,在形式上远离了政治,使得他成为一个"无害"的人物,原本颇为猜忌他的肖(萧)齐王室也对他放了心。于是,陶弘景便成为尘世官场上一个独特的"点缀"。其二,对于陶弘景自己来说,隐居茅山使得他有机会抽离出尘世,克服"不识庐山真面目,只缘身在此山中"的弊病,用一种近乎旁观者的态度,轻松自如地运用自己的独特智慧来解读尘世中的是是非非。

2. 开创茅山宗

当然,陶弘景之所以能名留青史,主要不是由于他在政治上的独特影响力,而是因为他对南朝道教发展所起到的举足轻重的作用。陶弘景对南朝道教的贡献主要有三个方面:"一是弘扬了上清经,开创了茅山宗;二是发展了道教的修炼理论;三是为道教建立了神仙谱系。"[②]

上清派是早期道教的重要宗派,它是两晋时期南方的一些高门士族因为不满原始道教的浅陋庸俗,通过改造天师道发展而来。上清派奉元始天王、太上大道君为最高神,尊东晋女道士魏华存为开派祖师。

陶弘景在遁入道门后,曾经追随道士孙游岳学习上清派的道术。后来,他四处搜访道经。隐居茅山之后,陶弘景潜心于上清派的道经,撰写了大量的道书以弘扬上清派。其中,最重要的是《真诰》20 卷,"该书对上清经的传授系统作了历史的叙述(《真诰叙录》),对上清经的来源、出世作了种种神化的描写"[③]。在陶弘景之前,上清派的经典、理论和仪则尚

---

① 参见卿希泰主编《中国道教史》第一卷,第 503 页。
② 同上书,第 505 页。
③ 同上书,第 506 页。

存在一些粗疏模糊之处。经过陶弘景的阐发与补充,上清派的理论体系逐渐完备。由于陶弘景在道俗两界均有着巨大的影响,加之他多年隐居茅山写书授徒,弟子门人中英才辈出,逐渐地,茅山成为上清派的中心,以至于经过他改造的上清派被人们称作"茅山宗"。茅山宗所尊奉的神灵、经书和修习的法术基本上承袭了上清派,细节方面略有调整。自南朝起,直至两宋时期,茅山宗一直是道教的一个重要道派。

在道教修炼理论的改良方面,陶弘景继承了上清派重视调意和精神修养的传统,主张形神双修,养神和炼形并重。他说:"今且谈其正体,凡质象所结,不过形神。形神合时,是人是物;形神若离,则是灵是鬼。其非离非合,佛法所摄;亦离亦合,仙道所依"①,"天道自然,人道自己。人常失道,非道失人。故养生,慎务失道。为道者,慎不失生,使道与生相守"②。具体而言,就是要做到清心寡欲,节制情欲;饮食有节,起居有度。一旦养神和炼形做到极致,精神和肉体均可以长存不朽。③

此外,陶弘景还编制了道教的神仙谱系。道教从诞生之始,便开始了神仙谱系的创制。不过,在陶弘景之前,道教的神仙谱系存在杂乱无章、自相矛盾等弊病。为此,"陶弘景撰写了《真灵位业图》,将道教信仰的天神、地祇、人鬼和诸仙真(人)等庞大神仙群,用七个等级(或称七个系列)组织排列起来,构成一个等级分明的神团体系,满足了道教信仰和宣传上的需要"④。经过陶弘景的改造,道教的神仙谱系宣告成熟。

值得注意的是,与北朝寇谦之相似,陶弘景在改造南朝道教时,同样采取了三教兼容的形式。"陶弘景继承老庄思想和葛洪的方术理论,但又融合佛、儒观点。他曾去鄮县(今浙江宁波)阿育王塔受佛戒。在茅山

---

① 《道藏》第23册,第646页。
② 《养性延命录》,《正统道藏》第31册,总第24633页。
③ 以上参考了卿希泰主编《中国道教史》第一卷,第505—508页。
④ 曾召南:《道教学者陶弘景评介》,《宗教学研究》1985年第0期。

道观中,建有佛、道二堂,隔日轮番朝礼,佛道双修。"①应该说这不是偶然的。经历玄学的洗荡后,两汉儒学一统天下的格局不复存在。时至魏晋南北朝时期,内部多元思想不断创生,外来异质文化奔涌而至,均迫使兼容并包成为思想文化的新的出路。

---

① 丁贻庄:《陶弘景》,《宗教学研究》1983 年第 2 期。

第二篇

魏晋时期的佛教哲学

魏晋时期,战祸频仍,强烈的危机感迫使人们从不同角度探求存在的价值和生命的意义。汉末臧否人物、择正黜邪之清议,一变而为发言玄远、经天纬地之清谈,于是玄风飙起,汉代与黄老之术结合的佛教因势利导,迅速转向般若性空以及涅槃实相的形而上的思考。佛教学者因袭玄学家的思路,谈空说有,各抒己见,在哲学上汲取《庄》《老》,佛教哲学之玄风大振华夏,亦为当时玄理之大宗。道教尤其在玄学的影响下,丰富了成仙的道教的思想内涵。儒道释三教交融渗透,又难免理论上的碰撞。这是继先秦之后又一个哲学创新、繁荣的历史阶段。

"玄学"是一个特定的历史概念和哲学概念,特指魏晋时期居于统治地位的哲学思潮。它融会儒、道,以易、老、庄"三玄"为思辨的依据,论本体之有无,是专究"天人之际"的自然哲学,同时涉及名教与自然的关系,是讲天道和人事及其相互关系的理论,也就是讲宇宙"自然"和社会"名教"的关系的理论,所以它既是哲学,又是社会政治学说。从哲学的高度论证社会政治思想,是魏晋玄学理论的基本结构和主要内容。它是继承、改造和发展先秦至两汉以来道家、儒家等思想的一种新的意识形态。其中影响最大的是王弼的"贵无论"、裴頠的"崇有论"和郭象的"独化论"。王弼以"无"为宇宙的本体,将现象概括为"有",指出"天下之物,皆以有为生;有之始,以无为本;将欲全有,必反于无也"(王弼:《老子四十章注》),由此提出"本""末""体""用""母""子"等一系列体用论的范畴,主张崇本息末、"以无为用",进而实现崇本举末、守母存子,也就是"无为而无不为"。从"以无为本"出发,王弼进而认为"无"作为"本"是绝对静止的,"有"作用于"末"是相对运动的;故认为把握本体的"无",就是达到超然于言与象之外的根本的"意",因此强调言不尽意,只有"得意而忘言""得意而忘象"(王弼:《周易略例·明象》)才是逼近本体的必由之路。郭象反对《老子》"有生于无"的法则,以"独化说"否定本体或者说"造物主",视万物为各各独立的绝对的自体,认为任何事物都是"独生而无所资借"(郭象:《庄子·知北游注》),"未有不独化于玄冥者也"(郭象:《庄子·齐物论注》)。"玄冥"是郭象本体论的核心范畴,其实与王弼的"无"

本质上并无不同,诚如郭象之解释,"玄冥""所以名无而非无也"(郭象:《庄子·大宗师注》),也就是说"玄冥"名无非无,既非世界肇始之"真宰"("造物主"),亦非与"有"相对的"无",而是各各独立的绝对自体。所以郭象说"至道者乃至无也"(郭象:《庄子·知北游注》),可见,"玄冥"实际还是"至无",万物皆于自体中"独化"。无论是王弼的"贵无",还是郭象的"独化",乃至裴頠的"崇有",与佛家般若空论的非本体的本体论在在相合,于是佛教乃脱离方士而独立,汉魏佛道式的佛教一变而为佛玄式的佛教,佛教哲学得玄学之助而别开生面。

概括地说,魏晋玄学的发展大致经历正始、竹林、西晋元康和东晋时期几个主要阶段,理论上由何晏、王弼的"贵无论"到裴頠的"崇有论"再到郭象的"独化论",表现为由有无分离到合有无为一的认识过程。佛教般若学与之相呼应,总体上说有道安时期和鸠摩罗什——僧肇时期两个阶段,在理论上表现为由色空分离、色心分离到色空为一、即体即用的理论演变。

第一章　慧皎与早期佛教哲学的综合

魏晋南北朝时期，僧俗学者所著中国僧人传记颇多，其中全面系统、影响最大者为梁代慧皎的《高僧传》。其中，慧皎不仅梳理了自汉至梁四百余年高僧之行状，而且也凸显了中国僧人对佛教哲学的诠释与综合。

第一节　《高僧传》及其作者慧皎

慧皎，梁代会稽上虞（今浙江绍兴上虞区）人，落发嘉祥寺，俗家姓氏失载，生卒年月不详，大约在5—6世纪，是一位学识渊博、兼通佛、儒、道及百家之学，于经、律尤为擅长的佛教学者。据唐道宣《续高僧传》卷六，他"春夏弘法，秋冬著述，撰《涅槃义疏》十卷及《梵网经疏》行世"。传世著作《高僧传》14卷，始于汉明帝永平十年（67），终至梁武帝天监十八年（519），凡453载，包举南北高僧257人，旁出附见者239人，内容翔实，取材丰富，分类科学，是佛教史传文学的典范。

慧皎生平事迹史书记载缺无，仅见《高僧传》卷十四末附未署名的后记一则云："法师学通内外，善讲经律，著《涅槃疏》十卷、《梵网戒》等义疏，并为世轨。又著此《高僧传》十三卷（金陵本作四）"。接下来还说：

梁末承圣二年(公元五五三年)太岁癸酉避侯景难,来至浔城①,少时讲说。甲戌年二月舍化,时年五十有八。江州僧正慧恭经始②,葬庐山禅阁寺墓。(时)龙光寺僧果同避难在山,遇见时事,聊记之云尔。③

据考,记中提到的慧恭和僧果,实有其人,既然僧果"同避难在山",那么这一则后记或出自其手。④ 如此,慧皎的生年便可推定:慧皎于梁末甲戌年(即承圣三年,554)舍化,寿五十八,其生年便是南齐建武四年(497)。然而可惜的是,隋费长房的《历代三宝记》卷十一、唐道宣的《续高僧传》卷六,以及智升的《开元释教录》卷六,论及慧皎,均未提及此事,或是存疑,或是疏漏,不得而知。

据唐道宣《续高僧传·慧皎传》言:

> 释慧皎,未详氏族,会稽上虞人。学通内外,博训经律。住嘉祥寺,春夏弘法,秋冬著述,撰《涅槃义疏》十卷及《梵网经疏》行世。又以唱公所撰《名僧》颇多浮沈,因遂开例成广,著《高僧传》一十四卷。其序略云:前之作者,"或(复)嫌以繁广,删减其事,而抗迹之奇,多所遗削。谓出家之士,处国宾王,不应励然自远,高蹈独绝,寻辞荣弃爱,本以异俗为贤。若此而不论,竟何所纪?"又云:"自前代所撰,多曰名僧。然名者,本实之宾也。若实行潜光,则高而不名;若寡德适时,则名而不高。名而不高,本非所纪;高而不名,则备今录。故省名音,代以高字。"《传》成,通国传之,实为龟镜;文义明约,即世崇重。后不知所终。江表多有裴子野《高僧传》一帙十卷,文极省约,未极通鉴,故其差少。

---

① 浔城,今江西九江。
② 金陵本"始"作"营",恭下有"为首"二字。汤用彤校注本在附录中改为"慧恭为首经营"。
③ 〔南朝梁〕释慧皎:《高僧传》卷十四,汤用彤校注,汤一玄整理,第 554 页,北京,中华书局,1992。以下引该书,只注作者、书名、卷数、页码。
④ 汤氏确认是僧果,有"卷十四僧果的跋尾"云云。同上书,附录第 565 页。

这篇传记非常简略,而且249个字中,有108字是直接摘抄慧皎在《高僧传》末的序录,所以除了《高僧传》的内容,我们并不能从中获得更多关于慧皎可资参考的史料。

慧皎著《高僧传》之前,"此土桑门,含章秀起,群英间出,迭有其人。众家记录,叙载各异"。僧人传记大多是零散或专门性质的。其中有一人之专传,如《佛图澄传》《佛图澄别传》《支法师(遁)传》《安法师传》《高座道人别传》《于法兰别传》《释道安传》《竺道生传》《真谛传》等;亦有某一类型僧人之传,如《高逸沙门传》《志节传》《游方沙门传》《沙婆多部相承传》等;还有一时一地僧人之传,如《东山僧传》《庐山僧传》等;也有专门的《比丘尼传》,记述佛、菩萨感应事迹的《宣验记》《幽明录》《冥祥记》以及《搜神录》《三宝记》等。通传较少,有宝唱的《名僧传》和法进的《江东名德传》。

对于上述著作,慧皎搜罗甚富,所谓"尝以暇日,遇览群作,辄搜检杂录数十余家,及晋宋齐梁春秋书史,秦赵燕凉荒朝伪历,地理杂篇,孤文片记,并博咨古老,广访先达,校其有无,取其同异"。深感此前之僧传"各竞举一方,不通今古;务存一善,不及余行","或褒赞之下,过相揄扬;或叙事之中,空列辞费。求之实理,无的可称","辞旨相关,混滥难求,更为芜昧"。宝唱的《名僧传》虽然搜罗宏富,但取材不精、褒贬失当。慧皎显然不赞成《名僧传》以知名度高、拥有各种世俗荣誉为入选标准的取舍原则;尤其反对"不应励然自远,高蹈独绝,辞荣弃爱"之说,反对对德行高尚、无世俗名誉的僧人"嫌以繁广,删减其事,而抗迹之奇,多所遗削"。基于此说,慧皎决心著述"高僧"之传而非"名僧"之传。他解释说:

> 自前代所撰,多曰名僧。然名者,本实之宾也。若实行潜光,则高而不名;寡德适时,则名而不高。名而不高,本非所纪;高而不名,则备今录。故省名音,代以高字。[1]

---

[1] 〔南朝梁〕释慧皎:《高僧传》卷十四,第525页。

慧皎的意思是显而易见的。在他看来，某些僧人虽享有盛名，但缺乏高尚的道德修养，一味攀附权贵、趋炎附势，以虚誉炫耀当时；另一些僧人重行不重名，尚德性，轻名利，韬光养晦，保持佛家的超越精神，而不为时俗所喜。前者是名而不高，而不入传；后者是高而不名，才是他撰著《高僧传》立传的对象。慧皎还特别说明："其有繁辞虚赞，或德不及称者，一皆省略。"①毫无疑问，慧皎《高僧传》的问世，显然同汉魏时期"名实之辨"的思潮相关，同样体现了魏晋齐梁时期反对浮华，在哲学上突出"名实之辨"的时代精神。

正如慧皎所言，《高僧传》"始于汉明帝永平十年，终于梁天监十八年，凡四百五十三载，二百五十七人，又傍出附见者二百余人"②，应当说是一部时至梁代，以人物为中心的中国佛教通史。

《高僧传》在体例上全面创新，以适应对外来文化的系统介绍和条分缕析的诠释，所谓"开其德业，大为十例：一曰译经，二曰义解，三曰神异，四曰习禅，五曰明律，六曰遗身，七曰诵经，八曰兴福，九曰经师，十曰唱导"③，形式规范，分类严谨，为日后僧传之体裁创立了典范。在卷第十四序录中，慧皎明确指出，十例之分，自有其严密的内在的逻辑关系：

首先，佛教传到中国，传译之功居首，"法流东土，盖由传译之勋。或逾越沙险，或泛漾洪波，皆忘形殉道，委命弘法。震旦开明，一焉是赖。兹德可崇，故列之篇首"；至于"慧解开神，则道兼万亿"，指的是"义解"；"通感适化，则疆暴以绥"，则是"神异"；"靖念安禅，则功德森茂"，无疑为"习禅"；"弘赞毗尼，则禁行清洁"，意指"明律"；"忘形遗体，则矜吝革心"，即"遗身"；"歌诵法言，则幽显含庆"，便是"诵经"；"树兴福善，则遗像可传"，为"兴福"。最后，他又进一步说明："凡此八科，并以轨迹不同，化洽殊异，而皆德效四依，功在三业，故为群经之所称美，众圣之所褒述。"④

---

① 〔南朝梁〕释慧皎：《高僧传》卷十四，第 525 页。
②③ 同上书，第 524 页。
④ 同上书，第 524—525 页。

上述序中没有提到"经师"和"唱导",但言"凡十科所叙,皆散在众记",应当说,十科分类,简明清晰,将东传的佛教文化囊括殆尽。同时,慧皎还告诉读者:"及夫讨核源流,商榷取舍,皆列诸赞论,备之后文。"①不仅有叙,而且有论,叙论结合,正是中国传统史传体的风格,当然,慧皎对佛教哲学的综合也就尽在其中了。

简单地讲,针对佛教作为外来文化的特点,如何在中国传统文化的土壤中有效地移植,并得以健康地发展,慧皎的《高僧传》作出了史无前例的杰出贡献。他把译经视作佛教在中国传扬的托命之所;对经典的诠释,即义解,则是佛教中国化的必由之路;篇末的赞论,或说明取舍,或商榷是非,既讨核源流,即由印度传来的佛教在华夏文明中的流布,也充分表达了他对佛教哲学的理解和诠释。全书结构严谨,条理井然,义理甄著,文辞婉约。十科之设,前无古人,后有来者,如道宣的《续高僧传》和赞宁的《宋高僧传》,以及《明高僧传》等,都取法《高僧传》,分为十科,每科之末也皆作赞论。慧皎之作的价值不言而喻,亦如唐释智昇在《开元释教录》中所言,此书"可传之不朽"。

值得注意的是,慧皎在《高僧传》中的措辞用语完全不同于佛教——既不同于初传时期的佛道式佛教,也有别于其后典型的中国化佛教——而多采用中国传统的概念和传统的范畴,尤其同当时玄学思潮珠联璧合。文中仁、礼、至道、玄致、体用、名教、言意、名实、虚冲、经法、禅道、幽微、诗书礼乐、忠烈孝慈、穷神尽性、至治无心、刚柔在化等比比皆是,性空、实相、般若、涅槃、缘生缘灭、因果轮回、无我无常等佛教术语和佛教哲学的范畴却百不一见,从中可以感受到慧皎以道解佛、以儒解佛、以玄解佛,以中国传统哲学综合佛学的习惯性思维,以及佛教在齐梁时代中国化的历史进程。

当然,作为通史的《高僧传》有明显的地域局限性。该书详于南朝,略于北朝,北魏入选者仅4人,与同时代的宋、齐、梁相比,数量相差甚大。当

---

① 〔南朝梁〕释慧皎:《高僧传》卷十四,第525页。

时南北分裂,南朝僧人事迹易于收集,北朝僧人资料难以索求,大概是主要原因。正因为如此,在哲学上,也难免受到地域文化蛛丝马迹的影响。

第二节　名僧、高僧与名实之辨

名实之辨是中国哲学史上的重要命题,先秦名家是将其作为纯逻辑概念引入哲学史的,主要是辨析抽象的概念和具体事物之间的逻辑关系;实际上显然涉及从思维到概念,及其同存在的关系,涉及作为名的表和作为实的里之间的关系。前者是纯粹的概念分析,后者却是对实存事物的理性甄别,或称循名责实,或言综核名实,事实上是把哲学的思辨作为品鉴人物的方法,这在魏晋时期是很有特色的。作为僧人传记的《高僧传》同样是品鉴人物的作品,名实问题自然是首先要解决的问题,其以"高"立名,并以之为取舍,所谓"德不及称者,一皆省略",显然是那个时代循名责实的产物。

对于名实问题,《老子》已将其作为基本的哲学命题展开论说。其开篇第二、三句便是:"名可名,非常名。无名,天地之始。有名,万物之母。"①在老子的理念中,道的本质是超越现象界的,所以是不可言说的,自然也就是不可名的;无名之道才是天地之始,也就是世界的本源;有名的,或者说可以名的,只是有限事物的生成,即有限,而非超越有限的"道"的实在。换句话说,可以赋予名的事物,即有名的东西,都不能正确地反映超越的实在——名不副实。可见,《老子》原本论述不可以名字的道和可以名字的万物之间关系的纯理性思辨,实际上也为汉魏两晋品鉴人物的名实之辨提供了思辨的方向和思辨的基础,当然也为魏晋玄学、佛学得意忘言、道断语言的言意之辨奠定了诠释的理论基础。

先秦名家辨析名实甚详,他们从分析概念(名)的内涵、外延入手,说明"名"的普遍性和特异性的差异,主张"离坚白",得出"白马非马"的结

---

① 第二句谈名,谈可以名的,不是"不可以名的道"。因此第三句应当是接着谈无名、有名,而不是有、无。通常断句不贴切。

论；或者强调"名"的相对性，而有"合同异"之说。其重心是对概念，即对"名"的条分缕析。如果说"哲学是概念的游戏"，那么，先秦名家则是当之无愧的哲学家。

东汉后期，荐举制度流为风尚，专以名节、德行品鉴人物而选才举士，士人遂尚言论、重游谈，朋比结党。"名"于是成为博取利禄的工具，致世风日趋浮华，名实乖舛，有所谓"举秀才，不知书；察孝廉，父别居。寒素清白浊如泥，高第良将怯如鸡"的绝妙讽喻。面对如此社会现实，无论是思想家，还是政治家都不能坐视不管，必须寻求解决的理论和解决的办法，名实之辨的哲学命题，也就随着政治需要而作为品鉴人物的现实标准和原则重新提了出来。刘劭的《人物志》便是其中的拔萃之作。

如果说《老子》是从本体的性质谈"名"的局限性，是抽象的形而上的思辨，而先秦名家是从概念到概念，论述"名"和"实"的差异性，是具体的形式逻辑的话，那么，魏晋时期的名实之辨则是品鉴人物、选拔人才的理论和原则。当然，魏晋的名实之辨并未于此止步不前，依然沿着先秦时期名实哲学的思维方向继续向前，在考察人的才性和名声的现实问题的同时，对名实关系再作抽象的理论探讨，而由名实—有名无名—有无之辨，步步逼近玄学的基本理论问题。与名实之辨相比，有无之辨显然已经由思维形式（名）和思维对象（实）的关系，转向思维主体和外于思维主体的存在（有限的和超越有限的无限）的关系，名实之学终于转化为玄理之学。魏晋玄学的逻辑进程大体如是。名实之辨在中国哲学史上的重要地位也就可想而知了。慧皎《高僧传》之立意，及至立传之取舍，就是基于当时流风所及的名实之辨。稍早于慧皎的葛洪，在其《抱朴子外篇·名实》中开篇便指出："闻汉末之世，灵献之时，品藻乖滥，英逸穷滞，饕餮得志，名不准实，贾不本物，以其通者为贤，寒者为愚，其故何哉？"可见，"名不准实"是当时普遍的社会现象。对此，葛洪明确地予以界说：

> 德薄位厚，弗交也；名与实违，弗亲也；荣华驰逐，弗务也；豪侠奸权，弗接也；俗说细辨，不答也；胁肩所赴，弗随也。

如此名不副实者,敬而远之可矣!

> 貌愚而志远,面垢而行洁。确乎若嵩岱,铨衡所不能测也;浩乎若沧海,斗斛所不能校也。峻其重仞之高,隐其百官之富。观彼佻窃,若草莽也。邈世之操,眇焉冠秋云之表;遗俗之神,缅焉栖九玄之端。虽穷贱,而不可胁以威;虽危苦,而不可动以利。

相反,对于那些貌愚志远,面垢行洁,韬光养晦,特立独行,而有"真才实学"的人,"虽穷贱,而不可胁以威;虽危苦,而不可动以利"。以斑窥豹,魏晋思想家,就是这样崇尚名实之学并以之臧否人物的。

刘劭,三国时期著名思想家,晚年著《人物志》,辨析名实,驰誉后世。他强调,识别人才,不仅应听其言,而且要观其行,不仅要看其外貌,而且要注意其内在气质,也就是说,重实而不重名。他依据道德、才性等,把人分作"三材""十二流品",基于名实之辨而论人才任用。清代四库馆臣评论《人物志》说:"其书主于论辨人才,以外见之符,验内藏之器。分别流品,研析疑似。"汤用彤先生总结《人物志》"大义可注意者有八:一曰品人物则由形所显观心所蕴。……二曰分别才性而详其所宜。……三曰验之行为以正其名目。……"①从质与理合、能与任宜、名以实生、以实检名,以及综核名实几个方面表述刘劭品藻人才的名实观念。正是在这样的社会环境和社会思潮的影响下,慧皎的《高僧传》才得以脱颖而出。该书末卷序录部分不仅介绍了立论的宗旨,而且说明了设传的依据——"名而不高,本非所纪;高而不名,则备今录"②,和盘托出了他的名实之学。继表述立论宗旨之后,慧皎详细介绍了佛教传入后之众家文字记载。他说:

> 自汉之梁,纪历弥远。世涉六代,年将五百。此土桑门,含章秀起,群英间出,迭有其人。众家记录,叙载各异。③

---

① 参见汤用彤撰,汤一介等导读《魏晋玄学论稿》,第3—8页。
② 〔南朝梁〕释慧皎:《高僧传》卷十四,第525页。
③ 同上书,第523页。

其中，"沙门法济，偏叙高逸一迹。沙门法安，但列志节一行。沙门僧宝，止命游方一科。沙门法进，乃通撰传论。而辞事阙略，并皆互有繁简，出没成异。考之行事，未见其归"①。

还有"宋临川康王义庆《宣验记》及《幽冥录》、太原王琰《冥祥记》、彭城刘俊《益部寺记》、沙门昙宗《京师寺记》、太原王延秀《感应传》、朱君台《征应传》、陶渊明《搜神录》，并傍出诸僧，叙其风素，而皆是附见，亟多疏阙"②。

至于"齐竟陵文宣王《三宝记》传，或称佛史，或号僧录。既三宝共叙，辞旨相关，混滥难求，更为芜昧。琅琊王巾所撰《僧史》，意似该综，而文体未足。沙门僧祐撰《三藏记》，止有三十余僧，所无甚众。中书郎郄景兴《东山僧传》、治中张孝秀《庐山僧传》、中书陆明霞《沙门传》，各竞举一方，不通今古；务存一善，不及余行"③。

更有甚者，"或褒赞之下，过相揄扬；或叙事之中，空列辞费。求之实理，无的可称。或复嫌以繁广，删减其事，而抗迹之奇，多所遗削，谓出家之士，处国宾王，不应励然自远，高蹈独绝。寻辞荣弃爱，本以异俗为贤"④。

总之，在慧皎看来，此前所有涉及僧人的记载，虽多达数十种，但是十有八九，或者疏漏，或者芜蔓，或者不通今古，或者辞事阙略，尤其是对趋时附势者"过相揄扬"，于高蹈超然者"删减其事"，显然违背了佛家的精神。慧皎不无遗憾地责问："若此而不论，竟何所记？"⑤于是，同样基于名实之辨、求实而不骛名的《高僧传》也就在慧皎的不断责问和取舍中应运而生，凡"有繁辞虚赞者，或德不及称者，一皆省略"⑥。《高僧传》也就真正成为名与实相符的高僧之传。高僧与名僧的名实之辨自然也就成为他的哲学基础了。

在慧皎的思想深处，特别关注名实的关系。他认为，"名者，实之宾"；实者，名之本。名实相符，自然更佳；或者即便"有一分感通"，而"制用超绝"，或"应机悟俗，实有偏功"者，也为"今之所取"，否则，"如或异

① 〔南朝梁〕释慧皎：《高僧传》卷十四，第 523 页。
② 同上书，第 523—524 页。
③④⑤ 同上书，第 524 页。
⑥ 同上书，第 525 页。

者,非所存焉"。至于那些"寡德适时",追名逐利,趋炎附势,浮华而"德不及称者",便是"名而不高"的所谓"名僧",在慧皎这里"一皆省略",盖非所记。慧皎的注意力重点放在"实"上,对那些没有显赫的名声,不追逐世俗的荣耀,"实行潜光",以才德"委命弘法"的僧人,则倍加青睐,而誉之"高僧",虽"高而不名",依然要载诸竹帛,使之永垂青史。

名实之辨,不仅是哲学问题,慧皎也绝不是轻描淡写,虚比浮词,而是怀着时代的责任感和历史的批判意识,为高僧鼓噪呐喊,并以犀利的笔锋对那些名声显赫、寡德适时、混同流俗的"名僧"痛加针砭。即使在卷十三《唱导》末论中,说罢导师为用、经师转读,"皆以赏悟适时,拔邪立信,其有一分可称,故编高僧之末"后,又有一段针对浪得虚名的"名僧"的论说:

> 若夫综习未广,谙究不长。既无临时捷辩,必应遵用旧本。然才非己出,制自他成。吐纳宫商,动见纰缪。其中传写讹误,亦皆依而唱习,致使鱼鲁淆乱,鼠璞相疑。或时礼拜中间,忏疏忽至。既无宿蓄,耻欲屈头,临时抽造,謇棘难辩。意虑荒忙,心口乖越,前言既久,后语未就。抽衣謦咳,示延时节,列席寒心,观途①启齿。施主失应时之福,众僧乖古佛之教。既绝生善之萌,祇增戏论之惑。始获滥吹之讥,终致代匠之咎。若然,岂高僧之谓耶?②

措辞造句虽与现代汉语相距甚远,但无需解释也可见慧皎对佛教内部浮华之习的深恶痛绝。从学术素养上讲,那些有名无实者,"综习未广,谙究不长","才非己出,制自他成",既无真才实学,兼有剽窃之嫌,而且不识"传写讹误,亦皆依而唱习";在实践中,既无真修实证之功,亦无讲说谈论之才,"前言既久,后语未就。抽衣謦咳,示延时节";甚至文字未识,"鱼鲁淆乱",以至于"鼠璞相疑"③,"始获滥吹之讥,终致代匠之

---

① 明本、金陵本作"徒",亦无不可。
② 〔南朝梁〕释慧皎:《高僧传》卷十三,第522页。
③ 语本《尹文子·大道下》:"郑人谓玉未理者为璞,周人谓鼠未腊者为璞。周人怀璞谓郑贾曰:'欲买璞乎?'郑贾曰:'欲之。'出其璞视之,乃鼠也,因谢不取。"后用以指有名无实的低劣的人或物。

咎"。如此以假劣低俗沽名惑世,慧皎斥之曰:"若然,岂高僧之谓耶?"显而易见,《高僧传》中,时时、处处不忘名实之辨,而且综核名实、以实正名。正因为如此,《高僧传》才能传之久远,历久弥新。

当然,慧皎所遵循的名实之辨不仅仅适宜于佛教,适宜于初传时期的僧侣,更重要的是它所具有的普遍的历史价值和社会价值。君不见,自汉至魏晋南北朝,名实之学始终牵动着政界、学界,直到今天仍不绝如缕,务名而去实者比比皆是,慧皎立传的宗旨同样值得我们现代人深思。

第三节　综合儒道释的言意之辨

如果说有无之辨是魏晋玄学思辨内容的核心,那么言意之辨无疑是魏晋玄学方法论的重点。生活在齐梁之间的慧皎不可能不受玄风的濡染,由印度北上、东进的佛学,也正是因此而得以顺化并成为中国佛学的。

如前所述,慧皎"法通内外",显然是传统文化孕育出来的佛教学者。其出生地上虞,上溯虞舜,至秦代设县,一直都是风流儒雅、人文荟萃之地,尤其是晋室南渡之后,南北文人雅士也多聚集于此。如谢安尝隐居上虞东山,许询亦曾居会稽西山,支遁则驻锡会稽剡山,王羲之更召名人雅士"会于会稽山阴之兰亭",还有谢玄、谢道韫、谢灵运等。如此之多的名士名僧交游于会稽山水之间,重笔浓抹了上虞的文采风流。生于斯、长于斯的慧皎自然有感于斯文,成就了传统文化的积淀。基于这样的文化传统,慧皎像所有的玄学家一样,融会贯通儒道,并以之对佛教思想、佛教哲学进行适应性的改造。言意之辨则是其中的重点。

首先需要强调的是,慧皎在《高僧传》的论说中,措辞造句基本上采用传统的概念和儒道的范畴,很少用佛教的语汇,哪怕是常用的,至今看来是耳熟能详的语汇。比如用道不用觉,谈玄而不说缘生,讲虚冲不提三界,说穷神尽性而不言般若性空。如此等等,充分体现了慧皎以传统文化的底蕴对佛教哲学的全面综合。请看:

> 原夫至道冲漠,假蹄筌而后彰;玄致幽凝,藉师保以成用。是由圣

迹迭兴,贤能异托。辩忠烈孝慈,以定君敬(名教)之道;明诗书礼乐,以成风俗之训。或忘功遗事。尚彼虚冲;或体认枯荣,重兹达命。①

如是之说,单从字面上看,纯粹是玄学的思辨,同儒道如出一辙。然而,慧皎也正是以这样的方式综合三教,使佛学与玄风同气相求。至若"假蹄筌而后彰",完全是玄学家"筌蹄鱼兔""得意忘言"的方法。慧皎论曰:

> 夫至理无言,玄致幽寂。幽寂故心行处断,无言故言语路绝。言语路绝,则有言伤其旨;心行处断,则作意失其真。所以净名杜口于方丈,释迦缄默于双树②。将知理致渊寂,故圣为无言。③

这里讲的是言不尽意,即后来禅宗的"说似一物即不中",也就是老子的"道可道,非常道;名可名,非常名"的意思。毫无疑问,"至理",也就是超越的终极存在的不可言说性,佛家和道家同声相应,慧皎以道解佛自然是顺水推舟的事情。如是借道家的语词,托佛门之典故,斟酌譬喻言意关系,显然也是佛学趋附玄学的时代产物。汉代佛道式佛教向魏晋佛玄式佛教的转换就是在这样的综合中实现的。不过,至道无言的典故,以后的禅宗则以"佛祖拈花,迦叶微笑"作为经典的替代。其中将真理、玄旨同"心意"联系在一起,强调不作意,显然开启了禅学"不动心""离念",或者说"于念无念"之先河,为禅宗超二元对立的本心、净心、平常心提供了理论上的贡献和诠释的依据。

单纯说"圣为无言",要杜口,要缄默,靠心领神会,同实践显然有很大距离,毕竟人非圣贤,而且在理论上也不够全面。于是慧皎进一步说明:

> 但悠悠梦境,去理殊隔;蠢蠢之徒,非教孰启。是以圣人资灵妙以

---

① 〔南朝梁〕释慧皎:《高僧传》卷十四,第523页。
② 净名,即维摩诘。《维摩经》记,三十二位菩萨,各自解说不二法门,后文殊师利以此问维摩诘,摩诘无言,文殊师利遂赞其得不二法门之三昧。双树,指释迦圆寂处娑婆(或沙、婆、萨等)罗双树林。肇论《涅槃无名论》:"释迦掩室于摩竭,净名杜口于毗耶。须菩提倡无说以显道,释梵绝听而雨华。斯皆理为神御,故口以之而默,岂曰无辩? 辩所不能言也。"
③ 〔南朝梁〕释慧皎:《高僧传》卷八,第342—343页。

应物,体冥寂以通神,借微言以津道,托形(像以①)传真。故曰:兵者不祥之器,不获已而用之;言者不真之物,不获已而陈之。故始自鹿苑,以四谛为言初,终至鹄林②,以三点为圆极。其间散说流文,数过八亿。象驮负而弗穷,龙宫溢而未尽,将令乘蹄以得兔,藉指以知月。③

也就是说,意在言外之理,对于普通人而言,还是要借助语言教化予以启迪,才能得以彰显;不仅要"资灵妙以应物,体冥寂以通神",而且还需"借微言以津道,托形像以传真"。真、道、神、妙也有必要借助言、象予以表诠,正像具有杀戮功能的兵器,不得已而用之,语言虽不能尽意,但可近意,或者达意,特别是传意,也是从权而已。慧皎还以释迦为例,指出自鹿野苑初转法轮,说四谛之理;至鹄林涅槃,综述圆教之德,平生付嘱,语言文字"数过八亿"。所以说,语言文字还是不可以离弃,而宜作为方法、途径、达意、得意,也就是寻蹄得兔,因指知月。蹄兔、指月,言意关系如是而已。

一方面强调言伤其旨,道不可说;另一方面又指出以言津道,以象传真。前者是道断语言,后者是不离语言,言意关系究竟如何,慧皎又作出如是结论:

知月则废指,得兔则忘蹄。经云:"依义莫依语。"此之谓也。④

总之一句话:得意忘言!

不立语言、不离语言、不执语言,慧皎就是如此采用玄学的辩证思维来论证佛学"义解"的。日后的禅宗哲学,也标之以"不立文字""道断语言",但同样离不开语言文字,同样以不执语言文字为警戒,其思路同慧皎之说并无二致。禅学同玄学的关系不言而喻,禅宗哲学对语言的辩证施治,同玄学、庄老的关系也不言而喻。道生的话可以说是一语中的:

夫象以尽意,得意则忘象;言以诠理,入理则言息。自经典东

---

① 依金陵本、弘教本。
② 即双树林,也称鹤林。
③④〔南朝梁〕释慧皎:《高僧传》卷八,第343页。

流，译人重阻，多守滞文，鲜见圆义。若忘筌取鱼，始可与言道矣。①

得意忘象，得意忘言，只有懂得并掌握了取鱼忘筌的玄学的思辨方法，才可以与之谈论佛理。佛学、玄学就是如此"亲结其褵"的。

另外需要说明，《高僧传》十三卷（除序录外），"义解"独占五卷，正传、附见者266人，占全书过半。其中若"（朱）士行寻经于于阗"，"竺潜、支遁、于兰、法开等，并气韵高华，风道清裕，传化之美，功亦亚焉。中有释道安者，资学于圣师竺佛图澄，安又授业于弟子慧远。惟此三叶，世不乏贤"。他们"语默动静，所适唯时"，都能够"穷达幽旨，妙得言外"。②之所以如此，实际上得益于中国传统文化的长期积淀，无论是"义解"高僧，还是"译经"大德，抑或是"习禅"的禅师，寻根溯源，大多是玩习老庄的名士。他们或"少怀远悟，脱落尘俗"③；或"家世英儒"④，"少善外学，长通佛义"⑤；或"退而注《逍遥篇》。群儒旧学，莫不叹服"⑥；或"爱好玄微，每以庄老为心要"⑦；或"以入道之要，慧解为本。故钻仰群经，斟酌杂论"⑧，或"方等深经，皆所综达，老庄儒墨，颇亦披览"⑨。即便是西域"神异"，"虽未读此土儒史，而与诸学士论辩疑滞，皆暗若符契，无能屈者"⑩。而慧皎对"神异"的评价更似道家，诚所谓"神道之为化也，盖以抑夸强，摧侮慢，挫凶锐，解尘纷"⑪。虽祛取不同，但"理之所贵者合道也，事之所

① 〔南朝梁〕释慧皎：《高僧传》卷七，第256页。

② 〔南朝梁〕释慧皎：《高僧传》卷八，第343页。

③ 〔南朝梁〕释慧皎：《高僧传》卷四，第145页。

④ 〔南朝梁〕释慧皎：《高僧传》卷五，第177页。

⑤ 〔南朝梁〕释慧皎：《高僧传》卷四，第152页。

⑥ 同上书，第160页。支遁尝在白马寺与人谈《庄子·逍遥游》，人云："各适性以为逍遥。"遁曰："不然，夫桀跖以残害为性，若适性为得者，彼亦逍遥矣。"对逍遥和心性问题理解可谓甚深。禅宗净心妄心、平常心造作心之辨无外乎此。

⑦ 〔南朝梁〕释慧皎：《高僧传》卷六，第249页。

⑧ 〔南朝梁〕释慧皎：《高僧传》卷七，第255页。

⑨ 〔南朝梁〕释慧皎：《高僧传》卷八，第341—342页。

⑩ 〔南朝梁〕释慧皎：《高僧传》卷九，第345页。

⑪ 〔南朝梁〕释慧皎：《高僧传》卷十，第398页。此处完全是《老子》的语词："挫其锐，解其纷，和其光，同其尘，是谓玄同。"

贵者济物也。故权者反常而合道,利用以成务"①。处处借庄老以彰显佛理。佛学的中国化也正是在像慧皎这样学通内外的中国僧人,对佛道文化不断综合的过程中逐步完成的。

第四节　禅的庄老化的诠释

禅宗是近两千年来占据中国佛教主流的宗派,禅宗哲学无疑是中国化的佛教哲学。我们一再说明,禅是:

> 纯粹中国化的,又是大众化的老庄哲学。它的发端不是达摩,它的传承也不是达摩至弘忍的单传直指,以心传心。
>
> 禅宗思想的形成,是以创造性翻译为前提,不断而又广泛地撷取庄、老思想,由道生、僧肇奠基,终至《坛经》而系统化、大众化的哲人之慧。②

禅的创造性翻译,实在也有赖于高僧名士的庄老化诠释,才得以不断地深化和发展。《高僧传》对禅的理解,"庄"意盎然、"老"意盎然,玄学清谈思辨的风采洋溢在字里行间。慧皎论曰:

> 禅也者,妙万物而为言。故能无法不缘,无境不察。然缘法察境,唯寂乃明。其犹渊池息浪,则彻见鱼石;心水既澄,则凝照无隐。《老子》云:重为轻根,静为躁君。故轻必以重为本,躁必以静为基。《大智论》云:譬如服药将身,权息家务。气力平健,则还修家业。如是以禅定力,服智慧药。得其力已,还化众生。是以四等六通,由禅而起;八除十入,藉定方成。故知禅定为用大矣哉。自遗教东移,禅道亦授。先是世高、法护译出《禅经》,僧先、昙猷等,并依教修心,终成胜业。故能内逾喜乐,外折妖祥。摈鬼魅于重岩,睹神僧于绝石。及沙门智严躬履西域,请罽宾禅师佛驮跋陀更传业东土。玄高、玄

---

① 〔南朝梁〕释慧皎:《高僧传》卷十,第399页。
② 麻天祥:《中国禅宗思想发展史》,前言第2页,武汉,武汉大学出版社,2007。

绍等,亦并亲受仪则。出入尽于数随,往返穷乎还净。其后僧周、净度、法期、慧明等,亦雁行其次。然禅用为显,属在神通。故使三千宅乎毛孔,四海结为凝稣。过石壁而无壅,擘大众而弗遗。及夫悠悠世道,碌碌仙术,尚能停波止雨,咒火烧国。正复玄高逝而更起,道法坐而从化,焉足异哉。若如郁头蓝弗,竟为禽兽所恼;独角仙人,终为扇陀所乱。皆由心道虽摄,而与爱见相应。比夫萤爝之于日月,曾是为匹乎。

赞曰:禅那杳寂,正受渊深。假夫缀虑,方备幽寻。五门弃恶,九次丛林。枯铄山海,聚散升沈。兹德裕矣,如不励心。[①]

"妙"之一字,集中表述了慧皎对"禅"的庄老化诠释。在慧皎看来,禅既是生成万物的本体,又是认识大千世界的主体意识,所以说它是体现万物神妙莫测性质的概念,其实也就是一种超越的意境。"禅"就是循着这样的思路最终形成禅宗思想和禅宗哲学,而同印度的瑜伽行法,静、定的方法貌合神离了。在这里,他虽突出了"寂"的重要性,以渊池喻"心水",即心性,澄、静则"凝照无隐",实际上还是以老子"反者道之动""无为而无不为"的思想诠释禅之"妙"义的,仍然表现了创造性思维的特点。

虽然如此,慧皎解禅,还没有完全摆脱汉代依附黄老的佛道式佛教的影响,自觉不自觉地把禅同神通联系在一起,以定为禅,禅定混融,类似道家之"坐忘",并视神通为禅之妙用。所谓"禅用为显,属在神通",篇中多有这样的记载。如:

竺僧显……常独处山林,头陀人外。或时数日入禅,亦无饥色。[②]

(帛僧)光每入定,辄七日不起。处山五十三载,春秋一百一十岁。晋太元之末,以衣蒙头,安坐而卒。众僧咸谓依常入定,过七日

<hr/>

① 〔南朝梁〕释慧皎:《高僧传》卷十一,第 426—427 页。
② 同上书,第 401 页。

后,怪其不起,乃共看之,颜色如常,唯鼻中无气。神迁虽久,而形骸不朽。至宋孝建二年(公元四五五年),郭鸿任剡,入山礼拜,试以如意拨胸,飒然风起。衣服销散,唯白骨在焉。①

释慧嵬……戒行澄洁,多栖处山谷,修禅定之业。有一无头鬼来,嵬神色无变,乃谓鬼曰:"汝既无头,便无头痛之患,一何快哉。"鬼便隐形。复作无腹鬼来,但有手足,嵬又曰:"汝既无腹,便无五藏之忧,一何乐哉。"须臾复作异形,嵬皆随言遣之。后又时天甚寒雪,有一女子来求寄宿。形貌端正,衣服鲜明,姿媚柔雅,自称天女:"以上人有德,天遣我来,以相慰喻。"谈说欲言,劝动其意。嵬执志贞确,一心无扰,乃谓女曰:"吾心若死灰,无以革囊见试。"女遂陵云而逝。顾而叹曰:"海水可竭,须弥可倾,彼上人者,秉志坚贞。"②

释僧审……常谓非禅不智,于是专志禅那。……时群劫入山,审端坐不动,贼乃脱衣以施之。又说法训勖,劫贼惭愧流汗,作礼而去。③

释慧明……于定中见一女神,自称吕姥,云常加护卫。或时有白猿、白鹿、白蛇、白虎,游戏阶前,驯伏宛转,不令人畏。④

严格地讲,慧皎上述,大多不能算作神通,而是定力的心理战胜。从中亦可见《高僧传》记事的严谨精神,以及作为史学家的慧皎,对怪力乱神谨慎取舍的态度。然而,整体上看,慧皎还是给"禅"以超越精神的诠释:超越自我、超越有限,尤其超越了二元对立。"内逾喜乐,外折妖祥","枯铄山海,聚散升沈"云云,还是把禅引向庄老道法自然、无心合道的心性之学的道路。

另外尚需说明,慧皎《高僧传·习禅第四》所记习禅者正传21、附见11,其中并无菩提达摩。而且生于齐、终于梁的慧皎,与宋初来华,传说

---

① 〔南朝梁〕释慧皎:《高僧传》卷十一,第402页。
② 同上书,第405—406页。
③ 同上书,第423页。
④ 同上书,第425—426页。

中曾见梁武帝的菩提达摩，可以算是同时代人，《高僧传》无达摩蛛丝马迹，或者由于达摩在当时湮没无闻，而非如后来传说之显赫，或者"寡德适时，则名而不高，本非所纪"。况且，其说"语气似婆罗门外道，又似《奥义书》中所说"[①]，与慧皎以老、庄解禅相去甚远，故非所记。据此足以说明，禅的中国化源远流长，六代传宗之说羌无故实。

---

① 汤用彤给胡适的信，见胡适《论禅小札》，潘平、明立志编：《胡适说禅》，第 12 页，北京，东方出版社，1993。

第二章　道安对佛教哲学的译介和推广

　　"四海习凿齿","弥天释道安"。这是荆襄名士习凿齿同道安初次会面时各逞机辩的一段佳话。从中可以看出两晋名僧与名士之交游,释迦弟子风格,酷肖清流,且"般若"理趣,同符《庄》《老》,故佛教玄理如决堤之水,流布中华。

　　慧皎在《高僧传》中特别区分"名僧"与"高僧",实乃受名实之辨的时代风气之影响,轻蔑寡德适时、炫玉贾石之风,推尊学识德行,使教泽继被将来。至于高僧中之出类拔萃者,其德行、学识独步一世,并能开拓中华佛教新世纪。如此真正能"绍明大法,使真理不绝,一人而已"。这虽然是对支道林的溢美之词,但用以赞颂道安使佛教有独立之建设,艰苦卓绝,而不全借清谈之浮华,应当说是恰如其分的。弥天释道安,便是佛教传入华夏数百年来屈指可数的特出高僧。

　　汤用彤先生论及魏晋佛法兴盛的原因时也曾经指出:"自汉以来,佛教之大事,一为禅法,安世高译之最多,道安注释之甚勤。一为《般若》,支谶、竺叔兰译大小品,安公研讲之最久。一为竺法护之译大乘经,道安为之表张备至。而在两晋之际,安公实为佛教中心。初则北方有佛图澄,道安从之受业。南如支道林,皆宗其理。(《世说·雅量篇》注)后则北方鸠摩罗什,遥钦风德。(见《僧传》)南方慧远,实为其弟子。盖安法

322

师于传教译经，于发明教理，于厘定佛规，于保存经典，均有甚大之功绩。而其译经之规模，及人才之培养，为后来罗什作预备，则事尤重要。是则晋时佛教之兴盛，奠定基础，实由道安，原因四也。"①这就是说，汉至魏晋，佛教西来，主要传入的经典，一是安世高所译禅法，二是支谶、叔兰所译般若，三是法护翻译的大乘。于此三者，道安注释、研讲、表张，全面介绍与推广，因而成为两晋佛学之中心。而且，道安承前启后，在北方师事佛图澄，又有弟子慧远亦受安公之命，在南方广布教化。影响所及，遍布南北。南方佛教"皆宗其理"，北方如鸠摩罗什这样泽及后世的大翻译家，也"遥钦风德"。由此可见，道安于译经、于传播般若学经义，功莫大焉，不仅是两晋佛法兴盛的原因，同样对于佛教哲学在中国的传播贡献殊伟。弥天释道安，应当说是实至名归。

第一节　道安生平与历史地位

道安，晋永嘉六年（312）生于常山扶柳（今河北冀州西北），卒于东晋太元十年（385，即前秦建元二十一年）。据汤用彤考，道安作《四阿含暮抄序》及《毗婆沙序》，均言"八九之年"，即七十二岁，且二经之出，亦在建元十八年八月至十九年八月间，或在建元十九年。若卒于建元二十一年，其享年实为七十四岁。道安之世，《般若》汉译流传，与《老》《庄》并论。道安也有言曰："以斯邦人《老》、《庄》教行，与《方等》经兼忘相似，故因风易行也。"（《鼻奈耶序》）正始之后，名士盛谈三玄，般若性空之理也与之同气，并附之以广大。佛教于此时，实以般若学为主干，而同玄风相呼应。道安行化河北，南下襄阳，分张徒众，西入长安，译经弘法，孜孜不倦，以及命终。般若得以风行，实在是道安的功绩。慧皎《高僧传》记曰：

道安，姓卫氏，常山扶柳人也。家世英儒，早失覆荫，为外兄孔氏所养。年七岁读书，再览能诵，乡邻嗟异。至年十二出家，神智聪

---

① 汤用彤：《汉魏两晋南北朝佛教史》，第130—131页，武汉，武汉大学出版社，2008。

敏,而形貌甚陋,不为师之所重,驱役田舍,至于三年。执勤就劳,曾无怨色。笃性精进,斋戒无阙。数岁之后,方启师求经,师与《辩意经》①一卷,可五千言。安赍经入田,因息就览,暮归,以经还师,更求余者。师曰:"昨经未读,今复求耶。"答曰:"即已闇诵。"师虽异之,而未信也。复与《成具光明经》一卷,减一万言。赍之如初,暮复还师。师执经覆之,不差一字,师大惊嗟而异之。

后为受具戒,恣其游学。至邺入中寺,遇佛图澄。澄见而嗟叹,与语终日。众见形貌不称,咸共轻怪。澄曰:"此人远识,非尔俦也。"因事澄为师。澄讲,安每覆述,众未之惬。咸言:"须待后次,当难杀昆仑子。"即安后更覆讲,疑难锋起,安挫锐解纷,行有余力。时人语曰:"漆道人,惊四邻。"于时学者多守闻见,安乃叹曰:"宗匠虽邈,玄旨可寻,应穷究幽远,探微奥,令无生之理宣扬季末,使流遁之徒归向有本。"于是游方问道,备访经律。

后避难潜于濩泽,太阳竺法济、并州支昙讲《阴持入经》,安后从之受业。②

上述道安家世以及少年出家的历史。其生于永嘉乱世,大河以北,兵连祸结,所谓"生逢百罹"③,而早失怙恃。幼年读书,过目成诵,年方十二,投身佛门。虽然神智聪敏,但面黑貌陋,不为所重,而驱做田役。数年之后,劳作之间,精勤读经,而崭露头角,并受具足戒。后游学邺都,师事高僧佛图澄,并得澄之青睐。佛图澄虽善方技神咒,也只是为了"欣动二石",获得统治者的信任,而拯救百姓之危苦,其学则在《般若》《方等》。故此时道安在佛图澄的直接影响下,于般若学有甚深造诣,事实上已经成为继佛图澄之后北方佛教的领袖。所谓"漆道人,惊四邻"也可见道安在当时的影响。

①汤用彤考即《辩意长者经》。
②〔南朝梁〕释慧皎:《高僧传》卷五,第177—178页。
③〔晋〕道安:《阴持入经序》。

另据汤用彤考，"太阳"实为"大阳"，晋时属河东郡，现在山西平陆境内；支昙讲乃人名，并州雁门人，"讲"字不是动词，所以"安公实不能谓为从之受业"。[1] 慧皎记述有误。

> 顷之，与同学竺法汰俱憩飞龙山。沙门僧先、道护已在彼山，相见欣然，乃共披文属思，妙出神情。安后于太行恒山创立寺塔，改服从化者，中分河北。时武邑太守卢歆，闻安清秀，使沙门敏见苦要之。安辞不获免，乃受请开讲。名实既符，道俗欣慕。

> 至年四十五，复还冀部，住受都寺，徒众数百，常宣法化。时石虎死。彭城王(石遵墓袭[2])嗣立，遣中使竺昌蒲请安入华林园，广修房舍。安以石氏之末，国运将危，乃西适牵口山。迨冉闵之乱，人情萧素，安乃谓其众曰："今天灾旱蝗，寇贼纵横，聚则不立，散则不可。"遂复率众入王屋、女休山。顷之，复渡河依陆浑。山栖[3]木食修学。俄而慕容俊逼陆浑，遂南投襄阳。行至新野，谓徒众曰："今遭凶年，不依国主，则法事难立，又教化之体，宜令广布。"咸曰："随法师教。"乃令法汰诣杨州，曰："彼多君子，好尚风流。"法和入蜀，山水可以修闲。安与弟子慧远等四百余人渡河，夜行值雷雨，乘电光而进。[4]

显而易见，道安早在河北已经创寺立塔，备受王公贵胄推崇。但祸乱相寻，不得不辗转迁徙（多达九次），颠沛流离，最后渡河南下，经王屋山、陆浑而至湖北襄阳，并于途中（新野）分张徒众，广布教化，提出"不依国主，法事难立"的弘法口号，反映了制度化宗教的发展同王权的密切关系。特别是在飞龙山，道安同竺法汰、僧先、道护"披文属思，妙出神情"，辨析般若性空之理，相互砥砺。史载："披文属思，新悟尤多。安曰：'先

---

[1] 汤用彤：《汉魏两晋南北朝佛教史》，第133页。
[2] 金陵本等均无此四字。
[3] 《大正藏》本无此字。
[4] 〔南朝梁〕释慧皎：《高僧传》卷五，第178页。

旧格义,于理多违。'光曰:'且当分析逍遥,何容是非先达?'安曰:'弘赞理教,且令允惬。法鼓竞鸣,何先何后?'"①显然,道安于性空义的译介,对竺法雅创立的格义之法颇有微词,认为借用老庄的概念附会佛教的范畴,容易偏离佛法真意,因而主张弘赞教理,以"允惬",即以准确为鹄的,不能一味固守成法,而影响佛教哲学独立之发展。应当看到,佛教初传,以传统之学附会佛说,采用格义之法也是便于外来文化的移植。当时名僧高贤,无不以庄、老见赏于佛门,如竺法深、支道林等,但其局限性也是显而易见的。道安同僧先关于格义之法的争论,无疑反映了佛教哲学在中国传播与发展的轨迹。事实上,格义之法虽在其后被扬弃,但佛教对庄、老,乃至儒家思想的吸收,从来没有间断,道安的本无之义也不能例外。

> 既达襄阳,复宣佛法。初经出已久,而旧译时谬,致使深藏隐没未通,每至讲说,唯叙大意,转读而已。安穷览经典,钩深致远。其所注《般若道行》、《密迹》、《安般》诸经,并寻文比句,为起尽之义,乃②析疑甄解,凡二十二卷。序致渊富,妙尽深旨,条贯既叙,文理会通,经义克明,自安始也。自汉魏迄晋,经来稍多,而传经之人,名字弗说。后人追寻,莫测年代。安乃总集名目,表其时人,诠品新旧,撰为《经录》,众经有据,实由其功。四方学士,竞往师之。③

由此记述可以看出道安对佛经翻译的贡献。所谓"穷览经典,钩深致远","序致渊富,妙尽深旨",可以说对道安极尽赞美。道安译经开拓出佛教传译的新纪元,标志佛教文化传播的系统与规范。佛教义理在华夏的传播再也不是佛教初传时期仅叙大意、转读格义、谬误迭出的境况了。内容显然主要还是般若经典。学者辐辏,奔竞而至其门下者高僧辈出,也就是顺理成章的事了。慧远便是其中之翘楚。正因为如此,地方

①〔南朝梁〕释慧皎:《高僧传》卷五,第195页。
②汤校注本注:"三本、金陵本、《祐录》'乃'作'及'。"汤氏解《析疑》《甄解》是道安著作。见后。
③〔南朝梁〕释慧皎:《高僧传》卷五,第179页。

官僚、封疆大吏深相接纳，苻坚也"遣使送外国金箔倚像"，道安高名已经镌刻在道俗之间了。襄阳名士习凿齿致书通好，曰："自顷道业之隆，咸无以匹。所谓月光将出，灵钵应降。法师任当洪范，化洽幽深。此方诸僧，咸有思慕。若庆云东徂，摩尼回曜，一踬七宝之座，暂现明哲之灯。雨甘露于丰草，植栴檀于江湄。则如来之教，复崇于今日；玄波溢漾，重荡于一代矣。"①于是而有"四海习凿齿"，"弥天释道安"，"时人以为名答"，也是名僧酷肖清流之佳话。习凿齿与谢安书极尽溢美之词云："来此见释道安，故是远胜，非常道士。师徒数百，斋讲不倦。无变化伎术，可以惑常人之耳目；无重威大势，可以整群小之参差。而师徒肃肃，自相尊敬，洋洋济济，乃是吾由来所未见。其人理怀简衷，多所博涉，内外群书，略皆遍睹，阴阳算数，亦皆能通，佛经妙义，故所游刃。作义乃似法兰、法道，恨足下不同日而见。其亦每言，思得一叙。"②正所谓"其为时贤所重，类皆然也"③。

道安行化襄阳长达十五年，每岁讲《放光波若》，阐般若性空之说。"晋孝武皇帝，承风钦德，遣使通问"，并诏给俸禄，"一同王公"。苻坚攻占襄阳，尝言"唯得一人半"，即"安公一人，习凿齿半人也"。如此道安名动王公，依国主、弘佛法的方针顺利付诸实行。"既至住长安五重寺，僧众数千，大弘法化。"道安的声望与影响借助王权的支持而遍于京洛。

《高僧传》还指出，道安"外涉群书，善为文章。长安中，衣冠子弟为诗赋者，皆依附致誉"，而且于古文字等亦"多闻广识"。④《祐录》索性说他"论诗风雅，皆有理智"。"故京兆为之语曰：'学不师安，义不中难。'"道安在当时僧俗各界不可动摇的领袖地位可见一斑。从中也可以了解佛法在魏晋之传布，实在还是借助传统知识分子"外学"，也就是传统文化之底蕴的事实。

不仅如此，道安为弘扬佛法而同王权的合作，同样使他具有政治上

---

① 〔南朝梁〕释慧皎：《高僧传》卷五，第 180 页。
② 同上书，第 180—181 页。
③④《高僧传》卷五，第 181 页。

的洞察力。淝水之战前夕,道安为天下苍生计,委婉劝阻苻坚对东晋发动战争。苻坚不允,致有八公山之败,风声鹤唳,"死者相枕","坚单骑而遁"。这充分显示道安是以多方面的才能致誉当时并及后世的。

道安"学兼三藏,所制《僧尼轨范》《佛法宪章》,条为三例:一曰行香定座上讲经上讲之法;二曰常日六时行道饮食唱时法;三曰布萨差使悔过等法。天下寺舍,遂则而从之"[①]。另,魏晋沙门皆依师为姓,道安认为僧人皆释迦弟子,故以释为姓,遂为永式,至今依然。

《高僧传》记载,"安每与弟子法遇等,于弥勒前立誓,愿生兜率"[②]。道安的弥勒信仰,与其弟子慧远在庐山结社白莲的弥陀信仰有所不同,表现了更为明显的在世护持佛法的中国传统的色彩。前秦建元二十一年二月八日,道安忽告众曰:"吾当去矣。"是日斋毕,无疾而卒。是岁东晋太元十年,即公元 385 年,享年七十四。[③]

道安在世时,闻鸠摩罗什之名,每劝苻坚取之,共同探寻佛法。罗什亦远闻道安风范,称之为"东方圣人"。然而时不再来,道安去世后十六年,鸠摩罗什方至长安。中国佛教史上有共同事业和追求,而且互相倾慕的两个巨匠失之交臂,生不相逢,实在是令人难以释怀的历史遗憾。不过,道安还是邀请了"外国沙门僧伽提婆、昙摩难提及僧伽跋澄等,译出众经百余万言",而且"常与沙门法和诠定音字,详核文旨,新出众经,于是获正"。孙绰在《名德沙门论》中称颂:"释道安博物多才,通经名理"。并赞曰:"物有广赡,人固多宰。渊渊释安,专能兼倍,飞声汧、陇,驰名淮海。形虽草化,犹若常在。"可见,即使在魏晋名士间,道安同样是怀瑾握瑜,致力名山事业,而垂名青史的人物。

另,《高僧传》"有别记云,河北别有竺道安,与释道安齐名。谓习凿齿致书于竺道安。道安本随师姓竺,后改为释。世见其二姓,因谓为两人。谬矣"。竺道安即释道安!

[①②]〔南朝梁〕释慧皎:《高僧传》卷五,第 183 页。
[③]《高僧传》记七十二,误。见前。

第二节　佛典翻译与整理

佛教入华,历经数百年,与中国传统文化声气相求,昌盛不衰;至两晋,在民间尤有极大的影响。汤用彤先生总结其时佛法兴盛的原因时指出,乱世祸福,至无定轨,祸福报应早已成为起信之要端;士人承汉末谈论之风,玩习《老》《庄》,约言析理,发明奇趣,祖尚浮虚,佯狂遁世,依附风雅,赏誉僧人,佛法之兴得助于魏晋之清谈;汉魏之后,西北戎狄杂居,西晋倾覆,胡人统治,外来文化益以风行,不同文化的渗透交融,自然有利于佛法之开拓;还有就是道安传教译经,为佛法之兴奠定基础。[①] 汤先生的这些话可以说字字珠玑。但是,从文化哲学,或者说文化传播学上讲,佛法之兴,同佛典翻译有极大的关系,甚至可以说,佛教在中国文化厚土上的移植,翻译是其托命之所。

文化交流,外来文化的移植,思想内容固然是根本,但必须借助语言文字才能实现交流,作为印度文化的佛教在中国的传播也不例外。所以,佛教西来,翻译先行,无论是西来的异域高僧,还是西行求法的中土大德,汉至魏晋,多是佛典翻译的专家学者。佛教文化的传播和翻译的进化同步,故在早期有格义、会译之法,风靡当世,为佛教文化的移植作出了重大贡献。尤其是竺法雅创造、使用的格义之法,尤其为当时译经者所用。

格者,量也。格义,即以中国文化的概念,比拟匹配外来佛教文化之范畴,使国人易于理解佛教经典之内涵,从而加速佛教文化本土化的进程。《高僧传》说,法雅"少善外学,长通佛义","以经中事数,拟配外书,为生解之例,谓之格义。及毗浮、相昙等,亦辩格义,以训门徒。雅风采洒落,善于枢机。外典佛经,递互讲说。与道安、法汰,每披释凑疑,共尽经要"。[②] 汤用彤指出,据《世说新语·文学》曰:"事数,谓若五阴、十二

---

① 参见汤用彤《汉魏两晋南北朝佛教史》,第 129—131 页。
② 〔南朝梁〕释慧皎:《高僧传》卷四,第 152—153 页。

入、四谛、十二因缘、五根、五力、七觉之属。"法雅之所谓事数即言佛义之条目名相。其以事数拟比,盖因佛经之组织常用法数,而自汉以来,讲经多依事数也。[①] 如此而言,竺法雅之格义,主要是以事数拟比佛义之条目名相,向那些虽然饱读诗书,擅长庄老,却于佛理茫然而无所知的弟子们宣讲佛法的工具或方法。道安与法雅同学,也尝采用格义的方法,和法雅一道,"披释凑疑,共尽经要"。只是在佛图澄去世之后,他在翻译的实践中意识到格义之法的局限性,所谓"先旧格义,于理多违",当以"允惬"为绳墨,而扬弃格义之法的。

需要说明的是,所谓格义,在竺法雅那里,主要是就佛法之条贯而言,虽然也涉及内容。其实,格义之法实在还是中国传统治学方法的六书,尤其是会意、假借、转读的具体运用,是训诂方法的变异。从广义上讲,佛典翻译在中国一直都是采用这样的方法的,就是以外学比附内学,借庄、老之说,甚至儒家思想转读佛家义理,特别是禅学和后来之禅宗思想。道安实不能例外,其弟子慧远亦然如此,所谓"远乃引《庄子》义为连类,于是惑者晓然",道安"特听远不废俗书"。[②] 晋时高僧如鸠摩罗什、道生、僧肇、慧皎等皆步道安之后尘,以庄老之学诠注佛说,借庄老之魂重铸佛教哲理。佛教、佛教哲学正是借助"格义"的方法实现中国化的。

不同文化有不同的思想和不同的概念,在文化接触的过程中,往往由于差异而发生冲突,由是扞格而不相入;进一步由于更为广泛和深层次的交流而发现相同之处,于是而有相互的撷取和交融。如何实现不同文化的融会贯通,如何推进外来文化本土化的转化?翻译的重要性不言而喻,特别是在哲学领域,概念的转换尤其重要,也难以把握。毫不夸张地说,佛经翻译,佛教的中国化为世界文化交流和趋同确立了一个最佳的典范,道安在这方面的贡献是不可取代的。

简单地说,翻译必须:一、得意,即忠实原意,也就是正确;二、顺化,

---

① 汤用彤:《汉魏两晋南北朝佛教史》,第 161 页。
② 〔南朝梁〕释慧皎:《高僧传》卷六,第 212 页。

就是能被本土文化认同,也就是要在本土化方面有创意;三、雅驯,雅俗共赏,易于流传,而非佶屈聱牙。单纯有第一点是远远不够的,第二、第三点对于外来文化的移植无疑是不可或缺的。近人严复提出信、达、雅的翻译原则同样说明这个道理,尽管他忽略了文化顺化的重要环节。道安"五失本,三不易"之说,首次明确指出"译胡为秦"应当注意的事项,实际上从反面建设起系统的翻译方法论,显然是对以往的"格义"之法一大发展。他说:

> 译胡为秦,有五失本也。一者,胡语尽倒而使从秦,一失本也;二者,胡经尚质,秦人好文,传可众心,非文不可,斯二失本也;三者,胡语委悉,至于咏叹,叮咛反复,或三或四,不嫌其烦,而今裁斥,三失本也;四者,胡有义说,正似乱辞,寻说向语,文无以异,或千、五百,刈而不存,四失本也;五者,事已全成,将更傍及,反腾前辞,已乃后说,而悉除此,五失本也。然《般若经》,三达之心,覆面所演,圣必因时,时俗有易,而删雅古,以适今时,一不易也;愚智天隔,圣人叵阶,乃欲以千岁之上微言,传使合百王之下末俗,二不易也;阿难出经,去佛未久,尊者大迦叶令五百六通,迭察迭书,今离千年,而以近意量裁,彼阿罗汉乃兢兢若此,此生死人而平平若此,岂将不知法者勇乎? 斯三不易也。(《摩诃钵罗若波罗蜜经抄序》)

这里无须详为解释,可参考梁启超在《翻译文学与佛典》中的评论:

> 五失本者:(一)谓句法倒装。(二)谓好用文言。(三)谓删去反复咏叹之语。(四)谓去一段落中解释之语。(五)谓删去后段覆牒前段之语。三不易者:(一)谓既须求真,又须喻俗。(二)谓佛智悬隔,契合实难。(三)谓去古久远,无从询证。后世谈译学者,咸征引焉。要之翻译文学程式,成为学界一问题,自安公始也。

所有这些,不仅对于古代中印文化的交流,对于佛教中国化起到了推波助澜的作用,而且即使对于当今世界文化的趋同,同样是具有昭示性的典范和借鉴。道安在翻译史上的贡献和地位由此可见一斑。具体内容,汤用彤已为之详述,转述如次。

汤用彤引《祐录·道安传》,"初经出已久,而旧译时谬……及《析疑》《甄解》,凡二十二卷。序致渊富,妙尽玄旨,条贯既序,文理会通,经义克明,自安始也"一段,与前引《大正藏》本略有差异,着意说明道安在般若经典翻译上的贡献,并因此引领了佛教文化在中国本土文化中长足发展的新纪元。

首先,汤氏强调:"按佛经旧译,不独时有谬误,而西方文体本与中土不同。一原文往往简略,句中字有缺省,在西文已成习惯。译为中文,则极难了解。一语既简略,而名辞又晦涩,译为华文,往往不知其所指。此均安公所谓'每至滞句,首尾隐没'也。(《祐录》八《般若抄序》)一佛经行文,譬如剥蕉,章句层叠,而意义前后殊异。但骤观之,似全重复。但含义随文确有进展,读者乃不能不合前后,以求其全旨。故经颇有'辞句复质,首尾互隐'者。(《祐录》五《安公注经录》中语)一西文文句,常前后倒装,此安公所谓'胡语尽倒'(《般若抄序》),支道林所谓'须笺次事宗,倒其首尾'也。夫旧译间甚朴质,而多有谬误。读之者如不悉原文,其研求方法,只能在译本中'寻文比句',前后比较,以求其名相之含义与全书之意义。文句比较之功夫愈多,则其意义之隐没者愈加显著。"①

这里汤氏指出中印文化不同的三个方面:一是佛经行文简略,且有缺省,首尾隐没;二是章句重叠,前后重复,而首尾互隐;三是句法尽倒。不了解中印文字语言上的差别,便不能准确翻译,而多有谬误。所以,翻译务必做到寻文比句,前后对照,功夫愈深,意义愈明。这实际上是对道安"失本""不易"之说的具体说明。因此,"安公穷览经典,其寻文比句功夫最深,乃能钩深致远。既通其滞文,乃能'析疑'(安公作《放光析疑略》及《析疑准》)。既窥其隐义,乃加'甄解'(安有《密迹》、《持心》二经'甄解')。既了其全旨,乃能作经科判。安公曾作《放光起尽解》,疑系分段

---

① 汤用彤:《汉魏两晋南北朝佛教史》,第143页。

标其起讫,而说明其要旨也"①。也就是说,道安寻文比句功夫最深,故能析疑解惑,钩深致远,彰显般若性空之理。《析疑》《甄解》显然是以方法命名的著作,道安在佛典翻译中,对方法的重视由此也可见一斑。

汤用彤还指出:"安公于经典之搜集颇为努力。在河北时,竺道护送来《十二门经》,又得《光赞》一品。在襄阳,慧常于凉州远道送《光赞》、《渐备》、《首楞严》、《须赖》四经。道安所见既多,研寻甚勤。集众经自汉光和已来,迄晋宁康二年(374),作《综理众经目录》一卷。"②道安"校阅群经,诠录传译","遇残出残,遇全出全",无论残缺,凡录经典入目者,皆一一过目,而不仅据耳闻。"此可见法师治学之勤劳而且谨严也。"③

自汉魏至晋,佛经佛意不绝如缕,"而传经之人,名字弗说。后人追寻,莫测年代"(《祐录》十五)。道安"诠品新旧,撰为经录",其法有二:一、广求写本,确定译人及其年月;二、校阅全文,比校诸经辞体,以定其译人。《祐录》十三《支谶传》曰:"又有《阿阇世王》、《宝积》等十余部,以岁久无录。安公校练古今,精寻文体,云似谶所出。"道安之严谨,不止在寻文比句,而且在于对各种写本的比对,以及文体的校阅。所谓"校练古今,精寻文体",应当说不是纯粹的溢美之词。

再次,道安校阅群经,若译人缺失,无由考定,则特列入《失译录》。失译之本,按其文辞,知甚古远,或辨为凉州、关中所出,则分别为《古异经》《凉土异经》《关中异经》三录。辨识为伪造者,则列入《伪经录》。此涉及译人和佚经者,"均可见安公考定之方法谨严也"④。还有的经典,在中国有两次或多次翻译,道安校阅后,知其来源为同一古本,如《四十二章经》有汉译、吴译之别,若不注明,则易致张冠李戴。道安则于其经首句标出,以备后人阅读检索时有所遵循。如《祐录》七《首楞经注序》曰:"安公《经录》云,中平二年十二月八日支谶所出。其经首略'如是我闻',唯称'佛在王舍城灵鸟顶山中'。""此又可窥安公作录

---

①② 汤用彤:《汉魏两晋南北朝佛教史》,第143页。

③ 同上书,第143—144页。

④ 同上书,第144页。

之谨严也。"①

汤用彤就道安经典收集之广、研寻之勤,寻文比句,校练古今,以及对译者、翻译的时间和原本的来源,还有伪经、一经多译等的处理,全面展示了道安对汉译佛典倾注的满腔热情和严谨的治学精神。道安之前,虽然支愍度也曾有经录问世,但远不如道安之经录谨严完备,所以《祐录》二曰:"爰自安公始述名录,铨品译才,标列岁月,妙典可征,实赖斯人。"

当其时也,佛典翻译不仅有竺法雅之"格义",而且有"合本",亦称"会译"者。会译,原基于汉代讲经之需,合列经文,分列事数,以一经文为母,其他经事数列为子,条述其义。至魏晋,一经多译,译本繁而且参差大,故有合本之法的广泛应用,所谓"求之于义,互相发明"(《合首楞严经记》,《祐录》七)。如支谦读旧译佛经,每恨其朴质,且多胡音,因是或修改前人之作,或另行翻译,故甚注意古今出经之异同,乃创合本之法,而有《合微密持经》。支愍度校阅异译,亦集成《首楞严》与《维摩诘》两经之合本。其《首楞严》用支谦所修改之支谶本、支法护本以及竺叔兰本。《祐录》八载支氏《合维摩经序》云:"余是合两令相附,以明(支谦字恭明)所出为本,以兰所出为子(兰字上疑脱护字。《祐录》二亦云:支氏合支谦、法护、叔兰三本为一部)。令寻之者,瞻上视下,读彼案此,足以释乖迁之劳。"可见,合本之发在当时的流行,既是时代的使然,也是翻译的进步。支谦、支愍度也是得风气之先的人物。

道安既为时代之领袖,又博览群籍,故能诠品新旧之异同,而尤留心《般若》诸译之出入,也有以合本的方法撰著《合放光光赞随略解》。该书久已佚失,虽不知其内容,但推想应当是《放光》《光赞》二经逐品比较,并随文为之略解。这也是道安为合本之法别开生面者也。

上述主要是道安佛典翻译的指导思想和方法,当然也涉及一些经典。就内容而言,道安译经,已经具备经、律、论三藏规模,不过多为罽宾

---

① 汤用彤:《汉魏两晋南北朝佛教史》,第 144 页。

一切有部之学。

东晋孝武帝太元四年(379)，道安西至长安，有弟子道立随侍，其间长达七年，终日以译经为职事。其翻译始末及其成果俱载于汤用彤的著作。

佛教初传，摩腾住白马寺，之后，洛阳为汉魏间译经之重镇，至西晋竺法护译经，长安已为中印文化交流之要地。其后约四十年，胡汉交融，中国同西域交通日益频繁。于阗、康居西方诸国亦同大汉密切交往，中西交通，盖甚畅达。故西来之僧人借丝绸之路直达长安，佛经翻译工作在这里蔚然成风。汤用彤记之曰：

> 道安法师至长安后，极力奖励译事。每亲为校定，译毕之后，常序其缘起。即"兵乱都邑，伐鼓近郊"，犹工作不辍。而同时有赵整(亦作政或作正，字文业)者，仕苻坚为太守及秘书郎，亦叠为译经之护持。坚没以后，出家，更名道整，亦译经之功臣也。道安、赵整虽著功绩，然译胡为汉，实始终得竺佛念之力。竺佛念，凉州人。讽习众经，精涉外典。其苍雅训诂，尤所明练。少好游方，备观风俗。家世西河，洞晓方语，华戎音义，莫不兼释。故义学之誉虽阙，洽闻之声甚著。苻、姚二代，西僧之来华者，尝不娴华语，传译之责，众咸推念。故二秦之时，推为译人之宗。长安是时翻译之盛，盖集此诸因缘而致，固非偶然之事也。(佛念亦自译《璎珞经》[建元十二年]、《出曜经》[十九年]、《鼻奈耶律》等，谓有十二部七十四卷，详《开元录》)①

长安译事之盛，得益于道安之勤勉谨严，翻译、校定，并序缘起，详细记述译人、时间、底本，以及残缺、错讹等各种情况，集译事于一身，即使兵临城下，也不顾个人安危，孜孜不倦，勤行不辍。此外还有赖于赵整之护持，有得于佛念之华戎语言、佛经外典之"苍雅训诂"。道安之成就，也

---

① 汤用彤：《汉魏两晋南北朝佛教史》，第151页。

可以说是集众多因缘而成的。

魏晋佛教流行虽久,但戒律传之不广,法显"慨律藏残缺",忘身西行求法,还是在道安去世十四五年之后的事。早在建元中,西域沙门昙摩侍,善持戒律,于长安出《十诵戒本》《比丘尼大戒本》《教授比丘尼二岁坛文》三部。道安抑或在竺佛念的协助下,翻译了这三部戒律。道安《鼻奈耶经序》有言曰:

> 岁在壬午(公元 382 年),鸠摩罗佛提赍《阿毗昙抄》①、《四阿含暮抄》来至长安。……又其伴罽宾鼻奈,厥名耶舍,讽《鼻奈经》甚利,即令出之。佛提梵书,佛念为译,昙景笔受,自正月十二日出,至三月二十五日乃了,凡为四卷。②

所谓"罽宾鼻奈",意指罽宾之专长《鼻奈经》律者(Vainayika)。这是律学的翻译。

道安还在赵整的护持下,译出《大毗婆娑》,亦称《杂阿毗昙心》。此经亦来自罽宾的般若经典。道安序之曰:

> 会建元十九年,罽宾沙门僧伽跋澄讽诵此经,四十二处,是尸陀槃尼所撰者也(故此非迦旃延之《大毗婆沙》也)。来至长安。赵郎饥虚在往,求令出焉。其国沙门昙无难提笔受为梵文,弗图罗刹译传,敏智笔受为此秦言,赵郎正义。经本甚多,其人忘失,唯四十处,余佐校对,一月四日。

此经十四卷,故亦称《十四卷毗婆沙》。跋澄又出《婆须密菩萨所集论》十卷,也是佛念译传,跋澄、难陀(即昙无难提)、褅婆(即僧伽提婆)三人执胡四本,慧嵩笔受。跋澄又赍《僧伽罗叉经》来长安,佛念译,慧嵩

---

① 即《阿毗昙心》。

② 汤用彤注:据《开元录》入佛念录,建元十四年壬午译,"四"字系"八"字之误。见汤用彤《汉魏两晋南北朝佛教史》,第 151 页。

受。上述二经,都是在道安的主持下,由佛念译传,并由跋澄、慧嵩等其他中外僧人通力合作,于前秦建元二十年(384)翻译出来的。

还有《中》、《增》二《阿含》及《三法度》,皆月氏吐火罗文,亦由赵整护法、难提、佛念、慧嵩共同翻译,道安、法和考核订正。这些都是阿含类的经典。

僧伽提婆(亦作禘婆或提和),有部《毗昙》之大家,也来自亦罽宾,所译《阿毗昙八犍度论》,即《发智论》。道安、法和为之检校、厘正,并予重出。道安序曰:

> 以建元十九年罽宾沙六僧伽禘婆诵经甚利,来诣长安。比丘释法和请令之。佛念传译,慧力、僧茂笔受,和理其指归。其人检校译人,颇杂义辞。和抚然恨之,余亦深谓不可。遂令更出,夙夜匪懈,四十六日,而得尽定。其人忘《因缘》一品。

上述《毗昙》外,道安还曾令鸠摩罗跋提译《阿毗昙心》及《摩诃钵罗蜜经抄》《四阿含暮钞》。故道安言:"此岁夏出《阿毗昙》,冬出此经。一年之中,具二藏也,深以自幸。"至此,三藏规模初具,自然心怀释然,而流露出成功的喜悦。

至建元十九年(383)淝水之战后,道安年在古稀,更是随心所欲,又译出十四卷《毗婆沙》及《八犍度》。越明年,虽关中战乱,戎马生郊,道安用功尤勤,出《增一阿含》。其序曰:"全具二《阿含》一百卷,《鞞婆沙》,《婆和须蜜》,《僧伽罗刹传》,此五大经,自法东流,出经之优者也。"据《僧伽罗刹集经后记》曰:"大秦建元二十年十一月三十日,罽宾比丘僧伽跋澄于长安石羊寺口诵此经及《毗婆沙》……至二十一年二月九日方讫。"道安于此前一日,即二月八日寿终正寝,其于佛典翻译矢志不渝,而倾其所有。其后罗什入关,僧伽提婆渡江,法和在洛阳助译《出曜》等,皆道安典范之召感与流风遗泽。

总之,道安学兼内外,终其一生致力于佛教经籍翻译整理,硕果累累,初具三藏规模,并且引领了出类拔萃的佛教英才,对于佛教中国化的建树彪炳史册。所著《综理众经目录》，原著虽失存，但可见于僧祐著《出三藏记集》卷三、卷五，仅此可见道安译经之宏阔规模，亦可见道安对佛教文化传播的卓越贡献。其中：

一、经律论录，收经律论 450 部，凡 1867 卷。

二、古异经录，"自《地道要语》迄《四姓长者》合九十有二经"。

三、失译经录，共收 142 部 147 卷。

四、凉土异经录，共收 59 部 79 卷。

五、关中异经录，共收 24 部 24 卷。

六、疑经录，共收 26 部 30 卷。

七、注经及杂经志录，共收 24 部 27 卷。

其余，汤用彤考之甚详，不一一转述。

第三节　般若性空与本无义

佛法初来，有二系并流汉地，一为禅法，一为般若，道安集二系之大成。其时，正始玄风飙起，《般若》《方等》因与之相契而得以流行。道安兼擅内外，研讲穷年，以本无之说与玄学贵无派遥相呼应。

自汉之末叶，迄刘宋初年，《般若经》最为流行，译本亦甚多。最早者为支娄迦谶之十卷《道行》。《放光》《光赞》，同为《大品》。《光赞》因得道安之表彰，乃转相流传。及鸠摩罗什入长安，重译大小品，盛弘性空典籍，般若学遂如日中天。其实，《般若》学之始盛，远在什公以前。当时《老》《庄》《般若》相提并论，《般若》于是得以附之光大。牟子《理惑论》及《大明度经注》等，均援用《老》《庄》玄理，诠释般若性空之说。释道安《鼻奈耶序》曰："经流秦土，有自来矣。随天竺沙门所持来经，遇而便出。于十二部，《毗日罗》(《方等》)部最多。以斯邦人《老》、《庄》教行，与《方等》经兼忘相似，故因风易行也。"由此可见般若学的传播同《老》《庄》哲学的关系，以及道安对般若的中国化理解。汤用彤指出："盖在此时代，中国学术实生一大变动，而般若学为其主力之一也。吾称此时代为释道安时代者,盖安公用力最勤,后世推为正宗也。"①由此可知,道安之世,"《般若》研究乃大盛也"②。

汤用彤先生说,释家性空之说,适有似于《老》《庄》之虚无;佛之涅槃寂灭,又可比于《老》《庄》之无为;本无之各家,尤兼善内外,佛教性空本无之说,凭借《老》《庄》清谈,吸引一代文人名士。天下学术,渐为释子所篡夺,本无义由是而兴起。③

本无之说,昙济谓之为六家七宗之第一宗。大多视为道安或法汰之说。慧达认为慧远之学属本无义,竺法深对般若的理解实为本无异宗。僧肇《不真空论》批判的本无义,其指向则是法汰,而吉藏强调法汰亦属本无异宗。其实,本无之说,广而言之,几乎可以说是般若的别名。更何况,佛学以缘生为基石,否定有创造一切的本体的存在,曰缘起性空,因此也可以说"本无"即佛教哲学的核心。可见,般若六家七宗的分别,只是魏晋时期中国佛教学者对佛教般若性空的诠释不同而已。慧达《肇论疏》曰:"远法师本无义云,因缘之所有者,本无之所无。本无之所无者,谓之本无。本无与法性同实而异名也。"慧远作《法性论》,以法性为本体,这里言本无与法性同实异名;由此,推而广之,慧远法性本体称为本无宗,亦无不可。

需要特别强调的是,从佛学本体之无,到"无"之本体,即无本体到以"无"为本体的转变,恰恰表现了魏晋玄风中"有生于无"的《老》《庄》哲学,对佛教以缘生为基础的非本体论的无痕换骨的改造。这一转变,或者说改造,显然是佛学庄老化、中国化的转捩点。

道安毕其一生,与般若学相始终,无论在河北,在襄阳,还是在关中,无论是讲学,还是译经,其宗旨所归,皆在《般若》,于《般若》研究亦最勤。《祐录》载其所著述,亦多与《般若》有关,如:

《光赞折中解》一卷;

---

① ② 汤用彤:《汉魏两晋南北朝佛教史》,第157页。
③ 参见同上书,第164页。

《光赞抄解》一卷；

《放光般若折疑准》一卷；

《放光般若折疑略》一卷；

《般若折疑略序》；

《放光般若起尽解》一卷；

《道行经集异注》一卷；

《道行经序》；

《实相义》；

《道行指归》；

《大品序》；

《合放光光赞略解序》；

《摩诃钵罗若波罗蜜经抄序》；

《性空论》①。

据此说道安是本无宗的代表亦无不可。

尽管如此，本无之说见诸道安的相关著作者不多，可见者仅有其译经之序言，大多见诸其他人的评价或转述。道安弟子僧叡在《喻疑论》中曾言："附文求旨，义不远宗，言不乖实，起之于亡师。"这是对道安佛经翻译工作的高度肯定。在《大品经序》中又曰："亡师安和上凿荒途以开辙，标玄指于性空，落乖踪而直达，殆不以谬文为阂也。亹亹之功，思过其半，迈之远矣。"这里显然以其师道安之学，为"性空"之说，即般若学。其《毗摩罗诘提经义疏序》还说："格义迂而乖本，六家偏而不即。性空之宗，以今验之，最得其实。"这里的意思是，道安的性空之宗，与格义之乖本、六家之偏颇均不相同，最能得般若性空之真实。元康《肇论疏》也曾言之曰："如安法师立义以性空为宗，作《性空论》；什法师立义以实相为宗，作《实相论》，是谓'命宗'也。"可见当时，道安之学以性空闻名，并被视为般若学之重心。梁武帝在《大品经序》中也说"叔兰开源，弥天导江，

---

① 另见〔唐〕元康《肇论疏》，或即上之所记《实相义》。

鸠摩罗什澍以甘泉,三译五校,可谓详矣",阐明道安与竺叔兰、罗什并驾齐驱,把般若学推向高峰。其实,般若学的兴盛同当时的清谈之风有关,况且,自汉代佛教西来,汉译佛典,斟酌道家之说,以"本无"翻译"真如",真如即般若,般若即性空,于是性空与本无异曲同工,本无也就成了般若学的别名。道安的性空宗也就是本无宗了。

据《中论疏·因缘品》,以般若学为六家七宗,本无一家又一分为二,即道安本无宗,与竺法琛之本无宗。其中言及道安本无之说时指出:

> 什师未至,长安本有三家义。一者释道安明本无义,谓无在万化之前,空为众形之始。夫人之所滞,滞在末有。若宅心本无,则异想便息。安公本无者,一切诸法,本性空寂,故云本无。此与《方等》经论、什肇山门义无异也。

显而易见,道安在长安时,已经以"本无"之说解般若性空之学,强调诸法本性空寂,"无在万化之前①,空为众形之始"。足以看出,道安在鸠摩罗什之前,早已被视为本无宗的代表而领袖群伦了。

汤用彤先生指出,上述数语,出自昙济《六空七宗论》,《名僧传抄·昙济传》引述较详,文曰:

> 《七宗论》,第一本无立宗曰:"如来兴世,以本无弘教,故《方等》深经,皆备明五阴本无。本无之论,由来尚矣。何者?夫冥造之前,廓然而已。至于元气陶化,则群像禀形。形虽资化,权化之本,则出于自然。自然自尔,岂有造之者哉!由此而言,无在元化之先,空为众形之始,故称本无。非谓虚豁之中,能生万有也。夫人之所滞,滞在末有。宅心本无,则斯累豁矣。夫崇本可以息末者,盖此之谓也。"

如来以本无弘教,故佛家皆说本无。本之所无,因出自自然,自然而然,如是而已。这就是"无在元化之先,空为众形之始"。自然之说,明显

---

① "无在万化之前",亦有版本作"无在元化之先",二者皆通。

是以道家之学解佛家之空的。佛教哲学正是在这样的环境中,实现无痕换骨的自我改造,道安也是在这样玄学化的风气中,与"贵无"之说遥相呼应,建设其本无宗的。

僧肇《不真空论》破斥三家,其三即本无。慧达直指为针对道安之说。内容与上述大致相同。文曰:

> 第三解本无者,弥天释道安法师《本无论》云,明本无者,称如来兴世,以本无弘教。故《方等》深经,皆云五阴本无,本无之论,由来尚矣。须得彼义,为是本无。明如来兴世,只以本化无物。若能苟解无本,即异想息矣。但不能悟诸法本来是无,所以名本无为真,末有为俗耳。

这里既确定无疑地认为道安以"本无论"名世,同释迦说教并无大的不同,而且说明僧肇对本无论的批判,在于"不能悟诸法本来是无",而有"本无为真,末有为俗"之别。当然这只是慧达对僧肇思想的理解。应当说,僧肇的意思是世间一切事物都不真,故无,不仅本无。就此而言,慧达的理解是正确的,但分别本无和末有,显然有悖僧肇不真空的观念。这也是值得注意的。

如上所言,僧叡称道安学说为性空宗,昙济《六家七宗论》直接称为本无宗。至陈时慧达索性说僧肇《不真空论》对本无义的批判就是道安的般若真俗说。汤用彤甚至断言,包括梁武帝在内,至隋唐吉藏均认道安为般若学之重镇。其时,"尚无定祖之说。假使有之,可断言道安必被推为三论宗之一祖也"。因为三论宗也是以真俗二谛、八不中道,高扬缘起性空、本无之旨的。

显而易见,道安之本无就是般若性空,就是以道解佛的中国佛学。请看:其《阴持入经序》有言曰:"以慧断智,入三部者,成四谛也。十二因缘论净法部首,成四信也。其为行也,唯神矣,故不言而成,唯妙矣,故不行而至。"《道地经序》亦曰:"其为像也,含弘静泊,绵绵若存。寂寥无言,辩之者几矣。恍忽无行,求以漃乎其难测,圣人乃为布不言之教,陈无辙之轨。"《安般注序》曰："寄息故无六阶之差,寓骸故有四级之别。阶差者,损之又损,以至于无为。级别者,忘之又忘,以至于无欲。"诸如上述,虽然说的是佛家之缘起性空,但思维却类似道家之本无,语言亦取之于《易》《老》《庄》。道安对佛玄的贯通也就不言而喻了。对此,道安在《合放光光赞略解序》中说得更具有思辨色彩:

> 般若波罗蜜者,成无上正真道之根也。正者,等也,不二入也。等道有三义焉。法身也,如也,真际也。故其为经也,以如为首,以法身为宗。如者尔也。本末等尔,无能令不尔也。佛之兴灭,绵绵常存,悠然无寄,故曰如也。法身者,一也。有无均净,未始有名。故于戒则无戒无犯,在定则无定无乱,处智则无智无愚,泯尔都忘,二三尽息,皎然不缁,故曰净也,常道也。真际者,无所著也。泊然不动,湛尔玄齐,无为也,无不为也。万法有为,而此法渊默,故曰无所有者,是法之真也。由是其经万行两废,触章辄无也。何者?痴则无往而非徼,终日言尽物也,故为八万四千尘垢门也。慧则无往而非妙,终日言尽道也,故为八万四千度无极也。所谓执大净而万行正,正而不害,妙乎大矣。

般若波罗蜜,就是无上正道,就是"绵绵常存,悠然无寄"的真如法身,是"泊然不动,湛尔玄齐,无为也,无不为也"的真际,是超越一切有无、智愚、定乱、净垢、言无言,乃至有为无为的终极关怀,说到底也就是性空、本无。所谓"情尚于无多"者,"非有,有即无;非无,无即无"。这同僧肇"非有非无"的不真空论还是有明显差别的。可见,慧达的说法是切中肯綮的。

据吉藏在《中观论疏》中的说法,道安之本无,意谓一切诸法,本性空寂,故云本无。如此之说,道安的思想又与上述不同——非只本体无,而是一切事物本性无。但他又说,道安谓无在万化之前,空为众形之始。夫人之所滞,滞在末有,若宅本无,则异想便息。这里说的又是本体之无,而荡涤末有,显然又落于僧肇批评的"有是无,无也是无""情尚于无

343

多”的窠臼里了。大概正因为如此，道安的“本无”说，也就很难被认为是僧肇的矛头所向。其实，这正是“空无”这样的概念难以用语言表述而已，当然也有理解不同的问题。

道安明“本无”义，如今虽不见相关著作，但从其他人转述的材料中可以窥见其“本无”说包括两方面：第一，世界的本体是“无”，即“本无”。在道安的理论框架内，这是对于世界本质的一种“客观”描述；第二，人们必须认识到“无”这个本体，才能达到佛教所言解脱的境界，这是从人的主观方面强调认识“无”的重要性。道安的意图似在于从主客观结合的方法上体认般若性“空”；同时，道安之“本”虽然在“万化之前”，却并非绝对的虚无，而为“众形之始”，如昙济所述“非谓虚豁之中，能生万有也”。显而易见，“本无”说同玄学“贵无”的思想有密切的关系。

总之，道安的“本无”宗突出“无在元化之先，空为众形之始，故称本无”，视万物本源为“无”，与王弼所言“有之所始，以无为本”何其相似。道安的另一些论说，如“夫冥造之前，廓然而已。至于元气陶化，则众像禀形。形虽资化，权化之本则出于自然。自然自尔，岂有造之者哉”（同前），将“无”说成是元气陶化万象之前的“廓然”状态，依然与玄学“贵无论”的观点如出一辙。而且，“元气陶化”“众像禀形”的说法，显然有嵇康元气自然运化思想的痕迹；而强调万象权化之本出于自然，而无“造之者”的论点，又同郭象“独化论”相近似。慧远的“法性”即“本无”[1]，同样染上了浓厚的玄学“贵无论”思想的色彩。慧远以其“法性”本体的观点作为自己理论的核心并展开来论述，对道安的“本无”思想显然又有很大发展。

第四节　弥勒信仰

《高僧传·道安》曰：“安每与弟子法遇等，于弥勒前立誓，愿生兜

---

[1] “无性之性，谓之法性”，见〔晋〕慧远《大智论钞序》，〔南朝梁〕僧祐：《出三藏记集》卷十。

率。"①道安之友人竺僧辅传亦有记曰："(道安)后憩荆州上明寺，单蔬自节，礼忏翘勤，誓生兜率。"②昙戒传叙之尤详。

> 戒曰："吾与和上等八人，同愿生兜率。和上及道愿等皆已往生，吾未得去，是故有愿耳。"言毕，即有光照于身，容貌更悦，遂奄尔迁化，春秋七十。仍葬安公墓右。③

昙戒，南阳人，道安在襄阳时的弟子，《名僧传抄》记曰："后与安同憩长安太后寺。"

道安与僧辅、昙戒等八人，于弥勒像前，立誓往生兜率，其弥勒信仰昭然若揭。据《乐邦文类》载遵式《往生西方略传序》，称道安有《往生论》六卷，唐怀感亦引及道安《净土论》，符坚也曾送结珠弥勒像至襄阳，均可证明道安持弥勒信仰。事实上，道安之前，《弥勒》经典已经有译本流布华夏。据汤用彤考，有竺法护翻译的《弥勒成佛经》，以及《弥勒菩萨本愿经》《弥勒经》《弥勒当来生经》。至于《高僧传》所记，道安第一次所读之经为《辩意经》，而今所存北魏译本《辩意长者经》之末，有弥勒佛授诀云云。可见道安早在出家之初已经接触到弥勒经典，从而奠定了弥勒信仰的基础。汤用彤说："弥勒受记于释迦，留住为世间决疑。道安每与弟子法遇、道愿、昙戒等于弥勒前立誓愿生兜率。而安公之愿生兜率天宫，目的亦在决疑。"④僧叡《维摩序》中也提道："先匠所以辍章遐慨，思决言于弥勒者，良在此也。"

诚然，与弥陀信仰不同，弥勒信仰的特点在于对现实世界的参与，在于建设人间的娑婆净土，道安对弥勒的选择应当说也与此相关。但作为一个高僧，一个致力于佛教经典翻译的思想家而言，求知、"决疑"更符合他的价值取向。《高僧传》中记载，道安梦遇一头白眉长之梵道人，对道

---

① 〔南朝梁〕释慧皎：《高僧传》卷五，第183页。
② 同上书，第196页。
③ 同上书，第204页。
④ 汤用彤：《汉魏两晋南北朝佛教史》，第149页。

安说:"君所注经,殊合道理,我不得入涅槃,住在西域,当相助弘通,可时设食。"又载,道安去世前十一日,忽有异僧来,道安问其来生居所,僧以手虚拨天之西北,即见云开,备睹兜率妙胜。传说此异僧谓即宾头卢。宾头卢为不入涅槃在世护法之阿罗汉,其性质亦与弥勒菩萨相似。上引亦可作为道安弥勒信仰的学术倾向的一个佐证。汤先生的说法不无道理。

第三章　般若学六家七宗

魏晋时期,战祸频仍,强烈的危机感迫使人们从不同角度探求存在的价值和生命的意义。汉末臧否人物、择正黜邪之清议,一变而为发言玄远、经天纬地之清谈,于是玄风飙起,汉代与黄老之术结合的佛教因势利导,迅速转向般若性空以及涅槃实相的形而上的思考。佛教学者因袭玄学家的思路,在哲学上汲取《庄》《老》,谈空说有,各抒己见,缘起性空之佛教哲学尤其如鱼得水,大振华夏。般若学既为当时玄理之大宗,而有六家七宗各逞己说。道安之本无宗便是其中之一。

"玄学"是一个特定的历史概念和哲学概念,是以易、老、庄"三玄"为思辨的依据,论本体之有无,是专究"天人之际"的自然哲学,同时涉及名教与自然的关系,是讲天道和人事及其相互关系的理论,也就是讲宇宙"自然"和社会"名教"的关系的理论,所以它既是哲学,又是社会政治学说。其中影响最大的是王弼的"贵无论"、裴頠的"崇有论"和郭象的"独化论"。王弼以"无"为宇宙的本体,将现象概括为"有",指出"天下之物,皆以有为生。有之所始,以无为本。将欲全有,必反于无也"[1],由此提出"本""末""体""用""母""子"等一系列体用论的范畴,主张崇本息末、"以

---

[1]〔三国魏〕王弼著,楼宇烈校释:《王弼集校释》,第110页。

无为用",进而实现崇本举末、守母存子,也就是"无为而无不为"。在王弼看来,作为本体的"无",是不可言说的,是超然于言与象之外的根本的"意",因此强调言不尽意,只有"得象而忘言""得意而忘象"①才是逼近本体的必由之路。郭象反对《老子》"有生于无"的法则,以"独化说"否定本体或者说"造物主",视万物为各各独立的绝对的自体,认为任何事物都是"独生而无所资借"(《庄子·知北游注》),"未有不独化于玄冥者也"(《庄子·齐物论注》)。"玄冥"显然是郭象本体论的核心范畴,其实与王弼的"无"在本质上并无不同。诚如郭象之解释,"玄冥""所以名无而非无也"(《庄子·大宗师注》),也就是说,"玄冥"名无非无,既非世界肇始之"真宰"("造物主"),亦非与"有"相对的"无",而是各各独立的绝对自体。所以郭象说"至道者乃至无也"(《庄子·知北游注》),可见,"玄冥"实际还是"至无",万物皆于自体中"独化"。无论是王弼的"本无",还是郭象的"独化",乃至裴颜的"崇有",与佛家般若性空的非本体的本体论其间不能一寸,并提供了中国化思辨的依据。于是,以空无为旨趣,从"格义"到"得意",各逞机辩,而成般若六家七宗,使魏晋时期的佛教哲学别开生面。

第一节 从"格义"到"得意"之般若学派

佛教哲学由"格义"到"得意"的转变,鲜明地表现了佛教义理与中国传统哲学由概念的拟配到思想内涵融会贯通的演变过程,"六家七宗"竞出亦得力于此。在这个过程中,"言意之辨"作为玄学的重要内容和方法,对般若学产生了极大的影响,可以说是佛教由"格义"到"六家七宗"转变的枢纽。

"格义"是早期佛典翻译的重要方法。汤用彤先生说,佛教初传,由于文化观念的不同,"初均抵牾不相入","乃以本国之义理,拟配外来思

---

① 〔三国魏〕王弼著,楼宇烈校释:《王弼集校释》,第 609 页。

想"，"所以有格义之方法兴起"，"引《庄子》为连类，于是惑者晓然"，同时指出，"格义拟配之说，道安以前，应甚普遍流传"，"迨文化灌输既甚久，了悟更深，于是审知外族思想自有其源流曲折，遂了然其毕竟有异"，"格义自为不必要之工具矣"，清楚地说明了魏晋佛教哲学从"格义"向"得意"转化的缘由。[①]

"言意之辨"源于汉末鉴识人物、综核名实方法的探讨。汉末清议，品评人物，以人物之言表，识鉴其才能大小、品位高下。人之言表与人之内涵呈名实关系。降至魏晋，原本品评人物的名实之辨一变而为自然与名教、体用关系的言意之辨。其表现有"言不尽意"和"得意忘言"。前者以荀粲、张韩为代表，将言意关系完全隔裂开来，思想渊源于老庄，扬道而贬儒，在言意之辨中与欧阳建为代表的"言尽意"派相对立，事实上表现儒道之对立。以王弼为代表的"得意忘言"一派，以道解儒，认为圣人所体不过虚无，道家所言只是象外，儒道两家宗旨实无不同，皆不执文字而追求言外之意、象外之旨，故一反汉儒循文蹈句、以经典为神圣的支离繁琐之学风，以不可言说的"无"为本，并给予精致的论证，从而更新了儒教哲学，促进了儒家思想的哲理化。王弼"得意忘言"说不仅在整个魏晋玄学中居于主导地位，而且推动了佛教哲学的发展。其表现有二：其一，对待经典，重在得其意旨而非寻文摘句，故"格义自为不必要之工具"，而以"得意"取而代之。于是玄学家各抒己见，对"空""无"的诠释迥然不同，般若性空之说也因此得以更新与丰富，于是六家七宗脱颖而出，佛学也就由格义转向得意了。其二，既然儒道融合而成新思，佛教哲学自然也可兼取儒道而解性空，于是，佛玄合流，佛教也在有无、体用、本末的思辨中，实现了佛道式佛教向佛玄式佛教的转化。佛教的玄学化事实上也就是佛教哲学中国化。

道安在《道行经序》中就后汉以来对般若经的理解和讲授的缺陷提出了批判，认为单纯的"考文""察句"都不足以得其本旨。原因在于，研

---

① 参见汤用彤《汉魏两晋南北朝佛教史》，第160—162页。

究经文的字词,寻求文句的意义,仅注意字词的异同,易将看起来意思相同的文句归为一类,以为两者意义相同,乃取格义之法相拟配,纤毫之差,其结果难免与佛教宗旨不合,甚至背离。"得意"就是不拘泥于文句而直达本旨的方法。道安说:"圣人有以见因华可以成实,睹末可以达本,乃为布不言之教。陈无辙之轨,阐止启观,式定成谛。"[1]意谓不言之教、无辙之轨,可以借助心灵的观照,凭借智慧,因华成实,睹末达本,把儒教文以载道的思维方式同老庄道不可说的思想糅合而成佛教的方法论,即"得意"。可以看出,道安对于阐释佛经意旨的方法同玄学"得意忘言"几乎是一致的。在道安看来,对于佛经的理解,应达到"允惬"的程度,"格义"之法显然不能满足这样的要求,惟有"得意"才是解"理",即实现般若智慧之途。然而,尽管道安主观上反对"格义"而倡"得意",但"得意"并非一蹴而就之事,加之客观上"格义"之法的持续影响仍在,所以他和他的弟子慧远又不能完全不使用格义的方法。"有客听讲,难实相义,往复移时,弥增疑昧",故慧远"引《庄子》为连类"。固然道安"特听慧远不废俗书",却又"通常令弟子废俗书","废俗书者,亦与反对格义同旨也"。[2] 由此也可以看出"格义"向"得意"转化的过程。

道安之后,支遁同玄学关系尤为密切,甚至可以说是玄学中人,对于佛经义理,尤其主张"得意忘言"。支遁讲解佛经,紧扣并善于表达佛经宗旨,而不落文字词语之间。也就是说,他讲经的特点是立其大而不计其小,然而这一忽略字词直达本旨的方法,在当时颇受责难,表明当时"格义"的方法仍有其持续的影响。

鸠摩罗什来华,将大乘中观思想引入中土,"得意"之说得到了经典的认同,而日渐兴盛。什公弟子多尚谈玄,论述般若性空,亦在"得意忘言","仍未离于中国当时之风尚也"[3]。如僧叡在《十二门论序》中所言:"正之以十二则有无兼畅事无不尽者……事尽于有无即亡功于造化

---

[1] 〔南朝梁〕僧祐:《出三藏记集》卷十。
[2] 参见汤用彤《汉魏两晋南北朝佛教史》,第161页。
[3] 同上书,第221页。

者……理极于虚位,明法无我,丧我于二际。然则丧我乎落筌,筌忘存乎遗寄,筌我兼忘,始可以几乎实矣。"[1]在《毗摩罗诘提经义疏序》中又说:"故因纸墨以记其文外之言,借众听以集其成事之说。烦而不简者,遗其事也。质而不丽者,重其意也。"[2]其谈论的虽是具体的经论,却反映出鲜明的"得意"的观念。

总之,魏晋时期的佛教哲学,因受玄学的影响,在方法上更强调"得意忘言"。玄学与中观思想融会贯通,"得意"之风更是甚嚣尘上。般若六家七宗的分野,说法虽然不同,但事实上也只是对缘起性空的理论"得意"不同,诠释不同罢了。

僧肇于弘始十一年(409)之后,作《不真空论》,言及本无、即色、心无三家。陈慧达作《肇论序》,有"或六家七宗,爰延十二"之说。唐元康在《肇论疏》中释之曰:

> "或六家七家,爰延十二"者,江南本皆作"六宗七宗",今寻记传,是"六家七宗"也。梁朝释宝唱作《续法论》一百六十卷云,宋庄严寺释昙济作《六家七宗论》。论有六家,分成七宗。第一本无宗,第二本无异宗(晓月《肇论序注》作"本无玄妙宗"),第三即色宗,第四识含宗,第五幻化宗,第六心无宗,第七缘会宗。本有六家,第一家分为二宗,故成七宗也。言"十二"者,《续法论》文云,下定林寺释僧镜作《实相六家论》,先设客问二谛一体,然后引六家义答之。第一家,以理实无有为空,凡夫谓有为有。空则真谛,有则俗谛。第二家,以色性是空为空,色体是有为有。第三家,以离缘无心为空,合缘有心为有。第四家,以心从缘生为空,离缘别有心体为有。第五家,以邪见所计心空为空,不空因缘所生之心为有。第六家,以色色所依之物实空为空,世流布中假名为有。前有六家,后有六家,合为十二家也,故曰"爰延十二"也。

---

① 〔南朝梁〕僧祐:《出三藏记集》卷十一。
② 〔南朝梁〕僧祐:《出三藏记集》卷八。

文中所述僧镜之六家，与昙济之说不甚相同，此六家为何人之说，亦不可考。但其第一、第二家与昙济之第一、第二家相同。第三或似识含宗（昙济之第三家）。第四、第五家为昙济六家七宗所无。第六家同缘会宗相似（昙济之第六家）。不过，总体说来，皆是对有无、色性、性空的不同诠释。有的差别甚微，其间不能一寸。据汤用彤考，诸说互有出入，列表于下。

1. 僧肇所破三家：

《肇论》	《慧达疏》	《元康疏》（《集解》《新疏》均同）	《述义》
心无	竺法温	支愍度（《新疏》作道恒）	竺法温
即色	支道林	支道林	支道林
本无	道安	竺法汰	道安

其中本无义为释道安所说，并且引慧远《本无论》。

2. 昙济六家七宗：

昙济	《中论疏》	《山门玄义》	《二谛论》
本无	道安		
本无异	琛法师（肇所破者）	竺法深	
即色	关内（肇所破者） 支道林	第八支道林	
识含	于法开	第四于法开	
幻化	壹法师	第一释道壹	
心无	温法师（肇所破者）	第一释僧温	竺法温
缘会	于道邃	第七于道邃	

上述所言各家，均起于晋代，大体上与道安同时。无论如何分宗，内容不外乎谈空说有，皆可见当时般若学中国化的气象。

第二节　本无宗

汤用彤先生说：释家性空之说，适有似于老庄之虚无；佛之涅槃寂灭，又可比于老庄之无为。本无之各家，尤兼善内外，佛教性空之说，凭借老庄清谈，吸引一代文人名士，本无义也由是兴起。

以道安为代表的"本无"宗把万物的本源归结为"无"，突出"无在元化之先，空为众形之始，故称本无"，与王弼所言"有之所始，以无为本"何其相似。他还说："夫冥造之前，廓然而已。至于元气陶化，则众像禀形。形虽资化，权化之本则出于自然。自然自尔，岂有造之者哉？"①将"无"说成是元气陶化万象之前的"廓然"状态，依然与玄学"贵无"论的观点如出一辙。显而易见，道安"本无"说同玄学贵无思想有密切关系，不再赘述。

慧远的"法性"本体论，突出"无性之性，谓之法性"，同样染上了浓郁的玄学"贵无论"的色彩。慧远认为，世间万物有无、生灭的转化，植根于永恒的"法性"，故"有""无"皆为无常而不能执着。诚如斯言："有而在有者，有于有者也；无而在无者，无于无者也。有有则非有，无无则非无。"何以见得？因为"法性"即"无性"，惟其无性，才能称其为主宰万物有无、生灭转化的本体。但"法性"本体并非实体，"虽有而常无"，"常无非绝有"，所以"法无异趣，始末沦虚，毕竟同争（净），有无交归矣"。② 就是说，恒常无性的"法性"本体是虚净的，是万物变化、有无消融的终极归宿。可见慧远的"法性"与王弼之"贵无"、道安之"本无"是一脉相承的。正如慧达所说："远法师本无义云，因缘之所有者，本无之所无。本无之所无者，谓之本无。本无与法性同实而异名也。"（《肇论疏》）在论证宇宙"法性"本体的思想基础上，慧远强调"体极"的至关重要性，这同王弼"体无"的思想也是相通的。王弼继承道家"夫体道者，天下之君子所系焉"（《庄子·知北游》）的观点，提出"圣人体无"的思想，指出圣人能够通过内心的自我审视和体验，使自我精神"与道同体"。慧远亦强调："至极以不变为性，得性以体极为宗。"（《法性论》）就是说，佛家的最

---

① 〔南朝梁〕宝唱：《名僧传抄·昙济传》。
② 上引见〔晋〕慧远《大智论钞序》，〔南朝梁〕僧祐：《出三藏记集》卷十。

高境界——涅槃,以非有非无、不生不灭、恒在永住为"法性",实现"法性"应以体悟涅槃为最终目标。在慧远看来,"法性"因其非有非无,不生不灭,才恒久不变,也才成为万物之"极",所以,人们只有"反本求宗"(《沙门不敬王者论》),体认"法性"本体,才能臻于至善而达涅槃之境,这才是成佛的必由之路。在这里,"法性"本体与涅槃境界是统一的,与王弼的"道"也是同气相求,通过"体极"而达于"法性"的虚净,也就是自我与涅槃的同一,即"与道同体"。慧远的"法性"本体之无,采用的是佛教的语言、范畴,其内容与玄学"贵无论"也有一定区别,但从根本上看,如此法性本体说同玄学"贵无论"还是息息相通的,也不外般若本无宗的范畴。

当然,"本无"之说,广而言之,可以说是般若学之别名。魏晋佛教"本无之谈",即"般若性空"之说。其同玄学贵无贱有之清谈关系至为密切。无论是名士谈玄,还是名僧说空,凭借的都离不开《老》《庄》《周易》,所谓"静一守本,无虚无之谓也。损艮之属,盖君子之一道,非《易》之所以为体守本无也"(裴頠:《崇有论》)。从这一批评中也可以看出佛教哲学的倾向。不过,这里还是依据汤用彤的说法,并稍作深入,以道安、慧远为本无宗的代表予以阐述。

第三节 本无异宗

如前所言,本无宗一分为二,除道安本无义外,还有琛法师之本无。据日人安澄《中论疏记》,"琛"字乃"深"之误,字曰法深。而琛法师则另有其人,应当是《中论疏》中所说的北土三论师。竺法深善《放光般若》,师中州刘元真,二十四岁即讲《法华》《大品》。显然,法深亦为般若学者,谓之本无论者自无不可。但唐代元康《肇论疏》却认为僧肇《不真空论》破斥之本无义实为竺法汰之说。其间差别,难以辨识。吉藏《中论疏》尝引法深(即琛)之言曰:

> 本无者,未有色法,先有于无,故从无出有,即无在有先,有在无

后，故称本无。

简单地讲，无为万物之本，无能生有，无在有先，有在无后。可见，法深不仅谈无，而且说有，不仅谈本，而且说末；论说有无的关系更像老子的思想。①《中论疏记》亦曰：

> 《二谛搜玄论》十三宗，本无异宗，其制论曰："夫无者，何也？ 壑然无形，而万物由之而生者也。有虽可生，而无能生万物。故佛答梵志，四大从空生也。"《山门玄义》第五卷《二谛章》下云，复有竺法深即云，诸法本无，壑然无形，为第一义谛。所生万物，名为世谛。故佛答梵志，四大从空而生。

所谓"壑然无形"，"四大从空而生"，明显是以道解空。诸法本无为第一义谛；所生万物，名为世谛，无为真谛，有是俗谛。汤用彤认为"似亦偏空色法，而心神为无形者，则似不空心神也"。在这里，空色不空心并不重要，但显著的是，此说执着于有、无，而生对待，所以仍在僧肇破斥之列。《中论疏》引《大品经》三十七《成就众生品》之言驳之曰："若法前有后无，即诸佛菩萨便有罪过。今本无之说，谓先无后有，是亦有罪过也。"先无后有，批评的就是法深的本无异宗。

其所谓空或无者，不是"非有非无"，而是先无后有，是以有无之别解释性空的。所以，以之为本无异，其根据或许在此。也就是说，法深的思想不仅背离了"非有非无"的超世俗观念，而且同道安的本无之说也略有轩轾。然而，实际上，无论是当时佛教的学派，还是其后的教派，不同宗系对于真、俗、有、无关心殊甚，诠释的内容方法也多有不同，诸如此类的差别在中国佛教哲学史上比比皆是，上述微细的差异也就尤其显得无足轻重。不过可以看出般若学在魏晋玄风中百家争鸣的繁荣，以及佛教学者是如何以一种博大的胸怀接纳外来文化并得意领宗的。

---

① 《老子》第四十章："天下万物生于有，有生于无。"

第四节 即色宗

即色之义,《中论疏》剖判为两家:一是关内"即色空",即色无自性,汤用彤先生说就是"僧肇所呵";二是支道林"即色是空",也就是道安本性空寂的"本无义"。但陈时慧达以及唐代元康《僧肇疏》,均谓僧肇所批判之"即色"义,就是支道林所说。安澄之《中论疏记》指出:"康、达二师并云,破支道林即色义。"元代文才之《肇论新疏》,也说僧肇所破者乃支道林之说。自陈至唐,时人多持此说。孰是孰非,不必为之辩。先请看僧肇对"即色"的批判:

> 即色者,明色不自色,故虽色而非色也。夫言色者,但当色即色,岂待色色而后为色哉?此直语色不自色,未领色之非色也。

僧肇指出,虽然即色宗认为色不自生,也就是事物并非自己生成,乃因缘和合而生,所以说"色而非色",即非其自身,在一定程度上把握了色不自生的规律,但却不解"色之非色",也就是"有非真生",或者说"有即非有"、当体即空的根本精神,仍然不得中观学派般若性空之真谛。这里的关键不仅是"色不自色",当然更不是某种超自然的力量——神或上帝,即万有之因——赋予之色,所谓"岂待色色而后色"[①]。从本质上讲就是"色之非色"!性空之空不是有,不是无,也不是空!

据此可知,即色宗以"色不自生"立论,故其内容可以从两个方面说:第一,"即色是空",是就色法本身去认识空,或者说,"空"也就存在于"色"自身之中;第二,空就是色自身所具有的性质,即所谓"色无自性"。

佛教哲学的基本观念是缘生说,所谓"诸法因缘生",一切事物都是因缘和合而成,任何事物的生灭都依其他事物为缘起,又是其他事物产生和存在的原因和条件,因此,认为世间万物都没有独立的绝对的本性,就是"无自性"。"无自性"就是"空",故曰"缘起性空"。即色义强调,事

---

① 对此语的理解可能有所不同,但不影响文本义。

物既无自性,所以不能自生,故谓之空,即所谓"夫色之性,色不自色,虽色而空"。"即色"义一方面强调从事物本身,而非自事物之外认识空,另一方面力图证明"空"是事物的本质,即诸法实相,而非事物的现象,应当说已经很贴近对般若性空的理解。但毕竟还是缺乏对色空的深层次的把握,疏于对色不是色("色之非色"),即非事物的本身(我非我)的认识,所以同样受到僧肇的批判。

支道林于《般若经》用功甚勤,有《即色游玄论》等般若论著,而今各书均佚,仅存《要钞序》一文。《广弘明集》有王洽《与林法师书》,只是《即色游玄论》的附件——王敬和之问。所以,有关支道林即色论的具体内容缺乏直接证据,只有从其他人的资料中窥其一二。

当时般若学流行,对《般若经》的解读异彩纷呈,有的甚至断章取义,致失原旨。"或以专句推事,而不寻旨况。或多以意裁,不依经本。故使文流相背,义致同乖。群义偏狭,丧其玄旨。"支道林有鉴于此,曾就大品《放光》、小品《道行经》之同异详为研寻比对,并作《对比要钞》,"推考异同,验其虚实,寻流穷源,各有归趣"(支道林:《要钞序》)。从中既可见其用心,又依稀可辨识其即色观念。

郗超为道林之信徒,其文《奉法要》见诸《弘明集》中,谈及色空,但不知所指。

至于僧肇对即色宗的批判,唐元康谓僧肇所言不见于支道林之《即色游玄论》,而见于其集《妙观章》。《世说新语·文学》刘孝标注引之较详,文曰:

> 夫色之性也,不自有色。色不自有,虽色而空。故曰色即为空,色复异空。

意思是说,色不来自有色,也就是色不自生,所以说色之性就是无性。色不自生,色性无性,所以说色就是空。僧肇所指,应当不差。

慧达《肇论疏》的引文与此稍异,曰:

> 支道林法师《即色论》云:吾以为即色是空,非色灭空(此引《维

摩经》。《肇论·不真空论》引之为"色之性空,非色败空")。此斯言至矣。何者? 夫色之性,色不自色,虽色而空。如知不自知,虽知恒寂也。

这里突出的是,色之所以是空,并非色败灭了空,通俗地讲,色本身就是空,并非由色与空的二元存在而灭绝了空。于是进一步说明色不自色,故色即是空。同时还采用了同喻的方法,以知不自知予以证明。当然这是一个循环论证。

其他还有,如《中论疏记》引《山门玄义》,文字上又稍不同,但大意无不同。

即色空,注意到世间一切存在均非自生,而是因缘和合而生,同般若学缘起性空说并无异趣。但是在僧肇看来,认识仅止于此是不够的,还应当明白色就是空,否则还有"假有"的存在,以及色与空的对待。诚如元康《僧肇疏》所言:"此法师但知言色非自色,因缘而成。而不知色是空,犹存假有也。"

如前所言,"本无"可以说是般若在中国传统哲学中的别名,支道林的即色宗其实也是"本无"论,只不过视角不同,进路不同,论述的方法不同而已。如其《要钞序》曰:"夫《般若波罗蜜》者……明诸佛之始有,尽群灵之本无。登十住之妙阶,趣无生之径路。何者耶? 赖其至无,故能为用。"始有即本无,十住乃无生,因其无故能为用。这里说的就是本无! 当然还可以看出,道林明显借用老子"当其无""无之以为用"的思维,并以之诠释佛学性空之理。佛教就是在这样的环境中逐步中国化的。下面说得尤为明显,亦见支道林的《要钞序》:

> 夫至人也,览通群妙,凝神玄冥。灵虚响应,感通无方。建同德以接化,设玄教以悟神。述往迹以搜滞,演成规以启源。或因变以求通,事济而化息。适任以全分,分足则教废。故理非乎变,变非乎理,教非乎体,体非乎教。故千变万化,莫非理外。神何动哉? 以之不动,故应变无穷。

以至人说佛陀精神,显然是以庄解佛的。所谓"夫逍遥者,明至人之心"①,这里又以逍遥解至人,尤其可见道林亦庄亦佛的用心。还有"至人乘天正而高兴,游无穷于放浪,物物而不物于物,则遥然不我得",不仅思想类同庄、老,而且连措辞、造句都与《庄子》无异。另外他还提出"忘玄故无心",以玄、忘玄,这样类似老子重玄、庄子相忘的思维方式,引出"无心"的概念,也就把色空的佛教哲学,引向了心性哲学的思辨之路。心无义也可以在这里找到根据。

郗超的《奉法要》也有类似的说法,可与之相互发明。

> 夫空者,忘怀之称,非府宅之谓也。无诚无矣,存无则滞封。有诚有矣,两忘则玄解。然则有无由乎方寸,而无系乎外物。虽陈于事用,感绝则理冥。岂灭有而后无,偕损以至尽哉!

把空称之为忘怀,而非单纯之虚壑;还有"两忘则玄解","无系乎外物",非"灭有而后无","偕损以至尽",法要如此,至人如此,佛法与庄老在这里显然不分轩轾。即色宗的思想或许更接近庄子。

第五节　心无宗

心无,吉藏谓为温法师(竺法温)义,据汤用彤考,实际由支愍度倡导。唐元康《肇论疏》亦持此说。《世说新语·假谲》有记曰:

> 愍度道人始欲过江,与一伧道人为侣。谋曰:"用旧义往江东,恐不办得食。"便共立心无义。既而此道人不成渡。愍度果讲义积年。后有伧人来,先道人寄语云:"为我致意愍度,无义那可立?治此计权救饥尔,无为遂负如来也。"

吴人以中州为伧,伧道人显然是中原人。事实如何,姑且不论。从字面上看,愍度二人似乎是谋食不谋道的"骗子",那么心无义自然也就

---

① 《世说新语·文学》刘孝标注引支遁《逍遥论》。

是招摇撞骗的工具了。更何况还有"权救饥尔,无为遂负如来"的辩解。显然,这是对心无宗贬斥的渲染,也可见心无宗之后起,并为支愍度之所创。

另据《高僧传》曰:

> 时沙门道恒,颇有才力,常执心无义,大行荆土。汰曰:"此是邪说,应须破之。"乃大集名僧,令弟子昙壹难之,据经引理,析驳纷纭。恒拔其口辩,不肯受屈,日色既暮,明旦更集。慧远就席,攻难数番,关责锋起。恒自觉义途差异,神色微动,麈尾扣案,未即有答。远曰:"不疾而速,杼柚何为!"坐者皆笑矣。心无之义,于此而息。①

道恒传播心无义于荆土,显然在愍度渡江之后。法汰以之为邪说,并令弟子昙壹予以批驳。慧远也参与其间。道恒词穷,但仍坚持己见,于是慧远曰:既然如神人不疾而速,不行而至,又何必苦心孤诣地编织你的说法呢?结果是哄堂大笑,心无之说自此绝响。不疾而速,语出《易·系辞》;杼柚,亦称杼轴,指织布机上的梭和卷轴,引申为组织文思。《高僧传》所记应当是可信的,可见后起之心无义在当时环境中的尴尬。不过断言心无义"于此而息"充其量只是当时大多数人的看法,并不能反映心无宗的实际影响。值得注意的是,慧远引经据典,充分显示出他的学识不止在佛说般若,尤其在于他对易、老、庄之熟稔。慧远之辈对传统经典就是如此信手拈来,以儒、道释佛,从而使般若性空之说玄学化。

据汤用彤考,心无义由支愍度所创,传者有道恒、法蕴。虽然有如上波折,但并不像《高僧传》所言"心无之义,于此而息"。道桓之后,又有桓玄及刘遗民均主张心无义。桓有著作《心无义》,刘著《释心无义》②,又《中论疏记》尝引宋僧弼《丈六即真论》曰"圣人以无心为宗"云云,可见心

---

① 〔南朝梁〕释慧皎:《高僧传》卷五,第192—193页。
② 见〔南朝梁〕僧佑《祐录》十二,〔南朝宋〕陆澄:《法论目录》。

无宗于刘宋时依然还在江南继续流传。

根据史书记载,支愍度有如下著作:《合维摩诘经》五卷(《祐录》七载其序文)、《合首楞严经》八卷(《祐录》八载其序文)、《经论都录》一卷(见《房录》《开元录》等)、《经论别录》一卷(同上)、《修行道地经序》(见《房录·安世高录》中、《开元录》)等。内容自离不开有无色空。概括来说,支愍度认为"有"是指有形之物,也就是心外之"色";"无"指无象之"物",即生成万物之"心"。心无义将"有"与"无"绝对分离,以心外之色为有,色外之心是无。"心"本身无形无象,所以是空,但具有感应外物的能力。诚如斯言,"种智之体,豁如太虚。虚而能知,无而能应"(《世说新语·假谲》刘孝标注)。"心"无而能应,才能静趋空灵。因此可以将心无义的要点概括为"心无故物无"(与"心无物有"不同)。但按照般若学的观点,只有认识到事物"假有"才是真正意义上的空。所以僧肇评之曰:"无心于万物,万物未尝无。此得在于神静,失在于物虚。"物虽虚而有,心无义之偏颇明矣。

"心无义"显然借鉴了玄学思辨的内容。郭象在《庄子序》中说:"夫庄子者,可谓知本矣。"何谓知本? 他指出:"夫心无为,则随感而应,应随其时,言唯谨尔。故与化为体,流万代而冥物,岂曾设对独遣,而游谈乎方外哉!"知本就要"无心",就是心无所措,不牵挂外物,不为外物所缚,做到"随感而应,应随其时",顺应"自然",才能达到"至人"的境界。这里说的就是心无、能应。在《庄子·逍遥游注》中他又说"无己故顺物,顺物而至矣",说的还是无心而与道合的意思。在《庄子·大宗师注》中表达得更加清楚:"故圣人常游外以冥内,无心以顺有,故虽终日见形,而神气无变,俯仰万机,而淡然自若。"若能做到"无心以顺有",便可超越世情,俯仰万机。如此强调"无心以顺有",目的在于自"有"中见"无",终至于"有"就是"无",不仅要在"名教"中发现"自然",而且"名教即自然"。也就是以主观之"心无"始,以色心融合,即主客融合统一终。"心无义"固然说"心无故物无",与郭象"心无物有"说不尽相同,但以心涵盖万象,实现心物统一的追求则是大同小异的。

表面上看起来，心无义偏重内境，与般若性空说相近，但般若学强调因缘生法，空性源于缘生，而非本生。在这个意义上，心无义显然不及本无与即色宗对佛教哲学的诠释。不过，从内境"心无"谈本体性空，无疑更接近佛教乃至中国宗教心性哲学的旨趣，而且同涅槃佛性论遥相呼应，抑或成为中国佛教真常唯心的心性本体论的前驱先路。

第六节　识含、幻化与缘会宗

除本无、本无异、即色、心无外，另外还有识含、幻化、缘会三宗，合称六家七宗。

识含宗，为于法开之说。擅长医术及《放光》《法华》经典，尝同支道林争论即色空义。识含宗宗义，喻三界起于心识，如梦如幻。《中论疏》曰："三界为长夜之宅，心识为大梦之主。今之所见群有，皆于梦中所见。其于大梦既觉，长夜获晓，即倒惑识灭，三界都空。是时无所从生，而靡所不生。"《中论疏记》曰："《山门玄义》第五云，第四于法开者著《惑识二谛论》曰，三界为长夜之宅，心识为大梦之主。若觉三界本空，惑识斯尽，位登十地。今谓以惑所睹为俗，觉时都空为真。"于法开将识、神一分为二，以神为主宰，识者乃神所发之功用，也就是神体识用。宗少文《明佛论》亦谓之"识含于神"[1]。其中有数语，或者可以发明于法开识含之用意。语曰："然群生之神，其极虽齐，而随缘迁流，成精妙之识。"众生一神，随缘变化而生种种之惑识，这就是梁武帝所谓之无明神明。一旦神明既觉，知三界本空，则惑识尽除，于是位登十地，径趋觉悟之境，即佛境。简单地说就是，识含于神，神能生识，神觉则惑除，于是能知缘起性空。如此区分神、识，诠释空、有，目的同样在于说明般若性空。故谓之识含宗。

---

[1]《明佛论》原文为："知慧恶亡之识，常含于神矣。"见〔南朝宋〕宗炳《明佛论》，〔南朝梁〕僧祐：《弘明集》卷二。

幻化宗,吉藏等均谓壹法师之说。壹身份不详,或指竺法汰弟子道壹。[①]《中论疏》引《大集经》九曰:"壹法师云:世谛之法皆如幻化。是故经云,从本以来,未始有也。"虽然强调诸法皆由幻化,即万物之始是"无",实际上还是本无的意思。不过《中论疏记》转引道壹之说云:"一切诸法,皆同幻化,同幻化故名为世谛。心神犹真不空,是第一义。若神复空,教何所施?谁修道?隔凡成圣,故知神不空。"[②]也就是说,此宗同心无义相反,"但空诸法,不空心神",显然有存神之意,与中国佛教"真常唯心"的心性哲学颇多相近之处。

缘会宗,顾名思义,即因缘会合之义,皆谓于道邃之说。《中论疏》曰:"第七于道邃,明缘会故有,名为世谛。缘散即无,称第一义谛。"也就是通常所说的缘聚则有(生),缘散则灭(无),是以缘生之理立论的。此宗偏重缘会,后人解释为"分析空",但书卷失传,内容不详。

综上所述,般若六家七宗以本无、即色、心无三家为主流,其余或偏于心神关系,或基于因缘会合,论说重点各异,但都是中国学者对般若性空的诠释。道安以静寂说真际,强调万物皆生于无;法琛、法汰偏于虚豁之谈,与本无宗大同小异;即色宗说色不自色,色非自生;心无宗意在心无故物无,实际上是空心不空境之说;识含宗说识含于神、神能生识;幻化宗谓诸法皆空而神不空;缘会宗以缘生立论,突出缘聚则有。即色、识含、幻化、缘会四宗之空,均在色空。本无宗主张本空,心无义则力主心空,无论本空、心空,还是色空,说法虽异,均不离性空,但是同佛教色即是空、空即是色、色不异空、空不异色的般若学说相比较,毕竟还有些许差异。或者是理解的不同,更可能是语言表述上的准确程度不同。有鉴于此,僧肇以不真解空,并采用遮诠的方式,说非有非无,即体即用,虽然也是当时般若学之一家,但其凭借庄老,提要钩玄,把缘起性空诠释得滴

---

① 法汰有弟子二人——昙壹与道壹。时人呼昙为大壹,道为小壹。如前"心无宗",法汰在荆州时,尝令昙壹攻难道恒心无义。道壹或主张幻化义。此亦为汤用彤说。见汤用彤《汉魏两晋南北朝佛教史》,第178页。

② 道壹《神二谛论》中有此言。见汤用彤《汉魏两晋南北朝佛教史》,第178页。

水不漏,毕竟比其余更胜一筹,同样也揭示了佛教哲学在魏晋时期百花竞开、百舸争流的盛况,并因此将佛教哲学的辩证思维推向更高的阶段。尤其是识含、幻化二宗,以神识之有,谈般若性空,更接近中国佛教心识本体的心性哲学,从中也可以看出佛教哲学由缘生性空的非本体的本体论向真常唯心的心性本体论转化的蛛丝马迹。

第四章　鸠摩罗什的佛典翻译及其实相无相的
　　　　大乘哲学

　　佛教以"空"闻名于世,号称空宗,其实"空"是中国佛教对印度佛教"缘生"而无自性的"格义",所谓"引庄子以为连类"者也;或者说假借、转注;直白地说,也就是比附。显而易见,"空"是典型的中国佛教哲学的概念。正因为如此,二者并非完全契合,故中国佛教对"空"的诠释异说纷呈。严格地讲,从字面上看,"空"并不能准确表述释迦"缘生"之义,但在中国佛教哲学史上,就其诠释学的意义上而言,"空"之一字,意在言外,早已非传统形、声所能局限,确实是最佳的翻译,是不同文化交融过程中外来文化本土化的杰作,既体现了印度佛教哲学的内涵,又赋予其庄、老思想的空灵神韵和超然物外的意境。其后的天台"三观"、华严"圆融",尤其是禅宗的"离相",走的都是这样的路子。鸠摩罗什、僧肇就是开拓、丰富"空"的辩证思维的杰出代表。

　　空,梵音Śūnya、Śūnytā,汉语音译舜若、舜若多,意为一切事物皆依缘生而生,而无不变的自性。其意有三:一是事物既非本生,亦非自生,而是因缘具足,和合而生;二是任何事物均无固定不变的自性;三是世间万象都在生生灭灭的不停变化之中。佛教传入中国,与中国本土文化相结合,依中国传统的思维方式,特别是"无"为万物之始的老庄哲学,赋予其"空"的概念,而说万物皆空。魏晋时期,般若性空之说与玄学有无之辨声气相求而甚嚣尘上。于是诸说竞起，或云本体空，或言现象空、神识空，或论心空、物空，从而成就了佛教哲学的六家七宗。鸠摩罗什又引出"实相"的概念，以"实相"为"空"，或者说"空"为事物之"实相"，称之为"毕竟空"。罗什以此"实相无相"的"实相空"，把空的哲学升华到新的层面，从而导引出僧肇之"不真空"，更是以缘生而说无生、无灭，空亦不空。自此而后，中国佛教从根本上确立了以空为思辨基础的哲学系统，开拓了中国佛教哲学的思辨之路。

鸠摩罗什于公元401年（后秦弘始三年）冬，辗转而至长安，及门弟子千百，终其一生从事佛典翻译，弘扬佛法，译经300余卷①，于公元413年（弘始十五年，即晋义熙八年）四月逝于其译经之所——大寺，终年70岁②。僧肇赞之曰："法鼓重震于阎浮，梵轮再转于天北。"（《什法师诔文》）佛典翻译虽有汉魏诸多高僧及道安为先导，但鸠摩罗什佛典翻译规模之宏阔、贡献之显著、义理之博大精微则又在他们之上。

第一节　鸠摩罗什的生平与译经

《高僧传》卷二《晋长安鸠摩罗什》载：

> 鸠摩罗什，此云童寿，天竺人也，家世国相。什祖父达多，倜傥不群，名重于国。父鸠摩炎③，聪明有懿节，将嗣相位，乃辞避出家，东度葱岭。龟兹王闻其弃荣，甚敬慕之，自出郊迎，请为国师。王有妹，年始二十，识悟明敏，过目则能，一闻则诵，且体有赤黡，法生智子，诸国娉之，并不肯行。及见摩炎，心欲当之，乃逼以妻焉，既而怀什。什在胎时，其母自觉神悟超解，有倍常日。闻雀梨大寺名德既多，又有得道之僧，即与王族贵女，德行诸尼，弥日设供，请斋听法。

---

① 《祐录》二，记三十五部，二百九十四卷，卷十四作三百余卷；《名僧传抄》为三十八部，二百九十四卷。
② 《高僧传》记为弘始十一年，义熙五年。此据汤用彤考。
③ 亦作鸠摩罗琰，或炎。

什母忽自通天竺语,难问之辞,必穷渊致,众咸叹之。有罗汉达摩瞿沙曰:"此必怀智子,为说舍利弗在胎之证。"及什生之后还忘前言。

顷之,什母乐欲出家,夫未之许,遂更产一男,名弗沙提婆。后因出城游观,见冢间枯骨异处纵横,于是深惟苦本,定誓出家,若不落发,不咽饮食。至六日夜,气力绵乏,疑不达旦。夫乃惧而许焉。以未剃发故,犹不尝进。即敕人除发,乃下饮食。次旦受戒,仍乐禅法,专精匪懈,学得初果。

什年七岁,亦俱出家,从师受经,日诵千偈。偈有三十二字,凡三万二千言。诵毗昙既过,师授其义,即自通达,无幽不畅。时龟兹国人,以其母王妹,利养甚多,乃携什避之。什年九岁,随母渡辛头河,至罽宾,遇名德法师槃头达多,即罽宾王之从弟也。渊粹有大量,才明博识,独步当时,三藏九部,莫不该练。从旦至中,手写千偈。从中至暮,亦诵千偈。名播诸国,远近师之。什至,即崇以师礼,从受杂藏、中、长二含,凡四百万言。达多每称什神俊,遂声彻于王。王即请入宫,集外道论师,共相攻难。言气始交,外道轻其年幼,言颇不逊,什乘隙而挫之。外道折伏,愧惋无言。王益敬异,日给鹅腊一双,粳米、面各三斗,酥六升。此外国之上供也。所住寺僧乃差大僧五人,沙弥十人,营视扫洒,有若弟子。其见尊崇如此。[1]

据上述可知,鸠摩罗什祖籍天竺,其父鸠摩炎,辞避荣显,弃相位出家为僧,并东渡葱岭,至龟兹国而为国师,以王妹(耆婆)为妻,遂生鸠摩罗什于龟兹。罗什七岁,随母出家,幼而聪慧,师从小乘师槃头达多,受杂藏及中、长二阿含经四百万言。尝与外道论师辩论而使之折服,于是受王室供养。此为罗什小乘阶段之始。

至年十二,其母携还龟兹。诸国皆聘以重爵,什并不顾。时什母将什至月氏北山,有一罗汉见而异之,谓其母曰:"常当守护此沙

---

[1] 〔南朝梁〕释慧皎:《高僧传》卷二,第45—46页。

弥,若至三十五不破戒者,当大兴佛法,度无数人,与优波掘多无异。若戒不全,无能为也,止可才明俊逸法师而已①。"什进到沙勒国,顶戴佛钵,心自念言:"钵形甚大,何其轻耶?"即重不可胜,失声下之。母问其故,答云:"儿心有分别,故钵有轻重耳。"遂停沙勒一年。其冬诵《阿毗昙》,于《十门》、《修智》诸品,无所咨受,而备达其妙。又于《六足》诸问,无所滞碍。……

什以说法之暇,乃寻访外道经书,善学《围陀舍多论》,多明文辞制作问答等事。又博览《四围陀》典及五明诸论。阴阳星算,莫不必尽;妙达吉凶,言若符契。为性率达,不厉小检,修行者颇共疑之。然什自得于心,未尝介意。

时有莎车王子、参军王子兄弟二人,委国请从而为沙门。兄字须利耶跋陀,弟字须耶利苏摩。苏摩才伎绝伦,专以大乘为化,其兄及诸学者皆共师焉,什亦宗而奉之,亲好弥至。苏摩后为什说《阿耨达经》,什闻阴界诸入皆空无相,怪而问曰:"此经更有何义,而皆破坏诸法。"答曰:"眼等诸法非真实有。"什既执有眼根,彼据因成无实,于是研核大小,往复移时。什方知理有所归,遂专务方等。乃叹曰:"吾昔学小乘,如人不识金,以鍮石为妙。"因广求义要,受诵《中》、《百》二论及《十二门》等。②

罗什十二岁随母还龟兹,再进至沙勒,博览群书,研习五明,皆有心得。后宗奉苏摩习大乘教义,于是归心大乘,专务方等,于"三论"中广求佛法奥义。显然,罗什所持"非真实有"的观念,同其接受的西域文化教育互为表里,而与中国汉文化传统无有关涉。

顷之,随母进到温宿国,即龟兹之北界。时温宿有一道士,神辩英秀,振名诸国,手击王鼓而自誓言:"论胜我者,斩首谢之。"什既

---

① 《大正藏》本此句为"正可才明携诣法师而已",汤用彤校注"携诣"为误。金陵刻经处本及其他版本"正"为"止"。
② 〔南朝梁〕释慧皎:《高僧传》卷二,第46—47页。

至,以二义相检,即迷闷自失,稽首归依。于是声满葱左,誉宣河外。龟兹王躬往温宿,迎什还国,广说诸经,四远宗仰,莫之能抗。时王子①为尼,字阿竭耶末帝,博览群经,特深禅要,云已证二果。闻法喜踊,乃更设大集,请开方等经奥。什为推辩"诸法皆空无我",分别"阴界假名非实"。时会听者莫不悲感追悼,恨悟之晚矣。

　　至年二十,受戒于王宫,从卑摩罗叉学《十诵律》。有顷,什母辞往天竺,谓龟兹王白纯曰:"汝国寻衰,吾其去矣。"行至天竺,进登三果。什母临去谓什曰:"方等深教,应大阐真丹,传之东土,唯尔之力。但于自身无利,其可如何?"什曰:"大士之道,利彼忘躯。若必使大化流传,能洗悟蒙俗,虽复身当炉镬,苦而无恨。"于是留住龟兹,止于新寺。……停住二年,广诵大乘经论,洞其秘奥。②

罗什广说诸经,声满葱左,其宣讲"诸法皆空"之大乘思想备受关注。受戒之后,因其母之影响,发誓为佛法传播东土,大化流传,尽其毕生之力,即便是"身当炉镬",也"苦而无恨"。由此可见,鸠摩罗什在二十岁之前,或多或少地接受了汉文化的熏染,已经志在佛法东传了。

　　俄而大师槃头达多不远而至。王曰:"大师何能远顾?"达多曰:"一闻弟子所悟非常,二闻大王弘赞佛道,故冒涉艰危,远奔神国。"什得师至,欣遂本怀。为说《德女问经》,多明因缘空假,昔与师俱所不信,故先说也。

　　师谓什曰:"汝于大乘见何异相,而欲尚之?"什曰:"大乘深净,明'有法皆空';小乘偏局,多诸漏失。"师曰:"汝说一切皆空,甚可畏也。安舍有法而爱空乎! 如昔狂人,令绩师绩线,极令细好,绩师加意,细若微尘。狂人犹恨其粗,绩师大怒,乃指空示曰:"此是细缕。"狂人曰:"何以不见?"师曰:"此缕极细,我工之良匠,犹且不见,况他人耶。"狂人大喜,以付织师,师亦效焉。皆蒙上赏,而实无物。汝之

---

① 金陵本等均为"女"。
② 〔南朝梁〕释慧皎:《高僧传》卷二,第47—48页。

空法,亦由此也。什乃连类而陈之,往复苦至,经一月余日,方乃信服。师叹曰:"师不能达,反启其志,验于今矣。"于是礼什为师。言:"和上是我大乘师。我是和上小乘师矣。"西域诸国,咸伏什神俊,每年讲说,诸王皆长跪座侧,令什践而登焉。其见重如此。①

这是一段妙趣横生的故事,虽然意在宣扬大乘思想,但也说明了鸠摩罗什对大乘佛法情有独钟,而且驾轻就熟,同时一定程度上反映了鸠摩罗什在西域诸国的声誉。所谓"连类而陈之",显然是指借《庄子》之类的传统思想,传译佛法的"格义"之法。可见,罗什此时对于中国的庄、老之学已有所符契,开始游走于佛道之间了。

> 什既道流西域,名被东国。时符坚僭号关中……坚曰:"朕闻西域有鸠摩罗什,襄阳有沙门释道安,将非此耶?"即遣使求之。……十八年九月,坚遣骁骑将军吕光……等,率兵七万,西伐龟兹及乌耆诸国。临发,坚饯光于建章宫,谓光曰:"夫帝王应天而治,以子爱苍生为本。岂贪其地而伐之乎,正以怀道之人故也。朕闻西国有鸠摩罗什,深解法相,善闲阴阳,为后学之宗。朕甚思之,贤哲者国之大宝,若克龟兹,即驰驿送什。"……光既获什,未测其智量。见年齿尚少,乃凡人戏之,强妻以龟兹王女。什距而不受,辞甚苦到。光曰:"道士之操,不逾先父,何可固辞?"乃饮以醇酒,同闭密室。什被逼既至,遂亏其节。或令骑牛及乘恶马,欲使堕落。什常怀忍辱,曾无异色。光惭愧而止。②

尽管,鸠摩罗什"道流西域,名被东国",后秦苻坚也"以怀道之人故"发动了一场针对龟兹、乌耆诸国的战争,于晋太元九年(384)破龟兹,获鸠摩罗什。是年罗什已届不惑。但是,吕光骄横,而非尊崇佛法者,对鸠摩罗什极尽羞辱,强以龟兹王女为罗什之妻。公元 385 年(晋太元十

---

① 〔南朝梁〕释慧皎:《高僧传》卷二,第 48—49 页。
② 同上书,第 49—50 页。

年），符坚被杀，姚苌僭号关中。吕光则据凉州，改元太安，罗什亦被胁逼居凉州。吕光以"什智计多解。恐为姚谋，不许东入"。在同吕光的交往中，鸠摩罗什明察秋毫，而使之心悦诚服，然而，"什停凉积年，吕光父子既不弘道，故蕴其深解无所宣化"。也就是说，鸠摩罗什西来之初，滞留凉州，由于战争和动乱，不得不参与世事，而于大化流传无尺寸之功。九年后，姚兴即位，改元皇初，又七年，即弘始三年（晋隆安五年，公元401年），吕隆继主凉州，并于同年九月归降姚兴，鸠摩罗什才被迎至长安。如此罗什滞留凉州，从40岁直到57岁，前后达十七年之久（《百论疏》作十八年亦无不可），虽然志存高远，但碌碌而无所为。也可以说，符坚之后，又经历了姚氏父子，或"挹①其高名，虚心要请"，或于即位初"复遣敦请"，直到弘始三年岁末，年近花甲②的鸠摩罗什才辗转而至长安。其间沧桑变幻，无异隔世。几近二十年类似俘囚的生活，其忍辱负重，饱经忧患，可想而知。《高僧传》记：

　　及苌卒，子兴袭位，复遣敦请。兴弘始三年三月，有树连理，生于广庭。逍遥园葱变为茝，以为美瑞，谓智人应入。至五月，兴遣陇西公硕德西伐吕隆。隆军大破。至九月，隆上表归降，方得迎什入关。以其年十二月二十日至于长安。兴待以国师之礼，甚见优宠。晤言相对，则淹留终日，研微造尽，则穷年忘倦。

　　自大法东被，始于汉明，涉历魏晋，经论渐多。而支、竺所出，多滞文格义。兴少达崇三宝，锐志讲集。什既至止，仍请入西明阁及逍遥园，译出众经。什既率多谙诵，无不究尽。转能汉言，音译流便。既览旧经，义多纰僻，皆由先度失旨，不与梵本相应。于是兴使沙门僧䂮、僧迁、法钦、道流、道恒、道标、僧叡、僧肇等八百余人，咨受什旨，更令出大品。什持梵本，兴执旧经，以相雠校。其新文异旧者，义皆圆通。……兴以佛道冲邃，其行唯善……乃著《通三世论》，

---

① 金陵本、《祐录》等作"闻"。
② 鸠摩罗什57岁东来长安，法显59岁西行求法，弘扬佛法，不惜身命，中西大德何其相似！

以勖示因果。王公已下,并钦赞厥风。大将军常山公显左军将军安城侯嵩,并笃信缘业,屡请什于长安大寺讲说新经。续出《小品》、《金刚波若》、《十住》、《法华》、《维摩》、《思益》、《首楞严》、《持世》、《佛藏》、《菩萨藏》、《遗教》、《菩提无行》、《呵欲》、《自在王》、《因缘观》、《小无量寿》、《新贤劫》、《禅经》、《禅法要》、《禅要解》、《弥勒成佛》、《弥勒下生》、《十诵律》、《十诵戒本》、《菩萨戒本》、《释论》、《成实》、《十住》、《中》、《百》、《十二门论》,凡三百余卷。并畅显神源,挥发幽致。于时,四方义士,万里必集,盛业久大,于今咸仰。①

显而易见,罗什在长安备受姚兴礼遇,加之姚兴崇奉三宝,于大乘佛法也多有探究,其以佛法为玄法,走的也是玄学的路子,尝著《通三世论》,破斥小乘,说"圣人之教,恒以去著为事",而同罗什声气相求。他们不仅协同校订旧译经典纰漏错谬之处,而且在姚兴的支持下,王公贵胄,"莫不钦附沙门","事佛者十室而九",②长安佛教盛极一时。罗什就是在与凉州有天壤之别的环境中,以生命最后的十多年,于西明阁、逍遥园,翻译出《金刚》《小品》《法华》《禅法要》《三论》《十诵律》等三百余卷,也培养出大量的佛教学者和高僧大德。根据文献记载,翻译《大品》时,其门下聚集五百余人;③译《法华》时,集四方义学沙门两千余众,现场听受领悟之英秀僧人八百余;译《思益经》《维摩经》时,其门下也多达两千余和千二百人。"于时,四方义学沙门,不远万里","禀访精研,务穷幽旨"。④比如:

龙光释道生,慧解入微,玄构文外。每恐言舛,入关请决。号称涅槃之圣。

庐山释慧远,学贯群经,栋梁遗化,而时去圣久远,疑义莫决,乃封以咨什。应当说是罗什道友。

---

① 〔南朝梁〕释慧皎:《高僧传》卷二,第51—53页。
② 《晋书》卷一一七《姚兴载记》。
③ 参见〔晋〕僧叡《大品序》。
④ 《魏书》卷一百一十四《释老志》。

沙门僧叡，尝师事道安，翻译佛经；后追随罗什，常随什传写。什每为叡论西方辞体，商略同异。叡著《十四音训叙》，所谓"条例胡（或梵）汉"，对文字学亦有贡献。昔竺法护出《正法华经受决品》云："天见人，人见天。"什译经至此，乃曰："此语与西域义同，而在言过质。"叡曰："将非人天交接，两得相见。"什喜曰："实然。"后出《成实论》，什谓叡曰："此诤论中有七处文破《毗昙》，而在言小隐，若能不问而解，可谓英才。"后僧叡启发幽微，不问而解。又，僧叡《思益经序》曰，此经天竺正音名《毗陀沙真谛》(Visesacinta)，是他方梵天殊特妙意菩萨之号也。详听什公传译其名，翻覆辗转，意似未尽，良由未备秦言，名实之变故也。察其语意，会其名旨，当是"持意"，非"思益"也。直以未喻持义，遂用益耳。从中可见翻译过程中名实之辨，以及对概念的审慎抉择。

道融，姚兴敕入逍遥园，协助罗什，参正详译。罗什听道融宣讲新译《中论》《法华》，有感而叹曰："佛法之兴，融其人也。"

昙影，助罗什译成《成实论》。其中凡争论问答，皆次第往反。昙影嫌其支离，而予以整理删削。罗什谓之"大善，深得吾意"。

僧肇，号称三论之祖，另有专论。

慧观，少以博览驰名，习《法华》，探究老、庄，尝师事慧远。闻罗什入关，而从之。著《法华宗要序》，罗什曰："善男子所论甚快。"

慧严，年十二即为诸生，博晓诗书，精于佛理，十六出家。与道生、慧叡一道，从罗什于长安。

还有僧略、道恒等。僧略兼通六经、三藏，罗什入关，敕为僧主；道恒也是学该内外，于长安助罗什译经。

总之，鸠摩罗什57岁始至长安，躬自传译佛典凡三百余卷，直至古稀之年辞世，为佛学的中国化传译，为中国佛教哲学的建设作出了无与伦比的贡献，后世誉为中国古代四大翻译家之首，也是名副其实。《高僧传》记载，罗什临终与众僧告别曰："因法相遇，殊未尽伊心，方复后世，恻怆何言。自以暗昧，谬充传译，凡所出经论三百余卷。唯十诵一部，未及删烦。存其本旨必无差失。愿凡所宣译，传流后世，咸共弘通。今于众前发诚实誓:若所传无谬者,当使焚身之后,舌不燋烂。"以后秦弘始十一年八月二十日卒于长安,是岁晋义熙五年(409)也①。由此亦可见,鸠摩罗什至死尚存遗憾,对此,汤用彤先生据实评说:"后外国沙门来云,罗什所谙,十不出一。是则什公理解幽微,已有深识者寡之叹,而其学问广博,亦因年岁短促,而未能尽传世也。"②确实成为历史的遗憾。

关于翻译,《高僧传》有如下传述:

> 什每为叡论西方辞体,商略同异,云:"天竺国俗,甚重文制,其宫商体韵,以入弦为善。凡觐国王,必有赞德。见佛之仪,以歌叹为贵。经中偈颂,皆其式也。但改梵为秦,失其藻蔚,虽得大意,殊隔文体。有似嚼饭与人,非徒失味,乃令呕哕也。"什尝作颂赠沙门法和云:"心山育明德,流薰万由延。哀鸾孤桐上,清音彻九天。"凡为十偈,辞喻皆尔。什雅好大乘,志存敷广,常叹曰:"吾若著笔作《大乘阿毗昙》,非迦旃延子比也。今在秦地,深识者寡,折翮于此,将何所论。"乃凄然而止。唯为姚兴著《实相论》二卷,并注《维摩》。出言成章,无所删改,辞喻婉约,莫非玄奥。
>
> ……
>
> 每至讲说,常先自说。譬喻如臭泥中生莲花,但采莲花,勿取臭泥也。③

又如慧观在《法华宗要序》中指出:

> 有外国法师鸠摩罗什……更出斯经,与众详究。什自手执胡经,口译秦言,曲从方言,而趣不乖本,即文之益,亦已过半。虽复霄云披翳,阳景俱晖,未足喻也。什犹谓语现而理沉,事近而旨远,又

---

① 汤用彤《高僧传》校注曰:按《广弘明集》卷二十三僧肇之《鸠摩罗什法师诔》序称"癸丑之年,年七十,四月十三日薨于大寺"。癸丑为弘始十五年,即晋义熙九年(413)。此说应当比较可靠。见〔南朝梁〕释慧皎《高僧传》卷二,第59—60页。
② 汤用彤:《汉魏两晋南北朝佛教史》,第200页。
③ 〔南朝梁〕释慧皎:《高僧传》卷二,第53页。

释言表之隐，以应探赜之求。

毫无疑问，罗什之佛经翻译，既要求得其大意，又要求注重文体，文理并茂，辞喻婉约，尤其当致力于言意之辨，"以应探赜之求"。这既是佛教移植和本土化的需要，也是玄学时代的语言文字风流蕴藉的勃发。诚如汤用彤所言："古今译书，风气颇有不同。今日识外洋文字，未悉西人哲理，即可译哲人名著。而深通西哲人之学者，则不从事译书。然古昔中国译经之巨子，必须先即为佛学之大师，如罗什之于《般若》、《三论》，真谛之于《唯识》，玄奘之于性相二宗，不空之于密教，均既深通其义，乃行传译，而考之史册，译人明了于其所译之理，则亦自非只此四师也。若依今日之风气以详论古代译经之大师，必不能得历史之真相也。"[1]这就是说，鸠摩罗什之译经，既译其文，亦讲其义，集经师与译师于一身。而译场之助手，即听受义理之弟子，也都是玄学中人，所谓"引庄子为连类"的英才隽秀。如此翻译，实乃创作。或者说，在玄学的背景中，继道安之后，得官方之支持，借佛教之躯，赋中国哲学之魂的再创作。译风如此，学风如此，庄老思想及时代精神的影响也就不言而喻了。

据汤用彤考，自弘始三年至七年（401—405），罗什多住在逍遥园；弘始八年（406）以后，转住大寺。其佛典翻译，有年表如下：

晋安帝隆安五年，即后秦弘始三年（401），罗什五十八岁，十二月二十日，自凉州至长安。僧肇自凉州随之来京，时年十九岁。另有法和、僧略、道恒、昙影、僧叡、慧严、慧叡、僧导、僧业、慧观、慧询、僧弼、昙无成等，聚集其门下。其中以法和为最长，七十上下；僧肇最幼。其余多不知年岁者。

僧叡于同年十二月二十六日从受禅法，罗什抄集《众家禅要》得三卷[2]。其后并出《十二因缘》及《要解》，均为禅法。可见，鸠摩罗什对禅学亦多有贡献，禅学之源流，非如后世之传闻。

晋安帝元兴元年，即弘始四年（402），译《阿弥陀经》一卷、《贤劫经》

---

① 汤用彤：《汉魏两晋南北朝佛教史》，第 201 页。
② 《房录》谓弘始四年译之《坐禅三昧经》当即此也。

七卷。其年夏,在逍遥园之西门阁,开始译《大智度论》。十二月在逍遥园译《思益梵天所问经》四卷,僧叡、道恒传写,叡作序。是年曾译《百论》,叡为之序。但其时什公方言犹未融,故僧肇《百论序》谓什"先虽亲译,而方言未融,致令思寻者踌躇于谬文,标立者乖迕于归致"。

晋安帝元兴二年,即弘始五年(403),四月二十三日,在逍遥园始译《大品般若》。"法师手执胡本,口宣秦言","与诸宿旧义业沙门释慧恭、僧略、僧迁、宝度、慧精、法钦、道流、僧叡、道恢、道标、道恒、道悰等五百余人,详其义旨,审其文中,然后书之。……明年四月二十三日讫"(僧叡:《大品经序》)。

晋安帝元兴三年,即弘始六年(404),检校《大品经》讫。十月,在中寺译《十诵律》,"三分获二"。是年,应姚嵩请,罗什更译《百论》二卷,僧肇序,此次"文义既正,作序亦好"(吉藏:《百论疏》卷一)。

晋安帝义熙元年,即弘始七年(405),译《佛藏经》四卷。十月译《杂譬喻经》一卷。十二月译《大智度论》讫,成百卷,僧叡序。另,罗什译《大品经》时,随出《释论》。

是年又译《菩萨藏经》三卷、《称扬诸佛功德经》三卷。是年秋,昙摩流支至长安,与罗什共续译《十诵律》,前后成五十八卷。后卑摩罗又开为六十一卷。

晋安帝义熙二年,即弘始八年(406),夏,在大寺译《法华经》八卷,并出《维摩经》,肇、叡均有疏有序。又译《华手经》十卷。

晋安帝义熙三年,即弘始九年(407),重订《禅法要》,译《自在王菩萨经》二卷。

晋安帝义熙四年,即弘始十年(408),出《小品般若经》十卷,僧叡序。

晋安帝义熙五年,即弘始十一年(409),在大寺译《中论》四卷、《十二门论》一卷。

晋安帝义熙六年,即弘始十二年(410),佛陀耶舍到长安,后与罗什共译《十住经》四卷,不知在何年。耶舍乃罗什之师,称赤髭毗婆沙,或大毗婆沙,又曰三藏沙门。

约在本年,支法领赉西域所得新经至。罗什在大寺译之,不知为何经。佛陀跋陀罗在宫寺授禅,门徒数百。是年八月,肇公致书刘遗民,称长安佛法之盛。

晋安帝义熙七年,即弘始十三年(411),九月译《成实论》。

晋安帝义熙八年,即弘始十四年(412),九月十五日,译成《成实论》共十六卷。

晋安帝义熙九年,即弘始十五年(413),岁在癸丑,四月十三日,罗什薨于大寺,时年七十。本年佛陀耶舍译《长阿含经》,僧肇序。

尚有翻译年月不详之重要典籍如次:

《金刚般若经》一卷

《首楞严经》三卷

《遗教经》一卷

《十住毗婆沙论》十四卷

《大庄严经论》十五卷

依上所述,鸠摩罗什出身荒裔,名被西域,流寓东土,虽然自幼接受的是西域文化教育,但是,其所处中西开通之时代,中西文化交流地理之要冲——丝绸之路,而难免有"引庄子为连类"的汉文化之浸渍与渗透。其早年由小乘有部转攻大乘空宗,并立志传佛法于中国。然而,国乱相寻,壮志难酬,被迫居留凉州十七八年,直到年届花甲,才被迎至长安,始得遂其所愿。在长安,罗什得朝廷的支持,殚精竭虑,集当时京中雅尚庄老之名彦隽秀,在生命的最后十三四年中,翻译佛典三百余卷,为中国佛教哲学奠定了经典和思维的基础,也为佛教哲学的中国化作出了典型的示范。其译作《金刚经》中的"实相非相,是名实相","应无所住而生其心",以及"一切有为法,如梦幻泡影"早已成为垂范后世的名言佳句和思想界口诵心思的佛教哲学的核心内容。其"实相无相""非有非无"的辩证思维,"如梦如幻""不落两边"的空灵意境,既领印度、西域佛教义理之宗,亦得华夏庄老玄哲之意。无论在经典翻译,还是在理论创获方面,鸠摩罗什无疑都是前迈占德、彪炳青史的伟人。

第二节 "毕竟空"的实相论

鸠摩罗什至长安，正是佛玄合流，般若学如日中天之时。本无、即色、心无等六家七宗，谈空说有，各逞才辩，以庄老之学，说般若之空。当时之道安，尽得名士之风流，也可以说是玄学中人，其门下也多尚玄谈。如是，或云本空、色空、心空，或言神识空、诸法空；或以静寂真际，而偏于虚豁；或空心不空境，而致物虚。就佛教"缘起"而"无自性"的范畴——"舜若多"而言，均为自说自话，而近玄学家言，即所谓"偏而不及"，不能尽得佛教哲学之风流蕴藉者也。

鸠摩罗什毕生事业重在译经，著作甚少，而且多遗失不存。据汤用彤先生考，"其有统系之作，为《实相论》，今已佚失。并曾注《维摩经》、《金刚经》，当亦可见其学说之大要，然前者不全，后者早佚"云云。此外还有与慧远及王稚远（王谧）问答文多篇，后人集其中第十八章为三卷，即现存之《大乘大义章》（慧达《肇论疏》、吉藏《中论疏》均曾引此书什公之文）。后为近人邱希明校勘，易名《远什大乘要义问答》。内有《问如法性实际》《问实法有》《问法身》《问法身感应》《问修三十二相》《问住寿》《问四相》等。还有《问涅槃有神不》《问般若法》《问般若称》《问般若知》《问般若是实相智非》《问精神心意识》《问十数论》《问神识》《问实相》种种，均为答问类。特别要强调的是，鸠摩罗什还有《老子注》二卷，显然是玄佛合流的著作。[①] 著作内容虽不可考，但一个由西域辗转而来的僧人，在汉地京城传译佛法的同时，寄心于《老子》的玄远之学，不能不说其受当时玄风渍染之深，当然可以看出其佛学中国化取向的思想渊源。显而易见，鸠摩罗什的思想主要是通过佛典翻译和散见于其他文献中的残篇佚作表现出来的。

对于鸠摩罗什之学，汤用彤先生总结为四个方面：一曰三论之学，二

---

① 参见汤用彤《汉魏两晋南北朝佛教史》，第210—213页。

曰斥小乘一切有之说,三曰明无我之义,四曰主毕竟空之理。说得更清楚一点,其实鸠摩罗什的思想就是建立在缘生基础上,阐明"无我"即"无自性","无自性"即"性空";"性空"既非"本"空,也非"心"空和"色"空,而是"一切空""毕竟空";"毕竟空"便是事物或者说存在的"实相";由"性空"说"实相",故"实相非相"。简单地说就是:无我——无自性——性空(毕竟空)——实相——实相非相。鸠摩罗什就是以这样的逻辑思维,重塑佛教哲学的核心观念的。

一、"无我"

佛教哲学的基本理论是"缘生",所谓"诸法因缘生",于是而有"三法印",即佛家的世界观。开宗明义,第一条便是"诸法无我",人无我、法无我、破除我执,于是而成中国佛教的核心思想和最高境界。"无我"之说有一个发展变化的过程,它也是在庄老化的基础上,及至鸠摩罗什才有破"神识"、立"无我"之说。

《高僧传》指出:"自大法东被,始于汉明,涉历魏晋,经论渐多,而支竺所出,多滞文格义。"[①]其中,"义多纰僻,皆由先度[②]失旨,不与梵本相应"[③],自然也包括"无我"的翻译。长安译经,始于护法,盛于道安。道安虽然"听慧远不废俗书","引《庄子》为连类",仍然难免格义的色彩,但毕竟还是为鸠摩罗什时代的译文、传意的"传译"做了充分的过渡和预备。汉代佛教,以精灵起灭,因报相寻,为佛法之根本大义,实在是"有我"之说。时至魏晋,特别是道安时代,佛教学者的《般若》哲学,虽然在于"性空"的辨析,不是本空,便是色空或者是心无。"无我"之说,早期译为"非身"。如支遁诗曰"愿得无身道,高栖冲默靖",还有曰"悟外身之贞",显然是对《老子》"外其身"之说的转借或格义。另外如郗超《奉法要》中"神无常宅,迁化靡停,谓之非身"。用汤用彤的话说,这些都是"神

---

① ③ 〔南朝梁〕释慧皎:《高僧传》卷二,第52页。
② 也有作"译"的。

存形灭"之说，与缘生、无我之意还是"偏而不即"的"纰僻"，关键在于神识存与不存。僧叡《维摩序》曾经指出：

> 自慧风东扇，法言流咏以来，虽曰讲肆，格义迂而乖本，六家偏而不即。性空之宗，以今验之，最得其实。然炉冶之功，微恨不尽。当是无法可寻，非寻之不得也。何以知之？此土先出诸经，于识神性空，明言处少。存神之文，其处甚多。《中》、《百》二论，文未及此，又无通鉴，谁与正之？先匠（指道安）所以辍章遐慨，思决言于弥勒者，良在此也。

六家七宗性空之说，虽然得般若学说之大旨，但是"炉冶之功，微恨不尽"仍然脱不尽存神、有我之意。即使是道安，虽然有所疑虑，但也只能拂书兴叹，而引以为憾。直到鸠摩罗什，翻译《中》《百》二论，始立破神之文，阐明识神性空之义，引领中国佛教"无我"之说。

汤用彤先生说：

> 试考罗什以前，其所谓神者，或不出二义。一神者实为沉于生死之我。一为神明住寿。如牟子《理惑论》曰："有道虽死，神归福堂，为恶既死，神当其殃。"又如《四十二章经》曰："佛言，阿罗汉者，能飞行变化，住寿命，动天地。"康僧会《安般守意经序》有"制天地，住寿命"之语。道安《阴持入经注》亦言"住寿成道"。又据《大乘大义章》所载，庐山慧远曾以书咨什公，问菩萨可住寿一劫有余。什公答曰："若言住寿一劫有余者，无有此说，传之者妄。"[1]又曰："《摩诃衍经》曰，若欲寿恒河沙劫者，此是假言，竟不说人名。"自《般若》之学大昌以来，中土学人，渐了然于五阴之本无，渐了然于慧睿所言之识神性空。住寿之说，与法身之理相抵牾，故慧远问什公书中已疑其为"传译失旨"。夫"法身实相，无来无去，同于泥洹，无为无作"。

---

[1]《大乘大义章》原文为"说住寿一劫余，是传者所生，佛教中无有此说"，汤先生可能是作省略之说。

（上二语见《大义章》卷上）则轮转生死，益算住寿之神，谓为佛法之根本义，实误解也。《祐录》陆澄《法论目录》载王稚远问什公"泥洹有神否"？今虽其文已佚，不知什公何答，然可断言其必谓泥洹有神之说为"传之者妄"也。①

这就是说，在鸠摩罗什之前，以佛教为有神，既有生死中的我，以轮转生死，益算住寿为佛法根本大义，其实是对佛法的误解。"非身""外身"的格义之词，虽然取诸《老子》，同样带有黄老之学的痕迹，但是这种以身为累的"忘身""遗身"之说，却难免有"存神"之意，所以"佛教中无此说"，"与佛说法身之理相抵牾"，"传之者妄"。有鉴于此，"傲岸出群"的鸠摩罗什，取《庄子》的"无我"作为佛教哲学的要义，而传之久远。正是他在翻译或者说再创作中，"莫不究尽"，"义皆圆通"的精神和批判意识，才有此"众心恢伏，莫不欣赞"的以庄解佛的概念。

应当说明，鸠摩罗什以"无我"翻译"法性""法身"，显然取之于《庄子》"非彼无我，非我无所取"（《庄子·齐物论》），以及"至人无己，神人无功，圣人无名"（《庄子·逍遥游》）。《庄子》中的"无我""无己"既有破斥对待的意思，也指的是无主宰，或超越主宰的终极追求。正如庄周梦蝶，无物无我，万物同化，如梦如幻，以此翻译"缘生"而"无自性"，显然比非身、外身、存神住寿之说更为符契，也更令人恢伏。还有儒家的"勿我"，似乎和"无我"相仿佛，但在意义上还是突出"我"的存在，要求消减自以为是的偏执而已。显而易见，"无我"的抉择还是以庄解佛。请看鸠摩罗什的命意：

> 佛法中无微尘之名，只说色有粗有细，都是无常，乃至不说有极微极细，大乘经中，随凡夫说微尘名字，不说有其定相。佛法中有二门：无我门说五阴、十二入、十八性、十二因缘，决定有法，但无有我；空法门说五阴、十二入、十八性、十二因缘，从本以来无所有，毕

---

① 汤用彤：《汉魏两晋南北朝佛教史》，第214—215页。

竟空。

> 法身有二种：一是法性常住如虚空，无"有为、无为"等戏论；二是菩萨得六神通，而尚未成佛时，其中间所有之形，名为后法身。所谓法性，是有佛无佛，常住不坏，如虚空无作无尽。(《大乘大义章》)

这是回答慧远问题时的解说，这里不仅提出了无我的概念，而且说明无我即性空，无有为、无为，无有佛、无佛，无有，也无无，无去无来，无作无尽！其后隋慧远的《大乘义章》索性说："法无性实，故曰无我。"不过，鸠摩罗什分佛法为二门——无我门和空法门，分法身为二种，其意旨还是无我性空。后法身之说，意在说明修行的次第，实在是有相，尚非法性。至于"无我"和"毕竟空"二门，鸠摩罗什的诠释是前者"有法无我"，后者是"本无所有"，事实上是相通的，甚至说是相同的，无所谓二。或许是为了突出他的"毕竟空"的观念，或者也是一种遗憾和无奈。不管怎么说，"无我"的观念由此而得以彰显。

总之，因为有了鸠摩罗什，才有了中国佛教"无我"的观念，才有了中国佛教哲学关于"我"的辩证思维。慧远或许正是由于鸠摩罗什"无我"观念的启迪，才形成了他的"法性无性"的体极论；"诸法无我"的命题也就成为中国佛教哲学的核心观念而被奉为佛教法印了。然而不无遗憾的是，鸠摩罗什对神我的批判，虽然在学术上占据了绝对的优势，但在宗派佛教中，始终存在着理论上的冲突。应当说，之所以如此，既有认识上的"偏而不即"，也有现实中价值取向的需要；不过更可能的原因是，在佛学中国化的过程中中国传统哲学心性本体的改造和持续的影响；"心生万法生"的"心性本体"，逐渐淡化了"无我"的非本体思维，神我的观念也就"犹抱琵琶半遮面"，时隐时现于佛教哲学中了。由此也可见在佛教哲学中国化的过程中，传统哲学对外来文化的包容与重塑。

二、"无相"——毕竟空

如前所言，魏晋时代，般若学如日中天，谈空说有蔚然成风，六家七宗各呈才辩,均以庄老之学说佛家性空之理。他们的指向在"性",但入手之处无不在"相"。诚如章太炎对法相唯识学的概括,"以分析名相始,以排遣名相终"。其实何止法相唯识,整个佛教又何尝不是以分析名相为手段,以破斥名相为鹄的? 汤用彤先生在谈到当时长安佛典翻译时,尤其直接地说:"通佛法有二难,一名相辨析难,二微义证解难。中华佛教,进至什公之时,一方经译既繁,佛理之名相条目,各经所诠不一,取舍会通,难知所据"[①],乃至生"哀鸾孤桐"之谈。

其实,性是相的性,相是性的相,谈性自然也就不能不辨析名相。性不可说,这就是微义证解之难;名相分析亦难,但毕竟是诠释性空的入道途径,因此名相分析也就成为"说不可"说的依据。然而,毕竟有认识上的差异,方法的歧异,还有视角的不同,加之佛教名相条目繁多,所以般若各家,众说纷纭,虽然都力图得意领宗,但毕竟还有点"失之毫厘"的"不即"。本无派论本空,即色派说色空,心无派实质上说的是心不空,在鸠摩罗什看来,都不能准确地阐明佛教缘生无我性空之理,因此专著《实相论》二卷,以扫一切相——毕竟空说相,就是"无相"——不是本空,也不是即色空,更不是心有,而是"相"空!

在鸠摩罗什之前,般若六家七宗对空的诠释,或偏于虚无,遣有而存空;或体用分离,而有本空、色空之别。鸠摩罗什主张"扫一切相",无论是有,还是无,凡所有相皆空,这就是毕竟空。不仅"有(相)"是空,"(相)"无也是空,即"空空"。空不仅是超越有无二元对立的存在,而且是一种方法——否定。空也不只是本体空,而是一切"法"空,即"相"空。鸠摩罗什说:"法身义明法相义者,无有无等戏论,寂灭相故。"(《大乘大义章》第七)法身无我故相空;既非有,也非无,一切"相"皆以因缘生,既无体末之别,何来本空、莫空? 只有"相"空。他还说:"言有而不有,言无而不无。"(《注维摩经》卷二)遣有谓之空,遣无也是空,非遣有存空,所以,非有非无才是"空"。正因为如此,他明确指出:"本言空以遣有,非有

---

① 汤用彤:《汉魏两晋南北朝佛教史》,第198页。

去而存空。若有去而存空，非空之谓也。"（《注维摩经》卷三）遣有，空空。非有非无，无生无灭，才是空的本义。般若六家七宗之说，多偏于虚豁，故有"纰僻""失旨"之说。鸠摩罗什因此提出扫一切相的"毕竟空"，以此补正魏晋般若六家七宗之说。熊十力对此有如下解释：

> 毕竟空者，一切取相皆空，故能取相亦空，能所取相皆空，故空相亦空。都无一切相，故冥然离系，寂灭现前（灭者灭诸杂染。寂者寂静不取于相），是名毕竟空相。①

显而易见，毕竟空强调的就是一切相空——"能取相"空，"能所取相"空，"空相"也空。简单地说就是，不仅"有相"空，"空相"也空。如此扫一切相，便是"无相"。毫无疑问，"毕竟空"一词的选择，既表示对前此以往的般若性空之说的升华，从中也可以看出鸠摩罗什中国文化的素养，及其理性思辨的传统哲学背景。

鸠摩罗什最著名的三论之学，同样立足于"扫一切相"，最终的目的和结果就是排遣名相。从方法上论，自然是道断言语，即所谓扫相离言者。这种无相之相，不可以言象得，更不能以分别得。诚如汤用彤所言，执着言象之所得，于无相之实相外，别立自性之相（如极微、自我等），"则直如执著镜中花，水中月也"②。扫相、离言、得意的方法，无疑同标举"筌蹄鱼兔"的言、象、意之辨的玄学方法相仿佛。当然，执着于空相，还是落于有相，谓之"顽空"绝虚，如此"蹈空"之说，同样不能得佛家"无相"之意。鸠摩罗什的"中观"之说，其意正在于排遣所有相，既不落于有相，亦不落于空相。如是扫一切相就是无相。

三、"实相"——实相无相

佛教哲学以缘生为基础，而说"诸法无我"，即"无自性"，并强调一切事物都在时空中聚散变化而"无定相"，此即"诸行无常"。佛法传入

---

① 转引自汤用彤《汉魏两晋南北朝佛教史》，第217页。
② 同上书，第216页。

中国，无我、无常，至魏晋般若学家一言以蔽之曰"空"。如前所言，"空"的翻译，虽然简洁，却难以"尽意"，六家七宗对"空"的诠释则难免偏颇。鸠摩罗什充分注意到这一点，于是在"空"的基础上提出"实相"观念，辨析"无自性"的"空"性——空有、空空——就是事物的特性，所谓"实性无性"；无相之相——无定相——自然就是事物的"实相"。无性之相、无相之性，正是事物的实相。鸠摩罗什就是以这样看似悖论的思辨方式，确立了"实相无相"的命题及其"实相论"的。由他翻译，或者说再创作的《金刚经》中的核心观念"实相非相，是名实相"，早已成为中国佛教哲学，乃至中国哲学的基本理论和辩证思维的方法。事实上，"实相论"也为"佛性实有"的涅槃学提供了思维的依据和思辨的方式。

从元康《肇论疏》中可知，鸠摩罗什尝著《实相论》二卷，故亦有称其学为"实相宗"。此论早佚，难以见具体内容，但据《大乘大义章》答慧远所问，多系解释名相，从中略可见"实相论"之深弘。

汤用彤先生在评价鸠摩罗什实相之说时指出："诸法不生不灭，而人乃计常计断；诸法非有非无，而有无之论纷起。夫有无生灭者，人情所有之定名，而非真如之实际。（什公为明此义，于《大义章》及《维摩注》中屡言'物无定相'。）"[1]为了说明实相无相，鸠摩罗什又提出了"物无定相"的命题，以此说明不生不灭、非有非无的真如实际就是"无定相"。"无定相"就是"无相"，"无定相"才是"实相"！实相无相因此而得以成立。

请看，鸠摩罗什是如何论述"实相"的。从终极上说，法身无相：

> 法身实相，无去无来，无为无作，同于泥洹。

从现象上看，即从色法上看，色无定相：

> 佛说一切色，皆是虚妄颠倒不可得。诸佛所说好丑此彼，皆随

---

[1] 汤用彤：《汉魏两晋南北朝佛教史》，第215页。

众生心力所解,而有利益之法,无定相,不可戏论。

就时空变化而言,生住异灭四相无定相:

> 小乘经说生、灭、住、异四相,只有名字,无有定相。大乘经则说生是毕竟空,如梦幻。生法无有定相,一切法无生无灭,言语道断,灭诸心行,同泥洹相。

无论是终极之法身,还是现实世界中的现象,甚至是生住异灭的时空变化,一切皆无定相,这正是事物存在的真相、实相。鸠摩罗什在回答慧远关于无性之法性时,进一步突出了无相之实相观。他说:

> 道法是一,分别上、中、下,故名为三乘。初为如,中为法性,后为真际。真际为上,法性为中,如为下。随观力故,而有差别。菩萨未得无生法忍,观诸法实相,名为如;得无生法忍,深观如故,名为法性;若坐道场,证于法性,称为真际。

道分三乘,也是方便说法的缘故。实相为"如",无生为法性,证成法性,达道者便是真际。如此推衍出来的"实相无相"论,显然渍染了庄老道论的色彩,而同道家哲学互为表里。其实,鸠摩罗什的"实相论"所包含的有无、虚实之辨,同庄子的物无彼此的齐物论、有始无始的时空观有着千丝万缕的联系,践履的同样是以庄老解佛的路子,即使不能说是遥相呼应,起码也是心有灵犀。佛教哲学的中国化亦得力于此。

在《维摩注》中,鸠摩罗什还强调:"法无定相,相由感生,即谓法无自性,缘感而起。"事物原本无相,感生而有相;本无自性,缘起即其性。无相与实相、无性和有性,实为一体,而非于无相上着相,于无自性上立另有实物,或者说于万物之外别有一独立秘密之自体。简单地说,事物的实相就是无相,无相则是事物之实相。"实相无相"同样是中国哲学"即体即用"观的表现形式。

事实上,"实相无相"这一命题,在《金刚经》的翻译中,表述得尤为具体和详尽。请看:

世界非世界，是名世界。

三十二相非三十二相，是名三十二相。

一切法非一切法，是名一切法。

庄严佛土者，即非庄严，是名庄严。

乃至于"佛法者即非佛法"，"诸心皆非心，是名为心"。在鸠摩罗什看来，世间一切事物，包括佛法以及后世宗派佛教确立的本体"心"在内，均无实相，都是变动不居的虚幻，这就是事物的本质，也就是"实相"，故称"实相非相"。当然，"非相"也是一种"相"，故言"非非相"。所谓"是名实相"，既强调的是无相的概念，同样表述的是对"非相"的否定——非非相。为了说明这一看似简单，其实佶屈聱牙的命题，才有了《金刚经》文末畅晓如话、采用比喻的偈语：

一切有为法，如梦幻泡影，如露亦如电，应作如是观。

世间一切事物，皆如梦、幻、泡、影、露水、雷电，变化无常，不过是因缘聚合时生起之幻相而已。当然，梦幻等也是相，也要予以否定，这只是一个比喻的方便说法罢了。其实关键就是要"离相"——离"我"相、离"人"相、离"众生"相、离"心缘"相、离"名字"相。在《金刚经》中，有专章论述"四果离相"。唯有如此，才能达意，达"应无所住而生其心"的正等正觉之意。由此可见，"实相非相"是鸠摩罗什实相论的本质，"离相"是"实相非相"的实相论的核心，也是认识完成的方法。僧肇的"不真空"论，正是在师门的熏陶中逐步完善而成的；慧能的禅宗哲学也是以这一思想为先导，把"离相"作为见性成佛的必由之路，从而形成了独特的中国佛教哲学——禅宗哲学。《坛经》对《金刚经》得意领宗，说它是"革命"（胡适语）也好，"中兴"（汤用彤语）也罢，恰恰说明，鸠摩罗什"实相非相"的实相论，对中国佛教哲学持续性的影响。不过，慧能以下的禅宗哲学，常常游离在实相与非相之间，尤其是对心性的理解，常常也有"偏而不即"的倾向。

第三节 "禅"与"极微"——鸠摩罗什与佛陀跋陀罗

佛陀跋陀罗,又称佛驮跋陀罗、佛度跋陀罗、觉贤,生于天竺那呵梨城,"少以禅律驰名"。南北朝时期著名翻译家,《达摩多罗禅经》①的译者。后秦弘始八年(406,另有九年和十年之说),"闻鸠摩罗什在长安,即往从之。什大欣悦,共论法相,振发玄微"②。觉贤亦教授禅法。史载,弟子中有浇伪之徒,"门徒诳惑,互起同异"③,"关中旧僧,咸以为显异惑众"④,于是携弟子四十余转赴庐山,依止慧远逾年,译出《达摩多罗禅经》2卷。继译法显带回的《泥洹经》6卷,并与法显等共同翻译《摩诃僧祇律》40卷,又创译《华严经》60卷。所译经论计13部,125卷。

觉贤与鸠摩罗什的冲突,慧远谓其"过由门人",应当说只是表象,究其根源,其实是学理上的龃龉不合。《高僧传》记载,觉贤尝对鸠摩罗什说:"君所释,不出人意,而致高名,何耶?"什曰:"吾年老故尔,何必能称美谈。"可知觉贤对鸠摩罗什亦非服膺者。尽管如此,鸠摩罗什依然"每有疑义,必共咨决"。可见当时学术空气之自由,亦如魏晋玄风。另一方面,从学术源流而言,觉贤学于罽宾,其学属于沙婆多部(即小乘一切有)。鸠摩罗什虽游学罽宾,精于一切有部之学,但其学在居沙勒之后,已扬弃小乘,致力于大乘佛教之东传。据汤用彤先生分析:

> 当时所传,佛教分为五部。不惟各有戒律(参看《祐录》三),且各述赞禅经(语见《祐录》慧远《庐山出禅经序》)。罗什于戒律虽奉《十诵》(沙婆多部),但于禅法则似与觉贤异趣。……什公之于禅法,可谓多所尽力。《晋书·载记》云什公时沙门坐禅者恒有千数,

---

① 僧祐《出三藏记集》载,慧远有"出修行方便禅经统序"言:"原始反终妙寻其极。其极非尽亦非所尽。"本经为佛大先禅法,自费长房《历代三宝纪》开始被误题为《达摩多罗禅经》。于是以讹传讹至今。

② 〔南朝梁〕释慧皎:《高僧传》卷二,第70—71页。

③ 同上书,第71—72页。

④ 同上书,第71页。

《续僧传·习禅篇》论曰:"昙影、道融厉精于淮北",则什之门下坐禅者必不少。但约在弘始十二年(公元410年),觉贤至关中,大授禅法,门徒数百。当什公弘三论鼎盛之时,"唯贤守静,不与众同"(语出《僧传》)。而其所传之禅法,与什公所出并相径庭。于是学者乃恍然五部禅法,固亦"浅深殊风,支流各别"(《祐录》慧观《修行不净观经序》中语。按此序乃现存经第九品以下之序)。而觉贤之禅,乃西域沙婆多部,佛陀斯那大师所传之正宗。其传授历史,认为灼然可信(慧观序详叙传授历史。而旧有觉贤师资相承传。[《祐录》十二]盖禅法重传授家法,不独戒律为然也)。觉贤弟子慧观等,必对于什公先出禅法不甚信任。慧远为觉贤作所译《禅经序》(此序称为统序,乃现存经全书之序。慧观序,则为其后半部之序),谓觉贤为禅训之宗,出于达摩多罗与佛大先(即佛陀斯那)。罗什乃宣述马鸣之业,而"其道未融"。则于什公所出,直加以指摘。按什公译《道楞严经》,又自称为《菩萨禅》(见《僧传·僧睿传》及所译禅经)。而觉贤之禅则属小乘一切有部。其学不同,其党徒间意见自易发生也。[①]

显而易见,觉贤所持,属于一切有部的小乘禅法,简单地说,是"守静"的"印度禅";而鸠摩罗什于禅学,不仅"宣述马鸣之业",而且以"实相非相"的否定性思维,奠定了中国禅宗"于相离相"的庄老化禅学的理论基础和思维方式。作为守静、人定的方法的"习禅之禅",和作为中国禅学超二元对立的哲学范畴,在鸠摩罗什时代已经分道扬镳了。中国禅学对鸠摩罗什的选择,对觉贤的扬弃,同样说明禅学本土化的价值取向,而禅宗思想的形成则是禅学本土化过程的必然结果,即传统文化铸就的结果。

不过,他们之间的差异,归根结底同"极微"观念有密切关系。《高僧传》详尽记述了他们色空观念的不同,其核心则在于"极微"。

　　秦太子泓欲闻贤说法,乃要命群僧,集论东宫。罗什与贤数番

---

① 汤用彤:《汉魏两晋南北朝佛教史》,第208—209页。

往复。什问："法云何空？"答曰："众微成色，色无自性，故虽色常空。"又问："既以极微破色空，复云何破一微？"答曰："群师或破析一微，我意谓不尔。"又问："微是常耶？"答曰："以一微故众微空，以众微故一微空。"时宝云译出此语，不解其意。道俗咸谓贤之所计，微尘是常。余日长安学僧复请更释。贤曰："夫法不自生，缘会故生。缘一微故有众微。微无自性，则为空矣。宁可言不破一微，常而不空乎。"此是问答之大意也。①

他们是讨论色空立论依据的，内容涉及：色为何是空？"极微"之说何以证成色空？极微是常还是空？显然，鸠摩罗什已知觉贤持"极微"说，因此以疑义相"咨决"。

与鸠摩罗什和般若学家不同，觉贤认为，事物以"极微"为存在的基本形式，而非缘生，极微聚集成色，故色无自性，无自性故空。他是以"极微"说色空的。鸠摩罗什否定有"极微"的存在，事物生成根源在于缘生，聚散生灭，所以色空。所以，鸠摩罗什诘问：既然"极微"成色，色无自性，那么，"极微"有无自性？极微如何是空？觉贤回答说：我与众不同，极微是不可破析的。这就是说，觉贤认为物质的最基本单位是"极微"，是"有"。所以，鸠摩罗什立即反问：如此说，"极微"就是常住不变的"有"了？意思就是说，"极微"既为常有，就不能证成色空。觉贤反驳说："极微"成色，是微微相聚的关系。一微成众微，故众微为空，众微中之一微也是空。其实他的意思是，一微空故众微空，众微空实以一微空。大概是由于在有无之间难以措辞，所以令人"不解其意"，僧俗各界皆以为其"极微"之说是常，而与佛家般若性空之论背道而驰了。其实慧皎显然在调和其说，于长安学僧"复请更释"下，觉贤进一步解释曰：微无自性，所以是空，怎能说不破一微，"极微"就是"常而不空"呢？由此可见，觉贤所持"极微"之说，还是和"极微是有"的观念有所不同。不过，觉贤的辩解，毕竟游离在有无之间。

---

① 〔南朝梁〕释慧皎：《高僧传》卷二，第71页。

极微（梵语：paramāṇu），旧译邻虚。最早见于《奥义书》。在古代印度，顺世论、耆那教，佛教的说一切有部、胜论和邪命派等，均有此说。其中较明确、系统地提出"极微"之说的是耆那教和胜论。他们认为，世界是由物质构成的，而物质的最小单位是"极微"。而后，迦湿弥罗说一切有部《大毗婆沙论》吸取了这一概念，"极微"成为佛教哲学的范畴。所谓"极微是最细色"，意思就是物质作为极限的、最小的、不可分的单位或元素。胜论派也有"极微"的概念。在佛教中，经量部、中观学派、瑜伽唯识学派等大乘佛教均反对"极微"实有。中国化的佛教尤其如此。从上文可知，虽然觉贤强调色空，但以"极微"为色之最小单位，即使说"极微"无自性，故空，还是无法摆脱微尘常有、实有的嫌疑，终致与鸠摩罗什学派，也和当时佛教中国化的主流若即若离。其实，中国佛教在哲学上，无论是汉魏、唐宋，还是当今，在说理方面，都难免游弋在有无之间，有的是由于语言表述的困难，即"不可说"，更有的是思维的习惯和认识上撇不净"有"的执着。如是而言，觉贤"极微"说，同鸠摩罗什"毕竟空"义，虽不相侔，但是，"其间不能一寸"，也是"和而不同"罢了。他们的冲突如是而已。

另外还需注意，梁启超在其《佛教教理在中国之发展》中，也特别提到鸠摩罗什同觉贤的冲突。他认为，佛灭后印度佛教"常为空有两宗对峙之形势"，"鸠摩罗什为龙树空宗之嫡传"，"觉贤盖即介绍世亲有宗入中国之第一人"，二人学说出发点确有不同，"什盖偏于消极的、玄想的，贤则偏于积极的、科学的"，不过，"以什公之大慧虚怀，自不至于于无净中起净想，然其门下主奴之见，固所不免"。他还指出："又当时诸僧'往来宫阙，盛备人事。惟贤守静，不与众同'。"还在注解中强调："觉贤有功于佛教界，实在其传禅法，译经抑余事耳。"说觉贤"众浊独清，理宜见嫉"。[1] 说明他们之间的冲突并非是因为学理上的差异，而是由于门下的人主出奴之见，甚至是觉贤不媚俗、不随波逐流，因而皎皎者易污罢了。

---

[1] 梁启超：《佛教教理在中国之发展》，《梁启超佛学文选》，第 144—145 页，武汉，武汉大学出版社，2011。

梁启超的话虽然偏右觉贤,但也不无道理,不过同哲学无关。从中还可以看出,无论是极微的观念,还是守静的禅法,和鸠摩罗什实相无相的佛教哲学及其后离相、离念、离言、见性的禅宗思想相比较,在中国佛教史上的影响毕竟相形见绌。

第五章　慧远法性无性的体极论及果报哲学

慧远在中国佛教史上有不可取代的地位。汤用彤先生曾给予高度的赞扬。他说：

> 夫教化之礼，在能移风易俗。释慧远德行淳至，厉然不群。卜居庐阜，三十余年，不复出山。殷仲堪国之重臣，桓玄威震人主，谢灵运负才傲物，慧义强正不惮，乃俱各倾倒。非其精神卓绝，至德感人，曷能若此！两晋佛法之兴隆，实由有不世出之大师先后出世，而天下靡然从同也。暨乎晚近，释子偷惰，趋附势利，迎合时流，立寺以敕建为荣，僧人以恩赉为贵，或且外言弘道，内图私利，日日奔走于权贵之门，号称护法，不惜声誉，而佛法竟衰颓矣。提婆之毗昙，觉贤之禅法，罗什之三论，三者东晋佛学之大业。为之宣扬且特广传于南方者，俱由远公之毅力。慧远受道安之命，广布教化，可谓不辱师命矣。《僧传》云，安公在襄阳分张徒众，各被训诲，远不蒙一言。远乃跪曰："独无训勖，惧非人例。"安曰："如汝者岂复相忧。"呜呼，和尚可谓能知人矣。[①]

---

① 汤用彤：《汉魏两晋南北朝佛教史》，第230页。

汤先生还指出，庐山在东晋初叶为栖逸之地，后因慧远莅止，"北方佛法因之流布江左"，"远公风格学问，感人至深，在宋齐之世已然矣"。

第一节　慧远行状

慧远生平，慧皎《高僧传》有详细记载：

> 释慧远，本姓贾氏，雁门楼烦人也。弱而好书，圭璋秀发。年十三随舅令狐氏游学许洛，故少为诸生，博综六经，尤善庄老。性度弘博，风鉴朗拔，虽宿儒英达，莫不服其深致。年二十一，欲渡江东，就范宣子共契嘉遁，值石虎已死，中原寇乱，南路阻塞，志不获从。
>
> 时沙门释道安立寺于太行恒山，弘赞像法，声甚著闻，远遂往归之。一面尽敬，以为真吾师也。后闻安讲波①若经，豁然而悟，乃叹曰："儒道九流，皆糠秕耳。"便与弟慧持，投簪落彩，委命受业。既入乎道，厉然不群。常欲总摄纲维，以大法为己任，精思讽持，以夜续昼，贫旅无资，缊纩常阙，而昆弟恪恭，终始不懈。有沙门昙翼，每给以灯烛之费。安公闻而喜曰："道士诚知人矣。"

透过上述信息，我们可知慧远俗姓贾，雁门楼烦（今山西代县）人。幼而聪慧，尤好读书，十三岁便随舅父游学中原，综六艺，善老庄，显然受当时玄学风气的熏染。二十一岁闻道安立寺太行，遂归就安公，并因闻安公宣讲般若性空之理，"豁然而悟"，于是视诸子百家为糠秕，改宗释氏，落发披薙，委命受业于道安，以弘扬佛法为己任，虽然穷困，乃至衣食匮乏，但无改其志，而获得沙门的敬重。

如汤用彤所言，《高僧传》叙慧远事，"常不依年岁先后"，并考订其年历。据此可知，慧远生于晋成帝咸和九年（334），大概在晋穆帝永和十年（354）出家。自此，中国历史上便少了一个博综六经、玩习庄老的名士，而有了一个厉然不群、彪炳青史的佛学大师。佛教在中国的传播和佛教的中

---

① 即般若之"般"，显然是当时的音译。"般若"之译应当说是一种神圣化的取向。

国化,显然也有赖于这些兼通儒道的中国僧人,以及他们以儒、老、庄解佛的"格义"的方法。再请看《高僧传》的介绍:

> 远藉慧解于前因,发胜心于旷劫,故能神明英越,机鉴遐深。安公常叹曰:"使道流东国,其在远乎。"年二十四,便就讲说,尝有客听讲,难实相义,往复移时,弥增疑昧,远乃引《庄子》义为连类,于是惑者晓然。是后安公特听,慧远不废俗书。安有弟子法遇、昙徽,皆风才照灼,志业清敏,并推伏焉。后随安公南游樊沔,伪秦建元九年,秦将苻丕寇斥襄阳,道安为朱序所拘,不能得去,乃分张徒众,各随所之,临路诸长德皆被诲约,远不蒙一言。远乃跪曰:"独无训勖,惧非人例。"安曰:"如汝者岂复相忧!"远于是与弟子数十人,南适荆州,住上明寺。后欲往罗浮山,及届浔阳,见庐峰清静,足以息心,始住龙泉精舍。此处去水大远,远乃以杖扣地曰:"若此中可得栖,立当使朽壤抽泉。"言毕清流涌出,后卒成溪。其后少时,浔阳亢旱,远诣池侧,读《海龙王经》。忽有巨蛇从池上空,须臾大雨。岁以有年,因号精舍为龙泉寺焉。

佛教义理,思深意密,与中国传统思想和思维方式大相径庭,而且不同文化的接触也常常扞格而不相入。慧远二十四岁讲论佛经,便采用比较格义的方法,用庄子解说实相无相之义,豁然贯通于有无之上,使听众之疑昧冰解冻释。慧远这种"不废俗书"解读佛经的方法正是佛教中国化的文化背景和社会基础。安公"道流东国,其在远乎"之感喟,恰恰反映的就是这样的文化背景和社会基础。前秦建元九年(373),道安分张徒众,慧远与弟子数十人南下荆州,住上明寺,时年四十。五年后,即晋孝武太元三年(378),慧远途经浔阳,见庐山清幽,便住庐峰龙泉精舍,后称龙泉寺。[1]

---

[1] 汤用彤考,苻丕寇襄阳不在建元九年,"建元九年东下之说误"。前者同慧远入住庐山并无关系,《高僧传》所记慧远东下实为南适荆州之后数年,与汤氏考证无误。见汤用彤《汉魏两晋南北朝佛教史》,第 231 页。

之后,恒伊为刺史(太元九年至十七年间),"乃为远复于山东更立房殿,即东林是也"。慧远遂住东林寺,并于寺内别置禅林,"背山临流,营筑龛室"。慧远题铭曰:

> 廓矣大象,理玄无名。体神入化,落影离形。回晖层岩,凝映虚亭。在阴不昧,处暗愈明。婉步蝉蜕,朝宗百灵。应不同方,迹绝两冥。(其一)

> 旋踵忘敬,罔虑罔识。三光掩晖,万象一色。庭宇幽蔼,归途莫测。悟之以靖,开之以力。慧风虽退,维尘攸息。匪圣玄览,孰扇其极。(其三)

无须全部引述,铭中大象无形、理玄无名、体神入化、玄览匪圣、处暗愈明,无疑是老庄思想的再现。佛教的中国化、庄老化,在慧远这里同样开其端绪,驾轻就熟,并以之流诸久远了。

其间,浔阳陶侃经镇广州,得阿育王像,先送至武昌寒溪寺。侃后移镇,以像有威灵,遣使迎接,竟不能获。故荆楚之间有民谣广为传颂,曰:"陶惟剑雄,像以神标。云翔泥宿,邈何遥遥。可以诚致,难以力招。"至慧远祈心奉请,"乃飘然自轻,往还无梗。方知远之神感证在风谣矣。于是率众行道,昏晓不绝,释迦余化于斯复兴"。其中虽然夹杂了一些民间传说,无非是凸显慧远励操高蹈,精神卓绝,至德感人,从而使佛法流布江左罢了。

公元 385 年,道安于长安圆寂。六年后(即公元 391 年),罽宾僧伽提婆,南至庐山,依慧远,住南山精舍,慧远请其重译《阿毗昙心》及《三法度论》,于是二学振兴。《高僧传》盛赞慧远"孜孜为道,务在弘法,每逢西域一宾,辄恳恻咨访"。公元 401 年,慧远"闻罗什入关,即遣书通好"。之后,鸠摩罗什亦答书慧远,往返切磋大乘要义,并且各有长偈交流。[1]

---

[1] 罗什偈:"既已舍染乐,心得善摄不。若得不驰散,深入实相不。毕竟空相中,其心无所乐。若悦禅智慧,是法性无照。虚诳等无实,亦非停心处。仁者所得法,幸愿示其要。"慧远偈:"本端竟何从,起灭有无际。一微涉动境,成此颓山势。惑相更相乘,触理自生滞。因缘虽无主,开途非一世。时无悟宗匠,谁将握玄契。末问尚悠悠,相与期暮岁。"

还有弗若多罗,于关中诵《十诵》梵本,罗什为之翻译,后因多罗弃世,半途而废。慧远闻昙摩流支入秦,善诵此部,便派遣弟子昙邕,致书祈请于关中,使"十诵一部具足无阙","葱外妙典,关中胜说,所以来集兹土者,远之力也。外国众僧,咸称汉地有大乘道士,每至烧香礼拜,辄东向稽首,献心庐岳"。由此亦可见慧远当时在国际上的影响。

佛教传入中土,于魏晋之际,般若性空之学一枝独秀,"泥洹常住之说"罕有传译,"但言寿命长远而已"。慧远认为:"佛是至极,至极则无变。无变之理,岂有穷耶?因著《法性论》曰:至极以不变为性,得性以体极为宗。罗什见论而叹曰:边国人未有经,便暗与理合。岂不妙哉?"从记载中可以看出慧远对涅槃实相的佛教哲学的创造性诠释,同道生"一阐提成佛"的超前觉悟有异曲同工之妙,也为其神不灭论创获了理性的前提。

公元402年,慧远年近古稀,与刘遗民等123人于庐山般若云台精舍阿弥陀佛像前建斋立誓,结白莲社,共期往生西方净土。这就是历史上著名的白莲结社,也是有组织的净土信仰的滥觞。慧远也因此被后世尊为净土宗初祖。誓文曰:

> 惟岁在摄提秋七月戊辰朔二十八日乙未,法师释慧远贞感幽奥,霜怀特发,乃延命同志,息心贞信之士百有二十三人,集于庐山之阴,般若云台精舍阿弥陀像前,率以香华敬荐而誓焉。推斯一会之众,夫缘化之理既明,则三世之传显矣。迁感之数既符,则善恶之报必矣。推交臂之潜沦,悟无常之期切。审三报之相催,知险趣之难拔。此其同志诸贤,所以夕惕宵勤,仰思攸济者也。盖神者可以感涉,而不可以迹求。必感之有物,则幽路咫尺。苟求之无主,则渺茫何津。今幸以不谋而金心西境。叩篇开信,亮情天发。乃机象通于寝梦,欣欢百于子来。于是云图表晖,影侔神造。功由理谐,事非人运。兹实天启其诚,冥运来萃者矣。可不剋心,重精叠思,以凝其虑哉!然其景绩参差,功德不一,虽晨祈云同,夕归攸隔,即我师友

之眷良可悲矣。是以慨焉胥命，整衿法堂，等施一心，亭怀幽极，誓兹同人，俱游绝域。其有惊出绝伦，首登神界，则无独善于云峤，忘兼令于幽谷。先进之与后升，勉思汇征之道。然复妙观大仪，启心贞照，识以悟新，形由化革。藉扶容于中流，荫琼柯以咏言。飘云衣于八极，泛香风以穷年。体忘安而弥穆，心超乐以自怡。临三涂而缅谢，傲天宫而长辞。绍众灵以继轨，指太息以为期。究兹道也，岂不弘哉！

此前（公元 399 年），桓玄征殷仲堪，军经庐山，逼慧远出虎溪，遭慧远称疾拒绝。桓玄虽"不觉致敬"，但仍"以震主之威苦相延致，乃贻书骋说劝令登仕。远答辞坚正，确乎不拔，志逾丹石，终莫能回"。于是桓玄便"欲沙汰众僧"。安帝元兴三年（404），慧远致书桓玄，谓"沙门不应致敬王者"，并著《沙门不敬王者论》凡五篇：

一曰在家。谓在家奉法，则是顺化之民。情未变俗，迹同方内。故有天属之爱，奉主之礼。礼敬有本，遂因之以成教。

二曰出家。谓出家者，能遁世以求其志，变俗以达其道。变俗则服章不得与世典同礼，遁世则宜高尚其迹。大德故能拯溺俗于沉流，拔玄根于重劫。远通三乘之津，近开人天之路。如令一夫全德，则道洽六亲，泽流天下，虽不处王侯之位，固已协契皇极，在宥生民矣。是故内乖天属之重，而不逆其孝；外阙奉主之恭，而不失其敬也。

三曰求宗不顺化。谓反本求宗者，不以生累其神，超落尘封者，不以情累其生。不以情累其生，则其生可灭；不以生累其神，则其神可冥。冥神绝境，故谓之泥洹。故沙门虽抗礼万乘，高尚其事，不爵王侯，而沾其惠者也。

四曰体极不兼应。谓如来之与周孔，发致虽殊，潜相影响。出处咸异，终期必同。故虽曰道殊，所归一也。不兼应者，物不能兼受也。

五曰形尽神不灭。谓识神驰骛,随行东西也。此是论之大意,自是沙门得全方外之迹矣。

所论大意虽有出家、在家之别,但也是从根本上说明佛教哲学铸就的沙门的超越精神:既遁世求志,亦变俗达道,道恰六亲,泽流天下。于家亲不逆其孝,于王者不失其敬。之所以能够如此者,在于佛教求宗反本、冥神绝境,而进至泥洹之境,和形尽神不灭的常在与不朽。在此基础上提出"体极不顺化"(得性以体极为宗,在家奉法为顺化)的命题。这里,慧远显然还是以道解佛,同玄学家一样,尤其强调如来之与周孔潜相影响,终期必同,殊途同归,充分表现其志已在融会儒释。也正是因为其中的形尽神不灭的说法,激起了哲学界神灭和神不灭论争的波澜。

及桓玄西奔,义熙元年(405),晋安帝自江陵旋返京师。辅国何无忌劝远候迎,远称疾不行。帝遣使劳问。远修书致答,以重疾、年衰拒辞。安帝于是有诏,既表示其渴慕之情,又言其不得相见之"叹恨"。

义熙六年至七年间(410—411),佛陀跋陀罗(觉贤)在长安遭罗什门下排拒,因其弟子慧观曾在慧远门下,觉贤便与慧观等弟子四十余人南至匡庐,往就慧远。慧远遣人致书关中众僧,出面调停,并请出《禅经》。于是,禅法始得在江东流行。

义熙十二年或十三年,慧远于庐山东林寺圆寂,时年八十三四。"门徒号恸,若丧考妣。道俗奔赴,毂继肩随。""既而弟子收葬,浔阳太守阮保于山西岭凿圹开隧,谢灵运为造碑文,铭其遗德,南阳宗炳又立碑寺门。"由于慧远"善属文章,辞气清雅。席上谈吐,精义简要。加以容仪端整,风彩洒落。故图像于寺,遐迩式瞻。所著论序铭赞诗书,集为十卷五十余篇,见重于世"。

《高僧传》评之曰:"远内通佛理,外善群书,夫预学徒,莫不依拟——其化兼道俗斯类非一。""谢灵运负才傲俗,少所推崇,及一相见,肃然心服。""自远卜居庐阜,三十余年,影不出山,迹不入俗,每送客游履,常以虎溪为界焉。"后世有《虎溪三笑图》,不仅烘染了慧远卓尔不群的超然气象,同样也体现了慧远汇通三教、推动佛教中国化的历史真实。由此亦可见汤用彤之评价言之不虚也。

第二节 体极论——法性无性

汤用彤先生曰:"慧远学问兼综玄释,并擅儒学。"其自言"畴昔游心世典"。"据此则其经学,当已成一家言矣。""慧远固亦不脱两晋佛学家之风习,于三玄更称擅长。《僧传》称其少时博综六经,尤善《庄》、《老》。又谓其释实相引《庄子》为连类,听者晓然。《世说》载其与殷仲堪谈《易》,谓《易》以感为体。其行文亦杂引《庄》、《老》,读其现存之篇什,触章可见,不待烦举。故远公虽于佛教独立之精神多所扶持,而其谈理之依傍玄言,犹袭当时之好尚也。""故虽推佛法为'独绝之教,不变之宗',然亦尝曰:'内外之道,可合而明。'又曰:'苟会之有宗,则百家同致。'又曰:'如今合内外之道,以求弘教之情,则知理会之必同,不惑众涂而骇其异。'则其融合内外之趣旨,甚显然也。"他还指出:"三玄与《般若》,当时视为同气。远公之佛学宗旨亦在《般若》。""其擅长《般若》,亦北方所公认。远又因《智论》文繁,初学难寻,乃抄其要为二十卷(书已佚,序存《祐录》卷十),则其年事虽高,仍寻求《般若》不辍。"[1]显而易见,慧远之学,以般若为核心,旨趣亦在玄释,并借儒道之说,释般若之理,从根本上融汇世出世法,是印度佛教中国化的积极推动者。

慧远著作有:

经序(《祐录》载《阿毗昙心序》《三法度序》《庐山出禅经序》,均出经序。又《祐录》十二陆澄《目录》著录《妙法莲华经序》。又有《般若经问论序》,当即姚兴请作者);

谈理之文(如《与什公书》问大义。又《祐录》陆澄《目录》著录《无三乘统略》,及《与释慧远书论真人至极,释慧远答》,又有《释神名》《辩心意

---

[1] 参见汤用彤《汉魏两晋南北朝佛教史》,第 242—243 页。

识《验寄名》《问论神》等);

弘教之文(《弘明集》载《答桓玄料简沙门书》《沙门不敬王者论》《沙门袒服论》《答桓玄劝罢道书》《释三报论》《明报应论》《与刘遗民等书》);

节度僧尼之文(陆澄《目录》著录《法社节度序》《外寺僧节度序》《节度序》《比丘尼节度序》);

杂诗文(如《庐山记》《与罗什书》《与昙摩流支书》《念佛三昧诗集序》《佛影铭》《襄阳金像铭》)。

后人集其所著论序铭赞诗书为十卷五十余篇(此据《高僧传》。《隋书·经籍志》曰:《慧远集》十二卷。《旧唐书·经籍志》曰:十五卷。《宋史·艺文志》曰:慧远《庐山集》十卷)。而其在佛学上最重要之作为《法性论》(已佚。据慧达《肇论疏》所记,论作于庐山,在得罗什《大品经》之前。应在元兴三年之后)。《高僧传》引其文曰:"至极以不变为性。得性以体极为宗。"汤氏解释说:"体极者,在于冥符不变之性。不变至极之体,即为泥洹。"①可见,慧远之法性即至极不变之性,亦即涅槃。法性本体便是涅槃本体。如此以法性说般若,便融会贯通了般若性空和涅槃实相。印度佛教的缘起性空,则由法性、涅槃,直通佛性、心性本体了。"得性"便是后世禅宗的"见性",慧远的法性论实在是"体极论"。首先看慧远对法性的界定:

> 生途兆于无始之境,变化构于倚伏之场。咸生于未有,灭于既有而无。推而尽之,则知有无回谢于一法,相待而非原,生灭两行于一化,映空而无主。于是乃即之以成观,反鉴以求宗。鉴明则尘累不止,而仪象可睹。观深则悟彻入微,而名实俱玄。将寻其要,必先于此,然后非有非无之谈,方可得而言。尝试论之,有而在有者,有于有者也;无而在无者,无于无者也。有有则非有,无无则非无。何以知其然?无性之性,谓之法性。法性无性,因缘以之生。生缘无自相,虽有而常无。常无非绝有,犹火传而不息。夫然则法无异趣,

---

① 参见汤用彤《汉魏两晋南北朝佛教史》,第 243—244 页。

> 始末沦虚,毕竟同争,有无交归矣。故游其樊者,心不待虑,智不待
> 缘,不灭相而寂,不修定而闲,非神遇以期通焉。识空空之为玄,斯
> 其至也,斯其极也。(《大智度论抄序》,《出三藏记集》卷十)

万物生于无始,变化成于运动,生生为有,灭有为无,有无皆源于
"法"之生灭,或生灭之法,实乃相对而非本源。这里显然沿袭的是老子
关于有、无和道的关系的论述,只不过把有、无看作现象,把因缘视作"一
化"的本源罢了。他特别强调事物"非有非无"之性,所谓"有有则非有,
无无则非无",无疑同僧肇不真空说同气相求。他的结论是:无性之性,
谓之法性。"识空空之为玄,斯其至也,斯其极也。"也就是说,法性就是
空性,就是缘生之性,就是谓之"玄"的至极不变之性。般若之理尽在其
中,玄学家的思辨也尽在其中。这里还以"火传而不息"比喻法性,也为
其"薪尽火传"的神不灭论奠定了基础。其中"法性无性,因缘以之生",
同样说明法性即因缘,不变不灭之性也就是缘生之性,不灭之神实际上
是不生不灭的因缘而已。

法性非有非无,至极不变,所以"运群动以至一而不有,廓大象于未
形而不无。无思无为,而无不为"(慧远:《庐山出禅经序》)。不一不异,
大象未形,故神游法性而无不在,如此法性则是法身,也就是涅槃实相
了。慧远状法身曰:"法身之运物也,不物物而兆其端,不图终而会其成。
理玄于万物之表,数绝乎无形无名者也。""求之法身,原无二统。形影之
分,孰际之哉!"(《佛影铭序》)法性无性,法身无形,二者名异而实同,都
是超越有无、至极不变,生成而不被生成的终极或本体。所以说:

> 故反本求宗者,不以生累其神。超落尘封者,不以情累其生。
> 不以情累其生,则生可灭。不以生累其神,则神可冥。冥神绝境。
> 故谓之泥洹。泥洹之名,岂虚称也哉!(《沙门不敬王者论》)

显而易见,无性之法性,无形之法身,既是空无之本,那么,反本就是
体认法性,就是合道,就是情归虚无。用慧远的话说就是"体极",所谓
"得性以体极为宗"者。如此生可灭、神可冥,冥神绝境,便是佛家的终极

追求——涅槃之境。所以慧远说"经称泥洹不变","冥神绝境。故谓之泥洹"。① 这些说法与王弼的"贵无"之说、道安的"本无"之理遥相呼应，为佛教哲学的玄学化又增加了一些思辨的色彩。慧远就是这样把佛教缘生哲学的非本体论，借助无性之性的法性本体、无形之形的法身本体之诠释，转化为涅槃本体，并祈向心性本体论，而成为体极论的。简单地说：

缘起性空——法性性空——法身无形——法性本体——涅槃实相——心性本体

这里不仅反映了佛教缘生论向心性本体论转化的哲学历程，而且体现了佛教对终极的追求——由"体极"趋向"见性"。当然，法身概念的标举，也在为其果报之说确定轮回的载体。诚如汤用彤先生谓："法身者，圣人成道之神明耳。实则神明不灭，愚智同禀，神之传于形，犹火之传于薪。"②他说的也是这个意思。慧远在《沙门不敬王者论》中还指出：

神也者圆应无生，妙尽无名，感物而动，假数而行。感物而非物，故物化而不灭。假数而非数，故数尽而不穷。有情则可以物感，有识则可以数求。数有精粗，故其性各异。智有明暗，故其照不同。推此而论，则知化以情感、神以化传。情为化之母，神为情之根。情有会物之道，神有冥移之功。但悟彻者反本，惑理者逐物耳。

神契无生，妙尽无名，感物非物，化物而不被物化，汤氏称之为"无生无名之精神"，应当说是对慧远法性本体的深入浅出的界定。换句话说，称之神也好，识也罢，或谓之涅槃，或奉为净土，从现实（俗）层面看，实际上就是超越有无、超越生死的缘生之性，在超越（真）的层面上，就是体极——"冥符不变之性"，只不过慧远谓之法性罢了。

---

① 泥洹，梵文 Nirvāna，是"涅槃"的早期翻译，也有翻译成"无为"。从佛教哲学概念译名的变化中也可看出佛教中国化的一些脉络。
② 汤用彤：《汉魏两晋南北朝佛教史》，第 246 页。

第三节　三报论——无尽因果①

法性本体论是慧远佛教哲学的基本纲领,是缘起性空的般若学和涅槃实相的综合,是缘生论向心性论转化的一个环节,也是慧远兼综玄释的理性创获。仅此而言,其贡献远不如道安、僧肇、道生,甚至不如慧皎等。无尽因果的三报论才是慧远对中国佛教哲学的突出贡献。这是对中国古代承负说的批判吸收,是对佛教果报思想的丰富和细化。他把普遍的因果转换为人生的因果,由是而成为"扬善弃恶"的伦理依据。正因为如此,它在中国社会的影响源远流长,家喻户晓,在世界哲学史上的因果性论述中独树一帜。

人们普遍认为,佛家善谈因果,以因果论著称于世,但因果学说绝非佛家独有。中国古代有承负之说,所谓"天命有德","天讨有罪"(《尚书·皋陶谟》),"积善之家,必有余庆;积不善之家,必有余殃"(《周易·坤·文言》),"天道无亲,常与善人"(《老子》第七十九章),讲的就是德、善和罪、恶的因果关系。马克思主义哲学认为,因果性是客观世界普遍互存的形式;康德断言,因果性是先于经验而存在的先验的范畴;休谟说因果性无非是习惯性思维。就连我们普通人也均以因果性思维面对现象世界和经验世界,在理性的层面上以因求果,以果溯因。这往往是被许多人忽视的事实。

佛说诸法因缘生,强调事物的生成皆赖于因缘,是多因论而非单因论,②并以十二缘生界说三世二重因果。由是打造了善有善报、恶有恶报的善恶果报论,把宇宙生成论一变而为惩恶扬善的道德观。佛教传入中国,更与承负思想一拍即合,于是,"善恶有报"便成为无助的人们的口头禅。然而,事实却不尽然,有所谓"积仁洁行",饿死首阳的伯夷叔齐,亦有"糟糠不厌,而卒蚤夭"的颜回,甚至有后来"好善的受贫穷更兼命短,

---

① 与通常义有别,指因果必然性在时间上的无限延伸。
② 详见麻天祥《中国佛学非本体的本体诠释》,《中国社会科学》2001 年第 6 期。

造恶的享富贵又寿延"的愤怒抗争,以致不断有人对因果报应之说提出责问:所谓"大而无征","修短穷达,自有定分,积善积恶之谈,盖是劝教之言耳"。① 面对这些追问,佛家不止谈因果,而讲述因缘,有四缘、十缘、二十四缘之别,处处突出的是缘,即条件,强调"遇缘成果",以多因的条件论,和多重多世因果,把因果论说得滴水不漏。不过,佛家说俱有因、异熟果之类的概念,佶屈聱牙,而慧远的三报论则显得简易明晰,妇孺皆知,因此对佛教哲学的贡献无与伦比。其文开宗明义:

> 经说业有三报,一曰现报,二曰生报,三曰后报。现报者,善恶始于此身,即此身受。生报者,来生便受。后报者,或经二生,三生,百生,千生,然后乃受。(《三报论》,《弘明集》卷五)

慧远据《阿毗昙心论》②说明,人有三业——身、语、意,业分善恶,善恶有三报——现报、生报和后报。现报者,业作于此生,此生受报,不待来世;生报者,今生造业,延至来世受报;后报者,现世作业,今生来世皆未酬报,但已作不失,或经"二生,三生,百生,千生",因缘聚合,然后乃报。其中也明确指出,善恶之报由自身所作之业而受,也就是自作自受。这里说的有几层意思:

第一,人的善恶报应也是有因果性的。

第二,人身、语、意所造之业是因,报是果。善业结善果,恶业结恶果。善恶之报,言之不爽。也就是说,因果关系是必然的。

第三,因果的必然性并不存在于有限的时间之内,固有现、生和后的差别,即在时间上的无限延伸才表现因果的必然,也就是要"遇缘成果"。这就不单纯是因果论,而是因缘结合的缘生论了。

第四,还有就是自作自受。

上述四点,充分体现了佛教哲学因果论的特点:已作不失,未作不得;遇缘成果;自作自受。

---

① 〔晋〕戴安公:《与远法师书》,〔唐〕释道宣:《广弘明集》卷十八。
② 《阿毗昙心论》卷一云:"业现法报,次受于生报,后报亦复然。"见《大正藏》二十八卷,第84页。

但是，果报何以有迟有速？虽说是遇缘成果，但缘又因何而有早晚？慧远解释说：

> 受之无主，必由于心，心无定司，感事而应。应有迟速，故报有先后。先后虽异，咸随所遇而为对。对有强弱，故轻重不同，斯乃自然之赏罚，三报之大略也。（《三报论》）

在慧远看来，果报非授之形体，而是授之于心。心非具象①，依感而应②，或者说依业报之善恶而有回应。回应有迟速，故果报来得也有早晚的不同。不仅时间上有先后，而且轻重也有差别，关键在于心对业报之果的感应有强弱，所以果报就有轻重之别。简单地说，慧远把心作为果报的主体，把感应作为内缘，因为有应之迟速、对之强弱，不仅有三报，而且报也有轻重。这里以感应诠释因果，显然是对佛教因果哲学观念发展，也是玄佛结合的产物，同样显示出佛教哲学心性本体转化的趋势。

但是，慧远还是强调因果的必然性。他指出：

> 三业殊体。自同有定报。定则时来必受。非祈祷之所移。智力之所免也。（《三报论》）

毫无疑问，业因虽有不同，报果自有定数，已作不失，作者必受。任你祈祷，任你机关算尽，都是没有用的，只是由因生果的时间长短不同罢了。慧远首先从信仰的角度，依其净土观念，说明现报的非普遍性：

> 凡在九品，非其现报之所摄。然则现报绝夫常类，可知类非九品，则非三报之所摄。何者？若利害交于目前，而顿相倾夺，神机自运，不待虑而发。发不待虑，则报不③旋踵而应。此现报之一隅，绝

---

① 心无定司，很多解释称指职司，应当说是指神识，而不是作为器官的心和"心之官则思"的心，故说非具象。

② 这里方立天的解释切中肯綮。他说，"因情致报，乘感而应"。慧远十分重视"感"在报应中的作用，并引述《世说新语·文学》答殷荆州"以感为体"的故事，同样可以看出慧远以《周易》解佛的思想和方法。见方立天《中国佛教哲学要义》上卷，第89页，北京，中国人民大学出版社，2002。

③ 从文义上看，这个否定失之偏颇，或为衍字。

夫九品者也。(《三报论》)

慧远的意思是，凡念佛往生净土世界者，无论是上生上品，还是下生下品，都不会现报，只有往世来生，才能有九品往生的结果。而现报者，利害倾夺，不虑而发，旋即报应，自然不是念佛往生者的事了。也就是说，只有不信奉佛教的人才会得到现报。显然这是信仰，而非教说，但也是为其因果必然性在时空中无限延长而做的铺垫。接着慧远就因果不相应的现实，指出原因在于人的认知的有限性——只知一生，不明多世。他说：

> 世或有积善而殃集，或有凶邪而致庆。此皆现业未就，而前行始应。故曰"祯祥遇祸，妖孽见福。"疑似之嫌，于是乎在。何以谓之然？(《三报论》)

慧远的意思是，现实中所以善而得殃，恶而获福，招致许多人对因果必然性的怀疑，其实，这完全是误解。因为人们视听所见所闻之殃福，实在是前世业因的感应，而非现业造就。这就是生报，或者后报。俗语云："不是不报，时候未到。"说的也是这个意思。有副对联说得很好：

> 为恶必灭，若有不灭，祖宗遗德，德尽必灭；
> 为善必昌，若有不昌，祖宗遗殃，殃尽必昌。

其中，善与昌、恶与灭，作为因果关系，虽然最终成必然的态势，但它是建立在前世祖宗之德、殃的条件之上。德殃之厚薄，决定昌灭之迟速，把因果的必然性在无限延续的时序中予以完成。由此可见三报之说在中国社会的普遍渗透。

当然，慧远毕竟是博综六经，由中国传统文化熏陶出来的知识分子，而且三世三报之说要行之华夏，首先还要得到儒家传统的认同。因此慧远着重说明：

> 谓积善之无庆，积恶之无殃，感神明而悲所遇，慨天殃之于善人。咸谓名教之书，无宗于上，遂使大道翳于小成。以正言为善诱。

应心求实,必至理之无此。原其所由,由世典以一生为限,不明其外。其外未明,故寻理者自毕于视听之内。此先王即民心而通其分,以耳目为关键者也。如今合内外之道,以求弘教之情,则知理会之必同,不惑众涂而骇其异。若能览三报以观穷通之分,则尼父之不答仲由,颜冉对圣匠而如愚,皆可知矣。(《三报论》)

如此会通儒释,显然还是有偏右佛家的倾向。孔子也好,先王也罢,孔门弟子如子路、颜回亦然,皆以一生为限,而不知有三世之存在,故对死亡问题而无所答,亦"如愚"了。如果合儒释之道,其理则一。实际上,慧远还是欲混同佛儒,借儒家之学弘扬佛法的。再请看:

亦有缘起,而缘生法虽预入谛之明,而遗爱未忘,犹以三报为华苑,或跃而未离于渊者也。推此以观,则知有方外之宾,服膺妙法,洗心玄门。一诣之感,超登上位。如斯伦匹,宿殃虽积,功不在治,理自安消,非三报之所及。因兹而言,佛经所以越名教、绝九流者,岂不以疏神达要,陶铸灵府,穷源尽化,镜万象于无象者也。(《三报论》)

在慧远看来,缘起之理,虽为佛家说理之根基,但并不舍弃孔子"仁者爱人"之学,三报之说,犹以因果彰显儒家善恶祸福的道德教化。换句话说,三报论以缘生为基础,而入于儒家伦理学说,佛、儒本无二致。所以他又说,释迦虽方外之祖,却服膺孔门之理,以儒家感应之玄奥,超越轮回之上。正因为如此,佛家经典才能越名教、绝九流,穷源尽化,反本归心,既"止于至善",亦成于"大象无形"的境界。这就远远超乎"三报"之上了。

应当特别说明,慧远的这段话,不仅表现了以儒解佛,以及佛教中国化的发展态势,其实还是向缘起性空的般若学的回归——"三报"的因果论并非终极,并非疏神达要、穷源尽化的"觉悟",只是无明导致的轮回而已!认识不到这一点,就无法全面认识慧远的佛教哲学,更无法解释佛教"善不受报""不昧因果"的超越追求,当然也就分不清佛教说理的"权"

与"实"、"方便"与"究竟"。慧远三报论的价值和哲学意义也远在通常的理解之上。

毫无疑问,佛教哲学以缘生为基础,置因果的必然关系于多重条件构成的偶然性之中,凸显条件对因果的限制,实际上是对因果必然性的否定!

佛说四谛、十二因缘是佛学因果理论的基础和系统表述。苦为迷之果,集为迷之因。这是世间流转因果。灭为悟之果,道为悟之因。此为出世间的还灭之果。佛说十二因缘,构成三世二重因果。高僧大德,巧舌如簧,力图证明宇宙、人生因果相续的无限性和必然性。其意谓:事物的生成和发展,必有一定的因;一定的因必有相应的果。因果相续,生生不已。依此而论,事物的存在与发展,势必沿着确定的方向和已成之轨迹,而呈现必然的逻辑趋势。然而,变化纷纭的大千世界,并非如此。佛家的聪明也远在因果论之上,故多说因缘,而不只说因果。因缘之说,相对于果,除了说因之外,处处突出的是缘,即条件,故佛门有二十四缘[①]、十缘[②]等烦琐论说。至于《中论·观因缘品》中所说,"一切所有缘,皆摄在四缘,以是四缘,万物得生",进一步突出了条件的作用。而通常所说的四缘(因缘、等无间缘、所缘缘及增上缘)中的因缘,也视因为缘,即生成果的主要条件。因缘说强调,缺乏足备的条件,因便不能生果,果同样不能转化为因。因果论的必然性,只有在条件论的偶然性中才能实现。以四谛而论,实际上,迷是苦之因,集则是苦之缘;悟为灭之因,道却是灭之缘。十二因缘,以缘起为说理中心。它的三世二重因果,便是以涉及范围最为普遍的增上缘为基础而立论的。其循环往复,是成就增上果的主要条件。通俗地讲,具有强势力、能起重要作用的条件,在生成生命基本果的过程中,同样起强力作用,如眼的器官,可以生视之果,无明便生盲目行为之果。这里的眼是条件,而非原因。由于某种需要,要求视物

---

① 见《法聚论》。
② 见《舍利弗毗昙》。

才是原因,但无眼的器官,想也白想! 所以,就本体的势用而言,与其说佛学是因果论,自然不如说是条件论了。

佛说因果,不仅说"此有则彼有,此生则彼生",彼此相互为缘,相聚成果,互为因果,而且强调"已作不失,未作不得"。因不得果则不去,因不起则无果,即因必生果,果必有因。因果呈现必然的逻辑关系。但它又指出,任何一因皆不能生成果;一切果必须有两个或两个以上的因,才能生成。也就是说,事物生成,必须具备至少一个因和一个缘的充分条件。如此而言,缘可以说是因的助力——条件,因也可以被视为缘的助力,也是缘。这就是佛学缘起论中的范畴之一,俱有因或共有因①。于是,多因的因果论实质上变成了多缘的条件论。佛家因果论既是对一因论(尤指梵、神我创世的本体论)的否定与发展,也是对因果论与条件论的融会贯通。

从果这方面说,佛家不仅说一果有多因,而且在一定程度上指明,某种因也可能生成另类果,即五果中的异熟果,或称报果。此果既不随因在同一时空而生,而且与因性质不同,甚至因果背离。佛家称之为"无定"。如前世、今生的善因(道德性思想、行为),结今生、来世之善果(实质性利益之报),这是性质不同。也可以前生、现世之善因、恶因,而得今生、来世的非善、非恶之果,善恶之果,有待后报。说得明白一些,佛家在某种程度上认为,植善因者不一定结善果,施恶业者也不一定得恶报,因果的必然性,尚有待于时间这个条件,才能显现出来。这是因果背离。因果性质不同甚至背离,谓之异熟。所谓异熟就是多果! 多果是在空间上否定因果的必然性,与多因相比较,多果尤其体现了佛家因果关系的不确定性,即"无定"性。佛家的聪明于此亦可见一斑。

异熟不只说明多果,在思维的深层,它倾向于把因果必然性置于时间的无限延续性之中。换句话说就是,在有限时间的空间中因果的不相应性,即对必然因果的否定。慧远《三报论》"报有迟速"的观念,不仅在

---

① 分互为果俱有因与同一果俱有因。此处尤指后者,同时成就一果的多数因缘。

现实中坚定了人们因果报应不爽的信念,而且在理论层面展示佛学因果必然关系只有在无穷轮回中才能实现的时空条件。即所谓"后报","或经二生、三生、百生、千生,然后乃受"。因果的必然性如是而已。

慧远无尽因果的三报论,目的固然在于强化因果的必然关系,但它的隔世,乃至百生、千生、无尽之果,实际上借时间否定了因果的必然性。生报者,便是对现世因果的否定;后报者,则是对两世因果乃至千百世因果的否定。必然的因果关系,须借不确定的条件,即时间的无限延续而实现。中国有句无论雅俗皆耳熟能详的话,"不是不报,时候未到",表面上看,只是人们对因果报应的信念,或无可奈何的自慰与解脱之道,深入其逻辑内核便可触摸到佛学条件论的偶然性对因果论必然性的决定作用。

上述多因(实际上也是多缘)、多果、三世二重因果,实为多重多世因果。这里所说明的,恰恰在于条件的偶然性,而非因果的必然性,因果的必然还是寓于条件的偶然之中。佛学表面上的因果论,显然是在条件论的架构中运作的。

还需要说明,通常所说的本体论,同样建立在因果论基础之上。本体即生成万物,唯一无对(无待或绝对)之因,据此可以说,本体论即一因论。佛学互为因果的缘起论,或者多因、多果、多重多世因果的条件论,无疑是对作为一因的本体的否定,即非本体。上述因果论的必然性寓于条件论偶然性之中的思辨,正是我们一再强调的,佛学与其他哲学不同,是非本体的本体论的理论依据,也是慧远由非本体向无性之性的法性本体再向心性本体转化的逻辑根据。

第四节　神不灭论——薪尽火传或指穷火传

人有三世,业有三报,自作自受,如是而论,势必存在三生或多世轮回的主体,即果报的载体。然而,主体论即有我论,与佛说"诸法无我"显然成相互冲突的悖论。这是佛教哲学,也是慧远法性本体、三报论必须解决的理论问题。如前所言,慧远的法性本体,不仅沟通了般若性空和涅槃实相,也沟通了无我和主体,并且引入神、心和感、应的儒家传统范畴解释"报有迟速"的三报论,还借鉴庄子的薪火之说[1],指出:"火之传于薪,犹神之传于形;火之传异薪,犹神之传异形。前薪非后薪,则知指穷之术妙。前形非后形,则悟情数之感深。惑者见形朽于一生。便以为神情俱丧,犹睹火穷于一木,谓终期都尽耳"(《沙门不敬王者论》),以此对他的"神不灭论"作综合佛道的阐述。

人生最大的悖论就是死亡的必然性。死亡是不可知的,但却是残酷的、无法回避的现实;死亡的世界存在于我们有限的知识之外。人们都希望超越死亡,也因此分析死亡后是否还有一种不死的东西存之久远,于是有灵魂说与无神论的冲突,无论东方还是西方,无论古代还是现在。至于,佛教说无我、无常,无论从逻辑上,还是就事实而言,在佛家哲学中都不应当有"不灭的灵魂"的栖身之所。无我论的佛教哲学,本质上就是无神论的哲学。

推源溯始,印度佛教以无我论挑战婆罗门梵我合一的神我之说,在哲学史上开辟了一条新的道路。但无我论同其轮回思想显然存在理论上的冲突。与之前后有顺世派提出"补特伽罗"的概念,承担轮回的主体,后佛教亦予以吸收。佛教既讲多世多重因果,也就不能回避有承担果报的载体。如是,无我论就变成了有我论。但是,佛家显然不会给自己的理论抹上自相矛盾的色彩,而授人以柄,于是提出"中阴"之说,既弥补了轮回思想的缺陷,也调和了"我"与"无我"的悖论。实际上,还是向缘生论的回归。

简单地说,佛家以否定性思维表现其超二元对立的中道观,根本上持不生不死的超越精神。不生指"有非真生",即无我;不死指"死非真灭",也不是无我,粗浅地讲可以说是"不灭",应当说这是语言表述的问题。中阴指的就是不生不灭的存在——和合生成生命的色、受、想、行、

---

[1]《庄子·养生主》:"指穷于为薪,火传也,不知其尽也。"

识之五蕴,故中阴也称中蕴。死后形尽,但中阴,或中蕴不灭,故能承担轮回的主体。如此,既非强调连续性的"常见"——神我永存,也非否认连续性的"断见"——无神,是非常非断的"中阴",或者说因缘。佛家否定性哲学在这里同样表现得淋漓尽致。只不过常常采用的是"神""识"具有的肯定性表述。这同样只是语言的问题。

再简单一点说,生命乃因缘聚合,缘聚则生,缘灭则散,但聚合而生成形体的因缘不灭,也就是中阴不灭。认识到这一点,就不至于把慧远的神不灭论视作一般的有神论了。更何况,轮回是无明的果,自然不是佛家的终极追求,当然也不是慧远的终极追求,这一点常常被忽视了。

首先,还是要注意慧远的法性本体,它的内涵是法性无性,作为本体而言,也是超越有无、超越生灭的。所以,其作为果报的承载者,不是我,也不是非我。或者说,不是生,也不是灭。这既为缘生的佛教哲学向心性本体的转化创设了逻辑的前提,同样也为无我的轮回提供了理论上的依据。慧远在《沙门不敬王者论》第五,以答问的形式,专讲形尽神不灭。他说的"神"是佛教非断非常的"神识",而非永存的灵魂或神我。具体内容请看慧远的论述:

> 问曰:神虽妙物,故是阴阳之所化耳。既化而为生,又化而为死;既取而为始,又散而为终。因此而推,固知神形俱化,原无异统,精粗一气,始终同宅。宅全则气聚而有灵,宅毁则气散而照灭;散则反所受于天本,灭则复归于无物。故庄子曰:"人之生,气之聚。聚则为生,散则为死。若死生为彼徒苦,吾又何患?"

> 答曰:夫神者何耶? 精极而为灵者也。精极则非卦象之所图,故圣人妙物而为言,虽有上智,犹不能定其体状,穷其幽致。而谈者以常识生疑,多同自乱,其为诬也亦已深矣。将欲言之,是乃言夫不可言,今于不可言之中,复相与而依稀。

> 神也者,圆应无生,妙尽无名,感物而动,假数而行。感物而非物,故物化而不灭;假数而非数,故数尽而不穷。有情则可以物感,

有识则可以数求。数有精粗,故其性各异;智有明暗,故其照不同。推此而论,则知化以情感,神以化传,情为化之母,神为情之根,情有会物之道,神有冥移之功。但悟彻者反本,惑理者逐物耳。古之论道者,亦未有所同,请引而明之。庄子发玄音于《大宗》曰:"大块劳我以生,息我以死。"又,以生为人羁,死为反真。此所谓知生为大患,以无生为反本者也。文子称黄帝之言曰:"形有靡而神不化,以不化乘化,其变无穷。"庄子亦云:"特犯人之形,而犹喜之。若人之形,万化而未始有极。"此所谓知生不尽于一化,方逐物而不反者也。二子之论,虽未究其实,亦尝傍宗而有闻焉。论者不寻无方生(方)死之说,而惑聚散于一化;不思神道有妙物之灵,而谓精粗同尽,不亦悲乎? 火木之喻,原自圣典,失其流统,故幽兴莫寻,微言遂沦于常教,令谈者资之以成疑。向使时无悟宗之匠,则不知有先觉之明,冥传之功,没世靡闻。何者? 夫情数相感,其化无端,因缘密构,潜相传写,自非达观,孰识其变? 自非达观,熟识其会? 请为论者验之以实。

　　火之传于薪,犹神之传于形;火之传异薪,犹神之传异形。前薪非后薪,则知指穷之术妙;前形非后形,则悟情数之感深。惑者见形朽于一生,便以为神情俱丧,犹睹火穷于一木,谓终期都尽耳。此由从养生之谈,非远寻其类者也。就如来论,假令神形俱化,始自天本,愚智资生,同禀所受。问所受者,为受之于形邪? 为受之于神邪? 若受之于形,凡在有形,皆化而为神矣;若受之于神,是以神传神,则丹朱与帝尧齐圣,重华与瞽叟等灵,其可然乎? 如其不可,固知冥缘之构,著于在昔,明暗之分,定于形初。虽灵均善运,犹不能变性之自然,况降兹已还乎? 验之以理,则微言而有征;效之以事,可无惑于大道。

引述颇长,但有助于对慧远思想的全面理解。慧远首先以阴阳一气的传统观念设问,并引征庄子,说人之生死乃气之聚散,"神之处形,犹火之在木"，灭则归于无物。形尽神灭，这是不言而喻的道理。

　　针对上述阴阳、气化、薪火、形神之说，慧远以其六经、庄、老之所长，游刃有余，对形神关系展开了全面论述，并提出"薪尽火传"的著名哲理。要而言之，其义有三：

　　一、界定"神"的概念。说明神是无形无相的"精极"或"灵"，是超越常人，甚至"上智"之识的神妙之物，因此也是不可言说的。同时指出，通常论及神者，常常囿于见闻，把神理解成别样东西，就是通常的有神论。这里，慧远明确地界定，神是不可言说的超越存在，而非"常识"中的有或无。实际上他就是要把人们引向佛教不常不断的中阴，可聚可散的因缘。如此则同一般的有神论者已经开始分道扬镳了。采用的不可言说的方法，显然也是玄学家的言意之辨。

　　二、神不仅无形，而且无生、无名，也就是说它是超越生死的永存或常在，并借感应这个概念，说明神与物、神与形、神与情识的关系。所以说，"感物而非物，故物化而不灭；假数而非数，故数尽而不穷"。"情为化之母，神为情之根，情有会物之道，神有冥移之功。"由此可见，无形、无名、无生的"神"，自然不会像"形"一样有生有灭。然而，一些人不明庄子的方生方死之理，却高谈气的聚散；不知神是无生无死的精灵，而说形尽神灭，其实是对《庄子》的误解。

　　三、批评上述"火木之喻"，虽源自《庄子》，却"失其流统"，"此由从养生之谈，非远寻其类者也"。也就是说，形神俱丧，如睹火穷于一木，是对《庄子·养生主》的片面理解，而失其根本宗旨。同时，慧远活用庄子"指（脂）穷""火传""不知其尽"的譬喻，形成其"薪尽火传"的神不灭的观念。如此形尽神不灭的观念，实以佛教不生不灭、不常不断的缘起哲学为基础，视庄生"指穷火传"之思辨为同道，其所谓不灭之神识，实为佛法之中阴、聚散之因缘，而非普通有神论之神。此则非深究细察不可明辨者也。最后他还以"丹朱与帝尧齐圣，重华与瞽叟等灵"为喻，突出神不灭"验之以理，则微言而有征；效之以事，可无惑于大道"。于理于事，圆融无碍。

　　总而言之，一句话：不灭，非生也非死，不是相对于死的不灭，而是与不生共存的不灭。神不灭者,乃"业"因不灭,即因缘不灭,或者说"中阴"不灭。

第五节　体极不顺化的净土信仰

众所周知,慧远与刘益民等十八高贤,123 人结莲社,共期往生西方净土,被后世尊为净土初祖。所谓净土,正是建立在上述体极论、三报论、神不灭论基础上的终极追求。

用慧远的话说,"至极以不变为性,得性以体极为宗"。不变者泯其生灭,非有非无,"运群动以至一而不有,廓大象于未形而不无。无思无为,而无不为"(《庐山出禅经序》)。体极者,在于冥符不变之性,亦是对顺化而言;顺化指"在家奉法(谓国家礼法)则是顺化之民"①。据此可知,慧远的思想和行为有两个方面:一是体极,即非生非灭、非有非无的终极追求——超越生死的净土信仰;二是顺化,尊奉国家礼法,而为顺化之民。体极者不顺化,既是成佛的终极关怀,又是"沙门不敬王者"的理论支点,而三报、神不灭论则是慧远针对顺化之民因材施教,方便说法的具体内容。就终极而言,体极而不顺化,以往生净土为归宿;从现实上讲,业有三报,报有迟速,业不灭,神亦不灭。前者以法性、涅槃为之彰显;后者借三报论、神不灭为之警戒,慧远的佛教哲学就是这两个方面相互对待而成的。进一步讲,只有超越轮回,才能往生净土;往生净土则不堕轮回。其净土思想也应作如是解。汤用彤评之曰:

> 远公既持精灵不灭之说,又深怀生死报应之威。故发弘愿,期生净土。②

诚哉斯言,不再赘述。

---

① 汤用彤:《汉魏两晋南北朝佛教史》,第 244 页。
② 同上书,第 246 页。

第六章　僧肇与玄学化的中国佛学

缘生,佛教哲学的基点。它突出世间万物,包括宇宙的本身皆因缘和合而生,缘聚则起,缘散则灭,故无永恒不变的自性,而谓之空。经云:诸法因缘生,我说即是空,亦为是假名,亦是中道义。其意即此。因缘生法而谓之空,空非不存,只是假名,也可以说是超越有无二元对立的中道。空则非空,即色即空,非有非空,非非有也非非空,佛家就是如此谈空的。佛法东渐,历经半个世纪的传承,适逢玄风飙起,名僧名士,谈无说有,同声相应。僧肇既好玄微,每以庄老为心要,又为佛家弟子,以"不真"畅述空观,而得"解空第一"之誉。事实上,僧肇为佛教哲学的中国化奠定了纯思辨的基础,也为佛教的中国化开拓了发展的方向和前进的道路。应当说,日后兴起的天台、华严、三论尤其是禅宗等中国化的佛教,无不同僧肇的思想有千丝万缕的联系。

第一节　僧肇其人其事

僧肇(384? 或 374—414),俗姓张,京兆(今陕西西安)人。慧皎《高僧传》义解篇有《晋长安释僧肇》,兹录全文如下:

> 释僧肇,京兆人。家贫以佣书为业,遂因缮写,乃历观经史,备

尽坟籍。爱好玄微，每以庄老为心要。尝读老子德章，乃叹曰："美则美矣，然期神冥累之方，犹未尽善也。"后见旧《维摩经》，欢喜顶受，披寻玩味，乃言始知所归矣。因此出家，学善方等，兼通三藏。及在冠年，而名振关辅。时竞誉之徒，莫不猜其早达，或千里趋负①，入关抗辩。肇既才思幽玄，又善谈说，承机挫锐，曾不流滞。时京兆宿儒，及关外英彦，莫不挹其锋辩，负气摧衄。

后罗什至姑臧，肇自远从之，什嗟赏无极。及什适长安，肇亦随返。姚兴命肇与僧叡等入逍遥园，助详定经论。肇以去圣久远，文义多杂，先旧所解，时有乖谬，及见什咨禀，所悟更多。因出《大品》之后，肇便著《波若无知论》，凡二千余言，竟以呈什，什读之称善。乃谓肇曰："吾解不谢子，辞当相挹。"时庐山隐士刘遗民见肇此论，乃叹曰："不意方袍，复有平叔。"因以呈远公，远乃抚机叹曰："未常有也。"因共披寻玩味，更存往复。遗民乃致书肇曰："顷餐徽问，有怀遥仰。岁末寒严，体中何如，音寄壅隔，增用悒蕴。弟子沉疴草泽，常有弊瘁，愿彼大众康和，外国法师休念不。去年夏末，见上人《波若无知论》，才运清俊，旨中沈允，推步圣文，婉然有归，披味殷勤，不能释手，真可谓浴心方等之渊，悟怀绝冥之肆，穷尽精巧，无所间然。但暗者难晓，犹有余疑，今辄条之如左，愿从容之暇，粗为释之。"肇答书曰："不面在昔，伫想用劳。得前疏并问，披寻反覆，欣若暂对。凉风戒节，顷常何如，贫道劳疾每不佳，即此大众寻常，什师休胜。秦主道性自然，天机迈俗。城堑三宝，弘道是务。由使异典胜僧，自远而至，灵鹫之风，萃乎兹土。领公远举，乃是千载之津梁。于西域还得方等新经二百余部。什师于大寺出新至诸经，法藏渊旷，日有异闻。禅师②于瓦官寺教习禅道，门徒数百，日夜匪懈，邕邕肃肃，致自欣乐。三藏法师于中寺出律部，本末精悉，若睹初制。毗

---

① 金陵本作"负粮"。
② 汤用彤按及佛陀跋陀罗。注意，僧肇在这里特称禅师、禅道，显然也是在菩提达摩来华之前。

婆沙法师于石羊寺出《舍利弗毗昙》梵本,虽未及译,时问中事,发言新奇。贫道一生猥参嘉运,遇兹盛化,自恨不睹释迦泥洹之集,余复何恨,但恨不得与道胜君子同斯法集耳。称咏既深,聊复委及。然来问婉切,难为郢人。贫道思不关微,兼拙于华①语,且至趣无言,言则乖旨,云云不已,竟何所辩。聊以狂言,示訓来旨也。"

肇后又著《不真空论》、《物不迁论》等,并注《维摩》,及制诸经论序,并传于世。及什之亡后,追悼永往,翘思弥厉。乃著《涅槃无名论》。其辞曰:"经称有余无余涅槃。涅槃秦言无为,亦名灭度。无为者,取乎虚无寂寞,妙绝于有为②。灭度者,言乎大患永灭,超度四流。斯盖镜像之所归,绝称之幽宅也。而曰有余无余者,盖是出处之异号,应物之假名。余尝试言之,夫涅槃之为道也,寂寥虚旷,不可以形名得;微妙无相,不可以有心知。超群有以幽升,量太虚而永久,随之弗得其踪,迎之罔眺其首,六趣不能摄其生,力负无以化其体,眇漭③惚恍,若存若往。五目莫睹其容,二听不闻其响,窈窈冥冥,谁见谁晓。弥伦靡所不在,而独曳于有无之表。然则言之者失其真,知之者返其愚,有之者乖其性,无之者伤其躯。所以释迦掩室于摩竭,净名杜口于毗耶。须菩提唱无说以显道,释梵乃绝听而雨花。斯皆理为神御,故口为之缄默。岂曰无辩,辩所不能言也。经曰:'真解脱者,离于言数。寂灭永安,无终无始。不晦不明,不寒不暑。湛若虚空,无名无证。'论曰:'涅槃非有,亦复非无。言语路绝,心行处灭。'寻夫经论之作也,岂虚构哉?果有其所以不有,故不可得而有;有其所以不无,故不可得而无耳。何者?本之有境,则五阴永灭,推之无乡,则幽灵不竭。幽灵不竭,则抱一湛然;五阴永灭,则万累都捐;万累都捐,故与道通同。抱一湛然,故神而无功;神而无功,故至功常在。与道通同,故冲而不改;冲而不改,不可为有;至功

---

① 此字有误,金陵本作"笔",也是谦语。
② 《金藏》作"无为",但从文义上看应当是"有无"。
③ 亦作"游"。

常在,不可为无。然则有无绝于内,称谓沦于外,视听之所不暨,四空之所昏昧。恬兮而夷,泊焉而泰,九流于是乎交归,众圣于此乎冥会。斯乃希夷之境,太玄之乡,而欲以有无题榜其方域,而语神道者,不亦邈哉。"其后十演九折,凡数千言,文多不载。

论成之后,上表于姚兴曰:"肇闻天得一以清,地得一以宁,君王得一以治天下。伏惟陛下睿哲钦明,道与神会,妙契环中,理无不晓,故能游刃万机,弘道终日,依被苍生,垂文作范。所以域中有四大,王居一焉。涅槃之道,盖是三乘之所归,方等之渊府。眇茫希夷,绝视听之域;幽致虚玄,非群情之所测。肇以微躯,猥蒙国恩,得闲居学肆,在什公门下十有余年。虽众经殊趣,胜致非一,涅槃一义,常为听习先。但肇才识暗短,虽屡蒙诲喻,犹怀漠漠,为竭愚不已,亦如似有解。然未经高胜先唱,不敢自决。不幸什公去世,咨参无所,以为永恨。而陛下圣德不孤,独与什公神契,目击道存,决其方寸,故能振彼玄风,以启末俗。一日遇蒙答安成侯嵩问无为宗极,颇涉涅槃无名之义。今辄作《涅槃无名论》。有十演九折,博采众经,托证成喻,以仰述陛下无名之致,岂曰开诣神心,穷究远当。聊以拟议玄门,班喻学徒耳。若少参圣旨,愿敕存记,如其有差,伏承旨授。"兴答旨殷勤,备加赞述。即敕令缮写,班诸子侄,其为时所重如此。

晋义熙十年卒于长安,春秋三十有一矣。[1]

慧皎在论中言简意赅,勾画出僧肇的经历及其影响,介绍了他的著述,并画龙点睛、简明扼要地阐述了僧肇玄学化的佛教哲学。

关于僧肇生平,史料甚少,《高僧传》仅言"京兆人。家贫以佣书为业","晋义熙十年卒于长安,春秋三十有一矣"。据此推定,其生年当为公元384年。但有学者指出,《高僧传》也曾说僧肇早在未至姑臧追随罗什之前,"及在冠年,而名振关辅",已经是20岁的青年人了。之后若干

---

[1] 〔南朝梁〕释慧皎:《高僧传》卷六,第248—252页。

年,至弘始三年(401),鸠摩罗什至长安,"肇自远从之"。那么,自弘始三年至十六年,中经十三四年,即便其 20 岁后至从罗什于姑臧之间的若干年不计,僧肇亦当在 33 岁去世。日本学者认为,当时 40 写作"卌",与"卅"形似,辗转抄写,讹为"卅",相沿成习,故有 31 岁卒的讹误。僧肇卒年应当是 41 岁,生年也就是公元 374 年了。此说有一定道理,而且和僧肇的贡献更相符契。

僧肇少年,家境贫寒,但显然也是书香门第,而有课读的便利,才得以"佣书为业",并因此而"历观经史,备尽坟籍"。在当时的风气熏染中,僧肇也崇尚玄理,"每以庄老为心要",但是更喜庄生之说,认为《道德经》之言,虽美而未为至善。后读早期译出的旧本《维摩经》①,而视为枕中秘宝,对经中不可思议的不二法门"披寻玩味",终于找到自己思想的归宿,于是披剃出家,潜心佛典,尤其擅长大乘佛理,兼通经、律、论三藏。刚满 20 岁,便名振京畿、关中。当时魏晋清谈之风流所及,而又有骛名竞誉之徒,也不远千里,奔赴长安,同僧肇逞辩才于三辅。僧肇学识渊深,辩才无碍,折冲樽俎,令京中宿儒、外埠英彦叹为观止。

20 岁以后,僧肇闻鸠摩罗什至姑臧(今甘肃武威),便跋涉千里,师从罗什,时在公元 386 年前后②。僧肇在姑臧五六年,问道受学,备受罗什赏识。后秦弘始三年(401)岁末,姚兴迎罗什至长安,"待以国师之礼",僧肇也就随之返回长安,"与僧叡等入逍遥园",协助罗什译经弘法。此后,"在什公门下十有余年","不幸什公去世,咨参无所,以为永恨",并于"晋义熙十年卒于长安"。③ 公元 414 年,僧肇应当年逾不惑,非而立之

---

① 指东汉严佛调或三国时期吴支谦的译本。

② 据《高僧传》卷二《晋长安鸠摩罗什》记载,苻坚于前秦建元十八年(382)遣将吕光等,"率兵七万,西伐龟兹及乌耆诸国",谈及"若剋龟兹,即驰驿送什"。吕光破龟兹,后采纳罗什建议,回师凉州,并窃号关外,改元太安。"太安元年正月,姑臧大风",有罗什云云语。此年为公元 386 年。僧肇若生于 384 年,两岁的儿童西行跋涉,自然是不可能的。据此,31 岁之说显然是讹误。

③《高僧传》卷二《晋长安鸠摩罗什》载,罗什于弘始十一年(409)卒于长安,或云七年、八年,《高僧传》卷六《晋长安释僧肇》也只说"及什之亡后,追悼永往"。

后。僧肇生平著述有《般若无知论》《不真空论》《物不迁论》《涅槃无名论》四论，"并注维摩，及制诸经论序，并传于世"。

至于僧肇的佛教哲学，显然是以庄老为心要的佛玄式哲学。

首先，其基础完全是老子的"道"和"玄"，这在上姚兴的表中比比皆是。其开篇即借《老子》语，言致治之道，所谓"天得一以清，地得一以宁，君王得一以治天下"①。他是以"道生一"之"一"阐述"道与神会，妙契环中"的，也就是用"一"沟通终极的"道"和现实政治（即"神""环中"）；同时，他还套用"希夷"这一概念，说明涅槃之道"绝视听之域，幽致虚玄，非群情之所测"的超越有限的终极性质②，如此以道释佛，老子——神道——希夷——涅槃，为佛教的玄学化奠定了理论基础。当然，僧肇在这里对姚兴不切实际的称颂，"陛下圣德不孤，独与什公神契，目击道存，决其方寸，故能振彼玄风，以启末俗"云云，或许是迫于威权，言不由衷；抑或是"不依国主，法事难立"，欲借助政治兴隆佛法。

其次，僧肇以涅槃为纲要，十演九折，涉及名实、言意、有无等玄学的基本问题，自然也就成为佛学的基本问题，同样是对佛学的玄化。当然，如此选择性地摘录，也折射出慧皎的思想；由此也可以看出，佛教在南北朝时期中国化思维的轨迹。

慧皎在僧肇传中说，僧肇著《涅槃无名论》，论曰："涅槃，秦言无为，亦名灭度。无为者，取乎虚无寂寞，妙绝于有无。灭度者，言乎大患永灭，超度四流。"用"无为"注释"涅槃"或"灭度"，既是汉代译经通常采用的格义之法，也是佛教由趋附黄老向形上思维的玄理转化的关捩。他对涅槃的诠释不仅包括道家的虚无寂寞，而且涵盖了"妙绝有无""超度四流③"，完全用传统的语言文字解说佛教无人相、无我相、超越有无的终极追求。同时他还指出，"至趣无言，言则乖旨"，涅槃之道，"寂寥虚旷，不

---

① 《老子》第三十九章："天得一以清。地得一以宁。神得一以灵。谷得一以盈。万物得一以生。侯王得一以为天下贞。其致之，一也。"
② 《老子》第十四章："视之不见名曰夷，听之不闻名曰希。"
③ 四流，指欲、有、见、无明四类烦恼。

可以形名得;微妙无相,不可以有心知","眇漭惚恍,若存若往","言之者失其真,知之者返其愚,有之者乖其性,无之者伤其躯",采用的也都是老、庄、玄学中言意之辨的概念和方法。非有非无、不落言诠的"涅槃之道",就是这样被灌注在玄学风气之中,并推动了佛教哲学全面中国化的适应性改造。

总之,僧肇一生,总不过三四十年,难免有"时不我与"之叹,但其早年以庄老为心要,振玄风于关辅,后又在什公门下十余年,"浴心方等之渊,悟怀绝冥之肆",鞠躬尽瘁,不遗余力,对佛教哲学的中国化诠释作出了无与伦比的贡献。于中国佛教哲学研究,僧肇可谓独占鳌头。

第二节　即体即用的不真空论

宇宙缘何而起? 万物由谁而生? 这是哲学首先要回答的问题。章太炎说:"言哲学,创宗教者,无不建立一物以为本体",并视之为宇宙万物之源。在中国,儒家讲天人合一,虽然规避了本体问题,但五行生克,阴阳调谐,还是强调变易生成一切,直到后来的理、心、气本体说;老子认为,"道生一,一生二,二生三,三生万物","无,名天地之始。有,名万物之母"①,显然已经把有、无作为本体论的基本范畴引入道家哲学;庄子有始、无始之说尤其包含了对世界原初性质的深刻理解,与佛教否定本体的缘生学说有更多相似之处。正因为如此,魏晋清谈之风扶摇而起,论无说有,玄学对本体的探讨也是大势所趋。僧肇"欲言其有,有非真生;欲言其无,事象既形。象形不即无,非真非实有"的不真空论,无疑是借玄学思辨的他山之石,攻错中国佛学本体论之玉。还是汤用彤先生说得好:"僧肇悟发天真,早玩庄老,晚从罗什","于体用问题有深切之证之","肇公之学说,一言以蔽之曰:即体即用"。即体即用是中国哲学的显著特点,当然这也是佛教般若学和玄学结合的产物。请看他对佛家中空的诠释:

---

① 接上句"名可名"云云,笔者认为应当这样断句。

> 夫至虚无生者，盖是般若玄鉴之妙趣，有物之宗极者也。自非圣明特达，何能契神于有无之间哉？是以至人通神心于无穷，穷所不能滞；极耳目于视听，声色所不能制者。岂不以其即万物之自虚，故物不能累其神明者也？是以圣人乘真心而理顺，则无滞而不通，审一气以观化，故所遇而顺适。无滞而不通，故能混杂致淳；所遇而顺适，故则触物而一。如此，则万象虽殊，而不能自异。不能自异，故知象非真象。象非真象，故则虽象而非象。①

用僧肇的话说，道家的"至虚无生"就是佛门的"般若玄鉴"，也就是超越有限之"宗极"。虚无、般若、终极（宗极）三位一体，异名一义，般若性空，也便是道家的虚无了，当然也是"有物"，即"有"或宇宙万物生成的本源。一言以蔽之，这还是道家"有"生于"无"的思维方式。不过依佛家的般若之说，二者并非截然对立，"圣明特达"常游行自在于有、无之间——万象虽殊而本质实无差异；本质既无差异，则可知千差万别之象并非真象；象非真象，也就是虽然有象，实际无象。僧肇正是如此以玄学家的有无之辨，导引出"象非真象""虽象而非象"的不真空论。

然而，终极之体毕竟"潜微幽隐"，不是每个人都能把握的。但在玄学"贵无""崇有""独化"各派风气的影响下，六家七宗，"顷尔谈论"，各逞异说，均难以尽"般若性空"之意。僧肇有代表性地针对心无、即色、本无三家，条分缕析，言简意赅，在对比评析中，指出它们背离"不无不有"真谛的偏颇之处，为深入阐释"不真故空"的体用之说做理论上的铺垫。

> 心无者，无心于万物，万物未尝无。此得在于神静，失在于物虚。
>
> 即色者，明色不自色，故虽色而非色也。夫言色者，但当色即色，岂待色色而后为色哉？此直语色不自色，未领色之非色也。
>
> 本无者，情尚于无多，触言以宾无。故非有，有即无；非无，无亦

---

① 本节所引文字，皆为僧肇《不真空论》。

无。寻夫立文之本旨者,直以非有非真有,非无非真无耳。何必非有无此有,非无无彼无? 此直好无之谈,岂谓顺通事实,即物之情哉?

第一段是针对心无义而言。僧肇认为,心无义视万物为空,但万物还是存在,其错误是仅仅从心的角度谈空,尚未注意到万物的存在只是假,也就是"有非真生",所以说"此得在于神静,失在于物虚"。换句话说,"无心于万物"便可以神静,即破除我执而达到诸法无我的境界;但无视万物的存在,却背离了或者说掩盖了物质世界的性质,难免有掩耳盗铃之意。因此对于心无宗"种智之体,豁如太虚。虚而能知,无而能应"的观点,僧肇并不认同。他认为根本就没有"无用之寂,而主于用",应是寂用相即,体用一如。心无义之所以"偏而不即",关键在于心、色分离,而且仅仅从心无的角度谈空,还是导致了心无色有的结果,即我空法有。简单地说就是"空"得不够彻底。

其次是对即色义的批判。佛说:"色不异空,空不异色,色即是空,空即是色"(《般若波罗蜜多心经》),即色宗只强调,色不自生,即一切事物皆不能自己生成,所以说色,即事物的相状只是假象、空象,而非本有、真相。僧肇指出,此说虽然把握了色不自生的规律,但却肯定色就是色,不解因缘和合,依他而生,故"色之非色""即色即空",也就是"有非真生",或者说"有即非有"、当体即空的根本精神,仍然不得中观学派般若空观之真谛。

僧肇的《不真空论》着重批评的是"本无"说。他认为"本无"(包括慧远的"法性")虽然也讲"非有非无",但最终还是将大千世界的本体认作"无"或"虚"("情尚于无多,触言以宾无");如此好无之谈,偏向于说明"此有非有""彼无非无",依然背离了"非有非真有,非无非真无""非有非无""即有即无",或者索性说"有即无""无即有"的般若空观。显而易见,此说割裂了有、无,有体用分离的倾向。所以僧肇批评"本无"一家的说法既不通顺事实,也不是判断事物的正确方法。("岂谓顺通事实,即物之情哉?")

依僧肇之说,"本无"义偏于"无"而有所不及,无论言"非有",还是言"非无",落脚点都在"无"。而大乘佛教哲学的"空",以事物为"非有"而不是"真有","非无"不是"真无"。僧肇解空,采用的自然是双遣的遮诠法,突出的是本体之相超二元对立的性质,说明"非有"并非无(非 A 不含B),"非无"也就更非无;非有非无是有、无的超越,或者方便地说是假有假无。用僧肇的话说就是"不真故空",即"不真空"。

可以看出,僧肇对代表六家七宗的心无即色以及本无三家的批评着眼于两方面:在方法上以"契神于有无之间"为正道,在"事实"上以超越有、无为终极,以"非有非真有,非无非真无"玄学思辨的方法诠释般若性空的学说,并显示"即体即用"的中国哲学本体论的特色。诚如斯言:

> 试论之曰:《摩诃衍论》云:"诸法亦非有相,亦非无相。"《中论》云:"诸法不有不无者,第一真谛也。"寻夫不有不无者,岂谓涤除万物,杜塞视听,寂寥虚豁,然后为真谛者乎? 诚以即物顺通,故物莫之逆;即伪即真,故性莫之易。性莫之易,故虽无而有;物莫之逆,故虽有而无。虽有而无所谓非有,虽无而有所谓非无。如此则非无物也,物非真物。物非真物,故于何而可物? 故经云:"色之性空,非色败空。"以明夫圣人之于物也,即万物之自虚,岂待宰割以求通哉? 是以寝疾有不真之谈,《超日》有即虚之称。然则三藏殊文,统之者一也。故《放光》云:"第一真谛,无成无得,世俗谛故,便有成有得。"夫有得即是无得之伪号,无得即是有得之真名。真名故,虽真而非有;伪号故,虽伪而非无。是以言真未尝有,言伪未尝无。二言未始一,二理未始殊。故经云:"真谛俗谛,谓有异耶?"答曰:"无异也。"此经直辩真谛以明非有,俗谛以明非无。

这段话思辨性很强,听起来也佶屈聱牙,其实简单地说就是四个字:非有非无。一切经论莫不以此为关注和论述的重心——有相无相也好,不有不无也罢,有成有得、无成无得等等,统统是上述四字的不同表述。

言虽不同,理则不殊,真谛偏向于说"非有";俗谛显然倾向于说"非无"。有无之辨,如是而已。僧肇此论,可以说是把有无的辩证关系发挥得淋漓尽致。日后中国佛教各宗各派,尤其是禅宗哲学,谈空说有,皆以此为绳墨;否则,不是落于"顽空",便是执于"实有"。僧肇此论在中国哲学史上的重要地位于此可见一斑。雍正将其作为禅宗哲学收入《御选语录》,可以看出肇论的深远影响。僧肇继续说明:

> 《道行》云:"心亦不有亦不无。"《中观》云:"物从因缘故不有,缘起故不无。"寻理即其然矣。所以然者,夫有若真有,有自常有,岂待缘而后有哉?譬彼真无,无自常无,岂待缘而后无也?若有不能自有,待缘而后有者,故知有非真有。有非真有,虽有不可谓之有矣。不无者,夫无则湛然不动,可谓之无。万物若无,则不应起,起则非无。以明缘起,故不无也。故《摩诃衍论》云:"一切诸法,一切因缘,故应有。一切诸法,一切因缘,故不应有。一切无法,一切因缘,故应有。一切有法,一切因缘,故不应有。"……言有是为假有,以明非无,借无以辨非有。此事一称二,其文有似不同,苟领其所同,则无异而不同。

万物"非有非无"皆以缘生。如果是有,则无需缘起而后有;若是无,更无需缘灭而后无。一切事物的生成皆赖于因缘,所以既不是有,也不是无。需要说明的是,僧肇在这里把"非有非无"的存在既扩展于"心",也说明适用于有(为)法和无(为)法,显然在于强调缘生的普遍性,当然也为中国化佛教的心性本体奠定了坚实的理论基础。[①] 僧肇的结论是:

> 欲言其有,有非真生;欲言其无,事象既形。象形不即无,非真非实有。然则不真空义,显于兹矣。

显而易见,僧肇不真空义包含两层意思:一是事物皆非真生,故谓之

---

① 时至今日,对中国佛教心性本体的不同见解多数轻忽了这里的论说。即便是作为本体的心,以及包括有法、无法的各种存在,也都是因缘生成的,不只是"一切有为法"。如果把心看作是不变的本体,显然和缘生论形成悖论;如果否定"心亦不有亦不无",势必得出"中国佛教不是佛教"的错误结论。佛教中国化的性质在这里已经彰显出来了。

"空";二是形非实有,所以说是"不真",因此名之曰"不真空"。他形象地譬喻说:"故《放光》云:'诸法假号不真。'譬如幻化人,非无幻化人,幻化人非真人也。"与"白马非马"的名辩不同,这里不是概念指称的逻辑问题,而是真假的实际问题——幻化人非无虽有,但幻化人并非真人。世间万物皆如此,虽有而假,非无而幻。当然,从本体论上考究,僧肇解空,既不同于道家"无生有",也不同于其他学说,如基督教哲学的"有生有",更不是"有生无",而是因缘和合的般若之性生成了大千世界。用在性中,体也在性中,体用一如,走的还是中国哲学的路子。可见,正是"有非真生""形非实有"这两层意思,构建起僧肇非有非无、即有即无、即体即用的"不真空"论,也建设起具有典型思辨色彩的中国佛教非本体的本体哲学。

另外,僧肇还进一步指出:

> 夫以名求物,物无当名之实。以物求名,名无得物之功。物无当名之实,非物也。名无得物之功,非名也。是以名不当实,实不当名。名实无当,万物安在?故《中观》云:"物无彼此。"而人以此为此,以彼为彼,彼亦以此为彼,以彼为此。此彼莫定乎一名,而惑者怀必然之志。然则彼此初非有,惑者初非无。既悟彼此之非有,有何物而可有哉?故知万物非真,假号久矣。是以《成具》立强名之文,园林托指马之况。如此,则深远之言,于何而不在?是以圣人乘千化而不变,履万惑而常通者,以其即万物之自虚,不假虚而虚物也。故经云:"甚奇世尊,不动真际,为诸法立处。"非离真而立处,立处即真也。然则道远乎哉?触事而真;圣远乎哉?体之即神。

这里僧肇又从名实、彼此关系上凸显"万物非真,假号久矣",目的还在于强调,人不远道,"立处即真""体之即神",把体用一如的理论落在实处,落在非有非无的"不真空"论上。

第三节 法无来去的动静观

无论事物的性质如何,有也好,无也罢,其生灭都在变化之间,如川之逝水，日月升沉，寒来暑往。换句话说，宇宙万物都在生、住、异、灭的运动中变化并实现其发展；当然，也可以从相对论的角度解释，不是事物的运动，而是时间的流逝、空间位置的变换。总而言之，动静的形成，或者是事物本身的运动，或者是时间、空间的变化。佛家认为，因缘和合，诸法无常，突出的是变，而非不变。不过，变和不变，也就是动和静，也处在变动不居之中，无所谓动，也无所谓静，是超越时间和空间的动和静。所以佛说"如来者，无所从来，亦无所去"。"不来不去"显然是佛教哲学的动静观。僧肇的"物不迁论"在玄学的时间、空间中自由驰骋，纵横捭阖，详尽地论述了法无来去、动静一如的动静观。首先，僧肇在破斥"人之常情"的同时，提出了他的命题：

> 夫生死交谢，寒暑迭迁，有物流动，人之常情。余则谓之不然。何者？《放光》云："法无去来，无动转者。"寻夫不动之作，岂释动以求静，必求静于诸动。必求静于诸动，故虽动而常静。不释动以求静，故虽静而不离动。……试论之曰：《道行》云："诸法本无所从来，去亦无所至。"①

事物有生有死，四季寒来暑往，世间万物都在不停地迁流变动，如此触目皆是的现象，无人存有异议。但是僧肇认为，这是习而不察的错误。根据佛经"法无来去"之说，他提出"动而常静""静不离动"的观念，给予佛教经典哲学上的诠释。

现代物理学研究的结果表明，运动是物质固有的属性和存在方式，静止是从特定的关系考察运动时的特殊形式，而且，所有存在的物质，实际上都是由速度不同、大小不同的粒子组成的"动态凝聚物"。用恩格斯的话说就是，"没有运动的物质和没有物质的运动是同样不可想象的"。物质是运动的，但有动和静的不同形式；静的物质也在不停地变化，动的态势在空间、时间的四维关系中看起来又是静止的。换句话说，动不离

---

① 本节所引文字，皆为僧肇《物不迁论》。

静,静不离动,动静是在时间、空间存在的不同形式。僧肇早在 1600 年前对物质性质的大胆猜测与现代物理学如此相近,显然也是一种奇迹。僧肇如此论述运动和时空的关系:

> 《中观》云:"观方知彼去,去者不至方。"斯皆即动而求静,以知物不迁,明矣。夫人之所谓动者,以昔物不至今,故曰动而非静。我之所谓静者,亦以昔物不至今,故曰静而非动。动而非静,以其不来;静而非动,以其不去。然则所造未尝异,所见未尝同。逆之所谓塞,顺之所谓通。苟得其道,复何滞哉!伤夫人情之惑也久矣。目对真而莫觉,既知往物而不来,而谓今物而可往。往物既不来,今物何所往?何则?求向物于向,于向未尝无。责向物于今,于今未尝有。于今未尝有,以明物不来;于向未尝无,故知物不去。覆而求今,今亦不往。是谓昔物自在昔,不从今以至昔。今物自在今,不从昔以至今。故仲尼曰:"回也见新,交臂非故。"如此,则物不相往来明矣。既无往返之微朕,有何物而可动乎?然则旋岚偃岳而常静,江河竞注而不流,野马飘鼓而不动,日月历天而不周,复何怪哉!

从空间(方)上看,物质位置的变换谓之"动",设若物体脱离了空间,或者如《中观》所言"去者不至方"(不再返回空间),也就无所谓动。换个角度看,也可以说是空间的改变,而非物体在动。其实"静"是相对于"动"的存在形式,所谓"即动而求静",看似动,其实静,因此也可以说是静,也就是"物不迁"。

由时间(今昔)上说,过去的一去不返,通常认为是走向过去,是动而非静;但僧肇认为,去而不返只是因为时间的流逝,物体被留在过去,所以说是"静而非动"。言其动,因其离开了现在;言其静,则因其没有和时间一起走向未来而留在过去。其实都只是时间如川逝水而无不同,但有动静之见不同而已。这就是"昔物在昔非从今至昔""今物在今非从昔至今","物不迁"的意思即此。换句话说,时间在流逝,交臂之间,物换星移,我亦非我,过去的留在过去,现在的正在现在。时间的变化看起来却好像事物的运动,显而易见,离开时间和空间也就无所谓动静。僧肇正是如此强调这一合理性悖论的:旋岚偃岳,江河竞注,野马飘鼓,日月历天,都可以说是不动,即"不迁"。

不过严格地说,上述僧肇关于动静的思辨依然植根于中国传统。《庄子》天下篇末,在介绍以惠施为首的名家学派的同时,特别指出"飞鸟之景未尝动也。镞矢之疾,而有不行、不止之时"的命题。僧肇既然以庄老为心要,"物不迁"的论说显然与此有割不断的内在联系。魏晋玄风飙起,郭象为《庄子》养生主"不知其尽也"注释曰:"夫时不再来,今不一停。故人之生也,一息一得耳。向息非今息,故纳养而命续。前火非后火,故为薪而火传。火传而命续,有夫养得其极也。世岂知其尽而更生哉?"这谈的也是运动和时间的关系。僧肇适逢其会,以庄解佛的自我意识的觉醒,在这里同样表现得淋漓尽致。事物如此,生命亦然,再请看僧肇如何驾轻就熟,以往圣之言诠释佛家"法无来去"的生命现象:

> 《摩诃衍论》云:"诸法不动,无去来处。"斯皆导达群方,两言一会,岂曰文殊而乖其致哉?是以言常而不住,称去而不迁。不迁,故虽往而常静;不住,故虽静而常往。虽静而常往,故往而弗迁;虽往而常静,故静而弗留矣。然则庄生之所以藏山,仲尼之所以临川,斯皆感往者之难留,岂曰排今而可往?是以观圣人心者,不同人之所见得也。何者?人则谓少壮同体,百龄一质。徒知年往,不觉形随。是以梵志出家,白首而归,邻人见之曰:"昔人尚存乎?"梵志曰:"吾犹昔人,非昔人也。"邻人皆愕然。非其言也,所谓有力者负之而趋,昧者不觉,其斯之谓欤?

庄子认为,自然给人以形体,乃至生和老、死,"故善吾生者,乃所以善吾死"。因为从时间上看,生是"常而不住",死是"去而不迁",是无所谓来也无所谓去的,即"少壮同体,百龄一质"。之所以有来去动静之别,只是视角不同而已。庄生藏山、子在川上,皆有感于去而难留,非能离今而过去。其实,藏山于泽,"夜半有力者负之而走,昧者不知也"。若"藏天下于天下"，也就无所谓走不走了（"不得所遁"）①。所以梵志说：我既是过去的我，又不是过去的我。对于生命而言，同样是无去来者。这就是佛法的不生不灭。

需要强调的是，"不迁"之意并非通常所说的静止，而是非动非静，即动即静。从逻辑学上讲，是超二元的多值逻辑。不动不等于静，不静也不等于动。以此诠释佛法"八不"的"不来不去"，确立"法无来去"的动静观，显然是以儒道解佛的产物，当然也是中国哲学在理性思维方面深化的具体表现。像他的即体即用的不真空论一样，这一非动非静、即动即静的辩证思维，无疑为中国佛学尤其是禅宗哲学奠定了思辨的理论基础。

第四节　有名无名、有知无知的涅槃论

僧肇在《不真空论》中明确指出"万物非真，假号久矣"，从终极的角度标明名实的辩证关系，显然也是对中观学派"三是偈"②空、假观念的经典概括。然而僧肇的名实论远不至此。其对涅槃的诠释，尽见于涅槃两论③之间。首先他指出："夫般若虚玄者，盖是三乘之宗极也。……有天竺沙门鸠摩罗什者，少践大方，研机斯趣，独拔于言象之表，妙契于希夷之境。"（《般若无知论》）佛所谓涅槃，在僧肇的诠释下也就是超越言象之表、契神于希夷之境的虚玄、宗极，名实问题也就不得不辨了。他接着说：

> 《放光》云："般若无所有相，无生灭相。"《道行》云："般若无所知无所见。"此辨智照之用，而曰无相无知者，何耶？果有无相之知，不知之照明矣。何者？夫有所知，则有所不知。以圣心无知，故无所不知。不知之知，乃曰一切知。故经云："圣心无所知，无所不知。"

---

① 《庄子·大宗师》："若夫藏天下于天下而不得所遁，是恒物之大情也。"

② 即诸法因缘生，我说即是空，亦为是假名，亦是中道义。

③ 前辈考证《涅槃无名论》为后世伪作，但其思想与三论一脉相承，而且部分内容亦见慧皎《高僧传》本传中，故可作为僧肇思想的依据。

信矣！是以圣人虚其心而实其照，终日知而未尝知也。……

夫圣心者，微妙无相，不可为有；用之弥勤，不可为无。不可为无，故圣智存焉；不可为有，故名教绝焉。是以言知不为知，欲以通其鉴；不知非不知，欲以辨其相。辨相不为无，通鉴不为有。非有，故知而无知；非无，故无知而知。是以知即无知，无知即知。无以言异，而异于圣心也。（《般若无知论》）

般若无相，涅槃无相；般若无知，涅槃亦无知。当然，无相并非无，乃非有非无；无知非不知，乃无知而知，知一切知，或者说知不可知知。这显然是老子"不可视"（曰夷）、"不可听"（曰希）、"不可得"（曰微）亦"不可见"（"忽恍"的"无状之状""无物之象"）的道论，以及"知者不博，博者不知""知不知，上；不知不知，病"的知论对涅槃的照见，其中的措辞如"圣人虚其心而实其照"也是对《老子》的活用①。这里还涉及"心"的范畴，以"心"为般若，也显示出佛教由外在的超越向内在的超越的转化，即向心性哲学的转化。请再看：

既曰涅槃，复何容有名于其间哉？斯乃穷微言之美，极象外之谈者也。（《奏秦王表》）

夫涅槃之为道也，寂寥虚旷，不可以形名得。微妙无相，不可以有心知。（《涅槃无名论》）

经云："真解脱者离于言数，寂灭永安，无始无终，不晦不明，不寒不暑，湛若虚空，无名无说。"论曰："涅槃非有，亦复非无，言语道断，心行处灭。"（《涅槃无名论》）

以上论涅槃无名，也就是说道体无名，即"道可道，非常道"的意思。既然作为道的涅槃，非有非无，"离于言数""不可以形名得""不可以有心知"，自然"不可名"，也就是无名。然而，说是无名，毕竟有名，就名而言，僧肇的解释是：

---

① 《老子》第三章："是以圣人之治，虚其心，实其腹。"

> 有名曰，夫名号不虚生，称谓不自起。经称有余涅槃、无余涅槃者，盖是返本之真名，神道之妙称者也。(《涅槃无名论》)

简单地说，涅槃，或者说道，虽不可名，却又有名，名不是没有依据的虚构，而是直指道体的"真"名，是符契终极的妙称，也就是名副其实的称谓。当然，符"真"之名也是假名。

> 经曰：菩提之道，不可图度。高而无上，广不可极；渊而无下，深不可测；大包天地，细入无间。故谓之道。然则涅槃之道，不可以有无得之，明矣。而惑者睹神变，因谓之有，见灭度，便谓之无。有无之境，妄想之域，岂足以标榜玄道而语圣心者乎？(《涅槃无名论》)

"有无之境"实在是"妄想之域"，无名冠之以名，实在也是为了破斥妄想而施设的假名。和老子的道不同的是，它不是有，也不是无，但其指向和论述的语词，却还是似曾相识的老子论道的语言。

> 总而括之，即而究之，无有异有而非无；无有异无而非有者明矣。而曰：有无之外，别有妙道。(《涅槃无名论》)

毫无疑问，涅槃在有无之外，非有异于有，却不是无；非有异于无，却不是有。它不可名，却又有名；如此同《老子》"无名，天地之始；有名，万物之母"的有无之辨虽然相似，却越来越接近言、象、意之辨，表现出更多的辩证思维色彩。

上述关于涅槃的有名无名、有知无知之说，既是对静趋空灵、即体即用的不真空论的补充，也是在老子思想影响下的名实之辨。只不过与当时的社会思潮不同，其辨析名实问题的特点有三：

第一，以涅槃比附道，道不可说，不可名，故涅槃无名。然而，涅槃毕竟是名，而且有有余无余之别，它不是"万物之母"的"有"，而是返本归真之名，是直指"非有非无"的终极之境的概念，或者说假名。

第二，万物非真，假号久矣。佛说因缘生法，诸法无我，一切皆幻，所以"名"也是幻，也是假，假名而已。也就是说，就佛法而言，一切事物都没有自性,故不真(若言其有,有非真生),也就是"空"。假名之说实际上是对"有"的否定。然而,非"有"并不是"无";无自性,并非不存在(若言其无,事象既形)。从俗谛看,一切存在虽然是虚妄,但却有形有象,也不能说是"无"。假名恰恰反映了事物"非无"的特性。从某种意义上说,也就承认了事物的存在,排斥了绝对的虚无。

第三,不可名之名,也是副实之名,多少还是受到当时社会风气的影响而包含了名实之辨。不过僧肇更强调,无名之名,才是"真"名,是最高的"神道之妙称"。显而易见,僧肇的名实观念已经走出了汉魏名实思潮的藩篱,由原本作为品鉴人物的政治需要,开始转向言意之辨的形而上的思辨哲学了。

需要说明的是,名实关系也是中国哲学的基本问题。从白马非马、离坚白直到汉魏之间的循名责实,都是这一问题的表现形式。名实的一致性是人类的不断追求,然则名不当实、名实相违的事实却层出不穷,汉末魏晋尤其泛滥于社会政治生活之中,因而有循名责实的政治要求。董仲舒也曾经论述名实关系曰:"名生于真,非其真弗以为名。名者,圣人之所以真物也。"又说:"欲审曲直,莫如引绳;欲审是非,莫如引名。名之审于是非也,犹绳之审于曲直也。诘其名实,观其离合,则是非之情不可以相谰矣!"(《春秋繁露·深察名号》)在董仲舒看来,物的本质是真实,真实的物应有真实的名,因此,审名实之是非,察名实之离合,便可知人、事之真妄曲直。这便是后来的循名责实。僧肇的名实观虽渊源于此,而又不同于此。其以道家之说,释涅槃非有非无;以缘生之法,说万物假号不真。正像他的譬喻和结论:"譬如幻化人,非无幻化人,幻化人,非真人也。夫以名求物,物无当名之实;以物求名,名无得物之功。物无当名之实,非物也。名无得物之功,非名也。是以名不当实,实不当名,名实无当,万物安在?"名非名,物非物(实非实),名和实纯粹是思辨的概念,在中国哲学中全面渗透并尽显风流。

第七章 道生的佛性论及其对中国心性哲学的建设

佛教传入中国，在中国传统文化肥腴的土壤中植根、发芽、成长；历经汉魏，集数百年之精华，至晋宋与玄风同气相求而风采卓然。道生尤其得风气之先，集般若、涅槃、毗昙于一身，对佛教哲学的中国化作出了系统全面的贡献，为其后中国化的佛学、佛教，尤其是禅宗和禅宗哲学奠定了思维的基础。汤用彤先生早在20世纪30年代，对此就有过切中肯綮的评判：

> 晋宋之际佛学上有三大事。一曰《般若》，鸠摩罗什之所弘阐。一曰《毗昙》，僧伽提婆为其大师。一曰《涅槃》，则以昙无谶所译为基本经典。竺道生之学问，盖集三者之大成。于罗什、提婆则亲炙受学。《涅槃》尤称得意，至能于大经未至之前，暗与符契，后世乃推之为《涅槃》圣。[①]

汤先生的评价足以说明，道生汲纳众流，集般若性空与涅槃实相于一体，以实相无相、佛性本有之说，问鼎中国哲学，开启中国佛教心性本体论之先河。

---

① 汤用彤：《汉魏两晋南北朝佛教史》，第406页。

第一节　道生生平与著作

佛教文化及哲学的中国化,托命在于翻译,道安之后,一切有部、般若三论、涅槃经典相继弘传中土,并与玄学风气混融结合而风行当时。道生以其睿智慧解,承接三家源流,开创中国佛学新局面。汤用彤称赞其"固是中华佛学史上有数之人才"①,时人(王微)以之比郭林宗,为之立传,旌其遗德。宗门有释慧琳撰《竺道生法师诔》,推崇备至,曰:"于是众经云披,群疑冰释。释迦之旨,淡然可寻。珍怪之辞,皆成通论。聃、周之伸名教,秀、弼之领玄心,于此为易矣。"②

聃、周自然指的是老子和庄周,秀、弼则是郭象和王弼,后者一是注老,一是解庄,亦可见时人对道生以道解佛、推动佛教哲学中国化认识的肯定。

道生事迹,《高僧传》之记载可谓言简意赅,全文摘引如次:

> 竺道生,本姓魏,钜鹿人,寓居彭城,家世仕族。父为广戚令,乡里称为善人。生幼而颖悟,聪哲若神。其父知非凡器,爱而异之。后值沙门竺法汰,遂改俗归依,伏膺受业。既践法门,俊思奇拔,研味句义,即自开解,故年在志学,便登讲座,吐纳问辩,辞清珠玉。虽宿望学僧、当世名士,皆虑挫词穷,莫敢酬抗。

> 年至具戒,器鉴日深。性度机警,神气清穆。初入庐山,幽栖七年,以求其志。常以入道之要,慧解为本,故钻仰群经,斟酌杂论,万里随法,不惮疲苦。后与慧叡、慧严同游长安,从什公受业。关中僧众,咸谓神悟。后还都,止青园寺。寺是晋恭思皇后褚氏所立,本种青处,因以为名。生既当时法匠,请以居焉。宋太祖文皇深加叹重。后太祖设会,帝亲同众御于地筵,下食良久,众咸疑日晚。帝曰:"始

---

① 汤用彤:《汉魏两晋南北朝佛教史》,第 411 页。
② 〔南朝宋〕释慧琳:《龙光寺竺道生法师诔》,〔唐〕释道宣:《广弘明集》卷二十三。

可中耳。"生曰："白日丽天，天言始中，何得非中。"遂取钵便食。于是一众从之。莫不叹其枢机得衷。王弘、范泰、颜延之并挹敬风猷，从之问道。

生既潜思日久，彻悟言外，乃喟然叹曰："夫象以尽意，得意则象忘。言以诠理，入理则言息。自经典东流，译人重阻，多守滞文，鲜见圆义。若忘筌取鱼，始可与言道矣。"于是校阅真俗，研思因果。乃立善不受报，顿悟成佛。又著《二谛论》、《佛性当有论》、《法身无色论》、《佛无净土论》、《应有缘论》等。笼罩旧说，妙有渊旨。而守文之徒，多生嫌嫉，与夺之声，纷然竞起。又六卷《泥洹》先至京师，生剖析经理，洞入幽微，乃说阿阐提人皆得成佛。于时大本未传，孤明先发，独见忤众。于是旧学以为邪说，讥愤滋甚，遂显大众，摈而遣。生于大众中，正容誓曰："若我所说反于经义者，请于现身，即表厉疾。若与实相不相违背者，愿舍寿之时，据师子座。"言竟拂衣而游。

初投吴之虎丘山，旬日之中，学徒数百。其年夏，雷震青园佛殿，龙升于天，光影西壁，因改寺名号曰龙光。时人叹曰："龙既已去，生必行矣。"俄而投迹庐山，销影岩岫。山中僧众，咸共敬服。后《涅槃大本》至于南京，果称阐提悉有佛性，与前所说合若符契。生既获斯经，寻即讲说。以宋元嘉十一年冬十一月庚子，于庐山精舍升于法座。神色开朗，德音俊发，论议数番，穷理尽妙。观听之众，莫不悟悦。法席将毕，忽见麈尾纷然而坠，端坐正容，隐几而卒，颜色不异，似若入定。道俗嗟骇，远近悲泣。于是京邑诸僧，内惭自疚，追而信服。其神鉴之至，征瑞如此，仍葬庐山之阜。

初生与叡公及严观同学齐名，故时人评曰："生、叡发天真，严、观洼流得，慧义彭享进，寇渊于默塞。"生及叡公独标天真之目，故以秀出群士矣。初关中僧肇始注《维摩》，世咸玩味。生乃更发深旨，显畅新典及诸经义疏，世皆宝焉。王微以生比郭林宗，乃为之立传，旌其遗德。时人以生推阐提得佛，此语有据。顿悟、不受报等，时亦为宪章。宋太祖尝述生顿悟义,沙门僧弼等皆设巨难,帝曰:"若使逝者可兴,岂为诸君所屈。"

后龙光又有沙门宝林,初经长安受学,后祖述生公诸义,时人号曰游玄生。著《涅槃记》,及注《异宗论》《檄魔文》等。林弟子法宝,亦学兼内外,著《金刚后心论》等,亦祖述生义焉。近代又有释惠生者,亦止龙光寺。蔬食,善众经,兼工草隶。时人以同寺相继,号曰"大小二生"。[①]

仅据此说,道生生年不详,大约在晋宋之间[②]。家系仕族,原籍钜鹿,寓居彭城,父为彭城治下广戚县令,幼而改俗,从竺法汰出家。志学之年,便登讲座,才思敏捷,辩才无碍,名士名僧,莫能酬对。《诔文》赞之曰:"于时望道才僧,著名之士,莫不穷辞挫虑,服其精致。鲁连之屈田巴,项托之抗孔叟,殆不过矣。"

据汤用彤考,南京瓦官寺立于兴宁年中,竺法汰于兴宁三年(365)随道安至襄阳,后经荆州辗转东下,抵京都,居该寺,拓房宇,修众业,大概在简文帝在位的那两年间(371—372)。法汰历经宁康至太元十二年(387)卒于南京,道生出家皈依法汰当在这 23 年之间。另据《高僧传》,简文帝请法汰宣讲《般若》,"三吴负帙至者数千",故推定道生出家在 371年至 372 年之间。之后又数年,道生十五,乃志学之年,设若为 375 年,"死于公元 434 年,则道生寿六十岁"[③]。又经五年,道生二十,受具足戒。《祐录》曰:"年至具戒,器见日跻,讲演之声,遍于区夏。王公贵胜,并闻风造席。庶几之士,皆千里命驾。生风雅从容,善于接诱。其性烈而温,其气清而穆。故豫在言对,莫不披心焉。"

这就是说,道生皈依法汰不可能早于 371 至 372 年,后数年便开坛讲座,其年十五。汤先生假定是年为 375 年,也是顺理成章的。那么道

---

① 〔南朝梁〕释慧皎:《高僧传》卷七,第 255—257 页。
② 生年当在公元 360 年前后。也有人说在 355 年,见王仲尧《中国奇僧》,第 99 页,北京,国际文化出版公司,1992。
③ 此说或计算错误,或误排,应当是 75 岁。

生则生于 360 年前后,至宋文帝元嘉十一年,即 434 年,早已过了古稀之年。之后受具,或许在二十岁前后,便已"讲演之声,遍于区夏"。

大概在东晋太元年间(公元 395 年前后),道生初入庐山,幽居七年。当时慧远居庐山东林寺,僧伽提婆渡江后先登庐山,在慧远协助下译出《阿毗昙心》四卷。道生适逢其会,从提婆习一切有部义,并一起研习毗昙学说。① 道生以慧解为本,"钻仰群经,斟酌杂论",为其后融会贯通、汲纳综合的佛教哲学奠定了基础。

而后(公元 401 年以后),道生与慧叡、慧严同游长安,从鸠摩罗什受学,尤其接收了"龙树大乘之源",对般若学的宗趣,"咸畅斯旨,究举其奥。所闻日优,所见愈赜"。(《诔文》)生在关中,僧众多为其折服,"咸谓神悟"。《续高僧传·僧旻传》引王俭语曰:"昔竺道生入长安,姚兴于逍遥园见之,使难道融义,往复百翻,言无不切,众皆睹其风神,服其英秀。"由此也可见道生在当时的影响。另外,《肇论》转引刘遗民与僧肇书曰:"去年夏末,始见生上人,示《无知论》。"僧肇亦曰:"生上人顷在此同止数年。至于语话之际,常相称咏。"又可知两位法界精英同气相求的亲密关系。

据《祐录》云,义熙五年(409),道生还京,住建业青园寺,后改为龙光寺。由法显携来,并同佛陀跋陀罗合作翻译的六卷本《大般泥洹经》于义熙十三年(417)十月一日问世,也就是道生还建业后八年。涅槃佛性之说,道生早有所悟,所谓"潜思日久,悟彻言外",道生对涅槃哲学的汲纳当在此时。汤用彤说:

> 生公在匡山,学于提婆,是为其学问第一幕。在长安受业什公,是为其学问之第二幕。及于其于晋义熙五年(公元 409 年)南返至建业,宋元嘉十年(公元 434 年)②卒于庐山。中经二十五年,事迹殊少见记载,且不能确定其年月。但其大行提倡《涅槃》之教,正在此

---

① 见任继愈《中国佛教史》第三卷,第 331 页注,北京,中国社会科学出版社,1988。
② 卒年应为宋元嘉十一年(434),此处误。

时。是则为其学问之第三幕。①

　　也就是说,道生对佛经的学习及对中国哲学的研究,分三个阶段:一是在庐山从提婆习毗昙;二是于长安受业罗什,究般若之理;三是在建业研究涅槃佛性之说。

　　道生回京之后,六卷《泥洹》译出,佛性问题已成为佛学的重要课题。道生于此,早已心有灵犀,而有所悟,更是借玄学的方法以庄解佛,立善不受报、顿悟成佛之义;着重论法身无色,佛性当有,独步当世,而致"守文之徒""与夺之声,纷然竞起"。所谓"潜思日久,悟彻言外",显然"不必与《泥洹》之译有关"②。但是,也正因为如此,当六卷《泥洹》传至京师,道生则进一步"剖析经理,洞入幽微",孤明先发,不拘守已成之说,公开提出"一阐提人皆得成佛"之说,而与《泥洹》经义悖谬。于是僧界大哗,群起而攻之为邪说,并"摈而遣之",将道生逐出佛门。然而道生确信自己理念的正确,于广众中发大誓愿曰:"若我所说反于经义者,请于现身,即表厉疾。若与实相不相违背者,愿舍寿之时,据师子座。"言竟拂衣而游,充分表现了其对学术自由的矢志追求,以及励操幽栖、宅心世外的任达和潇洒。正所谓名僧风格,酷肖清流,魏晋名士的风采跃然纸上。

　　毫无疑问,佛性问题既是实际问题,更是理论问题。佛说缘生,故性空,"凡所有相皆是虚妄"。故法显远寻真本,持之扬都,佛陀跋陀罗"参而译之,详而出之"③,云:"泥洹不灭,佛有真我。一切众生,皆有佛性。"显然同般若性空、无我之义成鲜明对比,也和本无、心无、即色空、不真空说形成极大的反差,因而在当时佛学界产生了极大的影响。撇开复杂的逻辑辨析不说,佛性实有,显然迎合了传统心性学说而得以广泛传扬,于是真空、妙有之义凝结而成中国佛学对立并存的两个亮点彪炳于世。但是该经又特别说明:一阐提人,即断灭善根的恶人,既无佛性,更不能成

---

①② 汤用彤:《汉魏两晋南北朝佛教史》,第415页。
③ 〔南朝宋〕慧叡:《喻疑论》,〔南朝梁〕僧祐:《出三藏记集》卷五。

佛,于是在逻辑上也成为悖论。道生正是注意到这一点,或者说以更为彻底的心性学说,合乎逻辑地说明,既然众生皆有佛性,一阐提人也是众生,故一阐提人也有佛性,故"一阐提人皆得成佛"。一石击水,在学界引起大波澜。支持道生的虽不乏人,如慧叡者,但毕竟势单力薄,而导致道生奋起抗争。

道生被逐,先居虎丘,相传旬日之间从学者数百人。继而于元嘉七年(430年),投迹匡庐,"山中僧众,咸共敬服"。同年稍后,大本《涅槃》(昙无谶译四十卷本)传至京师,改治后送达庐阜,经中有阐提成佛之语,与道生之说不谋而合。这与其说是道生的先见卓识,不如说是传统心性学说特别是性善观念长期积淀的结果。

生既获新经,寻即建讲。于宋元嘉十一年(434)冬十月,升座说法,并在讲经结束之际,"忽见麈尾纷然而坠,端坐正容,隐几而卒,颜色不异,似若入定",实现了据狮子座辞世的誓言。

道生著作主要有:

《维摩经义疏》见《祐录》十五(任继愈《中国佛教史》均注为《出三藏记集》卷十五本传,下同)。《东域录》作三卷。今存之《维摩经注》及《关中疏》均摘抄生公之义疏。

《妙法莲华经疏》上下二卷。今存,载日本《续藏经》第一辑第二篇乙第二十三套第四册中。《四论玄义》卷十引道生释白牛车故事,亦出自此疏。

《泥洹经义疏》应为六卷本之疏。据现存《大般涅槃经集解》七十一卷引道生言,另有大本之注疏。任继愈在《中国佛教史》中注明:此或即唐道暹《涅槃经玄义文句》卷下所说的《疏义》。

《二谛论》见《高僧传》本传,《祐录》未著录。《涅槃经集解》卷三十二略引道生二谛之见解。

《小品经义疏》亦见《祐录》,不见于任继愈著作中。

其他还有《佛性当有论》《法身无色论》《应有缘论》《佛无净土论》,以及《涅槃十六问》《竺道生答王问》等。其中善不受报、顿悟成佛等,应当是关于佛教心性学说的理论,而非著作,由后人著述,由于句读或其他原因,而导致的误读和以讹传讹。

第二节　觉与心性——与佛性论相关的顿、渐和本有、当有之争

佛(Buddha)称觉悟有自觉、觉他和觉行圆满等不同阶级,"觉"显然是佛家的终极追求。觉,就是要觉悟大千世界、诸法万象,一切皆幻,其根本就在于缘生,而不在于"本生"或者说"创生"。这是佛教哲学的显著特点,也是佛学区别于其他本体论哲学的本质精神。然而,觉的主体是人,觉的载体是心性,换句话说,觉是人性之觉,觉性就是佛性,佛性就是心性。如是,觉的主体、载体和觉的内涵,也就逻辑地联系在一起,原来对觉的追求,顺理成章地成为对心性的诠释和印证;"缘起性空"的辩证思维,摇身一变而为"真常唯心"的心性本体论。自表面看,二者成明显的悖论,但又可以说是殊途同归。诚如汤用彤所言:

> 《般若》、《涅槃》,经虽非一,理无二致。(《涅槃》北本卷八,卷十四,均明言《涅槃》源出《般若》)《般若》破斥执相,《涅槃》扫除八倒。《般若》之遮诠,即所以表《涅槃》之真际。明乎《般若》实相义者,始可与言《涅槃》佛性义。而中华人士则每不然。[1]

汤先生进一步明确指出:"实相无相,故是超乎象外。佛性本有,则是直指含生之真性",说的就是缘起性空和唯心真常之间看似针锋相对,却又相辅相成,真空妙有,契合无间,一起打造了中国佛教哲学的基础。

就另一方面而言,心性问题恰恰是中国传统哲学的精髓。除了生理器官的心之外,无论是"心之官则思"思维的心,还是儒家的仁人的道德之心,特别是老子的虚心、无心,庄子的心斋之道心,即超越有为,与道合一之心,同佛教哲学"凡所有相皆是虚妄"的无上正等正觉,都有更多的

---

① 汤用彤:《汉魏两晋南北朝佛教史》,第425页。

契合。显而易见,谈心论性的佛性之说,是中国传统哲学对佛学渗透的结果,当然,也可以说是佛教哲学对传统哲学的吸收和适应性的自我调适的结果。"觉性——佛性——心性"的逻辑推演,中国佛学非本体的本体至心性本体的建设,不待隋唐,其实在道生时期已经开始了它的无痕换骨的转化。这也是佛教中国化的主要内容。

第三节　正因佛性论

佛教追求觉悟,而以成佛为最高果位,显然佛是果,而非因。但是,成佛之果,也必有因,成佛之因,便是佛性。正因佛性说显然突出的是佛性本有,于是便产生了佛性是因还是果、本有还是始有的讨论。

佛性问题的讨论,在道生前后显露端倪。其实,佛性为何,当时多有异说。据汤用彤考,"吉藏《大乘玄论》卷三出正因佛性十一家。《涅槃游义》说佛性本有、始有共三家。元晓《涅槃宗要》出佛性体有六师。均正(即慧均僧正)《大乘四论玄义》卷七则言正因佛性有本三家、末十家之别。虽各有殊异,而大致相同"。详列如下:

本三家:

除道生"当有为佛性体""当果为正因佛性"外,其余两家是:

1. 昙无谶,本由中道真如为佛性体,或者说以中道为佛性体。

2. 安瑶,于道生和昙无谶二说之间,执得佛之理为正因佛性。

末十家:

1. 白马寺爱法师,述当果为正因,与道生同趣。

2. 灵根寺慧令,持安瑶义,以得佛之理为正因佛性。

3. 灵味宝亮,以真如为佛性,与梁武帝同气。

4. 梁武帝,真神为正因体,或正因佛性。

5. 中寺法安,以冥传不朽为正因佛性。

6. 光宅寺法云,以避苦求乐为正因佛性,亦常用宝亮真如性为正因体。

7. 河西道朗、庄严寺僧旻等，说众生为正因体，以众生为正因佛性。

8. 定林寺僧柔、开善寺智藏，假实皆为正因，即以六法①为正因佛性。经云：不即六法，不离六法，非我不离我。

9.《地论》师，以第八识阿赖耶识（意译为无没识）自性清净心为正因佛性。

10.《摄论》师，以第九无垢识②为正因佛性。此真谛三藏之义。

这里所谓佛性并谓之正因者，就是为了说明佛性之不生不灭，既是永恒，亦是超越的存在，而与"缘因"相区别，也是由于"佛性实有"和"缘起性空"之间所形成的悖论的消解，并最终证成佛性本有。也正因为如此，佛性之辨，众说纷纭，多达十余种。任继愈归纳为六法、心识和理三种。其实，无论多少种，说法看来似乎不同，指向则一，都是借以论证佛性实有，不待缘生，只不过进路不同。所以说"各有殊异，而大致相同"。

事实上，佛性（真如）和缘生，一直是中国佛教哲学剪不断、理还乱的难题。有华严的无尽缘起，亦有法相的识有境无，更有禅宗离念离相的本心，都力图证实佛性的常在和诸法因缘生的一致性。直到近代，章太炎在《建立宗教论》中欲建立真如本体论时，也特别注意到这两个方面，并借助《成唯识论》说明外境非有，内识非无，必以因缘生，还指出般若学"心境皆空"，"到底无心无境，不能成立一切缘起"③，"缘起本求之不尽，无可奈何，乃立此名耳"。章氏就是如此差强人意，构建了一个既"无有缘起"又"必以因缘生"的真如本体论。

汤用彤还列举了一些与道生同时的佛性学说，如法瑶"得佛之理为佛性"，也就是以理为佛性。法瑶，"少而好学，寻问万里"，"贯极众经，傍通异部"，"平生好读《老子》，日百遍。以义理业知名"，"每岁开讲，三吴

---

① 六法指五蕴（色受想行识）及由此五蕴和合而成的人。五蕴实有，人乃和合而为假，故云假实。

② 另译作阿末罗识或庵摩罗识（音译），其实是阿赖耶识的另一种说法，真谛在第八识外另立此识，也称真如识，实在也是对性空、真常悖论的消解，是非本体的本体的进一步诠释。

③ 章太炎：《论佛法与宗教、哲学及现实之关系》，中国哲学编辑部：《中国哲学》（第六辑），北京，生活·读书·新知三联书店，1981。

学者,负笈盈衢"。① 可知其也是一位博学多闻且好道家玄思之学的中国僧人。法瑶以理为正因佛性,以理为常,为本有,具理本体的性质。瑶释涅槃云:妙绝于有无之域,玄越于名教之分,常理显时,自超于万域之外,而理显即是证体也。其余慧令等也持理佛性论。显而易见,理佛性论同《周易》穷理尽性之说遥相呼应,"晋代人士多据此而以理字指本体。佛教学人如竺道生,渐亦袭用。似至法瑶而其说大昌,用其义者不少。吉藏亦赞美其义'最长'"②。汤用彤最后特别强调:"此于中国哲学理论之发展有甚深之关系,学者所当详研也。"③佛教哲学中国化由此也可见一斑。

以理为佛性,自然要研理、穷理,对理的领悟需有一个过程,是分阶段的,所以入道之途也就只能是"渐"。这也是法瑶与道生立异之处。还有"应无缘"论,也和道生不同。

其次是宝亮,师青州道明法师,道明亦义学高僧,名高当世,宝亮就业专精,齐竟陵文宣王请为法匠,梁武帝"以亮德居时望,亟延谈说"。其学说以真如(或真谛)为正因佛性。宝亮认为:无我之说,偏而失中,乃小乘义,并非圆教。涅槃大经,乃在开神明之妙体也。神明妙体,超乎有无,绝于生死,恒常不动,故即为佛性。由是强调,真俗二谛共成真如之法。如是排斥无我,而有神明妙体之说,即神识本体,这显然是借庄老心性之说对佛家义理的解诠。

再次是梁武帝。其兼同儒道,有《老子讲疏》六卷,于佛教兼崇《般若》《涅槃》,著《注解大品经序》曰:"《涅槃》是显其果德,《般若》是明其因行",并举二经,该摄佛法,其治学宗要,大体也是融合三教,以般若为行、奉涅槃为果的综合之路。元晓《涅槃宗要》指明:"心神为正因体","我即是如来藏义,一切众生悉有佛性,即是我义",此是梁武萧衍天子义也。换句话说就是,佛性即我,即我之神明,与道生"生死中我,非佛性我"异趣。如是无我之佛教哲学,焕然而成神我之说教,当然也为心性本体的

---

① 参见汤用彤《汉魏两晋南北朝佛教史》,第 464—465 页。
②③ 同上书,第 470 页。

建设作出了应有的贡献。如是神我之义，与灵魂之说如出一辙，虽然流于固陋，却挑起了当时神灭和神不灭之争。

其余不再赘述。

上述佛性之说虽多异解，但目的不殊，均在于说明佛性实有。直接和道生佛性思想发生冲突并具学术价值的是佛性本有还是始有（当有）、渐悟还是顿悟之争。

第四节　本有和始有

上述正因佛性之说，虽然都在于说明"一切众生皆有佛性"，但其间细微的差异，却反映出对心性问题的不同理解。应当说，大小《涅槃》传入中国之后，佛性学说全面渗透佛学界。然而，真常之佛性和缘起之性空如何在理论上统一这一问题，向中国佛教学者提出了新的挑战，于是而有众说纷纭的佛性论出而应答。原本有和无之间的辨析，一变而为心性本体的讨论，即"始有"和"本有"之争。如果说佛性本有，那么就无所谓缘生，佛性既是成佛的因，亦是成佛的果；若说是始有、当有，或者索性说是"后"有，那么就不能说众生本来就有佛性，而有待于成佛后才有佛性，佛性只是成佛的果，故称"当果佛性"。

前面介绍，道生主张"当有为佛性体"，尝著《佛性当有论》，是"始有"说的代表，白马寺爱引申其说。《经》云，"佛果从妙因生"，众生杂染不净，自非妙因；众生成佛，始有佛性。譬如从乳有酪，乳中无酪。这就是"当果佛性"的"当果"论。

本有之说，自然说的是众生本具佛性，经中喻之为暗室瓶瓮、力士额珠、贫女宝藏、雪山甜药，"本自有之，非适今也"。《涅槃》经师，多持此说。比如宝亮，专门标举有心则有真如佛性；还有梁武帝言心性是一，常住不迁，以及法云之避苦求乐、法安之冥传不朽，实际上都是本有之说。

然而，始有之当果论的妙因又是什么？《涅槃》经文又明确地说成佛必在将来，何以有佛性本有？这些也都是理论上的漏洞。于是"本有于当"的调和论便应运而生。依照任继愈的说法，道生的《佛性当有论》久佚，从现有资料看，道生其实是"本有"论者，并举昙爱《四论玄义》之论曰："无明初念不有而已，有心则有当果佛性"，说的就是众生都有达成佛果之性，故必能成佛，其实还是佛性本有。吉藏又说："佛性本有必得义，故本有，而本时是未得，得时是始得，实是生义。"其义是众生必当成佛，故必有佛性。这里既说本有，又讲始得，明显有调和本有、始有的倾向。这就是"本有于当"，均正义曰：

> 但解本有有两家。一云本有于当。谓众生本来必有当成佛之理，非今始有成佛之义。《成实论》师宗也。

这就是说，必当成佛看起来是果，其实也是成佛之因，因果似成一体。另一方面有《地论师》之说，见吉藏《玄论》三：

> 佛性有两种，一是理性，二是行性。理非物造，故言本有。行藉修成，故言始有。

另，均正也指出：

> 《地论》师云：分别而言之有三种。一是理性，二是体性，三是缘起性。隐时为理性，显始为体性，用时为缘起性也。

说法虽然不尽相同，但调和本有、始有之意则无不同，只不过是作为"理"的佛性和"行"的佛性、"体"的佛性、"缘起"的佛性表现形式不同而已。因此，无论从哪个方面讲，道生的佛性论都可以认为是"本有"。于是而有"顿悟"义和"一阐提皆有佛性"之论。换句话说就是：佛性本有是顿悟和"一阐提皆有佛性"的理论依托。

第五节　道生的佛性论

一、实相无相的佛性论

　　首先，我们先看道生在《大涅槃经·师子吼品》中对佛性的解读。他

说:"佛者即佛性,何以故? 一切诸佛以此为性。"道生对此的进一步解释是:

> 夫体法者,冥合自然,一切诸佛,莫不皆然。所以法为佛性也。
>
> 法者,理实之名也。
>
> 体法者为佛,法即佛也。

一切诸佛以佛为性,所以说佛即佛性。这是从信行上说的,无需逻辑印证。但就学理上讲,则不足为凭,而且以佛为性也有视佛性为成佛之果即当果佛性之歧义。此前,法护就以"自然"译真如,即以自然为佛性,凸显佛性本有。道生显然注意到上述推证缺乏逻辑,因此转借道家"道法自然"的观念,引入"法"和"自然"的概念,提出"法即佛性"的佛性论——法冥合自然,佛亦冥合自然,故法即佛;自然本在,法亦本在,故佛性本有。这里又是以道释佛的杰作。道生还说:

> 智解十二因缘,是因佛性也。今分为二:以理由得解,从理故成佛果,理为佛因也。解既得理,解为理因,是为因之因。
>
> 成佛得大涅槃,是佛性也。今亦分为二。成佛从理,而至是果也。既成,得大涅槃,义在于后,是为果之果也。
>
> (《涅槃经集解》卷五十四)

理为佛因,成佛乃从理之果;成佛得大涅槃是佛性,又是果之果。由是理为佛因,解为因之因,为本有,为常在,为成佛之正因;而成佛得大涅槃为修正之果,前者是果佛性,后者则是果之果,即果果佛性。如此不惮繁难,佶屈聱牙,诠释佛经因之因、果之果[1],显然是《庄子》有始无始之说的翻版,是对佛性本有和始有的调和,当然也表现了佛教哲学无尽因果学理的辩证思维,以及缘起性空(无我)与佛性实有(有我)之悖论的消解。如此,佛性无论是本有,还是始有或当有,都可以视为正因佛性,也就是佛性本有。这里同样可以看到道生自觉建设中国佛教哲学的理论素养。

---

[1]《大涅槃经·师子吼品》:"佛性者有因,有因因;有果,有果果。"

诸法因缘生，是佛教哲学的基点，故佛说诸法无我。然而，若说无我，佛性何在？若言佛性实有，则成有我。《大涅槃经·如来性品》就是这样表述的——"佛性即是我义"。我和无我的矛盾是佛教哲学尤其是佛性论不能回避的问题。所以佛经中提出"佛性我"的概念，以及大我、真我、真如、大涅槃、如来藏种种，强调还有一个超越"个体我"的"佛性我"的存在，力图调和我与无我。上述因因、果果的正因佛性之说，目的也在于说明佛性我的存在。道生是这样论述的：

> 无我本无生死中我，非不有佛性我也。（《注维摩诘经》卷三）①
> 佛法中我，即是佛性，是则二十五有②，应有真我，而交不见，犹似无我。
> 种相者，自然之性也。佛性必生于诸佛。向云：我即佛藏；今云：佛性即我，互为辞耳。（《涅槃经集解》卷十八）

事实上，自佛教传入中土，华夏人士往往以神灵不灭为佛法根本。至般若学流布，僧人则转向无我性空之说，而疑存神之论。此佛学之一变化。继而涅槃学昌盛，标举佛性常住实有，同无我性空之义又成悖论。此佛学之又一大变化。道生孤明独发，多遭非议，也是促进佛教义理完善的理论背景。在这样的背景下，道生反复论证，实相无相，故超乎象外；佛性本有，直指含生之真性。无相曰无，万象曰有。有生于惑，无生于解。佛性我与般若无我不仅无抵牾，实则相辅相成。汤用彤陈述道生佛性义曰：本有和自然（或曰法）。《涅槃集解》卷一引道生"真理自然"之说，一则指出"理既不从我为空"（《维摩》注），二则说明，"夫体法者，冥合自然"（《涅槃经集解》卷五四）。所以说，见性成佛，即自然本性之显发，或者说是本性、心性之学说。佛性、法性、真理、自然，名殊实同，道生就是这样以道释佛，对佛学进行创造性转化的。

---

① 汤用彤引文稍异："无我本无死生中我，非不有佛性我也。"见汤用彤《汉魏两晋南北朝佛教史》，第429页。
② 泛指三界众生及所居之境。见任继愈《中国佛教史》第三卷，第343页按。

　　诸法无我,佛性即我,我即无我,般若性空与涅槃佛性就是在如此艰难辩说之中连接在一起的。① 中国佛教心性本体哲学也是在"佛性我"的基础上建设起来的。所以,汤用彤先生说:"生公与禅宗人之契合,又不只在顿悟义也。"②对于道生的佛性论,汤氏详细予以说明:"一实相无相,二涅槃生死不二,三佛性本有,四佛性非神明"③。由实相无相入手,依"真理自然"之说,剥茧抽丝,深辟透析,集中说明佛性"即本性(或本心)之自然显发也"④。同时,他还特别强调,"生注《维摩》曰:'理既不从我为空。'(此句下文提出'有佛性我'义)《法华注》曰:'穷理乃睹。'(穷理,见法身之全也。睹者,顿悟也。)皆所以状佛性也。此开后来以理为佛性之说,而于中国学术有大关系"⑤,这是充分注意到中国佛教佛性论同传统哲学的密切关系。

　　应当说明,魏晋以来,佛教般若学依附玄学,以诸法性空和即空即有、空有不二的思维方式,与玄学的本末、体用、有无的本体论相呼应,而对于实现解脱的内在依据的心性问题,仅在隐显之间。道生的佛性论,客观上适应了南北朝时期宗教哲学演变的需要,把般若性空的缘生论与涅槃实相的佛性说有机地结合起来,论证法身、法性、实相,或者说超越的本体就在众生的本性(心性)之中,此即佛性我,是众生自迷至悟也就是成佛的内在依据。由此可见,道生的佛性论是中国宗教哲学由宇宙本体研究的自然哲学转向心性本体探究之滥觞,也就是汤用彤上述的两大变化。

---

① 其实,无我和佛性我的界定可以作如是理解:无我乃无生死中我、个体生命之我;佛性我即超越个体的普遍的存在,与理符契的普遍的我,也就是通常说的大我。之后中国化的佛教宗派如天台、禅宗、唯识等,都是在这一基础上建设其心性哲学的。

② 汤用彤:《汉魏两晋南北朝佛教史》,第 426 页。

③ 同上书,第 427 页。

④ 同上书,第 434 页。

⑤ 同上书,第 433 页。

二、顿悟与一阐提有性说

其实,无论是顿悟,还是一阐提有性,都是同佛性本有直接相关的命题。简单地说,佛性本有,众生皆有成佛之因,即成佛的内在依据,那么,反观自性,识得本心,便是觉悟,自然成佛,而无须向外追索;一阐提人也是众生之生,故也当有佛性,而能成佛。前者说的是方法,后者指的是根据。

道生虽然集般若、涅槃、毗昙于一身,但却以"涅槃圣"传扬当时及后世,其学说以佛性为根据,以成佛为核心,对中国佛教心性哲学建设的突出贡献就是上述"本有于当"的正因佛性论,以及由此派生的方法论——顿悟,和一阐提人皆能成佛的"应有缘"论。如是,在佛学中国化的道路上又作出了新的贡献——调和"本有"和"缘生"。

1. 顿悟

顿渐之辨虽不始于道生,但道生主大顿悟而彪炳史册。

据南齐刘虬《无量义经序》,顿悟之说,"寻得旨之匠,起自支、安"。支乃支遁,安即道安。而《世说新语·文学》篇刘孝标注引《支法师传》云:"法师研十地,则知顿悟于七住。"可见,顿悟之说始于支道林。

十地亦称十住,菩萨进修,必循十住,即由初欢喜地,至十法云地。第七远行地,为十住中的特殊阶段。汤用彤总结有四端:一、菩萨住此,超越尘劳;二、初得无生法忍;三、具足道慧;四、寂用双起,有无并观。"以此四端,故十住之中,第七亦甚重要。"①中心意思就是说,修行只要达到第七地,便可以"圆照一切,诸结顿断,即得佛之摩诃般若,即于此而有顿悟"。简单地说就是,至于第七个阶段,便可顿悟。这就是通常说的小顿悟。主张七地顿悟者尚有僧肇、慧远、法瑶等。

然而,此说虽有经典的依据,但绝非究竟圆满之义。如此繁难艰涩,亦与中国即体即用的传统思维大不相合。觉悟真如,就是觉悟道或理,

① 参见汤用彤《汉魏两晋南北朝佛教史》,第442页。

道、理不可说,亦不可分。于是,道生提出"理不可分,悟语极照,以不二之悟,符不分之理"的顿悟义,融会贯通真如和道、理本体,从方法论上重塑了中国佛教哲学。

道生论顿悟文久已缺失,但与此相关的文字尚可在其他文献找到蛛丝马迹。《涅槃经集解》卷一引道生序曰:

> 夫真理自然,悟亦冥符。真则无差,悟岂容易?(汤注:故悟须顿。)不易之体,为湛然常照,但从迷乖之,事未在我耳。(汤注:故悟系自悟。)①

文中所谓"真理""真""体",实际上都是超越的本体,或者说是真如的别名,是佛教终极追求的对象,即成佛的最高境界。它们自然遍在,无为无造,湛然常照。"无为则无伪妄,常照则不可宰割。"因此是一而非异——不可分,故悟此不分之理,自然要以不二之悟。如此豁然贯通,涣然冰释,也就是顿悟了。但是,芸芸众生不明此理,因无明而生分别乖异,"断鹤续凫以求通达。是皆迷之为患也"②。所以说悟只能是自悟。

据此,汤用彤先生指出,"道生主大顿悟"③,并进一步解释说,"理不可分,法身全济,则入理之悟,应一时顿了。悟之于理,相契无间。若有间隔,则未证体,而悟非真悟矣"④。同时还指出,"道生言及工夫,有顿有渐。顿者真悟(汤注:极慧,大悟),渐者教与信修",也就是说,"教可渐,修可渐,而悟必顿"⑤。直接地说,悟就是顿悟! 道生同时又说明顿悟与渐修的关系,"悟不自生,必借信渐"。但悟是对理的亲合,所谓"见解名悟";信则是听闻教法(即渐修),所谓"闻解名信",因此,"信解非真,悟发信谢"(慧达:《肇论疏》)。可见,悟是终极,信是暂时,只是悟的方便和从权。道生进一步说明:

---

① 转引自汤用彤《汉魏两晋南北朝佛教史》,第 446 页。
②⑤ 同上书,第 447 页。
③ 同上书,第 445 页。
④ 同上书,第 446 页。

> 得无生法忍,实悟之徒,岂须言哉!……夫未见理时,必须言津。既见乎理,何用言为!其犹筌蹄以求鱼兔,鱼兔既获,筌蹄何施?(道生:《法华注》)

这里说的又是悟和言的关系。悟的境界,得无生法忍,而超越言象,故得意忘言。言只是指,而非月;是筌而非鱼;是蹄而非兔。所以说,悟"岂须言"。道生的佛性论显然也是"象外之学",当然采用的还是魏晋玄学"筌蹄鱼兔"和"得意忘言"的思辨方法。

不仅如此,道生顿悟说兼取儒佛,而以折中自许。谢灵运有《辨宗论》,借道生之言表述其折中孔释二家的倾向:

> 释氏之论,圣道虽远,积学能至,累尽鉴生,方应渐悟。孔氏之论,圣道既妙,虽颜殆庶,体无鉴周,理归一极。有新论道士,以为寂鉴微妙,不容阶级。积学无限,何为自绝。今去释氏之渐悟,而取其能至;去孔氏之殆庶,而取其一极。一极异渐悟,能至非殆庶。

王弼有言曰:"圣人体无",这里的"体无"代指孔子。"一极"乃道生用语,所谓"极不可二,故谓之一也"。谢氏不仅借道生语讲述"理不可分"的"顿悟说",而且认为道生儒佛合取"能至""一极"而成顿悟之义,"得意之说,敢以折中自许",同样可以看出道生的佛性论、顿悟说还是与中国传统哲学联袂结缡的结果。

总而言之,顿悟是一时[1]之悟,整体之悟,不容阶级、不借言语之悟,当然也是自悟。如是,"《般若》无相义,经生公之精思,与《涅槃》心性之理契合,而成为一有名之学说"[2]。以后中国化的佛教,尤其是禅宗的成佛论便是以此说为理论基础,以顿悟说风靡于世的,只不过"识得本心,便能成佛"远比道生的顿悟说更为简易直接罢了。

---

[1]《大毗婆娑论》卷六十三:"此中顿言欲显何义?答:显一时义。"
[2] 汤用彤:《汉魏两晋南北朝佛教史》,第451页。

2. 一阐提有性与应有缘义

既然佛性本有，而且众生皆有佛性，那么一阐提人（善根断尽之人）也当有佛性，也可成佛。这是道生的佛性论中最具挑战性的命题，也是备受责难的观点。

一阐提，梵文 Icchantika 之音译，亦译"一阐提迦"等，意为不具信、断善根。佛经谓其"如世死尸，医不能治"，也就是无可救药之人。早期传入的六卷本《泥洹》无阐提有性并成佛说，是同《大涅槃经》的显著差别。六卷本《泥洹》卷三云：

> 如一阐提懈怠懒惰，尸卧终日，言当成佛。若成佛者，无有是处。

而《大涅槃经》北本卷五于同处增改为：

> 如一阐提，究竟不移，犯重禁，不成佛道，无有是处。何以故？是人于佛正法中，心得净信，尔时便灭一阐提。若复得作优婆塞者，亦得断灭。于一阐提犯重禁者，灭此罪已，则得成佛。

又如《泥洹》卷四，虽然说众生皆有佛性，但特别强调一阐提除外。曰：

> 一切众生皆有佛性在于身中。无量烦恼悉除灭已，佛便明显，除一阐提。

大本卷七于同段表述殊为不同，且无"除一阐提"之说，突出的是如何"断坏烦恼"：

> 一切众生皆有佛性，烦恼覆故，不知不见。是故应当勤修方便，断坏烦恼。

当然还有，不再列举。总之，早期（东晋末年）所传六卷本《泥洹》为法显所得，与北凉昙无谶所译四十卷本《涅槃经》（北本），以及后来由慧严、慧观和谢灵运改编的三十六卷本（南本）有诸多不同。应当说，六卷本实未窥涅槃经义之全豹。道生孤独发明，依义不依文，从逻辑上说明，众生皆有佛性,一阐提若为众生,一阐提固有佛性;并且大胆断言《泥洹》未必尽善,自然不足为据,也可以看出道生在佛学中国化的过程中敢于标新理、立异义的开拓精神。他说:"禅提是含生之类,何得独无佛性!盖此经传度未尽耳。""一阐提者,不具信根,虽断善犹有佛性事。"①显而易见,所谓"传度未尽"虽然后经证实,但在当时只是一种委婉的说法,实际上,道生如此解经自然有其传统文化的背景,不仅对扩大佛教的影响起到积极的作用,而且也是为佛教文化在中国更为广泛地传布,或者说适应性地自我调适,提供了理论基础。难怪汤用彤先生说他"独具只眼","以理为宗,依了义而不依不了义,故敢畅言也"。②

然而,从另一方面讲,既然一阐提必有佛性,那么按照逻辑推论,包括一阐提在内的一切众生皆能成佛,如此何用修道?又何以做如是艰难的理论说明?"譬如七人浴恒河中,而有没有出,则因有习浮不习浮也。故众生成佛,必须藉缘。"③换句话说,众生虽有佛性为成佛之因,但仍需有缘,即有条件方能成佛。这就是道生的"应有缘论",实际上是有条件的成佛论。如此不仅弥合了一阐提有无佛性的冲突,同时也以佛教"缘生"的基本理论,消除了涅槃实相、佛性实有和般若性空的悖论。

道生所作《应有缘论》至今无从查考,仅可由慧观之《肇论疏》以及《大乘四论玄义》卷六中略窥其端绪。慧观指出:

> 生法师云,感应有缘,或因④生苦处,共于悲悯,或因爱欲,共于结缚,或因善法,还于开道,故有心而应也。

《玄义》曰:

> 生法师云,照缘而应,应必在智。此言应必在智,(此)即是作心而应也。

---

① 《名僧传抄·说处》。
②③ 汤用彤:《汉魏两晋南北朝佛教史》,第440页。
④ 汤氏注:原文作"同"。其实从上下文看,均可。

为了说明成佛的有条件性，即"应有缘"，道生又提出了"心"和"智"这两个概念，强调成佛必借助"心""智"。在这里，心、智仅仅是作为"缘"（条件）而同佛性相互呼应的。根据汤先生的解释，"应必在智""作心而应"实际上是不作而作。他依据"均正"原文解释说："佛智异于众生，无心于彼此，应无作心。但圣人之智，方便应物，任运照境，即为作心。非同二乘凡夫有相之心。故圣人忘彼此，而心能应一切。"①显而易见，心、智之辨还是对佛学的中国化诠释，而忘彼此、应一切则又见老庄思想的痕迹，这里的"心"无疑是"应无所住而生其心"之心了。

另外，一阐提虽断善根，但却是爱欲之结晶，梵文亦为"一遮案提"。"一遮"为贪欲，"案提"为鹄的，即以贪欲为唯一鹄的之人。既然"苦处""爱欲""善法"皆为"缘"（条件），那么一阐提则借爱欲之恶缘感佛，圣人再依缘起智，以心相应，一阐提成佛的结论也就顺理成章了。此说固然艰涩，但总的意思很明显，就是"众生成佛，必须藉缘"。一阐提若得佛智之应化，自然能够成就无上正觉。佛性论同缘生论相互印证，应当说也是道生思辨哲学的特点。

第六节　法身无色、佛无净土与善不受报

道生密契象外，以"实相无相""真理自然"佛道结合的理论解说佛性，故多发"珍怪之词"。在道生看来，凡所有相，皆是虚妄，所以佛无人相，佛性也是"实相无相"。无相即无色身，无身而言身，只是方便说法，由是而立"法身无色""佛无净土"乃至"善不受报"的命题。

诸法因缘生，我说即是空，般若性空就是建立在"缘生"基础上的普遍观念；涅槃学以佛性实有，同样以实相无相与般若相互印证。所以在佛教哲学中，不仅色空、法空、性空，而且一切用语言文字表述的、欲念中追寻的佛、法身，都是超越的终极存在，自然非有限的"有"；佛家的追求，

① 汤用彤：《汉魏两晋南北朝佛教史》，第440页。

超越象外，福罪并舍，而不在福报，故皆不可执着，而亦为空。如此解佛，尤其显示道生对佛教哲学缘生学说的深入会契。

在佛学经典中，法身实为觉悟的最高果位，也以"真如""法性""实相""如来藏""第一义谛""阿赖耶识"诸多概念予以表述，虽然含有本体的性质，但无形无相，非常非断，非生非灭。因此经云："莫以色身而观如来"（《放光般若经·法上品》），"若心取相，即为着我、人、众生、寿者"，"离一切诸相，即命诸佛"。所以《金刚经》有偈云："若以色身见我，以音声求我，是人行邪道，不能见如来。"（《金刚般若波罗蜜经》）"法身无色"，就是对这一理论的阐释。因为法身即真如，即如来，就是觉行圆满的诸法实相。实相无相，若说有相，便是凡夫，便等于承认法身也是五阴和合而成，而有生灭，如此也就不是法身，而是芸芸众生之身了。故佛无人相，自非色身，完全符合佛法缘生本义和实相非相的辩证思维，也是对佛身论的深刻认识。道生《法身无色论》虽无传，但在《维摩注》中道生对此已有辩说。其中《阿閦佛品注》强调"如来非四大起，同于虚空"，并论曰：

> 人佛者（意指人即是佛，有色身），五阴合成耳。若有便应色即是佛。若色不即是佛，便应色外有佛也。色外有佛，又有三种。佛在色中，色在佛中，色属佛也。若色即是佛，不应待四①也。若色外有佛，不应待色也。若色中有佛，佛有分也。若色属佛，色不可变也。

这段话虽然佶屈聱牙，显然也是在说不可说，但意思并不复杂，无非是从反面论证"佛无色身"或"法身无色"——说色即是佛、色外有佛，或者色中有佛、色属于佛，都不能得法身之真相，因为佛无对待、超越无常和变易，总之是不可言说的超现实的存在。道生还用简单的话作如此结论：

> 若有人佛者，便应从四大起而有也。夫从四大起而有者，是生

---

① 四，指五蕴中的受想行识。

死人也,佛不然矣。

佛无生死,故无色身。反过来讲,有色身可求者,则是凡夫俗子,而非法身了。

道生的"佛无净土"说,是和"法身无色"论并行不悖的,亦见诸《维摩注》。他说:

> 夫国土者,是众生封疆之域也。其中无秽,谓之为净。无秽为无,封疆为有。有生于惑,无生于解。其解若成,其惑方尽。

这里说的不甚明朗,意思是:"净土"就是无秽,就是"无"。道生在《法华经疏》中也说过:"无秽之净,乃是无土之义。寄土言无,故言净土。"所谓净土只是为了施教的方便。从超越的层面讲,因为众生有惑才有国土,成佛断惑,自然也就无土可言。以此强调法身至极,无为无造,罪福并舍,也就无所谓佛国净土了。这既同《维摩经》中"随其心净,则佛土净",以否定在彼岸另建净土的净土观声气相求,又和中国宗教哲学"此岸即彼岸"的超越观遥相呼应,在客观上也为《坛经》"直心净土"的心性学说的开展廓清了道路,自然也就成为中国禅宗、禅净合一的净土宗"唯心净土"的前驱先路。

众所周知,佛家善谈因果,而以果报闻名于世,所谓"善有善报,恶有恶报",和中国传统"积善之家,必有余庆;积不善之家,必有余殃"的"承负"说如出一辙。事实上,佛教哲学依缘生建立起来的因果论,是对事物乃至宇宙生成的认识,归根结底是一种觉悟大千世界的超越追求,而非"我",或者说个体利益、福德的索取和回报。《金刚经》指出:"以福德无故,如来说得福德多。"姑且不言施小善而求大福报,也是佛家属意破除的执着,即使从现实层面看也有悖于佛家觉悟众生、救度众生、利他利人的超越精神和献身精神。而且世俗之果报并无征验,"善受报"之说只是施教之方便和社会的需要,属于教化的、政治的,而不是哲理的。换个角度讲,果报是因缘的果报,而不是个人欲念和个人追求的果报。所以道生认为,"无为是表里之法,无实功德利也。"据此道生提出"善不受报"

论，无论就当时，还是现在，都具有极大的挑战性。

道生"善不受报论"也无书卷留存，仅有陆澄《目录》"述《竺道生善不受报义》"，故难言其详。慧远《释三报论》不仅将善恶之报的必然性寓于无限延长的时间长河，而且分类为有报、无报两种：一为圣贤，体极超乎报应，即不受报；二乃凡夫俗子，报应有征。由此也可看出"善不受报"的痕迹。

毫无疑问，佛教终极追求无生无灭的"无为法"，故无所谓利益和功德，也就无福报可言。所以道生认为如果带着贪欲的目的修行，是达不到解脱的。他说：

> 贪报行禅，则有味于行矣。既于行有味，报必惑焉。夫惑报者，缚在生矣。（《维摩经注》）

味，指食味，有味是执着食味。《无量寿经》下云："虽有此食，实无食者。但见色闻香，自然饱食。身心柔软，无所味著。"这里的意思指有所贪求。有贪求执着，其报必惑，自然得不到解脱。道生如此破斥贪爱之心，力主依理而不依利益功德，虽行善而不求回报，不仅同佛教"缘起性空"的哲学理念和破执的方法相一致，而且尤其彰显了宗教超越的、非功利的情怀。与通常类似福善祸淫"承负"的报应说相比，"善不受报"显然在理论上尤为圆融，也更符合佛家的悲悯情怀；而同慧远的"三报论"对照，显然各有千秋。然而可惜的是，无论在社会生活中，还是在理论上，对此都缺乏足够的重视。

上述道生在佛教哲学理论上的深化，以佛性论为核心，在本有始有的争论中，孤独发明，以顿悟、一阐提有性、应有缘、善不受报义等彪炳于世，不仅用老庄解佛，而且开始摆脱对玄学的依附，全面推动佛教哲学走上了中国化的道路，对于佛教心性哲学的建设作出了显著的贡献，并以之呼唤佛教鼎盛时期的到来，直接或间接地影响后世宗教哲学长达千年之久。

第八章　法显对佛教中国化的贡献

　　汤用彤先生说:"佛典之来华,一由于我国僧人之西行,一由于西域僧人之东来。……然去者常为有学问之僧人,故类能吸受印土之思想,参佛典之奥秘。归国以后,实与吾国文化以多少贡献,其于我国佛教精神之发展,固有甚大关系也。"①"晋宋之际,游方僧人虽多,但以法显至为有名。"②他还指出:"海陆并遵,广游西土,留学天竺,携经而返者,恐以法显为第一人,此其求法所以重要者一也。"③"我国人游历天竺、西域之传记十余种,其现全存者极少,西人均视为鸿宝。法显《佛国记》,载其时西域情形甚详,居其一焉。此其求法之所以重要者二也。"④法显归国,参与"译经约百余万言,其中《摩诃僧祇律》为佛教戒律五大部之一。而其携归之《方等涅槃》⑤,开后来义学之一支,此其求法所以重要者三也"⑥。

　　汤先生的意思是,佛教自印度传入中华,除了西域僧人东来弘法外,中国知识分子亦推波助澜,西行求法运动如日中天。而西行求法者,亦为博学深思的学者型僧人,故能广搜精求异域文化,于中国传统和佛

---

① 汤用彤:《汉魏两晋南北朝佛教史》,第 255—256 页。
②③④⑥ 同上书,第 257 页。
⑤ 在各种版本中,均为《方等》《涅槃》,误。

教思想之发展作出了开拓性的贡献。梁启超谓之"时代的运动"（Period-ical Movement）和"留学运动"。梁氏言："比诸基督教徒之礼耶路撒冷，天方教徒之礼麦加，与夫蒙藏喇嘛之礼西天，其动机纯为异种。""故法显、玄奘之流，冒万险，历百艰，非直接亲求之于印度而不能即安也。质而言之，则西行求法之动机，一以求精神上之安慰，一以求'学问欲'之满足。惟其如此，故所产之结果，能大有造于思想界。"[1]梁启超同样强调的是西行求法或者说"留学运动"在思想上的贡献，特别是对佛教中国化的贡献。其中法显首出群伦。汤先生概括为三条：其重要者之一，留学天竺，陆去海还，携佛经归国者[2]，"第一人"的殊荣，非法显莫属。其二对西域风俗、人情、地理之记述，亦甚精详，尤为国际学术界所关注，故亦无须赘言。唯有其三，实为西行求法的主要产品——携归之佛教经典，为佛教义学输入提供了文本的依据，奠定了佛教中国化思想基础，但由于各种原因，关注甚少。这不能不说是历史的遗憾。这里，我们拾遗补阙，专就第三点论述法显的贡献。

第一节　法显生平

法显，俗姓龚，《历代三宝纪》《大唐内典录》等称其"平阳沙门"[3]。法显有三兄，俱于髫龄夭亡。其父惧祸及法显，显三岁便出家为沙弥。十岁时丧父，继而母亡，二十岁受具足戒。传，尝与寺僧数十人刈稻于田中，有饥民欲夺其谷，诸沙弥皆惊恐逃避，唯法显不卑不亢，对强抢者说："若有需要，可随意取。但你们往日无布施，故今生有此饥贫，若再抢夺，

---

① 梁启超：《千五百年前之中国留学生》，《中国佛教史研究》，第27—28页，上海，生活·读书·新知三联书店上海分店，1988。
② 梁启超统计，自魏朱士行至唐玄宗悟空，西行求法者105人，佚名28人，参见上文。
③《高僧传》《出三藏记集》《开元录》等，均称"平阳武阳人"，汤用彤也沿袭此说。然平阳境内并无武阳县或地名，武阳或系传抄时平阳之误。《三宝纪》中直称"平阳"人。当时平阳郡治所在平阳县，县城故址即今山西临汾西南。

将万劫不复。"说罢扬长而去。强抢稻谷者闻言羞愧,弃谷而逃。

如前所言,后汉至魏晋,僧人东来西去,佛经传译及西行求法如日中天,但早在印度,佛经缺载,率凭口传,传来佛经虽多,但篇章不全、移译失真者已屡见不鲜,而律藏残缺,尤其难以满足已经在中国本土制度化的佛教之需要。所谓"经法虽传,律藏未阐"①,正反映了当时对戒律的需求。也正是在这样的环境中,"志行明洁,仪轨整肃",年近花甲的法显,"常慨经律舛阙,誓志寻求"戒律于天竺,于东晋隆安三年,即后秦弘始元年(399),从长安出发,开始了长达 15 年②陆去海还的西行求法的艰难历程。

据僧祐《出三藏记集》卷十五《法显法师传》末记载:"后到荆州,卒于新寺,春秋八十有二。"慧皎《高僧传》谓之"辛寺","春秋八十有六"。另据智昇《开元释教录》卷三,法显回国后同佛陀跋陀罗(觉贤)在南京道场寺共译六卷《泥洹》《摩诃僧祇律》等,直到东晋义熙十四年(418)二月末结束;据《高僧传》卷三《佛驮什传》,法显圆寂在宋景平元年(423)七月以前,因此可以推定,法显卒年当在 418 年至 423 年之间。按 82 岁计算,法显生年应为公元 336 年到 341 年;按 86 岁算,应为 332 年到 337 年。据此计算,法显西行至少在 58 岁,甚或可能在 60 岁以上了。

如是,法显怀"律藏残缺"之忧,于耳顺之年,"西渡流沙,上无飞鸟,下无走兽","唯以死人枯骨为标识",经鄯善,游天竺,巡礼佛教故迹,"凡所历三十余国",艰难险阻,九死一生,陆去海还,历经 15 个春秋。诚所谓,"盖自大教东流,未有忘身求法如显之比也"。③ 唐代高僧义净也曾就法显和玄奘西行求法予以比较,他说:"观夫自古神州之地,轻生殉法之宾,显法师则开辟荒途,奘法师乃中开王路。"(义净:《大唐西域求法高僧

---

① 〔南朝梁〕释慧皎:《高僧传》卷二,第 60 页。
② 据汤用彤考,弘始元年(399)出发,"六年而到中国(即中印度),停六年还,三年而达青州,前后共十五年,应为义熙八年也(公元 412 年)"。义熙八年实为公元 413 年,前后总计 15 年。
③ 汤用彤:《汉魏两晋南北朝佛教史》,第 260 页。

传》)其竭蹶艰难，又远在玄奘之上。更何况，玄奘西去东回，皆取道陆上，上有唐王室之庇护，沿途又有"诸国王侯礼重"；而法显不仅年逾花甲，为求法不惜身命，且始终是一介普通的行脚僧人，孑然一身，苦心孤诣，百折不回，携归经律十余部、六十余卷，译经百余万言[1]，相比之下，也就显得更胜一筹了。

第二节　法显对佛教中国化的贡献

正如梁启超所说，我国人西行求法，目的在于学问，而不在信仰。法显显然也是一个学问僧，其西渡流沙，开辟荒途，其目的自然也在于佛教义学之传播。除戒律外，六卷《泥洹经》之翻译，并流布晋土，使"一切众生悉成平等如来法身"之涅槃佛性论，同般若性空说并驾齐驱，开中国佛学心性论之先河，为中国佛教哲学作出了显著的贡献。具体有三：

其一，《法显传》开宗明义，首先说明，"昔在长安，慨律藏残缺"，"至天竺寻求戒律"。可见，法显西行，原初动机就是寻求戒律。其结果也不负所望，在天竺获得戒律多部，有《摩诃僧祇众律》一部、《萨婆多众律》一部、弥沙塞藏本。事实上，佛家戒律五部，即《萨婆多部十诵律》、《四分律》、《五分律》(弥沙塞部)、《摩诃僧祇众律》和《迦叶毗律》，其中《迦叶毗律》在中国无传，其他四部，法显携归者有三部。《高僧传》明律部末亦论之曰："并法显得梵本"[2]，其贡献之巨不言而喻。

其二，法显对毗昙学的贡献。毗昙，意为"对法""无比法"，亦有"论"的意思，也是三藏中的"论"藏。毗昙学实为一切有部之学，东晋以下，由道安、慧远提倡，采用名相分析的方法，论证我空法有，有六因四缘之说。其中南方有慧集，北方有慧嵩，号称毗昙师，而成毗昙学派，多兼治其他

---

[1]《出三藏记集》卷二载经律名 12 种，其注曰：右十一部，定出六部，凡六十三卷，晋安帝时沙门释法显以隆安三年游西域，云云。

[2]〔南朝梁〕释慧皎：《高僧传》卷十一，第 443 页。

经典。法显由天竺获得《杂阿毗昙心》《摩诃僧祇阿毗昙》《杂阿毗昙心》等，并且于归国后同觉贤一起翻译了这些经论。这些翻译经论虽然阙佚，但法显于毗昙学的传译显然不容忽视。

其三，佛经的携归与翻译尤为重要。法显对中国佛教哲学，尤其是心性学说的贡献，虽是无心插柳，但实际上确实起到了弄潮涛头、推波助澜的作用。法显自印度取回的《长阿含经》《杂阿含经》都是极其重要的佛教经典，特别是他和佛陀跋陀罗即觉贤在建康共同翻译的《大般泥洹经》（即六卷本的《泥洹经》），公开倡导"涅槃实相""佛性实有"，与当时广为流行的般若性空之学相反相成、相得益彰。虽然其后道生的"一阐提人皆有佛性"之说，因此备受责难，但此争论也加深了对心性学说的认识和论证，从中亦可见中国佛教哲学，乃至整个中国哲学心性学说的不断发展与深化。据《出三藏记集》卷十五记："显既出大《泥洹经》，流布教化，咸使见闻。有一家，失其姓名，居近扬都朱雀门，世奉正化，自写一部读诵供养。无别经室，与杂书共屋。后风火忽起，延及其家，资物皆尽，唯《泥洹经》俨然具存，煨烬不侵，卷色无异。扬州共传，咸称神妙。"此虽系传闻，但也反映出法显所传《泥洹经》在当时人们心目中的神圣地位。

综上所述，法显"慨律藏残缺"，举年近花甲之身，不惜身命，孑然西行，前后历经 15 年，取得佛教经律论三藏十余种，六十余卷，翻译百余万言，在律学、毗昙学，以及涅槃佛性说和其他佛教哲学方面，均有重大的贡献。

法显十五年西行求法历程表

古代地名或国名	现在地名	活动时间	人物及活动	寺院或佛教遗迹
长安	陕西省西安市	公元 399 年	法显、慧景、道整、慧应、慧嵬西行出发	
乾归国	甘肃省兰州市		夏坐	
耨檀国	青海省西宁市		翻越养楼山（今祁连山）	

续表

古代地名或国名	现在地名	活动时间	人物及活动	寺院或佛教遗迹
张掖镇	甘肃省张掖市	公元 400 年	与智严、慧简、僧绍、宝云、僧景相遇，共同夏坐，后一同西行求法	
敦煌	甘肃省敦煌市		渡沙河（亦称流沙，指沙漠地带，此处指新疆塔克拉玛干大沙漠），走了 17 天，行程 1500 里	
鄯善国	新疆维吾尔自治区若羌县		在此住一个月	
焉耆国	新疆维吾尔自治区焉耆县		向西北行走 15 天到，并住 2 个月，智严、慧简、慧嵬 3 人返回高昌	瞿摩帝寺
于阗国	新疆维吾尔自治区和田县		行走 1 个月零 5 天到，同行中又多 1 人（慧达），慧景、道整、慧达先行到竭叉国，法显等停留 3 个月并观行像（每年佛诞日佛像放在车上巡行），僧绍去了罽宾	大型佛教寺院 14 座，其中一座叫王新寺
子合国	新疆维吾尔自治区叶城县		行走 25 天到，并在此住 15 天后进入葱岭山（帕米尔高原）	
于麾国	新疆维吾尔自治区莎车县	公元 401 年	在此处夏安居	
竭叉国	新疆维吾尔自治区喀什市		向北行走 25 天到，与慧景、道整、慧达会合，并参加国王的般遮越师（汉地叫五年供养大会）	有石佛唾壶、佛齿塔
陀历国	克什米尔地区的达地斯	公元 401 年	向西行走一个月后出葱岭	立有木制高八丈、足跌长达八尺的罗汉像

古代地名或国名	现在地名	活动时间	人物及活动	寺院或佛教遗迹
乌苌国	巴基斯坦境内斯瓦特河流域	公元 402 年	行走 15 天后,攀缘悬绳过印度河到此,并在此夏坐,这里是北天竺,汉代张骞、甘英也没有到达过这里	有 500 座僧伽蓝。有佛的足迹、佛的晒衣石和佛度恶龙处
宿阿多国	巴基斯坦境内曼格勒城		慧景、道整、慧达先行出发到佛影那竭国,法显等人在此夏坐	有纪念佛"割肉贸鸽"的塔
犍陀卫国	巴基斯坦境内喀布尔河流域		向东行走 5 天后到此	有纪念佛"以眼施人"的塔
竺刹尸罗国	巴基斯坦境内拉瓦尔品第		行走 7 天后到此	有纪念佛"以头施人"和"投身饲馁虎"的两座大塔
弗楼沙国	巴基斯坦境内白沙瓦		行走 4 天后到,先行到那竭国的 3 人只有慧达 1 人回来,慧景病在那里,道整留下照看。慧达、宝云、僧景回国,慧应在佛钵寺去世	有高 40 余丈的塔,以及供养"佛钵"的寺院和塔
那竭国	阿富汗境内贾拉拉巴德		法显 1 人单独行进 16 由延(1 由延约 30 里)到此,与先行到此的慧景、道整会合,并在此越冬居住 3 个月	有供养佛顶骨的寺和供奉佛牙、佛锡杖的寺,还有佛及其弟子建的塔
罗夷国	巴基斯坦境内勒吉	公元 403 年	法显、道整、慧景 3 人过小雪山时,慧景冻死在山上。在此地夏坐	
跋那国	巴基斯坦境内邦努		向南行走 10 天后到	
毗荼国	巴基斯坦境内旁遮普		向东行走 3 天,再次过印度河	
摩头罗国	印度境内马图拉		向东南行进约 80 由延	沿捕那河有 20 多座寺院

续表

古代地名 或国名	现在地名	活动时间	人物及活动	寺院或 佛教遗迹
僧伽施国	印度北方邦法鲁卡巴德	公元 404 年	向南行走 18 由延到,法显、道整 2 人在此夏坐	有阿育王纪念上忉利天为母说法的寺和石柱,有收藏佛发、佛爪的塔,还有过去三佛和释迦牟尼的塔
罽饶夷城	印度北方邦卡瑙季城		向东南行进 7 由延到	佛曾在此处说一切无常、苦,人身如泡沫的道理,建有纪念塔
沙祇大国	印度北方邦阿约底		向东南行 10 由延到	有四佛(拘楼秦佛、拘那含牟尼佛、迦叶波佛、释迦牟尼佛)足迹
拘萨罗国舍卫城	印度北方邦塞特马赫特		向南行 8 由延到,法显、道整参拜了舍卫城、祇洹精舍、得眼林、毗舍伝精舍、论议处精舍、影覆天寺、98 座僧伽蓝、都维城、那毗伽城、拘那舍牟尼佛城	佛在此生活 25 年,有须达长者为佛修建的祇洹精舍,有纪念佛说法、度僧、与外道辩论的塔,精舍周围有 98 座僧伽蓝
迦维罗卫城	尼泊尔境内提罗拉科特		向东行 1 由延到,法显、道整参拜了城内的白净王故宫、王田、王园、佛成道处、转法轮处、佛与外道辩论处、佛上忉利天为母说法处	有佛的父亲白净王的故宫,建有佛的母亲形像,有不少佛塔和纪念塔,有诸佛常定处

古代地名 或国名	现在地名	活动时间	人物及活动	寺院或 佛教遗迹
蓝莫国	尼泊尔境内过马里		向东行 5 由延到	有佛舍利塔
拘夷那竭城	尼泊尔境内巴伐沙格脱		向东行 3 由延参拜太子遣车匿、白马还处,再向东行 4 由延参拜炭塔,复向东行 12 由延到该城,并参拜了佛涅槃处和八国国王分佛祖舍利的地方	有太子遣车匿、白马还处,炭塔、佛涅槃处和八国国王分佛祖舍利的地方,皆建有纪念塔
毗舍离国	印度比哈尔邦的巴沙尔		向东行 5 由延到毗舍离城,再向东行 3 里多到检校律藏处,复向东行 4 由延到五河谷口	有佛居住和说法的大林重阁精舍、阿难半身塔、佛灭后百年第二次结集纪念塔
摩竭提国巴连弗城	印度比哈尔邦的巴特那	公元 405—407 年	渡河向南 1 由延到巴连弗城,在这里参拜佛迹,并居住 3 年,学梵书梵语,抄写经律《摩诃僧祇律》《萨婆多众律》《方等泥洹经》《摩诃僧祇阿毗昙》《杂阿毗昙心》十三卷等,道整留此不归	有阿育王塔、阿育王所造大塔和石柱、摩诃衍僧伽蓝、佛迹,佛诞节有盛大行像
王舍新城	印度比哈尔邦的拉杰吉尔		向东南行 9 由延到小孤山,再向西行 1 由延到罗聚落后再向西南行 1 由延到	有佛舍利塔、旧王舍城、佛住过的迦兰陀竹园精舍、"车帝"石窟和佛灭后迦叶主持五百比丘结集佛经处和纪念塔

古代地名或国名	现在地名	活动时间	人物及活动	寺院或佛教遗迹
伽耶城	印度比哈尔邦的伽雅城		向西 4 由延到城,向南行 20 里到佛原来苦行的地方,向西行 3 里到佛下河洗澡的地方,向北行 2 里到达弥家女子给佛祖施牛奶粥的地方,向北 2 里到菩提树下,向东北半由延到达佛影洞,向南行 3 里到鸡足山	有佛六年苦行觉悟成道处,菩提树处有塔,有阿育王地狱和大迦叶入定的鸡足山
迦尸国	印度北方邦的贝那勒斯		顺恒河西行 12 由延到迦尸国的波罗捺城	有鹿野苑精舍,纪念佛初转法轮塔
拘睒弥国	印度北方邦的阿拉哈巴德		向西北行 13 由延到该国,向东行 8 由延到佛度恶鬼处	有瞿师罗精舍、佛度恶鬼处
瞻波大国	孟加拉国的巴迦尔普尔		顺恒河东行 18 由延到	有佛走过和四位佛(过去三佛和释迦牟尼佛)坐过的地方
多摩梨帝国	印度加尔各答的坦姆拉克	公元 408 年—409 年	向东行 50 由延到,法显在此住 2 年抄写佛经和画佛像	有佛寺 24 座
师子国	斯里兰卡国	公元 410 年—411 年	乘商人大船出海西南行 14 昼夜到,法显在此留住 2 年抄写《弥沙塞律》《长阿含经》《杂阿含经》,又收集到一部《杂藏经》	建有高 40 丈的大塔,塔旁有无畏山寺,寺内供玉佛。有佛齿精舍、跋提精舍、摩诃毗诃罗寺。每年三月国王主持盛大的佛牙游行和供养大会

古代地名或国名	现在地名	活动时间	人物及活动	寺院或佛教遗迹
耶婆提国	印度尼西亚苏门答腊或爪哇	公元 412 年	乘商船向东行驶 2 天后遇大风,船漏水,13 个昼夜后靠一小岛,补塞漏船后继续行驶 90 天左右到该国,在此停留 5 个月并在船上安居	
东晋长广郡牢山	山东省青岛市崂山	公元 412 年 9 月 5 日(东晋义熙八年七月十四日)	从四月十六日开始向东北方向的广州出发,1 个多月后遇狂风暴雨,经过 70 多天粮食和水将要用完,改向西北方向再行进 12 个昼夜在崂山靠岸	
建康	江苏省南京市	公元 413 年—414 年	法显登陆后南下彭城、京口住一冬一夏,夏坐结束后到南京。在佛陀跋陀罗和宝云的配合下译经,共译有:《摩诃僧祇律》40 卷、《摩诃僧祇比丘尼戒本》1 卷、《大般泥洹经》6 卷、《杂阿毗昙心》13 卷、《杂藏经》1 卷、《方等泥洹经》2 卷	

第九章　僧稠与北方禅法
——兼论禅定分途

　　"暂借好诗消永夜,每逢佳处辄谈禅。"每论及禅,总会想到南顿北渐、慧能、神秀,其实,早在汉代,已有安世高发其先声,所谓"专务禅观"①是也。至两晋南北朝,更有鸠摩罗什、觉贤,以及庐山慧远、凉州宝云、陇西玄高、关中僧实,乃至"阐导江洛"的菩提达摩,特别是少林之佛陀与其弟子僧稠,还有慧皎、僧肇、道生等对禅的创造性诠释,一时成为禅学禅法之大观。毫无疑问,他们所说的禅,各不相同,其中觉贤、佛陀、僧稠、达摩等修习之禅,尤其同以《坛经》为本的禅宗之禅"名同实异"。以佛陀、僧稠、达摩为代表的北方禅法,显然是"坐禅"的方法、修持的实践,而非禅学追求的不落两边、超二元对立的思维方式,或者说是理论与境界。可见,我们通常说的禅有两种:坐禅之禅,以及禅宗思想或禅学之禅。这是境界与方法、理论与修持的分野,万万不可混为一谈。这就是其后《坛经》所说的禅定分途。

　　道宣在《续高僧传》习禅篇中尝言:"稠怀念处,清范可崇;摩法虚宗,玄旨幽赜。可崇者情事易显,幽赜者理性难通。"显而易见,早在隋唐以

---

① 见道安《阴持入经序》及僧祐《祐录》六。

前,禅法遍布北方,不仅有鸠摩罗什与觉贤"浅深殊风,支流各别"之禅法①,而且有僧稠与达摩的并相径庭之止观;直到道宣那个年代,达摩的影响仍然在僧稠之下,充其量也只能算是与僧稠各领风骚而已。亦可见,一直被奉为"禅宗初祖"的达摩,其显赫之声名,都是后世传说渲染出来的。汤用彤先生在他的著作中论及北方禅法时,于佛陀禅师项下,也刻意说明,"(慧)光、(僧)稠均不世出之人物也。光以学显,稠以禅著"②,"禅著"二字,充分说明僧稠当时在北方禅法中的中坚地位。再请看:

> 高齐河北,独盛僧稠;周氏关中,尊登僧实……惟此二贤,接踵传灯,流化靡歇。(《续高僧传·习禅篇》)

也就是说,独盛河北并受北齐高洋父子推重的僧稠,和在北周关中地区传灯的僧实,并称"二贤",实为当时流化传衍禅法的高僧,他们的影响持续不绝。

第一节　生平事迹、禅法传承及其同国主的周旋

关于僧稠,道宣《续高僧传》卷十六有《齐邺西龙山云门寺》专章论述,兹撮要如次:

> 释僧稠,姓孙,元出昌黎,末居钜鹿之瘿③陶焉。性度纯懿,孝信知名,而勤学世典,备通经史。征为太学博士,讲解坟索,声盖朝廷。……一览佛经,涣然神解。时年二十有八,投钜鹿景明寺僧寔法师而出家。落发甫尔,便寻经论。……初从道房禅师受行止观。房即跋陀之神足也。既受禅法,北游定州嘉鱼山,敛念久之,全无摄证,便欲出山诵《涅槃经》。忽遇一僧,言从泰岳来。稠以情告,彼遂苦劝,修禅慎无他志,由一切含灵,皆有初地味禅,要必系缘,无求不

---

① 语见《祐录》慧观《修行不净观经序》,《高僧传》也有"唯贤守静,不与众同"语。
② 汤用彤:《汉魏两晋南北朝佛教史》,第534页。
③ 应为"廮"。

遂。乃从之。旬日摄心,果然得定。当依涅槃圣,行四念处法,乃至眠梦觉见,都无欲想。岁居五夏,又诣赵州障供山道明禅师,受十六特胜法。钻仰积序,节食鞭心。九旬一食,米惟四升。单敷石上,不觉晨宵。布缕入肉,挽而不脱。或煮食未熟,摄心入定,动移晷漏,前食并为禽兽所啖。又常修死想,遭贼怖之,了无畏色。方为说诸业行,皆摧其弓矢,受戒而返。尝于鹊山静处,感神来娆,抱肩筑腰,气嘘项上。稠以死要心,因证深定,九日不起,后从定觉,情想澄然。究略世间全无乐者,便诣少林寺祖师三藏,呈己所证。跋陀曰:"自葱岭已(以)东,禅学之最,汝其人矣。"乃更授深要,即住嵩岳寺。

这里除了介绍僧稠出身,勤奋好学,备通经史,而与佛经神契之外,着重说明了僧稠的师承。其师初为钜鹿僧寔,继从道房禅师受止观法门,行四念处法。道房即少林寺创立者佛陀禅师之高足。继而又从道明受十六特胜法。简单地说,僧稠师从禅门,一开始修行的就是类似瑜伽的摄心入定之法——绝欲想,证深定,乃至九旬一食,九日不起,不畏死之恐怖,不受情色之诱惑;终于觉悟人生皆苦,因此登嵩山少林,皈依佛陀,呈己所证,而受到佛陀高度赞扬,谓之"葱岭已(以)东,禅学之最",遂住嵩山嵩岳寺。僧稠在禅法上,师出名门,学有专攻,是以禅定之法享誉天下的,也是少林门下青出于蓝的出类拔萃者。

需要说明的是,僧稠的老师佛陀禅师,乃孝文帝时少林寺创立并住持者,《释老志》中亦名跋陀(应当说是不同的音译,即 Buddha,既可译作佛陀,也可译作跋陀),虽然也是天竺人(《释老志》作西域人),但不是称作觉贤的佛陀跋陀罗。佛陀才是真正的少林寺寺主。据汤用彤先生考证,魏孝文帝礼佛,敬奉佛陀,别设禅林,凿石为龛,结徒定念,为其"坐禅"之用[1]。后随文帝南迁,于洛复设静院,敕以居之。而佛陀性爱幽栖,屡往嵩岳,故帝为之敕,就少室山立寺,公给衣食,而嵩山少林也因佛陀禅法驰誉古今。僧稠禅法即源于此。再看:

---

[1] 汤用彤先生专门强调:"凿窟多为坐禅。"见汤用彤《汉魏两晋南北朝佛教史》,第 534 页。

（僧稠）后诣怀州西王屋山,修习前法。闻两虎交斗,咆响振岩,乃以锡杖中解,各散而去。一时忽有仙经两卷在于床上,稠曰:"我本修佛道,岂拘域中长生者乎?"言已,须臾自失。其感致幽现,皆此类也。……因屡入定,每以七日为期。又移怀州马头山。魏孝明帝夙承令德,前后三召,乃辞云:"普天之下,莫非王土。乞在山行道,不爽大通。"帝遂许焉,乃就山送供。魏孝武永熙元年,既召不出,亦于尚书谷中为立禅室,集徒供养。又北转常山,定州刺史娄睿、彭城王高攸等请,至又默之大冥山,创开归戒,奉信者殷焉。燕赵之境,道未通被,略言血食,众侣奔赴,礼觌填充。时或名利所缠者,稠为说偈止之,闻者惭色而止,便为陈修善偈,预在息心之俦,更新其器。既道张山世,望重天心。

之后,僧稠离开少林,驻锡怀州,独立弘法。其间,受魏孝明、孝武帝之礼重,数召数辞,帝乃于山中设禅室供养。上述僧稠辞召,措辞委婉,既反映了当时"不依国主,法事难立"的政教关系,也可以看出僧稠同皇权保持距离之超然。继而北上,于定州等地弘传定念、息心之禅法。一时之间,名动燕赵。

齐文宣天保二年下诏曰:"久闻风德,常思言遇。今敕定州,令师赴邺,教化群生,义无独善。希即荷锡,暂游承明。思欲弘宣至道,济斯苦坏。至此之日,脱须还山。当任东西,无所留絷。"

稠居山积稔,业济一生。闻有敕召,绝无承命。苦相敦喻,方遂元请,即日拂衣,将出山阙。……帝躬举大贺,出郊迎之。稠年过七十,神宇清旷,动发人心。……帝扶接入内,为论正理。因说三界本空,国土亦尔,荣华世相,不可常保;广说四念处法。帝闻之,毛竖流汗,即受禅道。学周不久,便证深定。尔后弥承清诲,笃敬殷重,因从受菩萨戒法,断酒禁肉,放舍鹰鹞,去官畋渔,郁成仁国。又断天下屠杀,月六年三,敕民斋戒。官园私菜,荤辛悉除。帝以他日告曰:"道由人弘,诚不虚应。愿师安心道念,弟子敢为外护檀越,何如?"稠曰:"菩萨弘誓,护法为心。陛下应天顺俗,居宗设化,栋梁三宝,导引四民,康济既临,义无推寄。"即停止禁中四十余日,日垂明诲,帝奉之无失。后以道化须布,思序山林,便辞还本住。帝以陵阜回互,咨谒或难。天保三年,下敕于邺城西南八十里龙山之阳,为构精舍,名云门寺,请以居之,兼为石窟大寺主。两任纲位,练众将千,供事繁委,充诸山谷。并敕国内诸州,别置禅肆。令达解念慧者,就而教授,时扬讲诵,事事丰厚。帝曰:"佛法大宗,静心为本。诸法师等,徒传法化,犹接嚣烦,未日阐扬,可并除废。"稠谏曰:"诸法师并绍继四依,弘通三藏,使夫群有识邪正,达幽微,若非此人,将何开导? 皆禅业之初宗,趣理之弘教,归信之渐,发蒙斯人。"帝大喜焉。因曰:"今以国储,分为三分,谓供国自用,及以三宝。"自尔彻情归向,通古无伦。佛化东流,此焉盛矣,具如别纪。即敕送钱绢被褥。接轸登山。令于寺中置库贮之,以供常费。稠以佛法要务,志在修心,财利动俗,事乖道化,乃致书返之。帝深器其量也,敕依前收纳,别置异库,须便依给,未经王府。尔后诏书手敕,月别频至,寸尺小缘,必亲言及。又敕侍御徐之才、崔思和等,送诸药饵,观僧疾苦。帝常率其羽卫。故幸参觐。稠处小房宴坐,都不迎送。弟子谏曰:"皇帝降驾,今据道不迎,众情或阻。"稠曰:"昔宾头卢迎王七步,致七年失国。吾诚德之不逮,未敢自欺,形相冀获福于帝耳。"时亦美其敦慎,大法得信于人。

　　黄门侍郎李奖,与诸大德请出禅要,因为撰止观法两卷。味定之宾,家藏本据。以齐乾明元年四月十三日辰时,绝无患恼,端坐卒于山寺。春秋八十有一,五十夏矣。当终之时,异香满寺,闻者悚神。敕遣襄乐王宣慰曰:"故大禅师,志力精苦,感果必然。栖心寂默,虚来实返。业畅玄风,事高缁素。运往神迁,寔深嗟悯。资崇有嘉,用申凄敬。可施物五百段,送千僧供于云门,以崇追福。"至皇建二年五月,弟子昙询等奏请为起塔。下诏曰:"故大禅师,德业高迥,三宝栋梁。灭尽化终,神游物外。可依中国之法,阇毗起塔,建千僧斋,赠物千段,标树芳迹,示诸后代。"敕右仆射魏收为制碑文。其为时君所重,前后皆此类也。既而克日准敕。四部弥山,人兼数万。香柴千计,日正中时,焚之以火。莫不哀恸断绝,哭响流川。登有白鸟数百,徘徊烟上,悲鸣相切,移时乃逝。仍于寺之西北建以砖塔。每有灵景异香应于道俗。

公元552年,僧稠年逾古稀,北齐皇帝高洋下诏,苦相敦请,于是方赴京师邺城。入城之前,帝出郊迎之,入城之后,帝搀扶接入大内,礼节至隆,空前绝后。翌年,于京师近郊龙山之阳,为僧稠构建精舍,曰云门寺,并兼石窟大寺主,此即北响堂石窟①。帝也归从受菩萨戒,甚至将国库一分为三,以其中一份供养三宝。此举在历史上也可以说是绝无仅有。僧稠影响之巨,正所谓"其为时君所重,前后皆类此也"。传记中特别标明,黄门侍郎李奖与诸大德请出禅要,僧稠有《止观法》两卷问世,应当说这是僧稠禅法的精粹,遗憾的是这一著作至今不存。八年后,即北齐乾明元年(560),僧稠于寺中端坐而逝,寿81岁,僧腊50年。

---

① 距此不远,安阳小南海石窟有石碑记载,"国师大德稠禅师重莹修成",稠禅师应当便是僧稠。碑在石窟外壁上方,全文如次:"大齐天保元年,灵山寺僧方法师、故云阳公子林等率诸邑人刊此岩窟,仿像真容。至六年中,国师大德稠禅师重莹修成,相好斯备,方欲刊记金言,光流末季。但运感将移,暨乾明元年,岁次庚辰,于云门帝寺奄从迁化。众等仰惟先师,依准观法,遂镂石班经,传之不朽。"崖面右侧,刻有《华严经偈赞》和《大般涅槃经·四念处法》。碑文中的"观法",和"四念处法",与僧稠禅法相吻合。原碑如图:

僧传中也有许多关于僧稠的神异描述，无非在于说明，僧稠"克志禅业，冠绝后尘。而历履大行，往还朝野"，还有"鸣谦抱素，能扇清风"，"大儒皇氏，躬为负粮。青罗猎客，执刀剪发。或德感上玄，泽流奉敬之苗。幽诚所致，粟满信心之室"，云云。特别是在那个动乱的年代，僧稠同他的支持者——有生死予夺之权的北齐皇帝高洋的周旋，本也是一种因势利导的方便之法。当时高洋一方面对僧人顶礼有加，另一方面又嗜杀成性，僧稠借用一些方术对其稍示警戒，同样起到了减少杀戮、保护生命等一定的积极作用。如下三事之描述，颇耐人寻味：

> 时或谮稠于宣帝，以倨傲无敬者。帝大怒自来加害。稠冥知之，生来不至僧厨，忽无何而到云："明有大客至，多作供设。"至夜五更，先备牛舆，独往谷口，去寺二十余里，孤立道侧。须臾帝至，怪问其故。稠曰："恐身血不净，秽污伽蓝，在此候耳。"帝下马拜伏，愧悔无已。谓尚书令杨遵彦曰："如此真人，何可毁谤也？"乃躬负稠身往寺。稠磬折不受。帝曰："弟子负师遍天下，未足谢愆。"因谓曰："弟子前身曾作何等？"答曰："作罗刹王，是以今犹好杀。"即咒盆水，令帝自视，见其影如罗刹像焉——尝以暇日，帝谓曰："弟子未见佛之灵异，颇得睹不？"稠曰："此非沙门所宜。"帝强之，乃投袈裟于地。帝使数十人举之不能动。稠命沙弥取之，初无重焉。因尔笃信兼常，寺宇僧供，劳赐优渥。

僧稠深知，同高洋这样嗜杀而又生性多疑并位居权力顶峰的人交往，实在是如履薄冰，就要利用神异的方法示之以威，并以之坚固其信仰。僧稠的"未卜先知"，其实一定是于事前获得了可靠的情报，因此让高洋视为"真人"，而令其折服。僧稠一则不屑于灵异之术，坚持佛门自觉觉他、济世度人的立场，另一方面又以幻术戏法，实施告诫，既在至无定轨的乱世中减少了杀戮，也为佛教的发展争取了一席之地。这些同僧稠的禅法实在没有直接关系。《坛经》中也有类似"投袈裟于地"的故事，抑或撷取于此。

第二节　僧稠禅法的形式和内容

根据道宣《续高僧传》所记,僧稠师从道房、佛陀,早年在道房门下"受行止观",后又修习"四念处法"和"十六特胜法",所谓"稠怀念处",说的就是这个意思。道房的止观法,其实就是佛陀的禅法,而且僧稠也曾撰著《止观法》两卷,以为禅要。虽然《止观法》这部重要著作早已亡佚,我们无从知道它的详细内容,但还是可以通过上述相关资料,追寻其禅法的内容和形式。因此,可以这样说,僧稠禅法实以"止观"为是,以"定"为特征,注重的是坐的形式,故岩居穴处,凿石为龛,坐禅定念,与印度的瑜伽相仿。两晋南北朝时期的北方禅法多类于此。

汤用彤论及北方禅法时,尝引《洛阳伽蓝记》中胡太后的一则故事,意在说明当时禅法的倾向。请看:

> 崇真寺比丘惠凝死,一七日还活。……具说过去之时,有五比丘同阅。一比丘云是宝明寺智圣。坐禅苦行,得升天堂。有一比丘是般若寺道品。以诵四十卷《涅槃》,亦升天堂。有一比丘云是融觉寺昙谟最。讲《涅槃》、《华严》,领众千人。(汤注:据《伽蓝记·融觉寺》条,谓最初亦善禅学)阎罗王云:"讲经者心怀彼我,以骄凌物,比丘中第一粗行。"……敕付司,即有青衣十人,送昙谟最向西北门,屋舍皆黑,似非好处。有一比丘云是禅林寺道弘。自云教化四辈檀越,造一切经,人中像十躯。阎罗王曰:"沙门之体,必须摄心守道,志在禅诵,不干世事,不作有为。虽造作经像,正欲得他人财物。既得他物,贪心即起。既怀贪心,便是三毒不除,具足烦恼。"亦付司,仍与昙谟最同入黑门。有一比丘云是灵觉寺宝明,自云,出家之前,尝作陇西太守,造灵觉寺成,即弃官入道。虽不禅诵,礼拜不缺。阎罗王曰:"卿作太守之日,曲理枉法,劫夺民财,假作此寺,非卿之力,何劳说此!"亦付司,青衣送入黑门。太后闻之,遣……访……皆实有之。议曰:"人死有罪福。"即请坐禅僧一百人,常在殿内供养

之。……自此以后,京师比丘,悉皆禅诵,不复以讲经为意。①

汤用彤据此指出:"此故事或虽伪传,然颇可反映当时普通僧人之态度。后魏佛法本重修行,自姚秦颠覆以来,北方义学衰落。一般沙门自悉皆禅诵,不以讲经为意,遂致坐禅者或常不明经义,徒事修持。"②他还引道宣《续高僧传》习禅篇予以旁证:

> 顷世定士,多削义门。随闻道听,即而依学。未曾思择,扈背了经。每缘极旨(汤注:缘亦作指。上文意不明),多亏声望。吐言来诮,往往繁焉。或复耽著世定,谓习真空。诵念西方,志图灭惑。肩颈挂珠,乱掐而称禅数。衲衣乞食,综计以为心道。又有依托堂殿,绕旋竭诚。邪仰安形,苟存曲计。执以为是,余学并非。冰想铿然,我倒谁识。斯并戒见二取,正使现行,封附不除,用增愚鲁。向若才割世网,始预法门,博听论经,明闲慧戒。然后归神摄虑,凭准圣言。动则随戒策修,静则不忘前智。固当人法两镜,真俗四依。达智未知,宁存妄识。如斯习定,非智不禅。则衡岭台崖扇其风也。③

汤先生进一步说明,"道宣所言,虽指隋唐僧人,然禅法兴盛,智学废替,自更易发生此类现象。北朝末叶,衡岳慧思、天台智顗极言定慧之必双修,或亦意在纠正北朝一般禅僧之失欤!"④

我们姑且不论"失"还是"不失"。如是而言,北朝禅法显然注重的是"定"和"修持"。指责它"不明经义,徒事修持"也好,"如斯习定,非智不禅"也罢,其意均在强调,包括僧稠在内的北方禅法"俱修定法","当属于瑜伽师宗",与离相、离念、不落两边,非有非真有、非无非真无,反观本心、见性成佛的禅学境界,是完全不同的两个领域,或者,至少可以说是不尽相同的进路。

首先看僧稠对禅的理解。

---

① 汤用彤对原文之节引。见汤用彤《汉魏两晋南北朝佛教史》,第535页。
②③④ 同上书,第536页。

据敦煌文献《稠禅师意》：

问曰："何云名禅?"

答曰："禅者定也,由坐得定,故名为禅。"

问曰："禅名定者,心定身定?"

答曰："结跏身定,摄心心定。"

问曰："五停十八境,见物乃名为定。眼须见色,心须见境,云何名定?"

答曰："见境即心生,物动即风起;风息而境安,心息即境灭。若心境俱灭,即自然寂定。"[1]

僧稠还说："欲修大乘之道,先当安心。""言安心者,顿止诸缘,妄想永息。"在僧稠看来,禅就是"定","坐"能得"定",所以也可以说,禅就是"坐",或者说"坐"是实现禅的唯一法门。如此"坐——定——禅"的逻辑推衍,故称之"坐禅"。最终的结果就是"心息境灭""心境俱灭""自然寂定"。僧稠以"止观"为内容的禅要根本如斯,也是《洛阳伽蓝记》《续高僧传·习禅篇》乃至汤用彤先生所指的"俱修定法","属于瑜伽师宗"的北方禅法。

如此"定""坐",乃至心境俱灭的"寂定",自然以其"止观法"为指导和理论依据。两卷《止观法》虽然不存,无法直接窥见僧稠的止观法门,但就"止观"而言,还是有很多资料可以帮助我们把握僧稠禅法的蛛丝马迹。

简单地说,从因果上讲,止、观是因,止、观成就,便可得果,就是定、慧。止是对治心思散乱,观是在止的基础上,对治昏沉的内观。念念归一为"止",了了分明为"观"。当然,由止而定,因观而慧,因此,也可以说,止、观是方法,定、慧则是目的。

然而,"止观法"显然是从方法上入手的。由止入定,依靠的就是静

---

[1] 转引自冉云华《敦煌文献与僧稠的禅法》,《华冈佛学学报》(台北)1983 年第 6 期。

坐;观是用心观,而且是在定、静中观。无论怎么说,止、静、定、坐,都是当时北方禅法不可须臾或缺的基本形式。

至于观法,并非如其后天台的一心三观——观空、观假、观中,而是观身、观受、观心、观法。这就是"四念处",或者叫"四念处观",亦称"四念住"。在原始佛典中,四念住,就是指修行;修行就是修习四念住。四念住和修行同义。所谓"住",尤其凸显"定"的特征。甚至也有人说四念住是学习静坐用的,视之为静坐的专利。具体对应的关系如下表示:

四法	四念处	四种念	四颠倒
不净	身念处	观身不净	净:执着身心是干净的
苦	受念处	观受是苦	乐:执着世间有快乐
无常	心念处	观心无常	常:执着世间有一个永恒的我
无我	法念处	观法无我	我:执着有一个我

佛说"诸法因缘生",无常、无我,痛苦生于执着贪爱,生于净、乐、常、我之颠倒,破除这四种颠倒才能臻至觉悟的大智慧。僧稠入宫,便为高洋"广说四念处法。帝闻之,毛竖流汗",足见僧稠对四念处法的重视和熟稔。上述所谓四念处观,就是在身、受、心、法四处,以不净、苦、无常、无我四个方面的正念,观身不净、观受是苦、观心无常、观法无我,乃至观一切诸法毕竟空,从而破除净、乐、常、我之颠倒。

例如,观人身为臭皮囊,为秽物,甚至为骷髅;观人之所受,若生老病死者皆苦,如是种种。又如《心经》开宗明义,说"观自在菩萨行深般若波罗蜜多时,照见五蕴皆空",其中"照见五蕴皆空"就是观。又如《金刚经》所说"凡所有相,皆是虚妄。若见诸相非相,则见如来",以及"一切有为法,如梦幻泡影,如露亦如电,应作如是观",如是观一切法空。但是后者与四念处的观法显然不同,不是观身不净之类的具体对象,而是以心观心的形而上的思考,这就是其后继起的天台智𫖮的一心三观,也是在天台思想影响下的禅宗思想的慧观。

需要说明的是，禅宗之禅，溯源于创造性的翻译，并在其后不间断地汲取庄老的智慧，最终至《坛经》集成，逐步形式中国化、大众化的哲人之慧；是以离相、离念的方法，摆脱思维羁绊，超越相对，涵盖相对，达到游行自在的意境，而非坐、定、寂、静状态。这就是我们说的禅定分途。详细内容颇繁，不再赘述，可参阅《中国禅宗思想发展史》①。事实上，作为修行方法的禅法，与作为意境和哲学范畴的禅宗之禅，无论在南北朝，还是在禅宗形成之后常常纠结在一起，歧义并存。磨砖作镜的故事，充分说明禅宗之禅对坐、定、止、寂的禅法有意识地纠偏救缪。当然，后世禅僧也有偏向于止、定，以及四观之禅法的，或者借禅法的修习以求一逞。比如坐禅禅修(也有叫止的禅修)、四禅八定；又如近代禅僧敬安深信妄见为分别之本，故专入茅厕中参干屎橛，"遂悟入心地法门"②，如此正是观身不净。这样的禅法甚至对思想家也产生过重大的影响。如康有为在青年时期，"忽绝学捐书"，"静坐养心"，"入西樵山，居白云洞"，"夜坐弥月不睡，恣意游思"，"视身如骸，视人如豕"。③ 其真实性姑且不论，但他这样说，显然也是受到四念处观身、观受、观心、观法的潜在影响。

僧稠早年尝诣道明禅师，学习"十六特胜法"，应当说也同其"止观法"或多或少有一些关系。据《选佛谱》卷第四曰：

> 十六特胜者，一知息入，二知息出，三知息长短，四知息遍身，五除诸身行，六受喜，七受乐，八受诸心行，九心作喜，十心作摄，十一心作解脱，十二观无常，十三观出散，十四观离欲，十五观灭，十六观弃舍。此十六法，亦名阿那波那念。言特胜者，从因缘得名；如外道等，并能修得四禅四空，而无对治观行，则不出生死。此十六法，有定有观，具足诸禅，能发无漏，故名特胜也。

这里不仅有"定"有"观"，而且有"数息"，所谓息出、息入者，还有观

---

① 麻天祥：《中国禅宗思想发展史》，武汉，武汉大学出版社，2007。
② 冯毓孳：《中华佛教总会会长天童寺方丈寄禅和尚行述》。
③ 参见康有为《康南海先生自编年谱》。

灭、观舍弃,方法更为具体,无疑这些还是止观法门,重视的也是坐和定的修持之法,而与形而上的禅境大不相同。僧稠存世的资料有限,这里就不再做无端的推测了。

总而言之,僧稠依四念处观为根本,参照十六特胜法的禅法,是同禅宗之禅完全不同的概念。其重视的是坐、止、定,以及观身、受、心、境具体对象的修持方法。加之,在当时"不明经义,徒事修持"之风熏染下的北方禅法的影响,原本就偏向定念、缺少慧观、专事修习的禅法,更是同形而上的心性关怀无缘,同还识本心、见性成佛的内在超越的禅的追求大相径庭,所谓"定慧双修"也就徒成画饼。慧能以下,虽说是禅定分途,但定、止的方法掺和其间;对心性问题的形而上思考、否定性思维与任性逍遥的意境,又裹挟着静坐入定的方法,把作为哲学范畴的禅宗或者说禅学之禅,与作为具体方法的止、定,有意无意地混为一谈,使原本显而易见的区别变得模糊不清了。它们虽然都表现了对经典的淡薄,但性质不同,趋向也不同:一个是因为"道不可说",一个只是由于"时尚所致";一个是趋向于对终极的关怀,一个却是对修持实践的关注。

第三节 僧稠禅法引发的思考

首先,南北朝时期,北方僧侣特重禅定,俱修定法,觉贤、佛陀郁为大观。僧稠师出名门,学有专攻,晚年居邺城,以四念处法为止观之禅要,教授学人,一时间名动燕赵,备受高齐皇室之隆遇。其止观之法,既是当时禅法之支脉,也成北方禅法之中心。

其次,僧稠之师佛陀,或跋陀,或佛陀扇多,初"凿石为龛,结徒定念","当属于瑜伽师宗";"后随帝南迁","有敕就少室山为之立寺。公给衣食,即有名之少林寺也","自此嵩山少室,更以禅法驰誉"。[1] 僧稠正是从少林佛陀门下走向河北,享誉大河上下的。佛陀既是真正的少林寺寺

---

[1] 参见汤用彤《汉魏两晋南北朝佛教史》,第534页、536页。

主和创立者,又是北方禅法的渊薮。菩提达摩"阐导江洛",以"息缘""壁观"为特征,虽然也是止观之法,属于瑜伽禅法之流,但与少林大不相干。

其三,禅有二义,并分两途:一是以坐、止、定为基本形式,即观身不净、观受是苦、观心无常、观法无我的"止观"之法;二是力图摆脱思维羁绊,超越相对,于相离相,于念离念,返观自性,彰显自性的意境。前者是修持方法,后者是形而上的终极关怀。正像"道"有不同意蕴:一是"生成一切,而不被生成"、不可言说的本体之道;二是作为方法、道路、规范之类可以言说的应用之道。二者绝不相侔。

其四,达摩"壁观""乃禅法名称"①,亦属于北方止观禅法之一流。道宣专门比较僧稠与达摩之禅法,所谓"情事易显""理性难通"者,明显有褒贬之意。僧稠之望,当在达摩之上;而且,他们均同后世禅宗无所关涉,而无可无不可。

其五,僧稠禅法之所以能够得以传播,亦有赖于皇权之推重。前有魏文帝对佛陀的支持,后有北齐高洋对僧稠之膜拜,在至无定轨的乱世祸福中,起到了一定的积极作用,同样表现了北方佛法"不依国主,法事难立"的特点和现实关怀,也反映了佛教同政治相辅相成的和惬。

如是云云,不一而足。

---

① 汤用彤:《汉魏两晋南北朝佛教史》,第 539 页。

第十章　三教之争之一：儒释之争

　　自董仲舒以来,儒教作为正统文化的代表,不仅登上了政治舞台,而且渗透到社会生活的各个领域,以"天不变道亦不变"为圭臬,把三纲五常作为不可动摇的天道人伦秩序,尊天命(君权天授、祸福天定)、奉先祖(慎终追远、祭祀祖宗)、崇圣贤(尊崇儒圣、奉习五经),奠定了儒教哲学的思想基础。时至魏晋,佛、道兴盛,玄风飙起,儒家思想独尊之说发生了根本的动摇,但在思想文化领域仍然保持其持续的影响和正统地位。儒学也以其固有的兼包并容的特性,在一定的范围内接纳佛、道。但是,不同文化的冲突,无论是在实践还是在理论上都在所难免。如牟子《理惑论》既表明时代精神之转换,也反映了外来宗教同本土文化的冲突。当然,不同文化也在冲突中交相渗透。

　　佛教得庄老之滋养,玄学化的佛教哲学在理论上占有明显的优势,其谈空说有,理致幽玄,不仅高于古代儒学,较之儒道合流的玄学也略胜一筹。即使在玄学风行之时,般若性空、涅槃佛性之说也代表了当时哲学的最高水平。不过佛教毕竟是外来文化,其价值观念、思维方式乃至生活习俗,与中国传统心理无处不存在矛盾、冲突而受主流文化的排拒。所以佛教对儒、道两家的反击,一方面显示了自身的存在价值,另一方面也逐渐对自身理论予以适应性改造,从而推进佛教哲学中国化的过程。

汉代以降，儒教作为主流文化意识形态，不仅是官方之正统思想，其"三纲六纪"等宗法礼教观念，亦渗透至社会生活各领域，普被民风。然佛教传入中国后，亦逐渐扩张影响，三国时洛阳、建邺已有佛寺，若魏明帝曹叡、吴大帝孙权，均敬重西来僧人。西晋时般若学流行，在名士之推崇下，与玄风并进，影响益大。至东晋时，若明帝、成帝雅好佛法，安帝则亲接法事，支遁等名僧兼为清谈领袖，慧远于庐山则俨然为一代宗师，佛寺"乃至一县数千，猥成屯落"(恒玄：《与僚属沙汰僧众教》)。佛教势力的增强，难免引起儒教的警惕而发生摩擦，魏晋南北朝时期，儒释两教在思想领域内有过多次交锋，并在争论中交融互补。

第一节　沙门敬不敬王者之争

西晋佛学，因名士之推崇，与玄风互相煽动，般若理趣，同符老、庄，名僧风格，酷肖清流，佛教势力的增强导致与王权、名教发生摩擦，首先是与朝仪发生抵触，引发一场沙门敬不敬王者之争论，围绕礼仪问题讨论夷夏同异，旁及其他。三教冲突发端于此。

在印度，佛教徒具有很高的社会地位，他们礼拜佛祖，而对世俗任何人，包括帝王和父母都不跪拜，甚至还可以接受父母的跪拜。这种教仪与天、祖、圣合一的传统纲常伦理相悖，也是使佛教备受责难、必须改造的部分。东晋成帝时庾冰、何充辅政，前者反佛，后者崇佛。庾冰代帝作诏书，令沙门跪拜王者，认为名教不可弃，礼典不可违，礼敬乃"为治之纲"，又谓"王教不得不一，二之则乱"，沙门不敬王者，将破坏礼制的尊严与统一，力图恢复"王教"和独尊儒术的局面。何充等人则力言佛教乃修善之法，"寻其遗文，钻其要旨，五戒之禁，实助王化"，"今一令其拜，遂坏其法，令修善之俗，废于圣世"，不如"因其所利而惠之，使贤愚莫敢不用情"，充分发挥佛教辅政治国的作用。何充等还说："直以汉魏逮晋，不闻异议，尊卑宪章，无或暂亏"。沙门虽然礼仪有殊，但尊重王权，"每见烧香咒愿，必先国家，欲福佑之隆，情无极已"。所以，跪拜与否只是枝节，应许存异。由于何充的反对,庚冰议寝,沙门最终不施礼敬。——此事为"沙门敬不敬王者之争"的第一阶段①,其始末略如下述。

在《弘明集》的序言中,对于此事的起因有扼要的记述:

> 晋咸康六年,成帝幼冲,庚冰辅政,谓沙门应尽敬王者,尚书令何充等议不应敬。下礼官详议,博士议与充同,门下承冰旨为驳,尚书令何充及仆射褚翌、诸葛恢,尚书冯怀、谢广等,奏沙门不应尽敬。

针对庚冰之"沙门应尽敬王者"的意见,何充等表示反对,主张沙门不应尽敬的主要理由,乃提及"先帝故事",也就是,既然前代帝王都不作如此要求,现在亦不宜改变。他们说:

> 世祖武皇帝以盛明革命,肃祖明皇帝聪圣玄览,岂于时沙门不易屈膝。顾以不变其修善之法,所以通天下之志也。②

何充等此表上奏后,庚冰回应其中强调的"先帝故事"这一维护僧人的反对意见,代成帝下诏,其大意是,前代帝王不要求僧人尽敬王者,乃是因习俗不同,是从权的办法而已,更重要的是体会"先王所以尚之意",对于统治者而言,作为权力保障的名教与礼制最为重要,断不可废,所谓"因父子之敬,建君臣之序,制法度,崇礼秩,岂独然哉,良有以也,既其有以,将何以易之!"并列举如下理由:

首先,需辨明"佛"是否真实存在。从两个方面讲,如果佛是虚构的观念,僧人不礼敬王者自然无从谈起了;就算佛是真实存在的,那么这则是"方外之事",属于一种精神追求,但"方内之事"的世俗规范还是要尊重,所以,如果真的有佛,佛是大神,"吾将通之于神明,得之于胸怀耳,轨宪宏模,固不可废之于正朝矣",当然不能要"矫形骸,违常务,易礼典,弃名教"。

---

① "沙门敬不敬王者之争"前后有三个阶段,参见刘立夫《弘道与明教——〈弘明集〉研究》,第209—243 页,北京,中国社会科学出版社,2004。
② 〔晋〕何充等:《奏沙门不应尽敬表》,〔南朝梁〕僧祐:《弘明集》卷十二。

其次，庾冰强调"名教有由来，百代所不废"。如果"弃礼于一朝，废教于当世"，使凡夫俗子傲视宪章，逃避法度的制约，则将礼崩乐坏，规矩荡然，将破坏统治者的合法性基础。

最后，信佛修道者，皆为国家普通臣民（晋民），才智皆"常人"，岂能因他们讲那一套玄理，就可以让其"假服饰以陵度，抗殊俗之傲礼，直形骸于万乘"？对于这些"常人"而言，当然无此资格。[①]

庾冰代成帝下诏后，何充等仍不服，复上二奏，进一步阐述其反对理由，主要为以下两点：

其一，针对庾冰对佛是否存在的辨析，何充等表示"有佛无佛，固非臣等所能定也"，认为"沙门敬不敬王者之争"问题的关键与佛存在与否无关，而是佛教确起到了协助"王化"的作用。他说："五戒之禁，实助王化"，沙门"贱昭昭之名行，贵冥冥之潜操，行德在于忘身，抱一之心清妙"。而且，沙门出家修道之崇尚者，乃精神的超越，非世俗所能禁锢者，非礼教所能勉强。

其二，世历三代（指汉、魏、晋），佛教均无损于国家。佛教"兴自汉世，迄于今日，虽法有隆衰，而弊无妖妄，神道经久，未有其比也"，故三代以来，都没有改变对沙门的要求，"世经三代，人更明圣，今不为之制，无亏王法"。而如今若一旦"坏其法"，不仅令"修善之俗，废于圣世"，甚至可能"习俗生常，必致愁惧"，会破坏佛教现有的那些比较稳定的规范，可能会导致意想不到的变故。何充等人最后的结论是，维持佛教的现状于国有益，应该因循旧例为好。[②]

庾冰览奏，仍然坚持己见，针对何充等上述意见，又代成帝下诏反驳，提出"殊俗"不可以"参治"，为政不当"两行"。他认为：

> 百王制法，虽质文随时，然未有以殊俗参治，怪诞杂化者也。岂曩圣之不达，而来圣之宏通哉？

---

① 以上引文见〔晋〕庾冰《代晋成帝沙门不应尽敬诏》，〔南朝梁〕僧祐：《弘明集》卷十二。
② 以上引文见〔晋〕何充等《沙门不应尽敬表》，〔南朝梁〕僧祐：《弘明集》卷十二。

这是说，佛教属异方殊俗的制度，若与华夏先王之礼教相混淆而治理国家，实为怪诞不堪；制度应该是应时而变革更迭的，前代帝王虽未如此做过，但今后也不必因循守旧。对于何充等"五戒之禁，实助王化"之说，庾冰认为"五戒"只不过是与儒家之礼法略有相似，没有那么夸大的作用，岂能因此而成为对世主不恭的借口？

庾冰进一步强调说：

> 礼重矣，敬大矣，为治之纲尽于此矣。万乘之君，非好尊也；区域之民，非好卑也。而尊卑不陈，王教不得不一，二之则乱。斯曩圣所以宪章体国，所宜不惑也。

故庾冰以佛教"修之于家可矣，修之于国及朝则不可"，为政若"两行"，为致乱之源，故佛教不能"参治"，沙门自当致礼于王者。①

何充等人仍表不满，重新上表，还是持沙门不敬王者之论，他们仍强调不能变革成法，"直以汉魏逮晋，不闻异议，尊卑宪章，无或暂亏也"，还指出，沙门笃守戒律，牺牲身体亦在所不惜，"何敢以形骸而慢礼敬哉？"而且，沙门"每见烧香咒愿，必先国家，欲福佑之隆，情无极已，奉上崇顺，出于自然，礼仪之简，盖是专一守法"，是以"先圣御世，因而弗革"。②

庾冰与何充等人的"沙门敬不敬王者之争"，最终的结果是，庾冰因反对意见众多，压力甚大，不能再坚持己见。而立足于佛教立场，维护沙门利益的何充等人占得了此阶段论争的上风。

继庾冰之后，东晋末年，权臣太尉桓玄又重提此议，欲使沙门礼敬王者，是为论争的第二阶段。桓玄先致信于朝中掌握重权的"八座"③，希获得支持。信中说："旧诸沙门皆不敬王者，何、庾已论之，而并率所见，未是以理屈也。庾意在尊主，而理据未尽；何出于偏信，遂沦名体。"④桓玄

---

① 本段引文见〔晋〕庾冰《重代晋成帝沙门不应尽敬诏》，〔南朝梁〕僧祐：《弘明集》卷十二。
② 本段引文见〔晋〕何充等《重奏沙门不应尽敬表》，〔南朝梁〕僧祐：《弘明集》卷十二。
③ 东晋时有吏部、祠部、五兵、左民、度支五部尚书，加上尚书左、右仆射、尚书令，此八大臣合称为"八座"。
④ 〔晋〕桓玄：《与八座论沙门敬事书》，〔南朝梁〕僧祐：《弘明集》卷十二。

认为，当年庾冰之论，因为只是重在"尊主"，但理据未张，未能服人；而何充则偏袒佛教，结果致使名教受损。因此，桓玄提出自己进一步的见解，认为无论佛教教理如何，均受庇于王化之下，"以敬为本，此处不异"。他认为：

> 老子同王侯于三大，原其所重，皆在于资生通运，岂独以圣人在位，而比称二仪哉？将以天地之大德曰生，通生理物，存乎王者，故尊其神器，而礼实惟隆，岂是虚相崇重，义存君御而已哉？沙门之所以生生资存，亦日用于理命，岂有受其德而遗其礼，沾其惠而废其敬哉？既理所不容，亦情所不安。①

在此，桓玄援引道家《老子》与儒家《周易》的说法，以论证"王者"无上的政治社会权威。他首先根据《老子》将道、天、地、王（王弼本称"王"，通本称"人"）列为"域中四大"的观点，其德故可配于天地二仪。又据《周易》"天地之大德曰生"的说法，以作为"圣人"的帝王代天受命，故能"资生通运"或"通生理物"。王者君临天下，其恩其德，如天覆地载，故臣民对王者尽敬，实属天经地义。沙门也是社会的一部分成员，亦蒙王者"生生资存"之恩，既然如此，佛教僧人若"遗其礼""废其敬"而不敬王者，情理难通。

桓玄之书发出后，率先提出反对者，是"八座"之一的桓谦，他提出了自己的反对意见，复信说：

> 佛法与老孔殊趣，礼教正乖。人以发肤为重，而髡削不疑，出家弃亲，不以色养为孝，土木形骸，绝欲止竞，不期一生，要福万劫。世之所贵，已皆落之；礼教所重，意悉绝之；资父事君，天属之至，犹离其亲爱。岂得致礼万乘？②

桓谦在此指出，佛教是出世之法，既然已放弃了世俗的一切享受、世

---

① 〔晋〕桓玄：《与八座论沙门敬事书》，〔南朝梁〕僧祐：《弘明集》卷十二。
② 〔晋〕桓谦：《答桓玄论沙门敬事书》，〔南朝梁〕僧祐：《弘明集》卷十二。

间的伦理关系,当然也不再对沙门具有约束力,故也就不必"致礼万乘"。

桓玄见桓谦的答复后,显然未得到自己期望的结果,复将《与八座书》转与吏部尚书、中书令王谧,希望能获得支持。但王谧也不同意其提议,与桓玄多次往返辩难,王谧写了四篇《答桓太尉》的信,桓玄也回应了四篇《难王中令》。

王谧的第一封《答桓太尉》主要阐述三点理由:

首先,王谧认为,佛教虽出于天竺,与中土"殊方异俗","至于君御之理,莫不必同",沙门是否致礼王者,是形式上的虚文,并不重要,重要的是他们"意深于敬",因此与世俗的政治旨趣殊途同归。

其次,王谧与何充一样,仍然强调前代帝王和域外国主皆尊崇佛教。他指出,在天竺乃至西域,不仅僧人不礼拜国王,国王反要致礼僧人;佛教传入中国数百年来,历代君主宽容于佛教的传统,正是因为"独绝之化;有日用于陶渐,清约之风,无害于隆平",佛门保有自身的一定独立性,应有助于淳化风俗,王者自应着眼大局,不应纠结于这些细枝末节之事。

最后,"功高者不赏,惠深者忘谢"。虽帝王对于臣民之恩可配天地,沙门也是受惠者,但应考虑到沙门有大功于国家,其功劳岂能用普通的奖赏来衡量?王者有深惠于沙门,其恩惠也不能靠简单的跪拜来报答。

桓玄的本意当然是希望得到王谧的支持,却事与愿违。于是又作第一封《难王中令》,也提出四点理由,逐一驳斥:

第一,沙门内部也未排除世俗之礼敬仪式,他们在面对佛像和师长时,"忏悔礼拜",笃诚之至,与世俗的"揖跪"基本无异,"既不能忘身于彼,何为勿仪于此?"况且,沙门的师长辈只是助其开悟,而君主则通生理物,相比之下,孰轻孰重?

第二,域外均夷狄之国,"六夷骄强,非常教所化,故大设灵奇,使其畏服",用鬼神福报来慑服民众,故以沙门为尊,但这不是"宗极之道",具有优秀文化的华夏自无须借鉴。

第三,时移势易,西晋以前,沙门多是胡人,故政府听任其俗,给予他们一定的特权照顾；但今日之出家僧侣，多为本土臣民，需用中国的礼制来约束，自不待言。

第四，圣人缘情而制礼，若以"功深惠重"作为沙门不参王者的理由，按此理类推，佛祖对于佛教徒的恩惠更大，如此僧人对于释迦牟尼是否也不须礼拜了？①

显然，单纯从论辩的逻辑严密性上着眼，桓玄的四点针锋相对的理由显然是颇为有力的，因此，王谧的第二封答书，只能重复和立足于佛学立场来申辩其原来的那些理由。他们接下来的论辩中，王谧强调问题的关键是佛教能否与王道并行，他的意见当然是肯定的；而桓玄则坚持佛教不能高于王权的立场。最后，王谧一方面顾忌当时桓玄的倾天权势，另一方面在论辩中也的确渐趋下风，终于向桓玄让步妥协。

桓玄与桓谦、王谧之间的辩论，双方的主要观点，基本上都是在重复与何充、庾冰的辩论，而略作深化和发挥而已。克实而言，这一阶段的论辩中，因支持佛教的一方仍仅强调宽容沙门不敬王者是前代惯例，或以"功高者不赏，惠深者忘谢"这种似是而非的道理来立论，或强调沙门应当拜佛而不应当拜君，由于他们在言辞中尚需顾忌世俗政权的权威，很容易被对方抓住言辞中的矛盾和两难之处，处于下风。

对于佛教而言，如欲保持沙门面对世俗权力时至少是表面上的独立性与神圣性，坚持不拜王者，则必须在理论上作出更加深入和具有说服力的论证。也就是说，佛教既要保持一定的社会独立性，又要为世俗政权所容许，不被君主见疑。这显然是一个棘手、两难的课题。最终，名僧慧远成了魏晋南北朝时期沙门敬不敬王者之争的一锤定音者。

桓玄虽在与"八座"的论争中赢得了主动，但由于彼时佛教在士大夫群体中深得人心，一些佛教高僧社会影响巨大，因此，桓玄心中还难免有些顾虑，便向当时的佛教领袖——居于庐山的慧远法师致信，咨询其意

---

① 桓玄与王谧往返书信要点的总结，参见赖永海主编《中国佛教通史》第四卷，第308—309页，南京，江苏人民出版社，2010。

见。信中写道：

> 沙门不敬王者，既是情所未了，于理又是所未喻。一代大事，不可令其体不允。近与八座书，今示君，君可述所以不敬意也。此便当行之于事。一二令详遣，想君必有以释其所疑耳。王领军（王谧）大有任此意。①

慧远接书后，作《答桓太尉书》，这封信即慧远后来《沙门不敬王者论》的底本。他明确表示佛教赞誉王化的立场，阐述佛法与世法小异大同的关系。他在答桓玄的信中说："佛经所明，凡有二科，一者处俗弘教，二者出家修道。处俗，则奉上之礼，尊亲之敬，忠孝之义，表于经文。再三之训，彰于圣典。斯与王制同命，有若符契。"又说："凡在出家，皆隐居以求其志，变俗以达其道。变俗，则服章不得与世典同礼；隐居，则宜高尚其迹。夫然，故能拯溺俗于沉流，拔幽根于重劫。远通三乘之津，广开人天之路。是故内乖天属之重，而不违其孝；外阙奉主之恭，而不失其敬。""如令一夫全德，则道洽六亲，泽流天下。虽不处王侯之位，固已协契皇极，大庇生民矣。"②可见，慧远认为出家修道者的礼仪同世俗形乖而实同，不失孝敬之义，且有助于政教。中国佛教徒既应严守佛教的独立性，又要依附王权，与传统礼教保持一致。

东晋元兴二年（403）十二月，桓玄篡位称帝，因顾忌慧远等名僧的社会影响，并出于希图取得佛教支持的目的，作《许沙门不致礼诏》，容许僧人不参拜王者。但朝中大臣如侍中卞嗣之、黄门侍中袁恪之、门下通事令使臣马范等人揣摩其心思，投其所好，答诏表示沙门应礼敬王者。次年春，刘裕起兵讨桓玄，五月桓玄事败被杀。事后，慧远根据《答桓太尉书》撰《沙门不敬王者论》。此论包括在家、出家、求宗不顺化、体极不兼应、形尽神不灭五大内容，并作序，介绍朝廷讨论沙门敬王事件的始末。

慧远的《沙门不敬王者论》主要是针对桓玄的观点而发，开篇简要回

---

① 〔晋〕桓玄：《与远法师书》，〔南朝梁〕僧祐：《弘明集》卷十二。
② 〔晋〕慧远：《答桓太尉书》，〔南朝梁〕僧祐：《弘明集》卷十二。

顾和介绍了东晋朝廷两次争论情形，以及以桓玄为代表的、主张沙门应致敬王者之论的主要观点：

> 晋咸、康之世，车骑将军庾冰疑诸沙门抗礼万乘。所明理，何骠骑有答。至元兴中，太尉桓公亦同此议，谓庾言之未尽，与八座书云："佛之为化，虽诞以茫浩，推乎视听之外，以敬为本，此出处不异。盖所期者殊，非敬恭宜废也。《老子》同王侯于三大，原其所重，皆在于资生通运，岂独以圣人在位，而比称二仪哉？将以天地之大德曰生，通生理物，存乎王者，故尊其神器，而体实唯隆，岂是虚相崇重，义存弘御而已！沙门之所以生，生资国存，亦日用于理命，岂有受其德而遗其礼，沾其惠而废其敬哉？"于时朝士名贤，答者甚众，虽言未悟时，并互有其美，徒咸尽所怀，而理蕴于情，遂令无上道服，毁于尘俗；亮到之心，屈乎人事。悲夫！斯乃交丧之所由，千载之否运。深惧大法之将沦，感前事之不忘，故著论五篇，究叙微意。岂曰渊壑之待晨露，盖是伸其罔极。亦庶后之君子，崇敬佛教者，式详览焉。①

就当时的普遍情况而言，佛教在面临来自儒家的指摘，诸如认为其违背礼法、破坏纲常的责难，只能曲折委婉地解释，不能直接回应，只能就佛教的社会作用作妥协性地调和。若何充等人便认为佛教同儒家名教并无矛盾，不但对王者不构成任何威胁，而且能起到"上俾皇极"的作用。王谧也强调"独绝之化，有日用于陶渐；清约之风，无害于隆平"。慧远总结了上述看法，将"日用于陶渐"，也就是潜移默化地劝化民风，规定为佛教的社会职能；将"上俾皇极"，也就是协助维护皇权，规定成佛教的政治职能。他进一步指出：

> 佛经所明，凡有二科：一者处俗弘教，二者出家修道。处俗则奉上之礼、尊亲之敬、忠孝之义表于经文，在三之训彰于圣典，斯与王制同命，有若符契。此一条全是檀越所明，理不容异也。出家则是

---

① 〔晋〕慧远：《沙门不敬王者论》，〔南朝梁〕僧祐：《弘明集》卷十二。

> 方外之宾,迹绝于物。其为教也,达患累缘于有身,不存身以息患;知生生由于禀化,不顺化以求宗。求宗不由于顺化,故不重运通之资;息患不由于存身,故不贵厚生之益。此理之与世乖,道之与俗反者也。①

《沙门不敬王者论》五篇中的核心观念,便是慧远在这里关于"处俗"与"出家"二者不同社会职责的辨析。慧远在这里有针对性地将佛教信徒作出了区分,即"处俗弘教"的居士和"出家修道"的沙门,对于"处俗"者而言,虽皈依三宝,但仍属于在家奉化之民,自然要遵循世俗法章,忠君孝亲,致礼王者。这种区分,其实表明了一种态度,就是说,我们佛教的信徒,肯定都是王权下本分的"顺民",慧远以此作为佛教沟通名教的桥梁,阐明这是佛教"与王制同命"的前提。慧远进一步发挥道:

> 在家奉法,则是顺化之民,情未变俗,迹同方内,故有天属之爱,奉主之礼。礼敬有本,遂因之而成教……是故因亲以教爱,使民知有自然之恩,因严以教敬,使民知有自然之重……何者?夫厚身存生,以有封为滞,累根深固,存我未忘,方将以情欲为苑囿,声色为游观,耽湎世乐,不能自勉而特出。是故教之所检,以此为涯,而不明其外耳。其外未明,则大同于顺化,故不可受其德而遗其礼,沾其惠而废其敬。是故悦释迦之风者,辄先奉亲而敬君;变俗投簪者,必待命而顺动,若君亲有疑,则退求其志,以俟同悟。斯乃佛教之所以重资生、助王化于治道者也。②

慧远除了强调在家众应当做"顺化之民",应当享受"天属之爱",接受"奉主之礼","奉亲而敬君"之外,同时他还指出,在家众所以"情未变俗""累根深固",究其根源,则是"功由在昔",都是过去的业力的报应,因此,世俗的礼教恰恰同佛教的因果报应是相辅相成的。慧远认为,王者

---

① ② 〔晋〕慧远:《沙门不敬王者论》,〔南朝梁〕僧祐:《弘明集》卷十二。

对臣民的赏罚从根源上说是实施信徒的业力的现报或后报，这也就从佛教的教理上，为君王统治臣民作出了一个颇具用心的合法性论证。接下来，慧远进入主题，开始阐明出家沙门的行为规范的合理性：

> 出家则是方外之宾，迹绝于物。其为教也，达患累缘于有身，不存身以息患；知生生由于禀化，不顺化以求宗。求宗不由于顺化，故不重运通之资；息患不由于存身，故不贵厚生之益。此理之与世乖，道之与俗反者也。若斯人者，自誓始于落簪，立志形乎变服。是故凡在出家，皆遁世以求其志，变俗以达其道。变俗，则服章不得与世典同礼；遁世，则宜高尚其迹。夫然者，故能拯溺俗于沉流，拔幽根于重劫。远通三乘之津，广开天人之路。①

慧远认为，佛教的出家沙门与在家众存在根本的区别，就是僧侣以生命和身体是一种"患累"，也是招致无明烦恼的根源。因此，出家者对于一切世俗欲望均是力求破除的，遁世隐居，迹绝于物，才是出家修道的内在要求，故沙门不礼敬王者应当受到尊重，不能用世俗的要求来勉强他们。更重要的是，慧远所说"远通三乘之津，广开天人之路"云云，这里隐含的一层意思是，维护出家沙门的神圣尊严，还是"处俗弘教"的在家众作为"顺化之民"的有效保障，是所谓"协契皇极，大庇生民"矣。慧远曾在《答桓太尉书》中比较明确地表达过这一层意思：

> 是故内乖天属之重，而不违其孝，外阙奉主之恭，而不失其敬。若斯人者，自誓始于落簪，立志成于暮岁，如令一夫全德，则道洽六亲，泽流天下，虽不处王侯之位，固已协契皇极，大庇生民矣。如此，岂坐受其德、虚沾其惠，与夫尸禄之贤同其素餐者哉！②

慧远在此建议统治者，不要拘泥于沙门是否礼拜，不妨从形式上向沙门让步，抬高僧侣社会身份的目的是树立道德楷模，因此佛教才能更

---

① 〔晋〕慧远：《沙门不敬王者论》，〔南朝梁〕僧祐：《弘明集》卷十二。
② 〔晋〕慧远：《答桓太尉书》，〔南朝梁〕僧祐：《弘明集》卷十二。

广泛、更深入地教化民众避恶趋善，"协契皇极"，这才是佛教从根本上维护统治者的最高利益。通过慧远的精心诠释，佛教对于统治阶级来说，已经不仅仅是某种文化政策的点缀品，而是巩固其政治统治和维护社会秩序的重要手段。佛教由私人的事情，变成了国家和皇权的事业。[1] 显然，慧远最终赢得了王权对沙门的妥协，其深层原因，除了其理论辨析的精细巧妙，更说明了在当时的社会中佛教信仰对民众影响之巨。因此，世俗政权不得不向佛教僧侣进行有限的妥协，以换取合作而稳固自身的统治地位。

慧远《沙门不敬王者论》五篇，除了重申在家奉法不违礼、出家修行不失敬的论点以外，还强调，沙门超俗，释优于儒，周孔之道是方内之教，不关视听以外，而释教超言绝象；从追求终极真理的角度来看，佛教是先合后乖，而后随时制宜，灵活应用，以合世教；尧孔则是先乖后合，因俗施教，有治世之功，长久累积，终归大道。如此说来，佛儒殊途同归，但最终归向却是佛教。因为佛法兼动静、合内外、贯理事；尧孔乃有形之教，只能被佛法所包容而不能兼明内外之道。于是，礼制的争论上升而为儒释优劣的争论。这是不能不辨，却又永无一致结论的问题。

与沙门敬不敬王者之争相关，当时还有关于沙门服饰问题、孝道问题的争论。其实质还是关于传统文化与外来佛教文化能否协调共存的问题。儒教以孝为人伦之首，魏晋统治者标榜以孝治天下，天竺佛教追求个人解脱，视家庭为樊笼，剃发出家，与世绝缘。他们说："周孔之教以孝为首。孝，德之至，百行之本"，孝道要求"子之事亲，生则致其善，没则奉其祀。三千之则，莫大无后，体之父母，不敢夷毁"，"而沙门之道，委离所生，弃亲即疏，刊剃须发，残其天貌"，"此大乖于世教"。孙绰的回应是："故孝之为贵，贵能立身行道永光厥亲"，"夫缘督以为经，守柔以为常，形名两绝，亲我交忘，养亲之道也"。[2]《礼记》有大孝荣亲、博施济众

---

① 参见任继愈主编《中国佛教史》第二卷，第 636 页，北京，中国社会科学出版社，1985。
② 〔晋〕孙绰：《喻道论》，〔南朝梁〕僧祐：《弘明集》卷三。

的说法,孝道并不限于生养死藏。孙绰据此发挥,说佛教奉养不仅能光宗耀祖,而且自度度人,使天下相安无事,应视为大孝。再者,若有兄弟,则服养、弘道二者兼得。他还指出,"佛有十二部经,其四部专以劝孝为事,殷勤之旨可谓至矣"①。

第二节 白黑论之争

这次冲突发生在刘宋时期。深受帝王宠幸,有"黑衣宰相"之称的名僧慧琳作《白黑论》(又称《均善论》《均圣论》),设白学先生、黑学道士之问答,论孔释异同,作者虽系僧人,却颇有贬黜佛学的倾向②。其友人无神论者何承天阅后大加赞赏,并送宗炳,宗炳复书斥慧琳之妄。此即白黑之争。

《白黑论》中首先论及"空"义。黑说:"释氏即物为空,空物为一。"白问:"释氏空物,物信空邪?"黑答,不只是空,而且是空又空。白问:三仪万品就在宇宙天地间,怎能是空? 黑答:"空其自性之有,不害因假之体也",事物"兴灭无常,因缘无主","事用"虽有,"性理"则空。于是白学先生说:"今析豪空树,无伤垂荫之茂,离材虚室,不损轮奂之美。"慧琳以白学先生之口吻,指出佛教般若学虽创造一大堆范畴论证万物自性空而无实,但是丝毫无损事物的实际性质与勃勃生机。

不过,慧琳毕竟身属佛门,其虽对某些教理不满,毕竟不能彻底否定之,因此,《白黑论》之思想归宿,最终仍落实到儒释均善均圣、并行而不悖上,他借"白学先生"之口总结说:

> 夫道之以仁义者,服理以从化;帅之以劝戒者,循利而迁善。故甘辞兴于有欲,而灭于悟理;淡说行于天解,而息于贪伪。是以示来

①〔晋〕孙绰:《喻道论》,〔南朝梁〕僧祐:《弘明集》卷三。
② 亦有说法认为《白黑论》为慧琳因"自毁其法"遭僧团摒斥前为"黑衣宰相"时所作。不过据有关考证,《白黑论》的写作时间可确定是在元嘉十二年(435)以前,此时他尚未参政。参见纪志昌《慧琳〈白黑论〉儒佛交涉之思理探微》,《文与哲》(高雄)2001年第18期。

生者，蔽亏于道、释不得已；杜幽暗者，冥符于姬、孔闭其兑。由斯论之，言之者未必远，知之者未必得，不知者未必失。但知六度与五教并行，信顺与慈悲齐立耳。殊途而同归者，不得守其发轮之辙也。①

显然，这便是《白黑论》的宗旨所在，认为儒释二教在表现形式上虽各有不同，但若着眼于双方教义的根本之处，则多相符契，殊途同归，完全可以"齐立""并行"，不可因其"辙"（说教形式），而忘其旨归。儒释二教说到底都是在劝人改恶迁善，最终目的都是教化天下众生。

《白黑论》中的观点得到了何承天的好评。何承天（370—447），当时知名的天文学家、无神论者，元嘉时为著作佐郎。他一向不赞成当时佛教热衷宣扬的因果报应和神不灭论，曾有作品《达性论》申其宗旨。随后他便将《白黑论》寄给了宗炳。宗炳（375—443），当时的隐士。东晋末至宋元嘉中，当局下诏屡征其为官，宗炳俱不就，雅擅书法丹青。他也是佛教居士，曾参加过慧远所主持的"白莲社"。宗炳阅《白黑论》后深不以为然，双方展开论争。《弘明集》卷三有"难白黑论"的主题，内容包括何承天的《答宗居士书》（三篇）、宗炳的《答何衡阳书》（二篇），都是就慧琳的《白黑论》而发的。

首先论争的是有关《白黑论》中对佛家"空"义的理解，宗炳针对慧琳借白学先生之口对"空"的批判，作出如是回应：

佛经所谓本无者，非谓众缘合和者皆空也。垂荫轮奂，处物自可有耳，故谓之有谛。性本无矣，故谓之无谛。②

这是援用佛教中观学将知识论区别为真谛与俗谛的角度来回应"白学先生"之语。宗炳认为，在世俗认识的意义上，佛教亦不否定事物的存在的，所谓"空"或"无"，乃是就事物的本性而言。宗炳又说：

---

① 〔南朝宋〕慧琳：《白黑论》，石峻、楼宇烈、方立天等编：《中国佛教思想资料选编》第一卷，第259页，北京，中华书局，1981。
② 〔南朝宋〕宗炳：《答何衡阳书》，〔南朝梁〕僧祐：《弘明集》卷三。

自古千变万化之有，俄然皆已空矣。当其盛有之时，岂不常有也，必空之实，故俄而得以空耶？亦如惠子所谓物方生方死，日方中方睨，死睨之实，恒预明于未生未中之前矣。愚者不睹其理，唯见其有，故齐侯摄爽鸠之余伪，而泣恋其乐；贤者心与理一，故颜子庶乎屡空，有若无，实若虚也。①

宗炳认为，由于事物的千变万化，无住无常，可见其本性本身便是虚幻的，这就是"空"。并援引中土先秦诸子之说以为连类，这显然是"格义"的方法。宗炳还指出，华夏先哲中早已明晰此"空"之奥义，若《庄子》的"舟壑潜谢"，其实就是佛经讲的"见在不住"，但华人体悟斯义者少，故其说不彰。

何承天回应宗炳说，中观二谛似是而非，因为"即物常空，空物为一"，物和空是一体之两面，不能说物的存在之外还有一个"空"。显然，这是颇有唯物论思维的见解。他说：

今空有未殊，而贤愚异称何哉？昔之所谓道者，于形为无形，于事为无事，恬漠冲粹，养智怡神，岂独爱欲未除，宿缘是畏，唯见其有，岂复是过？以此嗤齐侯，犹五十步笑百步耳。②

显然，何承天认为《老子》的"无为"之道比佛家空观之说更近情理，他认为太虚之境，本存养于内心，乃是一种人生境界论，而非存在的本体论。体道者心灵恬淡宁静，而不是像佛教那样，一边讲"空"，一边又用因果报应之说来蒙蔽民众。而针对宗炳所引用的《庄子》"舟壑潜谢"之说，何承天认为这是"齐物"之境而非所谓的"空"，道家以天地并生，万物为一，即世间而达真人体道之境，而并非如佛教借"空"义否定现世，诱人以彼岸天堂之乐。

此后双方继续争论，但各自主要的观点已尽于此。宗炳以事物的可

① 〔南朝宋〕宗炳：《答何衡阳书》，〔南朝梁〕僧祐：《弘明集》卷二。
② 〔南朝宋〕何承天：《答宗居士书》，〔南朝梁〕僧祐：《弘明集》卷三。

析性与变动性否定事物自身的实在性，显然与僧肇《不真空论》相合。关于佛教以有欲邀无欲的问题，宗炳辩解说："泥洹以无乐为乐，法身以无身为身"，可谓"获利于无利"，"有欲于无欲"。何承天未能对性空学说提出有力的批判，但驳斥了宗炳的无欲无利说，指出：既然"泥洹以离苦为乐，法身以接善为身"，那么，"果归于无利，勤者何获？""若有欲于无欲，犹是常滞于所欲。"在这个问题上，何承天显然占据上风，因为世界上只有超功利主义，却没有超功利的事实，问题只在于功利的正当与否，佛教追求安乐解脱的本身也是一种利欲。这正是何承天批评佛教的事实根据。

《白黑论》中还涉及佛教的因果报应问题，文中的"白学先生"曾经批评佛教的因果报应是"所空在于性理，所难据于事用""幽冥之理，固不极于人事矣。周孔疑而不辨，释迦辨而不实"，认为其说虚无缥缈，实无所据。就此，何承天质疑宗炳道：

> 若诸佛见存，一切洞彻，而威神之力，诸法自在，何为不曜光仪于当今，使精粗同其信悟，洒神功于穷迫，以拔冤枉之命？而令君子之流，于佛无睹，故同其不信，俱陷阐提之苦。秦、赵之众，一日之中，白起、项籍坑六十万。夫古今彝伦，及诸受坑者，诚不悉有宿缘大善，尽不睹无一缘而悉积大恶，而不睹佛之悲，一日俱坑之痛，愁然毕同，坐视穷酷而不应，何以为慈乎！①

何承天认为，假若诸佛之威德存在的话，世上何以还有这么多冤屈不平之事？他发挥白学先生"幽冥之理"之"所难据事"的说法，根据日常生活中善恶报应并无一定的日常现象，并以秦赵长平之战白起、项籍一日坑杀赵国六十万众的事实，驳斥佛教以慈悲为怀的虚假性及因果报应的不合理性，对此，宗炳作了这样的回答：

> 夫乾道变化，各正性命，至于鸡鶩犬羊之命，皆乾坤六子之所

① 〔南朝宋〕宗炳：《明佛论》，〔南朝梁〕僧祐：《弘明集》卷二。

一也。民之咀命充身，暴同蛛蚊为网矣。鹰虎非搏噬不生，人可饭蔬而存，则虐已甚矣。天道至公，所布者命，宁当许其虐命，而抑其冥应哉？今六十万人，虽当美恶殊品，至于忍咀群生，恐不异也。美恶殊矣，故其生之所享因固可实殊；害生同矣，故受害之日固亦可同。①

此谓长平之战中的六十万人死在同一天，原因就在于他们皆作杀业，显然，这个辩白是颇为无力的。因为，既然杀生者就该死，若"至于鸡彘犬羊之命"者，那么几乎无人未杀生过，何以此六十万战俘便注定一天死亡？且漠视如此众多的战俘之死亡为罪有应得，恐怕既不符中国传统的道德观念，也不合佛家慈悲爱物之旨。——宗炳认为，解决这个问题的唯一办法就是修佛持戒，诸恶莫作。显然，这更是以感性的信仰来代替理性的论辩了。

白黑论之争中涉及因果报应部分的插曲，是魏晋南北朝报应论之争的一个组成部分。何承天等批判佛教因果论者，多采用近于理性的实证方法，因此其驳难颇为有力，但宗炳等人则立足于佛教，将因果报应之说延伸为三世乃至无数世，虽系诡辩，但当时的人对此也没有什么好的办法来驳斥，所以这种争论注定不会有什么结果可言。

第三节　报应论之争

报应问题实质就是命运问题，从东晋起，便成为思想界论争的焦点。人之吉凶祸福、富贵贫贱、生死寿夭因何而生？虽说是福善祸淫，却为何善恶与祸福并不相应？传统的解释基本上有两种：一是天命论，即所谓"生死有命，富贵在天"，人只能乐天知命，安于所受。此说取消了个人的能动性和纠正或改造社会不公正的责任，缺乏理论上的说服力。二是福善祸淫说，即冥冥中有赏善罚恶的主体，并且赏罚延及子孙后世。《周

---

① 〔南朝宋〕宗炳：《明佛论》，〔南朝梁〕僧祐：《弘明集》卷二。

易》有"积善余庆,积恶余殃"之说,流传甚广。但现实生活中善恶不得其报,甚至报不当报的事实比比皆是,子孙受报的说法同样缺乏事实根据。于是佛教乘虚而入,给予福善因果全新的解释,即因果报应、三世轮回。初起之时,人们常以传统观念予以界说,乃至曲解。如孙绰《喻道论》说:"历观古今祸福之证,皆有由缘",例如,"阴谋之门,子孙不昌;三世之将,道家明忌,斯非兵凶战危积杀所致邪?"这是儒家的报应论,而非佛教的果报论。

对佛教报应论作出可以自圆其说的解释的是慧远。当时戴逵(326—396)作《释疑论》,反对报应说,主张命定论。他给慧远弟子周续之的信中指出,报应之说无验于事实,祸福之报常与现实不合。周续之作书答戴逵说,"福善莫验"的现象也曾使他迷惑,求儒不能解,故转求佛学,才"昭然有归"(见周续之《难释疑论》)。但周续之对佛教报应之说未能作系统论述,于是慧远撰《三报论》投寄戴逵,实际上是对报应问题的全面阐述。《三报论》中说:

> 经说业有三报:一曰现报,二曰生报,三曰后报。现报者,善恶始于此身,即此身受。生报者,来生便受。后报者,或经二生三生,百生千生,然后乃受。受之无主,必由于心;心无定司,感事而应;应有迟速,故报有先后;先后虽异,感随所遇而为对;对有强弱,故轻重不同。斯乃自然之赏罚,三报之大略也。[1]

这肯定了善恶迟早有报,丝毫不爽。如此也就把报应与现实不符的矛盾消解在无限的时间长河之中,也给予"心",也就是神识,以报应的主体地位。由此亦可看出,佛教的报应论必须以神不灭论为立论前提。

慧远的三世报应论有两大特点:一是虽说报应必有,但不受时间限制,把必然性寓于无限延长的偶然性之中,偶然也就变成了必然。二是强调报应无主,乃由心感于事而生,仿佛是一种自然的因果关系,遂使佛

---

[1] 〔晋〕慧远:《三报论》,〔南朝梁〕僧祐:《弘明集》卷五。

教报应说具有客观规律的外观。慧远还说："世典以一生为限，不明其外。其外未明，故寻理者自毕于视听之内。此先王即民心而通其分，以耳目为关键者也。如今合内外之道，以求弘教之情，则知理会之必同，不惑众涂而骇其异。"三报论既符合佛教缘生之理，说明已作不失、未作不得，遇缘成果，自作自受，又对当报不报的社会现实作出了看似合理的解释。若慧远说：

> 或有欲匡主救时，道济生民，拟步高迹，志在立功，而大业中倾，天殃顿集；或有栖迟衡门，无闷于世，以安步为舆，优游卒岁，而时来无妄，运非所遇，世道交沦于其闲习；或有名冠四科，道在入室，全爱题仁，慕上以进德。若斯人也，含冲和而纳疾，履信顺而夭年，此皆立功立德之桀变，疑嫌之所以生也。大义既明，宜寻其对，对各有本，待感而发，逆顺虽殊，其揆一耳。何者？倚伏之契，定于在昔，冥符告命，潜相回换。故令祸福之气，交谢于六府；善恶之报，桀互而两行。①

在慧远看来，忠义才智之士志在立功立德者，往往反而多灾多难，命途多舛，这种反常现象的原因是，每个个体在其三世轮回流转过程中积累的善恶诸业都早已埋下了果报相寻的种子，一旦因缘条件成熟时自然就会表现出来，若仅从此一生的表象上看，当然有看起来正常合理之处，也多有反常之处。这样，那些阴差阳错的人生命运，乃至于不公正不合理的社会现象，便都被慧远用三世因果之说化解了。

总之，慧远的三报论将三世报应说结合到中土的善恶报应说之中，将善恶报应推到了无法验证的将来，比儒教福善祸淫之说更圆通、高明，比宿命论要积极、灵活，故其理论也就具有更大的吸引力，深刻影响于时人与后世。

时至刘宋，《白黑论》对佛教的因果报应说也进行了批判。该文借白

---

① 〔晋〕慧远：《三报论》，〔南朝梁〕僧祐：《弘明集》卷五。

学先生之口说:"美泥洹之乐,生耽逸之虑,赞法身之妙,肇好奇之心,近欲未弭,远利又兴,虽言菩萨无欲,群生固以有欲矣。甫救交敝之氓,永开利竟之俗,澄神反道,其可得乎?"既然佛教以空无立义,因果却用福乐设教,如此增加了人们的利欲之心,岂非自相矛盾? 这揭示了佛教禁欲主义说教与施善求报、苦修成佛之间的矛盾。黑学道士辩之曰:"物情不能顿至,故积渐以诱之",来生报应只是权宜方便之说。白学先生进而指出:"道在无欲,而以有欲要之",人们大兴土木,献财事佛,都是为了求得将来的福利,哪里会心性空寂呢? 其实这正是宗教组织目的与手段的二律悖反。

继白黑争论之后,何承天又作《达性论》,与颜延之往复问难。《达性论》以儒家的三才说对抗佛教的众生说。《达性论》开宗明义论三才曰:

> 夫两仪既位,帝王参之,宇中莫尊焉。天以阴阳分,地以刚柔用,人以仁义立。人非天地不生,天地非人不灵,三才同体,相须而成者也。①

何承天强调人为万物之灵,人与天地相参,以仁义立足,共成三才,成为万物之灵长,在天地万物造化之中具有特殊的地位,不可与其他众生等同。而万物为人所用,儒家祭祀用牲,王狩取兽,役物以养生,渔猎而有食,都不能绝对禁杀,只需强调顺时少取,而不可行佛教的绝对禁杀。何承天如是阐述人与众生的关系:

> 若夫众生者,取之有时,用之有道。行火俟风暴,畋渔候豺獭,所以顺天时也;大夫不麛卵,庶人不数罟,行苇作歌,霄鱼垂化,所以爱人用也;庖厨不迩,五犯是翼,殷后改祝,孔钓不纲,所以明仁道也。②

最后,何承天的结论是:首先,有生必有死,形毙神散,"犹春荣秋落,四时代换,奚有于更受形哉",他认为人与动物是不可能互相转生的。其

---

① ② 〔南朝宋〕何承天:《达性论》,〔南朝梁〕僧祐:《弘明集》卷四。

次，儒家经典上虽有君子求福、"三后在天"等说法，但其本意是说精微之气升归于天，君子以弘道为己任，而非佛家的轮回报应之义。

何承天的《达性论》撰成后，佛教居士颜延之（384—456）激烈反驳其说，双方的辩难信函收录于《弘明集》卷四中，计有《达性论》《释达性论》《答颜光禄》《重释何衡阳》《又释何衡阳》《重答颜光禄》六篇文章。双方的论争主要有两个核心问题：一是人与其他生命能否同称"众生"，二是对儒家经典中记载的鬼神之说应采取什么态度。①

首先，关于人与其他生命能否同称众生的问题，这实际上争论的是人与其他种类的生命是否可在轮回中相互转化的问题。何承天认为人能以仁义相处，能与天地相参，且神明特达，智慧无穷，不应该与其他生命同称众生。颜延之答书虽承认人与生物有异，但说众品同于有生，重申报应是客观必然的规律，"物无妄然，各以类感"，善恶之报"势犹影表，不虑自来"。何承天对此质疑，内容无非是因果乖错，所报迟速相去深远，甚至百生千生之遥，故以为报应之说为妄诞。

其次，是关于对儒家经典中的鬼神采取什么态度的问题。何承天以为生死本如春荣秋落，是自然界的规律；"三后在天""精灵升遐"是圣人神道设教的需要，其核心是教化民众，而不能以此证明鬼神真实存在。颜延之则反驳说，如果人死如草木，圣人讲"三后在天""精灵升遐"岂不自相矛盾？若儒家"三后在天"之说，正是因为善报的原因，完全可以此印证佛教的轮回报应是存在的。另外，颜延之还反问说："若徒有精灵，尚无体状，未知在天，当何凭以立？"何承天则批评颜延之"谓鬼亦有质"，是惑于"天竺之书，说鬼别为生类"，并认为这个问题是"支离之辨"。

《达性论》的争论，实际上表现了人道主义与神道主义之间的对立。何承天重视人和人生，引导人们关注现实，鼓励人们相信自身的创造力，摒弃关于来世幸福的幻想，显然是入世的。颜延之利用儒家神学资料附

---

① 参见刘立夫《弘道与明教——〈弘明集〉研究》，第 78 页。

会佛学,"引释符姬"驳斥何承天的"立姬废释",也说明佛儒在终极关怀上的一致性。另外还有刘少府针对何承天《报应问》辩论因果(见刘少府《答何承天》),凡此种种,内容大同小异,不再转述。

因果报应之辩,虽然在理论上,佛教卫道之士未能彻底征服儒家弟子,但是因果报应并非耳目取证和理性思考的结果,而是心理上的需要。佛教不仅没有在这场争论中相形见绌,反而在积极参与中扩大了自身的影响。

第四节　神灭神不灭论之争

佛教初传中国,不仅与黄老同气,而且与"福善祸淫"的"承负"说相结合,以"轮回果报"之说在民间广为流行。灵魂不死、神不灭论也备受关注。早在牟子《理惑论》中,已经表现出对神灭神不灭的争论。针对神灭论者的怀疑,牟子提出:"魂神固不灭矣,但自身朽烂耳。身譬如五谷之根叶,魂神如五谷之种实。根叶生必当死,种实岂有终亡?"①时至东晋后期,与玄学思辨之风相呼应,神不灭思想的流布,也导致僧俗各界对形神问题的关注,逐步酝酿起一场神灭神不灭的争论。这场争论既反映了不同文化在接触中的冲突,也可以看出文化移植过程中的相互影响与交融渗透。

一、慧远的形尽神不灭论

慧远结合中国传统的灵魂说与佛教因果论,作《形尽神不灭》文,提出神不灭论和形神二元论。他说:"神也者,圆应无生,妙尽无名,感物而动,假数而行。感物而非物,故物化而不灭;假数而非数,故数尽而不穷。"神妙形粗,而不应同灭。这是其后神不灭论者常用的理论依据。他还引《庄子》说明:"火之传于薪,犹神之传于形;火之传异薪,犹神之传异

---

① 〔汉〕牟子:《理惑论》,〔南朝梁〕僧祐:《弘明集》卷一。

形"，将本来由无神论提出的薪火之说，引申为神不灭论的喻证。

《形尽神不灭》作于晋元兴三年（404），是慧远《沙门不敬王者论》的第五篇。该文比较全面地反映了整个东晋时代关于形神之争的主要特点，而慧远对此问题的解释则代表了当时佛教在形神问题上的最高理论水平。

《形尽神不灭》同样以答问的形式为"形尽神不灭"作理论上的辩说。该文首先代玄学家立言，问难"神不灭"，曰：

> 夫禀气极于一生，生尽则消液而同无。神虽妙物，故是阴阳之所化耳。既化而为生，又化而为死，既聚而为始，又散而为终。因此而推，故知形神俱化，原无异统，精粗一气，始终同宅。宅全则气聚而有灵，宅毁则气散而照灭；散则反所受于天本，灭则复归于无物。反复终穷，皆自然之数耳。孰为之哉？若令本异，则异气数合，合则同化，亦为神之处形，犹火之在木，其生必存，其毁必灭。形离则神散而无寄，木朽则火寂而靡托，理之然矣。假使同异之分，昧而难明，有无之说，必存乎聚散。聚散，气变之总名，万化之生灭。故庄子曰：人之生，气之聚，聚则为生，散则为死。① 若死生为彼吾又何患？古之善言道者，必以有得之。若果然邪，至理极于一生，生尽不化，义可寻矣。

神灭论者根据传统的气化理论，坚持气为生命的本体，主张形神皆源于天地之气，即庄子所言"人之生，气之聚，聚则为生，散则为气"，人禀阴阳二气聚合而生、离散而死，因此，"形离则神散而无寄，木朽则火寂而靡托"，所以形神二者随气之聚散而俱生俱灭。如此设问，慧远之答辩自然成竹在胸，他巧妙地引喻，以父子之间形体相似而智慧天隔的事实为依据，反对形神一气、俱生俱灭之论。他说：

> 假令神形俱化，始自天本，愚智资生，同禀所受。问所受者为受

---

① 《庄子·知北游》原文为"散则为气"。

之于形耶,为受之于神耶?若受之于形,凡在有形皆化而为神矣;若受之于神,是为以神传。神则丹朱与帝尧齐圣,重华与瞽叟等灵,其可然乎?如其不可,固知冥缘之构着于在昔,明暗之分定于形初。虽灵钧善运,犹不能变性之自然,况隆兹已还乎。验之以理,则微言而有征:效之以事,可无惑于大通。

慧远认为,如果像神灭论者所说,形神皆源于元气,那么人的形体、智慧皆有共同来源,既然如此,代代相承所禀受的是神还是形呢?若以形相传,那么有其形必"化而为神",其神亦应相似;若受之于神,以神相传,那么受生者之智慧应与生者相同,则父子必贤愚一致,据此推论,丹朱与他的父亲尧应当都为圣人,舜的父亲瞽叟也应与舜一样贤明,可是事实却并非如此,丹朱不肖而瞽叟愚顽。可见,"冥缘之构着于在昔,明暗之分定于形初",神是"先在"的,形神并非同时生灭。慧远以此为"形尽神不灭"作立论的事实依据。

从理论上说,慧远认为神"感物而非物,故物化而不灭;假数而非数,故数尽而不穷"。所以神与形不同,非物亦非数;非物则不灭,非数则无穷。从根本上说,神"圆应无生,妙尽无名,感物而动,假数而行",是"精极而为灵者",而且"有冥移之功",故能在生命的流转中传之异形而至于无穷。故神不仅是"先在"的,而且是"自在"的,所以神不因形尽而灭,而是在异形之中实现其无生无灭。

具体而言,慧远认为"神"没有具体可感的形象,也不能用常识定义,无名无形、无生无灭、感应万物、微妙至极,他说:

> 夫神者何耶?精极而为灵者也。精极则非卦象之所图,故圣人以妙物而为言,虽有上智,犹不能定其体状,穷其幽致,而谈者以常识生疑,多同自乱,其为诬也,亦以深矣。将欲言之,是乃言夫不可言,今于不可言之中,复相与而依稀。神也者,圆应无生,妙尽无名,感物而动,假数而行。感物而非物,故物化而不灭;假数而非数,故数尽而不穷。有情则可以物感,有识则可以数求。数有精粗,故其

性各异；智有明暗，故其照不同。推此而论，则知化以情感，神以化传，情为化之母，神为情之根，情有会物之道，神有冥移之功。但悟彻者反本，惑理者逐物耳。

慧远认为，"神"是一种非常灵妙之"精极"，是"先在"和"自在"。其运变不居，感应万物而无生灭。虽感应万物，但不是物；虽缘"四大""五行"等名数而运行，但又非名数，所以即便物穷数尽，神仍周遍运行。这就是慧远说的"情有会物之道，神有冥移之功"。所谓"悟彻者反本，惑理者逐物"，也就是说，神不灭论者功在于"反本"，神灭论者失在于"逐物"。

"薪火之喻"出自《庄子》，多为神灭论者援引，认为薪微火弊，薪尽火灭，慧远同样以引述《庄子》薪火之说，驳斥神灭之说。他强调：

> 火之传于薪，犹神之传于形；火之传异薪，犹神之传异形。前薪非后薪，则知指穷之术妙；前形非后形，则悟情数之感深。

薪火相传，犹如"神"借形体相传。神如火，形体如薪。薪燃烧化为灰烬，火则由此薪传至彼薪，永不熄灭。神也如是，从此形传至彼形，生生不已。

总而言之，当时的神灭论者多以传统的元气论为依据，神不灭论则以道家"妙物""精极"而为言。他们的是非毋庸为之辩。至于慧远关于神不灭论的辩说，其中多引述《庄子》，语言、思维方式也近庄老，佛学的中国化正是如此跬步千里，集腋成裘，在不知不觉中逐步实现的。

二、薪火异解与神灭神不灭的争论

神灭神不灭之争在何承天与宗炳之间也有相应的争辩，针对慧远重新诠释的薪火之喻，天文学家、无神论思想家何承天针锋相对地说："形神相资，古人譬以薪火，薪弊火微，薪尽火灭，虽有其妙，岂能独传？"这里何氏沿袭早期神灭论形神观之说，力挺神灭论。著名山水画家，曾参与慧远白莲结社的宗炳著《明佛论》，以形神二元论予以反击。他不采用慧远改造的薪火之喻以说形神,因为火赖于薪,神则不生于形,而从五个方面论证了神妙形粗、神不随形毁而灭的论点(见《明佛论》)。

其一,群生之神,本已有之。他说:"生育之前素有粗妙矣。既本立于未生之先,则知不灭于既死之后矣。"

其二,形神并非同步不离,如果形生则神生,形灭则神灭,那么必然是形残神毁,形病神困,但是实际情况则是有很多人形伤残而神意平全,病之极而无变德行之主。

其三,精神微妙无比,非粗糙的形体所能比拟。圣贤的形体与愚人并无甚差异,而其特异之处正在于其精神超越,故神不应与形体同生灭。

其四,儒家承认神灵不灭,如"周公郊祀后稷,宗祀文王","则文、稷之灵,不可谓灭也"。

其五,不忆前生,无害精神本有。这是从反面证明神不灭的合理性。他举例说,刚长牙的孩子都不记得在母亲胎中之事,可见一生之事都难以记忆,何况经历生死? 不记得前生也不能说就是"神灭"。

神灭与神不灭争论,至齐梁而达高潮。争论双方是范缜与萧子良。二人以讨论贫富贵贱产生原因的现实问题始,进而讨论因果报应之有无,最终以神灭神不灭为争论的焦点。范缜以"无神"说立论,以偶然论批判因果报应之说,"退而著《神灭论》"。此论一出,朝野哗然,"子良集僧难之而不能屈"(《梁书·范缜传》)。《神灭论》继承了先秦以来的形灭神亡的思想传统,把魏晋玄学的"本末""体用"概念应用于形神观。他提出:"形者神之质,神者形之用,是则形称其用,神言其用,形之与神,不得相异也。"这种形质神用的观点,进一步明确了形体与精神是本体与作用的关系,肯定了精神对本体的依赖性。鉴于"薪火之喻"为佛教拥护者所用,故范缜舍弃薪火之喻,改用"刃利之喻",将形与神比作刀刃和"锋利",进一步明确精神是人体功能的论点,论证形神相与不二、灵魂不能离开肉体独立存在的观点。

《神灭论》撰成后,据说曾"辩摧众口,如服千人",佛教方面的反对意见自然亦随之而来。时人沈约写了《形神论》《神不灭论》《难范缜神灭论》三篇文章，《难范缜神灭论》就是直接针对范缜的。梁武帝即位后，尊奉佛法，自然认为范缜的观点属于异端外道之说，但难能可贵的是，沈约并未利用帝王的权威对范缜进行言论封杀和人身迫害，而是希图"以理服人"，组织佛教学者进行公开辩论，围攻范缜。于是，佛教方面造出了很多文章，最有代表性的是萧琛（476—512）的《难神灭论》和曹思文（生卒年不详）的《难神灭论》《重难神灭论》。其他的文章如《弘明集》中记载的梁武帝《敕答臣下神灭论》和六十二个朝臣的答诏，这些则是应制文字而已，除了少数几个人引用了一些经典上的凭据外，基本上只是出于对帝王权威的服从所作的政治表态。而《神灭论》的原文，《弘明集》出于佛教立场而只将其作为附录编在萧琛的《难神灭论》之后。

当时争论的要点，主要是针对范缜所提出的"形神相即，形质神用"之辨。在范缜看来，刃利之间的关系是物质实体与其所具有的功用和属性的关系，这已经不同于前人的薪火之喻。因为对于薪与火，可以理解为一般的物与物之间的关系，所以以容易被神不灭论者反过来借薪尽火传来说明神独立地存在。显然，范缜的刃利之喻则不能再被反对者利用，因为它着眼于同一物的实体与功用的层面。因此，神不灭论者只能另寻途径来进行反驳。

针对范缜的形神相即之论，沈约在《难范缜神灭论》中有所质疑，沈约说神是"对形之名"，人有四肢百体，各有其用。如果神即是形，形即是神，那么人就有四肢百体之神，但为何"神唯一名，而用分百体"？又，若形即是神，神即是形，"二者相资，理无偏谢，则神亡之日，形亦应消"，可如有人半身不遂，身体的一半已无知觉，还能够说半神犹存，半神已灭吗？

萧琛在《难神灭论》中也举例说明形神不相即，他说：

> 今人或断手足，残肌肤，而智思不乱。犹孙膑刖趾，兵略愈明；卢浮解腕，儒道方谧。此神与形离，形伤神不害之切证也。
>
> （萧琛：《难神灭论》，《弘明集》卷九）

此外，人在做梦时，神游万里，而形体不动，萧琛亦认为这是形神分离之证：

> 夫人或梦上腾玄虚，远适万里。若非神行，便是形往耶？形既不往，神又不离，复焉得如此？若谓是想所见者，及其安寐，身似僵木，气若寒灰，呼之不闻，抚之无觉，既云神与形均，则是表里俱倦，既不外接声音，宁能内兴思想？此即形静神驰，断可知矣。

> （萧琛：《难神灭论》）

人在梦中，身体静若僵木，气若寒灰，呼唤没有应答，触摸亦无感觉，身体静卧在那里，神却远腾万里，飘游别处。若是形神相即，则言形神相随未有片刻分离，那么将如何解释这一客观现象呢？所以萧琛认为，形神相即之论是辨而无征，毫无根据的。

关于范缜所引刃利之喻证明形神相即，萧琛亦用此喻来回应范缜，他说：

> 夫刃之有利，砥砺之功，故能水截蛟璃，陆断兕虎。若穷利尽用，必摧其锋锷，化成钝刃。如此则利灭而刃存，即是神亡而形在，何云舍利无刃，名殊而体一耶？刃利既不俱灭，形神则不共亡，虽能近取于譬，理实乖矣！

> （萧琛：《难神灭论》）

萧琛认为，刃之锋利是磨出来的，但穷利尽用，化为钝刃，则利灭而刃存。所以，刃利之喻非但不能证明"名殊而体一"、形神相即，反而证明了"神亡而形在"，形神不相即了。不过，萧琛这种对刃利之喻的解释，认为"利"的性质可亡，相应地也是说"神"之可亡，恰恰却陷入范缜的论点之中了，显然是一个不成功的辩驳。

其后曹思文《难范缜神灭论》也对范缜形神相即说发难，他从经典中寻找依据来反驳形神相即，文曰：

> 昔者赵简子疾，五日不知人；秦穆公七日乃寤，并神游于帝所，帝赐之钧天广乐。此其形留而神游者乎。

> （曹思文：《难范缜神灭论》，《弘明集》卷九）

儒家经典中曾言赵简子、秦穆公一度昏迷而神游他所，如果真如范缜所言形神相即、不离不分的话，经典所记之事岂非虚谬？赵简子、秦穆公二人的经历正可证明形留而神逝，是形神不相即的表现。曹思文又结合《庄子》中的话说：

> 斯其寐也魂交，故神游于蝴蝶，即形与神分也。其觉也形开，遽遽然周也，即形与神合也。神之与形有分有合，合则共为一体，分则形亡而神逝也。是以延陵丧子而言曰：骨肉归复于土，而魂气无不之也，斯即形止而神不止也。

（曹思文：《难范缜神灭论》）

在此，曹思文将形与神的关系理解为不同的物与物的相互交合，自有别于范缜的形神相即关系。既然在梦中神与形分，可以神游蝴蝶，而醒来后神又与形相合，所以证明形神二者可以相分，形体消亡了神必逸散他处，仍然存在。

范缜对曹思文的问难也撰文回应，在其《答曹录事难神灭论》中，范缜对梦的现象作辩驳，他认为秦穆公梦游天宫时，耳听钧天之乐，口尝美味，身披文绣，眼、耳、鼻、舌、身这些形体的感官仍然存在，可知做梦和醒时一样，精神都依赖于形体而存在，倘若离开形体，梦中的见闻、享受也不可能感受得到，"故知神之须待，既不殊人"。至于"神游蝴蝶"之论，范缜反驳道：

> 子谓神游蝴蝶，是真作飞虫邪？若然者，或梦为牛，则负人辕轭，或梦为马，则入人跨下，明旦应有死牛死马，而无其物，何也？又肠绕阊门，此人即死，岂有遗其肝肺，而可以生哉？又日月丽天，广轮千里，无容下从匹妇，近入怀袖，梦幻虚假，有自来矣。一旦实之，良足伟也！明结想霄，坐周天海，神昏于内，妄见异物。岂庄生实乱南园，赵简真登阊阖邪？

范缜认为曹思文的"神游蝴蝶"和萧琛的"据梦以验"是一回事，所以在此一并回复，他认为梦幻中的事物一旦醒来后便消逝无踪，当然是虚假的,根本不能作为论证形神关系的凭证。在此,范缜虽正确地阐明了梦境之不实,但限于当时的科学认识水平,亦难以对梦境的产生给予合理的解释,因此,在这一点上自难从根本上使神不灭论者心服。

引证儒教经典来证明鬼神的存在,也是神不灭论者的惯用手法,在儒教的说法中,虽有"六合之外存而不论""子不语怪力乱神"之说,但并未坚决否定鬼神的实有,因此,儒教这种莫衷一是的态度为他们提供了帮助,神不灭论者总是能从众多的儒教文献中找到其凭据,而这些经典在当时的士人中具有神圣地位,纵然像范缜这样的神灭论者亦不能直接否定其记载,只能曲折婉转地进行解释。

在《神灭论》中,范缜主要是借助儒家"先王以神道设教"之说来对待儒教经典中的鬼神观念。他说:

> 问曰:"形神不二,既闻之矣。形谢神灭,理固宜然。敢问《经》云'为之宗庙,以鬼享之',何谓也?"答曰:"圣人之教然也,所以弭孝子之心,而厉偷薄之意,神而明之,此之谓矣。"

> 问曰:"伯有被甲,彭生豕见,坟素著其事,宁是设教而已邪?"答曰:"妖怪茫茫,或存或亡。强死者众,不皆为鬼。彭生、伯有何独能然? 乍人乍豕,未必齐郑之公子也。"

> 问曰:"《易》称'故知鬼神之情状,与天地相似而不违',又曰'载鬼一车',其义云何?"答曰:"有禽焉,有兽焉,飞走之别也。有人焉,有鬼焉,幽明之别也。人灭而为鬼,鬼灭而为人,则未之知也。"

面对神不灭论者以儒家经典中对祭礼与丧礼仪式的尊崇来论证鬼神的存在,范缜认为经典中对先人的祭祀并不是宣扬鬼神的存在,仅是借此来劝化世人重礼、法行孝道,是出于教化的需要,方法前人已有采用,范缜以"未之知"与"或存或亡"这种不能断然肯定的语气来回应经典中鬼神的存在,显然也缺乏力度。曹思文便抓住这一点,屡屡从儒教典籍中寻找论据来反驳范缜,其前所引曹思文的"神游蝴蝶",赵简子、秦穆公形神分离都是相关的例证。

对此，范缜与曹思文还有往来书信反复论述。曹思文坚持认为圣人经典是承认鬼神存在的，如"《孝经》云：昔者周公郊祀，后稷以配天，宗祀文王于明堂，以配上帝"(《难范缜神灭论》)。他认为，先人郊祀、宗祀的行为都建立在承认神灵存在的基础上，若无神灵，这些行为将无所承受者，岂非成了欺人欺天的行为？有关范缜所论祭祀是世间教化的要求，曹思文在此一并批驳道："斯是人之教，教以欺妄也。设欺妄以立教者，复何达孝子之心，厉浇薄之意哉？"(《难范缜神灭论》)即是说如果不承认有鬼神的存在，却提倡祭祀先人神灵，以此来教化世人，又怎能达到教化世人的结果？进而，曹思文认为，儒教经典中所言之鬼神，皆是真切存在的，他说：

> 孔子菜羹芘，祭祀其祖祢也。《礼》云："乐以迎来，哀以送往"，神既无矣，迎何所迎？神既无矣，送何所送？迎来而乐，斯假欣于孔貌，途往而哀，又虚泪于丘体，斯则夫子之祭祀也，欺伪满于方寸，虚假盈于庙堂。圣人之教其若是乎？而云圣人之教然也，何哉？(《难范缜神灭论》)

曹思文认为迎来送往之礼祀都要有其接受的对象，经典中提倡祭祀祖先，就是已承认祖先魂灵这一接受者的存在，若否认这一点，孔圣人岂不是成了虚伪之徒了？显然，对此，曹思文是有把握预料范缜不敢冒天下之大不韪来触犯礼教的权威的，故深文周纳，这是极具挑战性的姿态。

限于当时的历史条件，范缜当然也无法超越当时政治统治下的意识形态，在回复曹思文的信中，他仍只能颇费苦心地宛转应对以圣人没有明确有无鬼神来作答，若子路问鬼神之事，孔子回答"未能事人，焉能事鬼"，并进一步解释圣人之所以要用神道设教，是源于百姓的愚昧无知："黔首之情，常贵生而贱死。死而有灵，则长畏敬之，死而无知，则生慢易之意。圣人知其若此，故庙桃坛墠，以笃其诚心，肆筵授几，以全其罔己。尊祖以穷郊天之敬，严父以配天明堂之享。"在此，范缜仍坚持认为经典中的鬼神是神道设教的需要，并颇具历史意识地解释了圣人神道设教是一种限于彼时民众认识水平的方便手段,显然,面对以经典压人的攻击,范缜的回应不失为巧妙。

三、范缜对神不灭论的批判

范缜(约450—约515),南北朝时期著名的唯物思想家、无神论者。祖籍南乡舞阴(今河南泌阳西北,亦有说内乡、淅川)。祖琢之,官至中书郎;父蒙,早卒。缜少孤贫,弱冠,拜当时名儒刘瓛为师,勤奋好学,卓尔不群。"既长,博通经术,尤精《三礼》","性质直,好危言高论",不为朝廷所重。

范缜的神灭论继承了先秦以来的形灭神亡的思想传统,把魏晋玄学的"本末""体用"概念应用于形神观。他提出:"形者神之质,神者形之用,是则形称其用,神言其用,形之与神,不得相异也。"这种形质神用的观点,进一步明确了形体与精神是本体与作用的关系,肯定了精神对本体的依赖性。

概括起来说,范缜对神不灭论的批判集中在两个方面:

1. "形神相即"与"形质神用"

"形神相即"是范缜《神灭论》的基础命题。他说:"形即神也,神即形也。是以形存则神存,形谢则神灭。"在范缜看来,形、神是既有区别又有联系,"形""神"密不可分,两者"名殊而体一",或曰"形神不二"。所以,范缜认为,形在神在,形亡神灭。这就是范缜神灭论的唯物论思想条件。

在"形神相即"的基础上,范缜进一步提出了"形质神用"的著名论点。他说:"形者神之质,神者形之用,是则形称其质,神言其用,形之与神,不得相异也。"鉴于"薪火之喻"为神不灭论所用,故范缜舍弃薪火之喻,改用"刀利之喻",将形与神比作刀刃和"锋利",进一步明确精神是人体功能,即"形质神用"的论点,论证形神相即不二,灵魂不能离开肉体独立存在。他以刀为喻,论之曰:

> 神之于质，犹利之于刃；形之于用，犹刃之于利。利之名非刃
> 也，刃之名非利也；然而舍利无刃，舍刃无利，未闻刃没而利存，岂容
> 形亡而神在？（《神灭论》）

这就是说，精神与肉体，不仅相即不离，而且相即为用。形是质，神
是形质之用，就如刀刃和刀刃之利钝，刀是形质，利钝是刃之用。利不是
刃，刃也不是利，但是，无刃也就无所谓利钝。所以，作为形的肉体死亡
后，作为形之用的神，还能独立于形之外而不灭永存吗？范缜如此以刃
利为喻，从质和用的关系论证形亡神灭。这里无疑也显示出玄学体用思
辨的痕迹。

2. 质用之辨

不仅如此，范缜对"质"和"用"的范畴也给予了深入的辩证思考。
他说：

> 今人之质，质有知也；木之质，质无知也。人之质非木质也；木
> 之质非人质也。安有如木之质而复有异木之知？
>
> 死者有如木之质，而无异木之知；生者有异木之知，而无如木之
> 质也。（《神灭论》）

质的不同，决定了人的"有知"和木的"无知"，不同的质有不同的作
用，人非木，人质自然非木质，二者没有比较的基础和前提。范缜实际上
是借此驳斥神不灭论"薪尽火传"之喻的，以此强调木质非人质，所以"薪
尽火传"并不能说明人的"形尽神不灭"。值得注意的是，神灭论借薪火
论证神灭，神不灭论也借薪火论证神不灭；范缜则反对以薪、火比喻形、
神。如是可见，神灭和神不灭的争论，其价值并不仅仅在于二者之是非，
事实上反映了不同文化观念的冲突。范缜在回答"知此神灭，有何利用
邪"时说："浮屠害政，桑门蠹俗，风惊雾起，驰荡不休，吾哀其弊，思拯其
溺"，鲜明地表现出"夷夏之防"的传统。

与此同时，范缜还将神分为互相连接的两个阶段，一是"痛痒之知"
（感觉），二是"是非之知"（思维）。范缜认为，"浅则为知，深则为虑"，"是

非痛痒,虽变有异,亦总为一神矣",强调"人体惟一,神何得二",认为"是非之虑"由"心器所主",以此批驳"虑体元本"的形尽神不灭论,即思维活动不需要物质基础,精神可以离开人的形体而独立存在的唯心主义。所有这些又涉及心理活动的复杂问题了。

神灭神不灭的争论,显然是中国哲学史上有神论与无神论、唯心论与唯物论的冲突,但是也应当注意到,佛教缘生之理无疑是对"有神论"的否定,三世因果与三报之说却以"神我"为轮回的主体,暴露出佛教哲学上的缺陷。而范缜在批判神不灭论的同时,也难免受唯心主义的影响。他在回答萧子良人生"何得有富贵贫贱"时说:"人生如树花同发,随风而堕,自有拂幌坠于茵席之上,自有关篱墙落于粪溷之中。坠茵席者,殿下是也;落粪溷者,下官是也。贵贱虽复殊途,因果竟在何出?"既以此批驳因果的必然,又把差异归之于不可捉摸的偶然。无论怎样讲,这场争论最终的结果,与其他争论一样,事实上在冲突中推动了儒佛的交融渗透,也促进了它们在哲学思维方面的深入,反映了不同文化趋同的总体态势。佛教哲学也是在对儒家挑战的回应中,逐步实现其中国化的过程的。

第十一章　三教之争之二：佛道之争

魏晋南北朝时期道教发展迅速，它在早期民间信仰形态的基础上，将老庄玄理、神仙方术、医药卫生、阴阳五行、纲常礼教等各种不同学派的思想元素尽量予以包容，并有意汲取佛教的义理与仪轨充实己身。就哲理的丰富性而言，道教与佛教相比虽"相形见绌"，然道教却自封为中华文化之正统，地位为佛教所不及。此一时期，佛教和道教在思想文化界都有很大的影响力，它们之间既互相排斥又互相吸收，并在竞争中发展。

第一节　《夷夏论》之争

由于当时佛教对社会的影响日趋加大，在发展上隐隐有胜过作为本土宗教的道教之态势，因此，道教中的一些保守人士开始采用各种方式以抵御佛教的流布，首先拉开争论序幕的是道士顾欢（420—483）所撰写的《夷夏论》。

《夷夏论》的主旨是论述道先佛后的观点，作者指责佛教的教义有别于儒家的忠孝礼义等道德观念，判定佛教是夷狄之教，不可行于中土，华夏之教仍应奉行儒道之说，希望借此达到贬低和打击佛教的目的。《夷夏论》的行文言辞激烈,用"狐蹲狗踞""虫喧鸟聒"等词,语近诋毁,以致此文一出,立即引起众多佛教徒的猛烈反击。佛教方面反驳的文章收录在《弘明集》的有:僧绍《正二教论》,谢镇之《与顾道士书》(又称《折夷夏论》)、《重与顾道士书》,朱昭之《难顾道士夷夏论》,朱广之《咨顾道士夷夏论》,慧通《驳顾道士夷夏论》,僧愍《戎华论折顾道士夷夏论》等。下面就《夷夏论》中的佛道论争略作绍述。

第一,《夷夏论》认为佛道同源,道在佛先。顾欢引道教"化胡"类经典《玄妙内篇》来证明佛教亦出于老子,他说:

> 夫辨是与非,宜据圣典。经云:老子入关之天竺维卫国,国王夫人名曰净妙,老子因其昼寝,乘日精入净妙口中。后年四月八日夜半时,剖右腋而生,坠地即行七步,于是佛道兴焉。此出《玄妙内篇》。佛经云:释迦成佛,有尘劫之数,出《法华》《无量寿》,或为国师道士,儒林之宗,出《瑞应本起》。五帝三皇不闻有佛,国师道士,无过老、庄;儒林之宗,孰出周、孔。若孔、老非圣,谁则当之?然二经所说,如合符契,道则佛也,佛则道也。[1]

显然,顾欢在此所引《玄妙内篇》的内容与当时所流行的《老子化胡经》之类一样,皆为道士伪造,他借此说明佛教出于老子而得出结论:"道则佛也,佛则道也",显然佛教人士不会接受。此外,顾欢进一步认为,佛道虽同源,道教却应在佛教之先,因为三皇五帝之时未闻有佛,道教之祖的老庄却向被历代尊奉,故而道教优于佛教是不言而喻的。

针对顾欢这一观点,当时佛教人士多有批驳。首先,僧绍撰《正二教论》,其中明确指出,顾欢所引《玄妙内篇》是魏晋时的妖妄之书,故据此论证的佛道同源、道先于佛的观点亦属虚妄,其论云:

> 道家之旨,其在老氏二经。敷玄之妙,备乎庄生七章。而得一尽虚,无闻形变之奇;彭殇均寿,未睹无死之唱。故恬其天和者,不

---

[1] 〔南朝宋〕顾欢:《夷夏论》,《南史》卷七十五《顾欢传》。以下所引同此。

务变常。安时处顺，夫何取长生？若乘日之精，入口剖腋，年事不符，托异合说，称非其有。诞议神化，秦汉之妄，妖延魏晋，言不经圣，何云真典乎？①

此外，佛教界亦有与顾欢援用道教伪经这一手法如出一辙者，慧通亦引佛教伪经证明老子和孔子都是释迦牟尼的弟子："经云：摩诃迦叶，彼称老子；光净童子，彼名仲尼"，认为佛教流布于中土，是佛派遣孔、老二弟子"宣德示物祸福"的结果。② 僧愍所撰《戎华论折顾道士夷夏论》，则与慧通的方式一样，引证了佛教疑伪经说："惟有周皇边霸，道心未兴，是以如来使普贤威行西路，三贤并导东都。故经云'大士迦叶者，老子其人也'。"③按照僧愍所说，是如来派遣了三贤来开化中土，其中老子就是佛的弟子大迦叶的化身。既然如此，道教之宗老子的地位就要比佛祖释迦牟尼低，而他所创立的道教自然而然就逊于佛教了。这对于顾欢而言，诚可谓"以彼之道还施彼身"了。

佛陀遣弟子东行教化的传说，是佛教对老子西行化胡说的回应。顾欢所言老子化胡为佛，是当时道教贬低佛教的惯用手法，其后佛教方面也纷纷用疑伪经典来贬低老子。由此，佛、道双方就教主降世先后的问题，展开了一场规模更加浩大的撰造伪经活动。晚至隋唐以后，凡有涉及夷夏之辨，亦多有借伪撰经典来为己张目者。

第二，《夷夏论》认为，佛、道二教虽同是圣道，其功用则异，因此有优劣之别。其论云：

> 寻圣道虽同，而法有左右。始乎无端，终乎无末。泥洹仙化，各是一术。佛号正真，道称正一。一归无死，真会无生。在名则反，在实则合。但无生之教赊，无死之化切。切法可以进谦弱，赊法可以退夸强。佛教文而博，道教质而精。精非粗人所信，博非精

---

① 〔南朝齐〕僧绍：《正二教论》，〔南朝梁〕僧祐：《弘明集》卷六。
② 参见〔南朝宋〕慧通《驳顾道士夷夏论》，〔南朝梁〕僧祐：《弘明集》卷七。
③ 〔南朝宋〕僧愍：《戎华论折顾道士夷夏论》，〔南朝梁〕僧祐：《弘明集》卷七。

人所能。佛言华而引,道言实而抑,抑则明者独进,引则昧者竞前。佛经繁而显,道经幽而简。幽则妙门难见,显则正路易遵。此二法之辨也。

圣匠无心,方圆有体,器既殊用,教亦异施。佛是破恶之方,道是兴善之术。兴善则自然为高,破恶则勇猛为贵。佛迹光大,宜以化物;道迹密微,利用为己。优劣之分,大略在兹。

顾欢认为佛、道二教"圣道同"而"法有左右",它们的名称不同,宗旨与性质刚好相反。佛教追求"无生",道教追求永生;佛教教化速度慢,道教教化速度快;佛教重在破恶,道教重在兴善;佛教文博、语繁易学,非精人所学,道教质精、语简难学,非粗人所能得其精奥。因而二者如物之方圆不同,用处亦不同。显然,顾欢认为佛教是针对天资低劣的人所设,道教则是针对智者所设,抑佛崇道,不言而喻。

针对顾欢这一观点,僧绍《正二教论》认为,顾欢文中对于佛、道二者的区分实为荒谬,因为老、庄乃至孔子的思想仅为世俗的教化所用,无法与佛教的恢弘相媲美,其文曰:

老子之教,盖修身治国,绝弃贵尚。事正其分,虚无为本,柔弱为用,内视反听,深根宁极,浑思天元,恬高人世,皓气养和。失得无变,穷不谋通,致命而俟,达不谋己。以公为度,此学者之所以询仰余流而其道若存者也。安取乎神化无方,济世不死哉?其在调霞羽化,精变穷灵,此自缮积前成,生甄异气,故虽记奇之者有之,而言理者不由矣。稽之神功,爰及物类,大若麟凤怪瑞:小则雀雉之化,夫既一受其形,而希学可致乎?至乃颜孔道邻,亲资纳之极,固将仰灵尘而止,欲从未由,则分命之不妄有,推之可明矣。故仲尼贵知命,而必有所不言。伯阳去奇尚,而固守以无为。皆将以抑其诞妄之所自来也。然则穷神尽教,固由之有宗矣。道成事得,各会之有元矣。夫行业者于前生,而强学以求致其功,积习成于素屏,而横慕以妄易其为。首燕求越,其希至何由哉!故学得所学,而学以成也。为其可为而为可致也，则夫学镜生灵，中天设教，观象测变，存而不论。经世之深，孔老之极也。[1]

这是说，无论是老子的固守无为，还是孔子的贵知天命，其所用皆在"经世之深"，不出"在形之教"，所以他们"不议殊生"，所关心的主要是以人为中心的现实存在问题。佛教却更胜一筹，不但能"爱尽物类"，关注所有众生，而且"佛开三世"，涵盖世间过去、现在与未来。故佛教从时间、空间两方面讲，所显现出来的气象都要比儒、道二教大得多。就理论思维水平来讲，佛教经义也要精致得多。因此，僧绍指出："夫由佛者固可以权老，学老者安取同佛？"认为道教是没有资格与佛教相提并论的。

谢镇之曾撰《与顾道士书》《重与顾道士书（并颂）》，批驳顾欢区别佛、道二教的方式，认为佛教与道教之别不在于繁显简幽之异，而是高下优劣之别，且佛教应高于道教。他认为：

> 佛法以有形为空幻，故忘身以济众；道法以吾我为真实，故服食以养生。且生而可养，则吸日可与千松比霜，朝菌可与万椿齐雪耶？必不可也。若深体三界为长夜之宅，有生为大梦之主，则思觉寤之道，何贵于形骸？假使形之可练生而不死，此则老宗本异，非佛理所同。何以言之？夫神之寓形，犹于逆旅，苟趣舍有宜，何恋恋于檐宇哉？夫有知之知，可形之形，非圣之体。虽复尧孔之生，寿不盈百。大圣泥洹，同于知命。是以永劫以来，澄练神明，神明既澄，照绝有无，名超四句，此则正真终始不易之道也。[2]

谢镇之认为佛、道二教的本质区别在于，佛教"以有形为空幻，故忘身以济众"，而道教"以吾我为真实，故服食以养生"。佛教所持缘起性空说，把三界看作是长夜之宅，有生是大梦之主，所以教化世人不要执着于

---

[1]〔南朝齐〕僧绍：《正二教论》，〔南朝梁〕僧祐：《弘明集》卷六。
[2]〔南朝宋〕谢镇之：《与顾道士析夷夏论》，〔南朝梁〕僧祐：《弘明集》卷六。

此生的苦难，而着眼于彼岸之终极解脱；与佛教相比，道教的眼光显得狭小，只执着于此世的长生，然正如朝菌终不可与万椿比寿，人的生命注定是有限的，长生之说最终会归于虚妄。且只专注于己身羽化登仙的人，其实是十分迂腐与自私的，相形之下，佛教以无上智慧普度众生，明显优于道教。

针对顾欢言二教区别在于佛教为"无生"之教、道教为"无死"之教，朱广之在《疑夷夏论谘顾道士》中批驳此论说："无生即无死，无死即无生。名反实合，容得赊切之别邪？"他认为生与死二者相辅相成，人的降生既是此世的开始，也代表了前生的结束，对于死亦应如是观之，所以顾欢用生死来喻二教之别乃是不经之谈。此外，对顾欢"佛是破恶之方，道是兴善之术"的说法，朱广之认为"有恶可破，未离于善，有善可兴，未免于恶"。善恶本便是相对而言、相互依存的，既然中土之人有兴善之举，定是因为恶的存在，那么为何又"独高华之风，鄙戎之法耶"？[1] 且中土也有"桀跖凶虐"之徒，西戎也有慈惠之士，可见人性的善恶从来不是天生的，不因环境而有别，也不是绝对不变的，因此，若先入为主，以夷夏之辨的成见来区分佛、道二教，显然是荒谬的。

对于顾欢"泥洹仙化，各是一术"之说，慧通认为佛教"泥洹灭度之说，著乎正典"，而道教"仙化入道之唱，理将安附"。对于道家老子的《道德经》，慧通还是持肯定态度的："老氏著述，文只五千"，"其余淆杂并淫谬之说也。而别称道经，从何而出？"显然，慧通在此敏锐地抓住了后世道教与先秦老庄道家学说的根本区别，不失为卓见。他认为道教早已背离道家宗旨，"陈黄书以为真典，佩紫篆以为妙术，士女无分、闺门混乱，或服食以祈年长，或淫狡以为瘳疾"，实乃愚昧且违背礼教的迷信方术而已，如何与佛教正典相提并论？[2]

僧愍在《戎华论折顾道士夷夏论》中也区分了佛、道名实之分野："夫

---

① 参见〔南朝宋〕朱广之《疑夷夏论谘顾道士》，〔南朝梁〕僧祐：《弘明集》卷七。
② 参见〔南朝宋〕慧通《驳顾道士夷夏论》，〔南朝梁〕僧祐：《弘明集》卷七。

佛者，是正灵之别号；道者，是百路之都名。老子者是一方之哲，佛据万神之宗。道则以仙为贵，佛用漏尽为研。仙道有千岁之寿，漏尽有无穷之灵。"①这是认为佛教在神格的阶位上是高于道教的。

第三，《夷夏论》认为夷夏两地人民本性不同，风俗各异，因而适于夷狄的佛教不适于中国，中国应尊奉古已有之的儒道二教。其文曰：

> 端委缙绅，诸华之容；剪发旷衣，群夷之服。擎跽馨折，侯甸之恭；狐蹲狗踞，荒流之肃。棺殡椁葬，中夏之风；火焚水沉，西戎之俗。全角守礼，继善之教；毁貌易性，绝恶之学。岂伊同人，爰及异物。鸟王兽长，往往是佛，无穷世界，圣人代兴。或昭五典，或布三乘。在鸟而鸟鸣，在兽而兽吼，教华而华言，化夷而夷语耳。虽舟车均于致远，而有州陆之节；佛道齐乎达化，而有夷夏之别。若谓其致既均，其法可换者，而车可涉川，舟可行陆行乎？今以中夏之性，效西戎之法，既不全同，又不全异。下弃妻孥，上绝宗祀，嗜欲之物，皆以礼伸；孝敬之典，独以法屈。悖礼犯顺，曾莫之觉；弱丧忘归，孰识其旧？且理之可贵者，道也；事之可贱者，俗也。舍华效夷，义将安取？若以道邪？道固符合矣。若以俗邪？俗则大乖矣。

顾欢认为，夷邦无论在服饰、日常生活行为、语言、礼仪、文化制度还是在人民性格方面，与中夏之人民皆形成了鲜明的对比，那么两地的教化自应不同。佛道二教虽均系教化之道，却因夷夏有别，不可混用。且华夏文明显然是优于夷狄之法的，岂能用夷变夏？总之，顾欢是站在颇为极端的民族主义的立场上看待佛教的，他颇为危言耸听地指出，若华夏之民都信佛而落发出家，下弃妻孥，上废宗祀，岂不都断子绝孙，儒家所维系的宗法制度亦行将崩溃。因此，中土只能行儒、道二教，切不可用夷变夏，施行佛教。

顾欢这一观点，亦引起了一系列的争论与辩驳。谢镇之认为，人皆

---

① 〔南朝宋〕僧愍：《戎华论折顾道士夷夏论》，〔南朝梁〕僧祐：《弘明集》卷七。

有三才,"三才所统,岂分夷夏? 则知人必人类,兽必兽群。近而征之,七珍人之所爱,故华夷同贵"①。而世间之所以会有三教的存在,是圣人观众生根基有异,才设深浅之教各为所用,但三法"殊引而同归",其达到的终极理境是一样的,因此,佛法不应有夷夏之分,世人皆应修行。在其后的《重与顾道士书(并颂)》中,谢镇之更是批评"道家经籍简陋,多生穿凿,至如《灵宝》《妙真》,采撮《法华》,制用尤拙",他敏锐地看出很多道教典籍其实盗用和抄袭了佛经义理,有穿凿附会之嫌,诋毁佛教者实是未解佛教教义之高妙。

针对顾欢舟车不可互换的观点,朱广之在《疑夷夏论谘顾道士》中提出,法者在于法"情",即是根据具体情况制定教法,情况不同则教法殊途,但"刚柔并驰,戎华必同","舟车两乘,何用不可?"②同时,对于顾欢诋毁佛教"蹲夷之仪""虫喧鸟聒"之辞,朱广之认为可以换位思考一下,若"汉音流入彼国,复受虫喧之尤,鸟聒之诮,娄罗之辩",中土之人又将作何感想呢? 既然人同此心,心同此理,又何必强辞诋毁佛教? 慧通则以日风之喻驳顾欢的舟车之喻:"日不为异物而殊照,风不为殊行而异音",其实圣教不分夷夏,圣人智周万物,化物导人犹如日月风雨,虽有先后之分,却无不均之别,故佛教"在戎狄以均响,处胡汉而同音。圣人宁复分地殊教,隔寓异风,岂有夷耶? 宁有夏耶?"③显然,用现在的话来讲,这些佛教人士的论述颇有一些世界主义的倾向。

总之,顾欢在《夷夏论》中体现出颇极端的民族主义,扬道抑佛的态度不言自明。虽然缺乏理论上的价值,但代表了一部分人维护传统文化尊严、鄙夷和排斥外来文化的民族情绪,所以在社会上的影响还是相当大的,并由此把夷夏之辨推向高潮。论辩双方虽然也涉及一些理论问题,但重点在民族、地域、民俗、礼俗方面,客观而言,虽佛教方面的驳议稍占上风,但双方的门户之见均在所难免。

---

① 〔南朝宋〕谢镇之:《与顾道士析夷夏论》,〔南朝梁〕僧祐:《弘明集》卷六。
② 〔南朝宋〕朱广之:《疑夷夏论谘顾道士》,〔南朝梁〕僧祐:《弘明集》卷七。
③ 〔南朝宋〕慧通:《驳顾道士夷夏论》,〔南朝梁〕僧祐:《弘明集》卷七。

第二节　《三破论》之争

南齐时，有道士假张融（444—497）之名作《三破论》，激烈攻击以致漫骂佛教，刘勰、僧顺、玄光等著论驳斥，这场辩论是《夷夏论》之争的继续。《三破论》的原文已散佚，现在所能看到的仅是刘勰《灭惑论》及僧顺《析三破论》中的部分引文。从这些引文中得见，《三破论》除了继承顾欢的观点，通过夷夏之辨来抬高道教地位外，还针对从佛教的社会作用来进行批判，这就是所谓"三破"，即"入国而破国、入家而破家、入身而破身"，其论曰：

> 入国而破国者。诳言说伪，兴造无费，苦克百姓，使国空民穷，不助国，生人减损，见人不蚕而衣，不田而食，国灭人绝，由此为失。日用损费，无纤毫之益；五灾之害，不复过此。

> 入家而破家，使父子殊事，兄弟异法；遗弃二亲，孝道顿绝；忧娱各异，歌哭不同；骨血生仇，服属永弃；悖化犯顺，无昊天之报；五逆不孝，不复过此。

> 入身而破身。人生之体，一有毁伤之疾，二有髡头之苦，三有不孝之逆，四有绝种之罪，五有亡体从诚，唯学不孝，何故言哉？诚令不跪父母，便竟从之，儿先作沙弥，其母后作阿尼，则跪其儿。不礼之教，中国绝之，何可得从！①

入国破国，意谓佛教传入中国后，由于造佛建寺及供养僧尼，耗费国家财富，且修行佛法需杜绝婚配，从而阻碍国家人口的增长，而人口问题将牵涉诸如赋税、兵力等一系列问题。故认为佛教对国家有百害而无纤毫之利。

就家庭而言，若尊奉佛法，也会导致破家的结果。僧尼出家，舍弃人伦之亲，这与中国儒家之孝悌观念大相径庭，故《三破论》作者认为信仰

---

① 〔南朝梁〕刘勰：《灭惑论》，〔南朝梁〕僧祐：《弘明集》卷八。

佛教是背离亲祖，会最终弄得家不成家。

至于"入身而破身"说，作者着眼于佛教行仪与中国传统文化的差异，指责僧尼不重身体发肤，残害自身，且不婚无后，更违反了儒家孝道。尤有甚者，僧徒不跪父母，甚至尼母跪儿，实为离经叛道之至。

总之，《三破论》以维护封建社会根本的政治与经济利益的名义，并针对佛教对传统忠孝礼义的冲击而展开批判，最终还是意在宣扬道教，认为道教"妙在精思得一，而无死入圣"，将道教置于佛教之上。《三破论》发表后，佛教方面纷纷发表言论严厉驳斥，为佛教行仪与儒家纲常伦理相违之处进行全力辩护，并着力攻击道教的社会危害性。

僧人玄光撰《辩惑论》，指责道教以符箓、灾醮等方术迷惑愚民，并借历史上民众起事多凭借道教的事实，归纳道教有所谓"五逆""六极"，以反击道教对佛教的"三破"说，文中谓：

> 夫大千遐邈，万化无际，尘游梦境，染惑声华，缘相增霭，奚识明政？由淳风漓薄，使众魔纷竞矣。若矫诈谋荣，必行五逆；威强导蒙，必施六极。虫气霾满，致患非一，念东吴遭水仙之厄，西夷载鬼卒之名，闽薮留种民之秽，汉叶感思子之歌。忠贤抚叹，民治凌歇，揽地沙草，宁数其罪！涓流末学，莫知宗本；世教诡辞，诡蔽三宝。老鬼民等，咏嗟盈路，皆是炎山之煨烬，河洛之渣榛。沦湑险难，余甚悼焉。①

文中具体所指，是张陵、张鲁、张角、孙恩、卢循等人利用道教法术聚众造反、危害社会及汉武帝迷信巫蛊而害死太子刘据等事。玄光所谓"五逆"者，其一是"禁经上价"，谓道教自秘其经典，非有重金者不得一睹，借此骗取钱财。其二是"妄称真道"，这具体指天师道，谓张陵以降的徒众妄称天师，"贩死利生，欺罔天地"，以蛊惑民众。其三是"合气释罪"，所指是当时道教的仪式"过度仪"，这种仪式中有集体性交的行为，

---

① 〔南朝宋〕玄光：《辩惑论》，〔南朝梁〕僧祐：《弘明集》卷八。

败坏纲常，有伤风化。其四是"侠道作乱"，即指多次以道教为名义的民众起事。其五是"章书代德"，指道教的符箓之术，自称天书而枉费笔墨，只是妖言惑众而已。

所谓"六极"，即"畏鬼带符，妖法之极"为一，所说的仍是道教方术的荒诞。"制民课输，欺巧之极"为二，这是将《三破论》攻击佛教破坏经济的说法反过来又栽到道教的身上。"解厨纂门，不仁之极"为三，指道教的祭祀仪式经常搞一些大规模的宴会，大肆杀生。"度厄苦生，虚妄之极"为四，谓道教自称能解厄度苦的虚妄性。"梦中作罪，顽痴之极"为五，谓道教不懂佛教的轮回之说，一旦梦到已逝世者，便大惊小怪，见神见鬼，搞得鸡犬不宁。"转作寒暑，凶佞之极"为六，仍然是攻击道教的方术，那些仪式和修行方法搞得世人阴阳错位，时序颠倒。

玄光此文，用佛教徒的价值观念与道德标准来评判道教徒的修行方式，虽不少地方有夸大其词的嫌疑，但其方法颇为巧妙，特别着眼于跟封建王权有巨大利益冲突的民间道派，如早期的天师道、太平道以及他们所施行的符箓、斋醮、章奏、合气等行仪进行猛烈抨击，显然会得到世俗名教的支持。玄光意在指出，既然道教有这么多违逆世行、为非作乱的行为，却妄称正道来欺瞒世人，三破者应为道教而非佛教。

刘勰（约 465—520，《文心雕龙》的作者）所撰的《灭惑论》中，更针对《三破论》攻击佛教造像立寺之类劳民伤财、祸国殃民的说法，指出"塔寺之兴，阐扬灵教，功立一时，而道被千载"。至于说佛教东来，入国而破国，刘勰则列举历史事实为依据：

> 大乘圆极，穷理尽妙，故明二谛以遣有，辩三空以标无，四等弘其胜心，六度振其苦业。诳言之讪，岂伤日月？……昔禹会诸侯，玉帛万国，至于战伐，存者七君。更始政阜，民户殷盛。赤眉兵乱，千里无烟，国灭人绝，宁此之由，亥婴之时，石谷十万，景武之世，集粟红腐。非秦末多沙门，而汉初无佛法也。验古准今，何损于政？[①]

---

① 〔南朝梁〕刘勰：《灭惑论》，〔南朝梁〕僧祐：《弘明集》卷八。

在此，刘勰阐明佛法未入中土时，国家也常战乱不断，甚至有千里无烟、国灭人绝的时候；而佛法传来后，国家也出现过"石谷十万""集粟红腐"的盛世，由此可见，国家的动乱与佛教无本质联系。

针对"入家破家"说，刘勰认为，"夫孝理至极，道俗同贵，虽内外殊迹，而神用一揆"，即是说，在家与出家都可以尽孝，虽二者尽孝的方式不同，但本质是一致的。刘勰的说法与慧远的《沙门不敬王者论》类似，他认为在家者修儒家孝道，出家者修梵业，为佛家之孝。所以，出家者并非不讲孝，"以咨亲出家，《法华》明其义；听而后学，《维摩》标其例，岂忘本哉？有由然也"。且儒家之孝受时短暂，不过是一时之孝，无助于来生，但佛教出家不仅可以自度，还可以为亲人免去苦难，为死去父母或先祖宗亲追悼供养。由此刘勰认为，佛教修行不仅讲孝，还比儒家之孝更加高明圆融。

针对"入身破身"说，刘勰指出，出家人修行戒、定、慧三学，必然要舍弃尘世生活，"妻者受累，发者形饰。受累伤神，形饰乖道"，之所以舍弃这些都是为了早日修成正果。至于民不跪父母，臣不拜君主，也是严守佛教戒律的缘故，其实"典礼世教，周、孔所制，论其变通，不由一轨"，礼仪的制定，世有变通之处，佛教也可有自己的礼仪制度，不能只用中夏的礼仪制度削足适履地看待佛教行仪。

其后，刘勰又对道家与道教作了严格的区分，他对道教提出了三品之分，即"道家立法，阙品有三：上标老子，次述神仙，下袭张陵，太上为宗"，三品之分，肯定了老庄道家的思想贡献，且否定神仙道教及民间宗教的合法性，并将神仙道教、民间道教与佛教相比，得出佛精道粗、佛真道伪的结论，贬斥道教为"伤政萌乱"之教，《灭惑论》虽有门户之见，但论夷夏相通及道家三品之说，还是很有见地的。

僧顺的《析三破论》将《三破论》中的观点总结为十九条，故其文又题作《答道士假称张融三破论十九条》。其中较重要的有：第一条"泥洹是死，未见学死而得长生，此灭种之化也"，第二条"太子废妻，使人断种"，第六条"丧门者，死灭之门也"，第十条"入国破国"，第十一条"入家破家"，第十二条"入身破身"，第十六条"出家者，未见君子，皆是避役"，第十八条"道家之教，育德成国者"等。要之，《三破论》中的内容不外乎道优佛劣，而僧顺的反驳之论，则持相反的观点，他要力证的是佛优于道，并逐条反驳论述，其所论亦大抵不出于门户之争。

《析三破论》中有代表性的仍是关于"三破"的论述，僧顺认为，佛教其实于国、于家、于身均有益处，而实际破国、破家、破身者是道教。他指出："夫圣必缘感，无往非应……沙法所沾，固助俗为化，不待行戮而淳，无假楚挞而取正，石主师澄而兴国，古王咨勃以隆道。"在此列举了一些帝王崇奉佛法而国强的例证，由此认为，佛教破国之论于史无征。关于破家，僧顺认为："释氏之训，父慈子孝，兄爱弟敬，夫和妻柔，备有六睦之美，有何不善，而能破家？"倒是"末学道士，有赤章咒咀，发擿阴私，行坛被发，呼天叩地，不问亲疏，规相厌杀"，即认为道教的咒诅厌胜方术之类破坏人与人的关系，才是真正的破家之法。关于破身之说，僧顺认为，"老氏以形骸为粪土，释迦以三界为火宅"，其实二者在此点上是相通的，所以出家之人应当"去奢华，弃名利。悟逆旅之难常，希寂灭之为乐"，而那些"流俗道卜"却反其道而行，一味追求长生，所谓"生生者不生也"，追求长生的结果只能是枉自徒劳。而一些"好名道士"更是荒谬至极，企图"克期轻举，白日登天"，最终落得"横坠于地"，"验灭亡于即事，不施踵而受诛"的结果，更有汉末张陵之徒，"诬罔贡高，呼曰米贼，亦被夷翦"，最终家破身亡，这才是真正的"入身破身"。[①] 在此文中，僧顺亦将道家与道教区别开来，肯定了佛教与老子道家思想的融通，反斥道教思想的荒诞不经，从而论述道教才是真正的三破者。

南齐时由《三破论》引发的佛道论争基本延续了刘宋时期《夷夏论》之争的话题，有所不同的是，刘宋时期夷夏之争的焦点是佛道先后及佛道区别的问题，而围绕《三破论》的争论更涉及了佛、道与国家政治、经济和伦理道德之间的关系问题。佛道双方在这场争辩中仍然各据立场，均

---

① 参见〔南朝梁〕僧顺《析三破论》，〔南朝梁〕僧祐：《弘明集》卷八。

有片面失实之论,不过,佛教方面的辩者多把握住了道教方术与庄老道家思想的根本区别,故使论敌陷入了自相矛盾的境地,从而占得上风。

第三节 《笑道论》与《二教论》之争

周武灭佛期间也出现过生动的理论争辩。北周天和四年(569)三月,召名僧、儒者、道士及百官二千余人于正殿论三教先后,欲以"儒教为先,佛教为后,道教最上",试图为灭佛政策作理论准备。当月又集众论三教高下,以为"儒教道教,此国常遵;佛教后来,朕意不立",并命司录大夫甄鸾判定佛、道深浅真伪,试探舆论反映。天和五年(570),甄鸾上《笑道论》,陈述对三教看法,意在揭露道书的荒谬,认为道书记述互相矛盾、内容违背历史常识,更有男女合气之法,秽不可闻,以及多剽窃佛经诸子书等。《笑道论》中的主要观点,要之可分为四个方面。

首先,区分道家思想与道教方术的根本差别,肯定道家而否定道教。甄鸾在《笑道论》的序中即指出:

> 臣窃以佛之与道,教迹不同,出没隐显,变通亦异,幽微妙密,未易详度,且一往相对。佛者以因缘为宗;道以自然为义。自然者无为而成,因缘者积行乃证。守本则事静而理均,违宗则意悖而教伪。理均则始终若一,教伪则无所不为。《老子》五千文,辞义俱伟,谅可贵矣。立身治国,君民之道富焉。所以道有符书厌诅之方,佛禁怪力背哀之术。彼此相形,致使世人疑其邪正,此岂大道自然虚寂无为之意哉?将以后人背本妄生穿凿故也。又道家方术以升仙为神,因而诳惑偷润目下。昔徐福欺妄分国于夷亶,文成五利妖伪于汉世,三张诡惑于西梁,孙恩搔扰于东越,此之巨蠹,自古称诬。以之匡政,政多邪僻;以之导民,民多诡惑。验其书典,卷卷自违;论其理义,首尾无取。昔行父之为人也,见有礼于其君者,敬之如孝子之养父母;见无礼于其君者,恶之如鹰鹯之逐鸟雀。宣尼云:"君子之事上也,进思尽忠,退思补过,将顺其美,匡救其恶,故上下能相亲

也。"……其《道德》二卷,可为儒林之宗。①

在此,甄鸾着力阐明徐福、张陵、孙恩等道教术士与老子思想的根本不同,认为道家旨在自然无为,而道教之流则热衷于怪力乱神。他还承认了作为道家的老子之学与儒家所说的"立身治国""君民之道"并无二致,甚至以为《老子》之书"可为儒林之宗"。至于佛教宗旨与道家之道的区别,甄鸾用了"因缘"与"自然"来分别概括之。意谓佛教讲因果报应,提倡积德修善来达到解脱的目的;道家则提倡因顺自然、无为而治,此亦有助于社会的教化之用。因此,佛教可以与道家并行不悖。在甄鸾看来,所谓的三教自应属佛教、儒家与老庄道家。至于神仙道教、五斗米道等道教流派,虽伪托老子之名编造了不少经典,但其说妖妄,蛊惑人心,实不应排入三教之列。

其次,力辩道教"化胡说"之谬。对于道教所编造的佛教是老子西出函谷关后所化的说法,甄鸾采用了文献辨别比较方法,将不同道典中叙述的化胡故事列在一起,使道教之书显示出其自相矛盾之处。他在文中广引道教的《造立天地记》《老子化胡经》《文始传》《化胡消冰经》《广说品》《灵宝经》《玄妙经》《度人妙经》等数十种典籍。因为这些不同的道典产生的年代并不一致,对于化胡的主角、对象、地点等方面的说法自然迥异。如文中谓:

《玄妙内篇》云:"老子入关,往维卫国,入清妙夫人口中,后剖左腋生,行七步曰:'天上天下,惟我为尊。'于是乃有佛法。"

臣笑曰:《化胡经》云:老子化罽宾,一切奉佛。老曰:却后百年,兜率天上更有真佛,托生舍卫白净王宫,吾于尔时,亦遣尹喜下生从佛,号曰阿难,造十二部经。老子去后百年,舍卫国王果生太子,六年苦行成道,号佛,字释迦文,四十九年,欲入涅槃。老子复见于世,号迦叶,在双树间,为诸大众请启如来。三十六问讫,佛便涅

---

① 〔北周〕甄鸾:《笑道论》,〔唐〕释道宣:《广弘明集》卷九。以下所引同此。

槃。迦叶菩萨焚烧佛尸,取舍利分国造塔,阿育王又起八万四千塔。即以事推,老子本不作佛,若作佛者,岂可老还自烧老尸而起塔耶?且可一笑。且老子诸经多云作佛,或作国师。岂可天下国师与佛必待伯阳乎?度人化俗,要须李耳耶?若云佛不能作要须道者,从始气以来,独一老子,不许余人悟大道而为国师耶?是则老为自伐,惟我能也。然佛经人人修行,皆得佛果,道经不述,惟一老君。如何佛教如此之弘,道经如斯之隘乎?且妄言虚述首尾无据。《蜀记》张陵蛇啖,而注白日升天。《汉书》刘安伏钺,乃言长生不死。道家诬老子作佛,讵可怪哉!"

关于道教"化胡"之故事,《化胡经》之说与《玄妙内篇》本已有异,且甄鸾指出,《化胡经》中言老子托生为佛,后又变成迦叶,迦叶与佛并存于世,本已自相矛盾。甄鸾认为,天地间有史以来能了然大道之奥妙者,自非如道教所说,只有一个老子。且道经之中的多数记载均首尾无据,自是荒唐无稽。

再次,批驳道教神仙方术之妄。当时道教的修仙理论多属外丹之术,不外烧炼、黄赤之道及饵药、服散之类。对此,甄鸾皆斥其说为荒诞。如《笑道论》之二十八引《神仙金液经》云:"金液还丹,太上所服而神。今烧水银,还复为丹,服之得仙,白日升天。求仙不得此道,徒自苦耳(烧丹成水银,烧水银成丹,故曰还丹)。"对此,甄鸾指出:既然老子为"太上万真之主",是"何所不能","而乃须服金液后调阴阳乎?"又说"丹与水银,遍地皆有,火烧成丹,作之不难","何为道士不服,白日升天?"故知"为天仙之主而辛苦叩齿,虚过一生,良可哀哉!若不服者,明知为丹所误,故捕影之谈耳"。此外,道教常借助房中采补修炼,《笑道论》之三十五"道士合气法"条引《真人内朝律》云:"真人曰:礼(凡)男女,至朔望日,先斋三日,入私房诣师。所立功德,阴阳并进,日夜六时。"甄鸾说他"年二十之时,好道术,就观学","先教臣黄书合气、三五七九男女交接之道,四目两舌正对,行道在于丹田",并说"有行者度厄延年",然而结果却是"教夫易妇,惟色为初。父兄立前,不知羞耻"。因为甄鸾早年学习过道教,所以能把道教中那些隐秘之事揭发于人前,虽攻击之语甚烈,但所述内容也可说是据实征引。

最后,反复论证道典之伪,更指出不少道典是对佛典的抄袭与搬用,故认为道教仅是拾人牙慧,行为卑鄙。如《笑道论》之二十九"偷改佛经为道经"条指出,道典中的《如妙真偈》之"假使声闻众,其数如恒沙。尽思共度量,不能测道智",是改《法华经》中的"佛智"为"道智"。《笑道论》之三十"偷佛经因果"条指出,道经《度王品》之"天尊告纯陀王曰:得道圣众至恒沙如来者,莫不从凡积行而得也。十仙者无数,亦有一兴而致一仙位……"及《度身品》之"尼乾子于天尊所闻法,获须陀洹果"等经文中所述的因果报应思想皆取自佛教的"因缘为义"说,背离了"道以自然为宗"的宗旨。从这些识断中,颇可见甄鸾对佛道二家经典均非常熟悉,可谓证据确凿,颇中要害。

总之,甄鸾在《笑道论》中主要阐述了道教"老子化胡说"之谬、神仙方术之妄,并揭示了道教剽窃佛教经典的行径,援引道教的材料丰富,论证相当有力。不过,当时北周武帝"灭佛"的决心已下,此论显然不合其意图,最终,当权者因《笑道论》"伤蠹道士,即于殿廷焚之"[①]。

甄鸾献《笑道论》被焚后,又有僧人道安(生卒年不详)"慨时俗之混,并悼史籍之沉罔,乃作《二教论》取拟武帝,详三教之极,文成一卷,篇分十二"[②],今存于《广弘明集》卷八。《二教论》采用问答体的论辩形式,分十二篇进行论述,即归宗显本、儒道升降、君为教主、诘验形神、仙异涅槃、道仙优劣、孔老非佛、释异道流、服法非老、明典真伪、教之通局、依法除疑。总之,《二教论》作者立足于佛教立场,认为习惯所称儒、佛、道三教者,实际只有儒、佛二教而已,道教本属于儒教,而佛教实际上又优于儒教。

道安认为三教之中佛教"穷理尽性",教人"出世入真",于义最高。

---

①② 〔唐〕释道宣:《续高僧传》卷二十三。

从三教的社会作用看,虽均能劝善,但"善有精粗,优劣宜异"。佛教讲出世、善恶报应、三世轮回和涅槃解脱,而儒、道难免"方内之谈",不能叫人超脱生死。因而三教相比,佛教精而优,儒、道粗而劣。

道安的《二教论》由于吸收了江南佛教学者的辩论成果,理论色彩比较浓。其要点如下:第一,反对"三教"提法,只承认有内外二教。"救形之教,教称为外;济神之典,典号为内","释教为内,儒教为外"。"释典茫茫,该罗二谛;儒宗硌硌,总括九流",道教只能算儒的支流。第二,佛教高于孔老。佛教"近超生死,远澄泥洹",乃"穷理尽性之格言,出世入真之轨辙","推色尽于极微,老氏未辨;究心穷于生灭,宣尼又所未言。"第三,儒优于道,孔圣而老贤。"老氏之旨本救浇浪。虚柔善下修身可矣",而不可治国。第四,道优仙劣。老子"虚无为本,柔弱为用",自有其价值,"若乃炼服金丹,餐霞饵玉,灵升羽蜕,尸解形化,斯皆尤乖老庄立言本理"。第五,佛优仙劣。道安反对"释称涅槃,道言仙化;释云无生,道称不死;其揆一也"的佛道调和论,认为佛道有根本不同:"佛法以有生为空幻,故忘身以济物;道法以吾我为真实,故服饵以养生。"涅槃超出生死,非道教长生所能比拟。第六,老学优而鬼道劣。他引用释玄光的《辩惑论》说:"今之道士,始自张陵,乃是鬼道,不关老子","鬼箓之谈""巫觋之说","讹惑生民,败伤王教"。第七,道书剽窃佛经。《黄庭》《元阳》,采撮《法华》,以道换佛,改用尤拙。第八,批判社会上流行的各种反佛观点,斥"人死神灭,更无来生"为"断见",斥"聚散莫穷,心神无间"为"常见",斥"吉凶苦乐皆天所为"为"他因外道",斥"诸法自然,不由因得"为"无因外道"等,重在辨异,反对合同。但他对孔、老的肯定,对丹鼎符箓、尸解形化的仙道、鬼道违背老庄立言之本的论说,无疑具有较高的理论价值,反映了佛家在哲学理论上的追求。

三教争论固然此起彼伏,然而完全互相排斥的偏激主张并不占主流。争论中三教相互碰撞也相互吸收,并在碰撞和吸收中改变着对方也改变着自己,促进了三教融合与趋同。

第十二章　三教融合论

在魏晋南北朝时期,三教之间的争论虽相当激烈,但在理论上完全排斥异教、不承认对方合理存在的人,只是极少数;多数学者都是在三教中为自己信奉的教派争高下。三教之间的相互碰撞,成了一个相互影响的过程。当时的三教争论也促进了三教之间相互吸收、渗透和补充。这一时期,三教融合论相当流行,要之可分为三:一为本末内外论,二为均善均圣论,三为殊途同归论。① 有关的观点和态度,散见于儒佛、佛道的种种论争之中。

第一节　本末内外论

本末内外的范畴由玄学家作了充分阐述。王弼以本末统一儒道,郭象以内外统一孔庄。这种思维方式,对三教融合产生了重大影响。慧远以"内外"调和佛儒,"求圣人之意,则内外之道可合而明矣"(《沙门不敬王者论》)。宋文帝以儒治国、以佛炼神的说法类似郭象的"内圣外王之道",不过内圣不是老庄而是佛学罢了。北周道安将佛儒视为内外二教,

---

① 参见任继愈主编《中国哲学发展史(魏晋南北朝)》,第 895—900 页。

佛教为内,孔老为外。外亦称世教,有时单指儒教。内外关系也是本末关系,三教自然要以佛教为本。

道教和道教人士论道儒或道佛关系时,多讲本末。东晋道士葛洪在《抱朴子内篇·明本》中说:"道者儒之本也,儒者道之末也。"李充在《学箴》中说:"圣教(按:指周孔)救其末,老庄明其本,本末之涂殊,而为教一也"(《晋书·李充传》)。道教学者有时也接受内外分类法,以道教为内学,故道教著作为"内篇",以道教以外的学说为外学。

从儒学阵营看,自然强调儒为本,其他为末。所谓"夫儒学者,王教之首也"(《晋书·傅玄传》)。宋何承天以为"士所以立身扬名,著信行道者,实赖周孔之教",而佛教不过是一个支流。北周武帝灭佛前亦想调和三教关系,曾宣布"以儒教为先,道教为次,佛教为后"(《周书·武帝上》)。总之,三教都讲本末内外论,但对"本"的理解不同,目的在于巩固自身的核心地位,并在此基础上统合三教。后世虽然儒教哲学始终占据统治地位,但三教一体、诸宗合流的总体趋势也是这一时期融合论发展的必然结果。

第二节　均善均圣论

与本末内外论相比较,此论更强调三教和同,调融三家的倾向更为明显。它承认三教各有其用,也各有其不足或流弊。东晋戴逵评论儒道时说,儒家"本以兴贤也,即失其本,则有色取之行",道家"欲以笃实也,苟失其本,又有越检之行"(《晋书·戴逵传》)。宋沙门慧琳的《白黑论》又称《均善论》,他虽然批评佛教的性空观与报应说,但不否定佛教的劝善功用,主张"六度与五教并行,信顺与慈悲齐立"(《宋书·夷蛮传》)。宋名士谢灵运著《辨宗论》,折中儒佛。他认为"释氏之论"得之于圣道"能至",失之于"渐悟";"孔氏之论"得之于"理归一极",失之于"虽颜殆庶"。他赞赏道生的新论能"去释氏之渐悟,而取其能至;去孔氏之殆庶,而取其一极"。梁代名士沈约著《均圣论》,说"内圣外圣,义均理一",认为佛教教义与儒家思想从来就是相通的。王褒论三教特点："儒家则尊卑等差,吉凶隆杀","道家则堕支体,黜聪明,弃义绝仁,离形去智。释氏之义,见苦断习,证灭循道,明因辨果,偶凡成圣",各有所长,三者"虽为教等差,而义归汲引",表示自己"既崇周孔之教,兼循老释之谈"(《梁书·王规传》)。梁武帝作《述三教诗》,说"穷源无二圣,测善非三英","差别岂作意,深浅固物情",认为三教虽有深浅而均善,就是说三教虽有深浅之别,而向善实无不同。

第三节　殊途同归论

殊途同归论也包括了本末内外论和均善均圣论,但本末内外论存同而重异,以本为主,以内为主,本末内外是不平等的;均善均圣论则是存异而重同,以三教为平等;殊途同归论则是先异而后同,或者迹异而理同,承认三教在形式、礼仪、方法上的差别,甚至对立,但三教在基本原理和终极关怀上却是一致的。故谓之"殊途同归论"。其说有三:第一,殊途同归,归在至理。有代表者,若宗炳《明佛论》中说:"凡称无为而无不为者,与夫法身无形,普入一切者,岂不同致哉? 是以孔老如来虽三训殊路,而习善共辙也。"顾欢的《夷夏论》中说:"道则佛也,佛则道也,其圣则符,其迹则反",而圣道即是空寂,"品极则入空寂,无为无名"。肖子良说:"真俗之教,其致一耳。"(《与孔中丞书》)张融《门论》说:"道也与佛宗极无二,寂然不动,致本则同,感而遂通,达迹成异。"齐道士孟景翼造《正一论》,更谓:

> 《宝积》云:"佛以一音广说法。"《老子》云:"圣人抱一以为天下式"。一之为妙,空玄绝于有境,神化赡于无穷,为万物而无为,处一数而无数,莫之能名;强号为一。在佛曰"实相",在道曰"玄牝"。道之大象,即佛之法身。[1]

---

① 《南齐书》卷五十四《顾欢传》引。

持此论者,多用玄学去附会佛教哲学。但三教学者对"至理",因各自立场的分野,而各有各的理解,虽讲"殊途同归",却不能真正做到归于一理。特别是对佛学有较深研究的学者,大都反对理同迹异论,认为佛道迹异理也异,如慧远、僧愍及道安等,他们也讲殊途同归,但同归不在其理论上,而在各自的社会功能上。

第二,殊途同归,归在有神。如康僧会说:"《易》称积善余庆,《诗》咏求福不回。虽儒典之格言,即佛教之明训。"(《高僧传·康僧会传》)梁武帝说:"观三圣设教,皆云不灭。"(《敕答臣下神灭论》)其他如孙绰、宗炳、颜延之、僧祐等,都用儒典论证佛教神不灭及报应说。所以,所谓同归于有神论,事实上多是以佛教为主导的说法。

第三,殊途同归,归在教化。这一点着眼于三教社会功能的一致性,最为盛行。慧远认为佛教虽礼乖世俗,而能"助王化于治道","道法之与名教,如来之与尧孔,发致虽殊,潜相影响;出处诚异,终期则同"(《沙门不敬王者论》)。刘勰《灭惑论》中则说:

> 夫孝理至极,道俗同贯,虽内外迹殊,而神用一揆。若命缀俗,因本修教于儒礼;运禀道果,固弘孝于梵业。是以谘亲出家,《法华》明其义;听而后学,《维摩》标其例。

刘勰还谓孔释二教虽有精粗内外之别,但"其弥纶神化,陶铸群生,无异也"。僧顺在《释三破论》中说:"中外二圣,其揆一也。故《法行》云:先遣三贤,渐诱俗教,后以佛经,革邪从正。"北周道安在《二教论》中说:"三教虽殊,劝善义一,涂迹诚异,理会则同。"韦夐在奏献周武帝的《三教序》中说:"三教虽殊,同归于善。"(《周书·韦夐传》)三教都讲劝善化俗,而且善恶标准一致,都是以儒家的纲常名教为准则,所以三教同归,实际上是归于儒家的教化。这里虽然突出的是儒教的主导地位,但是殊途同归之说便于克服对外来文化即佛教的拒斥心理,冷静思考、比较三教异同,异中求同,求同存异,显然有利于佛教的传播和三教的汇通与融合。

三教融合论盛行,道教与儒教联盟,依傍儒教而壮大;同时又用道教思想沟通佛、道的理论,在拒斥中吸收佛教义理,而使道教在哲学上有所升华。其后"重玄"的道教之哲学建构,无疑得力于玄学化的佛教哲学。

佛教作为外来文化,在汉末,依附黄老方术而得以植根和流布,魏晋时期又借助玄学丰富自己的理论而得以发展。佛教玄学化,实际上就是三教在哲理上的融合,也是中国化佛教形成的前驱先路。在这个过程中,佛教自觉进行自身的改造,在政治上忠君,在伦理上主"孝",在理论上主张和而不同,实行"儒外佛内"的分工合作,把事功留给儒教,把"内圣"的任务转归佛法,佛儒调协,使天下归心。这也是中国宗教哲学发展的总体态势。

第三篇

玄化的儒家哲学与儒家经典之梳理

　　包括魏晋儒学在内的六朝儒学在儒学史上的地位如何？周予同先生在评价魏晋儒学的价值时认为它是中国文化史上的重要时期，是汉至唐文化思想演化的关键，是经学的中变时期。[①] 我们十分赞同周予同先生对魏晋儒学是经学的中变期的判断，同时认为整个六朝儒学都应该属于经学的中变期范围，因为南朝儒学无疑是魏晋儒学的继承和发展。

---

① 参见周予同《周予同经学史论著选集》，第 890—893 页，上海，上海人民出版社，1996。

第一章　魏晋时期的儒学概述

牟宗三先生有一种说法:从以儒家为中国文化之"正宗"的角度看,魏晋南北朝隋唐七八百年间乃是中国文化生命的"歧出"。歧出并非只有负面的意义,文化生命之歧出是文化生命暂时离其自己,离其自己正所以充实其自己。[1]

钱穆先生也十分重视魏晋南北朝儒学,认为此时是儒学的扩大期,而不是衰败期。他指出,儒学发展到这一时期非但不歧出、不衰败,反而呈扩大趋势。这主要表现在此一时期的学者对十三经的注疏与整理所作出的突出贡献。可以认为魏晋南北朝儒学承续了中国文化之遗绪,进而开启了隋唐之盛世。[2]

如果摆脱牟宗三先生所谓"正宗"的立场,则"歧出"与"变"几乎没有什么不同。

变者何谓也?《易传》曰:"穷则变,变则通。"变是穷之果、通之因,正是从变的角度才能理解六朝儒学的价值,否则就只能无可奈何地接受皮锡瑞所谓"经学中衰"的评价了。

---

① 参见牟宗三《才性与玄理》,原版自序二,第 1 页。
② 参见钱穆《中国儒学与中国文化传统》,《中国学术通义》,台北,台湾学生书局,1975。

第一节　魏晋儒学的背景

魏晋儒学乃至六朝儒学的"变"因在于汉代儒学之"穷"象。三国时鱼豢在其所著的《魏略》中说:"从初平之元,至建安之末,天下分崩,人怀苟且,纲纪既衰,儒道尤甚。至黄初元年之后,新主乃复始扫除太学之灰炭,补旧石碑之缺坏,备博士之员录,依汉甲乙以考课。申告州郡,有欲学者,皆遣诣太学。太学始开,有弟子数百人。至太和、青龙中,中外多事,人怀避就。虽性非解学,多求诣太学。太学诸生有千数,而诸博士率皆粗疏,无以教弟子。弟子本亦避役,竟无能习学,冬来春去,岁岁如是。又虽有精者,而台阁举格太高,加不念统其大义,而问字指墨法点注之间,百人同试,度者未十。是以志学之士,遂复陵迟,而末求浮虚者各竞逐也。正始中,有诏议圜丘,普延学士。是时郎官及司徒领吏二万余人,虽复分布,见在京师者尚且万人,而应书与议者略无几人。又是时朝堂公卿以下四百余人,其能操笔者未有十人,多皆相从饱食而退。嗟夫!学业沈陨,乃至于此。"[①]

汉代儒学的衰微除东汉晚期动荡不安的社会状况以外,名教之治的崩溃和儒学自身的内在问题也是导致儒学一蹶不振的主要原因。

东汉以名教治天下,所谓名教就是因名立教,其中包括政治制度、选举制度以及礼乐教化等。但是到了东汉末年,由于内朝权力的极度膨胀,尤其是宦官集团利用皇帝的名义左右朝政,使得中央政府与士大夫集团和地方势力之间产生尖锐的对立,名教政治已经无法维系人心。

东汉的选举制度是察举征辟制,是以道德行为作为衡量标准的。而这种道德行为乃是儒家理论的实践,即所谓"经明行修"。儒家所提倡的伦理秩序为由内向外、由亲及疏的扩展,将起点放在作为一个家族成员的道德行为上,然后推及乡党。东汉人认为这是人物观察的基础。这一

---

① 《三国志·魏书》卷十三《王肃传》。

类的行为不是可以用临时的测验来评量，而要有经常的观察。因此，家族乡党的评价成为选举上最主要的凭借。但至东汉晚期，一方面，外戚、宦官两大集团将察举制度演变成结党营私、唯亲是举的工具，卿校牧守之选皆出各自私门，或"任其子弟、宾客以为州郡要职"，或委派"年少庸人，典据守宰"，①致使朝廷"侍中并皆年少，无一宿儒大人可顾问者"②。另一方面，朝廷又公开卖官鬻爵。"是岁(中平四年)，卖关内侯，假金印紫绶，传世，入钱五百万。"③"灵帝时，开鸿都门榜卖官爵，公卿州郡下至黄绶各有差。其富者先入钱，贫者到官而后倍输。……(崔)烈时因傅母入钱五百万，得为司徒。"④

不管是结党营私还是卖官鬻爵，都是对察举征辟制度的严重冲击，几乎堵死了士人读经修身、察举入仕、干进求禄以建功立业的仕宦之路。一种无可奈何的失落感在人们心中回荡："有秦客者，乃为诗曰：'河清不可俟，人命不可延。顺风激靡草，富贵者称贤。文籍虽满腹，不如一囊钱。伊优北堂上，抗脏倚门边。'鲁生闻此辞，系而作歌曰：'势家多所宜，咳唾自成珠。被褐怀金玉，兰蕙化为刍。贤者虽独悟，所困在群愚。且各守尔分，勿复空驰驱。哀哉复哀哉，此是命也夫。'"⑤

汉代儒学自身也存在着内在矛盾。自汉武帝"罢黜百家、独尊儒术"的政策实施以后，董仲舒依据《公羊春秋》提出的天人感应论成为官学，其他的今文经学家群起仿效，纷纷用神学来解释儒学经典，如《尚书》的"洪范五行"、《礼记》的"明堂阴阳"等。但此种神学化的经学必须以社会对天人感应论存在共识为基础，如果天人感应的基础遭到破坏，整个经学体系必将遭到人们的怀疑甚至唾弃。东汉后期自然灾害的频繁发生

---

① 《后汉书》卷五十四《杨秉传》。
② 《后汉书》卷六十三《李固传》。
③ 《后汉书》卷八《灵帝纪》。
④ 《后汉书》卷五十二《崔寔传》。
⑤ 《后汉书》卷八十《赵壹传》。

超乎时人的想象，①而朝政的腐败更使士人感到茫然："逮桓、灵之间，主荒政谬，国命委于阉寺，士子羞与为伍。故匹夫抗愤，处士横议，遂乃激扬名声，互相题拂，品核公卿，裁量执政，婞直之风，于斯行矣。"②天灾人祸的双重打击导致以天人感应论为核心的今文经学无法发挥其维系社会与人心、天道与人性的联系的作用，更使那些信奉儒学思想的士人感到绝望。名士范滂在第一次党锢时被诬下狱，倍受楚毒，不由仰天叹曰："古之循善，自求多福；今之循善，身陷大戮。身死之日，愿埋滂于首阳山侧，上不负皇天，下不愧夷、齐。"循善与得福在现实中的尖锐对立使得虔诚信仰儒家德福如一主张的范滂感到困惑和极度的矛盾，他临死前对自己的儿子说出这样一段让人心碎的遗言："吾欲使汝为恶，则恶不可为；使汝为善，则我不为恶？"③

天在作恶，人在作恶，儒学要人循善，然循善则得祸，甚至性命不保，所有这一切都使儒学陷入困境，它所主张的忠义孝悌廉耻受到现实的严重质疑。

从儒学的学术研究来看，其衰微也是事出有因。今文经学自西汉后期就出现了章句之学，其特点是分文析字烦言碎辞，寻章摘句、断章取义，使今文经学渐趋烦琐迂阔："后世经传既以乖离，博学者又不思多闻阙疑之义，而务碎义逃难，便辞巧说，破坏形体，说五字之文，至于二三万言。后进弥以驰逐，故幼童而守一艺，白首而后能言。"④"及东京，学者亦各名家，家有数说，章句多者或乃百余万言，学徒劳而少功，后生疑而莫正。"⑤

以名物训诂和典章制度研究为特征的古文经学也由于其囿于纯学术的考证和研究，故而缺乏理论深度，不能在形而上学的高度为面临困境的儒学构筑新的理论体系。当时以郑玄、王肃等为代表的古文经学家

---

① 参见马良怀《崩溃与重建中的困惑——魏晋风度研究》，第 37—44 页，北京，中国社会科学出版社，1993。
②《后汉书》卷六十七《党锢列传序》。
③《后汉书》卷六十七《范滂传》。
④《汉书》卷三十《艺文志》。
⑤《后汉书》卷三十五《郑玄传》。

都是学识渊博的学问家而非目光敏锐的思想家，他们只能为新理论提供经典上的依据，而不能创建新的理论。

第二节　魏晋时期的儒学

魏晋时期的儒学有两条主线，一是以郑玄、王肃学派之争而趋至对儒家礼学的深入研究，二是以王弼、郭象倡导的玄学思潮的出现。这两条主线一直延展到南朝时期且渐趋合流，使许多南朝儒者成为"礼玄双修"的学问家。当时被誉为儒宗的学者陆禧就说："欲知幽微莫若《易》，人伦之纪莫若《礼》。"①就是对此发展趋势的一种预言。

魏晋时期玄学的兴盛只是把焦点集中在儒家形而上领域，并未成为当时学术的主流。统治者仍将以五经为经典的传统儒学作为文化主干加以提倡。魏武帝曹操虽重名法，仍不废儒学："丧乱以来，十有五年。后生者不见仁义礼让之风，吾甚伤之。其令郡国各修文学，县满五百户置校官，选其乡之俊逸而教学之。"②魏明帝时著名学者高堂隆也说："夫礼乐者，为治之大本也。"③

这一时期产生的一部留传至今的儒学著作就是何晏的《论语集解》。该书在《隋书·经籍志》中著录为十卷。陆德明《经典释文》云："魏吏部尚书何晏集孔安国、包咸、周氏、马融、郑玄、陈群、王肃、周生烈之说，并下己意为集解，正始中上之，盛行于世。"何晏《自序》云：

> 汉中垒校尉刘向言，《鲁论语》二十篇，皆孔子弟子记诸善言也。太子太傅夏侯胜、前将军肖望之、丞相韦贤及子玄成等传之。《齐论语》二十二篇，其二十篇中章句颇多于《鲁论》，琅邪王卿及胶东庸生、昌邑中尉王吉皆以教授。故有《鲁论》，有《齐论》。鲁恭王时，尝欲以孔子宅为宫，坏，得《古文论语》，《齐论》有《问王》《知道》，多于

---

① 《三国志·魏书》卷十三《王肃传》。
② 《三国志·魏书》卷一《武帝纪》。
③ 《三国志·魏书》卷二十五《高堂隆传》。

《鲁论》二篇；《古论》亦无此二篇。分《尧曰》下章《子张问》以为一篇，有两《子张》，凡二十一篇，篇次不与齐鲁论同。安昌侯张禹本受《鲁论》，兼讲齐说，善者从之，号曰《张侯论》，为世所贵，苞氏、周氏章句出焉。《古论》唯博士孔安国为之训说而世不传。至顺帝之时，南郡太守马融亦为之训说。汉末大司农郑玄就《鲁论》篇章考之《齐》《古》，为之注；近故司空陈群、太常王肃、博士周生烈皆为之义说。前世传授师说虽有异同，不为之训解，中间为之训解，至于今多矣，所见不同，互有得失。今集诸家之善说，记其姓名，有不安者，颇为改易，名曰《论语集解》。光禄大夫关内侯臣孙邕、光禄大夫臣郑冲、散骑常侍中领军安乡亭侯臣曹羲、侍中臣荀顗、尚书驸马都尉关内侯臣何晏等上。

《论语》自西汉时已是家法林立，有《鲁论》《齐论》《古论》之分，三者在篇次、章句、训说等方面都不尽相同。东汉末年的大儒郑玄"就《鲁论》篇章考之《齐》《古》，为之注"，开始把三者综合起来，这是第一次综合。何晏集中了孔安国、苞咸、周氏、郑玄、陈群、王肃、周生烈诸人的义说，并加上自己的意见而形成《论语集解》，它是论语学上的第二次综合，也是由章句训诂向义理之学的发展。南朝皇侃集魏晋二十几家《论语》注而成《论语集解义疏》，实为论语学的第三次综合，此是后话。

何晏的《论语集解》有很浓的"援道入儒"的色彩，如《为政》篇所说："为政以德，譬如北辰，居其所而众星共之"条，何晏引苞咸注曰："德若无为，犹北辰之不移，而众星共之。"此释以道家的无为之德诠解孔子的教化之德，带有明显的时代烙印。何晏在《述而》篇"志于道，据于德，依于仁，游于艺"条的注中说："志，慕也；道不可体，故志之而已。据，杖也；德有成形，故可据。依，倚也；仁者功施于人，故可倚。艺，六艺也；不足据依，故曰游。"他以"道"为不可体，以"德""仁"为可依，又以"六艺"不足据，显源于《老子》之义。

总之，何晏的《论语集解》试图"把经学的传统与玄学的创新有机地结合起来,就其哲学的意义而言,则是致力于探索本体与现象的相互联结,自然与名教的相互联结。但是何晏并没有完成这个任务。当他谈论本体时,却遗落了现象;当他谈论现象时,又丢掉了本体"①。

王弼撰《论语释疑》与何晏的《论语集解》具有相似的特点,且玄学色彩更浓。他认为只有圣人才能达致他所说的"无"的境界,王弼思想中的圣人是最大的玄学家。他在解释《述而》篇"志于道"时直接将所志之道称为"无",他说:"道者,无不称也,无不通也,无不由也。……是道不可体,故但志慕而已。"当他在解释孔子"吾道一以贯之"时又说:"譬犹以君御民,执一统众之道也。"此释与孔子原意相去甚远,却充溢着玄学意味。他利用本体论的思维模式,一方面由用以见体,同时又由体以及用,通过二者的反复循环把本体与现象紧密地联结起来,以把握那统贯天人、囊括宇宙的无限整体,并将孔子关于名教的思想提到"体无"的高度,在本体论层面将有与无联结起来。②

总而言之,何晏的《论语集解》和王弼的《论语释疑》无论从学术上还是从思想上来说,都是论语学发展史上的一个转折点。它们既总结了前人的《论语》研究成果,又开辟了论语学研究的新领域。皇侃从它们的思想中获益匪浅。

与王弼、何晏同一时代的傅玄在魏晋儒学中也具有重要地位,他在兼采儒、道、法等思想的同时更强调儒学的作用:"夫儒学者,王教之道也。尊其道,贵其业,重其选,犹恐化之不崇。忽而不以为急,臣惧日有陵迟而不觉也。仲尼有言:'人能弘道,非道弘人。'然则尊其道者,非惟尊其书而已,尊其人之谓也。"③

他提出以儒家的礼教为治国之本:"大本有三:一曰君臣,以立邦国;二曰父子,以定家室;三曰夫妇,以别内外。三本者立,则天下正;三本不立,则天下不可得而正。"(《傅子·礼乐》)

---

① 余敦康:《何晏王弼玄学新探》,第354页,济南,齐鲁书社,1991。
② 参见同上书,第355页。
③《晋书》卷四十七《傅玄传》。

　　从傅玄的著作《傅子》中可以发现,他对于《礼记·大学》的"格致诚正、修齐治平"的理路十分推崇,他说:"立德之本,莫尚乎正心。心正而后身正,身正而后左右正,左右正而后朝廷正,朝廷正而后国家正,国家正而后天下正。故天下不正,修之国家;国家不正,修之朝廷;朝廷不正,修之左右;左右不正,修之身;身不正,修之心。所修弥近,而所济弥远。"(《傅子·正心》)傅玄这种建立在君主"正心"基础上的王道之治与其生活的时代大倡无为而治的历史趋势是不相符合的。

　　这一时期的另一个重要人物是杜预。所撰《春秋左氏经传集解》在左传学史上占有极其重要的地位,是对此以前左传学的一次总结。从经学发展史上看,《左传》受到推崇,主要经历了两个阶段。第一阶段是刘歆时期。据说刘歆在领校中秘时,发现了《左传》古本,在校读之余,乃"大好之",并使它跟《春秋》经文联系起来。《汉书·刘歆传》云:"初,《左氏传》多古文古言,学者传训故而已。及歆治《左氏》,引注文以解经,转相发明,由是章句义理备焉。"由于刘歆"引传文以解经",使《左传》摇身一变,被纳入了经学的轨道,并且由训诂之学变成义理之学,这就为《左传》的争立和传播打开了广阔的前景。第二阶段是杜预时期。杜预的做法跟刘歆差不多,不过,他接受了东汉以来的诸多学者对《左传》的研究成果,使经传的配合更为默契。

　　《左传》对君臣大义、夫妇大道和人伦大经的宣扬都表现在其"义例"和"君子曰"之中,杜预对此更是大加强调并加以发展。他在《左氏经传集解·自序》中阐述了"为例之情有五"之后说:"推此五体,以寻经传,触类而长之,附于二百四十二年行事,王道之正,人伦之纪备矣。"这一思想为以后的左传学研究奠定了一个基本的方向。

　　杜预的左传学属古文经学,它与王肃经学一样具有义理化倾向,是魏晋思潮影响下的成果。

　　东晋时期的儒学代表人物主要有韩康伯和范宁。韩康伯注《系辞》崇自然而贵无,是对王弼易学的补充。范宁则以《春秋穀梁传集解》一书闻名于世。他治《春秋》时广采博收,择善而从,"据理以通经",融会"三传"又特重杜预《春秋左氏经传集解》。清人马国翰谓其"不苟随俗,能发前人所未发"。干宝注《易》兼顾象数与玄义,能结合历史而立论,自成一家之学,对于宋代程朱与苏氏易学都有影响。

总结魏晋时代儒学的现状,包括王弼所撰《周易注》在内,我们可以用一句时尚的话来加以说明:总结过去,展望未来。

所谓总结过去,就是将前代对经典的研究成果去其糟粕而存其精华,吸取前人的长处和经验教训而撰集大成之作。所谓展望未来,就是对将来可预期的一段时期内提出一个研究经典的新方法、新方向以及新观点,从而对后来的研究者产生影响。

第二章　王肃的儒学思想

东汉末年，两汉经学一蹶不振。作为两汉经学集大成者的郑玄及其学派的思想在这一时期成为显学。范晔论曰："（郑玄）括囊大典，网罗众家，删裁繁芜，刊改漏失，自是学者略知所归。"①清代著名学者俞樾曾不无感慨地说："两汉经师之学，至郑君而集大成。每发一义，无不贯穿群经。……士抱不其之书，户习司农之说。"②

而王肃及其学派能够在一个时期与之分庭抗礼，甚至在西晋初年超越郑学，形成魏晋时期儒学史上著名的郑王之争。这场争论不只在当时，而且在后来的儒学发展史上也以不同的形式有所反映。这种反映表现为儒学史上对王肃儒学有非常不同甚至截然相反的评价。例如，唐太宗李世民在贞观二十一年（647）的诏书中将王肃与左丘明、卜子夏、戴圣、孔安国、郑众、郑玄等并加褒崇，将其与颜回等配享孔子庙堂。③清代著名学者皮锡瑞对王肃持完全否定的态度，对其思想和行为大加挞伐："两汉经学极盛，而前汉末出一刘歆，后汉末生一王肃，为经学之大蠹。"④

---

①《后汉书》卷三十五《郑玄传》。
②〔清〕俞樾：《郑氏佚书序》，〔清〕袁钧辑：《郑氏佚书》，光绪戊子（1888）夏，浙江书局刊印。
③《旧唐书》卷一百八十九《儒学上》。
④〔清〕皮锡瑞：《经学历史》，第159页，北京，中华书局，1959。

在唐代官方儒学看来，王肃是可以配享孔子庙堂的圣贤，而在清代儒学代表人物皮锡瑞眼中，王肃则是儒家的罪人、"经学之大蠹"。这种对王肃儒学天壤之别的评价使人十分困惑、不知所从。

王肃的儒学思想内容是什么？王肃及其学派在魏晋南北朝儒学发展史上的地位究竟如何？郑王之争的本质和意义是什么？这些都是本章需要解答的问题。

第一节 亮直多闻，能析薪哉

王肃（195—256），三国魏东海（郡治今山东郯城西南）人，字子雍。年十八，从宋衷读《太玄》，而更为之解。魏文帝黄初年间为散骑黄门侍郎。魏明帝太和三年（229）拜散骑常侍，以常侍领秘书监兼崇文馆祭酒、侍中、河南尹、太常、中领军等职，是当时思想、文化领域的领军人物。魏高贵乡公甘露元年（256）卒，赠卫将军，谥曰景侯。

王肃一生高官显宦，在仕途上声名显赫，其性格也相当鲜明。《三国志》的作者陈寿在评价他时说："夫王肃亮直多闻，能析薪哉。"以惜墨如金著称的陈寿给王肃冠以"亮直多闻"的评价确属中肯。所谓"亮直多闻"，即指诚实正直、博学多闻；所谓"能析薪哉"，是指其具有应对大事和巨变的能力。

关于王肃的诚实正直，有两条比较典型的史料。

其一，《三国志·王肃传》裴松之注引西晋太尉刘实的话说："肃方于事上而好下佞己，此一反也；性嗜荣贵而不求苟合，此二反也；吝惜财物而治身不秽，此三反也。"[1]

刘实为我们描绘了一个既矛盾又真实的王肃形象。正是这个既矛盾又真实的王肃，才是陈寿眼中那个诚实正直的王肃。

其二，《三国志·王肃传》载："正始元年，（王肃）出为广平太守。公

---

①《三国志·魏书》卷十三《王肃传》。

事征还,拜议郎。顷之,为侍中,迁太常。时大将军曹爽专权,任用何晏、邓飏等。肃与太尉蒋济、司农桓范论及时政,肃正色曰:'此辈即弘恭、石显之属,复称说邪!'爽闻之,戒何晏等曰:'当共慎之!公卿已比诸君前世恶人矣。'"①

曹爽任大将军时掌握重权,一人之下、万人之上,他重用的何晏更是年少轻狂。尽管王肃声名显赫,但要得罪曹爽、何晏之流,也不是一件容易的事情。从上述史料看,王肃公然视何晏等人为恶人,且曹爽还专门提醒何晏等人,要"当共慎之",可见王肃之"亮直",在曹爽、何晏等人心中是得到承认的。这段史实是对刘实所谓"性嗜荣贵而不求苟合"的最好诠释。

王肃以学问渊博而闻名于世,史料多有记载。据记载,魏青龙四年(236),"选秘书监,诏秘书骑吏以上三百余人,非但学问义理,当用有威严能检下者,诏王肃以常侍领之"②。晋人车胤曰:"魏及中朝多以侍中、常侍儒学最优者领之。"③按照车胤的说法,曹魏时期的秘书监必须以当时"儒学最优者"为之。也就是说,王肃应该被认为是当时之"儒学最优者"之一。对王肃一向深恶痛绝的清代皮锡瑞也不得不承认:"王肃之学,亦兼通今古文,肃父朗师杨赐,杨氏世传欧阳《尚书》,洪亮吉《传经表》以王肃为伏生十七传弟子。是肃尝习今文,而又治贾、马古文学。"④根据清人马国翰所辑《王子正论》的记载:魏廷遇有礼仪方面的疑难问题,常遣尚书向王肃求询。正是由于王肃兼通今古、学问渊博,他才能不囿旧说、遍考诸经,而后自成一家之言,"采会同异,为《尚书》《诗》《论语》《三礼》《左氏》解,及撰定父朗所作《易传》,皆列于学官。其所论驳朝廷典制郊祀宗庙丧纪轻重凡百余篇"⑤。

王肃一生著述甚丰,据《隋书·经籍志》著录,约有二十余种,一百九十卷,除子部和集部各录一种外,其余都在经部。可惜这些著作大部分

---

① ② ⑤ 《三国志·魏书》卷十三《王肃传》。
③ 〔唐〕杜佑:《通典》卷五十三。
④ 〔清〕皮锡瑞:《经学历史》,第 155 页。

已散佚,清代马国翰的《玉函山房辑佚书》有辑本,计十五种,二十一卷。可见,王肃著作颇多,可惜佚亡了不少。保存下来的王肃的文字材料与同时代的学者相比还算是丰富的,其中最重要的就是《孔子家语注》《圣证论》和诸经注。

应该补充说明的是,一般认为王肃伪造《孔子家语》《孔丛子》等书,并以此为根据撰《圣证论》以攻击郑学。笔者认为,这一公案在研究王肃的儒学思想方面并不是一个太大的问题。即使《孔子家语》和《孔丛子》是王肃所伪造,它们仍然可以被视为王肃儒学思想的第一手材料。如果《孔子家语》和《孔丛子》不是王肃所伪造,它们"与予(王肃)所论,有若重规叠矩"(《孔子家语·自序》),仍然可以被视为王肃儒学思想的根据。所以,《孔子家语》和《孔丛子》在本书中被认为是研究王肃儒学思想的重要材料,而其中王肃在《孔子家语》中的注释则无疑是王肃本人的第一手材料。

王肃之渊博学识源于其多元的知识背景。大体而言,王肃的儒家学说主要有四个方面的思想来源。

其一,东汉古文经学大师贾逵、马融之学问。

《三国志·王肃传》明确记载:"初,(王)肃善贾、马之学。"可见贾逵、马融的古文经学是王肃儒学的重要基础之一。作为古文经学大师的贾逵、马融的一个重要特征就是不看重经学家法和师法,他们同样精通今文经学,如贾逵"弱冠能诵《左氏传》及《五经》本文,以《大夏侯尚书》教授,虽为古学,兼通五家《穀梁》之说"[1]。马融同样精通今文经学,被誉"为世通儒"[2]。

正因为此,才会有皮锡瑞所谓"王肃之学,亦兼通今古文。……是肃尝习今文,而又治贾、马古文学"。当王肃需要反驳郑玄的观点时,则"或以今文说驳郑之古文,或以古文说驳郑之今文"[3]。这一说法也得到清代易学家张惠言的支持:"(王)肃著书,务排郑氏,其托于贾、马以抑郑而

---

① 《后汉书》卷三十六《贾逵传》。
② 《后汉书》卷六十上《马融传》。
③ 〔清〕皮锡瑞:《经学历史》,第155页。

已。故于易义,马郑不同者则从马,马与郑同则并背马。"①

十分明显,王肃既精熟古文经学,又通悉今文经学,他能够根据自己的立场,在反驳对手观点的同时,构筑自己的思想框架。

其二,对其父王朗之家学的继承。

根据《三国志·王朗传》的记载,王朗字景兴,博通经义,以太尉杨赐为师。王朗著《易》《春秋》《孝经》《周官》传,奏议论记,咸传于世。② 按照皮锡瑞的解释,通悉经义的王朗以今文经学大家、太尉杨赐为师,杨赐世传今文经学的欧阳《尚书》,清代学者洪亮吉的《传经表》以杨赐为伏生十五传弟子,而以王朗、王肃为伏生十六、十七传弟子。③ 由此推断,王朗、王肃是今文经学的嫡系传人。

另一方面,《后汉书》为我们提供了王朗之家学的另一思想来源。《后汉书·王充传》注引《袁山松书》说:"充所作《论衡》,中土未有传者,蔡邕入吴始得之,恒秘玩以为谈助。其后王朗为会稽太守,又得其书,及还许下,时人称其才进。或曰,不见异人,当得异书。问之,果以《论衡》之益,由是遂见传焉。"④

王朗为会稽太守时曾得到王充《论衡》一书,学问由此大进。此书在中土未有传者,当王朗回到许昌后,时人称其才进。有人断言,王朗之才进,不是遇到了异人,就是得到了异书。由此可见,王充《论衡》一书对王朗之家学有很大的影响,此书对王肃儒学的影响也就不言而喻了。

还有一点值得注意,庞朴先生提到虞翻对王朗、王肃的影响:"王朗任会稽太守时,曾以虞翻为僚属,彼此关系密切。在经义研讨方面,虞翻对王朗、王肃父子有所影响。"⑤我们从王肃在《易》注中引用虞翻的解释就可以看到这一影响。⑥

① 〔清〕张惠言:《易义别录》卷十一,阮元辑:《皇清经解》,学海堂道光九年(1829)刊本。
② 参见《三国志·魏书》卷十三《王朗传》。
③ 参见〔清〕皮锡瑞《经学历史》,第155页。
④ 《后汉书》卷四十九《王充传》注。
⑤ 庞朴主编:《中国儒学》第二卷,第79页,上海,东方出版中心,1997。
⑥ 参见李振兴《王肃之经学》,第29—38页,上海,华东师范大学出版社,2012。

其三,来自荆州学派的影响。

《三国志·王肃传》说:王肃"年十八,从宋忠读《太玄》,而更为之解"。宋衷是当时的《太玄》学宗师,对《太玄》学的研究有很高的造诣。按照桓谭的说法:"扬雄作玄书(《太玄》),以为玄者天之道也,言圣贤制法作事,皆引天道以为本统,而因附属万类王政人事法度。"①王肃年轻时曾师从宋衷读《太玄》并为之解,他受到《太玄》新天人关系理论以及宋衷对新天人关系理论之新解释等两个层次的影响是没有疑问的。

关于荆州学派的学术特点和宋衷的学术旨趣,汤用彤先生认为:"荆州儒生之最有影响者,当推宋衷。仲子不惟治古文,且其专长似在《太玄》。王肃从读《太玄》,李譔学源宋氏,作《太玄指归》。江东虞翻读宋氏书,乃著《明杨》《释宋》。"②

根据汤用彤先生的观点,宋衷的学术旨趣是"不惟治古文"。这个"不惟治古文"的宋衷是荆州学派的代表人物。以宋衷为核心的荆州学派就站在"不惟治古文"的立场上开启了汤用彤先生所谓喜张异议、自由解经之新义的新学风。

荆州学派之新学风的传承者,我们从史料中还发现了一个除王肃之外的代表人物。与王肃同样师从宋衷、"具传其业"的李譔,似乎是王肃在蜀国的翻版。《三国志·李譔传》记载:

> 李譔字钦仲,梓潼涪人也。父仁,字德贤,与同县尹默俱游荆州,从司马徽、宋忠等学。譔具传其业,又从默讲论义理,五经、诸子,无不该览。……著古文易、尚书、毛诗、三礼、左氏传、太玄指归,皆依准贾、马,异于郑玄。与王氏殊隔,初不见其所述,而意归多同。③

以宋衷、王肃和李譔为代表的荆州学派,以《太玄》学为基础,以"不

---

①《后汉书》卷五十九《张衡传》。

② 汤用彤撰,汤一介等导读:《魏晋玄学论稿》,第78页。

③《三国志·蜀书》卷四十二《李譔传》。

惟治古文"为立场,呈现出喜张异议、自由解经之新义的学术特点。

其四,来自郑玄经学的影响。

王肃在《孔子家语·自序》中明确说到自己曾经研习郑玄经学:"郑氏学行五十载矣,自肃成童,始志于学,而学郑氏学矣。"

根据台湾学者李振兴所著《王肃之经学》对王肃思想来源的研究,王肃的思想兼采诸家,就《易》注、《尚书》注和《论语》注而言,不只王朗之家学和贾、马之学,就是其所驳难的郑玄经学也是重要的思想渊源。李振兴统计了王肃诸经注的来源。他指出,王肃之《易》注采择于孟喜《易》注的有 6 条,京房的有 5 条,费直的有 6 条,马融的有 20 条,郑玄的有 20 条,荀爽的有 3 条,虞翻的有 8 条。① 王肃之《尚书》注,来自其父王朗传承伏生之学、同时采择司马迁《史记》的有 14 条,来自马融的有 43 条,郑玄的有 25 条。② 王肃之《论语》注,采择其父王朗的有 4 条,马融的有 6 条,郑玄的有 5 条。③

综上所述,首先,王肃继承贾、马之学,其父王朗之家学,以及郑玄经学的传统,博通今古文经学;其次,他深受王充《论衡》的影响,批驳谶纬神学;再次,王肃师从荆州学派之宋衷而精通扬雄的《太玄》之学,接受扬雄"天道以为本统"的新天人关系理论,以及荆州学派"喜张异议"的自由解经之新义的新学风;最终形成王肃具有义理色彩的新儒学。

由多元思想成分熏习而成的王肃之儒学,面对的是学术上郑玄学派一派独大的现状。皮锡瑞说:"郑君博学多师……闳通博大,无所不包,众论翕然归之,不复舍此趋彼。于是郑《易注》行而施、孟、梁丘、京氏《易》不行矣,郑《书注》行而欧阳、大小夏侯之《书》不行矣,郑《诗笺》行而鲁、齐、韩之《诗》不行矣,郑《礼注》行而大小戴之《礼》不行矣,郑《论语注》行而齐、鲁《论语》不行矣。"④

---

① 参见李振兴《王肃之经学》,第 29—38 页。
② 参见同上书,第 143—151 页。
③ 参见同上书,第 748—752 页。
④ 〔清〕皮锡瑞:《经学历史》,第 149 页。

郑玄经学能够成功地整理、总结两汉经学而集其大成,一个重要原因就在于他立足于学术研究的立场而冲破了汉代经学师法、家法的束缚。然而,也正是这一原因导致郑玄经学无法阻止汉代经学体系的崩溃。用牟钟鉴先生的话说:"郑玄经学缺乏哲学高度的整体思考,他是一位大学问家而非大思想家。"①

实际上,郑玄经学在其鼎盛时期就受到过当时学者的批判。虞翻曰:"北海郑玄、南阳宋衷,虽各立注,衷小差玄,而皆未得其门,难以示世。"②他还具体指出郑玄所注五经违反经义的重大错误达 157 处之多。荆州学派的王粲尝因避难而依于刘表,观其《荆州文学记官志》③,对荆州学派谙熟而赞赏,他驳斥郑学很可能站在"喜张异议"的荆州学派具有义理性的自由解经之新义的角度。④

《三国志》的作者陈寿认为,与王肃同为荆州学派的李譔,当其诸经注的思想皆以贾、马之学为依准,而与郑玄之学迥异时,其主要原因在于李譔"讲论义理",且对五经、诸子采取兼收并蓄的立场。⑤

当时反对郑玄经学最力者莫过于王肃,他在《孔子家语·自序》中明确指出了这一点:"郑氏学行五十载矣。自肃成童,始志于学而学郑氏学矣。然寻文责实,考其上下,义理不安,违错者多,是以夺而易之。"

王肃反对郑玄学派的结果,是其遍考诸经,不囿旧说,而后自成一家之言,"采会同异,为《尚书》《诗》《论语》《三礼》《左氏》解,及撰定父朗所作《易传》,皆列于学官。其所论驳朝廷典制郊祀宗庙丧纪轻重凡百余篇"⑥。王学与郑学可以分庭抗礼,甚至一度在官学占据优势。

关于王肃反对郑玄学派的原因,学术界主要存在这样几种观点:其一,由于王肃"善贾、马之学","而不好郑氏",故站在贾、马之学的立场反

① 任继愈主编:《中国哲学发展史(魏晋南北朝)》,第 621 页。
② 《三国志·蜀书》卷五十七《虞翻传》。
③ 载《艺文类聚》卷三十八。
④ 王粲批驳郑玄《尚书注》的文字已不传,唯略见于颜之推《颜氏家训·勉学第八》。
⑤ 参见《三国志·蜀书》卷四十二《李譔传》。
⑥ 《三国志·魏书》卷十三《王肃传》。

对郑玄之学;其二,试图使自己对儒学经典的诠释成为官方承认的正统儒学思想;其三,是曹魏集团和司马氏集团之间的政治斗争在学术领域的反映;其四,王肃师承荆州学派而反对郑玄之学。

　　站在儒学思想发展史的角度来看,笔者认为第四种观点显然更为合理。换言之,王肃反对郑玄学派有其内在的逻辑原因。相较于外在的客观原因,王肃反对郑玄学派的内在逻辑原因显然更为重要。

　　荆州学派一致反郑的思想倾向在汤用彤先生的文章中表达得最为清晰。他说:"子雍(王肃)善贾马之学,而不好郑玄,仲子(宋衷)之道固然也。……宋衷之学,异于郑君。王肃之术,故讦康成(郑玄)。"①宋衷、王肃都"不好郑玄",同为荆州学派的王粲、李譔也对郑玄之学表达了异议。他们对郑玄之学的"不好"或异议应该有共通之处。宋衷、王粲留下的材料太少,无法表明他们各自的观点,但是,我们从李譔,尤其是王肃的材料里可以找到一点有关于此的蛛丝马迹。《三国志·李譔传》中有一段十分有意思的文字:"(李譔)与王氏殊隔,初不见其所述,而意归多同。"李譔和王肃虽从未谋面,但两人师出同门,在思想上均表现出荆州学派具有义理性色彩的倾向。例如,李譔"讲论义理",王肃认为郑玄经学"义理不安",他们都将儒学研究指向义理性的方向。正如贺昌群先生认为王肃反对郑玄:"盖欲超脱汉学繁琐之名物训诂,而返之于义理。"②

　　郑玄对两汉经学的继承和发展是无人能及的,但他似乎无法超越两汉经学而走向儒学发展的新方向。对于郑玄经学的这一困境,王肃看得非常清楚。他认为郑玄经学的最大问题就是"义理不安"。由于郑学义理不安,导致圣人之门方拥不通,孔氏之路枳棘充焉。两汉经学的崩溃使天人之间的联系失去了理论依据,而郑学对此困境却无能为力。皮锡瑞在论述郑玄的治学方式时认为他是"据礼以证易"③,此系经验论的学

---

① 汤用彤撰,汤一介等导读:《魏晋玄学论稿》,第77页。
② 贺昌群:《魏晋清谈思想初论》,第20页。
③ 〔清〕皮锡瑞:《经学通论》,第21页,北京,中华书局,1954。

术研究,对于构筑新天人观关系不大。

当儒家思想面临巨大挑战,而现实中的郑玄之学又无力应对这一挑战的时候,王肃之学以郑玄之学批判者的面目应运而生。王肃在批判郑玄之学的过程中逐步形成以新天人关系为主旨、以易学和礼学为主要内容的新儒学思想。正因如此,《三国志》的作者陈寿才给予王肃"能析薪哉"这一很高的评价。所以,以新天人关系为主旨的易学和礼学受到人们的重视也就可以理解了。

通过反对郑玄经学,王肃实现了儒学发展方向的改变。这一改变在儒学发展史上具有十分重要的意义。正是这一改变,开启了王肃儒学在易学和礼学领域的双峰并峙。进而言之,正是这一改变,开启了南朝儒学玄、礼并重的发展方向,从而使王肃的儒学思想成为南朝儒学思想发展之序幕。

第二节　王肃易,当以在玄、弼之间

南朝著名学者陆澄曾经说过:"王肃易,当以在(郑)玄(王)弼之间。"[1]郑玄是两汉经学的集大成者,为过去进行了总结;王弼则是魏晋玄学的始作俑者,为未来开辟了新方向。郑玄和王弼的易学思想,在各自的学术成就中均占有重要的地位。居于郑玄和王弼之间的王肃易学在这一时期的学术变迁中究竟发挥了什么作用,是一个令人感兴趣的问题。

两汉经学的崩溃使天人之间的联系失去了理论依据,而郑玄之学对此困境表现得无能为力。正如王肃在《孔子家语·自序》中所言,由于郑学义理不安,导致圣人之门方拥不通,孔氏之路枳棘充焉。为了构筑新天人观,以天人关系为主旨的易学受到人们的重视也就理所当然了。

王肃的易学思想主要受到荆州学派的宋衷《周易注》、扬雄的《太玄》

---

[1]《南齐书》卷三十九《陆澄传》。

和王充的《论衡》等影响。根据张惠言在《易义别录》中的说法,宋衷的《周易注》"言乾升坤降、卦气动静,大抵出入荀氏(爽)"。宋衷是当时的太玄学宗师,《太玄》中包括许多卦气说的内容,按照桓谭的说法:"扬雄作玄书(《太玄》),以为玄者天之道也,言圣贤制法作事,皆引天道以为本统,而因附属万类王政人事法度。"[1] 王肃年轻时曾师从宋衷读《太玄》并为之解,他受到《太玄》的影响是没有疑问的。另一方面,王肃的父亲王朗为会稽太守时曾得到王充的《论衡》,王肃可能读过该书。《论衡》极力批驳谶纬神学,认为《尚书》《周礼》《左传》等经典"皆世儒之实书"。[2] 所以,王肃很可能曾受宋衷、扬雄和王充的影响,遂形成以构筑新天人关系为主旨、具有义理色彩的王肃易学。

《隋书·经籍志》曰:"后汉陈元、郑众皆传费氏之学,马融又为其传,以授郑玄。玄作《易注》,荀爽又作《易传》。魏代王肃、王弼并为之注。"朱伯昆先生补充说:"郑玄解经,虽属古文经学的传统,但又精通今文经学,而且以注纬书而闻名。荀爽虽不大讲阴阳灾变,但亦主卦气说。继承费氏易学的传统,排斥京房易学影响的是曹魏时期的王肃。"[3]

王肃的《周易注》已经具有了明显的排除章句、注重义理的风格。《易·坤卦》卦辞曰:"西南得朋,东北丧朋。"王肃注曰:"西南阴类故得朋,东北阳类故丧朋。"(《汉上易丛说》)张惠言释曰:"阴阳类者,《说卦》之方。东与北,乾坎艮震阳卦;西与南,巽离坤兑,阴卦也。"

《易·损卦》上九爻辞曰:"弗损,益之,无咎,贞吉,利有攸往,得臣,无家。"王肃注曰:"处损之极,损极则益,故曰不损,益之,非无咎也,为下所益,故无咎。据五应三,三阴上附,外内相应,上下交接,正之吉也,故利有攸往矣,刚阳居上,群下共臣,故曰得臣矣,得臣则万方一轨,故无家也。"[4]

---

① 《后汉书》卷五十九《张衡传》。
② 详见〔汉〕王充《论衡·案书篇第八十三》《论衡·正说篇第八十一》。
③ 朱伯昆:《易学哲学史》第一卷,第198页,北京,华夏出版社,1995。
④ 〔清〕李道平:《周易集解纂疏》,第380页,北京,中华书局,1994。

　　王肃易学的义理性特点较之郑玄易学而言更具哲学和政治意味,而这种特点自刘歆以来已初露端倪。王充曾经说过:"刘子政(向)玩弄《左氏》,童仆妻子皆呻吟之。"(《论衡·案书篇第八十三》)桓谭也说:"刘子政(向)、子骏(歆)、子骏兄弟子伯玉,俱是通人,尤重《左氏》,教授子孙,下至妇女,无不读诵。"(《新论·识通》)《汉书·楚元王传》曰:"初,《左氏传》多古学古言,学者传训故而已。及(刘)歆治《左氏》,引传文以解经,转相发明,由是章句义理备焉。"

　　刘歆不仅重视《左传》,还以《易传》比附《春秋》:"经元一以为始,《易》太极之首也;《春秋》二以目岁,《易》两仪之中也;于春每月书王,《易》三极之统也;于四时虽亡事、必书日月,《易》四象之节也;时月以建分至启闭之分,《易》八卦之位也。"[①]"刘歆一系的经学家之推重《周易》,是为了用《周易》的文字来证明《左氏春秋》的可靠性。东汉魏晋的经学家在注释《左氏春秋》之余,往往要注《周易》与《论语》。"[②]

　　将《周易》经传和《春秋》经传(《左传》)相联系的传统在刘歆一系学者中未曾中断。需要强调的是,这种联系是导致义理易学形成的重要原因之一。如前所述,刘歆治《左传》引传解经而转相发明。其中引传解经的结果是产生《左传》的章句,转相发明的结果是产生《左传》的条例。三国时期的易学注重义理、轻视象数的趋势是受到《左传》条例影响的结果。《春秋左氏学》的条例日益增多而扩充到古文易学,从而使后者全面条例化或义理化。[③]作为纯粹义理派哲学家的王弼撰《周易略例》这一史实应该是发人深省的。

　　《易传》是以义理性为主要特征的哲学著作。以《易传》诠释《周易》经文以及将《左传》的条例移植入易学使人们对《周易》的研究逐渐义理化。在前述王肃的《周易注》中可以看到,王肃不讲灾变、互体、吉凶等象数易学内容,而以义理为主,以"《彖》《象》二传,特别是《彖》解经文,以取

---

① 《汉书》卷二十一《律历志》。
② 王葆玹:《今古文经学新论》,第189页,北京,中国社会科学出版社,1997。
③ 参见同上书,第184—190页。

义为主。……王肃解易,亦主取义说,当不排斥取象,其取象只限于本卦上下二体,并以传文中的取象说解释之,又不同于汉易中的取象说"①。此一特点在王弼身上也十分明显:

《易·损卦》上九爻辞曰:"弗损,益之,无咎,贞吉,利有攸往,得臣,无家。"

王肃注曰:处损之极,损极则益,故曰不损,益之,非无咎也,为下所益,故无咎。据五应三,三阴上附,外内相应,上下交接,正之吉也,故利有攸往矣,刚阳居上,群下共臣,故曰得臣矣,得臣则万方一轨,故无家也。②

王弼注曰:处损之终,上无所奉,损终反益,刚德不损,乃反益之,而不忧于咎。用正而吉,不制于柔,刚德遂长,故曰"弗损益之,无咎,贞吉,利有攸往"也。居上乘柔,处损之极,尚夫刚德,为物所归,故曰"得臣";得臣则天下为一,故"无家"也。③

笔者案:王肃以爻位说和取义说释之,王弼则采用了王肃的注释。

另一方面,现实生活中对于天人关系的关注更加剧了义理化易学的发展。对于天人关系的关注是易学的传统,刘歆在《三统历》中坦言:"故《易》与《春秋》,天人之道也","是故元始有象一也,《春秋》二也,三统三也,四时四也,合而为十,成五体。以五乘十,大衍之数也,而道据其一,其余四十九,所当用也,故著以为数"。④ 刘歆的言论实际上已经透露出义理化的气息,此一思想为后学所沿用。

作为王肃易学另一重要思想来源的扬雄也十分重视天人问题:"夫玄也者,天道也,地道也,人道也,兼三道而天名之,君臣父子夫妻之道。"⑤

---

① 朱伯崑:《易学哲学史》第一卷,第 250 页。
② 〔清〕李道平:《周易集解纂疏》,第 380 页。
③ 〔三国魏〕王弼著,楼宇烈校释:《王弼集校释》,第 423 页。
④ 《汉书》卷二十一《律历志》。
⑤ 〔汉〕扬雄:《太玄集释·玄图》卷十,北京,中华书局,1998。

　　王肃继承了上述思想。他在《易·系辞注》中解释"在天成象，在地成形"一句时沿用了马融、郑玄之注而谓"象"为"日月星"、"形"为"山川群物"(《礼记·乐记正义》)。如果参照《孔子家语》的言论，我们将会发现王肃的注释颇有深意。《孔子家语·大婚解第四》载："哀公问：君子何贵乎天道也？子曰：贵其不已也。如日月东西相从而不已也，是天道也。"王肃在注同篇"百姓之象也"时释曰："言百姓之所法而行。"由此可知，天所成之"象"是日月东西相从而不已的天道，地所成之"形"是山川群物自然而成之地道，百姓之象是人所法而行之人道。

　　在回答天道究竟为何的问题时，王肃与扬雄、王充的观点是一致的。"或问天。曰：吾子天与，见无为之为矣。或问：雕刻众形者，非天与？曰：以其不雕刻也，如物刻而雕之，焉得力而给诸。"[1]王充在论天道无为、万物自生时也采用了与扬雄相似的方法。王肃在《孔子家语》中借孔子之口阐述了自己的天道观："日月东西相从而不已也，是天道也；不闭而能久，是天道也；无为而物成，是天道也；已成而明之，是天道也。"由此看来，王肃"天道无为"的思想是十分明确的。联系到他解释"百姓之象"的"百姓之所法而行"的议论，我们有理由确信王肃经学在政治领域的倾向性。

　　前文已经说过，义理性易学兴盛的原因之一是人们对重构天人关系理论的需求，实际上，它受到重视还有一个重要原因，即政治需要。

　　王肃所生活的汉魏时期，"大姓名士处于左右政局的重要地位"，曹魏政权"是一种贵族政权"，西晋王朝则是"以皇室司马氏为首的门阀贵族联合统治"。[2] 在贵族政权统治时期，只有反映贵族集团根本利益的思想体系才会受到统治者的支持。正是在此背景下，王肃易学得到长足发展。而这又与经学中长期争论的"世卿制"问题有很大关系。

　　这场争论的焦点之一集中在春秋三传尤其是《左传》和《公羊传》上。

---

① 〔汉〕扬雄：《法言·问道》卷四，诸子集成本，上海，上海书店出版社，1986。
② 参见唐长孺《魏晋南北朝隋唐史三论——中国封建社会的形成和前期的变化》，第 47、第50 页。

一派以《公羊传》为依据,另一派则以《左传》为圭臬。他们争论的一个重要问题就是"世卿制"问题,即卿大夫的"世位"和"世禄"是否合理的问题。根据《诗经·大雅·文王疏》及《魏书·礼志》所引许慎《五经异义》佚文:"《公羊》《穀梁》说,卿大夫世位则权并一姓,妨塞贤路,专政犯君,故经讥周尹氏、齐崔氏也。《左传》说,卿大夫皆得世禄,不得世位,父为大夫,死,子得食其故采。而有贤才,则复升父故位。故《左传》曰:官有世功,则有世族。"为了理解这一问题,我们不妨对比一下今古文经学所引经典分别是如何记载的:

一派立论的根据是《公羊传》"隐公三年"条。

> 《公羊传》曰:尹氏者何? 天子之大夫也。其称尹氏何? 贬。何为贬? 讥世卿。世卿非礼也。

> 《左传》曰:夏,君氏卒,声子也。不赴于诸侯,不反哭于寝,不祔于姑,故不曰薨;不称夫人,故不言葬;不书姓,为公故曰君氏。

该派学者在反驳《左传》对此事的记载时谓其改经文之"尹氏"为"君氏"而强为之说。

另一派立论的根据是《左传》"隐公八年"条。

> 《左传》曰:无骇卒,羽父请谥与族。公问族于众仲,众仲对曰:天子建德,因生以赐姓,胙之士而命之氏,诸侯以字为谥,因以为族。官有世功,则有世族,邑以如之。公命以字为展氏。

> 《公羊传》曰:此展无骇也。何以不氏? 疾始灭也,故终其身不氏。

此派学者以《左传》所载"官有世功,则有世族"为根据来论证世卿制度的合理性。

以《左传》和以《公羊传》为依据的两派经学围绕世卿制问题展开的激烈斗争在一定程度上反映了两派经学的政治倾向。这一政治倾向的差别导致了以《左传》为依据的拥护世卿制的经学在魏晋时期的发展。王肃经学继承了该派经学的学术传统和政治倾向,此点在其易学思想中也得到了反映。

王肃在《周易·震卦》卦辞"震惊百里,不丧匕鬯"的注中说:"在有灵而尊者莫若于天,有灵而贵者莫若于王;有声而威者莫若于雷,有政而严者莫若于侯。是以天子当乾,诸侯用震。地不过一同,雷不过百里,政行百里则匕鬯亦不丧。祭祀,国家大事,不丧,宗庙安矣。处则诸侯执其政,出则长子掌其祀。"①如果把这段文字与《孔子家语·大婚解》中的"无为而物成是天道,已成而明之是天道"联系起来,我们不难推演出"天子当乾而无为,诸侯用震而有为"的主张,而"处则诸侯执其政"则说得再明确不过了。

王肃在《周易·睽卦》象辞"天地睽而其事同也"的注中说:"高卑虽异,同育万物。"他似乎在强调天地虽然高卑悬殊,在"位"的层面是不同的,然而它们同育万物,在"用"的层面却是相同的。所以,才有"睽之时用大矣哉"的赞叹。若将他解释震卦的言论与此卦相参照,似乎可以得出"天地之位睽而其用同,君臣之位睽而其用同。故君无为而臣有为,虽位睽而吉"的结论。

从以上两例来看,王肃的思想与支持世卿制、主张"官有世功,则有世族"的经学的政治思想是一脉相承的。这一政治思想顺应了论证门阀士族的合法性、巩固贵族政权统治基础的时代要求。就经学而言,王肃经学在魏晋时期盛极一时,这与其政治倾向性是密切相关的。

《四库全书总目·经部总叙》曰:"自汉京以后,垂二千年,儒者沿波,学凡六变。其初专门授受,递禀师承,非惟诂训相传,莫敢同异。即篇章字句,亦恪守所闻,其学笃实谨严,及其弊也拘。王弼、王肃稍持异议,流风所扇,或信或疑。"四库馆臣对王肃经学作用的提及是平实的。作为一个儒家学者,王肃的学术活动不仅使人们怀疑郑玄经学的权威性,更影响了王弼、何晏等魏晋玄学的代表人物。朱伯昆先生列举事例说明王弼

---

① 〔清〕张惠言:《易义别录》卷十一引《太平御览》。

易学受王肃易学的影响;[1]我们从何晏的《论语集解》中也可以发现许多采用王肃之说的地方;钟会受王肃的影响曾撰《易无互体论》。[2] 张惠言说,王弼注《易》,祖述肃说,特去其比附象象者。由此而论,则由首称仲子(宋衷),再传子雍(王肃),终有辅嗣(王弼),可谓一脉相传者也。[3]

应该强调的是,王肃毕竟是一个儒家学者,其学术核心是礼学而非易学。根据史料的记载,在王肃所注之经中,以三礼注数量最多,他在《孔子家语注》中也同样以礼学为重心。因此,王肃虽然提出了天道无为、诸侯用震的主张,却并没有加以系统化,这个任务将由摆脱了经学桎梏的玄学家来完成。

第三节　王肃礼学:达天道、顺人情之大宝

两汉儒学为维护大一统帝国提供了理论依据,但到东汉晚期时,动荡不安的社会状况和名存实亡的名教之治导致儒学的外部环境日趋恶化。更重要的是,两汉儒学中的今文经学、谶纬之学和古文经学无法适应社会现实的剧烈变化,他们或严守家法师法,以烦琐的章句之学阐述一孔之见;或专于考据,以训诂之学解释经典文献。这样一种局面使儒学与现实相脱节,导致儒学没有办法发挥其本应发挥的安身立命、经世致用即内圣外王的作用。

东汉末年的学者对礼十分重视。荀爽说:"昔者圣人建天地之中而谓之礼。礼者,所以兴福祥之本,而止祸乱之源也。人能枉欲从礼者,则福归之;顺情废礼者,则祸归之。"[4]郑玄多次强调:"为政在人,政由礼也。"(《礼记正义·中庸第三十一》引)"重礼所以为国本。"(《礼记正义·士冠礼疏》引)正是基于对礼的重视,郑学之核心实为礼学。孔颖达说得

---

[1] 参见朱伯崑《易学哲学史》第一卷,第 246—248 页。
[2] 参见《晋书》卷三十九《荀颛传》。
[3] 参见蒙文通《经学抉原》,成都,巴蜀书社,1995。
[4] 《后汉书》卷六十二《荀淑传》。

十分明白："《礼》是郑学。"(《礼记正义·月令第六》)皮锡瑞也说："郑学最精者《三礼》。"在荀爽看来,礼是兴福而止祸的本源。在郑玄眼中,礼是为政、治国的根本。它们虽然重要,却是礼在经世致用和外王层面的作用,而没有彰显其在安身立命和内圣层面可以发挥的作用。所以,尽管礼学确是郑学之核心和"最精者",但郑玄之礼学仍然拘泥于两汉儒学以有意志的、能够赏善罚恶的神性人格天为最终根据的礼学思想。

由于这一有意志的、能够赏善罚恶的神性人格天无法阻止自然灾害的频繁发生、现实社会的日趋腐朽等天灾人祸的反复出现,其赏善罚恶之神性必然受到人们的怀疑,而以这一有意志的、能够赏善罚恶的神性人格天为最终根据的礼学思想,自然成为一种毫无说服力的空洞理论。

正如王肃在《孔子家语·自序》中所说:"郑氏学行五十载矣……然寻文责实,考其上下,义理不安,违错者多。"

既然郑玄礼学"义理不安,违错者多",王肃自觉成为郑玄礼学的批判者。在批判郑玄礼学时,王肃主要是以《孔子家语》为立论根据,并结合自撰的《圣证论》以及对诸经的注释构筑自己的礼学思想。

王肃在谈到以《孔子家语》为自己礼学思想之立论根据的理由时说:"孔子二十二世孙有孔猛者,家有其先人之书,昔相从学,顷还家,方取以来,与予所论,有若重规矩。……而予从猛得斯论,已明相与孔氏之无违也。"在这里可以知道,王肃明确表达了自己与孔氏思想之无违,有若重规叠矩。也就是说,《孔子家语》的思想完全可以作为王肃本人的思想加以阐发。进而言之,王肃是以孔子思想正统继承者的身份批判郑玄礼学并阐发自己的礼学思想的。

实际上,作为魏晋时期儒学思想的代表人物之一,王肃之学的核心部分就是他的礼学思想。此点不仅在《孔子家语注》《圣证论》等著作中表现得十分明显,而且其诸经注中礼学注疏数量最多,[1]清人严可均所辑《全三国文》中王肃部分大多也是关于礼的议论。

---

① 参见章权才《魏晋南北朝隋唐经学史》,第58—59页,广州,广东人民出版社,1996。

王肃礼学是建立在其天道观基础之上的。《孔子家语·郊问》曰："万物本于天,人本乎祖,郊之祭也,大报本反始也,故以配上帝。天垂象,圣人则之,郊所以明天道也。"王肃在注释"郊"之名时说:"筑为圜丘,以象天自然。"此处所谓天性自然是就其表象而言的,天道自然是我们可以感觉得到的。而《孔子家语》中的孔子称赞圣人之德若天地,而天地之德"无他,好生故也"(《孔子家语·好生第十注》),则是就天道之本性而言的。关于此点,王肃解释得十分明确:"五帝,五行之神,佐生物者。……上天以其五行佐成天事,谓之五帝。"(《孔子家语·五帝第二十四注》)可以看到,"生物"和"天事"是同义语,"好生"是谓天道,只有"好生"的本性才会呈现"自然"的表象。所以,王肃才会说:"取天地之性,以自然也。"(《孔子家语·郊问第二十九注》)

天道如何实现其"好生"之本性是王肃天道观的重要内容。他在《圣证论》中引用汉代人伪造的孔子之言曰:"天有五行,木火金水土,分时化育,以成万物。"[①]他详细解释说:"一岁三百六十日,五行各主七十二日也。化生长育,一岁之功,万物莫敢不成。……五行更王,终始相生。始以木德王天下,其次以生之行转相承。"(《孔子家语·五帝第二十四注》)他在另一处还补充说:"五行终则复始,故事可修复也。"(《孔子家语·礼运第三十二注》)正是在上述思想的前提下,王肃才明确指出:"上天以其五行佐成天事。"(《孔子家语·五帝第二十四注》)

我们从《孔子家语·本命解第二十六注》中可以发现,王肃对人道之性命观的阐释是与其天道观遥相照应的。作为规范人道的"礼"与彰显天道的"生"在本质上是一致的。原文云:"分于道,谓之命;形于一,谓之性。"王肃注曰:"分于道,谓始得为人。人各受阴阳以刚柔之性,故曰形于一也。"

他在注释"故人者,天地之心,而五行之端"一句时说:"人,有生最灵;心,五藏最圣;端,始也,能用五行也。"(《孔子家语·礼运第三十二注》)

---

① 〔三国魏〕王肃:《圣证论》,〔清〕马国翰:《玉函山房辑佚书》。

由此可以得出这样一个判断:作为有生最灵的人能够认识并应用五行之道。而"上天以其五行佐成天事,谓之五帝","五帝,五行之神,佐生物者"(《孔子家语·五帝第二十四注》)。我们可以将其简化为:

天→五行→生

人→五行→生

王肃将天人很好地结合起来了:"爱政而不能爱人,则不能成其身;不能成其身,则不能安其土;不能安其土,则不能乐天。"(《孔子家语·大婚解第四注》)王肃将"天"释为"天道"①,将"成其身"释为"礼"②,将"爱"释为"不忘其所由生"③。在王肃的语境中,我们可以将上述一段话译为:人能不忘生,则有礼;有礼,则乐天道。由此可见,"礼"既是天与人的中介,也是认识天道与人道之本质的方法。"礼"从根本上说亦为"生"。因此,使人们理解"生"义的礼应当是礼学中最重要的内容。

《孔子家语》曰:"郊社之礼,所以仁鬼神也;禘尝之礼,所以仁昭穆也……明乎郊社之义、禘尝之礼,治国其如指诸掌而已。"(《孔子家语·论礼第二十七》)郊社是事天之礼,禘尝是敬祖之礼。事天敬祖是礼的最重要的核心内容,体现了礼的本质。唐人杜佑曾说:"故郊以明天道也。"④"缘生以事死,固天道之成而设禘祫之享,皆合先祖之神而享之。"⑤所以,研究王肃关于郊社之礼和禘尝之礼的观点可以帮助我们了解其礼学思想之主流。令人感兴趣的是,儒学史上著名的"王郑之争"所争论的重点问题之一就是郊社之礼和禘尝之礼。

第一,关于郊禘关系。郑玄在《礼记·祭法注》中说:"禘谓祭昊天于圜丘也,祭上帝于南郊曰郊,祭五帝五神于明堂曰祖宗。"在郑玄看来,禘祭是祭祀典礼当中最隆重的一种而高于郊、祖之祭,他还由此发挥:"冬

---

① "不能安其土,则不能乐天",王肃注"天"曰:"天道也。"见《孔子家语·大婚解第四注》。

② 王肃曰:"礼之于人身,所以养成人也。"见《孔子家语·礼运第三十二注》。

③ 王肃曰:"民能不忘其所由生,然后能相爱也。"见《孔子家语·哀公问政第十七注》。

④ 〔唐〕杜佑:《通典》卷四十二。

⑤ 〔唐〕杜佑:《通典》卷四十九。

至圜丘名禘,配以喾。启蛰祈谷名郊、配以稷。"这就是"禘为祀天帝,郊为祈农事"一说的由来。①

郑玄是"禘大于郊"之说的主要代表人物。王肃明确反对这一主张:"郑玄以《祭法》禘黄帝及喾为配圜丘之祀。《祭法》说禘无圜丘之名,《周官》圜丘不名为禘,是禘非圜丘之祭也。……按《尔雅》云:'禘,大祭也。'绎,又祭也。皆祭宗庙之名,则禘是五年大祭先祖,非圜丘及郊也。……知禘配圜丘非也,又《诗·思文》后稷配天之颂,无帝喾配圜丘之文,知郊则圜丘,圜丘则郊。所在言之,则谓之郊;所祭言之,则谓之圜丘。"(《礼记正义·郊特牲第十一》)

针对郑玄所说禘为祀天、郊为祈谷的观点,王肃认为,"鲁以冬至郊天,至建寅之月又郊以祈谷,故《左传》云'启蛰而郊',又云'郊祀以祈农事',是二郊也"(《礼记正义·郊特牲第十一》)。"《郊特牲》云:周之始郊日以至。《周礼》云:冬至祭天于圜丘。知圜丘与郊是一也。言始郊者,冬至阳气初动,天之始也。对启蛰及将郊祀故言始。《孔子家语》云:……孔子对之与此《郊特牲》文同,皆以为天子郊祀之事。"(《礼记正义·郊特牲第十一》)

《孔子家语》对此的议论比较清楚:"郊之祭也,迎长日之至也。大报天而主日,配以月,故周之始郊,其月以日至,其日用上辛,至于启蛰之月,则又祈谷于上帝。此二者,天子之礼也。鲁无冬至大郊之事,降杀于天子,是以不同也。"(《孔子家语·郊问第二十九》)

王肃在现实生活中也坚持这一主张:"王者各以其礼制事天地。今说者据《周官》单文为经国大体,惧其局而不知弘也……天地之性贵质者,盖谓其器之不文尔,不谓庶物当复减也。《礼》:'天子宫县。舞八佾。'今祀圜丘方泽,宜以天子制,设宫县之乐、八佾之舞。"②

根据《圣证论》及其所引《孔子家语》的说法,冬至之大郊、启蛰之祈

---

① 参见王葆玹《今古文经学新论》,第 336 页。
② 《宋书》卷十九《乐志一》。

谷均为天子之礼,而《左传》《周官》所说鲁国行此二礼,所以王肃释"夫鲁之郊及禘皆非礼"曰"言失于礼而亡其义"(《孔子家语·礼运第三十二注》)。

我们从《礼记正义·郊特牲》疏引《圣证论》可以发现,郑玄论证"禘大于郊"之说的经典根据十分庞杂,既包括《周礼》《左传》等古文经,也包括《公羊》《穀梁》等今文经,甚至以《易纬》作为立论的根据。这种没有坚实基础的旁征博引将会导致其理论体系中矛盾的存在。尤其是郑玄以谶纬为根据推演论证,实为妄断。矛盾的存在和论据的虚妄使郑玄"禘大于郊"的论点站不住脚。王肃在辩难时则以《周礼》《左传》《孔子家语》为根据,他站在新儒学的立场,揭露郑玄的自相矛盾和荒诞论据,从根本上否定郑玄"禘大于郊"的论点。

关于这一问题,后世仍有争论。刘宋时期的学者朱膺之同意王肃的观点:"案先儒论郊,其议不一。……诸儒云:圜丘之祭以后稷配,取其所在名之曰郊,以形体言之谓之圜丘。名虽有二,其实一祭。"①萧梁时期的著名学者何胤则坚持郑玄郊丘是二非一的主张:"圜丘国郊,旧典不同。南郊祠五帝灵威仰之类,圜丘祠天皇大帝、北极大星是也。往代合之郊丘,先儒之巨失。今梁德告始,不宜遂因前谬。"②其议未被采纳。由此可以反证郊丘合一的制度不仅在两晋,而且在南朝时期也被采用。

有一段史料可以清楚地说明这一问题:东魏天平四年(537),李业兴出使萧梁,梁散骑常侍朱异与他有一段对话。朱异问业兴曰:"魏洛中委粟山是南郊邪?"业兴曰:"委粟是圜丘,非南郊。"异曰:"北间郊丘异所,是用郑义,我此中用王义。"业兴曰:"然,洛京郊丘之处专用郑解。"③我们从史籍中可以知道李业兴所言不虚,自北魏道武帝"亲祀上帝于南郊……其后,冬至祭上帝于圜丘,夏至祭地于方泽,用牲币之属与

---

① 《宋书》卷十六《礼志三》。
② 《梁书》卷五十一《何胤传》。
③ 《魏书》卷八十四《李业兴传》。需要强调的是,我们在《隋书·礼仪志一》中看到这样的记载:
　　"梁陈以减,以迄乎隋……郊丘互有变易。"待考。

二郊同"①。

第二,关于禘祫关系。根据郑玄《鲁礼·禘祫志》之说,郑玄认为,禘祫为四时祭以外的大祭;禘祭分祭于各庙,祫祭将所有毁庙之主及未毁庙之主合祭于太祖庙;禘祭大于四时祭,小于祫祭。② 这一观点与古文经学大相径庭。贾逵、刘歆曾曰:"禘祫,一祭二名,礼无差降。"③"左氏说及杜元凯皆以禘为三年一大祭在太祖之庙。《传》无祫文,然则祫即禘也,取其序昭穆谓之禘,取其合聚群祖谓之祫。"(《礼记正义·王制第五》)郑玄提出"禘小于祫"的前提是"三年一祫,五年一禘",但此前提不见于先秦经传和古籍而见载于《公羊传·文公二年》:"大祫者何? 合祭也。其合祭奈何? 毁庙之主陈于大祖,未毁庙之主皆升,合食于大祖。五年而再殷祭。"以及何休注:"殷,盛也,谓三年祫、五年禘。"《公羊传》和《何休注》均本《礼纬》之说,《南齐书·礼志上》引《礼纬·稽命征》曰:"三年一祫,五年一禘。"《诗经·商颂·长发》孔颖达疏:"郑《驳异义》云:三年一祫,五年一禘,百王通义。以为《礼谶》云:殷之五年殷祭,亦名禘也。"④

王肃对郑玄之说加以反驳:"如郑元(玄)言,各于其庙,则无以异四时常祀,不得谓之殷祭,以粢盛百物,丰衍备具,为殷之者。夫孝子尽心于事亲,致敬于四时,比时具物,不可以不备,无缘俭于其亲累年,而后一丰其馈也。夫谓殷者,因以祖宗并陈,昭穆皆列故也。设以为毁庙之主皆祭谓殷者,夫毁庙祭于太祖,而六庙独在其前,所不合宜,非事之理。……禘祫殷祭,群主皆合,举祫则禘可知也。《论语》孔子曰:'禘自既灌而往者,吾不欲观之矣。'所以特禘者,以禘大祭,故欲观其盛礼也。禘祫大祭,独举禘,则祫亦可知也。于《礼记》则以祫为大,于《论语》则以禘为盛,进退未知其可也。……郑元(玄)以为禘者各于其庙,原其所以,夏、商夏祭曰禘,然其殷祭亦名大禘,《商颂·长发》是大禘之歌也。至周

---

① 《魏书》卷一百八《礼志一》。
② 参见钱玄《三礼通论》,第471—473页,南京,南京师范大学出版社,1996。
③ 〔唐〕杜佑:《通典》卷四十九。
④ 参见钱玄《三礼通论》,第481页。

改夏祭曰礿，以禘唯为殷祭之名，周公以圣德，用殷之礼，故鲁人亦遂以禘为夏祭之名，是以《左传》所谓'禘于武宫'，又曰'蒸尝禘于庙'，是四时祀非祭之禘也。郑斯失矣。至于经所谓禘者，则殷祭之谓，郑据《春秋》，与大义乖。"[1]

两人在禘祫关系上的争论持续到南北朝时期。北魏王朝就曾对此进行过讨论，郑、王二派的学者互不相让，最后只好以皇帝的名义综合二派观点钦定禘祫之礼，从中可以了解郑玄、王肃的主张在现实中的影响："今互取郑王二义，禘祫并为一名，从王；禘是祭圜丘大祭之名，上下同用，从郑。若以数则黩，五年一禘，改祫从禘，五年一禘则四时尽禘，以称今情。禘则依《礼》文，先禘而后时祭。便即施行，著之于令，永为世法。"[2]

郑玄论述禘祫关系的经典根据是《公羊传》和《礼纬》，这里除去郑玄以谶纬为据而成妄言外，"禘大于郊"和"禘小于祫"之间难以自圆其说。他在《礼记注》中认为禘谓祭天，而在《禘祫志》中又认为禘祭是分祭于各庙，依此，在各庙中祭天是难以想象的。另外，若"禘小于祫"则祭天之礼势必低于祭祖之礼，这也是不合礼法的。王肃论证的根据则是古文逸礼《禘于太庙》[3]，他对郑玄"禘小于祫"论点的批驳是令人信服的。

综合以上所说可知，王肃反驳郑学在郊禘关系和禘祫关系上的虚诞，以郊、丘为一和禘祫合一之说贯彻其古文礼学的主张。他之所以与郑玄在郊禘关系和禘祫关系等问题上发生激烈争论，一方面是因为祭天祀祖之礼乃礼学之核心问题和理论根据，任何礼学思想都能以此为依据而推演其体系。另一方面，祭天祀祖之礼也是现实政治活动中最重要的仪式之一，它的正确与否甚至关系到一个王朝是否为天之所命、国之正统，其政治意义是不言而喻的。

更具意义的是王肃的主张淡化了祭祀的宗教色彩，从而彰显了人道

---

① 〔唐〕杜佑：《通典》卷四十九。
② 《魏书》卷一百八《礼志一》。
③ 参见《礼记正义·王制第五》孔颖达疏引王肃《圣证论》。

在祭礼中的重要性。这一点我们可以在南朝萧梁时期的著名礼学家何佟之的议论中得到印证："今之郊祭，是报昔岁之功，而祈今年之福。故取岁首上辛，不拘立春之先后。周冬至于圜丘，大报天也。夏正又郊，以祈农事，故有启蛰之说。自晋太始二年并圜丘、方泽同于二郊，是知今之郊禋，礼兼祈报，不得限于一途也。"①

笔者认为，王肃反驳郑学在郊社之礼和禘尝之礼方面的观点是为其批判郑玄的六天说寻找根据，从而论证自己的天道观。《礼记正义·郊特牲》疏引《圣证论》以天体无二，郊即圜丘，圜丘即郊。"郑氏（玄）谓天有六天。天为至极之尊，其体只应是一，而郑氏以为六者，指其尊极清虚之体，其实是一。论其五时，生育之功，其别有五。以五配一，故为六天。据其在上之天谓之天，天为体称，故《说文》云天体也。因其生育之功谓之帝，帝为德称也，故《毛诗传》云审谛如帝。"

如前所述，北朝始终遵循郑玄郊丘分离的主张。因大力推行汉化政策而名垂青史的北魏孝文帝就此所发议论可以反证笔者的观点。他认为，六宗必是天皇大帝及五帝之神，"今祭圜丘，五帝在焉，故称'肆类上帝，堙于六宗'，一祭而六祀备焉"②。

王肃通过对郊祀禘尝之礼的研究来论证天体无二、道性合一、天道无为好生的观点。另一方面，人道则天而行且"人道，政为大"，他煞费苦心将天道之"好生"与人道之"重礼"联系起来，目的之一就是为其"无为之政"的主张提供依据。

王肃的政治观是其礼学思想的推展。

王肃在注释《孔子家语》所谓"人生有气有魄。气者，人之盛也；魄者，鬼之盛也"时说："合神鬼而事之者，孝道之至。孝者，教之所由生也。"（《孔子家语·哀公问政第十七注》）这是王肃对礼的现实作用的基本看法。

---

① 《隋书》卷六《礼仪志一》。
② 《魏书》卷一百八《礼志一》。

他进一步阐述自己的观点说："礼以忠信为本。"(《孔子家语·致思第八注》)

对于"忠",他说："情不相亲,则无忠诚。"(《孔子家语·致思第八注》)"奉祖庙弥近弥亲,弥远弥尊,仁义之道也。"(《孔子家语·礼运第三十二注》)可见王肃将"忠"寓于亲亲尊尊的仁义之道中了。对于"信",他说："夫信之于民,国家大宝也。仲尼曰:'自古皆有死,民非信不立。'"(《三国志·王朗传》)

王肃引经据典以论证自己的观点："唐虞之设官分职,申命公卿,各以其事,然后惟龙为纳言,犹今尚书也,以出纳帝命而已。夏殷不可得而详。《甘誓》曰:'六事之人',明六卿亦典事者也。《周官》则备亦,五日视朝,公卿大夫并进,而司士辨其位焉。其《记》曰:'坐而论道,谓之王公;作而行之,谓之士大夫。'"(《三国志·王肃传》引)

同样的观点也反映在他对《周易·震卦》卦辞"震惊百里,不丧匕鬯"的注中:"在有灵而尊者莫若于天,有灵而贵者莫若于王;有声而威者莫若于雷,有政而严者莫若于侯。是以天子当乾,诸侯用震。地不过一同,雷不过百里,政行百里则匕鬯亦不丧。祭祀,国家大事,不丧,宗庙安矣。处则诸侯执其政,出则长子掌其祀。"[1]

从以上的论述可以发现,王肃在强调天子当乾、王公坐而论道的同时,又主张诸侯用震、士大夫作而行之。换句话说,王肃在政治上是主张天子无为而诸侯士大夫有为的,这一观点用《孔子家语》中的说法就是"天子以德为车,以乐为御,诸侯以礼相与,大夫以法相序,士以信相考,百姓以睦相守,天下之肥也,是谓大顺。顺者,所以养生送死,事鬼神之常也"(《孔子家语·礼运第三十二》)。

综上所述,王肃的礼学思想主要由其天道观、礼论和政治观三部分组成,是在与郑学相互辩难的过程中逐渐形成的。王肃之学在西晋时颇

---

[1] 〔清〕张惠言:《易义别录》卷十一引《太平御览》。

占优势,可以认为政治因素起了很大作用。但王肃之学的义理性特征、人文化倾向代表了儒学的历史发展方向,其学术成就是应当得到承认的。皮锡瑞所谓宋代以后的经学"舍郑从王"的事实就是最明显的一个例证。

第三章　范宁《春秋穀梁传集解》

　　汉魏之交的风云际会沉重打击了传统经学。魏晋时期,玄风方炽,儒门衰微,传统经学不绝如缕。但饶有趣味的是,正当此玄风席卷之际,范宁《春秋穀梁传集解》却逆风而起,为一时翘楚。

　　范宁(约 339—401),东晋时期著名经学家。范宁自幼好学,博览全书。成年后,推崇儒学,躬行儒家礼教。范宁站在儒学的立场,对何晏、王弼等开启的魏晋玄学和清谈之风给予了尖锐的批评,他说:"时以浮虚相扇,儒雅日替。宁以为其源始于王弼、何晏。二人之罪,深于桀纣。"[1]在反对玄学的同时,范宁通过注解《穀梁传》,试图恢复儒学的价值与尊荣。他完成的《春秋穀梁传集解》是现存最早的《穀梁传》注解,被阮元收录进《十三经注疏》。

　　或许正是因为与两汉之正统经学存在时间上的距离,范宁得以更加冷静、更加客观地审视此前的经学研究。也惟其如此,范氏的《春秋穀梁传集解》不仅具有传统意义上的注疏价值,更成为中国古代经典解释学的一个颇具典型意义的例证,蕴涵着一种一般意义上的经典解释学方法的价值。

---

[1]《晋书》卷七十五《范宁传》。

第一节　解释的前提：对《春秋》性质的理解

《春秋》的性质问题在很大程度上可以用另一个问题来替代，即：孔子与《春秋》之间存在着何种关系？对此问题的理解，直接影响到人们对《春秋》的历史定位、意义解读和价值评判，是春秋学首先碰到的、不可不解决的关键性的前提。

在《春秋穀梁传序》中，范宁明确表示自己沉思积年而为《集解》的原因是："释《穀梁传》者虽近十家，皆肤浅末学，不经师匠。辞理典据既无可观，又引《左氏》《公羊》以解此传，文义违反，斯害也已。"①文字凿凿，似无可疑。但若细细品味，则不难发现这只是表层的原因，真正的原因乃在于范宁对于《春秋》性质的理解：

> 天垂象，见吉凶。圣作训，纪成败。欲人君戒慎厥行，增修德政。……四夷交侵，华戎同贯，幽王以暴虐见祸，平王以微弱东迁。征伐不由天子之命，号令出自权臣之门，故两观表而臣礼亡，朱干设而君权丧。下陵上替，僭逼理极。天下荡荡，王道尽矣。孔子睹沧海之横流，乃喟然而叹曰："文王既没，文不在兹乎！"言文王之道丧，兴之者在己，于是就大师而正《雅》《颂》，因鲁史而修《春秋》……于时则接乎隐公，故因兹以托始，该二仪之化育，赞人道之幽变，举得失以彰黜陟，明成败以著劝诫，拯颓纲以继三五，鼓芳风以扇游尘。一字之褒，宠逾华衮之赠。片言之贬，辱过市朝之挞。德之所助，虽贱必申。义之所抑，虽贵必屈。故附势匿非者无所逃其罪，潜德独运者无所隐其名，信不易之宏轨，百王之通典也。先王之道既弘，麟感而来应。因事备而终篇，故绝笔于斯年。成天下之事业，定天下之邪正，莫善于《春秋》。②

---

① 〔晋〕范宁集解，〔唐〕杨士勋疏：《春秋穀梁传注疏》（阮元校刻十三经注疏本），第 2361 页，上海，上海古籍出版社，1997。
② 同上书，第 2358—2360 页。

在范宁看来,《春秋》乃孔子所作,这是毫无疑问的。孔子身处夷狄陵夏之危局、礼崩乐坏之乱世,天子失职,王道黯隐,下陵上替,暴虐篡弑者比比皆是。孔子忧惧,于是代行天子之事,借取鲁史旧文并申以己意而作《春秋》,以图彰王道以复其礼、拨乱世而反诸正。因此,《春秋》绝非一般的史书。孔子以区区两万字历数鲁隐至鲁哀二百四十余年,或笔或削,以褒贬进退为轨仪。其事或时有遗略,其义则未尝稍有偏失。换言之,《春秋》虽是应时而作,实为一部蕴涵圣人之微言大义的治世大典。

可见,在孔子与《春秋》的关系问题上,范宁取当时的主流看法。[①] 既然《春秋》负载有圣人的苦心微旨、微言大义,那么,阐发解释《春秋》的"传"自然也就跟着水涨船高,备受重视。尽管据《汉书·艺文志》记载,当时《春秋》之"传"共有五种,但到范宁生活的东晋时期,《邹氏传》《夹氏传》俱已不存。故范宁只言"三传":"《春秋》之传有三,而为经之旨一,臧否不同,褒贬殊致。盖九流分而微言隐,异端作而大义乖。"[②]显然,此处的"为经之旨"正是孔子寄寓在《春秋》字里行间的微言大义。范宁认为,这个"为经之旨"不仅是存在的,而且是唯一的、清晰的。然而,去圣日远,九流剖分,异端并作,《春秋》的"为经之旨"也因此隐微而不得彰显。《公羊》《穀梁》《左氏》虽然都以解释《春秋》为职志,但均囿于一己之见,不仅多有偏失而未能把握此"为经之一旨",反而相互攻讦,自是而非它。"三传"在解读《春秋》之旨的过程中都存在着局限,然而,或许是一种无奈,后人却往往只能够借助"三传"以求窥探《春秋》之玄奥。

因此,范宁注《穀梁》,在很大程度上并不是因为他相信《穀梁》较之其他"二传"更加贴合《春秋》之旨,而是由当时"三传"的研究状况决定的。其时,"《左氏》则有服、杜之注,《公羊》则有何、严之训。释《穀梁传》

---

① 有学者指出首先提出这一观点的是孟子(前372—前289)。孟子认为,故"孔子成《春秋》而乱臣贼子惧"(《孟子·滕文公下》)。但关于孟子在汉晋时期的影响仍有很多争论。司马迁(前145—前86)著《史记》也采用此说。在《史记》的《孔子世家》《三代世表》《儒林列传》和《太史公自序》等篇,均可见"孔子作《春秋》"的观点。汉代今文学派亦取此说。

② 〔晋〕范宁集解,〔唐〕杨士勋疏:《春秋穀梁传注疏》,第2360页。

者虽近十家,皆肤浅末学,不经师匠。辞理典据既无可观,又引《左氏》《公羊》以解此传,文义违反,斯害也已"①。理越辩越明,"三传"之研究倘若能齐头并进,则后人可以更好地对比"三传",克服偏狭,从而体会《春秋》的"为经之旨"。这是范宁集解《穀梁》的一个原因。此外,范宁还试图通过此书,向人们传达一个讯息,传达一种关于经传关系和经典解释的理解。而这才是范宁完成此书的真正目的。

第二节 "事""例"与"义"——解释学的循环

通览范宁《春秋穀梁传集解》,人们首先容易得到的印象是《集解》中大量的"凡例"。发凡起例并不是范宁的首创,而是中国传统经学古已有之的独特解释方法。稍早于范氏的杜预(222—284)指出:"其发凡以言例,皆经国之常制,周公之垂法,史书之旧章。"②后人更是从《左传》中归纳出所谓的"五十凡"。

范宁解《穀梁》,亦注意透过《穀梁传》提炼《春秋》之"凡例"。这可以通过"凡例"与"书法"的关系看出一二:

"凡例"指的是经文记录时间、地点、人物以及某类事件时相对一致的记述风格与体例;"书法"则是指圣人在记述中寄寓微言大义的技巧与方法。因此,"凡例"与"书法"的关系可以这样理解:一方面,不少"凡例"本身已经表现为"书法"。如《穀梁传》"宣公十五年"云:"灭国有三术:中国谨日,卑国月,夷狄不日。"③对于中原诸夏之国的灭亡,经文书"日";对于中原的一些卑微小国的灭亡,经文书"月";对于那些夷狄之国的灭亡,经文或书"时"或不书时间,体现了《春秋》"外夷狄而内诸夏"的尊卑观念。另一方面,当"凡例"已确定时,不合"凡例"的地方往往存有进退褒

---

① 〔晋〕范宁集解,〔唐〕杨士勋疏:《春秋穀梁传注疏》,第 2361 页。
② 〔晋〕杜预注,〔唐〕孔颖达疏:《春秋左传正义》(阮元校刻十三经注疏本),第 1705 页,上海,上海古籍出版社,1997。
③ 〔晋〕范宁集解,〔唐〕杨士勋疏:《春秋穀梁传注疏》,第 2415 页。

贬之义,此即为"书法"。如正常情况下对于诸侯之死应该书"日"以记之,但是"襄公三十年"经文却书"夏,四月,蔡世子般弑其君固"①。经文变"日"为"月",实际上是采用了描述夷狄之君卒亡的记载方式,目的是贬斥蔡国世子弑君夺政的近乎夷狄的行为。

严格地说,"凡例"之法其实应该包括两个层次:其一是根据经文内容总结出凡例,其二是依据凡例推知经传中省略或缺漏的部分。

首先看第一个层次。范宁注意到《穀梁传》在解释《春秋》时非常注意提炼经文的凡例。《集解》中时常出现的"传例曰",指的正是《穀梁传》所归纳的《春秋》之凡例。可以说,《穀梁传》乃是通过对《春秋》凡例的梳理和归纳来展开其诠释体系的。以新君继位的记录方式为例。

《穀梁传》对《春秋》记录十二位鲁国国君的书写方式进行了分析,归纳出新君继位的三种情形。第一种情况:"继正即位,正也。"这是说当先君正常死亡时,新君继位应书"公即位"以显示其继位的正当性。第二种情况:"继弑君不言即位,正也。"这是说当先君意外死亡(主要指被杀或被弑)时,新君继位应不书"公即位"以示对先君意外亡故的哀痛之情。这也是正常的情形。第三种情况:"继故而言即位,则是与闻乎弑也。"这是说先君由于意外死亡(被杀或被弑),倘若新君继位时书了"公即位",则表明新君对先君的意外死亡根本没有哀戚之情,这又反过来证明新君与先君的被弑之间存在某种关系,新君可能事先知晓甚至参与了弑先君的篡逆行为。

《穀梁传》共提到九位后君继位之事,分别是:桓公、庄公、闵公、僖公、文公、宣公、襄公、昭公和定公。其中,文公、襄公、昭公的继位属于第一种情况,此外《穀梁传》未明确说到的成公和哀公也属此列;庄公、闵公、僖公三位国君的继位属于第二种情况;桓公、宣公两位国君的继位则属于"与闻乎弑"的第三种情况。② 这三种后君继位的书例是《穀梁传》对

① 〔晋〕范宁集解,〔唐〕杨士勋疏:《春秋穀梁传注疏》,第 2432 页。
② 定公继位的情况比较特殊:先君昭公被鲁大夫季孙如意驱逐出国,客死齐国,次年六月定公继位。《穀梁传》"定公元年"云:"先君无正终,则后君无正始",即此之谓。

《春秋》记事规律归纳的结果。这也是"凡例"运用的第一个层次。

除此之外,"凡例"的运用还有第二个层次,即根据凡例反推经传缺漏甚至错误的地方。在范宁看来,《榖梁传》归纳、总结《春秋》的凡例,作用不仅仅在于更有条理地把握经文,还在于要由凡例反推经典的文字与涵义。这一点是与《春秋》的文本特征紧密相关的。《春秋》全文仅二万余字,而记录的时间竟然长达二百四十二年;平均下来,每年不足百字,其简略遗漏可想而知。而通过凡例反推经文中被省略或遗漏的内容,使经文经义能够完整通达,就成为经文注疏的一个重要方面。如"隐公二年":

> 经文:夏,五月……无侅帅师入极。
>
> 传文:入者,内弗受也。极,国也。
>
> 集解:传例曰:"灭国有三术,中国日,卑国月,夷狄时。"极,盖卑国也。①

根据经文中已有的内容,《榖梁传》总结出《春秋》记载不同类型的国家灭亡时所采用的不同时间记录方式,即"中原诸夏之国书日,中原卑微小国书月,四方夷狄之国书时"。现在经文用书"月"的方式记录了"极"这个国家的灭亡,依据凡例可推知"极"应为中原卑微的小国。

由以上的例子可知,"凡例"之法中的"由事以归例",恰如逻辑中的归纳法;而"凡例"之法中的"依例以推事",则如逻辑中的演绎法。从严格意义上讲,"凡例"之法将此二者并用,其实存在着循环论证的逻辑危机。但是,范宁认为在经典的解释中,此二者是并行不悖的,因为无论是"事"还是"例",本质上都是围绕着"义"展开的。

范宁坚信《春秋》寄寓着圣人的微言大义,但圣人之义如何得以呈现?答案就是"因事见义"②——圣人是通过记《春秋》之事以彰其义的,这也是孔子采用史书形式的深刻原因。但倘若一事显一义,则不免事繁

---

① 〔晋〕范宁集解,〔唐〕杨士勋疏:《春秋榖梁传注疏》,第2366—2367页。
② 同上书,第2381页。

而义乱,徒使圣人之义湮没于物事之中而暗昧难寻。于是,"事"有待"例"而顺,"义"有待"例"而彰。如此一来,"凡例"便成为连接"事"与"义"的纽带;"例"不仅是"事之凡",更成为"义之蕴"。

因此,中国古典经学对于"凡例"的高度重视,不仅仅是出于把握事件的方便考虑,更潜含了对"义""例"关系的深刻理解。经学家们孜孜以求的并不是那些严整的、精妙的"凡"与"例",而是存在于这些凡例背后的"意义"。经典的"意义"可以分为两个层次:一者为文本之意,二者为文外之义。而这两者都有赖"凡例"来表现。而且,"义"的介入也打破了"凡例"运用过程中"即事以言例""依例而推事"之循环逻辑的怪圈,促使经学解释走向深入。所以,"事""例""义"的微妙互动构成了一种独特而有创造性的解释学的循环,并进而成为中国古代经典解释学的范式。

第三节　解释的宗旨:传以通经为主,经以必当为理

范宁认为自己的《集解》不是对《穀梁传》的单纯的注解,甚至也不是对《春秋》的形式上的复归,而是对意义的追寻,是对圣人的微言大义(即《春秋》的"为经之旨")的探索。因此,他主张经典解释的宗旨是:"传以通经为主,经以必当为理。"

一、传以通经为主

针对"传"与"经"的关系,范宁提出"传以通经为主"的解释原则。在这一原则中,最值得关注的是"通"字。它隐含的前提是:"经"可通。换言之,经文本身具有内在的统一性和一以贯之之道,也就是范宁所极为重视的"为经之旨一"中的"一"。某种意义上,这也是"凡例"得以产生的原因。

既然经文具有内在的统一性和一以贯之之道,那么以解读经典为职志的"传"理所当然地应该以"通经"为宗旨。具体地讲,"传"通"经"也表

现在"事""例""义"三个层面，即：通晓经书之事，通顺经文之例，通达经说之义。

（一）通晓经书之事

"事"为经之本，对《春秋》而言尤其如此。《穀梁》为解经之书，自是以通晓经事为基础；范氏《集解》为注传之作，同样要把关注的目光投射到经文的事件以及《穀梁传》对这些事件的理解上。这在《集解》对"三传"的态度中得到集中体现。范宁虽然集解《穀梁》，但他在学风上力图跳出汉代师法之藩篱，不自是而非它，不崇《穀》而贬《公》《左》，而是对"三传"持一种客观平实的态度，公允地评断"三传"之得失，择善而从。如《穀梁》所据之经文"昭公四年"记载"四年，春，王正月，大雨雪"[①]，而《左传》所据之经文则书"大雨雹"[②]，史料残缺，无法辨别二说真伪。于是范宁《集解》云"雪，或为雹"[③]，并存两家之说。与此类似的还有"隐公三年"的"尹氏"与"君氏"，"隐公四年"的"祝吁"与"州吁"，"宣公八年"的"熊氏"与"嬴氏"，等等。[④]

更进一步讲，范宁采用"集解"的形式并不是偶然的。因为"集解"可以兼采包括阴阳灾异思想在内的众家之说，有助于辩订真伪、裁度是非。而《集解》对于名物、典章、制度的强调同样服务于通晓经事的目的。

（二）通顺经文之例

《集解》的一个显著特征是"整体理解，首尾相顾，事例呼应"。范宁自觉地将《春秋》视作完整的、融贯的有机整体，强调《穀梁传》在解读经文时的联系性。

例如"宣公八年"经文记录"仲遂卒于垂"，《穀梁传》解说："此公子也，其曰仲，何也？疏之也。"《集解》则进一步补充："僖十六年传曰：'大夫不言公子、公孙，疏之也。'"[⑤]范宁将"僖公十六年"的一条相似的传文

---

①③〔晋〕范宁集解，〔唐〕杨士勋疏：《春秋穀梁传注疏》，第 2434 页。

②〔晋〕杜预注，〔唐〕孔颖达疏：《春秋左传正义》，第 2032 页。

④ 参见〔晋〕范宁集解，〔唐〕杨士勋疏《春秋穀梁传注疏》，第 2368、第 2369、第 2413 页。

⑤ 同上书，第 2413 页。

提到此处与"宣公八年"传文作对比,以图揭示二者之异同和《春秋》书录之凡例。

"例"待"事"而明,"事"待"例"而顺。故《集解》极为重视"事"与"例"的呼应。如"哀公四年":

> 经文:四年,春,王二月。庚戌,盗弑蔡侯申。
>
> 传文:……《春秋》有三盗:微杀大夫,谓之盗。
>
> 集解:十三年冬,"盗杀陈夏区夫"是。
>
> 传文:非所取而取之,谓之盗。
>
> 集解:定八年,阳货取宝玉大弓是。
>
> 传文:辟中国之正道以袭利,谓之盗。
>
> 集解:即杀蔡侯申者是,非微者也。①

由此可以很清楚地看到,《集解》选取典型事件对《穀梁传》所总结的《春秋》"盗"之例逐条印证,从而使凡例更加清晰、更加有说服力。

(三)通达经说之义

"传"由"经"而来,传文的解说应该尽力符合经文的原意。范宁虽然为注解《穀梁传》花费了大量心血,但他并没有因此曲意回护《穀梁》。对于传文中一些与经文不相符合的地方,他或者婉书"宁所未详"以存其疑,或者直言矛盾而斥其非。

如"隐公九年"经文记载:"九年,春,天王使南季来聘。"传文解说:"南氏,姓也。季,字也。聘,问也。聘诸侯,非正也。"范宁认为,根据《周礼》的说法和许慎的解释,天子派遣大臣聘问诸侯并无非礼不当之处,故云"传曰:'聘诸侯,非正',宁所未详",委婉地表达了对传文的怀疑。②

又"僖公二十四年"经文记载:"冬,天王出居于郑。"传文解说:"天子无出,出,失天下也。"范宁认同江熙的意见,认为天子出行,若巡守而后行,则全天子之行而不言"出";若出奔而行,则不得全天子之行而应书

---

① 〔晋〕范宁集解,〔唐〕杨士勋疏:《春秋穀梁传注疏》,第2449页。

② 同上书,第2371页。

"出"。经文所书乃周襄王出奔郑国,与"失天下"不类,故"传言失天下,阙然如有未备",指出《穀梁传》在解说上的不足。①

二、经以必当为理

"事""例""义"的解释学循环表明,经典本身并不是解释所探寻的目标,解释行为被引向经典背后的"义"。于是,范宁进一步探讨了"经"与"义"的关系,提出"经以必当为理"的解释原则。

所谓"必当",既有"适宜""合度"的意思,又有"合理""合法"的含义。② 前者涉及经典的文字表述与意义传达,后者则关注经典本身赖以确立的基础。因此,在范宁看来,"经"之所以为"经",关键不在于它在语言文字上的优越性,甚至也不在于它是由圣人所作这一事实,而在于圣人创作它的原因与依据。圣人正是按照"必当"的原则创作"经典"的。于是,一方面,"必当"是"经"之所以成为"经"的原因;另一方面,人们必须按照"必当"的原则来解释"经"与"传"。"必当"体现了一种历史理性与价值信仰。

(一)经文合宜

经典的"必当"首先表现为经文文字表述与意义传达的合宜。范宁注意到,尽管总体上看《春秋》的经文前后融贯、凡例井然,但是仍然有少数地方存在疑问。对此,他采取了两种截然不同的处理方法。

一方面,在解释经文中的某些看似抵牾之处时,范宁努力地找寻理由以消除矛盾,试图给予一个合理的说法。例如,"隐公十一年"经文记载"十有一年,春,滕侯、薛侯来朝";"桓公二年"经文又记载"滕子来朝"。时隔仅两年,经文对滕国国君却一称"侯",一称"子"。范宁认为,这并不是经文的"笔误",而是据实书写,之所以前后异称,"盖时王所黜",可能

---

① 〔晋〕范宁集解,〔唐〕杨士勋疏:《春秋穀梁传注疏》,第 2401 页。
② 当然此处的"合理""合法"所参照的背景乃是"天理"。

是由于在这两年中周天子将滕侯贬黜为滕子的缘故。①

　　但另一方面，范宁又对经文中一些不合凡例、无法解释的地方提出疑问。如"庄公二十二年"经文仅书"夏，五月"，传文无解。范宁认为，即使按照"《春秋》不遗时"的凡例来看，经文也应该书"夏，四月"，而此处"以五月首时，宁所未详"②。言外之意，这一处经文可能存在错误。相类似的还有"桓公四年"经文书"夏，天王使宰渠伯纠来聘"之后无"秋冬"二时，便直接记录桓公五年。范宁认为此处可能存在经文的遗漏。③ 更有代表性的是"成公元年"的例子。经文仅书"冬，十月"，传文却叙述了一大段鲁、晋、卫、曹四国大夫聘齐受辱的故事。范宁《集解》根据《穀梁传》"释经以言义，未有无其文而横发传者"的凡例，反推经文在"冬，十月"下很可能遗漏了"季孙行父如齐"六个字。④

　　从《集解》对待经文中存疑之处所采取的方法可以看出，尽管难免有强为之解的地方，但总体而言，范宁能够既尊重经典之原文，又不屈从其说，显示出一种可贵的独立性。

　　（二）经义合理

　　经典的"必当"还表现为经义的"合理"。"合理"乃是经典本身赖以确立的基础，即圣人的"为经之旨"所在。

　　这首先表现为范宁对于"礼"的高度重视。整部《集解》中，引《周礼》《仪礼》《礼记》"三礼"之文以及其他礼制资料的内容占了相当大的篇幅。这既与春秋的时代特点有关，也与范宁对"礼"的理解分不开。"礼"不仅仅是现实的行为规范与秩序仪则，还是"天之经也，地之义也，人之行也"⑤。"礼"与"理"是相通的，"合礼"在某种程度上就等同于"合理"——合乎"情理"，合乎"天理"。因此，以必当为理的"经"首先在形式上表现

---

① 〔晋〕范宁集解，〔唐〕杨士勋疏：《春秋穀梁传注疏》，第 2373 页。
② 同上书，第 2385 页。
③ 同上书，第 2374 页。
④ 同上书，第 2417 页。
⑤ 同上书，第 2107 页。

为"合礼"。

而《春秋》之"礼"其实是以批判的形式展现的。在范宁看来,《春秋》是"礼乐征伐自诸侯出""陪臣执国命"的礼崩乐坏之社会变局的产物;孔子著《春秋》的目的是"赞人道之幽变,举得失以彰黜陟,明成败以著劝诫,拯颓纲以继三五,鼓芳风以扇游尘"①。因此,圣人寄寓于《春秋》之字里行间的"微言大义""为经之旨"正是申君臣尊卑之大义,黜乱臣贼子之僭越。于是,《春秋》或笔或削,极尽褒贬进退之能事,正所谓"一字之褒,宠逾华衮之赠;片言之贬,辱过市朝之挞"②。而范宁坚信"成天下之事业,定天下之邪正,莫善于《春秋》"③,原因正在于此。

任何诠释活动都是具有双重性的,尤其是以"述而不作"为标榜的经典解释学。一方面,由于承认经典中存有圣人之"微言大义",并以揭示与还原此"微言大义"为目标,经典解释因而具有封闭性;另一方面,由于圣人之"义"是以隐晦的、微妙的方式表现的,客观上造成了人们对于"为经之旨""必当之理"把握的言人人殊,经典解释又具有开放性。范宁的《春秋穀梁传集解》作为一部诠释《春秋》、解读《穀梁》的佳作,同样兼具这双重特性。解读经典是一项枯燥乏味的工作,解读经典又是一项饶有兴味的活动——正是在封闭性与开放性的矛盾和张力之中,经典解释学于中国思想史上找寻着自己的天地,诠释经典也因而成为一种创造性的活动。所以,作为一个优秀的经学家,范宁既是一位出色的注释者,更是一位独立的思想家。

---

① ② 〔晋〕范宁集解,〔唐〕杨士勋疏:《春秋穀梁传注疏》,第 2359 页。
③ 同上书,第 2360 页。

第四章　南北朝时期的儒学概述

第一节　南朝时期的儒学[①]

南朝刘宋元嘉年间立四学：儒、玄、史、文。雷次宗、朱膺之、庾蔚之主持儒学，开馆授徒。宋代最重礼学。雷次宗明《三礼》，曾为皇太子、诸王讲《丧服经》，其礼学造诣与郑玄齐名。何承天将先前《礼论》八百卷删减并合为三百卷，传于世。据《宋书·礼志》，朝廷礼制多用郑注，何承天《礼论》也用郑玄而斥王肃。然而宋代士人亦钦慕魏晋玄风。颜延之为国子学祭酒，既重玄学，又著《庭诰》论易学："《易》首体备，能事之渊，马陆（马融、陆绩）得其象数，而失其成理；荀王（荀爽、王弼）举其正宗，而略其象数。四家之见，虽各为所志，总而论之，性情出乎彻明，气数生于形分。然则荀王得之于心，马陆取之于物，其善恶迄可知矣。夫数象穷则大极著，人心极则神功彰，若荀王之言《易》，可谓极人心之数者也。"

颜氏将荀、王并提似不妥，但他分别汉易与玄易的议论却很精妙，说

---

① 参见牟钟鉴《南北朝经学述评》，《走近中国精神》，第3—19页，北京，华文出版社，1999。

明王弼易学在宋代有重要地位。

齐代经学兼重两汉魏晋，"时国学置郑、王《易》，杜、服《春秋》，何氏《公羊》，麋氏《穀梁》，郑玄《孝经》"①。陆澄与王俭书信论经学，谓汉易以象数为宗，王弼所悟虽多，不能顿废前儒，元嘉建学之始，郑、王两立，颜延之为祭酒，黜郑置王，意在贵玄，今"众经皆儒，惟《易》独立，玄不可弃，儒不可缺。谓宜并存，所以合无体之义"。又："案杜预注《传》，王弼注《易》，俱是晚出，并贵后生。杜之异古，未如王之夺实，祖述前儒，特举其违。又《释例》之作，所弘惟深。"王俭答书赞同陆澄。由此可知，齐代经学虽谓玄儒并立，除《易》《左传》外，汉人经注实占多数，玄学反成劣势。齐代礼学亦较发达，官学有王俭，私学有刘瓛，堪称大家。《南齐书·王俭传》称："俭长礼学，谙究朝仪，每博议，证引先儒，罕有其例。八坐丞郎，无能异者。"王俭著《古今丧服集记》《礼义答问》等，对于朝廷礼仪事，多有议定。刘瓛是一代大儒，刘绘、范缜、司马筠、贺玚等皆出其门下，"儒学冠于当时"，"所著文集，皆是《礼》义，行于世"。②

梁陈两朝，尤其是梁武帝统治时期是南朝儒学最繁荣的时期。梁武帝时三教并行，而尤重儒学："梁武创业，深悫其弊。天监四年，乃诏开五馆，建立国学，总以《五经》教授，置《五经》博士各一人。"③"十数年间，怀经负笈者云会京师。"④及陈武创业，虽未遑经学，然有梁之遗儒，尚称可观。沈文阿、周弘正、张讥等均堪大儒。

宋代学者叶适有一段十分深刻的议论："汉兴，而天下之人意其有在于《六经》，孔氏之所录者，于是《礼》《易》《诗》《书》分门为师，补续简编之断缺，寻绎章句之同异，因而为言者又数百家。当其时，大合诸侯于石渠、白虎之殿，九卿承制难问，天子称制临决，莫不自以为至矣，而道终不可明。故晋求之老庄，梁求之佛，其甚也使人主忘天下之富贵而听役于

---

① 《南齐书》卷三十九《陆澄传》。
② 《南齐书》卷三十九《刘瓛传》。
③ 《南史》卷七十一《儒林传序》。
④ 《梁书》卷四十八《儒林传序》。

其言,忠智贤明之士因之以有得者,亦莫不自足于一世。……夫其或出于章句,或出于度数,或出于谶纬,或甘心于夷狄之学,岂不皆以为道哉?"①

整个六朝时期,不管是玄学之本无未有、佛学之性空佛性,还是经学之义理礼学,都存在各自的片面性。正因如此,才出现了"道终不可明"的现象。

进而言之,作为家族之德的孝义、对宗族乡党的友义、对上司的节义,这些德目都需要儒学赋予其伦理的基础才能成为支配现实的行为准则。② 但是现实的情况是儒学自身都失去了道的根据,又何谈其他呢?为儒学寻找终极的根据成为时代向六朝人提出的课题。

六朝儒学是以一种积极的、开放的心态迎接佛道等的挑战的。他们非常欣赏佛道尤其是佛学思想,普遍认为儒释虽异而其归旨则一。谢灵运就说:"释氏之论,圣道虽远,积学能至,累尽鉴生,不应渐悟。孔氏之论,圣道既妙,虽颜殆庶,体无鉴周,理归一极。"③

梁人王褒在《幼训》中说:"吾始乎幼学,及于知命,既崇周孔之教,兼循老释之谈。江左以来,斯业不坠。当能修之,吾之志也。"④

颜之推也认为:"原夫四尘五阴,剖析形有;六舟三驾,运载群生;万行归空,千门入善。辩才智惠,岂徒七经、百氏之博哉?明非尧、舜、周、孔所及也。内外两教,本为一体。渐积为异,深浅不同。"⑤

六朝人强调对儒释道的会通,既说明他们对三教之理归于一极存在共识,也说明儒学理论本身存在问题。

佛学在南朝时期主要关注的是佛性问题,而佛性问题用儒学语言说就是心性论问题。但佛学的心性论是唯识学说的理论成果,它与儒学的

①《叶适集·水心别集》卷七,北京,中华书局,1985。
② 参见[日]谷川道雄《六朝时期的名望家支配》,刘俊文主编:《日本学者研究中国史论著选译》第 2 卷,第 155 页,北京,中华书局,1993。
③〔南朝宋〕谢灵运:《辩宗论》,〔唐〕释道宣:《广弘明集》卷十八。
④《梁书》卷四十一《王规传》。
⑤ 王利器:《颜氏家训集解·归心第十六》,第 368 页。

心性论还未融合在一起。梁武帝曾试图将二者圆融为一(本篇第七章将专门论述)。

正如前文所引叶适所言,"汉兴,而天下之人意其有在于《六经》,孔氏之所录者,于是《礼》《易》《诗》《书》分门为师,补续简编之断缺,寻绎章句之同异,因而为言者又数百家。……"①云云,两汉儒学为维护大一统帝国提供了理论依据,但到东汉晚期时,动荡不安的社会状况和名存实亡的名教之治导致儒学的外部环境日趋恶化。更重要的是,以董仲舒的天人感应论、东汉的谶纬之学为代表的今文经学和以王肃、郑玄为代表的古文经学无法适应社会现实的剧烈变化,他们或者严守家法师法、以烦琐的章句之学阐述一孔之见;或者专于考据,以训诂之学解释经典文献。这样一种局面使儒学与现实相脱节,导致儒学没有办法发挥其本应发挥的安身立命、经世致用即内圣外王的作用。

另一方面,正如前文所述,作为家族之德的孝义、对宗族乡党的友义、对上司的节义等等德目,都需要经学赋予其伦理的基础才能成为支配现实的行为准则。② 但实际情况是经学自身都失去了道的根据,又何谈其他呢?

六朝著名史学家沈约在《宋书》中有这样一段对刘宋时期儒学的议论:"自黄初至于晋末,百余年中,儒教尽矣。高祖受命,议创国学,宫车早晏,道未及行。迄于元嘉,甫获克就,雅风盛烈,未及曩时,而济济焉,颇有前王之遗典。天子鸾旗警跸,清道而临学馆,储后冕旒黼黻,北面而礼先师,后生所不尝闻,黄发未之前睹,亦一代之盛也。"③

但是《南史》中却说:"以迄宋、齐,国学时或开置,而劝课未博,建之不能十年,盖取文具而已。是时,乡里莫或开馆,公卿罕通经术,朝廷大

①《叶适集·水心别集》卷七。
② 参见[日]谷川道雄《六朝时期的名望家支配》,刘俊文主编:《日本学者研究中国史论著选译》第 2 卷,第 155 页。
③《宋书》卷五十五。

儒,独学而弗肯养众,后生孤陋,拥经而无所讲习。大道之郁也久矣乎!"①

可以说,尽管当时的现实是"儒教尽矣",且统治者仍然试图振兴儒学,但结果并不如人意。

第二节　南朝礼学的繁荣及原因

纵观整个南朝儒学,可以发现最发达的莫若礼学。清代学者皮锡瑞说:"南学之可称者,惟晋宋间诸儒善说礼服。宋初雷次宗最著,与郑君齐名,有雷、郑之称。当崇尚老、庄之时,而说礼谨严,引证详实,有汉石渠、虎观遗风,此则后世所不及也。"②

近人马宗霍在《中国经学史》中也说:"(南朝)经学之最可称者,要推《三礼》。故《南史·儒林传》何佟之、司马筠、崔灵恩、孔佥、沈竣、皇侃、沈洙、戚衮、郑灼之徒,或曰'少好《三礼》',或曰'尤明《三礼》',或曰'尤精《三礼》',或曰'尤长《三礼》',或曰'通《三礼》',或曰'善《三礼》',或曰'受《三礼》';而晋陵张崖、吴郡陆诩、吴兴沈德威、会稽贺德基,亦俱以《礼》学自命。《三礼》之中,又有特精者,如沈竣之于《周官》,见举于陆倕;贺德基之于《礼记》,见美于时论。《仪礼》则专家尤众,鲍泉于《仪礼》号最明;分类撰著者,有明山宾《吉礼仪注》《礼仪》《孝经丧礼服仪》,司马耿《嘉礼仪注》,严植之《凶礼仪注》,贺瑒《宾礼仪注》,而沈不害则总注《五礼仪》。"③

南朝礼学之繁荣在历史记载中是有目共睹的,而其繁荣的原因也值得探讨。笔者以为主要有社会和文化两个层面的原因。

就社会原因而言,礼学的繁荣与南朝的社会现实有密切关系。整个六朝时期是门阀世族为统治核心的带有宗法色彩的社会结构,其中尤以

---

① 《南史》卷七十一《儒林传序》。
② 〔清〕皮锡瑞:《经学历史》,第 170 页。
③ 马宗霍:《中国经学史》,第 79 页,上海,商务印书馆,1937。

东晋时期最为典型。[①] 在南朝时皇权虽有一定的强化,但已处于衰落趋势的世家大族在思想、文化领域仍具有强大的影响力。为了维护自己的切身利益,同时也为了扭转本阶层日益明显的颓势,加强对礼学的研究成为必然的选择。因为礼学是以宗法等级制度为基础的,通过研究宗族远近、血缘亲疏并以严格、细琐的礼仪来强调并维持本阶层的利益。社会上层知识分子通过对礼学、礼制、礼仪的研究以强化宗族向心力、家族凝聚力,最大限度地维护本阶层的既得利益。

一个更重要的社会原因则是东晋南朝苟安一隅,少数民族政权逐鹿中原并对南方虎视眈眈。民族生存的危机感促使人们对自身文化传统进行反思。《世说新语·赏誉》注引邓粲《晋纪》载:"初咸和中,贵游子弟能谈嘲者,慕王平子、谢幼舆等为达。(卞)壸厉色于朝曰:'悖礼伤教,罪莫斯甚!中原倾覆,实由于此!'"曾successively次北伐希图恢复中原的名将桓温也曾感慨:"使神州陆沈,百年丘墟,王夷甫诸人不得不任其责。"[②]作为儒家忠实信徒的范宁更是视玄学及其倡导者为千古罪人:"王(弼)何(晏)蔑弃典文,不遵礼度;游辞浮说,波荡后生。饰毕言以翳实,聘繁文以惑世。缙绅之徒,翻然改辙;洙泗之风,缅然将坠。遂令仁义幽沦,儒雅蒙尘;礼坏乐崩,中原倾覆。古之所谓言伪而辩、行僻而坚者,其斯人之徒欤!昔夫子斩少正于鲁,太公戮华士于齐,岂非旷世而同诛乎?桀纣暴虐,正足以灭身覆国,为后世鉴戒耳,岂能迥百姓之视听哉?王、何叨海内之浮誉,资膏粱之傲诞,画魑魅以为巧,扇无检以为俗。郑声之乱乐,利口之倾邦。信矣哉!吾固以为一世之祸轻,历代之罪重;自丧之劳小;迷众之愆大也。"[③]

桓、范等人在民族存亡的危急时刻,怀着一种激愤之情,将丧邦覆国的罪恶归诸王、何等玄学之徒。虽说其间有一定的情绪化因素,却也体现了崇尚清谈的玄学之风对于社会现实中的严重问题视而不见、漠然处

---

① 参见田余庆《东晋门阀政治》。
②《晋书》卷九十八《桓温传》。
③《晋书》卷七十五《范宁传》。

之的态度。

东晋学者曾明确指出："天道之所运，莫大于阴阳；帝王之至务，莫重于礼学。"①礼学的作用不仅在于治国，也在于修身："君子立行，应依礼而动，虽隐显殊途，未有不傍礼教者也。若乃放达不羁，以肆纵为贵者，非但动违礼法，亦道之所弃也。"②

颜之推在《颜氏家训》中以一种比较委婉的说法再一次把国破家亡的罪责算在玄学的头上："何晏、王弼，祖述玄宗，递相夸尚，景附草靡，皆以农、黄之化，在乎己身，周、孔之业，弃之度外。……直取其清谈雅论，剖玄析微，宾主往复，娱心悦耳，非济世成俗之要也。泊于梁世，兹风复阐，《庄》、《老》、《周易》，总谓三玄。武皇、简文，躬自讲论。周弘正奉赞大猷，化行都邑，学徒千余，实为盛美。元帝在江、荆间，复所爱习，召置学生，亲为教授，废寝忘食，以夜继朝，至乃倦剧愁愦，辄以讲自释。"③

熟悉梁史者都知道梁武帝、简文帝均因侯景之乱而不得善终；梁元帝被西魏军队困于江陵，后被杀。这些事件都是颜之推的亲身经历，他还因梁朝的灭亡而成为北齐的俘虏。有此切肤之痛的他在谈到梁朝复阐玄风时，其言外之意不言自明。

在此反思的背景下，六朝人开始谈论礼学对于现实的作用。东晋成帝时负责教育事业的大臣袁环、冯怀在给皇帝的上疏中也说："先王之教，崇典训，明礼学，以示后生，道万物之性，畅为善之道也。"④

另一方面，南朝人在南北对峙的情况下出于树立和强调文化正宗地位的需要，也要提倡礼学。南朝诸代偏安江南，其政权的正宗地位无疑遭到动摇，南北汉人的人心向背和社会各阶层的凝聚力亟待整合。因此，从文化上凸显自己的正宗地位成为南朝政权迫切需要实现且关乎生死存亡的重要任务。而作为传统文化根本标志的"礼"，必然成为南朝诸

---

① 《宋书》卷十四《礼志一》。
② 《晋书》卷五十六《江统传》。
③ 王利器：《颜氏家训集解·勉学第八》，第 186—187 页。
④ 《宋书》卷十四《礼志一》。

代首选的领域。

而在南朝社会内部，佛、道在社会中的广泛传播也动摇了儒学在文化上的正宗地位。面对佛、道二教的强大挑战，儒学将自身具有最深厚文化底蕴的礼学作为应对的领域。正如有学者所言："儒学性命之学未弘，故士大夫正心修身之资，老释二家亦夺孔孟之席。唯独齐家之儒学，自两汉下迄近世，纲维吾国社会者越二千年，固未尝中断也。而魏晋南北朝则尤可视为家族为本位之儒学之光大时代。"

在儒学思想内部，六朝礼学是针对儒学天道的失落和性道关系的隔绝而作为回应方式逐渐繁荣起来的。《礼记·礼运》曰："故礼义也者，人之大端也，所以讲信修睦而固人肌肤之会、筋骨之束也，所以养生送死、事鬼神之大端也，所以达天道、顺人情之大宝也。"

礼义从根本上说是达天道、顺人情之径，从日常生活而言则是养生送死、事鬼神之仪。前者为本，故礼为体；后者为用，故礼为履。本依用而致，体凭履而成。

六朝礼学的主要内容有两个方面，即郊祀之礼和丧祭之礼。

对于郊祀之礼，晋武帝诏书明言："郊祀，礼典所重。……唯此为大。"[1]礼学家刘芳也说："国之大事，莫非郊祀。"[2]郊祀之重在于："故郊以明天道也。"[3]

对于丧祭之礼，南朝礼学家何承天曰："丧纪有制，礼之大经。"这种说法并非言过其实，《礼记·三年问》就说："三年之丧，人类之至文者也"，"凡生天地之间，有血气之属必有知，有知之属莫不知爱其类。……故有血气之属者，莫知于人，故人于其亲也，至死不穷。"

三年之丧是丧礼之至重者，六朝人极重三年丧："禹治水，为丧法，曰毁必杖、哀必三年。是则水不救也，故使死于陵者葬于陵，死于泽者葬于泽，桐棺三寸，制丧三日。然则圣人之于急病，必为权制也。但汉文治致

---

① 《宋书》卷十六《礼志三》。
② 《魏书》卷五十五《刘芳传》。
③ 〔唐〕杜佑：《通典》卷四十二。

升平,四海宁晏,废礼开薄,非也。"①

六朝礼学重视三年之丧并非无的放矢,我们可以从《论语》中找到答案。孔子深责宰我不仁的理由是他嫌三年之丧期太长,在孔子看来,是否严格履行三年丧期,或者说是否严格践履丧礼是衡量"仁"的标准。

在礼学的视域,为仁之本在于孝悌,而"孝弟(悌)薄而丧祭之礼废"(《礼记·乐记》)。孝悌是礼学思想的核心,其根据在于《易传》的生生原理。人世的亲亲之情是天地生生之道的体现。孔子讲亲亲,孟子讲孝悌,都是从宇宙到人类社会生生不已的现象出发的。②

丧礼的根据在于被孝悌体现出来的亲亲之情。这一点在《礼记》中也有说明。《礼记·檀弓》载子路之言曰:"吾闻诸夫子:'丧礼,与其哀不足而礼有余也,不若礼不足而哀有余也。祭礼,与其敬不足而礼有余,不若礼不足而敬有余也。'"

正是在这样的认识背景下才可以说:"礼义之经也,非从天降也,非从地出也,人情而已矣。"(《礼记·问丧》)人情甚至可以成为人道的来源:"丧有四制,变而从宜,取之四时也;有恩、有理、有节、有权,取之人情也。恩者仁也,理者义也,节者礼也,权者知也。仁义礼知,人道具矣。"(《礼记·丧服四制》)

礼的根据不仅源于天地,更有人的生命和性情的依据。这一倾向已经使礼学由向天道转向心性寻求存在的意义,所以,当我们看到六朝人对"情"的重视时也就不会感到奇怪了。

六朝人意识到情对礼学的重要性,故将二者紧密结合起来。东晋张凭云:"礼者,人情而已。"③干宝也说:"吉凶哀乐,动乎情者也。五礼之制,所以叙情而即事也。"④颜之推曰:"礼缘人情,恩由义断。"⑤

---

① 《宋书》卷十五《礼志二》。
② 参见陈来《宋明理学》,第 396 页,沈阳,辽宁教育出版社,1991。
③ 〔唐〕杜佑:《通典》卷一百三。
④ 《晋书》卷二十《礼志中》。
⑤ 王利器:《颜氏家训集解·风操第六》,第 105 页。

郭象言之最详:"夫知礼意者必游外以经内,守母以存子,称情而直往也。若乃矜乎名声,牵乎形制,则孝不任实,父子兄弟怀情相欺,岂礼之大意哉?"(《庄子·大宗师注》)

郭象的注释说得十分透彻,称情直往则孝实礼合。礼学只有从孝悌所蕴涵的亲亲之情中寻求道德情感,并转化为自身的内在精神和主体在道德践履中的内在动力,才能使礼学得到提升、转进。

六朝礼学缘情进礼的方法存在一些关键的问题:如何将亲亲之情转化为道德情感? 如何在仁与礼的张力中促成二者健康地转化? 如何真诚地实践礼学? 如果这些问题没有解决,则礼学势必成为一种外在的、虚伪的仪式。事实也证明了这一推论。

著名学者戴逵在比较了现实中的儒、道后认为:"儒学怀情伤真……其弊必至于末伪;道家则情礼俱亏……其弊必至于本薄。"[1]

梁元帝萧绎也说:"夫挹酌道德、宪章前言者,君子所以行也。是故言顾行,行顾言。原宪云:'无财谓之贫,学道不行谓之病。'末俗学徒,颇或异此。或假兹以为伎术,或狎之以为戏笑。若谓为伎术者,黎轩眩人,皆伎术也。若以为戏笑者,少府斗获,皆戏笑也。未闻强学自立、和乐慎礼若此者也。口谈忠孝,色方在于过鸿;形服儒衣,心不则于德义。"[2]

颜之推对于现实中目睹的礼之虚伪更是直言不讳:"近有大贵,以孝著声,前后居丧,哀毁逾制,亦足以高于人矣。而尝于苦块之中,以巴豆涂脸,遂使成疮,表哭泣之过。左右童竖,不能掩之,益使外人谓其居处饮食,皆为不信。"[3]

这些现象就像《礼记·仲尼燕居》所云:"薄于德,于礼虚。"无德之礼只是一种外在的、形式的东西,这种外在的、虚伪的礼必然成为窒息人的生命的桎梏。

---

[1]《晋书》卷九十四《戴逵传》。
[2]〔南朝梁〕萧绎:《金楼子·立言篇》,四库全书本。
[3] 王利器:《颜氏家训集解·名实第十》,第306页。

第五章 刘宋儒学探析：颜延之、宗炳思想

宋代学者叶适有一段十分深刻的议论："汉兴，而天下之人意其有在于《六经》，孔氏之所录者，于是《礼》《易》《诗》《书》分门为师，补续简编之断缺，寻绎章句之同异，因而为言者又数百家。当其时，大合诸侯于石渠、白虎之殿，九卿承制难问，天子称制临决，莫不自以为至矣，而道终不可明。故晋求之老庄，梁求之佛，其甚也使人主忘天下之富贵而听役于其言，忠智贤明之士因之以有得者，亦莫不自足于一世。"①

正如叶适所言，两汉儒学为维护大一统帝国提供了理论依据，但到东汉晚期时，动荡不安的社会状况和名存实亡的名教之治导致儒学的外部环境日趋恶化。更重要的是，以董仲舒的天人感应论、东汉的谶纬之学为代表的今文经学和以郑玄为代表的古文经学无法适应社会现实的剧烈变化，他们或者严守家法师法、以烦琐的章句之学阐述一孔之见；或者专于考据，以训诂之学解释经典文献。这样一种局面使儒学思想与现实相脱节，导致儒学没有办法发挥其本应发挥的安身立命、经世致用即内圣外王的作用。

---

① 《叶适集·水心别集》卷七。

另一方面,作为家族之德的孝义、对宗族乡党的友义、对上司的节义,这些德目都需要儒学赋予其伦理的基础才能成为支配现实的行为准则。[①] 但是现实的情况是儒学思想自身都失去了道的根据,又何谈其他呢?

第一节　颜延之、宗炳之生平

南朝著名史学家沈约在《宋书》中有一段"史臣曰",议论刘宋时期的儒学状况:"自黄初至于晋末,百余年中,儒教尽矣。高祖受命,议创国学,宫车早晏,道未及行。迄于元嘉,甫获克就,雅风盛烈,未及曩时,而济济焉,颇有前王之遗典。天子鸾旗警跸,清道而临学馆,储后冕旒黼黻,北面而礼先师,后生所不尝闻,黄发未之前睹,亦一代之盛也。"[②]

但是《梁书》却说:"以迄于宋、齐,国学时或开置,而劝课未博,建之不及十年,盖取文具,废之多历世祀,其弃也忽诸。乡里莫或开馆,公卿罕通经术。朝廷大儒,独学而弗肯养众;后生孤陋,拥经而无所讲习。三德六艺,其废久矣。"[③]

可以说,尽管当时的现实是"儒教尽矣",且统治者仍然试图振兴儒学,但结果并不如人意。

作为当时士大夫阶层颇具代表性的人物,颜延之、宗炳的思想及其变化倾向颇具典型意义,从中可以窥见刘宋时期儒学思想之一斑。

根据《宋书·颜延之传》的记载:"颜延之,字延年,琅邪临沂人也。曾祖含,右光禄大夫。祖约,零陵太守。父显,护军司马。延之少孤贫,

---

① 参见[日]谷川道雄《六朝时期的名望家支配》,刘俊文主编:《日本学者研究中国史论著选译》第 2 卷,第 155 页。
②《宋书》卷五十五。
③《梁书》卷四十八《儒林传序》。

居负郭，室巷甚陋。好读书，无所不览，文章之美，冠绝当时。""延之性既褊激，兼有酒过，肆意直言，曾无遏隐，故论者多不知云。居身清约，不营财利，布衣蔬食，独酌郊野，当其为适，傍若无人。"

颜延之负其才辞，不为人下，加上他好酒疏诞，不能斟酌当世，每犯权要，导致当时权臣傅亮"甚疾焉"，徐羡之等"意甚不悦"，刘湛"深恨焉"，从而远徙偏郡，时人议之为"所谓俗恶俊异，世疵文雅"。颜延之在《吊屈原文》中抒发自己的愤懑之情："兰薰而摧，玉缜则折。物忌坚芳，人讳明洁。"他还作《五君咏》以述"竹林七贤"，山涛、王戎以贵显被黜。咏嵇康曰："鸾翮有时铩，龙性谁能驯？"咏阮籍曰："物故不可论，途穷能无恸？"咏阮咸曰："屡荐不入官，一麾乃出守。"咏刘伶曰："韬精日沉饮，谁知非荒宴？"此四句，盖自序也。①

我们从颜延之的经历看，其仕途颇为坎坷，很长一段时间都陷入当时的政治漩涡中无法自拔。残酷的现实使之萌生退隐之意："臣延之人薄宠厚，宿尘国言，而雪效无从。荣牒增广，历尽身雕，日叨官次。虽容载有途，而妨秽滋积。早欲启请余算，屏蔽丑老。但时制行及，归慕无赊。"②

根据《宋书·宗炳传》的记载，宗炳自始至终是一个隐士，所以《宋书》才将其归入《隐逸传》。但他"居丧过礼，为乡闾所称"，"妙善琴书，精于言理"，自陈是"栖丘饮谷，三十余年"。曾经"入庐山，就释慧远考寻文义"，最终虔信佛学。

第二节　儒道释：达见同善、至无二极

对颜延之而言，对现实的失望是其思想转向的重要诱因。按照传统儒学的理论，一个德才兼备的君子在于实现安身立命、经世致用即内圣外王的人生价值。然而，颜延之通过自己一生的实践证明：理想与现实

---

①②《宋书》卷七十三《颜延之传》。

之间存在着巨大的差异。他将这种差异归咎于构筑此理想的儒学理论存在问题。因为按照传统儒学的理论,上述理想源自人性中禀赋于天命的自觉,而且天命承担着保证理想能够实现的义务。换言之,天命是现实社会中赏善罚恶之正义的最终保证。在传统儒家的观念中,赏善罚恶之正义又是以气数为天命的表现形式:"福应非他,气数所生,若灭福应,即无气数矣。"①

承认气数就必然承认好生恶死之人欲的合理性:"夫生必有欲,欲必有求,欲歉则争,求给则恬。争则相害,恬则相安。网罟之设,将蠲害以取安乎?……好生恶死,每下愈笃。故宥其死者顺其情,夺其生者逆其性。至人尚矣,何为犯顺而居逆哉?"②

但是按此逻辑,人生注定是一场悲剧。因为"罪罚之来,将物自取之"③。而人欲是天生就有的,则罪罚之来将是必然的。这也就是佛家所谓报应论的思路。

颜延之强调报应论在儒家思想中同样存在:"且信顺殃庆,咸列姬孔之籍"④。无论儒佛,对此都有相应的理论:"拯溺出隍,众哲所共,但化物不同,非道之异,不尽之让,亦如过当。"⑤

颜延之认为儒家思想在现实中已经出现了问题:"情仁义者寡,利仁义者众,闻之庄书,非直孤说……夫在情既少,利之者多,不能遗贤,曷云忘报? 实吾前后勤勤以为不得配拟二仪者耳。"⑥

颜延之举例云:"世有位去则情尽……又有务谢则心移……或见人休事,则勤薪结纳,及闻否论,则处彰离贰,附会以从风,隐窃以成衅,朝吐面誉,暮行背毁,昔同稽款,今犹叛戾,斯为甚矣。……又蒙蔽其善,毁之无度,心短彼能,私树己拙,自崇恒辈,罔顾高识,有人至此,实蠹大伦。每思防避,无通间伍。"⑦

---

①②③④⑤⑥〔南朝宋〕颜延之:《重释何衡阳》,〔南朝梁〕僧祐:《弘明集》卷四。
⑦〔南朝宋〕颜延之:《庭诰》,《宋书》卷七十三《颜延之传》。

这种情况与儒家理论是相背离的:“若谓圆首方足,必同耻恻隐之实,容貌匪殊,皆可参体二仪。蹻跖之徒,亦当在三才之数邪?若诚不得,则不可见横目之同,便与大人同列?悠悠之伦,品量难齐。既云仁者安仁,智者利仁。又云力行近仁,畏罪强仁。若一之正位,将真伪相冒。庄周云:‘天下之善人寡,不善人多。’其分若此,何谓皆是?”①

所以,赏善罚恶的正义在现实中似乎总是水中之月:“罚慎其滥,惠戒其偏。罚滥则无以为罚,惠偏则不如无惠。虽尔眇末,犹扁庸保之上,事思反己,动类念物,则其情得,而人心塞矣。”②现实中的罚惠之失让颜延之“事思反己,动类念物”,联想到天命的罚惠之失,“而人心塞矣”。

在颜延之看来,现实社会和儒家思想既然不相符合,则问题一定出在后者。这就决定了颜延之对当时儒家思想的基本态度。儒家思想在刘宋时期的代表人物是何承天。颜延之评论他“足下连国云从,宏论风行”③就是明证。何承天主张,周孔之道才是思想正宗,“佛经者,善九流之别家,杂以道墨,慈悲爱施,与中国不异。……至于好事者,遂以为超孔越老,唯此为贵,斯未能求立言之本,而眩惑于末说者也”④。颜延之说他:“足下论挟姬释,吾亦答兼戎周。足下以此抑彼,谓福及高门,吾伸彼抑此,云庆周兆之物。”⑤

我们从颜延之的议论中可以发现其思想的一个重要特征,即儒释并重。实际上,何、颜二人对于儒、佛的态度是具有典型意义的,也就是说,他们分别代表当时两种不同的思想倾向;而且他们的这种态度并非只是纯粹情感上的好恶,而是各自思想发展的必然结果。

颜延之认同传统儒学的思想,认为:“含生之氓,同祖一气”;“人者兆气二德,禀体五常。二德有奇偶,五常有胜杀,及其为人,宁无叶沴。亦

①③⑤〔南朝宋〕颜延之:《重释何衡阳》,〔南朝梁〕僧祐:《弘明集》卷四。
②〔南朝宋〕颜延之:《庭诰》,《宋书》卷七十三《颜延之传》。
④〔南朝宋〕何承天:《答宗居士书》,〔南朝梁〕僧祐:《弘明集》卷三。

犹生有好丑,死有夭寿,人皆知其悬天。"①

但是这样的思想却导致与其本意相悖的情况:"且大德曰生,有万之所同,同于所方万,岂得生之可异? 不异之生,宜其为众。但众品之中,愚慧群差,人则役物以为养,物则见役以养人。虽始或因顺,终至裁残,庶端萌超,情嗜不禁,生害繁惨,天理郁灭。"②

如果二德之奇偶、五常之胜杀是决定人之贤愚的原因,则这种原因明显是一种偶然因素。那么现实中人的善恶及其由此而来的祸福也就完全由偶然性来决定了,这和生之好丑、死之夭寿也就毫无区别了。如果真是这样的话,人的主体性价值又表现在哪里呢? 人追求内在德性的目的难道只是为了功名利禄吗? 这些疑问是当时的思想家们尤其是儒家学者需要思考的。

何承天对此问题的解决办法是:"人生虽均被大德。不可谓之众生,譬圣人虽同禀五常,不可谓之众人,奚取于不异之生,必宜为众哉。"③

颜延之则提出不同的看法:"人生虽均被大德,不可谓之众生,譬圣人虽同禀五常,不可谓之众人。夫不可谓之众人,以茂人者神明也。今已均被同众,复何讳众同,故当殊其特灵,不应异其得生。"④

这里,颜延之提出了一个重要的概念:圣人不同于众人处以其茂人之神明。而这个概念正是颜延之思想的关键,也是他解决儒家思想所面临现实问题的方向。

何承天认为:"夫特灵之神,既异于众,得生之理,何尝暂同。生本于理,而理异焉,同众之生,名将安附。"⑤

颜延之反驳说:"请问得生之理,故是阴阳邪? 吾不见其异,而足下谓未尝暂同。若有异理,非复煦蒸邪? 则阴阳之表,更有受生途趣,三世

---

① 〔南朝宋〕颜延之:《庭诰》,《宋书》卷七十三《颜延之传》。
② 〔南朝宋〕颜延之:《释达性论》,〔南朝梁〕僧祐:《弘明集》卷四。
③ 〔南朝宋〕何承天:《答颜光禄》,〔南朝梁〕僧祐:《弘明集》卷四。
④ 〔南朝宋〕颜延之:《重释何衡阳》,〔南朝梁〕僧祐:《弘明集》卷四。
⑤ 〔南朝宋〕何承天:《重答颜光禄》,〔南朝梁〕僧祐:《弘明集》卷四。

讵宜坚立，使混成之生，与物同气，岂混成之谓？若徒假生名，莫见生实，则非向言之匹，言生非生，即是有物不物。"①

我们从上述辩论中可以看到，以颜延之、何承天为代表的学者们正在围绕着一个重要问题进行探索，即人禀气而生，得生之理为何？如何认识之？这个问题的答案又是前面人的主体性价值即人追求内在德性之意义的答案。

正是在这个问题上何、颜二人发生分歧。何承天认为："凡讲求至理，曾不析以圣言，多采谲怪，以相扶翼，得无似以水济水邪？"②

按照何承天的理解，人虽禀气而生且得生之理，但人之贤愚即禀气中之理的多少则完全处于偶然。而颜延之恰恰对这种偶然性感到困惑。

在颜延之的思想观念中存在这样一种结构："一曰言道，二曰论心，三曰校理，言道者本之于天，论心者议之于人。校理者取之于物，从而别之，由途参陈，要而会之，终致可一。"③

颜延之分别分析了此三种方法的优劣及其特点："为道者盖流出于仙法，故以炼形为上；崇佛者本在于神教，故以治心为先。……物有不然，事无不弊，衡石日陈，犹患差忒，况神道不形，固众端之所假，未能体神，而不疑神无者。以为灵性密微，可以积理知，洪变欻恍，可以大顺待。照若镜天，肃若窥渊，能以理顺为人者，可与言有神矣。若乃罔其真而眚其弊，是未加心照耳。"④

可以发现，颜延之所谓三种方法的一个重要概念就是"神"，认识"神"是玄学对儒家思想的新发展："《易》首体备，能事之渊。马陆得其象数，而失其成理；荀王举其正宗，而略其数象。四家之见，虽各为所志。总而论之，情理出于微明，气数生于形分。然则荀王得之于心，马陆取之于物，其无恶迄可知矣。夫象数穷则太极著，人心极而神功彰。若荀王

---

① 〔南朝宋〕颜延之：《重释何衡阳》，〔南朝梁〕僧祐：《弘明集》卷四。
② 〔南朝宋〕何承天：《重答颜光禄》，〔南朝梁〕僧祐：《弘明集》卷四。
③④ 〔南朝宋〕颜延之：《庭诰》，〔南朝梁〕僧祐：《弘明集》卷十三。

之言易,可谓极人心之数者也。"①

能够最好"体神"的"穷明之说",而又"义兼三端"者则是佛学:"若夫玄神之经,穷明之说,义兼三端,至无二极。但语出梵方,故见猜世学,事起殊伦,故获非恒情。天之赋道,非差胡华;人之禀灵,岂限外内。"②

颜延之认为"神"是超乎经验事物的形上概念:"然神理存没,倘异于枯荄变谢,就同草木,便当烟尽,而复云三后升遐,精灵在天?"③

而认识"神"的中介则为"心识":"夫人之生,暂有心识……进退我生,游观所达,得贵为人,将在含理。含理之贵,惟神与交,幸有心灵,义无自恶,偶信天德,逝不上惭。"④

颜延之说:"含灵为人,毛群所不能同;禀气成生,洁士有不得异。象放其灵,非象其生。"⑤人与万物同者禀气之生,异者含灵之心。此二者虽同是天赋而得,却是天德(生)的不同层面。颜延之认为何承天的错误就是将二者混淆起来:"若徒假生名,莫见生实,则非向言之匹,言生非生,即是有物不物。"⑥

这种观念导致的结果就是将外在现象凌驾于内在本质之上:"浮华怪饰,灭质之具;奇服丽食,弃素之方。动人劝慕,倾人顾盼,可以远识夺,难用近欲从。若睹其淫怪,知生之无心,为见奇丽,能致诸非务,则不抑自贵,不禁自止。"⑦

欲之所贵者,"浮华怪饰""奇服丽食",此"生之无心"所致,即"生之名"的现象。明白这个道理,才能透过现象(生之名)看到本质(生之实)。

对于颜延之而言,所谓生之实,就是含灵之心即心识。它正是现实儒家思想所缺乏的成分,而且也正是佛家思想比较深刻的领域,即上面所说的"崇佛者本在于神教,故以治心为先"。

---

① 〔南朝宋〕颜延之:《庭诰》,《太平御览》卷六百八。
② 〔南朝宋〕颜延之:《庭诰》,〔南朝梁〕僧祐:《弘明集》卷十三。
③ 〔南朝宋〕颜延之:《释达性论》,〔南朝梁〕僧祐:《弘明集》卷四。
④⑦ 〔南朝宋〕颜延之:《庭诰》,《宋书》卷七十三《颜延之传》。
⑤⑥ 〔南朝宋〕颜延之:《重释何衡阳》,〔南朝梁〕僧祐:《弘明集》卷四。

颜延之认为，"人有贤否，则意有公私"①，"若恻隐所发，穷博爱之量；耻恶所加，尽佑直之正，则上仁上义，吾无间然。但情之者寡，利之者众，预有其分，而未臻其极者，不得以配拟二仪耳"②。当时以何承天为代表的儒家思想在颜延之看来存在理论和现实相脱节的问题，而其原因在于儒家思想的内在矛盾。

为解决这一内在矛盾，颜延之主张道、佛、儒三家同源："盖出乎道者无方，故刑于物者不一。伏惟道塞人神，信通期运，爱敬所禀，因心则远，英粹之照，正性自天。"③

十分明显，颜延之主张要认识至极大道，不应拘泥于固有的认识方法："权道隐深，非圣不尽。……何限九服之外，不有穷理之人？内外为判，诚亦难乎？"④

也正是在这一点上，他批评何承天："足下论挟姬释，吾亦答兼戎周。足下以此抑彼，谓福及高门，吾伸彼释此，云庆周兆之物。足下据此所见，谓祚止公侯。吾信彼所闻，云尊冠百神，本议是争，曷云不及？夫论难之本，以易夺为体，失之已外，辄云宏诞，求理之途，几乎塞矣。师遁言肆，或不在此。"⑤

如何将佛学和儒学结合起来，重构一个与现实相符的思想体系，是颜延之等人反思儒、佛的最终目的。所以，颜延之试图从经验层面入手，发现二者的相似之处，并由此思考在形上层面的契合点。

颜延之从现实中的施报之道入手："凡气数之内，无不感对，施报之道，必然之符。言其必符，何猜有望？故遗惠者无要，在功者有期，期存未善，去惠乃至。人有贤否，则意有公私，不可见物或期报，因谓树德皆要。且经世恒谈，贵施者勿忆，士子服义，犹惠而弗有。"⑥所谓"凡气数之内，无不感对"，无疑是传统儒学的天人感应论观念，其现实说服力可谓微乎其微。但儒学对现实社会的价值导向又必须凭借具有理论说服

①⑥〔南朝宋〕颜延之：《释达性论》，〔南朝梁〕僧祐：《弘明集》卷四。

②④⑤〔南朝宋〕颜延之：《重释何衡阳》，〔南朝梁〕僧祐：《弘明集》卷四。

③〔南朝宋〕颜延之：《武帝谥议》，《艺文类聚》卷十三。

力的思想来构筑制度体系。所以颜延之将更加巧妙的佛学的报应论引入，即"施报之道，必然之符"。但颜延之不是简单地以报应论代替感应论，而是探讨二者背后的根据有何区别。众所周知，天人感应论的根据是一个外在的人格天，即前述"天命是现实社会中赏善罚恶之正义的最终保证"，由这个人格天维护整个价值体系；这一理论的致命缺点在于，感应的实现必须发生在相当有限的时间段，而现实中满足这一条件的概率却不是很高。报应论则将其实现的可能推至一个较长的甚至无限长的时间段（彼岸），由此使报应论在逻辑上成为一个必然实现的理论，也是一个形而上的理论。

在此基础上，颜延之为改善儒家在现实中面临的"情仁义者寡，利仁义者众"的窘境，将形而上的报应论与儒学的核心概念仁义结合起来："若乐施忘报，即为体仁；忘报而施，便为合义。可去欲字，并除向名。在斯不远，谁不是慕？"①

无论是"体仁"抑或"合义"，关键就是"忘报"，也就是"去欲"。而"去欲"则是儒学经常探讨的问题："欲者，性之烦浊，气之蒿蒸，故其为害，则熏心智，耗真情，伤人和，犯天性。虽生必有之，而生之德，犹火含烟而烟妨火，桂怀蠹而蠹残桂，然则火胜则烟灭，蠹壮则桂折。故性明者欲简，嗜繁者气昏，去明即昏，难以生矣。"②

这里的"生之德"，即前述的"生之实"，也就是含灵之心即心识。这是一体两用的说法。"生之名"是禀气之生，是欲；"生之德"是含灵之心，是性。所以传统儒学所谓"性明者欲简"之"欲简"，就是"去欲"；若用佛学术语则是"忘报"。不管是"去欲"，抑或"忘报"，其目的都是为了避免"熏心智"，而达到"性明"即心识的澄明，这始终是颜延之希望达到的目标。因为这是贯穿颜延之整个思想体系、打通儒佛的重要概念。

保持心识澄明的主要方法是："治心之术，必辞亲偶，闭身性，师净

---

① 〔南朝宋〕颜延之：《重释何衡阳》，〔南朝梁〕僧祐：《弘明集》卷四。
② 〔南朝宋〕颜延之：《庭诰》，《宋书》卷七十三《颜延之传》。

觉,信缘命,所以反壹无生,克成圣业,智邈大明,志狭恒劫,此其所贵。"①

保持心识的澄明,在玄学思想中是有其特色的:"精理出于微明,气数生于形分。然则荀王得之于心,马陆取之于物,其无恶迄可知矣。夫象数穷则太极着,人心极而神功彰。若荀王之言易,可谓极人心之数者也。"②

虽然如此,颜延之认为"治心之术"的最大成就来自佛学,即"崇佛者本在于神教,故以治心为先"。但无论什么学问,不管是言道者、论心者,抑或校理者,最终结果都是"达见同善""至无二极"。③ 至于这个至极的同善为何,颜延之则始终语焉不详。我们依稀可以知道颜延之仍然认同儒学的天道观念,如他在《庭诰》中罗列了许多人生箴言后说:"此用天之善,御生之得也。"

另一方面,颜延之是著名高僧竺道生的弟子。④ 他受到竺道生佛性论思想的影响是毫无疑问的。尽管颜延之没有明确提到佛性的概念,但他对"神明""心识"的认识是逐渐趋近于佛性概念的。

第三节　刘宋朝的神灭之争

颜延之儒、佛兼备的思想除去为现实儒学寻找形上学根据的作用以外,还具有很强的现实意义。主要表现在两个方面:

第一,为日益抬头的君主专制提供理论支持。

颜延之反对何承天的禀气成性而有等级的理论:"足下云:同体二仪,共成三才者,是必合德之称,非遭人之目。"⑤

"含生之氓,同祖一气,等级相倾,遂成差品。"⑥

我们知道,这种禀气成性的概念为门阀制度提供了合法性的理论基

---

①③〔南朝宋〕颜延之:《庭诰》,〔南朝梁〕僧祐:《弘明集》卷十三。

②〔南朝宋〕颜延之:《庭诰》,《太平御览》卷六百八。

④参见〔南朝梁〕释慧皎《高僧传》卷七《竺道生传》。

⑤〔南朝宋〕颜延之:《释达性论》,〔南朝梁〕僧祐:《弘明集》卷四。

⑥〔南朝宋〕颜延之:《庭诰》,《宋书》卷七十三《颜延之传》。

础。但在南朝的刘宋时期,门阀制度已趋式微,以君主独裁为特征的专制制度逐渐抬头。这种专制制度在理论上却表现为除君主以外的众生平等的特色。颜延之敏锐地在其思想中反映了这一变化。

颜延之认为,同祖一气而成差品的等级制度只会导致人物相残、天理郁灭的后果:"但众品之中,愚慧群差,人则役物以为养,物则见役以养人。虽始或因顺,终至裁残,庶端萌超,情嗜不禁,生害繁惨,天理郁灭。"①

能够改变这一现状的只有贤明君主:"皇圣哀其若此,而不能顿夺所滞,故设候物之教,谨顺时之经,将以开仁育识,反渐息泰耳。与道为心者,或不剂此而止。又知大制生死,同之荣落,类诸区有,诚亦宜然。"②

颜延之在另一处说得更加明白:"三才之论,故当本诸三画,三画既陈,中称君德,所以神致太上,崇一元首。"③

颜延之的煞费苦心无疑得到了君主的认可。宋文帝在与侍中何尚之的谈话中认为颜延之的观点有很大作用:"颜延年之折达性,宗少文之难白黑论,明佛法汪汪尤为名理,并足开奖人意。若使率土之滨皆纯此化,则吾坐致太平,夫复何事。"④

第二,为日益失去现实说服力的儒学提供新理论因素。

如前所述,由于儒学内在的理论缺陷导致其在理论和现实都发生危机。人性中本有之天识、性灵被人欲所遮蔽:"遂使业习移其天识,世服没其性灵。至夫愿欲情嗜,宜无间殊,或役人而养给,然是非大意,不可侮也。"⑤

颜延之在这里有一个重要转折,即"然是非大意,不可侮也"。实际上,这是他在对晚辈的教诲中作为佛学受惠者的经验之谈。换言之,儒学导致天识、性灵被人欲所遮蔽,但天识、性灵并没有消失,我们可以凭

---

① ② 〔南朝宋〕颜延之:《释达性论》,〔南朝梁〕僧祐:《弘明集》卷四。
③ 〔南朝宋〕颜延之:《重释何衡阳》,〔南朝梁〕僧祐:《弘明集》卷四。
④ 〔南朝宋〕何尚之:《答宋文皇帝赞扬佛教事》,〔南朝梁〕僧祐:《弘明集》卷十一。
⑤ 〔南朝宋〕颜延之:《庭诰》,《宋书》卷七十三《颜延之传》。

借佛学智慧重现被遮蔽的天识、性灵。

这种思想在当时是颇具代表性的。宋文帝在与侍中何尚之谈话时也透露了这一点："吾少不读经，比复无暇，三世因果未辨致怀而复不敢立异者，正以前达及卿辈时秀率皆敬信故也。范泰、谢灵运每云六经典文，本在济俗为治耳，必求性灵真奥岂得不以佛经为指南邪！"①

正是由于上述原因，一个贯穿六朝始终的争论即"神灭之争"在这个时代成为关注的焦点。"是时有沙门慧琳，假服僧次而毁其法，著《白黑论》。衡阳太守何承天与琳比狎，雅相击扬，著《达性论》，并拘滞一方，诋呵释教。永嘉太守颜延之、太子中舍人宗炳，信法者也，检驳二论各万余言。琳等始亦往还，未抵绩乃止。炳因著《明佛论》，以广其宗。"②

在刘宋时期关于"神灭论"的争论中，以何承天、慧琳为代表的"神灭论"派和以颜延之、宗炳为代表的"神不灭论"派进行了较为深刻的理论论争。我们从中可以发现儒、佛两家在当时达到的理论高度。

何承天从传统儒学禀气而生、气散而死的角度看待形神关系："至于生必有死，形毙神散，犹春荣秋落，四时代换，奚有于更受形哉！"③

他也用薪火之喻解释形神关系："形神相资，古人譬以薪火，薪弊火微。薪尽火灭，虽有其妙，岂能独传？"④

何承天甚至以一种经验论来解释人性的不同："中国之人禀气清和，含仁抱义，故周孔明性习之教。外国之徒，受性刚强，贪欲忿戾，故释氏严五戒之科。"⑤

可以说，何承天的"神灭论"是典型的形下层面的经验论儒学。由此也从一个侧面反映出刘宋时期儒学思想缺乏形上学根据的窘境。

宗炳对何承天的"神灭论"儒学思想有一段形象的说法："唯守救粗之阙文，以《书》《礼》为限断，闻穷神积劫之远化，炫目前而永忽，不亦悲夫。呜呼，有似行乎层云之下，而不信日月者也。"具体而言就是："体天

---

① ②〔南朝宋〕何尚之：《答宋文皇帝赞扬佛教事》，〔南朝梁〕僧祐：《弘明集》卷十一。

③〔南朝宋〕何承天：《达性论》，〔南朝梁〕僧祐：《弘明集》卷四。

④ ⑤〔南朝宋〕何承天：《答宗居士书》《释均善难》），〔南朝梁〕僧祐：《弘明集》卷三。

道以高览,盖昨日之事耳。《书》称知远,不出唐虞,《春秋》属辞,尽于王业,《礼》《乐》之良敬,《诗》《易》之温洁,今于无穷之中,焕三千日月以列照,丽万二千天下以贞观,乃知周、孔所述,盖于蛮触之域,应求治之粗感,且宁乏于一生之内耳,逸乎生表者,存而未论也。若不然也,何其笃于为始形,而略于为神哉?"①

在宗炳看来,何承天的儒学思想是"笃于为始形"的宇宙论而非"笃于……为神哉"的形上学。所以,"神"在何承天的儒学思想中并非一个必不可少的概念,因而可以合乎逻辑地推出"神灭论"的思想。

但在宗炳的思想中,"神"是一个形上学的概念:"今称一阴一阳之谓道,阴阳不测之谓神者,盖谓至无为道,阴阳两浑,故曰一阴一阳也。自道而降,便入精神,常有于阴阳之表,非二仪所究,故曰阴阳不测耳。……神非形作,合而不灭,人亦然矣。神也者,妙万物而为言矣。若资形以造,随形以灭,则以形为本,何妙以言乎?"②

一阴一阳之道是至无之本体,阴阳不测之神是本体之妙化,所以是"自道而降,便入精神";形下之常有(现象)是阴阳变化的外在表现,而非阴阳不测之神。所以神是"妙万物而为言",形神虽合而神不灭。

颜延之、宗炳等儒佛兼综派主张神不灭论的原因有二:

其一是以"神"为因果轮回理论的载体。

宗炳认为:"夫生之起也,皆由情兆。今男女构精,万物化生者,皆精由情构矣。情构于己,而则百众神,受身大似,知情为生本矣。……况今以情贯神,一身死坏,安得不复受一身,生死无量乎?"③

因果轮回理论的成立必须以"神"为载体,而因果轮回理论的成立又是现实中赏善罚恶信念的条件:"今以不灭之神,含知尧之识,幽显于万世之中,苦以创恶,乐以诱善,加有日月之宗,垂光助照,何缘不虚已钻仰,一变至道乎?"④

---

① ② ③ ④ 〔南朝宋〕宗炳:《明佛论》,〔南朝梁〕僧祐:《弘明集》卷二。

正是由于对神不灭论的坚持,颜延之才会理直气壮地说:"长美遏恶,反民大顺,济有生之类,入无死之地,令庆周兆物,尊冠百神,安宜祚极子胤,福限卿相而已?"①

其二是以"神"为成佛成圣理论的前提。

宗炳以舜的事例说明神不灭、愚圣不同、积习可圣等观念:"今虽舜生于瞽,舜之神也,必非瞽之所生,则商均之神,又非舜之所育。生育之前,素有粗妙矣,既本立于未生之先,则知不灭于既死之后矣。又,不灭则不同,愚圣则异,知愚圣生死不革不灭之分矣。……神之不灭,及缘会之理,积习而圣,三者鉴于此矣。"②

虽然圣明的舜生于愚顽的瞽叟,但舜之神必非瞽所生。所以神既然立于未生之先,则其必不灭于既死之后。神之不灭才是积习而圣的前提,而且是过去、现在、将来三世皆可成立的:"今以不灭之神,含知尧之识……自恐往劫之桀纣,皆可徐成将来之汤、武。况今风情之伦少,而泛心于清流者乎。由此观之,人可作佛,其亦明矣。"③

在宗炳的思想中,所谓神为成佛成圣的前提是从认识论层面来说的:"识能澄不灭之本,禀日损之学,损之又损,必至无为,无欲欲情,唯神独照,则无当于生矣。无生则无身,无身而有神,法身之谓也。"④

作为人之能动性的"识"能够在内心呈现"不灭之本",也就是"唯神独照",则人无为,则无欲,则无生,则无身。至此都在论述"神"的认识论意义,直到"无身而有神"时,则转而论述"神"的本体论意义,也就是宗炳所说的"法身"概念,这是用佛学术语论述成佛成圣问题。由此可以说,宗炳虽未明说,但他所谓"不灭之本"应该就是佛性了。

综上所述,以颜延之、宗炳为代表的儒佛兼综思想在继承传统儒学的合理成分的同时,又汲取外来佛学的深刻思想,试图将二者结合起来,

---

① 〔南朝宋〕颜延之:《重释何衡阳》,〔南朝梁〕僧祐:《弘明集》卷四。
②③④ 〔南朝宋〕宗炳:《明佛论》,〔南朝梁〕僧祐:《弘明集》卷二。

以一种崭新的思想体系应对日益变化的现实社会,从而实现内圣外王的士大夫理想人格。他们的努力虽然取得了一定的成就,但仍然处于初级阶段,有很多问题没有澄清。从历史发展的进程看,颜延之、宗炳代表的思想倾向无疑是正确的。

第六章　南朝传统儒学之代表：范缜

南北朝时期,正是佛教在中国广泛传播的重要阶段,其影响力也越来越大。萧梁朝的梁武帝更是大力提倡佛教,几乎把佛教变为国教。当时的大多数知识分子在思想上都采取兼容并包的态度。如梁人王褒在《幼训》中说:"吾始乎幼学,及于知命,既崇周孔之教,兼循老释之谈。"[1]同时代的颜之推也认为:"万行归空,千门入善。辩才智惠,岂徒七经、百氏之博哉?明非尧、舜、周、孔所及也。内外两教,本为一体。渐积为异,深浅不同。"[2]他们不仅相信儒家思想是真理,同时认为道家思想、佛教思想也是真理,儒释道三家是殊途同归的。

随着佛教影响力的逐渐增强,普罗大众对佛教的信仰也与日俱增。根据记载,萧梁朝的佛寺是南北朝时期最多的,有 2846 所,仅在都城建康就有 500 余所。正如唐代诗人杜牧在《江南春》中所描绘的那样:"千里莺啼绿映红,水村山郭酒旗风。南朝四百八十寺,多少楼台烟雨中。"

---

[1]《梁书》卷四十一《王规传》。
[2] 王利器:《颜氏家训集解·归心第十六》,第 368 页。

与此同时,传统儒学对佛教势力的增强是有所抵触的。这种抵触表现为时常出现的儒佛双方在理论上的争论。

齐梁时期的著名僧人僧祐在其编撰的《弘明集》中收集了汉魏以来到梁代儒佛争论的主要史料,大体上反映了当时双方争论的实际情况。僧祐概括时人针对佛教的六个方面的疑问:"一疑经说迂诞,大而无征。二疑人死神灭,无有三世。三疑莫见真佛,无益国治。四疑古无法教,近出汉世。五疑教在戎方,化非华俗。六疑汉魏法微,晋代始盛。"(《弘明集·后序》)

这六个方面的疑问,是佛教思想试图融入中国传统文化时遭到后者质疑的结果。这些疑问大致分为两个层面:一是政治伦理层面的分歧,即佛教思想对国家和社会教化的利弊,表现为《夷夏论》之争和《三破论》之争。二是哲学层面的分歧,即报应问题、形神问题以及二者的关系,表现为《达性论》之争和《神灭论》之争。其中尤以齐梁之际的范缜与佛教信徒对于形神关系的争论最具理论意义。它不仅反映了儒家思想对佛教的批判,更重要的是凸显了儒家思想自身所陷入的理论困境及其在现实中无法发挥价值导向作用的焦虑。

第一节　仕途坎坷的一代大儒

范缜,字子真,南乡舞阴(今河南泌阳县西北)人,一说顺阳(今河南淅川县南)人。他约生于宋文帝元嘉二十七年(450),约卒于梁武帝天监十四年(515),是南朝齐、梁时期著名的儒家学者。根据当代学者的考证,范缜的祖籍虽在今天的河南境内,但在西晋末年中原大乱、北方士族纷纷渡江避乱的背景下,其先祖范坚在西晋永嘉中就避乱江东,六世祖范汪"六岁过江,后屏居吴郡",范汪之子范宁也"家于丹阳"。所以,范氏一族在东晋南朝时期一直是侨居江南一带的北方士族。[①]

[①] 参见顿嵩元《范缜生平事迹考辨》,《黄河科技大学学报》2000 年第 4 期。

范缜"少孤贫,事母孝谨"①。18 岁时拜著名学者刘瓛为师学习儒家学说。刘瓛,字子圭,沛国相人。生于刘宋元嘉十一年(434),卒于萧齐永明七年(489)。《南齐书》本传称其"儒学冠于当时,京师士子贵游莫不下席受业。性谦率通美,不以高名自居"②。可见刘瓛被认为是当时最著名的儒学大家。史书对刘瓛的这种评价不是没有根据的。较刘瓛稍晚的梁人刘孝标在《辨命论》中说:"近代(世)有沛国刘瓛……则关西孔子,通涉六经,循循善诱,服膺儒行。"③将刘瓛视为当代的孔子,对他的赞誉可以说无以复加了。

另一方面,当时的最高统治者对刘瓛的学识同样极为重视。根据《南齐书·刘瓛传》的记载,南齐高帝萧道成一即位就在华林园向刘瓛询问:"吾应天革命,物议以为何如?"这时的刘瓛只是一个没有任何官职的儒学家。这表明在萧道成眼中,刘瓛无疑是当时儒学的代表人物。他的意见将影响士大夫阶层对萧齐王朝取代刘宋王朝的态度。萧梁王朝建立后,梁武帝在"天监元年,下诏为(刘)瓛立碑,谥曰贞简先生"。皇帝下诏为一个儒学家立碑加谥,这种非同一般的褒奖,进一步表明刘瓛在当时的儒学界所具有的地位和影响力。

尽管刘瓛的学术地位和政治影响力受到公认,但他自称"平生无荣进意"④,故一生基本上以讲学授徒、弘扬儒学为主。根据史料的记载,刘瓛的学术思想大体上继承了东汉马融、郑玄的儒学体系。萧子显认为,刘瓛的儒学"承马、郑之后,一时学徒以为师范"⑤。李延寿也说,刘瓛"儒业冠于当时,都下士子贵游,莫不下席受业,当世推其大儒,以比古之曹、郑"⑥。可以说,刘瓛是南朝齐梁之际郑玄儒学的代表人物。

范缜在刘瓛门下求学多年。刘瓛对范缜甚为赏识,在范缜 20 岁时亲自为之主持标志成年的冠礼。范缜在刘瓛门下发愤攻读,孜孜不倦,

①《梁书》卷四十八《范缜传》。
②④⑤《南齐书》卷三十九《刘瓛传》。
③〔南朝梁〕刘峻:《辩命论》,《梁书》卷五十《刘峻传》。
⑥《南史》卷五十《刘瓛传》。

终于学业有成，"博通经术，尤精三礼"①。可以认为，作为刘瓛得意门生的范缜，其儒学思想与郑玄儒学是一脉相承的。

范缜是一个相当有个性的人，其"性质直，好危言高论"②，所以不为周围的人喜欢。最能反映这一说法的是范缜在元徽三年（475）直接上书当时执掌刘宋朝实际权力的王景文，《艺文类聚》卷二十三记载了上书的部分内容，文曰："君侯匡辅圣朝，中夏无虞，既尽美矣，又尽善矣。唐尧非不隆也，门有谤木；虞舜非不盛也，庭悬谏鼓；周公之才也，乐闻讥谏。故明君贤宰，不惮谔谔之言；布衣穷贱之人，咸得献其狂瞽。先王所以有而勿亡，得而勿失，功传不朽，名至今者，用此道也。"

范缜在这篇上书中提出，古代的圣贤尽管将天下治理成太平盛世，仍然表现得虚怀若谷，即使是普通百姓的意见也是从谏如流。所以，"明君贤宰"（王景文）应该效仿圣贤的做法，虚心听取"布衣穷贱之人"（范缜）的谏言。

从这篇上书可以知道，范缜确实是"好危言高论"。首先，他将刘宋朝誉为"圣朝"，明显是溢美之词。众所周知，南朝刘宋王朝继承的是东晋所辖中国南方的土地和人口，只是相当于统一时期的半壁江山，且经常面临北魏王朝的威胁。以之为"圣朝"，不知从何说起？其次，范缜将王景文誉为尧舜周公，只能认为是进谏前的客套。根据《宋书》本传的记载，王景文属于当时最显赫的高门望族琅琊王氏，是刘宋政权刻意拉拢的世家大族的代表人物。但他少年荣贵，不知进退之机，最终卷入皇权斗争的漩涡而不得善终。以之与尧舜周公相比拟，甚为可笑。再次，纳谏的议论历朝历代俯拾皆是，前段的奉承若为王景文愉快地听取谏言作铺垫倒是情有可原，可惜范缜的谏言只是强调当权者应该虚心纳谏而已。这样的"危言高论"最终石沉大海、杳无音信也就毫不奇怪了。

范缜在萧齐朝的仕途经历是：起家齐宁蛮主簿，累迁尚书殿中郎，领

---

①②《梁书》卷四十八《范缜传》。

军将军长史，出为宜都（郡治在今湖北宜都）太守，母忧去职，归居于南州。除宜都太守一职为州郡地方长官外，其余均为掌管文书、公函等的闲散职务。范缜任宜都太守时，发现所辖夷陵地方的百姓淫祀成风、神庙林立。范缜"性不信神鬼"①，认为这不仅浪费了大量资财，破坏了当地的农业生产，而且有损于儒家教化和社会风俗。范缜一面向百姓宣传淫祀的危害，一面拆除境内所有的神庙，同时下令：今后在宜都境内，一律禁绝淫祀。由此可以推测，范缜在宜都太守任内是以儒家思想为施政原则的。

范缜在《神灭论》中曾经谈到自己对鬼神的认识时说："有人焉，有鬼焉，幽明之别也。人灭而为鬼，鬼灭而为人，则未之知也。"②在范缜看来，人和鬼是两个不同世界的存在，至于人和鬼之间是否相互转化则是不知道的。范缜的上述观点尽管符合人的常识经验，却与儒家经典的立场相冲突。当有人以此询问："敢问《经》云'为之宗庙，以鬼享之'，何谓也？"范缜回答说："圣人之教然也，所以弭孝子之心，而厉偷薄之意，神而明之，此之谓矣。"③十分明显，范缜认为儒家经典中肯定鬼神的存在完全是圣人为神道设教，其价值不在于真假，"教之所设，实在黔首。黔首之情，常贵生而贱死，死而有灵，则长畏敬之心，死而无知，则生慢易之意。……宗庙郊社，皆圣人之教迹，彝伦之道，不可得而废耳"（《答曹思文难神灭论》）。

范缜在萧梁朝的仕途较之萧齐朝则顺利得多，主要原因在于他与萧梁朝的缔造者梁武帝萧衍有"西邸之旧"。所谓"西邸之旧"是指，南齐朝时期的竟陵王萧子良在自己位于鸡笼山的宅邸，召集学士抄《五经》、百家，招致名僧讲论佛法，成为当时的学术研究中心。名士文人云集，最负盛名的有范云、萧琛、任昉、王融、萧衍、谢朓、沈约、陆倕等，号为"西邸八友"。而范缜也经常参与在西邸的学术活动。梁武帝萧衍与范缜有"西

①《南史》卷五十七《范缜传》。
②③《梁书》卷四十八《范缜传》。

邸之旧"即指此。

范缜在萧梁朝曾经担任晋安(今福建福州)太守,四年后为尚书左丞,职掌对百官的监察,以及中央机构文书章奏的管理,这是范缜在仕途上达到的最高职位。可惜不到一年就因故徙广州。最终回京任中书郎、国子博士的闲职而卒于官。

根据《梁书》本传的记载,范缜是在梁武帝建立萧梁朝以后被任命为晋安太守的。他在晋安郡的四年中"在郡清约,资公禄而已",基本上采取无为而治的政策,依靠俸禄维持自己一家人的生活。这时的范缜与在宜都太守时锐意进取、追求政绩时的范缜判若两人,着实令人困惑。究其原因,"缜自迎王师,志在权轴,既而所怀未满,亦常怏怏"。原来,当萧衍率领军队夺取萧齐朝政权时,范缜主动投靠了萧衍。范缜的意图是希望凭借自己的主动效忠,加之与萧衍有"西邸之旧"的关系,为自己在新王朝的权力中枢获得一个重要的职位。不料萧衍称帝后,只是让范缜担任了一个不重要的晋安太守之职。这与范缜原来的希望大相径庭。满腔的希望化为泡影,范缜"亦常怏怏"也就毫不奇怪了。

范缜在晋安郡抑郁地生活了四年后,被梁武帝召回建康担任尚书左丞的职务。但是此时的范缜似乎仍未消除不满情绪。当他返回建康时,除已经赋闲在家的前尚书令王亮外,没有给任何人送礼。王亮与范缜一样,都是没有得到梁武帝萧衍重用的士人。两人相识已久,在萧齐朝时"同台为郎",也是齐竟陵王萧子良"西邸"的旧友。现在两人同病相怜,交往频繁也是情理中事。而且范缜竟然在一次宴会上公开指责梁武帝没有重用王亮是不可理解的,言下之意梁武帝没有重用范缜也是不对的,不满之情溢于言表。于是,范缜担任尚书左丞不到一年就因替王亮说情而远徙广州。

我们从其一生的经历来看,范缜在现实的政治生活中始终是一个郁郁不得志者,即使在有故旧之谊的梁武帝当政时期也不例外。所以,作为一个历史人物,范缜的成就主要表现在儒家思想领域。

第二节　灵与肉的对立

如前所述,南北朝时期佛教势力的影响越来越大。佛教势力的发展无疑会影响宗法社会结构和政治局势的稳定,导致政权的土崩瓦解;与此同时,无疑也会削弱儒家和道家思想的影响力。

作为一个正统的儒家思想家,范缜对这样的后果是不能接受的。正如范缜自己所言:"浮屠害政,桑门蠹俗,风惊雾起,驰荡不休。吾哀其弊,思拯其溺。"①范缜的担心不无道理。同时代的郭祖深在呈给梁武帝的奏章中说:"人为国本,食为人命。……(梁武帝)比来慕法,普天信向,家家斋戒,人人忏礼,不务农桑,空谈彼岸。……都下佛寺五百余所,穷极宏丽。僧尼十余万,资产丰沃。所在郡县,不可胜言。道人又有白徒,尼则皆畜养女,皆不贯人籍,天下户口几亡其半。"②如果在一个"人为国本"的社会里,人口的一半不归统治者管理,由此产生的支撑一个政权的赋税、兵役和劳役等都不复存在。这种现象对于一个政权意味着什么也就不言而喻了。范缜说:"致使兵挫于行间,吏空于官府,粟罄于惰游,货殚于泥木(佛像与寺庙)。"③郭祖深也担忧地说,如果任由佛教肆意发展,"恐方来处处成寺,家家剃落,尺土一人,非复国有"④。

南齐时期的一位道士托名张融而作的《三破论》(释僧顺在《弘明集·析(释)三破论》中认为《三破论》是某位道士假张融之名而作)。尽管是一篇佛道之间的辩争文章,但其观点和立场与范缜、郭祖深等人十分相近,在当时的思想领域仍然具有相当的代表性。《三破论》的主旨即佛教有三大危害:入国而破国,入家而破家,入身而破身。因此佛教"何可得从"。

---

① ③ 《梁书》卷四十八《范缜传》。
② ④ 《南史》卷七十《郭祖深传》。

首先,所谓"入国而破国者。诳言说伪,兴造无费,苦克百姓,使国空民穷,不助国,生人减损,况人不蚕而衣,不田而食,国灭人绝,由此为失。日用损废,无纤毫之益,五灾之害,不复过此"①。《三破论》认为佛教利用花言巧语欺骗百姓,使之沉湎彼岸的幸福而不事生产,人人不蚕而衣、不田而食,必然是"国灭人绝",这是比天灾更可怕的人祸。

其次,所谓"入家而破家。使父子殊事,兄弟异法,遗弃二亲,孝道顿绝,忧娱各异,歌哭不同,骨血生仇,服属永弃,悖化犯顺,无昊天之报,五逆不孝,不复过此"②。《三破论》认为佛教的传播导致传统家庭结构的崩溃、纲常伦理的颠覆,最终导致家国一体的整个社会的毁灭,这是天下最大也是不可饶恕的"不孝"之罪。

再次,所谓"入身而破身。人生之体,一有毁伤之疾,二有髡头之苦,三有不孝之逆,四有绝种之罪,五有亡体从诫。惟学不孝,何故言哉?诚令不跪父母,便竞从之。儿先作沙弥,其母后作阿尼,则跪其儿。不礼之教,中国绝之,何可得从"③。《三破论》认为佛教的传播将逐渐形成一种"不礼之教",无疑会破坏人际的尊卑等级和伦常结构,从而导致人生的诸种违反人伦之罪恶。

既然佛教具有如此的危害性,为什么佛教在当时会大受欢迎呢?用范缜的话说:"竭财以赴僧,破产以趋佛,而不恤亲戚,不怜穷匮者何?良由厚我之情深,济物之意浅。"④在范缜看来,人都是以"厚我"为主、以"济物"为辅的自私者,如果将财富用于帮助亲戚和穷人,还不如"竭财""破产"捐给佛教以帮助自己早日去往彼岸的极乐世界。所以,在现实中就表现为"务施阙于周急,归德必于在己"⑤。即财富的捐献并不表现为对社会急难的救济,善良的德行必须有所回报才肯履行。也就是说,善行的实施是以对自己有所裨益为条件的。

---

① ② ③ 〔南朝梁〕刘勰:《灭惑论》,〔南朝梁〕僧祐:《弘明集》卷八。
④ ⑤ 《梁书》卷四十八《范缜传》。

在这里,作为儒家信徒的范缜将人视为"厚我"的自私者、"归德在己"的虚伪者。这与儒家的基本理念是相冲突的。笔者认为,范缜的上述主张只是看到了现实中的现象。我们必须进一步追问:人们为什么表现为"厚我"和"归德在己"? 如果一个社会表现出赤裸裸的"厚我""归德在己"的价值取向,那么这个社会离分崩离析也就不远了。所以,现实中的人们表现出"厚我"和"归德在己"的价值取向,应该是作为社会意识形态的儒学出了问题,导致维系社会的儒家价值取向受到人们的怀疑。史书中反映这种怀疑的材料很多。这种怀疑主要表现在:现实生活中若按照儒家的价值观生活,则可能导致人生的苦难而非幸福。但是儒家主流思想的一个基本理念就是"积善之家,必有余庆。积不善之家,必有余殃"(《周易·坤·文言》)。《续汉书》曾经记载了一段与此相关的材料:"太尉杨彪与袁术婚姻,术僭号,太祖与彪有隙,因是执彪,将杀焉。融闻之,不及朝服,往见太祖曰:'杨公累世清德,四叶重光……易称"积善余庆",但欺人耳。'"[1]当孔融听说当朝最显赫的名士杨彪要被曹操杀害时,他劝阻曹操的重要理由之一就是"积善余庆"。换言之,"积善余庆"的观念是人们普遍认同的基本价值观。

然而,众所周知的是,让世俗社会的人们心悦诚服地接受"积善余庆"的观念是相当困难的。

东晋末年的名士戴逵曾经对有关"积善余庆"的问题发表过很多议论,而且戴逵与范缜都信奉儒家思想,彼此的观点颇有相似之处。根据《晋书》的记载,戴逵"少博学,好谈论,善属文,能鼓琴,工书画,其余巧艺靡不毕综",但他"性不乐当世,常以琴书自娱",似乎是一个出世的隐士。另一方面,戴逵又"常以礼度自处,深以放达为非道"。更重要的是,其授业老师是儒者范宣,戴逵"师事术士范宣于豫章"[2]。范宣被收在《晋书·

---

[1]《三国志·魏书》卷十二《崔琰传》裴松之注引《续汉书》。
[2]《晋书》卷九十四《戴逵传》。

儒林传》中,他"博综众书,尤善《三礼》。……著《礼》《易论难》皆行于世","宣言谈未尝及《老》《庄》"。在当时崇尚礼玄双修的氛围中,范宣似乎属于纯粹的儒者。当另一位著名的儒者范宁为豫章太守时,两人都在当地推广儒学,"由是江州人士并好经学,化二范之风也"①。可以说,范宣是一位精通礼学的儒者。唐人杜佑在《通典》中保存了一篇戴逵答复范宁请教东汉大儒马融、郑玄有关礼制的问题,②表明戴逵在儒学尤其是礼学方面的造诣得到公认。而这样的知识背景与范缜如出一辙。有范宣这样的儒者为师,戴逵与范缜之间就颇有相契合的地方了。可以说,戴逵自始至终是一个出世的儒者,所以,他关于"积善余庆"的议论无疑凸显了儒家在此问题上具有代表性的看法。

戴逵曾在给当时著名的佛教领袖慧远法师的信中谈到自己对"积善余庆"观念的认识。他说自己"常览经典,皆以祸福之来,由于积行。是以自少束脩,至于白首,行不负于所知,言不伤于物类,而一生艰楚,荼毒备经,顾景块然,不尽唯己"③。戴逵以自己的亲身经历与感受揭示了这样一个事实,即让人在现实社会中接受"积善余庆"的观念是非常困难的。如果只是脱离现实的"常览经典",则"积善余庆"的观念比较容易被认同。但是联系现实生活,发现自己自少至老"行不负于所知,言不伤于物类",可是得到的结果却是"一生艰楚,荼毒备经",生活的艰难和困惑导致戴逵开始怀疑"积善余庆"的观念。

在现实生活中,不仅是戴逵个人的经历不符合"积善余庆"的观念,更有古往今来的事例说明此点,所谓"或恶深而莫诛,或积善而祸臻,或履仁义而亡身,或行肆虐而降福"④。以及这样让人困惑的现象:"蔡灵以善薄受祸,商臣宜以极逆罹殃,宋桓以愆微易唱,郤文应用行善延

---

① 《晋书》卷九十一《范宣传》。
② 〔晋〕戴逵:《答范宁问马郑二义书》,〔唐〕杜佑:《通典》卷九十一。
③ 〔晋〕戴逵:《与远法师书》,〔唐〕释道宣:《广弘明集》卷十八。
④ 〔晋〕戴逵:《答周居士难释疑论》,〔唐〕释道宣:《广弘明集》卷十八。

年,而罪同罚异,福等报殊。"①发生在历史和现实中的上述现象的确让人无法理解。如果说"恶深莫诛""积善祸臻"的事例已经让人不知如何解释,那么"罪同罚异""福等报殊"的事例更加使人对"积善余庆"的观念产生怀疑。戴逵又考证了发生在尧、舜、颜回等圣贤以及商臣、盗跖、张汤等常人身上的并非"积善余庆"的事例,之后说:"验之圣贤既如彼,求之常人又如此,故知贤愚善恶,修短穷达,各有分命,非积行之所致也。"②

因此,戴逵顺理成章地得出这样的结论:"始知修短穷达,自有定分,积善积恶之谈,盖是劝教之言耳。"③戴逵还分析了将"积善积恶之谈"作为"劝教之言"的理论依据:"然则积善积恶之谈,盖施于劝教耳。何以言之?夫人生而静,天之性也。感物而动,性之欲也。性欲既开,流宕莫检,圣人之救其弊,因神道以设教,故理妙而化敷,顺推迁而抑引,故功元而事适。"④戴逵根据儒家的传统人性论认为人性先天或善或恶,即所谓"夫善恶生于天理"⑤,但人性很容易被外在的事物触动情感而"流宕莫检",所以圣人"因神道以设教",这也就是"积善积恶之谈,盖是劝教之言耳"。因为"积善积恶之谈",可以使善性之人由于受到鼓舞而憧憬着"积善余庆"的未来,可以使恶性之人由于感到恐惧而竭力避免"积恶余殃"的后果,进而达到"劝教之言"的效果。

戴逵的上述议论让人有似曾相识的感觉,因为范缜就有几乎相同的观点。范缜对于同样让人产生怀疑的现象,也与戴逵一样认为是"圣人之教然也"。

范缜一方面坚持对鬼神世界的存在持怀疑态度,他认为:"妖怪茫茫,或存或亡。……有人焉,有鬼焉,幽明之别也。人灭而为鬼,鬼灭而

---

①⑤〔晋〕戴逵:《答周居士难释疑论》,〔唐〕释道宣:《广弘明集》卷十八。
②④〔晋〕戴逵:《释疑论》,〔唐〕释道宣:《广弘明集》卷十八。
③〔晋〕戴逵:《与远法师书》,〔唐〕释道宣:《广弘明集》卷十八。

为人,则未之知也。"(《神灭论》)主张鬼神"或存或亡",其与人类社会的联系"未之知也"。另一方面,范缜对以鬼神世界的存在为前提的儒家宗庙郊社制度持肯定态度。他必须承认儒家经典的权威性,所以明确引用经典的观点:"故《经》云:为之宗庙,以鬼享之。"(《答曹思文难神灭论》)

然而,范缜的这种立场从逻辑上看确实是自相矛盾的:如果说不能肯定鬼神世界的存在,却又肯定以鬼神为主角的宗庙郊社制度,那么这种肯定的根据又在哪里呢?有人质疑范缜的这种立场:"《孝经》云:'昔者周公郊祀后稷以配天,宗祀文王于明堂以配上帝。'若形神俱灭,复谁配天乎?复谁配帝乎?"(《答曹思文难神灭论》)

范缜十分巧妙地引用圣贤之言为自己辩护:"子贡问死而有知,仲尼云:'吾欲言死而有知,则孝子轻生以殉死;吾欲言死而无知,则不孝之子,弃而不葬。'子路问事鬼神,夫子云:'未能事人,焉能事鬼?'"(《答曹思文难神灭论》)应该说,圣贤关于鬼神的立场无疑是对范缜观点的有力支持。但是范缜仍然必须正视自己观点中存在的悖论。所以,范缜认为"宗庙郊社,皆圣人之教迹,彝伦之道,不可得而废耳"(《答曹思文难神灭论》)。

对于宗庙郊社等儒家礼制而言,重要的不是其真实与否,而是其能否发挥儒家最为看重的道德教化的作用。换句话说,即使宗庙郊社等礼制所依据的鬼神世界并非真实存在,"苟可以安上治民,移风易俗,三光明于上,黔黎悦于下,何欺妄之有乎?"(《答曹思文难神灭论》)可以说,宗庙郊社等礼制是"圣人之教然也,所以弭孝子之心,而厉偷薄之意,神而明之,此之谓矣"(《神灭论》)。至于"安上治民,移风易俗"的作用则表现在"且忠信之人,寄心有地,强梁之子,兹焉是惧,所以声教昭于上,风俗淳于下,用此道也"(《答曹思文难神灭论》)。

尽管范缜没有如戴逵那样明确地怀疑"积善余庆"之类的观点,但从其对鬼神世界的怀疑来看,范缜应该是不支持"积善余庆"等观点的。然而,不管是鬼神世界抑或是"积善余庆"存在与否,它们都可以发挥"忠信之人,寄心有地,强梁之子,兹焉是惧"的道德教化作用。所以,无论是范缜还是戴逵，都只是从作用层面肯定鬼神世界或"积善余庆"等观念的价值，由此避免了在存在层面之真实性的争论。道理很简单，对于一个儒家学者而言，上述观念所能发挥的社会作用是不容忽视的。

与戴逵不同的是，范缜是一个更为纯粹且思想更为深刻的儒学思想家。如上所述，范缜不否认鬼神世界的存在有一个前提，即仅仅是在作用层面而已。一旦必须讨论存在层面的真实性问题，结论就完全不同了。因为作用层面的结论所针对的是普罗大众，而存在层面的结论所针对的则是社会精英。普罗大众需要道德伦理的教化作用才能日趋向善，而洞悉天道人性的社会精英则不需要道德教化的熏陶。范缜在这一点上是非常明确的："若均是圣达，本自无教，教之所设，实在黔首。"（《答曹思文难神灭论》）所以，当范缜准备在存在层面探讨鬼神世界的真实性问题时，他就旗帜鲜明地否认鬼神世界的存在，公开提出了著名的神灭论思想，进而导致南朝时期关于神灭论的一场最大的争论。

第三节　神灭之争

如果仅仅只是强调儒家的礼制和"积善余庆"观念的教化作用，则佛教对普罗大众所能发挥的教化作用似乎有过之而无不及。更有甚者，佛教的因果报应理论和三世轮回理论完美地弥合了儒家礼制和"积善余庆"观念在存在的真实性与教化作用之间的悖论。

对此，戴逵的好友、大儒范宁门下"号曰颜子"[1]的高足、素以"儒学著称"[2]的周续之在《难释疑论》中说得非常透彻。最初，周续之对于"积善余庆"等观念同样持怀疑态度："福善莫验，亦仆所常惑，虽周览六籍，逾深其滞。"他也同意戴逵的结论，主张"余庆之言，存于劝教"。然而，周续之比戴逵高明之处在于，他发现将"积善余庆"等观念视为劝教之言必然导致对存在之真实性的困惑："又劝教之设，必伤实而动直，为训之方，不

---

[1]《宋书》卷九十三《周续之传》。
[2]《宋书》卷七十三《颜延之传》。

可一涂而尽。"所以，儒家思想存在缺陷："尧孔拯其粗，宜有未尽。"于是，周续之将解决这一悖论的希望寄托在佛教上："及睹经教，始昭然有归。……故洗心以怀宗，炼形以闻道，拔无明之沈根，翳贪爱之滞网，不祈验于冥中，而影响自征，不期存于应报，而庆罚已彰。"(《难释疑论》)周续之从一个著名的儒家学者转变为一个虔诚的佛教信徒的经历，正是其上述思想在现实中的反映。

作为一个生活在现实世俗社会的儒家学者，范缜如同《三破论》作者一样对佛教可能导致的破身、破家以及破国的后果充满了深切的担忧。即使佛教能够帮助解决自身思想中存在的真实性与教化作用之间的悖论，范缜也无法认同佛教思想。他认为，自己必须站在儒家理论的基础上应付佛教对中国传统文化的挑战，实现"乘夫天理，各安其性。小人甘其垄亩，君子保其恬素。耕而食，食不可穷也；蚕而衣，衣不可尽也。下有余以奉其上，上无为以待其下。可以全生，可以匡国，可以霸君"[1]的理想。范缜的决定导致了齐梁之际的神灭之争。

根据史料的记载，范缜与佛教势力之间在理论上的斗争主要有两次。一次是在南齐武帝永明(483—493)间，主要对手是齐竟陵王萧子良。另一次是在梁武帝天监六年(507)，主要对手是梁武帝和东宫舍人曹思文等人。

与范缜发生第一次争论的南齐竟陵王萧子良是当时最著名的学术活动的赞助人。他"少有清尚，礼才好士，居不疑之地，倾意宾客，天下才学皆游集焉"[2]。由此萧子良才有能力"集学士抄《五经》、百家，依《皇览》例为《四部要略》千卷。招致名僧，讲语佛法，造经呗新声。道俗之盛，江左未有也"[3]。尽管萧子良资助学术活动时并没有厚此薄彼，但他个人是一个"敬信尤笃"[4]的佛教信徒。

有意思的是，敬信佛教的萧子良却在学术上持开放的态度。他认

---

① 《梁书》卷四十八《范缜传》。
②③④ 《南齐书》卷四十《萧子良传》。

为各家思想之不同犹如人心之不同,而人心之不同犹若人的相貌之不同,所以对待不同思想的正确态度就应该是宽容和开放:"良由彼我之见既异,幸可各保其方差,无须空构是非,横起谤议耳。"①各家立场不同,故见解相异,若彼此互不相容,则必然导致"空构是非,横起谤议"的后果。所以,萧子良的这种宽容、开放的态度并非言行上的谦逊和大度,而是具有理论上的根据。他说:"凡闻于言必察其行,睹于行必求于理。若理不乖而行不越者,请无造于异端,真殊途同归,未必屡然一贯。"②在萧子良看来,判断一种思想的是非主要不在于闻其言、察其行,而是求其理。若其理不乖,即使言行"未必屡然一贯",也必然是与真理殊途同归。

就是在这样的学术思想的指导下,萧子良才会提出儒释道三家应该共同"畴得写析深襟,辨明幽旨,迹生灭之中谈,究真俗之谛义"③,进而形成一种"此兰山桂水,既足逍遥,儒侣玄宗,复多朋往"④的关系。

萧子良还以内在的自我反思论证佛教对儒家思想的价值:"孟子有云,君王无好智,君王无好勇,勇智之过,生乎患祸,所遵正当仁义为本。今因修释训,始见斯行之所发,誓念履行,欲卑高同其美,且取解脱之喻,不得不小失存其大。至于形外之间,自不足及言,真俗之教,其致一耳。"⑤儒家的宗旨是"仁义为本",而萧子良则是根据佛教理论发现儒家的宗旨源于内心的善性,儒家的目的在于卑高同美。佛教与儒家的关系是"真俗之教,其致一耳"。二者目的虽然一致,却各自在不同的领域发挥不同的作用。

范缜就是与在学术上持开放态度而又笃信佛教的萧子良发生第一次争论的。当时,"竟陵王子良盛招宾客,缜亦预焉"⑥。范缜是萧子良"西邸"学术圈的活跃人物,但他们对于佛教的态度却是南辕北辙:"子良精信释教,而缜盛称无佛。"⑦萧子良虔信佛教而范缜主张无佛,两人由

---

①②⑤〔南朝齐〕萧子良:《与孔中丞书》,〔南朝梁〕僧祐:《弘明集》卷十一。
③④〔南朝齐〕萧子良:《与南郡太守刘景蕤书》,〔唐〕释道宣:《广弘明集》卷十九。
⑥⑦《梁书》卷四十八《范缜传》。

此产生一场围绕"因果报应"的争论。《梁书·范缜传》记载道：

> 子良问曰："君不信因果,世间何得有富贵,何得有贱贫?"缜答
> 曰："人之生譬如一树花,同发一枝,俱开一蒂,随风而堕,自有拂帘
> 幌坠于茵席之上,自有关篱墙落于粪溷之侧。坠茵席者,殿下是也;
> 落粪溷者,下官是也。贵贱虽复殊途,因果竟在何处?"子良不能屈,
> 深怪之。缜退论其理,著《神灭论》。……此论出,朝野喧哗,子良集
> 僧难之而不能屈。①

萧子良反驳范缜无佛论的理由就是"因果报应"的存在。如同前述
周续之的观点,萧子良也认为,"因果报应"是佛教思想最能打动人心,
又是儒家思想不能很好解释的一个问题。而范缜在这里十分明确地表
达了自己对于"因果报应"理论的批判态度,而这种态度与其对"积善
余庆"理论的怀疑是一致的。其不同之处只在于,范缜对佛教的"因果
报应"理论毫不客气地批判,而对儒家的"积善余庆"理论则曲意维护。

范缜以先天偶然性为人的命运的决定力量,并以此否认因果报应的
存在。由此可知,范缜基本上继承了两汉时期传统儒学的天命论和偶然
论思想,认为人的命运是禀气所致的先天偶然性决定的,人们对命运的
安排只能心安理得地接受而已。与范缜同时的梁人刘孝标在《辨命论》
中将这种观点表述得十分清楚:"命也者,自天之命也。定乎冥兆,终然
不变,鬼神莫可预,圣哲不能谋,触山之力无以抗,倒日之诚弗能感。"所
以,对于信奉儒家思想的君子而言,应该"居正体道,乐天知命,明其无可
奈何,识其不由智力,逝而不召,来而不拒,生而不喜,死而不戚。……不
充诎于富贵,不遑遑于所欲"(《辩命论》)。

这种天命论和偶然论思想在皇帝钦定的作为汉代儒学法典的《白虎
通德论》(又称《白虎通》《白虎通义》)中多有论述。文曰:

> 始起之天始起,先有太初,然后有太始,形兆既成,名日太素。

---

① 《梁书》卷四十八《范缜传》。

混沌相连,视之不见,听之不闻,然后剖判。清浊既分,精出曜布,庶物施生,精者为三光,号者为五行。(《白虎通德论》卷九《天地》)

五行者,何谓也? 谓金木水火土也。言行者,欲言为天行气之义也。(《白虎通德论》卷四《五行》)

性情者,何谓也? 性者,阳之施;情者,阴之化也。人禀阴阳气而生,故内怀五性六情。情者,静也;性者,生也。此人所禀六气以生也。(《白虎通德论》卷八《情性》)

可以看到,天地以太初之气、阴阳五行之化而生养万物,五行为天行气而人禀此气以内怀五性六情。汉儒以阴阳五行之说融入其天命论中而形成的这样一个贯通天人的模式就是汉代儒学的理论基础。

上述汉代儒学的理论基本上被范缜所继承。当范缜与他人辩论形神问题时,就是以这种儒学理论为自己的神灭论进行辩护的:"人之生也,资气于天,禀形于地。是以形销于下,气灭于上,气灭于上,故言无不之。无不之者,不测之辞耳。"(《答曹思文难神灭论》)

当以汉代儒学思想为背景的范缜和以佛教思想为背景的萧子良之间针对有佛无佛、因果报应等发生辩论时,二人的理论前提和逻辑结论都是互不相干的。因此才有"子良不能屈,深怪之"的记载。而范缜却将自己的观点加以系统化,进而形成著名的《神灭论》。

这篇文章发表的结果是"朝野喧哗"。萧子良召集众多佛教高僧与范缜就《神灭论》的观点展开辩论,却始终不能让范缜屈服。名士王琰企图以儒家礼制嘲笑范缜的神灭论:"呜呼范子! 曾不知其先祖神灵所在。"范缜则反唇相讥:"呜呼王子! 知其祖先神灵所在,而不能杀身以从之。"①从其咄咄逼人的气势来看,范缜颇有因为理直而气壮的感觉。

尽管在理论上不能说服范缜,但萧子良仍然希望范缜能够放弃神灭论的思想,他让与自己一样主张儒、佛共处的秘书丞王融劝说范缜:"神

———————————

① 《南史》卷五十七《范缜传》。

灭既自非理,而卿坚执之,恐伤名教。以卿之大美,何患不至中书郎? 而故乖敕为此,可便毁弃之。"范缜闻言大笑曰:"使范缜卖论取官,已至令仆矣,何但中书郎邪。"①十分明显,以萧子良为代表的佛教势力无论从理论还是现实层面都没有让范缜屈服。

范缜与佛教势力之间关于神灭论的第二次争论发生在梁武帝萧衍建立梁朝,并取得了政局的相对稳定之后。与萧子良一样笃信佛教的梁武帝以皇帝的身份批判范缜的神灭论。在《敕答臣下神灭论》中,梁武帝认为儒、释、道三家都不主张神灭论,即使是范缜信仰的儒家经典也是屡言不灭:"观三圣设教,皆云不灭,其文浩博,难可具载,止举二事,试以为言。祭义云,惟孝子为能飨亲。礼运云,三日斋必见所祭。"如果对此表示怀疑,则范缜就是对儒家的背叛:"若谓飨非所飨,见非所见,违经背亲,言语可息。"(《敕答臣下神灭论》)

与范缜的其他论敌不同的是,梁武帝除引经据典指责范缜外,更从形而上的高度看待这一争论,进而提出人的认识有限性的结论:"沦蒙怠而争一息,抱孤陋而守井,岂知天地之长久,溟海之壮阔? 孟轲有云,人之所知,不如人之所不知。信哉!"在此结论的基础上,梁武帝终于提出了自己对范缜神灭论思想的处理办法:"位现致论,要当有体,欲谈无佛,应设宾主,标其宗旨,辨其短长。"(《敕答臣下神灭论》)

根据《弘明集》的记载,梁武帝的这篇敕文在天监六年(507)公布,于是王公大臣凡六十多人先后奉旨写出了七十多篇有关神不灭思想的文章,并以此对范缜的神灭论加以批判,由此产生了第二次关于神灭论的儒佛之争。双方你来我往、彼此论难,为我们留下了不少当时人们有关形神问题的哲学思考。由此也可以反映当时儒家、佛教的理论水平及其各自的发展趋势。

这场关于形神问题的争论,反映了儒、佛两家在人生问题上不同的

①《南史》卷五十七《范缜传》。

理论导致不同的解释语境。范缜是以"积善余庆,积恶余殃"的观念为核心、以圣人"神道设教"和偶然命定论为补充来构建对于人生问题的解释系统的。尽管这样的理论存在缺陷,却是对先秦、两汉儒学传统的继承和发展,具有顽强的生命力。

佛教则是以因果报应论为核心、以三世轮回理论为补充来构建对于人生问题的解释系统的。佛教的因果报应论非常精深缜密,认为:"心以善恶为形声,报以罪福为影响,本以情感,而应自来,岂有幽司?"(慧远:《明报应论》)即善恶祸福的因果报应不由外在的"幽司"主宰,而完全取决于自我的行为,因为自我行为所造之业与所得之祸福报应是相应的。这里,佛教将报应的主宰由外在的"幽司"内化为主体的"心",使报应的主宰与受报的主体合二为一:"受之无主,必由于心。心无定司,感事而应。应有迟速,故报有先后。先后虽异,咸随所遇而为对。对有强弱,故轻重不同。斯乃自然之赏罚。"(慧远:《三报论》)因心感事而有先后、强弱不同的报应,即"自然之赏罚",也就是自作自受。

佛教的这种自作自受的因果报应论同样存在与现实不符的问题:"世或有积善而殃集,或有凶邪而致庆。"(慧远:《三报论》)对这一现象的困惑以及由此产生的对因果报应论的怀疑都是合乎情理的反应。佛教对此的解释是:"由世异典以一生为限,不明其外。其外未明,故寻理者。自毕于视听之内,此先五即民心而通其分。以耳目为关键者也。"(慧远:《三报论》)这里暗中指责儒家经典以耳目视听所及之范围为限,即"以一生为限"。站在如此经验层面的立场,必然对先验层面的问题无法理解,即"不明其外",从而导致"故寻理者"的结果。

佛教提出的解决办法就是将因果报应的适用范围扩展至耳目视听所及以外的轮回的三世:"经说:业有三报。一曰现报,二曰生报,三曰后报。现报者善恶始于此身,即此身受。生报者来生便受。后报者或经二生、三生、百生、千生,然后乃受。"(慧远:《三报论》)

业报既然能够在过去、现在、未来三世中得以实现,则因果报应论就成为超越时空的范畴。但是这样的观点存在一个问题,即业报究竟是如何在轮回的三世中实现的？换言之,在轮回的三世中作为因果报应连续的中介或承载者是什么？佛教认为这个中介或承载者就是"神",因为其具有承载业报"冥移"于三世的能力:"神也者,圆应无主,妙尽无名,感物而动,假数而行。感物而非物,故物化而不灭。假数而非数,故数尽而不穷。有情则可以物感,有识则可以数求。数有精粗,故其性各异。智有明暗,故其照不同。推此而论,则知化以情感,神以化傅。情为化之母,神为情之根。情有会初之道,神有冥移之功。"(慧远:《沙门不敬王者论·形尽神不灭》)神非物,故不灭。神若受情、识所染,则必然被物、数所束缚。但物是有限的存在,物化缘于"情"感,神则由于化而彰显其"傅"的能力,这个"傅"就是"冥移",有时也写作"冥傅",意思是说"神"能够作为业报在轮回的三世"冥移""冥傅"的中介,就像薪火由甲薪傅于乙薪一样,这个道理只能是那些具有先觉之明的悟宗之匠可以理解:"向使时无悟宗之匠,则不知有先觉之明,冥傅之巧没世靡闻。何者？夫情数相感其化无端,因缘密构潜相傅写。自非达观孰识其变。请为论者验之。以实火之傅于薪。犹神之傅于形火之傅异薪。犹神之傅异形。"(慧远:《沙门不敬王者论·形尽神不灭》)

佛教上述以"神"为因果报应在轮回三世中的中介或承载者的理论尽管十分精致、巧妙,却有一个关键的前提即神不灭论。如果神不灭论不成立,则因果报应论存在疑问,则整个佛教思想体系也存在疑问。

似范缜这样的儒家学者确实是目光如炬,知道佛教思想的基础就是以神不灭论为前提的因果报应论。如果能够证明神不灭论的不成立,则无异于对佛教思想釜底抽薪的致命一击;与此同时,也是对传统儒家思想的强有力维护。事实上,范缜也是这样做的。

第四节　神灭论的哲学思想

《南史》对范缜神灭论思想作了简明扼要的概括:"神即形也,形即神也,形存则神存,形谢则神灭。形者神之质,神者形之用。是则形称其质,神言其用,形之与神,不得相异。"①

通观范缜的神灭论思想,可以发现自始至终围绕着"形神相即"这一核心观念展开论证。范缜在《神灭论》中开宗明义地立论说:"神即形也,形即神也;是以形存则神存,形谢则神灭也。"

这里必须澄清其中的三个概念:形、神、即。在范缜的神灭论思想中,"形"的涵义是比较简单的。他在辩论中说:

> 形者神之质。
>
> 是生者之形骸,变为死者之骨骼也。
>
> 又岂有圣人之神而寄凡人之器,亦无凡人之神而托圣人之体。

(《神灭论》)

十分明显,"形"有质、形骸、器、体等涵义,概括而言就是形体、身体之义。范缜对"形"的理解大体继承了传统意义上的涵义,这里不妨略举几例:

> 夫形者,生之舍也;气者,生之充也;神者,生之制也。(董仲舒:《春秋繁露·深察名号第三十五》)
>
> 精神居形体,犹火之然烛矣。(桓谭:《新论·形神》)
>
> 人之精神藏于形体之内,犹粟米在囊橐之中也。死而形体朽,(精气)散,犹囊橐穿败,粟米弃出也。(王充:《论衡·论死篇第六十二》)
>
> 人禀元气于天,各受寿夭之命,以立长短之形。(王充:《论衡·无形篇第七》)

上述观点表明,"形"在传统意义上的涵义,是"神"寄居的场所。而"神"才是人生的本质所在。因为"神"是人禀天之元气而成,故是"生之制"。范缜在辩论中说:"人之生也,资气于天,禀形于地。是以形销于下,气灭于上,气灭于上,故言无不之。无不之者,不测之辞耳。"(《答曹

①《南史》卷五十七《范缜传》。

舍人》）可以发现,在范缜的思想中,人的生命由粗糙的血肉形体和禀受于天的元气、精气之"神"构成。形与神之间的关系,除去形为神舍、形谢神灭等前人早已提出的观点外,他第一次提出了"形神相即"的命题。

所谓"形神相即"就是"神即形也,形即神也"。我们需要了解"即"的涵义以便搞清范缜所说"形神相即"的意思。范缜在提出"神即形也,形即神也"的命题之后解释说:"是以形存则神存,形谢则神灭也。"(《神灭论》)由此可知,范缜似乎认为形、神是不可分离的一种存在。

神不灭论的代表人物曹思文反驳范缜的文字可以帮助我们更好地理解范缜的意思:"形非即神也,神非即形也。是合而为用者也,而合非即也。"(《难范缜神灭论》)从曹思文的反驳中可以知道,范缜所说的"即"不是"合"的意思。换言之,在范缜的思想中,形与神不是两个独立的存在,而是一体两面的一个存在,就是所谓"名殊而体一也"(《神灭论》)。

另有一则材料可以佐证上述判断。范缜主张"神"由知(痛痒之知)和虑(是非之虑)构成。反对者问曰:"知之与虑,为一为异?"范缜答曰:"知即是虑。浅则为知,深则为虑。"(《神灭论》)知和虑的关系是"即",而"即"表明知和虑是"神"中的两个层次而非两个独立的存在。由此而推之,形与神的关系也是如此。

最能准确表达范缜"形神相即"意思的是他自己所说的"刀利之喻"。当对手问范缜:为什么认为形与神是"名殊而体一"的关系?范缜答曰:"神之于质,犹利之于刀;形之于用,犹刀之于利。利之名非刀也,刀之名非利也。然而舍利无刀,舍刀无利。未闻刀没而利存,岂容形亡而神在?"(《神灭论》)他以刀喻形,以刀之锋利喻神,刀与刀之锋利相互依存、缺一不可,故形与神也是相互依存、缺一不可的关系。

综合上述材料可知,范缜是以体用论来理解"形神相即"这一命题的。既然神与形、用与质都类似于利与刀之间的关系,则"形神相即"就是形质神用的体用关系。正如范缜所说:"形者神之质,神者形之用,是则形称其质,神言其用,形之与神,不得相异也。"(《神灭论》)形与神"不得相异",而是一个"名殊而体一也"(《神灭论》)的独立存在,形是实有层面的具体存在，神则是形体在作用层面的一种呈现状态。

看到范缜借助体用论来诠释形神关系，不禁让人感受到一股强烈的玄学气息。因为魏晋时期的玄学大家王弼、郭象等都以体用论作为自己玄学思想的一个重要部分。王弼有一段非常典型的体用论材料，他说："天也者，形之名也。健也者，用形者也。夫形也者，物之累也。有天之形，而能永保无亏，为物之首，统之者岂非至健哉！"（《周易·象传·乾注》）在王弼看来，有形之天是实有层面（体）的万物之形名，并非万物之根据。真正能够为万物之本者天在作用层面（用）呈现的无形之至健。这是玄学利用体用论诠释超越本体的代表性材料。

与此同时，当有人问范缜"神灭有何利用邪"时，范缜认为佛教"其流莫已，其病无限"，而自己的神灭论具有"思拯其溺"的功用，之后围绕神灭论的理论基础有一段十分重要的材料："若陶甄禀于自然，森罗均于独化，忽焉自有，恍尔而无，来也不御，去也不追，乘夫天理，各安其性，小人甘其垄亩，君子保其恬素，耕而食，食不可穷也，蚕而衣，衣不可尽也，下有余以奉其上，上无为以待其下，可以全生，可以匡国，可以霸君，用此道也。"（《神灭论》）万物之生均源于独化，无论其从无自有，抑或从有而无，都禀于自然。如果万物顺乎自然之天理，就会各安其性。百姓安居乐业，君主无为而治，由此实现全生、匡国、霸君的目标。

这段材料具有浓郁的玄学气息，其中的"自然""独化""无为""全生"等观念无疑源自郭象的玄学独化论。例如郭象以"天地"为万物之总名，以"自然"为万物之正理："天地者，万物之总名也。天地以万物为体，而万物以自然为正。自然者，不为而自然者也。"（《庄子·逍遥游注》）郭象还将"独化"诠释为从无生有："夫生之难也，犹独化而自得之矣。"（《庄子·大宗师注》）这些说法与范缜的观点十分接近。可以说，范缜的神灭论是以玄学，尤其是郭象的独化论为理论基础的。

如果上述说法成立的话，则范缜的神灭论中一些语焉不详的内容和环节就逐渐具体、清晰了。与此同时，整个神灭论思想也就显得一以贯之、完整而有系统。

范缜的神灭论是以"气"为其思想基础的。他说:"是以形销于下,气灭于上,气灭于上……岂必其有神与知邪?"(《答曹舍人》)十分明显,在范缜看来,神与知是以"气"的形式表现出来的,这无疑是从实有层面来理解"神"的。这一诠释方向是范缜继承传统儒学气论思想而来。如果结合他在解释形神关系时提出的"形者神之质,神者形之用"的说法,则以气释"神",使"形""神"都从实有层面加以理解,将导致二者在实有层面有彼此独立存在的可能,从而无法实现"形称其质,神言其用"的形神体用关系。

为了强调"形"在实有层面(体),尤其是"神"在作用层面(用)的不同的存在形式,范缜将"神"分疏为痛痒之知和是非之虑两个方面:"是非、痛痒虽复有异,亦总为一神矣。"(《神灭论》)所谓痛痒之知,无疑是指人对外界的感知能力,是"神"在形质(体)层面发挥的作用。尽管范缜也有"今人之质,质有知也""人无无知之质"等说法,但主要还是强调"神"的作用。所谓是非之虑,是指人的道德反思能力,无疑是"神"在作用层面存在的本质特征。至于痛痒之知和是非之虑之间的关系,范缜提出"知即是虑。浅则为知,深则为虑"(《神灭论》)。也就是说,"神"在作用层面具有浅层的感知作用和深层的道德反思作用。

当范缜提出"神"具有感知作用和道德反思作用的同时,又进一步主张:"是非之虑,心器所主。"(《神灭论》)通观上下文可以知道,范缜主张"是非之虑"是"心器"在作用层面的存在方式。范缜一方面承认"心器"这个概念是实有层面的具体存在,如"心器是五藏之心","比干之心,七窍列角;伯约之胆,其大若拳;此心器之殊也";另一方面又强调"心器"在作用层面的特殊存在:"五藏各有所司,无有能虑者,是以知心为虑本。"(《神灭论》)在这里,范缜首先是将"心器"视为人体(形)的一部分,如同手足、五藏等一样看待,即"手足虽异,总为一人";作为形之一部分的"五藏各有所司"。如果说"心器"在实有层面表现为"五藏之心"这样具体的存在的话,则其在作用层面的表现方式就是"是非之虑",正是在作用层面(而非实有层面)上可以说"心为虑本"。

综合上述说法，"神"表现为痛痒之知和是非之虑两个方面。而心器只是"神"中的"是非之虑"在实有层面的存在方式。换言之，"是非之虑"是心器在作用层面的存在方式。至于"神"中的"痛痒之知"，则是"形"中具有感知能力的部分在作用层面的存在方式，反之亦然，"形"中具有感知能力的部分是"痛痒之知"在实有层面的存在方式。

范缜将"神"具有的痛痒等感知能力和判断是非等的道德反思能力作了一种十分有意思的诠释，从而使"神"成为儒家思想体系中的一个不可或缺的重要观念。当神不灭论者以"虑思无方"为由提出"虑体无本"的观点时，范缜反驳道："苟（虑）无本于我形，而可遍寄于异地。亦可张甲之情，寄王乙之躯；李丙之性，托赵丁之体。然乎哉？不然也。"（《神灭论》）范缜这段话的原意是要说明作为"神"之一部分的是非之虑本于我形，但其中却透露了另外一层意思。在范缜看来，如果说作为"神"之一部分的是非之虑本于我形，则作为"我形"（张甲、李丙）的情、性是不可能寄于"他形"（王乙、赵丁）的。换句话说，既然是非之虑与情、性有关，则"神"无疑与情、性有关。另有一条可资旁证的材料，玄学大家王弼说："善不善犹是非也。"[1]"善"与"不善"是人性的范畴，所以"是非"是与性有关的。

而范缜在另外一处表达了这样一种观点："今伤之则病，是形痛而神不痛也。恼之则忧，是形忧而神不忧也。忧虑痛废，形已得之如此，何用劳神于无事耶。"（《答曹舍人》）可以知道，范缜明确无误地将伤、痛、恼、忧等属于人之情感的观念植根于"形"。

结合上述两段材料，我们似乎可以得到这样一个结论：人之性、情与"神"有非常密切的关系。进而言之，"神"具有的痛痒等感知能力与人情有密切关系，"神"具有的判断是非等的道德反思能力与人性有密切关系。

范缜利用体用论将"神"分疏为性、情两个层面。而作为一个玄学化

---

[1]〔三国魏〕王弼著，楼宇烈校释：《王弼集校释》，第 6 页。

的儒家学者，范缜必然将性、情建构于"自然""独化"的基础之上。在现有材料中，范缜只是简单地提到"若陶甄禀于自然，森罗均于独化……"这样一段话。在范缜看来，上述说法在王弼、郭象的注疏中反复提及，已是众所周知、耳熟能详的观念。例如王弼主张："万物以自然为性。"①郭象也说："而万物以自然为正。"（《庄子·逍遥游注》）"自然耳，故曰性。"（《庄子·山木注》）玄学家王弼、郭象都将包括人性在内的万物之性的根据归结为"自然"。而根据王弼、郭象的这一思想，范缜才会提出"若陶甄禀于自然，森罗均于独化……乘夫天理，各安其性"（《神灭论》）。也就是说，万物之性的本质表现为作用层面的"自然"而非实有层面之"气"性，这才是"天理"。只有"乘夫天理"，才能"各安其性"。

然而，范缜在此问题上的确是语焉不详，他将论证的重点放在圣人与凡人的同异上。他企图通过比较圣人与凡人的同异，证明人性的本质在于作用层面之"自然"。

圣人与凡人之间的区别在哪里？范缜认为，圣人之形与圣人之神是相辅相成的，凡人亦然。他说："岂有圣人之神，而寄凡人之器，亦无凡人之神，而托圣人之体。……是知圣人定分，每绝常区，非惟道革群生，乃亦形超万有。凡圣均体，所未敢安。"（《神灭论》）范缜秉承自己"形神相即"的基本观点，主张圣人之形神是相一致的，凡人之形神也是相一致的，且圣人、凡人彼此互不相干。所以圣人之形神是凡人不能企及的"定分"，是与凡人之形神（"常区"）相互隔绝的。圣人之形神"道革群生"，即禀赋"道"之天理，而"道"之天理又是与凡人等群生相互隔绝的，只有这样，圣人才会"形超万有"，当然也会神超万有。故而范缜认为"凡圣均体，所未敢安"。

当人们困惑于圣人之形并非异于凡人之形的现象时，不禁要问："敢问阳货类仲尼，项籍似大舜，舜项孔阳，智革形同，其故何邪？"范缜认为圣凡之形是有区别的："珉似玉而非玉，鸡类凤而非凤，物诚有之，人故宜

---

① 〔三国魏〕王弼著，楼宇烈校释：《王弼集校释》，第 77 页。

尔。项阳貌似，而非实似。"(《神灭论》)而凡圣之间"智革形同"的原因在于"心器不均，虽貌无益"(《神灭论》)。范缜在另一处也表达了同样的意思："圣同于心器，形不必同也，犹马殊毛而齐逸，玉异色而均美。是以晋棘、荆和，等价连城；骅骝、騄骊，俱致千里。"(《神灭论》)也就是说，圣人之形与凡人之形在本质上是不同的。如果彼此相同，也不过是貌似而已。其本质上的不同之处表现为"智革形同"，而原因则在于"心器"的不同。圣人之"心器"无论从实有层面的外形还是从作用层面的知虑(情性)都与凡人之"心器"完全不同。所以，正是在"心器"的层面上，范缜认为圣人之形神与凡人之形神是完全不同的。

综合上述说法，范缜的圣人观大体有这样几层意思：

第一，"形超万有"：圣人之形与凡人之形是截然不同的，圣人之形只能是圣人之神的载体；而凡人之形只能是凡人之神的载体；圣凡之间的所谓"形同"只是如同珉似玉、鸡类凤那样貌似而非实似。

第二，"圣同于心器"：尽管存在凡圣之间貌似而非实似的现象，但导致凡圣之间"智革形同"的原因在于"心器"的不同。圣人与凡人的本质不同在于"心器"的不同，而圣人与圣人的相同之处在于"心器"的相同，简言之，圣同于心器。

第三，"圣人定分""道革群生"：根据玄学思想，万物之性的本质呈现为作用层面的"自然"状态，即"陶甄禀于自然"，只有真正能够将自己的本性呈现为"自然"状态的才是圣人。这就是圣人的"定分"，而圣人呈现出来的"自然"状态就是"道"之天理。正是圣人所禀赋的"道"之天理使其不仅表现为"道革群生"，而且表现为"形超万有"。

如果范缜主张"陶甄禀于自然"是说万物之性的本质呈现为"自然"状态这一"道"之天理，那么他在另外一处又说"人之生也，资气于天，禀形于地。是以形销于下，气灭于上"(《答曹舍人》)，表明范缜将"神"理解为一种"气"的状态。那么，"自然"状态与"气"的状态明显是"道"在作用层面和实有层面的不同表现形式，是玄学利用一体两面的体用论对终极根据的典型诠释。"气"的状态是"道"在实有层面的表现形式，而"自然"

状态则是"道"在超越的作用层面的存在形式。换句话说,以"自然"言说"道",是从超越的作用层为实有层之"气"提供终极根据,从而使实有层之"气"超拔至作用层之"自然",进而可以取代传统的"气"论而成为万物存在的最后依据。所以说,"自然"是从现实上有所依待而然反上来的一个层次上的超越。

在范缜看来,作为万物存在最后依据的"自然"还有一个同样意义的概念即"独化",也就是所谓"陶甄禀于自然,森罗均于独化"。范缜没有详细解释"独化"的涵义,但有简略的论述:"忽焉自有,恍尔而无,来也不御,去也不追,乘夫天理,各安其性。"(《神灭论》)"自有""而无"是独化论的观念,是玄学的"天理",从中我们可以明显地发现郭象的影子。

何谓"独化"? 郭象说:"夫造物者,有耶无耶? 无也? 则胡能造物哉? 有也? 则不足以物众形。故明众形之自物而后始可与言造物耳。是以涉有物之域,虽复罔两,未有不独化于玄冥者也。故造物者无主,而物各自造,物各自造而无所待焉,此天地之正也。故彼我相因,形景俱生。虽复玄合,而非待也。明斯理也,将使万物各反所宗于体中而不待乎外,外无所谢而内无所矜,是以诱然皆生而不知所以生,同焉皆得而不知所以得也。"(《庄子·齐物论注》)郭象认为,万物不可能源于一个共同的造物者,万物的存在是自我创造的结果。从"有物之域"即物质世界来看,万物从"玄冥"中自我创造就是"独化"。而"玄冥者,所以名无而非无"(《庄子·大宗师注》),所以,郭象的独化论仍然以"无"为最后的依据,只是强调"无"并非万物的造物者。郭象主张,"无"在作用层面表现出来的"自然"状态及其在万物本性中表现出来的自我创造即"独化"现象才使"无"成为万物最后的依据。而在这个意义上,"无"也可以被视为"玄冥",即"名无而非无"的境界。这是天地之正理。郭象之所以强调"独化"而没有将"无"视为万物的造物者,是希望"将使万物各反所宗于体中而不待乎外",也就是说,万物存在的根据源于内在的本性而非外在的造物者。

能够达到这种"玄冥"境界、体认"无"及其所呈现的"自然""独化"等天地之正理的只能是圣人。因为圣人之所以为圣,关键就在于他能将"无"圆满而充尽地在自己的生命中体现出来,"无"只能被体现出来而不是可以用语言来加以训解的。[①]　具体而言,圣人在玄冥之境中体认"无",即在自己的生命中将"自然""独化"状态体现出来的方法是"外内相冥"。郭象说:"夫理有至极,外内相冥。未有极游外之致,而不冥于内者也;未有能冥于内,而不游于外者也。"(《庄子·大宗师注》)内外相冥是圣人在玄冥境界的圆融合一状态。

而范缜将郭象的上述说法概括为"夫圣人者,显仁藏用,穷神尽变"(《答曹舍人》)。言下之意,只有圣人才能在玄冥之境将内在的"神"与外在的"无"相互冥合,进而彰显"神"中内发的仁义、呈现"无"中无尽的变化。由此,圣人成为沟通天人之间的中介。换言之,圣人是天道在人间的人格化身,他替天行道、代天立教,是人间真正的主宰。

基于上述观点,范缜将圣人视为儒家礼学思想的根据。他说:

> 若均是圣达,本自无教,教之所设,实在黔首。黔首之情,常贵生而贱死,死而有灵,则长畏敬之心,死而无知,则生慢易之意。圣人知其若此,故庙祧坛墠,以笃其诚心,肆筵授几,以全其罔己,尊祖以穷郊天之敬,严父以配明堂之享。且忠信之人,寄心有地,强梁之子,兹焉是惧,所以声教昭于上,风俗淳于下,用此道也。故《经》云:为之宗庙,以鬼享之。言用鬼神之道,致兹孝享也。春秋祭祀,以时书之,明厉其追远,不可朝死夕亡也。……宗庙郊社,皆圣人之教迹,彝伦之道,不可得而废耳。(《答曹舍人》)

由于圣人设教的目的在于移风易俗,则圣人设教的内容是否真实反而成为一个无足轻重的问题。即使内容是虚假的也不认为是欺妄:"夫欺者,谓伤化败俗,导人非道耳。苟可以安上治民,移风易俗,三光明于上,黔黎悦于下,何欺妄之有乎? ……郊丘明堂乃是儒家之渊府也,而非

---

① 参见牟宗三《中国哲学十九讲》,第 217 页,上海,上海古籍出版社,1997。

形神之滞义。"(《答曹舍人》)

范缜是当时"博通经术,尤精三礼"[1]的礼学家。对于范缜的礼学思想,由于材料散佚殆尽,除去前面所述他将圣人视为礼学思想的根据以外,我们所知甚少。

根据《梁书》《南史》和《弘明集》的记载,范缜在南朝齐、梁时期是一个儒家礼学的著名学者。他继承传统儒学的衣钵,尤其对形神问题具有很高的造诣。面对佛教在理论和实践方面的挑战,范缜将传统儒学的气论和郭象玄学的独化论相结合,形成一体两面的神灭论思想,并以儒家神灭论为武器,在理论上抗衡佛教对儒家思想的挑战,其表现形式就是儒家神灭论和佛教神不灭论之间的论争。但是,儒、佛双方分别从完全不同的思想体系出发,以己之是攻彼之非,其结果自然是各说各话,谁也无法说服对方。尽管范缜在气势上"辩摧众口,日服千人",但在理论上仍然不能取得优势。最后梁武帝只能以范缜"灭圣""乖理"的钦定方式结束了这场辩论。

作为当时儒家思想的一个代表性人物,范缜以神灭论为核心的儒学理论有其客观的、理论上的特点和局限性。

第一,对佛教思想的有限了解。

范缜的理论核心是传统儒学的气论、魏晋玄学的体用论和郭象的独化论,它们都是中国本土的传统思想资源。这种传统文化的知识背景决定了范缜的理论活动必然以维护传统儒家思想为目的。然而,这个目的导致范缜只是看到佛教文化对儒家思想、宗法社会和现实政权的威胁,却未曾意识到它对儒学理论巨大的借鉴意义和对现实社会的道德教化作用。追根究底,对佛教思想的博大、深邃不甚了了应该是导致范缜思想局限性的主要原因之一。

第二,神灭论的理论悖论。

儒学在现实社会发挥道德教化作用的一个主要形式就是丧礼和祭

---

[1]《梁书》卷四十八《范缜传》。

祀制度,即曾子所谓"慎终追远,民德归厚矣"(《论语·学而》)。所以,儒家的礼教主张建立宗庙以祭祀祖宗。若以范缜神灭论的观念,去世的先人是形散神灭,则祭祀祖宗的意义何在呢?如果祭祀祖宗没有意义,则儒家在现实社会的道德教化作用就无从谈起。范缜以圣人神道设教的方式为儒家的道德教化作用提供根据。也就是说,宗庙祭祀的规定并非承认鬼神的存在,其唯一的目的就是发挥道德教化作用。然而,正如神不灭论者所说的,既然祖宗的神灵早已不复存在,圣人只是为教化的目的而设计祭祀祖宗的制度,那么圣人的行为无疑是一种欺妄了。

实际上,范缜的神灭论处于一种两难的境地:若坚持神灭论,就必须背负欺妄蔑圣的骂名;若放弃神灭论,则无异于向神不灭论举手投降。唯一的解决办法就是世俗中人都为圣贤君子,而这一要求又太不现实。梁朝司农卿马元和一语道破:"神灭之为论,妨政实多。非圣人者无法,非孝者无亲。二者俱违,难以行于圣世矣。"(马元和:《答释法云书难范缜神灭论》,《弘明集》卷十)宗庙祭祀、慎终追远是儒家思想为适应宗法社会"亲亲""尊尊"基本原则而建构的道德教化之法。如果神灭论妨碍了宗法社会的基本价值观,只能认为是理论本身存在问题。

第三,因果报应的困境。

神灭论在现实社会中令人沮丧的道德说服力是其无法广泛传播的重要原因。按照神灭论的逻辑,形体的死亡必然导致精神的湮灭。如此则人生的善恶是非以及由此导致的祸福吉凶必须在现世一一相应,才能符合儒家"积善余庆,积不善余殃"的道德教化原则。然而,我们的现实社会是无法满足严格意义上的赏善罚恶的教化原则的。因此,神灭论对现实社会的道德教化作用就显得相当脆弱。十分明显,如果为善反而得祸、为恶反而得福,则道德教化的合理性将受到质疑。

第四,形神体用论的局限性。

范缜的神灭论以传统儒学的气论为基础,又结合玄学体用论以说明形神关系,使儒学的气论思想从实有层面的存在超越至作用层面的"自然",为神灭论奠定了新的哲学基础。

范缜利用玄学体用论来解释形神关系,较之以往的神灭论有很大的理论上的深入。甚至范缜的对手曹思文都不得不承认在神灭论的论据中,唯有此一论证是可以接受的。

然而,神灭论以"自然"为终极根据容易使人走向清静无为的道家人生观,这与神灭论的儒家入世的初衷是背道而驰的。另一方面,当范缜将体用论作为神灭论的重要组成部分时,佛教的神不灭论同样在借助体用论完善自己的理论体系。所以,当双方站在各自立场相互争论时,范缜的神灭论是不能从理论上战胜佛教的神不灭论的。

第五,心为虑本的论证。

范缜将"神"的作用分疏为感性认知和理性的道德反思能力,并将其着落在五脏中的心器上,提出"心为虑本"的观点。这里的所谓"心",无疑是古人所说的思维器官。由此看来,范缜已经将"神"进一步内化为"心"中的具有认知和道德反思能力的概念。也就是说,"心"之所以是具有思维能力的器官,在于其中存在的具有认知和道德反思能力的"神"。

然而,范缜的神灭论一方面始终将自己的论证建立在有形的经验世界的基础之上,即始终坚持"形"的决定性作用;另一方面,他在讨论"神"的作用时逐渐将其内化、超越至无形的先验世界;与此同时,范缜又反复强调"形谢神灭"的观点。从本质上说是自相矛盾的。

可以认为,神灭论与神不灭论之间的争论是儒家文化与佛教文化相互交流过程中的一次理论对话。不管争论的结果如何,当时的儒家文化在理论和现实中均陷入自相矛盾的困境。范缜的神灭论对儒学理论的贡献是毫无疑问的,但其在神灭之争中暴露出来的儒家文化自身的困境却更加具有历史意义。因为上述事实为儒学的发展指明了方向,即充分汲取佛教文化的精华,促进儒释道三教合一,实现儒家文化否定之否定的涅槃重生。历史的发展证明,宋明儒学的出现正是上述趋势成为现实后顺理成章的结果。在此意义上说,范缜及其神灭论思想对于儒学历史的推动作用超过其对儒学理论的贡献。

第七章　梁武帝之新儒学思想

梁武帝时代是南朝的鼎盛期,也是南朝历史中颇为关键的一个阶段。作为这一阶段的最高统治者,梁武帝不仅在政治上,而且在思想文化领域发挥了重要的影响。

唐代史学家、《南史》作者李延寿在谈到梁武帝时说:"梁武帝……制造礼乐,敦崇儒雅,自江左以来,年逾二百,文物之盛,独美于兹。然先王文武递用,德刑备举,方之水火,取法阴阳,为国之道,不可独任;而帝留心俎豆,忘情干戚,溺于释教,弛于刑典。既而帝纪不立,悖逆萌生,反噬弯弧,皆自子弟,履霜弗戒,卒至乱亡。自古拨乱之君,固已多矣,其或树置失所,而以后嗣失之,未有自己而得,自己而丧。追踪徐偃之仁,以致穷门之酷,可为深痛,可为至戒者乎!"①

在漫长的中国历史上,从乱世之中缔造一个新王朝的开国之君并不算少,而从自己手上得到天下又从自己手上失去天下的君王就屈指可数了,即"未有自己而得,自己而丧"。所以,从政治层面而言,梁武帝无疑是一个悲剧性人物。如果从思想文化层面来看,梁武帝弘扬儒家之礼乐、传播道家之有无、阐释佛家之精义,"自江左以来,年逾二百,文物之

①《南史》卷七《武帝纪下》。

盛,独美于兹"。梁武帝统治时期的梁朝可以说是整个魏晋南北朝历史中思想文化最繁荣的时期。

不可否认,梁武帝是历史上对佛教最为虔信的一个皇帝,但他对儒、道、释三家思想的理解,在同时代人中罕有匹敌者。《梁书》的作者姚思廉在论及梁武帝个人的道德学问时说:"历观古昔帝王人君,恭俭庄敬,艺能博学,罕或有焉。"①

那么,梁武帝在南朝儒学发展史上发挥了什么作用? 面对正在孕育着一场重大变化的儒学思想,梁武帝又扮演了什么角色? 这是本章试图回答的问题。

第一节 思阐治纲,每敦儒术

梁武帝萧衍(464—549),字叔达,南兰陵人,南齐高帝萧道成族孙。他自幼敏而好学,受到儒学经典和礼法的严格教育。《梁书》和《南史》都说他"少而笃学",而且师从名儒。我们从《南史·刘瓛传》中可以知道,"梁武帝少时尝经伏膺",也就是说,梁武帝少时曾经跟随刘瓛学习儒学经典,而刘瓛是"儒业冠于当时,都下士子贵游,莫不下席受业,当世推其大儒,以比古之曹、郑"②。

另一方面,儒学礼法对少年梁武帝的影响也是相当深的。根据《梁书·武帝纪下》的记载,梁武帝六岁时,母亲去世,他"水浆不入口三日,哭泣哀苦,有过成人"。当他为父亲服丧时,"销毁骨立,亲表士友,不复识焉。望宅奉讳,气绝久之,每哭辄欧血数升。服内不复尝米,惟资大麦,日止二溢。拜扫山陵,涕泪所洒,松草变色"。

在严格的经典学习和礼法教化熏陶下,梁武帝逐渐成为一个信奉儒家思想的读书人,即时人所谓"诸生"。《梁书·武帝纪上》记载,当梁武帝已经实际上夺得南齐政权,百官固请其接受南齐皇帝的"禅让"时,一

①《梁书》卷三《武帝纪下》。
②《南史》卷五十《刘瓛传》。

个冠冕堂皇的理由是：“且明公（梁武帝）本自诸生。”由此可见，梁武帝在儒学方面的修为和造诣是得到当时名士群体公认的。

梁武帝在谈到自己青少年时代的求学经历时也证实了上述看法：“少时学周孔，弱冠穷六经。”（《述三教诗》，《广弘明集》卷三十）穷究六经的梁武帝“博学多通，好筹略，有文武才干，时流名辈咸推许焉”。当时的名士领袖、儒宗王俭见到梁武帝，深相器异，对庐江何宪说：“此萧郎三十内当作侍中，出此则贵不可言。”南齐竟陵王萧子良招集文学才俊并游，梁武帝与沈约、谢朓、王融、萧琛、范云、任昉、陆倕等并被选中，号曰“竟陵八友”。在王俭、萧子良等人眼中是人中龙凤的梁武帝，毫无疑问是当时名士群体中的佼佼者。

当深受儒学思想熏陶的梁武帝夺得政权并建立萧梁王朝后，他总结前朝治国理政的经验教训说：“二汉登贤，莫非经术，服膺雅道，名立行成。魏、晋浮荡，儒教沦歇，风节罔树，抑此之由。”[1]在汲取前朝经验教训的基础上，梁武帝提出了自己治国理政的纲领。他在初登帝位的天监元年（502）即下诏为自己少年时期的儒学业师刘瓛立碑，谥曰贞简先生，“所著文集行于世”[2]。梁武帝为刘瓛立碑、赐予谥号并不完全是为了纪念自己的儒学业师，而是有更为深刻的政治原因。根据《南史·刘瓛传》的记载，齐高帝萧道成初创萧齐政权，即召刘瓛问以政道。刘瓛答曰：“政在《孝经》。宋氏所以亡，陛下所以得之是也。”齐高帝咨嗟曰：“儒者之言，可宝万世。”由此可见，齐高帝十分欣赏刘瓛以孝道治天下的治国理念。而梁武帝为刘瓛立碑、赐予谥号很可能是在宣示自己以孝道治天下的政治主张，这种政治主张实际上暗含了梁武帝试图全面复兴儒学思想的愿望。

《隋书·经籍志》在论述《孝经》的地位和作用时透露了梁武帝的上述愿望：“夫孝者，天之经，地之义，人之行。自天子达于庶人，虽尊卑有

---

① 《梁书》卷四十八《儒林传序》。
② 《南史》卷五十《刘瓛传》。

差,及乎行孝,其义一也。先王因之以治国家,化天下,故能不严而顺,不肃而成。斯实生灵之至德,王者之要道。孔子既叙六经,题目不同,指意差别,恐斯道离散,故作《孝经》,以总会之。"

《梁书》的作者似乎也洞察了梁武帝上述主张:"《经》云:'夫孝,德之本也。'此生民之为大,有国之所先欤!高祖(梁武帝)创业开基,饬躬化俗,浇弊之风以革,孝治之术斯著。每发丝纶,远加旌表。而淳和比屋,罕要诡俗之誉,潜晦成风,俯列逾群之迹,彰于视听,盖无几焉。"①

梁武帝自己也明确表明了这种想法,他在《孝思赋》中说:"身虽死而名扬,乃忠孝而两全。……治本归于三大,生民穷于五孝。置天地而德盈,横四海而不挠。履斯道而不行,吁孔门其何教。"(载《广弘明集》卷二十九)

根据《梁书·武帝纪下》的记载,梁武帝亲自注释《孝经》,阐发其微言大义,撰成《制旨孝经义》,并将其作为国子学的教材。中大通四年(532),"侍中、领国子博士萧子显上表置制旨《孝经》助教一人,生十人,专通高祖(梁武帝)所释《孝经义》"②。言下之意,梁武帝的《制旨孝经义》具有与"五经"相同的重要地位,是培养和选拔人才的儒学经典之一。也就是说,梁武帝的《制旨孝经义》有专门的助教讲授、专门的生员研习。如果有精通《制旨孝经义》的儒生,则会在仕途上得到朝廷的重用。

在梁武帝率先垂范下,皇子、名士、博士等纷纷注释《孝经》、阐发大义,一时蔚为大观。根据《隋书·经籍志》的记载,梁武帝撰《孝经义疏》十八卷,昭明太子萧统有《孝经义》三卷,简文帝萧纲有《孝经义疏》五卷,国子学博士严植之撰《孝经》一卷,国子学博士萧子显撰《孝经义疏》一卷、《孝经敬爱义》一卷,国子学博士皇侃撰《孝经义疏》三卷,国子学博士周弘正撰《孝经私记》二卷,梁代名士曹思文、江系之、江逊等注《孝经》各一卷,扬州文学从事太史叔明撰《孝经义》一卷。

①《梁书》卷四十七《孝行传序》。
②《梁书》卷三十五《萧子显传》。

梁武帝不但亲自撰成《制旨孝经义》等著作,而且亲自带头讲授《制旨孝经义》:"高祖(梁武帝)自讲《孝经》,使(朱)异执读。"①皇太子也曾当众讲授《孝经》。天监八年(509)九月,皇太子萧统"于寿安殿讲《孝经》,尽通大义。讲毕,亲临释奠于国学"②。这次讲授就是《隋书·经籍志》中记录的"皇太子讲《孝经义》一卷"。第二任太子萧纲在东宫时曾围绕《孝经》讲题,和儒者论议往复。③

梁武帝不但亲自注释、阐发和讲授《孝经》,而且还亲自考核和提拔成绩优秀者。根据《梁书·朱异传》的记载,素有"遍治《五经》,尤明《礼》《易》"之名的朱异,年逾二十就受到梁武帝的召见。"(梁武帝)使说《孝经》《周易》义,甚悦之,谓左右曰:'朱异实异。'"命朱异直西省,兼太学博士,迁尚书仪曹郎,入兼中书通事舍人,累迁鸿胪卿、太子右卫率,寻加员外常侍。后朱异一直把持朝政,成为梁武帝晚年的权臣。

"梁世以经学闻"的岑之敬,"年五岁,读《孝经》,每烧香正坐,亲戚咸加叹异。年十六,策《春秋左氏》、制旨《孝经》义,擢为高第。御史奏曰:'皇朝多士,例止明经,若颜、闵之流,乃应高第。'梁武帝省其策曰:'何妨我复有颜、闵邪?'因召入面试,令之敬升讲座,敕中书舍人朱异执《孝经》,唱《士孝章》,武帝亲自论难。之敬剖释纵横,应对如响,左右莫不嗟服。乃除童子奉车郎,赏赐优厚"④。

除去上述一系列措施外,梁武帝"以孝治天下"之国策的一个重要表现是繁荣儒家之礼学及其礼制。梁武帝在《孝思赋》中说:"治本归于三大,生民穷于五孝。"何谓"三大"?《孝经》中的《三才章》以天、地、人为三才。《孝经注疏》引《汉书·艺文志》云:"夫孝,天之经,地之义,民之行也。举大者言,故曰《孝经》。"在梁武帝看来,所谓三大,即指天、地、人三才。何谓"五孝"?《孝经注疏》解释道:"五孝者,天子、诸侯、卿大夫、士、

---

① 《梁书》卷三十八《朱异传》。
② 《梁书》卷八《昭明太子传》。
③ 《陈书》卷三十三《张讥传》。
④ 《陈书》卷三十四《岑之敬传》。

庶人五等所行之孝也。言此五孝之用，虽尊卑不同，而孝为百行之源，则其致一也。"在梁武帝眼中，社会是以天子、诸侯、卿大夫、士、庶人等五个等级来划分的，这五个等级尽管贵贱尊卑不同，却有一个共性即孝道。

梁武帝还为三大、五孝等观念提供了理论论证。他说："《系辞》云：易有太极，是生两仪。元气已分，天地设位，清浮升乎上，沈浊居乎下。阴阳以之而变化，寒暑用此而相推，辩尊卑贵贱之道，正内外男女之宜。在天成象，三辰显曜。在地成形，五云布泽。斯昏明于昼夜，荣落于春秋。大圣之所经纶，以合三才之道。"(《天象论》,《全梁文》卷六)梁武帝认为天、地、人三才均由气生成，清者升而为天，次者凝而为人，浊者降而为地。气之清浊不仅创造天、地、人三才之不同，也是尊卑贵贱之道、内外男女之宜的天道根据。

以三大、五孝为根据可以建构一个"辩尊卑贵贱之道，正内外男女之宜"的礼制体系。这一体系又以夫妇、父子、君臣为纲。梁武帝时的国子博士皇侃曰："夫妇、父子、君臣也，三事为人生之纲领。"(《论语集解义疏·为政》)而此三纲必以礼统之。与梁武帝同为"竟陵八友"之一、梁时著名学者沈约就说："原夫礼者，三千之本，人伦之治道。故用之家国，君臣以之尊，父子以之亲；用之婚冠，少长以之仁爱，夫妇以之义顺；用之乡人，友朋以之三益，宾主以之敬让。所谓极乎天，播乎地，穷高远，测深厚，莫尚于礼也。"[1]

礼治的基础是以亲亲之义为核心的宗统和以尊尊之义为核心的君统所构成的宗法社会的存在。宗统表现为亲疏、长幼等关系，君统则表现为贵贱、尊卑等关系。礼治的作用就是确认并维护这些关系，而发挥这种作用的基本方式就是规定亲与疏、长与幼、贵与贱、尊与卑之间的差别。礼通过规定差别而将亲亲、尊尊等抽象的意义落实为具体的外在现象，而表现为一种等级制度，即《礼记·丧服小记》所谓"亲亲、尊尊、长长、男女之有别，人道之大者也"。而《中庸》则引孔子答鲁哀公的话说：

---

[1]《宋书》卷五十五《傅隆传》。

"仁者，人也，亲亲为大；义者，宜也，尊贤为大。亲亲之杀，尊贤之等，礼所生也。"

礼被视为治理国家的大纲和根本。梁武帝时名臣徐勉在给梁武帝的表中说："夫礼，所以安上治人，弘风训俗，经国家、利后嗣者也。"①梁武帝更是将礼视为治国之大要，他在即位之初就下诏曰："礼坏乐缺，故国异家殊，实宜以时修定，以为永准。……此既经国所先，外可议其人，人定，便即撰次。"②

《隋书》载："梁武始命群儒，裁成大典。吉礼则明山宾，凶礼则严植之，军礼则陆琏，宾礼则贺玚，嘉礼则司马褧。帝又命沈约、周舍、徐勉、何佟之等，咸在参详。"③徐勉在普通六年（525）的《上修五礼表》中对此说得更为具体详细。根据《梁书·徐勉传》中《上修五礼表》的记载，梁武帝在天监元年（502）诏命修定五礼，以明山宾掌吉礼，严植之掌凶礼，后以五经博士缪昭掌凶礼，贺玚掌宾礼，陆琏掌军礼，司马褧掌嘉礼。何佟之总参其事，何佟之亡后以沈约、张充及徐勉同参厥务。

在五礼修定的过程中，凡是存在疑问之处，依前汉石渠、后汉白虎，随源以闻，请旨断决。或者"所掌学士当职先立议，通咨五礼旧学士及参知，各言同异，条牒启闻，决之制旨。疑事既多，岁时又积，制旨裁断，其数不少"④。从这些叙述来看，梁武帝是修定五礼的最后裁决者。凡是五礼修定中诸臣无法决断的问题，则由梁武帝最后裁断之。而梁武帝最后裁断的结果是"莫不网罗经诰，玉振金声，义贯幽微，理入神契。前儒所不释，后学所未闻。凡诸奏决，皆载篇首，具列圣旨，为不刊之则。洪规盛范，冠绝百王；茂实英声，方垂千载"。

"五礼之职，事有繁简，及其列毕，不得同时。"⑤天监六年（507）至天监十一年（512），五礼陆续修定完成。《嘉礼仪注》一百一十六卷，五百三十六条；《宾礼仪注》一百三十三卷，五百四十五条；《军礼仪注》一百八十

---

①②④⑤《梁书》卷二十五《徐勉传》。
③《隋书》卷六《礼仪一》。

九卷,二百四十条;《吉礼仪注》二百二十四卷,一千零五条;《凶礼仪注》五百一十四卷,五千六百九十三条。大凡一千一百七十六卷,八千零一十九条。又列副秘阁及"五经"典书各一通,缮写校定,以普通五年(524)二月始获洗毕。

五礼修定完成后,梁武帝认为,经礼大备,政典载弘,宪章孔备,功成业定,可以光被八表,施诸百代,俾万世之下,知斯文在斯。于是诏命天下,根据修定后之五礼的规定和原则按以遵行,勿有失坠。

后世学者对梁武帝修定五礼之事不乏赞美之言。唐代史学家李延寿说,梁武帝"制造礼乐,敦崇儒雅,自江左以来,年逾二百,文物之盛,独美于兹"①。清代礼学家秦蕙田评价:"五礼之书,莫备于梁天监,时经二代,撰分数贤,汇古今而为一本,宸断以决疑,卷帙逾百,条目八千,洋洋乎礼志之盛也。"②

梁武帝繁荣儒家之礼学及其礼制的目的固然在于推行"以孝治天下"的政治主张。然而,这些举措从客观上导致了南朝社会的内部整合以及南北朝之间文化正统的争夺。这主要表现在以下几个方面:

第一,社会整合的意义。

礼学和礼制在南朝的隆盛,是社会重新整合的需要。南朝时期社会的重新整合,分裂战乱之后重新恢复秩序,一定要有社会层面等级关系的调整,甚至是为等级关系提供理论根据的礼学和礼制的重建。整个魏晋南北朝时期是门阀世族为统治核心的、具有宗法色彩的社会结构。在南朝时皇权虽有一定的强化,但已处于衰落趋势的世家大族在思想、文化领域仍具有强大的影响力。他们为了维护自己的切身利益,加强对礼学和礼制的研究成为当然的选择。因为礼学和礼制是以宗法等级制度为基础的,通过研究宗族远近、血缘亲疏并以严格、细琐的礼仪来强调并维持本阶层的利益。世家大族通过对礼学、礼制的研究以强化宗族向心

---

① 《南史》卷七《武帝纪下》。
② 〔清〕秦蕙田:《五礼通考》卷三,转引自胡戟载《中华文化通志·礼仪志》,第 115 页,上海,上海人民出版社,2010。

力、家族凝聚力,最大限度地维护本阶层的既得利益,进而从客观上实现南朝社会各个阶层的内部整合。

梁武帝对礼学和礼制的提倡确乎顺应了历史的潮流,从而也得到世家大族的强烈支持。对于社会关系、社会秩序的调整与重组,梁武帝只有借重于传统文化的资源,于是礼学和礼制在这种社会需要面前得到了长足的发展。

天监七年(508),在梁武帝亲自主持下,曾针对皇子为慈母服制问题展开争论。梁武帝认为:"《礼》言'慈母'凡有三条:一则妾子之无母,使妾之无子者养之,命为母子,服以三年,《丧服》齐衰章所言'慈母如母'是也。二则嫡妻之子无母,使妾养之,慈抚隆至虽均乎慈爱,但嫡妻之子,妾无为母之义而恩深事重,故服以小功,《丧服》小功章所以不直言'慈母'而云'庶母慈己者',明异于三年之'慈母'也。其三则子非无母,正是择贱者视之,义同师保而不无慈爱,故亦有'慈母'之名,师保既无其服,则此慈母亦无服矣。"①

梁武帝分"慈母"为三,引《曾子问》载孔子答子游之问,证明《内则》义同师保之慈母无服,然后批评郑玄不辨三慈,混为训释,言之有据。如果细加揣摩,他似乎想从慈母之"恩"中分离出贵贱之义、师保之名,而它们已经是尊尊之义的范畴。换言之,梁武帝试图从亲亲之恩中分疏出尊尊之义,因而彰显正嫡庶、别亲疏、辨贵贱的宗法等级制度,进而调整社会关系和社会秩序。站在这个角度来看,梁武帝大动干戈、详细讨论丧服的良苦用心,也就昭然若揭了。

第二,文化认同的意义。

南朝诸代偏安江南,向为文化重地的中原地区沦为夷狄之域。南朝政权的正统性及其政治制度、礼乐文化的正宗性极易遭到怀疑。世居江南的土著汉人和未曾迁徙的北方汉人是一股重要力量,南朝诸代迫切需要得到他们的支持。而要得到他们的拥护,强化其文化认同感和民族归

---

① 《梁书》卷四十八《司马筠传》。

属感不失为最好的办法之一。另一方面,拥有强大军事实力的北方少数民族统治者对于汉族高度发达的礼乐文化始终怀有慕化之心,使他们因钦慕而逐渐汉化是维护南朝政权生存的重要手段。因此,从文化上凸显自己的正宗地位成为南朝政权迫切需要实现且关乎生死存亡的重要任务。而作为传统文化根本标志的礼学和礼制,必然成为梁武帝首选的领域。

北齐统治者高欢就曾不无嫉妒又无可奈何地说:"江东复有一吴儿老翁萧衍者,专事衣冠礼乐,中原士大夫望之以为正朔所在。"①

萧梁王朝草创之时,百废待兴,包括礼学在内的整个儒学也呈现衰颓不堪的现状:"江左草创,日不暇给。以迄于宋、齐,国学时或开置,而劝课未博,建之不及十年,盖取文具,废之多历世祀,其弃也忽诸。乡里莫或开馆,公卿罕通经术。朝廷大儒,独学而弗肯养众;后生孤陋,拥经而无所讲习。三德六艺,其废久矣。"②南朝刘宋、萧齐两朝开办国子学均不足十年,徒具形式而已。地方州郡更是没有办学的可能。朝中大臣通晓儒经者罕有其人。朝廷大儒只是独学而没有公开讲授儒经。儒学后继乏人,儒学教育几乎荒废。

为了更好地推行以孝道治天下的政治主张,梁武帝开始有步骤地恢复儒学之繁荣。建国伊始,梁武帝就恢复了国子学和太学。根据《梁书·武帝纪》《南史·梁本纪》和《梁书·儒林传》的记载可知:

天监四年(505),梁武帝决定设立五个学馆,每个学馆设置五经博士一人,以精通儒学的著名学者明山宾、沈峻、严植之、贺玚等为博士,每个博士各主持一个学馆。每个学馆有学生数百人,给其饩廪。

天监四年(505)六月庚戌,立孔子庙。

天监五年(506),梁武帝设立集雅馆以招收边远地区的学生。

天监七年(508),诏曰:"建国君民,立教为首,砥身砺行,由乎经术。朕肇基明命,光宅区宇,虽耕耘雅业,傍阐艺文,而成器未广,志本犹阙。非以

---

① 《北齐书》卷二十四《杜弼传》。
② 《梁书》卷四十八《儒林传序》。

镕范贵游,纳诸轨度;思欲式敦让齿,自家刑国。今声训所渐,戎夏同风。
宜大启庠教,博延胄子,务彼十伦,弘此三德,使陶钧远被,微言载表。"

天监九年(510),诏令皇太子、王侯之子等适宜就学者均在国子学接
受儒学教育。

同年,梁武帝亲自到国子学视察,亲临讲肆,赐国子祭酒以下帛各
有差。

大同七年(541),梁武帝设立士林馆,让朝廷官员在此公开讲学、编
校典籍。

梁武帝还选遣学生受业于著名大儒庐江何胤。与此同时,分遣博
士、祭酒到州郡立学。地方官员上行下效,建立学校,鼓励儒学讲授。

《陈书》总结梁武帝提倡儒学的成就:"梁武帝开五馆,建国学,总以
五经教授,经各置助教云。武帝或纡銮驾,临幸庠序,释奠先师,躬亲试
胄,申之宴语,劳之束帛,济济焉斯盖一代之盛矣。"①

在逐渐恢复中央官学以及推广地方儒学教育的同时,梁武帝将自己
对儒学经典的新义撰成义疏。根据《梁书·武帝纪下》和《隋书·经籍
志》的记载,梁武帝的儒学经典义疏有:《周易大义》《周易讲疏》《周易系
辞义疏》《尚书大义》《毛诗答问》《毛诗发题序义》《毛诗大义》《礼记大义》
《中庸讲疏》《制旨革牲大义》《乐社大义》《乐论》《乐义》《黄钟律》《钟律
纬》《春秋答问》《孝经义疏》《孔子正言》等,凡二百余卷。这些经典义疏
"并正先儒之迷,开古圣之旨",在当时形成很大影响,"王侯朝臣皆奉表
质疑,高祖(梁武帝)皆为解释"。

梁朝国子学公开讲授的内容主要有:《周易》、《尚书》、《毛诗》、三礼、
《春秋》三传各为一经,《论语》和《孝经》为一经,共计十经。其中,《周易》
有郑玄注和王弼注,《尚书》有孔安国传和郑玄注,《孝经》有孔安国传和
郑玄注,《论语》有郑玄注和何晏集解等并立国子学。

为了繁荣官方的儒学教育,同时也为了传播自己的儒学新义,梁武

---

① 《陈书》卷三十三《儒林传序》。

帝逐渐将自己的儒学经典义疏定为官方儒学的教学内容。中大通四年（532），梁武帝将自己的《制旨孝经义》作为国子学的讲授内容，并设立《制旨孝经义》助教一人，学生十人。① 大同八年（542），梁武帝将自己所撰的《孔子正言章句》颁示于国子学，使之成为国子学的讲授内容。② 与此同时，梁武帝接受国子祭酒到溉的建议，设立《孔子正言》助教二人，学生二十人。后又接受尚书左丞贺琛的建议，增设《孔子正言》博士一人。③

与此同时，梁武帝还经常亲自讲授自己的儒学经典义疏，例如："高祖（梁武帝）自讲《孝经》，使（朱）异执读。"④

梁武帝有时还让皇子、大臣讲授自己的儒学新义。"时城西又开士林馆以延学士，（朱）异与左丞贺琛递日述高祖（梁武帝）《礼记·中庸义》，皇太子又召（朱）异于玄圃讲《易》。"⑤ 简文帝萧纲在玄圃讲授梁武帝的《五经讲疏》，听者倾朝。⑥

梁武帝甚至鼓励国子学师生公开讨论自己的儒学观点。例如，国子博士周弘正希望和梁武帝探讨《周易》中的有关问题，并就此向梁武帝提出《周易》疑义五十条。当周弘正在国子学讲授梁武帝《周易大义》时，听讲的国子学诸生也就《周易大义》中有疑义的问题希望得到梁武帝的答复，梁武帝回复说可以就此加以讨论。⑦

梁武帝在文德殿考核国子学诸生，就《乾》《坤》和《文言》等中的有关问题加以探讨，诸儒莫敢先出，作为国子学《孔子正言》生的张讥"乃整容而进，咨审循环，辞令温雅。梁武帝甚异之，赐裙襦绢等"⑧。由此可知，梁武帝的儒学著述在国子学中受到博士和诸生的关注和探讨，且这一现象也受到梁武帝的鼓励。当然，所有这些言行都是为了弘扬儒学思想，

---

① 参见《梁书》卷三十五《萧子显传》。
② 参见《陈书》卷二十四《袁宪传》。
③ 参见《南史》卷二十五《到溉传》。
④⑤《梁书》卷三十八《朱异传》。
⑥ 参见《梁书》卷四《简文帝纪》。
⑦ 参见《陈书》卷二十四《周弘正传》。
⑧《陈书》卷三十三《张讥传》。

传播自己的儒学新义。

　　总而言之,凭借自己深厚的学识和显赫的地位,梁武帝身体力行、长期不懈地提倡儒学。正是在梁武帝统治时期,儒学达到其在六朝时期发展的高峰。清代学者皮锡瑞评述这一时期的状况时说:"南朝以文学自矜,而不重经术。宋、齐及陈,皆无足观。惟梁武起自诸生,知崇经术;崔(灵恩)、严(植之)、何(佟之)、伏(暅)之徒,前后并见升宠,四方学者靡然向风;斯盖崇儒之效。"①

　　唐代名臣魏徵总结梁武帝在儒学方面的贡献时说:"高祖(梁武帝)固天攸纵,聪明稽古,道亚生知,学为博物,允文允武,多艺多才。爰自诸生……开荡荡之王道,革靡靡之商俗,大修文教,盛饰礼容,鼓扇玄风,阐扬儒业,介胄仁义,折冲樽俎,声振寰宇,泽流遐裔,干戈载戢,凡数十年。济济焉,洋洋焉,魏、晋已来,未有若斯之盛。"②

第二节　玄学化的儒学性道观

　　如前所述,梁武帝推行"以孝治天下"的治国之道,而其核心内容就是对儒学的隆兴。除去体制上的弘扬和建构外,儒学的繁荣在理论反思及其合法性的论证方面同样重要。梁武帝在这方面的思考和论述无疑构成其儒学思想的主要内容。

　　作为两汉儒学法典的《白虎通德论》在两汉乃至魏晋南北朝儒学思想上具有典范和权威的意义。根据《白虎通德论》的观点,天地以太初之气、阴阳五行之化而生养万物,五行为天行气而人禀此气以内怀五性六情。这样一个贯通天人的性道模式是汉代儒学的理论基础。

　　儒家传统以"天"来负责万物的存在,即所谓"天道生化"。天道是一切价值的最高准绳和终极根据,对天道的认识是儒学的最高追求,天道的知识就是儒家的真理。但人的生命在宇宙中是一个有限的存在,它必

---

① 〔清〕皮锡瑞:《经学历史》,第179页。
② 《梁书》卷六《敬帝纪》。

须服从生老病死等自然规律的制约,它是一个有七情六欲的有血气之知的感性存在。感性即《白虎通德论》所谓人禀气而生之性。

人所面临的问题就是:必须以生命的有限存在去认识天道的无限真理。在儒家看来,天道的真理必然要凭借生命的气性来表现。气性虽然是形而下的有限存在,却同时也是人表现天道真理之无限存在的基础。

在南朝儒家学者中,比较接近这个贯通天人之性道模式的有梁武帝时期的神灭论者范缜、礼学家皇侃等人。当范缜与他人辩论形神问题时,就是以这种儒学理论为自己的神灭论进行辩护的:"人之生也,资气于天,禀形于地。是以形销于下,气灭于上,气灭于上,故言无不之。无不之者,不测之辞耳。"(《答曹思文难神灭论》)皇侃释天道为:"元亨日新之道"(《论语集解义疏·公冶长》),"人俱禀天地之气以生,虽复厚薄有殊,而同是禀气"(《论语集解义疏·阳货》)。两人关于禀气而成人性的观点,几乎没有什么不同。

在这样的性道思想中,将天道视为有意志的、能够赏善罚恶的神性之天。天以阴阳五行之气显现其道。天人之间的联系是通过气来实现的。阴阳之气有善恶之性,人禀阴阳之气而成己性,则性亦有善恶。人之性源于天道,而天道又通过阴阳五行之气来显现,则人在认识天道时也可以气为根据,通过彰显性中之善、消解性中之恶,呈现天道之大德。

在这样一个理论框架中,人禀天地之气而成的性并非纯然至善,而是有善有恶。一个有善有恶的人性不足以成为儒家纲常名教的内在根据,所以需要存在一个有意志的、能够赏善罚恶的神性之天。这个神性天无疑具有宗教中提供终极关怀的最高人格神的作用,同时又能够以赏善罚恶的形式保证人们相信儒家思想的一个基本理念即"积善之家,必有余庆。积不善之家,必有余殃"(《周易·坤·文言》)。一个能够赏善罚恶的神性之天足以弥补由于人性不是纯然至善而导致的纲常名教之内在根据的不足。只要这种理论在现实中没有受到怀疑,人们就能够心安理得地生活在由这种理论支配的社会中。

另一方面,神性之天的这一保证在现实中却显得非常脆弱。因为人生的善恶是非以及由此导致的祸福吉凶必须在现世一一相应,才能符合儒家"积善余庆,积不善余殃"的道德教化原则。然而,我们的现实社会是无法满足严格意义上的赏善罚恶的教化原则的。十分明显,如果为善反而得祸,为恶反而得福,则道德教化的合理性将受到人们的质疑。

事实上,当时的儒学思想既缺乏神性之天道赏善罚恶的外在保证,又缺乏践履儒家人生之纯然至善的内在道德根据。一个既无外在保证又无内在根据的儒学思想,势必成为一种虚伪的、外在的、毫无说服力的道德说教。在这样的儒学理论指导下的名教社会,只会涌现无数口头标榜仁义道德,实际却追逐人欲满足的伪君子。

梁元帝萧绎在谈到这种现象时说:"夫挹酌道德、宪章前言者,君子所以行也。是故言顾行,行顾言。原宪云:'无财谓之贫,学道不行谓之病。'末俗学徒,颇或异此。或假兹以为伎术,或狎之以为戏笑。若谓为伎术者,黎轩眩人,皆伎术也。若以为戏笑者,少府斗获,皆戏笑也。未闻强学自立、和乐慎礼若此者也。口谈忠孝,色方在于过鸿;形服儒衣,心不则于德义。"(《金楼子·立言篇》)

颜之推生动描绘了这种伪君子之现实嘴脸:"近有大贵,以孝著声,前后居丧,哀毁逾制,亦足以高于人矣。而尝于苦块之中,以巴豆涂脸,遂使成疮,表哭泣之过。左右童竖,不能掩之,益使外人谓其居处饮食,皆为不信。"[1]

根据以上所述我们可以知道,天道始终是性道思想的终极根据,气则扮演一个沟通天道与人性的中介作用,人性之善恶的原因要从气中去寻找。

然而,禀气而生之性为气性,此种气性不论禀自元气、阴阳之气,还是五行之气,均是在实有层面处说,而实有层面之气性不可能成为人存在的根据。原因很简单,实有层面之气性无超越的终极意义,也无道德设准以便为人的存在提供价值标准。而一个社会能够正常运行的必要

---

① 王利器:《颜氏家训集解·名实第十》,第 306 页。

条件之一就是人们对道德伦理的共识,产生这种共识的前提就是理论为道德的存在提供内在的根据,这一内在根据必须具有超越的终极意义。正如汤用彤先生所言:"汉代之天道指祸福吉凶,谓一切事象必有所由,顺之则祥,逆之则殃。……其立言全囿于形器之域。汉代人所谓天,所谓道,盖为有体之元气,故其天道未能出乎象外。"[①]

曹魏时期出现的以抽象思辨为特征的玄学思想,为儒学之性道思想摆脱理论困境开辟了一个崭新的领域。以王弼为代表的玄学思想家汲取道家的体用论方法来论证性道思想。王弼认为,天道的意义并不在其本身而在其所呈现,因为天道本身是我们可以感知的有形之物,是形而下之器,而天所呈现之用才是本之所在。

王弼有一段非常典型的材料,他说:"天也者,形之名也;健也者,用形者也。夫形也者,物之累也。有天之形,而能永保无亏,为物之首,统之者岂非至健哉!"[②]在王弼看来,有形之天是实有层面(体)的万物之形名,并非万物之根据。真正能够为万物之本者,是天在作用层面(用)呈现的无形之至健。有形之天以无形之至健为本,换句话说是:"道不违自然,乃得其性,法自然也。"[③]

以"自然"言说"道",是从超越的作用层为实有层之"道"提供终极根据,从而使实有层之"道"超拔至作用层,进而可以取代神性的天道而成为万物存在的最后依据。所以说,"自然"是从现实上有所依待而然反上来的一个层次上的超越。

"自然"是天道在作用层面的一种呈现,但在作用层面并不是最高境界,因为它仍然表现为一种动、一个过程。所以王弼又说:"凡动息则静,静非对动者也……然则天地虽大,富有万物,雷动风行,运化万变,寂然至无,是其本矣。"[④]

---

① 汤用彤撰,汤一介等导读:《魏晋玄学论稿》,第 83 页。
② 〔三国魏〕王弼著,楼宇烈校释:《王弼集校释》,第 213 页。
③ 同上书,第 65 页。
④ 同上书,第 336—337 页。

在此意义上,他强调:"天下万物,皆以有为生。有之所始,以无为本。将欲全有,必反于无也。"①"以无为本"才是王弼玄学思想的核心。

综上所述,王弼是从作用层的本无论来说明自己的天道观的。他承认万物生于有,这是实有层的命题;他提出道不违自然乃得其性,则将实有层与作用层联系起来;他由"自然"到"寂然至无",再到"以无为本",则是在作用层面的境界升华。

王弼对人性论的论述与其天道观有许多相似的特点。他在强调"以无为本"的同时,又指出万物出于气:"万物万行,其归一也。何由致一?由于无也。由无乃一,一可谓无? ……故万物之生,吾知其主,虽有万形,冲气一焉。"②"(天地)二气相与,(万物)乃化生也。"③

万物以气而生,人性亦然。人性之所以有所不同,在于性禀之气"有浓有薄,则异也"④。

以上是王弼从实有层面论述人性的材料,此是对传统气性论的直接继承。但王弼并未就此止步,他认为人性的价值并非在实有层面的气性本身,而是其在作用层面呈现的自然:"万物以自然为性,故可因而不可为也,可通而不可执也。"⑤

如前所述,自然并非作用层面的最高境界,也不是人性的最终根据,人性与万物之性一样都是"以无为本",王弼在比较孔老之境界高低时曾说:"圣人体无,无又不可以训,故不说也。老子是有者也,故恒言无所不足。"⑥

圣人之所以为圣,关键就在于他能将"无"圆满而充尽地在自己的生命中体现出来。"无"只能被体现出来而不是可以用语言来加以训解的,

---

① 〔三国魏〕王弼著,楼宇烈校释:《王弼集校释》,第110页。
② 同上书,第117页。
③ 同上书,第373页。
④ 同上书,第632页。
⑤ 同上书,第77页。
⑥《三国志·魏书》卷二十八《钟会传》裴松之注。

所以圣人不说。老子则是站在"有"的境界对"无"加以言说。[1]

人在自己的生命中体现"无",就是人性对天道的体现,所以说,"体无"就是"性"在作用层面的最高境界将"无"呈现出来,性的最终根据也必然归诸"无"。在"本无"之性中,性表现为一种无善恶之性。[2] 这是在作用层面言说"性",它较前述有浓薄不同的气性分属不同的层面,无善恶之性在气性的实有层面就表现为有善恶之性情。他说:"美恶犹喜怒也,善不善犹是非也。喜怒同根,是非同门,故不可得而偏举也。"[3]在此基础上,"以善为师,不善为资,移风易俗,复使归于一也"[4]。从气性的善恶上相师相资,复归于无善恶之性,最终达致能够呈现"无"(体无)的圣人之性。

综观王弼的性道思想,他在诠释自己的天道观和人性论及其相互关系时,会通儒道两家的方法,分别从实有层面和作用层面加以展开,以无、自然、有等阐释天道,以无善恶之性、自然、气性等解释人性,无论天道还是人性最后都归趣于"无"。

十分明显,玄学思想借助体用论方法使儒学的性道关系摆脱了缺乏超越之根据、道德之保证的困境。所以,由何晏、王弼开启的玄学思想确实弥补了当时儒学面临的理论困境,导致南朝时期的很多儒学思想家借助玄学体用论完善各自的儒学理论。包括本书重点论述的范缜、皇侃都在这一方面借助玄学体用论方法使自己的儒学理论有了很大的发展。由于范缜、皇侃都有专章论述其思想,此处不再赘述。而梁武帝在这一领域所发挥的作用及其理论贡献是值得我们加以关注的。

玄学思想在南朝时期虽然不如在魏晋时期那样隆盛,却仍然是一股不可或缺的思潮。当时的名士颜之推在《颜氏家训》中描述了玄学在萧梁时期的状况:"何晏、王弼,祖述玄宗,递相夸尚,景附草靡……直取其

---

[1] 参见牟宗三《中国哲学十九讲》,第 217 页。
[2] 参见〔三国魏〕王弼著,楼宇烈校释《王弼集校释》,第 632 页。
[3] 同上书,第 6 页。
[4] 同上书,第 75 页。

清谈雅论,剖玄析微,宾主往复,娱心悦耳,非济世成俗之要也。洎于梁世,兹风复阐,《庄》《老》《周易》,总谓三玄。武皇、简文,躬自讲论。周弘正奉赞大猷,化行都邑,学徒千余,实为盛美。元帝在江、荆间,复所爱习,召置学生,亲为教授,废寝忘食,以夜继朝,至乃倦剧愁愤,辄以讲自释。"①

以"清谈雅论、剖玄析微"为特征的玄学清谈之风在萧梁时期又繁荣起来。梁武帝亲自讲论"三玄",其子简文帝萧纲、梁元帝萧绎也都亲自讲授、废寝忘食,使玄学清谈成为一时之风尚。

关于梁武帝的玄学思想,我们很难从现存文献的一鳞半爪而窥其全貌。但可以肯定的是,梁武帝在玄学思想方面具有相当高的造诣。

《梁书》就直截了当地说梁武帝"洞达儒玄"②。言下之意是说梁武帝儒玄双修且都取得了很高的成就。梁武帝在《会三教诗》中说得更加具体而明确:"中复观道书,有名与无名。"(载《广弘明集》卷三十)他自己也说:"弟子经迟迷荒,耽事老子,历叶相承,染此邪法。"(《舍事李老道法诏》,《广弘明集》卷四)这里梁武帝将老庄之玄学称为"邪法",是因为他已准备皈依佛教且将老庄视为佛陀的弟子使然。

梁武帝曾经在宴席上与大臣探讨玄学问题:"高祖尝于宴席问群臣曰:'朕为有为无?'(王)份对曰:'陛下应万物为有,体至理为无。'高祖称善。"③梁武帝对王份的应答深表赞赏,因为这个应答相当深刻地体现了玄学思想的真谛。

梁武帝曾在宫中设立讲座,亲自阐释《老子》之义:"武帝尝于重云殿自讲老子,仆射徐勉举(顾)越论义,越抗首而请,音响若钟,容止可观,帝深赞美之。"④

根据《魏书》的记载,梁武帝曾在亲自接见北魏使臣、儒家学者李业

---

① 王利器:《颜氏家训集解·勉学第八》,第 186—187 页。
②《梁书》卷三《武帝纪下》。
③《梁书》卷二十一《王份传》。
④《南史》卷七十一《顾越传》。

兴时询问道："闻卿善于经义,儒、玄之中何所通达?"李业兴回答说:"少为书生,止读五典,至于深义,不辨通释。"梁武帝又问:"《易》曰太极,是有无?"李业兴回答:"所传太极是有,素不玄学,何敢辄酬。"①

从上述例证来看,梁武帝在玄学论说中对有、无的理解和诠释相当感兴趣。这一现象很可能是王弼"贵无论"思想的表现形式。另一方面,梁武帝深表赞赏的王份对有、无的诠释也明显体现了王弼的思想。我们从梁武帝与北魏使臣李业兴的谈话中可以明显看出他倾向于认为太极是无的观点。综合以上各点,我们认为梁武帝在玄学上是十分接近王弼的"贵无论"思想的。

梁武帝在天道观上秉承六朝乃至两汉的传统思想,以太极、元气说为主。他根据《易传》来构筑天道思想:"《系辞》云:易有太极,是生两仪。元气已分,天地设位,清浮升乎上,沈浊居乎下。阴阳以之而变化,寒暑用此而相推,辩尊卑贵贱之道,正内外男女之宜。在天成象,三辰显曜。在地成形,五云布泽。斯昏明于昼夜,荣落于春秋。大圣之所经纶,以合三才之道。清浮之气升而为天,天以妙气为体,广远为量,弥覆无不周,运行来往不息,一昼一夜圆转一周,弥覆之广,莫能测其边际,运行之妙,无有见其始终。不可以度数而知,不可以形象而譬,此天之大体也。沈浊之气下凝为地,地以土水为质,广厚为体,边际远近,亦不可知。质常安伏,寂而不动,山岳水海,育载万物,此地之大体。天地之间,别有升降之气,资始资生,以成万物。《易》曰:'大哉乾元,万物资始。至哉坤元,万物资生。'资始之气,能始万物,一动一静,或此乃天之别用,非即天之妙体。资生之气,能生万物,一翕一辟,或此亦地之别用,非即地之妙体。"(《天象论》)

从上述一段材料来看,梁武帝的天道观存在这样几层意思:

第一,先于天地而存在的是太极、元气。太极、元气是先天且形而上者。

---

① 《魏书》卷八十四《李业兴传》。

第二,元气中的清气升而为天,元气中的浊气降而为地。

第三,清气为阳而尊,浊气为阴而卑,圣人按照这一先天根据创造人类社会尊卑贵贱之道、内外男女之别的秩序,共同构成天、地、人的三才之道。

第四,天之大体既无边际又无始终。地之大体与天相接,故无边际;寂而不动,故无始终。

第五,天地之间的清浊之气升降混杂,以成万物。

第六,太极、元气在作用层表现为资始万物之乾元、资生万物之坤元,均以气为质。

综合梁武帝上述几个层次的意思,可以发现梁武帝的天道观杂糅了两汉儒学之元气论和王弼的玄学本体论思想。

首先,梁武帝根据《易传》的说法,将天地形成之前的存在称为"太极"和"元气"。

根据现有文献可知,汉唐时期的学者将"太极""太一""大一""一""道"等概念视为对"天道"这一终极根据的不同说法。而将天地形成之前的存在称为"元气"则是两汉儒学元气论的典型观点。

三国吴时易学大家虞翻曰:"太极,太一。"[1]

魏晋时儒学大家王肃在《孔子家语·礼运》中解释说:"太一者,元气也。"

唐代孔颖达等人撰成的《五经正义》是对汉唐时期儒学思想的总结性著作。他在《礼记正义·礼运》的注疏中说:"必本于大一者,谓天地未分,混沌之元气也。极大曰大,未分曰一,其气既极大而未分,故曰大一也。"

孔颖达在《周易正义·系辞上》"是故易有太极"条中说:"太极谓天地未分之前,元气混而为一,即是太初、太一也。故《老子》云'道生一',即此太极是也。"

---

[1] 〔清〕李道平:《周易集解纂疏》,第600页。

十分明显，如果梁武帝将"太极"直接等同于"元气"，则其天道思想与两汉儒学元气论就毫无二致了。但从梁武帝的字里行间似乎无法得出这一结论。

其次，梁武帝将天地形成之前的存在称为"太极"，且将"太极"直接作为形而上之"无"，这一说法是王弼玄学的典型观点。梁武帝认为，天地既无边际又无始终，且天地之间的清浊之气升降混杂以成万物。既然如此，则天地为时空中最大、最尊者，而创生天地之太极则是超越时空之上的本体，且天地及其万物构成时空内之全有。玄学家王弼认为："将欲全有，必反于无也。"①王弼还直接将"一"（太极、道）等同于"无"，他说："万物万行，其归一也。何由致一？由于无也。由无乃一，一可谓无？"②

东晋玄学家韩康伯注《易·系辞》曰："道者何，无之称也。无不通也。无不由也。"③

梁武帝认为，天地之先的太极是超越于时空之上的形上概念。在玄学思想中，时空之内的天地万物为"有"，而在时空之上的太极则是"无"。

有一条史料可以佐证这一观点。根据《魏书》的记载，梁武帝在接见北魏儒家学者李业兴时询问道："《易》曰太极，是有无？"李业兴回答："所传太极是有，素不玄学，何敢辄酬。"④梁武帝尽管没有直接说"太极"是"无"，但从两人交谈的场合、内容以及上述《天象论》的文字来看，梁武帝认为"太极"是"无"。

再次，梁武帝运用玄学之体用论方法诠释其天道思想中关于"太极""元气"的不同意义。从实有层面而言，"一""道"表现为元气，其中的清浊之气构成天地及其万物，形成全有之大体；从作用层面而言，"一""道"呈现为太极、无，表现为资始、资生之别用。

这一诠释模式在玄学思想中是非常典型的。王弼在《周易注》中说：

---

① 〔三国魏〕王弼著，楼宇烈校释：《王弼集校释》，第110页。
② 同上书，第117页。
③ 〔清〕李道平：《周易集解纂疏》，第558页。
④ 《魏书》卷八十四《李业兴传》。

"天也者,形之名也;健也者,用形者也。夫形也者,物之累也。有天之形,而能永保无亏,为物之首,统之者岂非至健哉!"①在王弼看来,有形之天是实有层面(体)的万物之形名,并非万物之根据。真正能够为万物之本者在作用层面(用)呈现为无形之至健。

梁武帝继承了王弼上述玄学体用论方法,将《易传》中的"乾元""坤元"分别诠释为天地之德行。以刚健之德解释"乾元",能够资始万物,乃天之别用,是万物生成的根源。以柔顺之德解释"坤元",能够资生万物,乃地之别用,是生养万物的根源。根据这种解释,乾元为肇始万物的德行,坤元为生长万物的德行。万物依赖于天地生成长养,也就是梁武帝所谓资始万物、资生万物,即"生生之德"。

最后,梁武帝将作用层面的资始、资生之别用落实在实有层面的气上而成为"资始之气""资生之气",致使太极、天道的超越性丧失殆尽,导致其天道观回归两汉儒学的元气论,使《易传》中具有超越性的"生生之德"只能借助实有层面之气性禀授予人。这一模式只会使人性禀受之善不具超越性而无法成为人生道德之根据。另一方面,梁武帝主张,清浮之气升而为天,沈浊之气下凝为地,天地之间的清浊之气升降混杂以成万物。这一观点与两汉元气论毫无二致,而后者认为人性禀受之善恶源于清浊之气的厚薄。由此看来,梁武帝借助《易传》中具有超越性的"生生之德"并没有导致人性禀受之善同样具有超越性。

梁武帝在《净业赋序》中也谈到他对人性的看法:"《礼》云:'人生而静,天之性也。感物而动,性之欲也。'有动则心垢,有静则心净,外动既止,内心亦明,始自觉悟,患累无所由生也。乃作《净业赋》云尔。观人生之天性,抱妙气而清静。感外物以动欲,心攀缘而成眚。"(《净业赋》,《广弘明集》卷二十九)

在梁武帝看来,人之本性表现为"静",而天之本性同样表现为"静"。另一方面,"天以妙气为体"(《天象论》),人生之天性在"抱妙气而清静",

---

① 〔三国魏〕王弼著,楼宇烈校释:《王弼集校释》,第 213 页。

也就是说，人性禀受天之妙气而表现为天性之清静。所以，人之本性源于天之本性。

进而言之，构成天之体者为"清浮之气"，即元气中的纯清之气，若人能够禀受纯清之气而为性，则此人性必然是至善之性即圣人之性。这种至善之性无疑可以作为现实社会的道德根据。然而，梁武帝的尝试仍然归于失败，因为他在这一诠释模式中仍然将具有超越性的天性之"静"落实在实有层面的"清浮之气"上，从而导致人性禀受而成的至善之性不具超越性，故这种至善之性无法成为内在的道德根据。

总之，"洞达儒玄"的梁武帝在玄学方面造诣颇深。他运用《易传》思想、玄学体用论将天道、无、太极等同起来，并将其形上层面的超越性揭示得相当清楚。另一方面，梁武帝在人性论中同样企图运用玄学体用论论证人性中存在具有超越性的至善之性。但由于受到儒学元气论的桎梏，梁武帝在人性论上的论证是不成功的。

第三节　佛学化的心性论

如上节所述，梁武帝借助玄学的体用论将天道呈现为太极、无的形上之本体，彰显了其天道观中具有超越性的生生之德。但是，没有彻底摆脱元气论桎梏的梁武帝却无法将天道之超越性贯通于人性之中。这一局面的形成，不只是儒学理论本身之问题使然，也是玄学思想内在的局限性所致。

王弼贵无论玄学的核心是肯定现象背后之本体"无"的存在，同时又将"无"视为万物存在的根源。尽管贵无论玄学并不看重现象界万物之存在，但还是肯定现象界万物的客观实在性。"无"的超越性与"有"（万物）的实在性之间无法相互贯通，梁武帝的性道观困境正是这一理论局限性的很好例证。郭象的独化论玄学凭借独化论贯通性道，欲以崇有之论纠正贵无之失。然而，这种显体于用的崇有之说必然趋于对万物之客观实在性的肯定，从而导致天道"无"之超越性被"有"（万物）之客观实在性所淹没。范缜的神灭论思想正是继承了郭象的独化论和传统儒学的元气论而成的儒学理论。这一理论将郭象的崇有之说发展到极致而有神灭之论，使传统儒学和独化论玄学都陷入理论困境。正如汤用彤先生所说："夫玄学者，乃本体之学，为本末有无之辨。有无之辨，群义互殊。学如崇有，则沉沦于耳目声色之万象，而所明者常在有物之流动。学如贵无，则流连于玄冥超绝之境，而所见者偏于本真之静一。于是一多殊途，动静分说，于真各有所见，而未尝见于全真。"[1]

所以，梁武帝借助玄学思想建构自己儒学理论的努力并没有获得成功。因此，梁武帝需要寻找能够帮助自己重构儒学性道思想的理论资源。最后，他认定能够帮助自己的只有佛学："晚年开释卷，犹月映众星。苦集始觉知，因果方昭明。不毁惟平等，至理归无生。"（《述三教诗》）

佛学在中国的传播和发展，始终与中国传统的儒学和道家思想密不可分。魏晋南北朝时期风靡一时的般若学思想就是印度大乘中观佛学与玄学相互影响的产物。作为现实中传统思想资源的玄学本体论对般若学的传播作出重要贡献，进而形成具有玄学特色、独立的佛学体系即所谓般若学的六家七宗。

根据般若学的观点，万物都是因缘而生，处于不断生灭中而非永恒存在，故并非实有；但万物又是依据因缘而存在，看上去又似乎是有，所以不能说是无。也就是说，般若学一方面否认万物之外存在一个本体，另一方面就万物的现象而言，不能说无，从其存在条件而言又是虚假不真的。所以在反思现象与本质的关系时，应当同时破除对无、有两边的执着，即用非有非无、亦有亦无的般若学方法来把握本体与现象的关系。可见，在对现象与本体的关系问题上，般若学较玄学具有更为辩证、多元的认识。

梁武帝认为般若学非有非无、亦有亦无的辩证思维是论说本体与现象关系问题的最擅之胜场。他说："般若波罗密者，洞达无底，虚豁无边，

---

[1] 汤用彤撰，汤一介等导读：《魏晋玄学论稿》，第53页。

心行处灭,言语道断。不可以数术求,不可以意识知。非三明所能照,非四辨所能论,此乃……还源之真法,出要之上首。本来不然,毕竟空寂,寄大不能显其博,名慧不能庶其用,假度不能机其通,借岸不能穷其实。若谈一相,事绝百非,补处默然,等觉息行,始乃可谓无德而称。以无名相,作名相说,导涉求之意,开新发之眼,故有般若之字,彼岸之号。"(《注解大品序》,《出三藏记集》卷八)

文中所说的"波罗密",即到达彼岸之意。这里所谓彼岸,并非与纷繁万有之现象存在的此岸截然对立的另一个世界,而是与此岸是不可分离的、一体两面的关系,此岸以现象的形式反映彼岸的永恒存在。所以,这里所说的存在于此岸中之彼岸才是梁武帝追寻的具有超越性的人性根据。

如何才能认识存在于此岸中之彼岸? 答案就是"般若波罗密",即通过般若智慧从万有生灭的此岸发现永恒存在的彼岸。换句话说,梁武帝认为只有借助般若学非有非无、亦有亦无的认识智慧,才能发现具有超越性之彼岸的存在。所以,这种非有非无、亦有亦无的般若学智慧,是一种最妙的认识论,是不能用数术和意识去认识和表达的最高智慧。这也就是梁武帝所说的"故有般若之字,彼岸之号"。

在赞赏般若学智慧为"第一义谛""无上法门"的同时,梁武帝还以般若学来认识现实世界之现象的虚幻无常:"但般若之说,唯有五时,而智慧之旨,终归一趣,莫非第一义谛,悉是无上法门。弟子颇学空无,深知虚假。王领四海,不以万乘为尊;摄受兆民,弥觉万几成累。每时丕显,嗟三有之洞然,终日乾乾,叹四生之俱溺。常愿以智慧灯,照朗世间,般若舟航,济渡凡识。"(《摩诃般若忏文》,《广弘明集》卷二十八)

梁武帝以自己的亲身体验来论说现实世相之虚假不真。作为一个凡俗之人,能够荣登九五之尊,享尽人间荣华富贵,夫复何求。但梁武帝却不以为尊,反以为累,因为世间万物皆虚幻不真,若逐欲流迁于此不实之世,只会陷入"轮回火宅,沉溺苦海,长夜执固,终不能改"(《净业赋》)。般若学能够论说世间一切皆不真,进而认识彼岸真正的永恒存在,故梁武帝将般若之说喻为照朗凡世之智慧灯、济渡凡识之大明舟。梁武帝对般若学评价道:"般若识诸法之无相,见自性之恒空,无生法忍,自然具足。"(《摩诃般若忏文》)

由般若智慧而见自性之恒空,所谓自性空就是"诸法无自性"。佛学"三法印"即诸行无常,诸法无我,涅槃寂静。无常、无我就是无自性,就是空,但佛学正是从"无自性"中认识真性,从"无常"中认识"常",从"无我"中认识"无我相之我",只有将此"常""真我"呈现出来,才能使"无常""空"等般若智慧具有基础。

依般若之说,世间一切皆空,与此同时,"空"即一切,"空"既可论证万有之虚假,又可为"无常"之"常"、"无我相之我"。而此"常""我"只能得之于"心"。梁武帝说:"以四十年中所说般若,本末次第,略有五时。大品小品,枝条分散;仁王天王,宗源派别。金刚道行,随义制名,须真法才,以人标题。虽复前说后说,应现不同。至理至言,其归一揆,莫非无相妙法,悉是智慧深经。以有取之,既为殊失;就无求也,弥见深乖。义异去来,道非内外。遣之又遣之,不能得其真,空之以空之,未足明其妙。真俗同弃,本迹俱冥,得之于心,然后为法。"(《金刚般若忏文》,《广弘明集》卷二十八)

在梁武帝看来,般若智慧同时破除对有、无两边的执着,是至理至言,其归一揆,莫非无相妙法,悉是智慧深经。般若智慧可以发现万物自性之恒空,即"诸法无自性"。然而,般若智慧又是从何而来?梁武帝很肯定地回答道:"得之于心,然后为法。"

根据梁武帝的观点,诸法无自性,而具有般若智慧之"心"却好像不属于无自性之存在。他论证道:"如前心作无间重恶,后识起非想妙善,善恶之理大悬,而前后相去甚迥,斯用果无一本,安得如此相续?是知前恶自灭,惑识不移,后善虽生,暗心莫改。故经言若与烦恼诸结俱者,名为无明;若与一切善法俱者,名之为明。岂非心识性一,随缘异乎?故知生灭迁变,酬于往因,善恶交谢,生乎现境。而心为其本,未曾异矣。"(《立神明成佛义记》,《弘明集》卷九)

如果一个人在心中先产生一个恶念,后又产生一个善念,善恶之理相去悬殊,前后也迥然相异,若在这两个前后相续的善恶之念的背后,没有一个共同的"本",这两个善恶之念又怎么能够贯通起来呢?所以前恶虽灭,而惑识却没有变;后善虽生,而暗心却没有改。所以,如果与烦恼结合,就是无明;如果与善法结合,就是明。可见,心、识从本质上说就是一个,根据条件的不同而有所不同。所以,生灭迁变是前因所致,善恶交谢是现境所生。尽管有这些不同的现象,以"心"为其"本",这是没有不同的。所以,在梁武帝看来,"心"是先天、内在的,其表现之生灭、善恶均为无自性的假象,只有作为生灭、善恶之体的"心"才是常在、永恒的根本。

这种诸法无自性而"心"为有自性之存在的观点在般若学六家七宗中十分常见。汤用彤先生指出:"即色言色不自色,识含以三界为大梦,幻化谓世谛诸法皆空。三者之空,均在色也。而支公力主凝神,于法开言位登十地,道壹谓心神尤真。三者之空,皆不在心神也。"①

根据汤用彤先生的观点,在般若学六家七宗中的即色宗、识含宗和幻化宗这三家之空均在色而皆不在心神。换言之,现象界之万物是无自性之空,而心神则是有自性之真。

汤用彤先生进一步认为,梁武帝的般若学主要来自六家七宗中的识含宗之观点。他说:

> 《中论疏》曰:"三界为长夜之宅,心识为大梦之主。今之所见群有,皆于梦中所见。其于大梦既觉,长夜获晓,即倒惑识灭,三界都空。是时无所从生,而靡所不生。"《中论疏记》曰:"《山门玄义》第五云,第四于法开者著《惑识二谛论》曰,三界为长夜之宅,心识为大梦之主。若觉三界本空,惑识斯尽,位登十地。今谓以惑所睹为俗,觉时都空为真。"据唐均正《四论玄义》述梁武帝之说,与上言相同。"彼(指梁武帝)明生死以还,唯是大梦,故见有森罗万象。若得佛时,譬如大觉,则不复见有一切诸法。"按梁武帝作《神明成佛义记》,

---

① 汤用彤:《汉魏两晋南北朝佛教史》,第185页。

谓神明未成佛时,惑识未尽,谓之无明神明。既成佛,则无明转变成明。于法开之说,似亦可引此为连类,盖当时于精神与心识之关系,已为研讨之问题。如陆澄《法论目录》载有王稚远问罗什精神、心、意、识,慧远辩心、意、识等,想均论此。而法开所谓识者与神明分为二事。神者主宰,识者其所发之功用。"识含"一语,据宗少文《明佛论》,乃谓"识含于神"。宗氏文中有数语,或可发明法开识含二字之用意。其言曰:"然群生之神,其极虽齐,而随缘迁流,成精妙之识。"于法开说,或即谓三界本空。然其所以不空者,乃因群生之神,随缘迁流,可起种种之惑识。当其有惑识时,即如梁武帝所谓之无明神明,所睹皆如梦中所见。及神既觉,知三界本空,则惑识尽除,于是神明位登十地,而成佛矣。宗少文《明佛论》,谓群生之神均相同,而惑倒乃识所化生(三界本空,因此颠倒,而万象森罗)。此类学说悉根据神识之划分,而诠释本空之外象所以幻为实有也。①

综观汤用彤先生的说法,可以概括为以下几点:

第一,识含宗之空在色而不在心,即色空而心有。

第二,隋代吉藏在《中观论疏》中引用识含宗的于法开之观点认为,三界的一切现象都是无自性的假象,如同长夜梦中所见之幻象,而心识是"大梦之主",即一切无自性之假象的根源。一旦"大梦既觉",即当觉悟一切现象都是无自性的假象时,则如同"长夜获晓",其结果是"倒惑识灭,三界都空"。②

第三,日僧安澄在《中论疏记》中引用于法开之《惑识二谛论》的议论,认为三界本空,然所以不空者,以众生有诸种惑识。及惑识尽灭,则登位十地而觉三界都空为真。这里,于法开将空、有作为真、俗二谛的根据,又从真、俗二谛的角度来认识心识。③

---

① 汤用彤:《汉魏两晋南北朝佛教史》,第177—178页。
② 参见[隋]吉藏《中观论疏》卷二,《大正藏》第四十二册。
③ 参见[日]安澄《中论疏记》卷三,《大正藏》第六十五册。

第四，唐代均正（慧均僧正）在《四论玄义》中述梁武帝之说，众生由于神明不觉，如陷梦境，以森罗万象为有。及神明觉悟，譬如大觉，则以三界为空。

第五，梁武帝的神明观与于法开之说，似亦可引此为连类。

第六，根据宗炳的解释，"识含"之义即"识含于神"。将神、识分别为二，以神为主宰，以识为功用。

第七，梁武帝汲取"识含于神"的论证方法，构建自己以神明为成佛根据的涅槃学思想。

一方面，梁武帝借助般若学智慧，发现"心"是具有超越性之彼岸的存在，另一方面，他又从识含宗的思想中汲取"识含于神"的观念。那么梁武帝是如何利用心、神、识等概念来构筑自己的涅槃学思想的？

梁武帝说："夫心为用本，本一而用殊。殊用自有兴废，一本之性不移。一本者，即无明神明也。"（《立神明成佛义记》）这段话是说，"心"是有自性之常在，是"用"之"本"，不同的"用"是无自性、有生灭的假象，而为"本"的"心"，其本性仍然是不变的。这个"本"就是无明神明。

在梁武帝看来，心之本是不迁不移，心之用则有种种兴废，心即无明神明。

何谓无明神明？梁武帝解释道："故知识虑应明，体不免惑。惑虑不知，故曰无明。而无明体上，有生有灭，生灭是其异用，无明心义不改。将恐见其用异，便谓心随境灭，故继无明名下加以住地之目，此显无明即是神明，性不迁也。"（《立神明成佛义记》）

梁武帝认为，人因识虑而以所认识之现象为真，且不自知其为假，就是无明。在无明的立场认识的对象就是有生灭的现象。这种现象是无明之"用"。而无明之"本"是无生灭之"心"。如果因为"心"之"用"有生灭，便以为"心"随其"境"而也有生灭，为避免这种误解，佛经在无明之后加上"住地"二字，所以无明就是神明，神明之性是不迁不变的。

梁武帝特别强调，作为"心"之"用"的无明及其认识对象是有生灭的，而"心"本身是无生灭的。所以，佛经在无明之后加上"住地"二字，就是为了彰显"心"是无明之体。作为无明之体的"心"就是神明。

"神明"之本性如何？梁武帝说："源神明以不断为精，精神必归妙果。妙果体极常住，精神不免无常。无常者前灭后生，刹那不住者也。若心用心于攀缘，前识必异后者。斯则与境俱往，谁成佛乎？《经》云：心为正因，终成佛果。又言：若无明转，则变成明。"（《立神明成佛义记》）

根据梁武帝的观点，神明之本性是不断的，即无生灭之常。而精神是指识虑等心理现象，简称识。如果无生灭之神明能够呈现于心，精神必然得到妙果，这个妙果就是佛果。当精神为妙果而与"极"一体时，则也是无生灭之常。当精神为识虑等心理现象时，则是有生灭之无常。所谓无常，是指前识灭而后识生，这样的生灭永远没有止境。如果心攀缘于识虑及其认识对象"境"时，则心就与识虑、境一样成为有生灭之无常。

如何解释"心"既是无生灭之常，又是有生灭之无常？梁武帝引用佛经的说法以论证自己的观点。他说，当心呈现为神明之时，才是成就佛果的真正原因。[①] 而实现"心为正因"的方法就是将无明转化为神明。

综合以上几段文字，梁武帝认为，在心、神（神明）、识（无明）三者之间，存在以下几层含义：

第一，心是有自性之常在的本体，即"心为用本""一本之性不移"。

第二，作为本体之心含有神、识，所以神明、无明具有同一本体，即"一本者，即无明神明也"。

第三，心若与烦恼结合就是无明，心若与善法结合就是明，即"若与烦恼诸结俱者名为无明，若与一切善法俱者名之为明"。

第四，心的本体性即有自性之常在体现在神明的恒常不变性中，即"神明性不迁也"。故从本体性上说，心与神明是同一存在。

第五，心的功用性即无自性之生灭体现在无明的无常生灭性中，即

---

① 沈绩注曰："正者神识是也。神识是其正本，故曰正因。"

"无明体上,有生有灭,生灭是其异用"。故从功用性上说,心与无明是同一存在。

第六,人生的意义在于成就佛果,使心从功用性的无明之生灭中解脱出来,进而使心呈现为本体性之神明,即"心为正因""若无明转,则变成明"。

如果说呈现神明之心是成就佛果的正因,则梁武帝所谓"神明"无疑就是涅槃学中的"佛性"概念了。汤用彤先生认为,梁武帝所说的神明就是佛性:"梁武帝作《神明成佛义记》,谓神明未成佛时,惑识未尽,谓之无明神明。既成佛,则无明转变成明。"[1]他进一步引证说:

> 元晓《涅槃宗要》云:
>
> 第四师云,心有神灵不失之性。如是心神已在身内,即异木石等非情物,由此能成大觉之果,故说心神为正因体。《如来性品》云:"我者即是如来藏义,一切众生悉有佛性,即是我义。"《师子吼》中言:"非佛性者谓瓦石等无情之物。离如是等无情之物是名佛性故。"此是梁武萧衍(原作箫焉)天子义也。
>
> 均正《四论玄义》卷七云:
>
> 第四梁武萧天子义,心有不失之性,真神为正因体。已在身内,则异于木石等非心性物。此意因中已有真神性,故能得真佛果。故大经《如来性品》初云:"我者即是如来藏义,一切众生有佛性,即是我义。"即是木石等为异,亦出二谛外,亦是小亮气也。[2]

梁武帝的意思是说,人与土石等无情物不同,人具有内在的真神性(神明),它就是佛性,而佛性就是成就佛果的正因,即成佛的根本原因和根据。

梁武帝以内在的"神明"为人之本,即人之本是内在于心的"佛性",这就是梁武帝心性论的归宿。他指出:"涅槃是显其果德……显果则以

---

[1] 汤用彤:《汉魏两晋南北朝佛教史》,第178页。
[2] 同上书,第481—482页。

常住佛性为本。"(《注解大品序》)也就是说,涅槃是彰显成就佛果的功德,而佛果的成就必须以佛性之常住为本。"常住佛性"在梁武帝的涅槃学中被称为"用本不断",即所谓"以其用本(神明)不断,故成佛(涅槃)之理皎然"(《立神明成佛义记》)。这样的涅槃学说在南北朝时期具有相当的代表性。

能否成佛是宗教问题,姑且不论,梁武帝对佛性概念的论证和诠释却具有重要的思想意义。所谓佛性,并非仅对佛教信众而言。一切众生皆有佛性,佛性是一切众生先天而有且为后天存在的根据和意义,所以,佛性从实质上讲是以佛教的语言来阐释人性本质的所以然,与儒学之心性论处于同一层面。正是在此意义上,佛性与梁武帝苦苦追寻的儒学之先天善性具有了相互契合的地方。

梁武帝说:"佛性开其本有之源,涅槃明其归极之宗。非因非果,不起不作,义高万善,事绝百非,空空不能测其真际,玄玄不能穷其妙门。"(《为亮法师制涅槃经疏序》,《广弘明集》卷二十)

内在于人心的佛性是先天本有的,且摆脱了因果的束缚,是此岸之"万善"的根据,是衡量此岸之"百非"的标准。具有如此超越意义的佛性观念,难道不是儒学性道关系中所缺乏的内在超越之根据以及现实道德之保证吗?

梁武帝在这一问题上表现得十分明显,当他强调"神明"是人之本性(佛性),"无明"是人之本性攀缘凡尘、受现境染累而表现的与生灭相俱之假象时,他径直以儒家经典对此加以说明。

梁武帝在《净业赋·序》中引用了《礼记·乐记》的一段话:"《礼》云:人生而静,天之性也。感物而动,性之欲也。"他解释道:"有动则心垢,有静则心净,外动既止,内心亦明。始自觉悟,患累无所由生也。"梁武帝认为,人生之本,同于天性之静;人生之用,在于感物而动。被外物所感,则心受染累;无外物所感,则心澄明清静。内心澄明清静,则患累无所由生。

他在《净业赋》中进一步论证道:"观人生之天性,抱妙气而清静。感外物以动欲,心攀缘而成眚。过恒发于外尘,累必由于前境。"按照梁武帝的论述,他主张,人性之本在追求内心的澄明清静,心极易攀缘于外尘而生惑识,因惑识而以无自性之生灭为真实存在,导致"随逐无明,莫非烦恼。轮回火宅,沉溺苦海"(《净业赋》)。

这样两层意思就是"若与烦恼诸结俱者名为无明,若与一切善法俱者名之为明"(《立神明成佛义记》)。内心的澄明清静就是"神明",就是"佛性",而心生惑识就是"无明"。

如何才能化无明为神明,实现内心的澄明清静?梁武帝提出了"既除客尘,反还自性"(《净业赋》)的主张。具体而言,他说:"为善多而岁积,明行动而日新。常与德而相随,恒与道而为邻。见净业之爱果,以不杀而为因。离欲恶而自修,故无障于精神。"(《净业赋》)

在梁武帝看来,"客尘"是无明,是导致惑识、心生烦恼的原因,故为恶;"自性"是神明,是内心澄明清静的结果,故为善。所以,具体而言就是为善而日新,随德而邻道,离恶而自修。这种为善去恶的"返性说"几乎与儒学人性论没有什么不同。

值得注意的是,梁武帝的"返性说"有一个不证自明的前提,即"自性"是具有超越性的无生灭之常在。只有这样的"自性"才能够成为人性论中内在超越的根据和现实道德的保证,即梁武帝所说的"上善既修,行善无缺"(《净业赋》)。

既然"自性"是神明、佛性,则"自性"无疑是具有超越性的无生灭之常在。而与"自性"同义的"人生而静""人生之天性"则同样是具有超越性的先天善性,即内在超越的根据(上善)和现实道德的保证(行善)。

从儒学思想史的角度看,集中探究先天善性及其内在超越根据的儒学经典就是《乐记》和《中庸》了。唐代的李翱在其《复性书》中解释《中庸》之"天命之谓性"一语时,就直接引用《乐记》曰:"人生而静,天之性也。性者,天之命也。"以此说明"性"所具有的内在超越性。后来的儒者常常引用《乐记》中的这段话作为论证"复性说"的根据。

梁武帝的"返性说"应该是儒学"复性说"比较早的理论范式。正如汤用彤先生所说:"武帝有《中庸讲疏》,今佚,不详其说。然《中庸》诚明之体,天命之性,帝或取以比附其所谓立神明之说。《中庸》一篇,前人罕有注意者。帝或见于此,而有所发挥欤?"①

综观梁武帝在心性论层面的理论建构,概括而言,主要有以下几个方面的贡献:

首先,梁武帝认为,人心是有自性之常在的本体。作为本体之心,与烦恼结合则为无明,与善法结合则为神明,故神明、无明具有同一本体。心有体、用两个层面。就心之体言,心即神明。神明以不断为精,不断则可归妙果,妙果常住者即言其性不断,故神明可谓佛性,或云心性。就心之用言,心即无明。如果精神涉行未满,则不免于无常,无常即生灭,若心攀缘外境则陷入生灭之轮回火宅,遂使神明为无明所遮而成无明。

其次,神明是心之体,是人能够在现世存在的价值根据;无明是心之用,是人在现世生活中的外在表现形式。即:

神明(体)←心→无明(用)

人生的意义在于成就佛果,使心从功用性的、有生灭的无明中解脱出来,进而使心呈现为本体性的神明(佛性)。

佛性与无明虽同处于人的内在心中,却是不同的两个层面,或者说分属彼岸和此岸。如其所言:"生死是此岸,涅槃是彼岸,生死不异涅槃,涅槃不异生死,不行二法是彼此岸义。"②涅槃与生死是佛性与无明的归宿,但无论是涅槃还是生死,都以心之体不灭为基础。所以说,心之体本常住,而无明则有生灭,生灭者是心之体为无明所蔽之象,心之体仍为湛然不动之佛性,只有作为心之体的佛性才是常在、永恒的根本。

最后,如果说心是先天而有且内在于身的话,佛性则为心在超越层面之呈现,无明则为心在现实世界之存在。梁武帝在其儒学天道观中是以清浊气性来说明人所禀之性的,综合上述内容可以认为,梁武帝主张

① 汤用彤:《汉魏两晋南北朝佛教史》,第482—483页。
② 〔南朝梁〕法彪:《发般若经题论义》,〔唐〕释道宣:《广弘明集》卷十九。

现实世界的人性是禀自清浊之气而表现为无明,但一切众生若虔修般若智慧,觉悟现实世界之虚幻无常,摆脱生灭轮回,化无明为神明而使自身内在心性呈现佛性,这才是世俗生活的意义。

如何以般若智慧觉悟世间一切皆空,这是佛学问题,姑且不论;虔信佛教是否为人生意义,这是宗教问题,也与本章内容无关。但梁武帝认为心性是先天而内在的却具有重要价值。

如前所述,梁武帝继承了前代的元气生成天道观,这种元气论只能为禀清浊之气而成的气性论提供依据,而以气性导致的后果是心性在经验层面外在的存在。元气生成的天道观和经验层面的气性论根本无法满足人们内在而超越的形上需求,使儒学的发展在六朝时期显得相对缓慢。梁武帝将先天而内在的佛性观念引入儒学的心性论中,其理论意义在于使佛性所具有的内在超越性融摄于儒学之心性之中,从而导致后者具有内在超越的先天善性,使儒学的天道观和心性论相互贯通。正如有的学者所言,佛性论在中国哲学史尤其是在心性论层面的理论发展中扮演了一个重要的角色。六朝时期人性与佛性的互摄为后来理学中的义理之性和气质之性的分疏提供了契机。

进而言之,梁武帝对儒学的理论贡献主要表现在他援佛入儒,将佛学的佛性融入儒学的心性之中。作为外来文化的佛学思想和作为中国传统文化的儒学思想在什么层面可以有机地结合起来,始终是六朝学术界所面临的时代课题。针对这一问题,梁武帝提出了在两种文化的人性论层面进行理论融合的解决办法。从历史的发展来看,这一解决办法是相当有意义的,完全值得我们——与六朝人面临同样问题的现代人认真思考和借鉴。

第八章　皇侃的新儒学：礼学思想

皇侃是南朝儒学的代表人物之一，他充分继承了六朝时期的知识背景。一方面，皇侃是南朝儒学的一个典型代表，在其思想中可以发现六朝儒学的所有重要理论。另一方面，他是儒家文化的一个传承者，其思想中既有旧传统的继承，又有新理论的洞见，更有新旧思想之间的内在矛盾所造成的紧张关系，正是这种紧张关系孕育着新儒学的诞生。所以说，皇侃的儒学思想是南朝儒家思想中不可缺少的一个环节。

第一节　皇侃的思想渊源

皇侃的儒学十分庞杂，此为其思想渊源复杂所致。若要了解皇侃的儒学思想，必然要从其生平和著作入手。

一、生平及著作

皇侃，南朝梁时吴郡（治今江苏苏州）人。生于齐永明六年（488），卒于梁大同十一年（545）。"少好学，师事贺瑒，精力专门，尽通其业，尤明《三礼》《孝经》《论语》。起家兼国子助教，于学讲说，听者数百人。撰《礼记讲疏》五十卷，书成奏上，诏付秘阁。顷之，召入寿光殿讲《礼记义》，高祖善之,拜员外散骑常侍,兼助教如故。"①

根据记载可知,皇侃主要是一个儒家学者,尤以对《三礼》《论语》《孝经》的研究而闻名。他对当时及后世的影响主要体现在其所撰的儒学著作中。根据《隋书·经籍志》的记载,皇侃的著作有《丧服文句义疏》十卷、《丧服问答目》十三卷、《礼记义疏》九十九卷、《礼记讲疏》四十八卷、《孝经义疏》三卷、《论语义疏》十卷等。可惜这些著作至南宋时已全都散佚而未流传下来。皇侃的《礼记义疏》有赖孔颖达的《礼记正义》而保存了不少佚文,清人马国翰从中辑出四卷,另外还从《孝经注疏》中辑出一卷《孝经义疏》,都保存在《玉函山房辑佚书》中。

皇侃的著述中最著名者当为《论语义疏》,而此书之失而复得,又为儒学之一大幸事。《论语》一书自从扬雄"传莫大于《论语》"的评价之后逐渐为人所重视。六朝时期对该书进行注释的学者很多,如何晏的《论语集解》、王弼的《论语释疑》、郭象的《论语体略》、江熙的《论语集解》等。皇侃的《论语义疏》就是以何晏的《论语集解》为依据,兼采江熙的《论语集解》所录十三家注,即卫瓘、缪播、栾肇、郭象、蔡谟、袁宏、江淳、蔡系、李充、孙绰、周瑰、范宁、王珉,其余有扬雄、马融、郑玄、苞咸、王朗、王肃、孔安国、缪协、何晏、王弼、李彪、顾欢、沈居士、张凭、殷仲堪等,共三十余家,其中尤以王弼、郭象、李充、孙绰、范宁等人之经注最受重视。

皇侃的《论语义疏》基本上保存了六朝论语学研究之成果,由于它引证广博,论述客观简练,而"见重于世,学者传焉"②。

然而,自邢昺《论语注疏》出,皇侃《论语义疏》逐渐散佚而失传。③ 直到清康熙九年(1670)日本山井鼎著《七经孟子考文》,在《凡例》中称日本存有唐代传入、后由足利学以活版印刷的皇侃《论语义疏》。④ 又过百余年,浙江余姚汪翼伦将它从日本携回,于乾隆五十三年(1788)由新安鲍

---

①②《梁书》卷四十八《皇侃传》。

③ 参见《四库全书总目提要·经部·四书类》。

④ 参见《四库全书总目提要·经部·五经总义类》《七经孟子考文补遗》;〔清〕皮锡瑞《经学历史》,第176—177页注6。

以文校订刊行,于是此书得以佚而复传,"存汉晋经学之一线"①。

总之,皇侃的《论语义疏》是南朝诸多经疏中保存至今最完整的一部书,其疏文于"名物制度,略而弗讲,多以老、庄之旨,发为骈俪之文,与汉人说经相去悬绝,此南朝经疏之仅存于今者,即此可见一时风尚。……此等文字,非六朝以后人所能为也"②。"其有训释儒书,特下新意者,则王、韩之《周易》,皇侃之《论语》,虽经籍附庸,实自成一家之言也。"③

实际上,皇侃的学术地位早在唐朝初年就已经得到了承认,唐太宗李世民在贞观十四年(640)的诏书中说:"梁皇侃……前代名儒,经术可纪,加以所在学徒,多行其疏,宜加优异,以劝后生。可访其子孙见在者,录名奏闻,当加引擢。"④

二、皇侃思想的来源

皇侃的思想来源十分庞杂,概括而言,大体有以下几个方面:

首先,从其《孝经义疏》佚文可知,他与梁武帝的观点基本一致。⑤ 史传记载皇侃讲《礼记义》受到梁武帝称赞,可见二人的思想十分接近。梁武帝是南朝儒、释、道三教合流思想的代表人物,皇侃与之相近,则其思想倾向不言而明。史家谓皇侃"性至孝,常日限诵《孝经》二十遍,以拟《观世音经》"⑥。作为南朝的一位著名儒家学者,皇侃将儒经与佛经相比拟,可见其并不排斥佛学思想。

其次,皇侃受到佛学的影响十分明显,我们不妨举几个例子以窥其一斑。

皇侃在注释《论语·先进》"季路问事鬼神"时说:"外教无三世之义,见乎此者也。周孔之教唯说现在,不明过去未来。"这完全是以佛学口吻

----

① 《四库全书总目提要·经部·四书类》。
② 〔清〕皮锡瑞:《经学历史》,第 176 页。
③ 章太炎:《章太炎学术史论集》,第 263 页,北京,中国社会科学出版社,1997。
④ 《旧唐书》卷一百八十九《儒学上》。
⑤ 任继愈主编:《中国哲学发展史(魏晋南北朝)》,第 639 页。
⑥ 《梁书》卷四十八《皇侃传》。

贬周孔为识见不广的外教。

他在评论《论语·述而》"子钓而不纲"时云："周孔之教不得无杀,是欲因杀止杀,故同物有杀也。"

他在疏解《论语·微子》"我则异于是,无可无不可"时引江熙注曰："夫迹有相明,教有相资。……然圣贤致训相为内外,彼协契于往载,我拯溺于此世。不以我异而抑物,不以彼异而通滞,此吾所谓无可无不可者耳。岂以此自目己之所以异哉。我迹之异盖著于当时,彼数子者亦不宜各滞于所执矣。故举其往行而存其会通,将以导夫方类所挹仰乎。"

他在诠释《论语·子罕》"智者不惑"和《论语·阳货》"可谓智乎"时指出"智以照了为用",明显以佛学般若智慧的观照作用来疏通儒学之智。

皇侃受佛学影响最明显之处是他采用义疏体解释《论语》。所谓"义疏",是指训诂学中疏解类的一种体例。"义"指说明义理,"疏"指疏通,故义疏体重在疏通义理,即对经典应举其大义而不拘滞于文字,从而深达经典的玄奥。正如马宗霍先生所说："缘义疏之兴,初盖由于讲论。两汉之时,已有讲经之例。……魏晋尚清谈,把麈树义,相习成俗。移谈玄以谈经,而讲经之风亦盛。南北朝崇佛教,敷座说法,本彼宗风,从而效之,又有升座说经之例。初凭口耳之传,继有竹帛之著,而义疏成矣。"[①]

皇侃的《论语义疏》还效法佛教譬喻诸经的体例,引用神话物语来诂释《论语》。如《论语·公冶长》"子谓公冶长可妻也"条,皇侃疏云："别有一书,名为《论释》,云公冶长从卫还鲁,行至二界上,闻鸟相呼往清溪食死人肉。须臾,见一老姬当道而哭,冶长问之,姬曰:'儿前日出行,于今不反,当是儿已死亡,不知所在。'冶长曰:'向闻鸟相呼往清溪食肉,恐是姬儿也。'姬往看,即得其儿也,已死。即姬告村司,村司问姬:'从何得知之?'姬曰:'见冶长道如此。'村官曰:'冶长不杀人,何缘知之?'因录冶长付狱。主问冶长:'何认杀人?'冶长曰:'解鸟语,不杀人。'主曰:'当试

---

① 马宗霍:《中国经学史》,第85—86页。

之,若必解鸟语,何相放也。若不解,当今偿死。'驻冶长在狱六十日。卒日,有雀子缘狱栅上相呼,啧啧雀雀,冶长含笑。吏启主:'冶长笑雀语,是似解鸟语。'主教问冶长:'雀何所道而笑之?'冶长曰:'雀鸟啧啧雀雀,白莲水边有车翻,复黍粟,牧牛折角。收敛不尽,相呼往啄。'狱主未信,遣人往看,果如其言。后又解猪语及燕语,屡验,于是得放。"皇侃采录这一生动故事以喻公冶长"行正获罪,罪非其罪"。此为佛经中之譬喻法。陈寅恪先生曾论及皇侃的这段疏文:"南北朝佛教大行于中国,士大夫治学之法,亦有受其熏习者","惟皇侃《论语义疏》引《论释》以解'公冶长章',殊类天竺《譬喻经》之体。殆六朝儒学之士,渐染于佛教者至深,亦尝袭用其法,以诂孔氏之书耶?"[1]

再次,皇侃的《论语义疏》"从多方面阐发了王弼的贵无思想、郭象的独化思想,以及玄学家得意忘形的方法论"[2]。

《论语·学而》"行有余力,则以学文",有人问:"四教"中"文"在前,则"文"或先或后,何也? 皇侃答曰:"《论语》之体,悉是应机适会,教体多方,随须而与,不可一例责也。"此即玄学所谓道无常体、应感而显的思想。

《论语·先进》"颜渊死,子哭之恸",皇侃引郭象释曰:"人哭亦哭,人恸亦恸,盖无情者与物化也。"

《论语·为政》"导之以德,齐之以礼,有耻且格",皇侃引郭象释曰:"德者,得其性者也;礼者,体其情也。情有所耻而性有所本,得其性则本至,体其情则知耻。知耻则无刑而自齐,本至则无制而自正。"看来皇侃十分赞成郭象的独化之论和无为之政。

皇侃在疏解《论语·子罕》"子曰:'吾有知乎哉? 无知也。'"时说:"知谓有私意于其间之知也。圣人体道为度,无有用意之知。……知意谓故用知为知也,圣人忘知,故无知知意也。若用知者则用意有偏,故其

---

[1] 陈寅恪:《金明馆丛稿二编》,第 263 页,北京,生活·读书·新知三联书店,2001。
[2] 唐长孺:《魏晋南北朝隋唐史三论——中国封建社会的形成和前期的变化》,第 213 页。

言未必尽也。我于不知知,故于言诚无不尽也。"由此可以看出皇侃对玄学"以无为本""举本而末显"的精髓体会颇深。

《论语·公冶长》"子贡曰:'夫子之文章可得而闻也,夫子之言性与天道不可得而闻也已矣。'"皇侃云:"文章者,六籍也,六籍是圣人之筌蹄,亦无关于鱼兔矣。"此与玄学言意之辨相吻。

《论语·先进》"屡空",皇侃曰:"空犹虚也,言圣人体寂而心恒虚无累,故几动即见,而贤人不能体无,故不见几,但庶几慕圣,而心或时而虚,故曰屡空。"这已经离开了《论语》原义而作纯粹玄理的发挥。

最后,皇侃的儒学思想主要源自他的老师贺玚。《梁书》记载:"贺玚,字德琏,会稽山阴人也,祖道力,善三礼。……玚少传家业,齐时沛国刘瓛为会稽府丞,见玚深器异之。尝与俱造吴郡张融,指玚谓融曰:'此生神聪敏,将来当为儒者宗。'(刘)瓛还,荐之为国子生。举明经,扬州祭酒,俄兼国子助教。……天监初,有司举治宾礼,召见说《礼》义,高祖异之。……(天监)四年,初开五馆,以玚兼五经博士,别诏为皇太子定礼,撰《五经义》,玚悉礼旧事,时高祖方创定礼乐,玚所建议,多见施行。……(天监九年卒,)时年五十九。所著《礼》《易》《老》《庄》讲疏,《朝廷博议》数百篇,《宾礼仪注》一百四十五卷。玚于礼尤精,馆中生徒常百数,弟子明经对策至数十人。"[1]

会稽贺氏在六朝是一个十分有名的家族,其学术渊源甚至可以追溯到西汉。贺循是东晋初年的著名礼学家,"其先庆普,汉世传《礼》,世所谓庆氏学。族高祖纯,博学有重名,汉安帝时为侍中,避安帝父讳,改为贺氏。曾祖齐,仕吴为名将。祖景,灭贼校尉。父邵,中书令,为孙皓所杀"[2]。

贺氏家族以礼学为家学,六朝时期贺氏礼学名家辈出,其中贺道力"善三礼,有盛名",贺埙"亦传家业",贺革"就父受业,遍治《孝经》《论语》

---

[1]《梁书》卷四十八《贺玚传》。
[2]《晋书》卷六十八《贺循传》。

《毛诗》《左传》",贺琛"尤精《三礼》"。皇侃师从贺瑒而"尽通其业",可谓礼学之嫡传。

另一方面,贺瑒年轻时曾经得到刘瓛的赞赏,谓之"将来当为儒者宗"。而刘瓛"当世推其大儒,以比古之曹、郑"①,"儒学冠于当时,京师士子贵游莫不下席受业。所著文集,皆是《礼》义,行于世。(其)承马、郑之后,一时学徒以为师范"②。传载他与张融书,而后者三教皆修,二人交好,必有相契之处。《高僧传·释慧基传》载二人师从慧基,可能佛学对刘瓛有一定影响。③

刘瓛与贺瑒是南朝齐、梁两代儒学的领袖人物,他们的思想、言行均对皇侃产生了重要影响。仅从历史记载的只言片语中就可以发现他们之间的传承关系,不妨举出几例:

齐高帝萧道成建国伊始,问刘瓛以政道,刘瓛答云:"政在《孝经》。宋氏所以亡,陛下所以得之是也。"④

皇侃在评价《孝经》时说:"此经为教,任重道远,虽复时移代革,金石可消,而为孝事亲常行,存世不灭,是其常也。为百代规模,人生所资,是其法也。"(《孝经注疏·序》引)

贺瑒论礼曰:"其体有二:一是物体,言万物贵贱高下小大文质各有其体;二曰礼体,言圣人制法,体此万物,使高下贵贱各得其宜也。"(《礼记正义·序》引)

皇侃曰:"礼有三起,礼理起于大一,礼事起于遂皇,礼名起于黄帝。"(《礼记正义·序》引)

贺瑒的礼学思想、人性论、天道观均为皇侃所继承,并成为其思想的重要组成部分。在贺瑒看来,"虽有礼乐刑政之殊,及其检情归正,同至理极,其道一也"(《礼记正义·乐记第十九》)。无论是礼理、礼制、礼目

---

① ④《南史》卷五十《刘瓛传》。

② 《南齐书》卷三十九《刘瓛传》。

③ 参见唐长孺《魏晋南北朝隋唐史三论——中国封建社会的形成和前期的变化》,第215—216页。

还是礼用,都是为了检情而至理极,所谓殊途同归,均趋于心性、天道之途。他说:"性之与情,犹波之与水。静时是水,动则是波;静时是性,动则是情。《左传》云:天有六气,降而生五行。至于含生之类,皆感五行生矣。唯人独禀秀气。故《礼运》云:人者,五行之秀气。被色而生,既有五常:仁义礼智信。因五常而有六情。……情之所用非性,亦因性而有情。则性者静,情者动。故《乐记》云:人生而静,天之性也。感于物而动,性之欲也。故《诗序》云'情动于中'是也。但感五行,在人为五常,得其清气备者则为圣人,得其浊气简者则为愚人。降圣以下、愚人以上所禀或多或少,不可言一,故分为九等。孔子曰:'唯上知与下愚不移。'二者之外,遂物移矣。故《论语》云:'性相近也,习相远也。'亦据中人七等也。"(《礼记正义·中庸第三十一》)

贺玚的这一段议论是他对《中庸》"天命之谓性"的注疏,言简意赅地表明了他的心性论和天道观。

第二节　皇侃的儒学困境

作为六朝晚期一位著名的儒家学者,皇侃充分继承了六朝时期的知识传承,这在前一节已经有所论述。当我们探讨皇侃的儒学思想时对此会看得更加清楚。从横向说,皇侃是六朝儒学的一个典型代表,在其思想中可以发现六朝儒学的所有重要理论;从纵向说,他是儒家文化的一个传承者,我们可以从其理论中看到旧传统与新思想之间的内在矛盾所造成的紧张关系,正是这种紧张关系孕育着新儒学的诞生。所以说,以皇侃的儒学思想为代表的六朝儒学是整个儒家思想中不可缺少的一个环节。将皇侃的儒学思想作为个案研究,以说明六朝儒学的文化价值,应该说是一个十分有意义的课题。

本节从天道观、人性论和礼学三个层次来论述皇侃的儒学思想。

一、皇侃的性道思想

使现实与理论紧密联系起来是皇侃儒学思想的一个显著特征。即

使是在探讨"道"这一玄奥观念的时候也是如此,他认为,研究"道"是为了理解人生而非其他:

> 人生处世须道艺自辅,不得徒然而已也。(《论语义疏·述而》,以下所引该书只注篇名)

皇侃对"道"有两处解释:

> 道者,通而不壅者也,道既是通,通无形相……道不可体,谓道无形体也。(《述而》)
>
> 道者,通物之妙也。通物之法,本通于可通,不通于不可通。若人才大则道遂之而大,是人能弘道也。若人才小则道小不能使大,是非道弘人也。(《卫灵公》)

他引蔡谟注曰:

> 道者,寂然不动,行之由人。人可适道,道不适人。(《卫灵公》)

在皇侃看来,人生处世不可或缺的"道"是无形体之通而不壅者也,即通物之妙。这是对"道"进行的作用层面的解释,这种思想无疑源自玄学思维,他所引蔡谟注已经近乎王弼对"道"的理解。王弼曰:"道者,无之称也,无不通也,无不由也,况之曰道,寂然无体,不可为象,是道不可体。"(《论语注疏·卫灵公》邢昺引)

皇侃遵循这一理路而释"天道"为:

> 元亨日新之道。(《公冶长》)
>
> 天道无私,惟德是与。(《泰伯》)
>
> 元,善也;亨,通也。日新谓日日不停,新新不已也;谓天善道通利万物、新新不停者也。(《公冶长》)

这一段论述几乎完全可以从《易传》中找到相同的文字:

> "元者,善之长也","乾元者,始而亨者也。"(《易传·文言传》)
>
> 日新之谓盛德,生生之谓易。(《易传·系辞下》)

皇侃"元亨日新之道"的天道观思想源自《易传》还有一个直接的证据,他说:

> 《易》有天演之数五十,是穷理尽命之书,既学得其理,则极照精微,故身无过失也。《易》明乾元亨利贞,穷测阴阳之理,遍尽万物之性。(《述而》)

他还引王弼之言曰:

> 《易》以几、神为数,颜渊庶几有过而改,然则穷神研几可以无过,明易道深妙,戒过明训,微言精粹,熟习然后存义也。(《述而》)

皇侃认为《易》之用在于穷神研几、穷理尽命,且使身无过失,说明《易》符合他的现实与理论相结合的要求。

另一方面,皇侃通过玄学思想家来认识《易传》,对《易传》的理解相当深刻。他将"日新"释为"日日不停,新新不已",这与《易传》中"生生"之义似乎没有什么不同。他还直陈"天时有生"[1]。同时将只有圣人才能呈现的行盛之"仁"的主旨释为"生"。(《子罕》)这与《易传》所谓"天之大德曰生""显诸仁,藏诸用"也无不同之处。

皇侃进一步将天道之"生"德解释为利万物之善:

> 利者,天道元亨利万物者也。

> 利是元亨利贞之道也,百姓日用而不知,其理玄绝。(《子罕》)

当皇侃认为自己已经将天道之"生"德解释得比较清楚之后,他开始由天道转向人性层面的分疏。这里他沿袭了儒学的传统,以"命"作为二者之中介:

> 命是人禀天而生。

> 人禀天而生,故云天命也。《中庸》曰:"天命之谓性。"是也。天道微妙,天命深远……非人所能知及。(《子罕》)

---

[1] 〔南朝梁〕皇侃:《礼记义疏·礼器》佚文,〔清〕马国翰:《玉函山房辑佚书》。

如果说天命难测,人性则应该可以说得比较清楚。皇侃在疏解孔子"性相近"一语时旁征博引,花费大量笔墨加以解释,现摘其要者而引之:

性者,人所禀以生也……人俱禀天地之气以生,虽复厚薄有殊,而同是禀气。(《阳货》)

性者,生也。性是生而有之,故曰生也。(《阳货》)

人禀天地五常之气以生曰性。性,生也。(《公冶长》)

性既是全生,而有未涉乎用,非唯不可名为恶,亦不可目为善,故性无善恶也。(《阳货》)

性无善恶,而有浓薄。……又知其有浓薄者,孔子曰:性相近也。若全同也,相近之辞不生;若全异也,相近之辞亦不得立。今云近者,有同有异。取其共是无善无恶则同也,有浓有薄则异也。虽异而未相远。(《阳货》)

夫人不生则已,若有生之始便禀天地阴阳氛氲(原文如此,似应为氤氲)之气。气有清浊,若禀得淳清者则为圣人,若得淳浊者则为愚人。愚人淳浊,虽澄亦不清;圣人淳清,搅之不浊。故上圣遇昏乱之世不能挠其真,下愚值重尧叠舜不能变其恶。(《阳货》)

上智以下,下愚以上,二者中间;颜闵以下,一善以上,其中亦多清少浊或多浊少清或半清半浊,澄之则清,搅之则浊,如此之徒以随世变改,若遇善则清升,逢恶则滓沦。(《阳货》)

从皇侃对"性"的分疏,我们可以将之归结为以下四点:

(1)性禀天地阴阳之气以生。

(2)性者生也。

(3)性无善恶。

(4)气有清浊,故性有圣愚。

如果我们仔细考虑皇侃的天道观和人性论,可以发现二者之间有一定的对应关系:

$$"生"德 \longleftarrow 天道 \longrightarrow 阴阳气化$$

$$"生"义 \longleftarrow 人性 \longrightarrow 气性$$

皇侃性论的这四个特征并非他的创造,而是对前人思想的继承。第(1)和第(4)条在《易传》和汉代思想家的著作中十分常见,第(2)和第(3)条在《荀子》等先秦儒家著作、近几年发现的湖北郭店楚简《性自命出》中就有类似的说法。

关于皇侃性论的第(1)和第(4)条的来源,我们可以从《易传》以阴阳言天命而及人性和汉人以气言性的诸多议论中得以发现。《周易·说卦》曰:"立天之道曰阴与阳。"韩康伯注云:"阴阳者言其气。"

气论发端于先秦而发达于两汉。在《淮南子》构筑的宇宙生成系统中,"气"占有重要地位,而这一系统是中国古代宇宙论的基本框架。《天文训》云:"道始于虚霩,虚霩生宇宙,宇宙生元气,元气有涯垠,清阳者薄靡而为天,重浊者凝滞而为地。天地之袭精为阴阳,阴阳之专精为四时,四时之散精为万物。"董仲舒进一步将气拟人化为有意志的喜怒哀乐之气,使之成为天人感应论中的一个环节:"天亦有喜怒之气,哀乐之心,与人相副。以类合之,天人一也。"(《春秋繁露·阴阳义》)此后,以气来沟通天道与人性成为两汉六朝儒家的一个显著特征。王充以气的厚薄清浊作为人性善恶的决定因素:"禀气有厚泊,故性有善恶也。……人之善恶,共一元气。气有少多,故性有贤愚。"(《论衡·率性》)

从以上引述可以发现,皇侃在说明自己的性论时是以《易传》和汉人的思想作为基础的。

关于皇侃性论的第(2)和第(3)条的来源,可以认为:皇侃性论除受到《易传》和汉人气论的影响外,在很大程度上还源于《荀子》及其所代表的儒家中的礼学学派。荀子言性除著名的"性恶论"外,还有另外一层涵义,他说:"生之所以然者谓之性。性之和所生,精合感应,不事而自然,谓之性。性之好恶喜怒哀乐谓之情。""性者天之就也,情者性之质也,欲者情之应也。"(《荀子·正名》)荀子此处所谓"性"是通向天道的、生而有之的性,尽管他所说的天只是纯经验的自然物,但这一通天之性"固可与如此,可与如彼也哉"(《荀子·荣辱》)。用徐复观先生的说法,此"性"具有无定向性、可塑造性,与告子"生之谓性""决诸东方则东流,决诸西方则西流"的说法没有什么不同。虽然荀子从"生之所以然"而言"性",但他的人性论都是以经验层面可以把握之"性"为主。"生之所以然"之性与生理相和合所产生的("性之和所生")官能之精灵,与外物相合("精合"),外物接触(感)于官能所引起的官能的反应("感应"),如饥欲食,及目辨色等,都是自然如此("不事而自然"),这也谓之"性",即经验层面的"性"。荀子"性恶论"主要是在经验层面展开论述的。①

将荀子人性论与皇侃的人性论相比较,我们不难发现,皇侃受到荀子人性论的很大影响。

另一方面,皇侃还吸取了先秦儒家训"性"为"生"而将人性与天之"生"德两相对应的理路。②

二、对性道思想的分析

徐复观先生按照现有文献,根据对性与天道的看法,将自孔子以后的儒家划分为三派③:

(1) 从曾子、子思到孟子。此派顺着天命自上往下落、自外往内收,下落、内收到自己的心上,由心所证验之善端以言性善。更扩充心的善端而向上升、向外发,在上升至极限处重新肯定天命,在向外发的过程中肯定天下国家。但此派自孟子达到高峰后就不得其传,直至宋代程明道才慢慢复活。

(2) 以《易传》的传承为中心。此派的特点在坚持性善的同时以阴阳

---

① 参见徐复观《中国人性论史(先秦篇)》,第201—204页,上海,上海三联书店,2001。
② 关于这一点,请参见乐胜奎《郭简乐论及其主旨》,《中国哲学史》2001年第3期。
③ 参见徐复观《中国人性论史(先秦篇)》,第173—174页。

言天命。由于阴阳观念的扩展而对后来的人性论产生很大的影响,并且与道家不断发生关系。

(3) 以礼的传承为中心。礼的传承者因强调礼的作用太过,多忽视了沉潜自反的工夫,把性善的观念反而逐渐朦胧起来了。此派思想以荀子为顶点,此一系统所谈之道德始终是外在性的道德。

如果把徐复观先生的论述与前面关于六朝儒学的章节结合起来,我们可以发现,徐先生所谓《易传》学派和礼学派在六朝可以说双峰并峙,且其形式表现为玄学和礼学的共同繁荣。同时,正如徐先生所说,由于六朝人对礼学的重视,导致他们对性善观念的漠然视之,甚至影响到《易传》学派对性善论的看法。

当我们考察皇侃对性与天道关系的看法时,可以将他明显地归诸《易传》学派。而且如徐先生所言,用皇侃重视礼学这一原因来解释他对性善问题的漠视也未尝不可。但笔者以为,皇侃对性与天道关系的思想是他整个思想体系的核心和枢纽,只有将此加以详细分疏,才能理解他的整个思想体系。

皇侃谓天道为"元亨日新之道"。所谓"元亨日新之道",即生生之德,此是从天之善处而言,即他所说"天善道通","元,善也;亨,通也"(《公冶长》)。用朱熹的话解释则为:"元者,物之始生。亨者,物之畅茂。利,则向于实也。贞,则实之成也。实之既成,则其根蒂脱落,可复种而生矣。此四德之所以循环而无端也。然而四者之间,生气流行,初无间断,此元之所以包四德而统天也。"(《周易本义·乾象注》)

因此,皇侃所谓天道若从天善处讲,或者说从超越层面讲,是生生之德的呈现。

天道之生德表现为万物之生长,要将此天道下落而命于人性却必须借助阴阳气化才能实现。所以,皇侃才会说:"人不生则已,若有生之始便禀天地阴阳氤氲之气。气有清浊(,人有圣愚)。"(《阳货》)

当皇侃分别以阴阳之气和圣愚之人来描述天道和人性时,他已经在实有层面进行诠释了,这一点必须讲清楚。单就上面所说,应该还是比较通顺的。

在皇侃训性为"生"时,他试图以此来对应天道之"生"德,从而使后者也能如阴阳之气般禀于人性之中。他说:"性者,生也。性是生而有之,故曰生也。"(《阳货》)这一说法来自告子的"生之谓性",但不管是告子还是皇侃,他们所说之"生"均不是"生"德之"生"。因为"生"德之"生"是以天善为根据的。如果人性之"生"也要涵有"生"德之"生",则亦须以性善为依据。而我们知道,告子谓"性无分于善不善",皇侃也说"性无善恶"。因此,告子和皇侃所说的人性之"生"义是实有层面的存在,即皇侃所谓"生而有之"。换句话说,在皇侃看来,性之"生"义是从气性层面讲下来的。[①]

正如牟宗三先生所说,"生之谓性"所呈举之性本就是实然之性(气性),而不是道德创造之应然之性。因为告子(皇侃亦同)明说"性犹湍水""性无分于善不善",仁义并不内在于性中。[②]

由此可知,在皇侃的理论中,天道之"生"德与人性之"生"义是两个不同层面的"生",二者根本不相应。其原因在于皇侃始终在实有层面解释"性"(气性),使得人性中无超越义与天道之"生"德相应。

所以,皇侃的性与天道的关系可表示为:

"生"德←──天道──→阴阳气化

人性──→气性──→"生"义

儒家对性与天道关系的思想确如徐复观先生所言而大致分为三派。但如果我们从超越和实有层面来说,则性与天道关系的说明有两个方向,一以义理之性疏通性道,二以气质之性诠释性道。前者是徐复观先生所说的思孟学派以及宋明理学这一传承,后者则是《易传》学派和礼学派这两个系统。我们既不能因义理之性的超越意义而忽视气质之性的实有意义,也不能因气质之性的现实作用而不谈义理之性的思辨价值。

---

① 参见牟宗三《心体与性体》中册,第126页,上海,上海古籍出版社,1999。
② 参见同上书,第130页。

正如宋儒所言："论性不论气不备,论气不论性不明,二之则不是。"①

牟宗三先生解释道,天命之流行、乾道之变化,是带着气化以俱赴,否则个体之成即不可能。故"各正性命"可通气之性命与理之性命两面说。但因是承天命流行、乾道变化而说,故正宗儒家俱是以理之性命为"性命"之本义,即以"於穆不已"之真几为其性命。②

牟先生所谓正宗儒家,是以思孟、陆王为代表,注重内在超越之道德形上学的儒家。站在这种思想的角度,《易传》在讨论性与天道的关系时,天之仁德的显现即"生生",人的生命之根源则由此仁德而来,人禀此仁德以成性,因而人之性即与天地相通。《系辞上》所谓"一阴一阳之谓道"的"道"就是《乾·象》的"乾道",亦即生生不息的天道;"一阴一阳"即《乾·象》之"乾道变化"的变化。阴阳互相消息、循环不已,以成其生育万物的变化。③ 由于天之"生"德"显诸仁",故为善;人性因自觉其善而与乾元天道同体,其本身是一种无限的存在。④

综合牟、徐二先生所言,可将正宗儒家性与天道思想归结为:

"生"德 ←——天道——→ 阴阳气化

(超越层) ↓ ↓ (实有层)

"生"义 ←——人性——→ 气　性

这里与皇侃思想的不同之处在于:当我们从人性处向"生"义方向进行推扩时,由于这一方向的"性"是偏就义理之性而言,故其"生"义是建立在性善论基础上的超越层面的生生之德,而非如皇侃所谓实有层面的存在之"性"。因此,这里的"性"之"生"义是与天之"生"德上下相契的。只有这样构筑起来的性与天道的关系才是圆满的。

将皇侃与所谓正宗儒家的性与天道关系的思想进行比较,我们可以

---

① 《二程遗书》卷六《二先生语六》。
② 参见牟宗三《心体与性体》中册,第 121 页。
③ 参见同上书,第 119—122 页。
④ 参见徐复观《中国人性论史(先秦篇)》,第 180—181 页。

发现,皇侃完全把"性"局限于实有层面之气性的思想是其整个思想体系的致命缺陷,这一点将在后面看得更加清楚。

皇侃将"性"局限于气性之层面的弊端可归结为以下几个方面:

第一,气质之性因属实有层之性而无超越义,从而导致性无善恶的观念。以气性作中介似乎对于性道关系的说明更为具体,使人容易把握。但在本质上气性只会使性与天道在道德意义上相互隔绝,且使道德的内在根源由此而浮游到外面,使人从信仰或思辨上,而不是从人的内心证验上去寻找道德之源。(为什么在六朝时期玄学和佛教、道教如此兴盛? 这是很重要的一个原因。)另一方面,皇侃用气性之变化来说明天命,并在这种变化过程中建立道德的根据。他认为人的道德根源系由气性的变化所规定。这种从自然性质的规律性中寻求人之所以为人的根据的理路,实际上是站在实有层面上而去言说超越层面的问题,从理论上讲是不成立的,正如牟宗三先生所谓从"气"中是不可能分析出"德"的观念的。①

第二,由于执着于气性,使人性中并不先天地具有善。而无性善论之儒家必然否定人人皆可以成圣的主张。我们知道,儒学兼含理想和现实两面。在理想面肯定人人皆可以成圣,这是就义理之性的普遍性而言的;在现实面肯定圣人是先天禀淳清之气而成,这是就气质之性的特殊性而言的。从否定人人皆可以成圣的现象也可以反证气性论的存在。《晋书·孙盛传》载有一则十分典型的史料:孙放(字齐庄)与其父孙盛皆从庾亮猎,亮问放曰:"欲齐何庄邪?"放答曰:"欲齐庄周。"亮曰:"不慕仲尼邪?"放答曰:"仲尼生而知之,非希企所及。"根据孙放的说法,圣人是先天而知,非志慕之可及的。也就是说,圣人是世俗之人所不可企及的。这一点我们在佛学中关于一阐提人能否成佛的争论中同样可以看到,当释道生首倡一阐提人可以成佛之论时,他是以人皆有佛性(即善性)为前

---

① 参见牟宗三《中国哲学十九讲》,第233页。

提的。[1]

第三,对"命"的诠释。王充曾有"性成命定"一语,他是由气性而言之,即"用气为性,性成命定"。此处之"命"无疑是"命运"之"命";如由义理之性而言之,人在"元、亨、利、贞"的过程中完成其性,也就决定了他生命应有的活动方向,故此处的"性成命定"之"命"必然是"命令"之"命"。[2]在关于六朝儒学的章节已经例举了一些六朝人关于"命"的议论,它们无一例外都以"命运"释之,这里不再重复。此处引用一段皇侃针对"命"的疏文直接证明之:

> 命谓穷通夭寿也,人生而有命,受之由天,故不可不知也。若不知而强求,则不成为君子之德。(《尧曰》)
>
> 命是人禀天而生,其道难测。又好恶不同。(《子罕》)

可以看到,皇侃所谓"命",也应为"命运"义。

三、对人性的分析

在分析了皇侃对性与天道关系的理解及其存在的问题之后,他的心性论就显得比较容易解释了。

皇侃的心性论以气性为基础,而以"仁"为中心。但他将对"仁"的理解与其对天道的理解加以比拟:

> 仁者,恻隐之义也。仁者之性愿四方安静如山之不动,故云乐山也。仁者静,其心宁静故也。(《雍也》)

此段不禁使人想起"人生而静,天之性也",皇侃把仁性与天性相比拟,似乎在为仁性寻找某种依据。

> 仁是恩爱。(《卫灵公》)
>
> 为仁之道,以恻隐济众,故曰爱人也。(《颜渊》)

---

[1] 参见任继愈主编《中国哲学发展史(魏晋南北朝)》,"魏晋南北朝的佛教经学"章。
[2] 参见牟宗三《四因说演讲录》,第31—32页,上海,上海古籍出版社,1998。

仁者,施惠之谓也。(《述而》)

人有博爱之德谓之仁。(《为政》)

皇侃认为为仁即爱人,若将此爱扩充出去,则:

诚爱无私,仁之理也。(《宪问》)

大爱无私,至美无偏,故则天成化,道同自然。不私其子而君其臣,凶者自罚,善者自功。功成而不立其誉,罚加而不任其刑,百姓日用而不知所以然。(《泰伯》)

皇侃引用玄学家的观点,认为仁之理是一种至爱无私的境界,这种境界与"天无私覆,地无私载"之道是相通的。我们可以从天道之"生"德的呈现中体证到天善;同样,我们可以从仁德之至爱中发现仁的根源所在。

皇侃引殷仲堪注云:"夫善者,淳穆之性,体之自然。"(《先进》)

王弼曰:"载之以道,统之以母,故显之而无所尚,彰之而无所竞。用夫无名,故名以笃焉;用夫无形,故形以成焉。守母以存其子,崇本以举其末……故母不可远,本不可失。仁义,母之所生,非可以为母。"[1]

所以,在王弼看来,仁义等德目是可以由"无"所生、从"无"中体证到的,"无"是仁义之源。"无"是体现"仁"的一种境界。[2]

如果说皇侃用玄学思辨的方法论证善的根源可以成立的话,他将"道"诠释为无形相、不可体之"无"的意图也就可以理解了。

说到此处,他似乎并没有遇到什么麻烦。皇侃试图从"无"中寻找"仁"之根源的做法是通顺的。可是,这种"仁"如何成为气性的内在之善始终是他无法解决的问题。现实与理想之间的矛盾似乎也证明了这一问题存在的合理性:"凡人世之利,利彼则害此,非义和也。若天道之利,利而无害,故万物得宜而和。"(《子罕》)

---

[1] 〔三国魏〕王弼著,楼宇烈校释:《王弼集校释》,第95页。

[2] 参见牟宗三《中国哲学十九讲》,第223页。

皇侃并没有知难而退，就此停滞不前。

首先，如果气性之内并非一定有善的话，那么在现实生活中为仁的目的就是得到幸福了。皇侃说："富者财多，贵者位高。位高则为他所崇敬，财多则为他所爱。夫人生则莫不贪欲此二者。……若依道理则有道者有富贵，无道者宜贫贱，则是理之常道也。"（《里仁》）为理之常道提供保证的只能是天命。（此为道德他律的理路）皇侃对此心领神会："天命谓作善降百祥，作不善降百殃。从吉逆凶是天之命。故君子畏之，不敢逆之也。"（《季氏》）

其次，他对仁之行加以分疏而发现其中有不同之处："行仁之中有不同也，若禀性自仁者则能安仁，何以验之？假定行仁获罪，性仁者行之不悔，是仁者安仁也；智者谓识照前境而非性仁者也，利仁者也。其见行仁者，若于彼我皆利则己行之，若于我有损则使停止。……知仁为美而性不体之，故有利乃行之也。"（《里仁》）

这一段话需要说明之处有二：一者，所谓利仁者就是上面所说以得福为目的而行仁者；性仁者之"仁"也并非由"性"中所内发之"仁"，而是禀自于外在之"仁"。"仁"仍然是由外贯入。二者，从"知仁为美而性不体之"一语看，我们可以将性仁者之"仁"解释为体而得之，结合前述皇侃对"道""无"的看法，性仁者是在"无"的境界体证到"仁"的。

皇侃还有一段疏文对此说得比较清楚："君子德性与小人异也……君子、小人若同居圣世，君子性本自善，小人服从教化，是君子、小人并不为恶，故尧舜之民比屋可封。若至无道之主，君子禀性无回，故不为恶；而小人无复忌惮，即随世变改，桀纣之民，比屋可诛。"（《子罕》）

从"性本自善"一语看，似乎可视为性善之论。但他又说："凡人之性，易为染著，遇善则升，逢恶则坠。"（《里仁》）由此看来，"性本自善"之"善"仍然是外在之"善"。

另外，从皇侃的议论中可以感觉到，他对于君子履仁并非如性善论者那样坚持无条件的、自律的态度："人所以得他人呼我为君子者，政由我为有仁道故耳。若舍去仁道傍求富贵，则于何处更得成君子之名乎？"

《里仁》)他似乎有孔子所讥讽的"为人之学(行)"的嫌疑了。

如果说在理想境界中成就圣人对于皇侃而言是不可能的,那么在现实社会中成就君子则应是可以追求的目标。成就君子有内容和形式两个方面,就内容而言即不舍去仁道,就形式而言即"文与质等半,则为会时之君子也"(《雍也》)。试分析之。

所谓"仁道"为何? 皇侃说:"孔子语曾子曰:吾教化之道唯用一道以贯统天下万理也。夫事有归,理有会。故得其归,事虽殷大可以一名举;总其会,理虽博可以至约穷也。……孔子之道更无他法,故用忠恕之心,以己测物,则万物之理皆可穷验也。"(《里仁》)

"为仁之道,己若欲自立自达,则必先立达他人,则是有仁之者也。能近取诸身,远取诸物。己所不欲,勿施于人。能如此者,可谓为人之方(道)也。"(《雍也》)

他认为,仁道可以穷验万物之理,而忠恕是达致仁道的方法(为仁之方)。

"忠谓尽中心也,恕谓忖我以度于人也。"(《里仁》)忠谓内反己心以忖己,恕谓外扩己心以度物。

皇侃实际上已经把"忠"融入"恕"中而将其解释为:

> 内忖己心,外以处物。(《卫灵公》)
> 恕己及物,乃为仁也。(《颜渊》)

忠恕之道既然是为仁之方,则仁道的体现必有赖于忠恕之行,故"可终身行之一言也,恕也"(《卫灵公》)。

为恕即为仁,"仁是行盛,非体仁则不能,不能者心必违之"(《雍也》)。他认为,以行体仁,使心不违仁,使性近仁,这就是恕之真谛。

如果以上所说可以成立,皇侃在论及忠恕之道时都涉及"心",而心在他的思想中是与"志"相联系的。他说:

> 志者,在心之谓也。(《为政》)
> 志者,在心向慕之谓也。(《述而》)

> 志谓在心未行也,故《诗序》云"在心为志",是也。(《学而》)
>
> 志之在心,在心而外必有趋向意气。(《学而》)

所谓"在心为志",就是使"心"具有某种意向性,使之关注于某一方向。从皇侃对"志"的解释来看,与"夫志,气之帅也"(《孟子·公孙丑上》)具有相同的含义。如果仅从意向性这一涵义诠释"志"时,则志、意、情是同一个层面的观念,如朱熹就说:"意者,心之所发;情者,心之所动;志者,心之所之,比于情、意尤重。""志是心之所之,一直去底,意是志的脚,情又是意的骨子。在这个意义上,志与意,都属情,情字较大。"[1]

"志"这一观念在皇侃的心性论中可以说发挥了很重要的作用。它是儒家教化之道在以气质之性为理论基础的思想中得以可能的条件。皇侃引郭象语曰:"夫思而后通,习而后能者,百姓皆然也。圣人无事不与百姓同,事事同则形同。是以见形(不)以为己异,故谓圣人亦必勤思而力学,此百姓之情也。故用其情以教之,则圣人之教因彼以教彼。"(《卫灵公》)皇侃自己在《论语义疏序》中也说:"圣人虽异人者神明,而同人者五情。"

他认为,圣人以自己与众人形同、情同而引导人们志于学、志于仁、志于道,从而使得圣人以下、愚人以上、生而禀得或多或少清浊之气的人因向慕圣人之德性而有志于为仁之道,最后成就君子之名。

因此,他说:"人乃有贵贱,同宜资教。不可以其种类庶鄙而不教之也,教之则善,本无类也。"(《卫灵公》)

他引时论详细说明:"世咸知斯旨之崇教,未信斯理之谅(信)深。生生之类,同禀一极。虽下愚不移,然化所迁者其万倍也。若生而闻道,长而见教,处之以仁道,齐之以德,与道终始,乃非道者,余所不能论之也。"(《卫灵公》)

从这个角度来看前述皇侃所言"君子性本自善",实际上是闻道而教化、处仁而养德、与道终始而成就君子之性,此性虽为善,却是后天禀

---

[1] 黎靖德编,王星贤点校:《朱子语类》卷五,北京,中华书局,1986。

得的。

性善是以"志"为前提、在后天的教化中力行恕道而禀得的。"志"只是一种意向性,如何禀得才是最重要的。皇侃认为,只有首先体证仁道,才能在现实的仁之行中呈现仁道,即所谓"仁是行盛,非体仁则不能"。那么,如何体仁呢?皇侃承袭了玄学家王弼的主张:"忠者,情之尽也;恕者,反情以同物者也。未有反诸其身而不得物之情,未有能全其恕而不尽理之极也。能尽理极则无物不统。理不可二,故谓之一也。推身统物,穷类适尽。"(《里仁》)

体仁之道在于反身得情、反情同物、尽理之极而和成己性。故成性是目的。皇侃又引王弼的注加以具体说明:"夫喜、惧、哀、乐,民之自然,应感而动,则发于声歌,所以陈诗采谣,以知民志风。既见其风,则损益基焉。故因俗立制,以达其礼也。矫俗检刑,民心未化,故又感于声乐,以和神也。若不采民诗,则无以观风。风乖俗异,则礼无所立。礼若不设,则乐无所乐,乐非礼则功无所济。故三体相扶,而用有先后也。"(《泰伯》)

皇侃十分赞成王弼的观点,指出:"礼乐,先王所以饰喜(情)也。"(《季氏》)这种以情为基础,诗、礼、乐三体相扶之教化是"和成己性"的主要途径。他由此而强调礼乐之不可分:"若小大之事皆用礼而不用和,则于事有所不行也。""行礼须乐,行乐须礼也。人若知礼用和而每事化和、不复用礼为节者,则于事亦不得行也。"(《学而》)

所谓文质相半,皇侃解释说:"质,实也;文,华也,凡行礼及言语之仪。若实多而文饰少则如野人,野人鄙略大朴也;人若为事多饰则如书史,史书多虚华无实,妄语欺诈。"(《雍也》)

文质相偏都是一种片面的形式。若偏执于鄙略大朴之"质",就不能超越气质禀赋的限制;若偏执于繁饰虚华之"文",又会流于矫柔浮夸,故应文质相半。但从皇侃的行文语意看,他似乎对"文"有所偏向:"野人,质朴之称也;君子,会时之目也。孔子言以今人文观古,古质而今文。文则能随时之中,此故为当世之君子也;质则朴素而远俗,是故为当世之野人也。……时淳则礼乐损，时浇则礼乐益。若以益观损，损则为野人；若以损观益，益则为君子也。以益行益，俱得时中，故谓为君子也。"（《先进》）

皇侃重"文"的主张是其思想发展的必然结果，"为事（礼及言语之仪）多饰""以益（为事多饰）行益（礼乐益）"，俱得时中，这才是成君子之义也。由此往下，皇侃着重探讨自己的礼学思想也就顺理成章了。

综上所述，要成就君子，一要不舍仁道，二要文质相半。不舍仁道者应终身行恕，应以情体仁。文质相半者应以益行益，应依文重礼。

情是礼之基础，文是礼之形式。皇侃从自己的心性论中找到了礼学思想得以成立的根据。

第三节　皇侃礼学思想的本质

首先需要强调的是，皇侃在六朝儒学史中主要是作为一个礼学家而发挥作用的，他的儒学思想也主要表现在其礼学思想中。他自己明确表示："六经其教虽异，总以礼为本。"（《礼记正义·经解第二十六》）令人遗憾的是，现在来研究皇侃的礼学思想，我们只能依据他的《论语义疏》以及由清人马国翰从《礼记正义》和《孝经正义》中辑出来的他的《礼记义疏》和《孝经义疏》的佚文，而且后两种著作所保存下来的有价值的文字材料比较少。因此，即使是研究皇侃的礼学思想，我们也只能以《论语义疏》为其思想的主要文字依据。

一、礼与性情的关系

前一节已经就皇侃的人性论和天道观之关系作了说明。根据徐复观先生关于性与天道关系的儒家三派说，皇侃的思想与《易传》学派和礼学派都有关系。作为一个礼学家，他试图从礼学的理路诠释性与天道的关系以证成自己的儒学思想体系就是可以理解的了。

皇侃的气性论使其心性与天之"生"德无法相通，从而导致性与天道这两个层面相互隔绝的局面。进一步说,如果道德的根据源于天(《易传》学派的主张)或者源于圣人(荀子学派的主张),则善必然是外在之贯入而非内在之体证,这就导致需要以礼之形式从外在加以规范。皇侃也许已经意识到了这个问题。因为他在讨论"仁"的内容时已经将"忠恕"这一传统解释改成了:"恕、敬二事,乃为仁也。"(《颜渊》)他强调:"礼宜云敬"(《学而》),"礼主敬故也"(《子路》)。

在皇侃看来,体仁之道不仅有恕之一径,而且有敬之一途。正如徐复观先生所云:忠恕是实现仁的两方面的工夫,但有的忠不一定通于恕,恕才是通人我为一的桥梁,是直接通向仁的工夫,而孝悌也是直接通向仁的工夫。① 孝悌,从实质上说是为仁之本;②而从形式上说,是礼学的核心。所以,皇侃就是试图从以孝悌为核心的礼学之途通向体仁之道的。

皇侃十分强调礼的重要性:"礼主恭俭庄敬,为立身之本。人若不知礼者,无以得立其身于世也。故《礼运》云:'得之者生,失之者死。'《诗》云:'人而无礼,不死何俟。'是也。"(《尧曰》)

礼既然如此重要,其内容为何? 皇侃注引曰:"礼者,体其情也。"(《为政》)这是一个既十分普通又非常关键的转进。我们知道,礼乐由伦常性情而转出是儒家的一个基本信念,"礼的根源在于人的心灵的自然感情"③。因此,探讨礼学思想必然要以"情"作为基础。另一方面,"情"与"性"是紧密相关的,这一点在包括皇侃在内的整个六朝儒学都不例外。

皇侃的业师贺瑒云:"性之与情,犹波之与水。静时是水,动则是波;静时是性,动则是情。……情之所用非性,亦因性而有情。则性者静,情者动。故《乐记》云:人生而静,天之性也。感于物而动,性之欲也。故《诗序》云'情动于中'是也。"(《礼记正义·中庸第三十一》)

---

① 参见徐复观《中国人性论史(先秦篇)》,第 86 页。
②《论语·学而》:"孝悌也者,其为仁之本与。"
③ 杜维明:《人性与自我修养》,第 21 页,北京,中国和平出版社,1988。

"尽得其(师之)业"的皇侃继承了贺瑒的观点并加以发展：

> 然情性之义，说者不同。性者生也，情者成也。性是生而有之，故曰生也。情是起欲动彰事，故曰成也。然性无善恶而有浓薄，情是有欲之心而有邪正。性既是全生，而有未涉乎用，非唯不可名为恶，亦不可目为善，故性无善恶也。所以知然者，夫善恶之名恒就事而显，故老子曰："天下以知美之为美，斯恶已；以知善之为善，斯不善已。"此皆据事而谈。情有邪正者，情既是事，若逐欲流迁，其事则邪；若欲当于理，其事则正，故情不得不有邪有正也。故《易》曰："利贞者，性情也。"（《阳货》）

他在陈述自己的观点之后又引用王弼关于性情的一段文字说："不性其情，焉能久行其正，此是情之正也。若心好流荡失真，此是情之邪也。若以情近性，故云性其情。情近性者，何妨是有欲。若逐欲迁，故云远也；若欲而不迁，故曰近。但近性者正，而即性非正，虽即性非正，而能使之正。譬如近火者热，而即火非热，虽即火非热，而能使之热。能使之热者何？气也，热也。能使之正者何？仪也，静也。"（《阳货》）

这两段材料可以很好地说明皇侃是如何将性与情结合起来的，进而言之，可以明了他是如何将心性论与礼学这两个层面加以沟通的。

我们首先来看皇侃自己的观点。他认为性无善恶，情有邪正。就性之本身而言，由于未涉及事功，而善恶是就事而显的，故就性之本身而言，性无善恶。情是对事而言，即起欲动彰事，故若情任欲流迁则事邪，则恶；若欲当于理则事正，则情善。推而言之，任性于善情，则性依善情而生善，其善源于"当于理"之"理"，即：

性——→情——→当理——→情正——→性善

现在来看皇侃所引王弼的议论，这一段议论可以为上述理路作出说明。根据王弼的观点，如果以情近性，则是性其情，则能久行其正，则是情之正；如果逐欲流迁，则为情之邪。至此与皇侃所言完全一样。但他又说:虽然以情近性可行其正,以情任(原文为即,据改①)性不可谓之正,但任性则可以使性正。这就好像使火燃烧者本身并非热,却能使近火者热一样。那么,以情任性而使性正者为谁? 王弼认为是"仪也,静也"。仪者,礼也;②静者,呈现"无""自然"的精神的境界,即"无"也。③ 王弼所强调的是"即性"可以使之正,也就是说,以情任性可以使"无善恶之性"从"仪"(礼)中体验"无"所生之善并呈现这一善性,即:

性——情——即性——使之正——性善

为便于分析问题,将上式简化为:

性——情——性善(中间部分将在后面详细说明)

为什么性因情而有善呢? 此式还可以变为:

无(善恶之性)——情——有(善性)

再往下则为:

无——情——有

王弼在《老子》第三十八章注中有一段十分精彩的注释,对此说得比较清楚:"德者,得也。常得而无丧,利而无害,故以德为名焉。何以得德? 由乎道也。何以尽德? 以无为用。以无为用,则莫不载也。……是以上德之人,唯道是用,不德其德,无执无用,故能有德而无不为,不求而得,不为而成,故虽有德而无德名也。"

在王弼看来,"道者,无之称"(《论语释疑·述而》),体"无"之境界就是"尽理之极"而呈现"无"之德。

此为王弼根据玄学思想论述性情的理路。

根据牟宗三先生的观点,玄学所谓"无"是在作用层所呈现的"道"

---

① 根据楼宇烈先生的解释,"即性"就是"任性"。见〔三国魏〕王弼著,楼宇烈校释《王弼集校释》,第 637 页,注三十四。

② 参见同上书,第 637 页,注三十八。

③ 参见牟宗三《中国哲学十九讲》,第 91 页。

的境界。"有"则是"无"的无限妙用之境界的一种方向性,即《老子》所谓"常无欲以观其妙,常有欲以观其徼"。在"无"的境界可以体验"道"的无限妙用,在"有"的层面则可以落实"道"的方向性。这一方向性既可以针对对象而呈现,也可以没有对象而仅根据方向性自身来创造对象,从"无"到"有"就是从无限妙用的心境本身来说方向性,进而创造出"有"。①

牟宗三先生所言是从"无"和"有"这一最高层面讲的。这里仅就王弼关于性情的论述而言及之。前一章曾谈到"志"的观念,当仅涉及"志"的意向性涵义时,"志"具有某种道德意志的意义,且其蕴涵于"情"(道德情感)的范畴。若将此一看法用之于:

性(无善恶)——→情——→性善

这一表达似乎颇为吻合。仅就"性"本身而言,"性"在这一层次因无意向性而不呈现善恶;但"情"却不然,"情"在此一层面有意向性(有欲),情依此意向性而使"事"有善(所谓"情之正"应释为情之意向性所针对者为天、理等,因为只有天、理等才能被认为是正确的方向),正是在这种使"事"有善的过程中呈现(创造)出性善。这就好像天之"生"德对万物而言无方向性,故似乎无善无情,但正是这种并非针对个别对象、无方向性的生生之德才是最高境界的善性。王弼认为"无"对"有"就具有这种善性;"性"对"情"来说也具有相对的善性,但呈现这种善性的条件是"即性"(任性)。只有以情任性才能在情之方向性中呈现善性。

明白了王弼的论述理路,再回头来看皇侃的思想时就会更加清晰。我们仍然将:

性——→情——→当理——→情正——→性善

---

① 参见牟宗三《中国哲学十九讲》,第93—94页。

简化为:

性——→情——→性善

皇侃较王弼说得平实一些,他认为"性是全生",所谓"全"者似为圆满之义,或谓无方向之生德;"而有未涉乎用"。所谓"用"者,根据牟宗三先生的解释为无方之妙用。① 这当然是针对"情"而言的。因此,就"性"本身来说并无善恶;情起欲而使事彰,且情既是事,故情因对事有意向性(起欲)而有善恶,若此意向性"得理"则"情之正",则有善,而此善也就是无善恶之性所呈现的。因为善恶是就情、就事而显,故必然非为情、事所生。皇侃引《老子》二章注所言以证实自己的观点。实际上,《老子》二章注的全文可以帮助我们更好地理解皇侃的思想,故不妨引之如下:

① 天下皆知美之为美,斯恶已;皆知善之为善,斯不善已。

王弼注曰:美恶犹喜怒也,善不善犹是非也。喜怒同根,是非同门,故不可得而偏举也。

② 故有无相生,难易相成,长短相较,高下相倾,音声相和,前后相随。

王弼注曰:此六者皆陈自然,不可偏举之明数也。

③ 是以圣人处无为之事,行不言之教。万物作焉而不辞,生而不有,为而不恃,功成而不居。

王弼注曰:自然已足,为则败也。智慧自备,为则伪也。

④ 夫唯不居,是以不去。

王弼注曰:因物而用,功自彼成,故不居也。使功在己,则功不可久也。

皇侃所引为第一句。第一、二句表明,善恶(不善)有一个共同的根源,即自然之理,即"无"。

---

① 参见牟宗三《中国哲学十九讲》,第 91 页。

第三句表明,自然之理对事则表现为"无为",就教则表现为"不言"。无为、不言则功成。

第四句表明,功是因物之用而由物所呈现出来的,但真正的居功者不是物而应是"无"。

按照同样的理路,皇侃对于性情与善恶关系的理解是:虽然善恶恒因情就事而显、而成,但生、发善恶之功只能归诸无为善恶、不言善恶的"性"。只有无善恶之"性"才能成为创造善恶之源,性因情之用而使情呈现出善恶。皇侃在解释"温、良、恭、俭、让"时曾经涉及这个问题:"敦美润泽谓之温,行不犯物谓之良,和从不逆谓之恭,去奢从约谓之俭,推人后己谓之让,此五德之美。……夫五德内充则是非自镜也。"(《学而》)此五德实为礼之德目,其美必因情而现而成,情为内发,情成故为内充,内充则善(包括善、不善即是非)被体证(自镜)。

另一方面,皇侃强调性者生、情者成的观点也涵有性生发、创造而情呈现、成就善恶的意思。此处之善恶是就情、事而名,若从"性"上总持地说,则应为"全善"即"无方向之善"或"至善",它是善恶的根源。

皇侃在人性论中以气性言性,是从实有层面讲的。而他在礼学中以性善(总持地说)言性,则是从作用层讲的。故作用层之"性"具有超越性,且能内生仁义诸善。从作用层言"性"内生仁义诸善的理路与王弼从"无"中内生仁义的玄学思想有异曲同工之妙。

二、对"情"的分析

在皇侃的礼学思想中,"情"的重要性从上面的分析中就可以看得十分清楚。而事实上,整个六朝儒学(不管是礼学还是玄学)都极其重视"情"的问题。《士与中国文化》对此已经说得非常详细:"在理论上肯定了情是一个社会价值之后,随之而来的问题则是'称情直往'能否成为一种社会存在。关键不仅在于情,更在于礼,即怎样把礼变得合乎礼意。"

郭象在《庄子·大宗师》"是恶知礼意"一语的注释中说:"夫知礼意者必游外以经内,守母以存子,称情而直往也。若乃矜乎名声,牵乎形制,则孝不任实,父子兄弟怀情相欺,岂礼之大意哉?"

王弼在《论语释疑·八佾》"林放问礼"一语的注释中也说:"时人弃本崇末,故(孔子)大其能寻本礼意也。"皇侃也解释说:"夫礼之本意在奢俭之中,不得中者皆为失也。然为失虽同而成败则异。奢则不逊,俭则固陋,俱是致失,奢不如俭。……凡丧有五服,轻重者各宜当情,所以是本。若和易及过哀皆是为失,会是一失则易不若过哀。或问曰:'何不答以礼本而必言四失,何也?'答曰:'举其四失则知不失,即其本也。'"(《八佾》)

所谓礼之本意者,称情直往而得,当情而服即是。情是礼本之基础,所以才有将"缘情制礼"作为礼学在礼制层面之根据的观点。

综上所述,对"情"的内涵进一步加以分疏是十分必要的。从现有材料可以发现,当时人们对"情"的看法并不一样。

王弼说:"夫明足以寻极幽微,而不能去自然之性。颜子之量,孔父之所预在。然遇之不能无乐,丧之不能无哀。又常狭斯人,以为未能以情从理者也。"[1]郭象描述"以情从理"之圣人是"虽在庙堂之上,然其心无异于山林之中,世岂识之哉?"(《庄子·逍遥游注》)"夫理有至极,外内相冥,未有极游外之致而不冥于内者也。……故圣人常游外以弘内,无心以顺有。故虽终日挥形,而神气无变,俯仰万机而淡然自若。"(《庄子·大宗师注》)

王、郭均认为只要以情从理、应物而不累于物,就能达到寻极幽微、游外弘内的境界。玄学家所谓"情"并非如其文字表述之"五情",而是一种合"理"之情、无情之情。它由圣人所表现,从表象看似乎淡然自若、无心世事,而实际上体现了一种至爱无私的情感。

同样是玄学家的向秀对"情"的理解却不一样:"有生则有情,称情则自然。若绝而外之,则与无生同,何贵于有生哉?且夫嗜欲,好荣恶辱,好逸恶劳,皆生于自然。夫人生含五行而生,口思五味,目思五色,感而

---

[1]《三国志·魏书》卷二十八《钟会传》裴松之注。

思室,饥而求食,自然之理也。但当节之以礼耳。"(向秀:《难养生论》,《全晋文》卷七十二)张湛则将向秀的观点推向极致:"夫生者,一气之暂聚,一物之暂灵。暂聚者终散,暂灵者归虚。而好逸恶劳,物之常性,故当生之所乐者,厚味、美服、好色、音声而已耳。而复不能肆性情之所安、耳目之所娱,以仁义为关键,用礼教为矜带,自枯槁于当年,求余名于后世者,是不达乎生生之趣也。"①

向秀、张湛都以"情"为欲望之情,站在这样的立场来诠释情性,只会如张湛那样把"情"与仁义礼教对立起来。

王、郭所论之"情"与向、张所论之"情"是情之两端,前者具有普遍性而后者则具特殊性。二者所论之"情"虽然不同,但都趋于绝对而导致各取一端的片面性。如果采取这样片面的观点来"缘情制礼",只会使礼陷入与仁、德相对立的绝境。向秀、张湛明确地将情与礼对立起来,这种思想在现实中则表现为:"时人间丧事,多不遵礼,朝终夕殡,相尚以速。"②"《礼》云:'忌日不乐。'正以感慕罔极,恻怆无聊,故不接外宾,不理众务耳。必能悲惨自居,何限于深藏也? 世人或端坐奥室,不妨言笑,盛营甘美,厚供斋食;迫有急卒,密戚至交,尽无相见之理:盖不知礼意乎!"③

而王弼、郭象所谓"情"是纯思辨的抽象化之情,从理论上讲涵融仁德,但在现实中却表现为空谈。南朝著名学者范宁就是站在现实的立场上抨击王、郭等人的思想:"遂令仁义幽伦,儒雅蒙尘,礼坏乐崩,中原倾覆。古之所谓言伪而辩、行僻而坚者,其斯人之徒与?"④

当时似乎没有人从理论上对"情"的内涵进行分疏,而是采取一种比较宽泛的说法,既承认王、郭所论之"情",也不否认向、张所论之"情"。晋人袁宏在《三国名臣颂》中赞夏侯玄云:"君亲自然,匪由名教;爱敬既

---

① 〔晋〕张湛:《列子·杨朱注》,诸子集成本。
② 《梁书》卷二十五《徐勉传》。
③ 王利器:《颜氏家训集解·风操第六》,第109页。
④ 《晋书》卷七十五《范宁传》。

同,情礼兼到。"①

"情礼兼到"是东晋以下玄礼合流的真精神之所在,也是东晋以降玄礼双修这一历史事实的理论依据。

从袁宏所言可以发现,情礼均基于自然而非由名教。若以自然为基础,则"情"必为王、郭的无情之"情",世人具无情之"情"则皆为皇侃所谓原壤式的方外圣人(《宪问》),而使礼教成为无用之虚设;如果将"情"建基于向秀、张湛所谓"情欲"之上,礼教就更是没有现实的必要了。

东晋名士戴逵针对时论及由此而起的放达之风,一针见血地指出:"且儒家尚誉者,本以兴贤也,既失其本,则有色取之行,怀情伤真,以容貌相欺,其弊必至于末伪。道家去名者,欲以笃实也,苟失其本,又越检之行,情礼俱亏,则仰咏兼忘,其弊必至于末薄。夫伪薄者,非二本之失,而为弊者必托二本以自通。"②

戴逵指出当时儒道诸学之所以表现为"伪薄",原因在于"失其本"。那么,其本为何呢? 他比较了"有本之放达"与"无本之放达"的不同,并得出结论:"德"即是本。他说:"夫亲没而采药不反者,不仁之子也;君危而屡出近关者,苟免之臣也。而古之人未始以彼害名教之体者何? 达其旨故也。达其旨,故不惑其迹。若元康之人,可谓好遁迹而不求其本,故有捐本徇末之弊,舍实逐声之行。……元康之为放,无德而折巾者也。"③

戴逵所说"亲没而采药不反者",就是《论语》所载泰伯。从礼的角度说,泰伯之亲没,而他却不返回奔丧,是为不仁之子;但因为他是有德之人,其违礼也是出于为德之本,即达其旨。皇侃也谈到这一问题,他引论曰:"太王病而托采药出,生不事之以礼,一让也;太王薨而不反,使季历主丧,死不葬之以礼,二让也;断发文身示不可用,使季历主祭礼,不祭之以礼,三让也。……(泰伯)诡道合权,隐而不彰,故民无得而称,乃大德

---

①《晋书》卷九十二《袁宏传》。
②③《晋书》卷九十四《戴逵传》。

也。"(《泰伯》)

无论戴逵还是皇侃都指出了一个共同的问题：当德与礼发生冲突时，判断是非的标准应是德。所以皇侃才说："君子权变无常，若为事苟合道得理之正，君子为之不必存于小信。"(《卫灵公》)若联系他在《阳货》中所谓"情既是事，若欲当于理，其事则正"来看，君子为事若合道得理之正，则一种庄敬之情必然内发于心而呈现于外。此种庄敬之情才是礼的真正根源，即杜维明先生所说的它是礼的内在动力。①

皇侃并没有明确说出这种庄敬之情，但他在陈述亲亲大义时仍然涉及这一问题："人能所亲得其亲者，则此德可宗敬也。亲不失亲，若近而言之则指于九族宜相和睦也；若广而推之，则是泛爱众而亲仁，乃义之与比，是亲不失其亲也。"(《学而》)

在皇侃看来，亲亲与亲仁是不同层面之情，亲亲之情是自然之情，亲仁之情则是庄敬之情，也即道德之情。他引王弼言曰："自然亲爱为孝，推爱及物为仁也。"(《学而》)皇侃自己具体说明："以孝悌解本，以仁释道。孝是仁之本，若以孝为本则仁乃生也。仁是五德之初，举仁则余从可知也。"(《学而》)

皇侃把"亲亲"的自然之情归约为孝悌，把"亲仁"的庄敬之情归约为仁德，并认为"亲仁"之情是在"亲亲"之情的基础上呈现的。

皇侃认为"亲仁"之情由"亲亲"之情而显，这无疑仍然是玄学思维的论证。在他看来，亲仁是泛爱众之情，无特定的对象；亲亲是自然亲爱之情，指特定的对象。"亲亲"之情是百姓日用而知，"若其本②成立则诸行之道悉滋生也"(《学而》)。所以，"亲亲"之情是体证"亲仁"之情的本(始)，只要"亲亲"之情由内心而生，因其有特定的对象而具方向性，故沉浸在此具方向性的"亲亲"之情中人必然能从此情中体验到一种更高层次的"亲仁"之情，也就是皇侃引《孝经》所总结的"夫孝，德之本也，教之

---

① 参见杜维明《人性与自我修养》，第 22 页。
② 孝悌，即"亲亲"之情。——引者注。

所由生也"(《学而》)。

既然"亲亲"之情是由内心而生,而且从中可以体证"亲仁"之情,则"亲仁"之情也应为内心而生。这里存在两个解释:第一,为使亲仁之情得以呈现,必须十分重视以孝悌为核心的礼学,尤其是最能表现孝悌的丧服之礼。第二,当亲仁之情由内心而生时,它"不仅具有普遍性,而且由于向外感通有远近亲疏之别,故有差别性、特殊性、个别性"①。所以,无论是从亲亲之情的内发,还是亲仁之情的外通,都必须非常重视以研究远近亲疏(外在形式)和孝悌(内在情感)为内容的礼学,而礼学中对上述内容表现得最为详细的就是丧礼。丧礼是人的亲亲之情表现得最真切、自然的领域,所谓"人子情思,为欲令哀伤之物在身,盖近情也"②。

笔者以为,这就是六朝儒学在丧服之礼学上非常繁荣的主要原因。林素英对于从丧服之制中体证仁道有一段很好的说明:"丧服的规划以服丧尽哀为主要核心,从人情深处挖掘凡是对我有恩情者应为之尽哀,对我尽义理者也应为之尽哀,藉以充分流露人之仁德、实践人之道义,使人从仁义的充塞于内且能外化于对我有恩情义理者,于是能由于念念在仁、思思在义,而使服丧者本身成为居仁由义的有道君子。"③

《礼记·丧服四制》有一段文字也给人很大启发:"丧服四制,变而从宜,取之四时也;有恩、有理、有节、有权,取之人情也。恩者仁也,理者义也,节者礼也,权者知也。仁义礼知,人道具矣。"我们可以从取诸人情的丧服制度中体证仁义礼知之人道。因此对丧服制度研究得越细致、规定得越具体、实行得越严格,必然会对仁义礼知之人道体证得越充分、呈现得越完全,居仁由义的有道君子就此而成。所以,六朝时期兴盛不衰的丧服学,其文化意义并不在丧服制度本身,而是跃升到了儒学的核心价值层面来讲的。

---

① 牟宗三:《中国哲学的特质》,第45页,上海,上海古籍出版社,1997。
②《宋书》卷十五《礼志二》。
③ 林素英:《丧服制度的文化意义》,第227页,台北,文津出版社,2000。

三、礼学的基础

根据自己一贯的做法,皇侃首先指出礼学在现实中的作用:

> 若君子学礼乐则必以爱人为用。(《阳货》)
>
> 仁是恩爱,政行之故宜为美。(《卫灵公》)

皇侃以恩爱之情(恩当为亲亲之情,爱当为亲仁之情)作为道德实践的内在动力将礼乐与仁之行结合起来(其间的曲折已经在前面的分析中有所叙述,这里不再赘言)。他强调"仁"是"恩义"之源:

> 仁、水、火三事皆民人所仰以生者也,水火是人朝夕相须,仁是万行之首。故非水火则无以食,非仁则无有恩义。若无恩及饮食则必死无以立也。三者并为民人所急也,然就三事之中,仁最为胜。(《卫灵公》)

既然礼乐之用在于行仁,而仁是立身之本,则:

> 礼是恭俭庄敬,立身之本,人有礼则安,无礼则危,若不学礼则无以自立身也。(《季氏》)

如果说"仁是恩爱",则行仁就是使恩爱之情有所落实,或爱人,或推爱及物,故"行仁"实质上就是"仁"。所以皇侃也说:"仁道不远,但行之由我,我行即是此。"(《述而》)

综合皇侃的以上观点,可以得出这样的结论:仁是恩义之源,行仁使恩义转进为爱人,爱人须依礼乐之用来表达。因此,礼乐之用具有使仁道呈现出来的意义。

皇侃在此基础上重申,使仁道呈现之礼即为孝悌。他还引《孝经》来证明自己的看法:"夫孝,德之本也,教之所由生也。"(《学而》)

孝悌是皇侃礼学论述的重点,这一特征在礼学思想史上十分常见。礼学家通常将孝悌的范围扩展到内求仁义、外成王道的整个领域。如《礼记·祭义》载曾子曰:"孝有三,小孝用力,中孝用劳,大孝不匮。思慈爱忘劳,可谓用力矣。尊仁安义,可谓用劳矣。博施备物,可谓不匮矣。"

如果此节确为曾子所言,则他就将"孝"区分为三个层次:小孝谓亲亲之情,这是人的自然情感;中孝谓亲仁之情,这是人的道德情感;大孝谓行仁之道,这是人呈现仁道的实践。

皇侃在理解孝悌之目时也遵循了曾子的思想:

第一,他说:"孝是事父母为近,悌是事兄长为远。宗族为近,近故称孝;乡党为远,故称悌也。"(《子路》)"子善父母为孝,善兄为悌。"(《学而》)

皇侃在此处所释之"孝悌"应是曾子所谓小孝。

第二,他又说:"本谓孝悌也……若其本成立,则诸行之道悉滋生也。孝是仁之本,孝为本则仁乃生也。以孝为基,故诸众德悉为广大也。"(《学而》)

皇侃在这里所说之"孝"就是曾子所讲的中孝,即亲仁之情。

第三,对于仁道践履之大孝,皇侃指出:"仁义礼智信五者并是人之行,而仁居五者之首","仁者,恻隐济众,行之盛也"。(《子罕》)"人君若自于亲属笃厚,则民下化之,皆竞兴起仁恩也。孝悌也者,其仁之本与也。"(《泰伯》)"人既生便有在三之义,父母之恩,君臣之义……长幼之恩。大伦谓君臣之道理也,君子所以仕者非贪荣禄富贵,政是欲行大义故也。"(《微子》)

皇侃所言十分符合曾子所说"大孝"之义,践履仁道是将仁之真谛(爱人)由亲(孝)族(悌)推扩至天下(仁),这才是最大的孝,故曰大义。

因此,皇侃在《礼记义疏·祭义》"先王之所以治天下者五"一条下疏释为"广明孝道"(《礼记正义·祭义第二十四》),就是从这个意义上来讲的。

儒家以舜作为大孝的典型而加以赞美:"舜其大孝也与。德为圣人,尊为天子,富有四海之内,宗庙飨之,子孙保之。故大德必得其位,必得其禄。"《礼记·中庸》将大孝之誉归诸舜不是没有原因的。皇侃引曰:

"夫圣德纯粹，无往不备，故尧有则天之号，舜称无为而治。"(《泰伯》)在儒家学者心目中，实行无为而治的理想社会就是舜统治天下的时期。他所施行的无为而治正是仁道能够呈现的最高境界，故称誉舜为大孝不是没有道理的。

在孝之三层面的涵义下，才有"古之为政，爱人为大；所以治爱人，礼为大；所以治礼，敬为大。……是故君子兴敬为亲，舍敬是遗亲也。弗爱不亲，弗敬不正。爱与敬，其政之本与"(《礼记正义·哀公问第二十七》)的观念，也才会有皇侃所谓"人子为孝皆以爱、敬而为体"(《子张》)，"若能自约检己身，返反于礼中则为仁也。身能使礼反返身中则为仁也"(《颜渊》)。

礼囊括社会生活各层次、各方面，体现了以"爱人"为核心内容的仁道之真谛，并以"孝"之三层面由外情内收于"性"，在"性"中呈现全善，再由内向外扩出而落实于仁道之践履，以小孝为始，以大孝为终，构成一个无限上升的修养过程。

总而言之，面对六朝儒学性道相隔绝的困境，以及玄学思潮内部趋向空谈和纵情的极端倾向，皇侃汲取玄学思想尤其是王弼的思想并将其运用于礼学领域，创造性地疏通了儒家天道观、心性论与礼学三层面的隔绝状态，使其成为一个有机整体。更具意义的是，皇侃在疏通性道关系时已渐趋内化，即以"性"中内生之"善"作为自己整个思想体系的终极根据。尽管此种性善是由礼学的道德情感所呈现，且缺乏一种严密的逻辑论证，但我们可以从中理解以皇侃思想为代表的六朝礼学何以繁荣以及它在整个中国儒学史中的重要价值。

第九章　皇侃与南朝礼制思想

　　人生在世，以何为纲？皇侃曰："夫妇、父子、君臣也，三事为人生之纲领。"(《为政》)而此三纲必以礼统之。南朝著名学者沈约就说："原夫礼者，三千之本，人伦之治道。故用之家国，君臣以之尊，父子以之亲；用之婚冠，少长以之仁爱，夫妇以之义顺；用之乡人，友朋以之三益，宾主以之敬让。所谓极乎天，播乎地，穷高远，测深厚，莫尚于礼也。"①

　　南朝梁时学者徐勉也说："臣闻'立天之道，曰阴与阳；立人之道，曰仁与义'，故称'导之以德，齐之以礼'。夫礼所以安上治民，弘风训俗，经国家，利后嗣者也。……虽复经礼三百，曲礼三千，经文三百，威仪三千，其大归有五，即宗伯所掌典礼：吉为上，凶次之，宾次之，军次之，嘉为下也。故祠祭不以礼，则不齐不庄；丧纪不以礼，则背死忘生者众；宾客不以礼，则朝觐失其仪；军旅不以礼，则致乱于师律；冠婚不以礼，则男女失其时。为国修身，于其攸急。"②

---

① 《宋书》卷五十五《傅隆传》。
② 《梁书》卷二十五《徐勉传》。

上至天地,下至家国,君臣、父子、少长、夫妇、乡人、朋友、宾主等,可以说礼涵盖了社会中所有的人际关系乃至天人关系。对礼的重要性的强调没有谁比南朝人表现得更强烈的了。作为礼学家的皇侃同样直截了当地表达这种思想:

> 人无礼则死,有礼则生,故学礼以自立身也。(《泰伯》)

> 礼主恭俭庄敬,为立身之本。人若不知礼者,无以得立其身于世也。故《礼运》云"得之者生,失之者死",《诗》云"人而无礼,不死何俟?"是也。(《尧曰》)

关于礼学在六朝时期兴盛不衰的现象及其原因,许多研究六朝思想史的学者都有所阐释,前一章也曾就此问题进行了探讨,这里想说明的是,研究礼学思想除了对其在儒学中的内在关系进行分析之外,对于礼学的外在表现形式即礼制的研究也是必不可少的一个环节。《礼记·仲尼燕居》曰:"制度在礼,文为在礼。"礼制是礼之文,是外在形式,我们可以从这种外在形式中发现礼之本,即礼义。而"人之所以为人者,礼义也"(《礼记·冠义第四十三》)。因此,从礼制中发现其内在义理,从而找到人之所以为人的依据。故《礼记·坊记》云:"夫礼,先王以承天之道,以治人之情,故失之者死,得之者生。……是故夫礼必本于天,淆于地,列于鬼神,达于丧、祭、射、御、冠、昏、朝、聘。故圣人以礼示之,故天下、国家可得而正也。"

皇侃对此的解释是:"礼理起于大一,礼事起于遂皇,礼名起于黄帝。"(孔颖达:《礼记正义序》)

由于礼可以承继天道以治人情,故礼制对于人而言具有与法制同样甚至更高的约束力。所以礼制可以作为判断是非的标准。皇侃就明确说道:"得礼为是,失礼为非。"(《礼记义疏·曲礼上》)

皇侃的礼制思想与其生活的南朝萧梁时期礼学的兴盛有很大关系。梁武帝在位时期是六朝儒学最繁荣的一段时间。史家云:"《陈书·儒林传序》亦谓,梁武开五馆,建国学,置博士,以五经教授。帝每临幸,亲自试胄,故极一时之盛。"①他在礼学方面的最大成就是组织当时的著名礼学家撰成《五礼》。由王俭"雅相推重"的何佟之总其事,明山宾、严植之、贺瑒等分掌吉、凶、宾、军、嘉礼的撰写。"有疑者,依前汉石渠、后汉白虎,随源以闻,请旨断决。"②清代礼学家秦蕙田评价说:"五礼之书,莫备于梁天监,时经二代,撰分数贤,汇古今而为一本,宸断以决疑,卷帙逾百,条目八千,洋洋乎礼志之盛也。"③

第一节　六朝郊禘礼制

《礼记·仲尼燕居》曰:"明乎郊社之义、禘尝之礼,治国其如指诸掌而已乎。"

《礼记·中庸》亦曰:"明乎郊社之礼、禘尝之义,治国其如示诸掌乎。"

郊社是事天之礼,禘尝是敬祖之礼。事天敬祖是礼制中最重要的内容,任何礼制思想都能以此为依据而推演其体系。另一方面,祭天祀祖之礼又是现实政治活动中最重要的仪式之一,它的正确与否甚至关系到一个王朝是否为天之所命、国之正统,其政治意义是不言而喻的。此在《白虎通德论》中有明确规定:"《礼·曾子问》曰:唯天子称天以诔之。唯者独也,明天子独于南郊耳。"(《白虎通德论·谥篇》)袁准《正论》引《大传》曰:"礼,不王不禘,诸侯不禘,降杀,降于天子也。"④南朝诸代开国皇帝都受前朝"禅让",且都至南郊告天以表明自己是"奉天承运"的正统之君。⑤

正因为此,围绕郊禘之礼的争论从三国时的郑玄、王肃之争开始,一直持续到皇侃所在的南朝晚期。当我们仔细探讨这一问题时,就会发现

---

① 〔清〕赵翼著,王树民校证:《廿二史札记校证》卷十五,第314—315页,北京,中华书局,1984。
② 《梁书》卷二十五《徐勉传》。
③ 〔清〕秦蕙田:《五礼通考》卷三,转引自胡戟《中华文化通志·礼仪志》,第115页。
④ 见〔唐〕杜佑《通典》卷四十九。
⑤ 参见陈戌国《魏晋南北朝礼制研究》,第230—234页,长沙,湖南教育出版社,1995。

其中的变化是意味深长的。

郑玄在《礼记·祭法注》中说:"禘谓祭昊天于圜丘也,祭上帝于南郊曰郊,祭五帝五神于明堂曰祖宗。"在郑玄看来,禘祭是祭祀典礼中最隆重的一种,高于郊、祖之祭,他还由此发挥:"冬至圜丘名禘,配以喾。启蛰祈谷名郊,配以稷。"这就是"禘为祀天帝,郊为祈农事"一说的由来。①

郑玄是"禘大于郊"之说的主要代表人物。王肃明确反对这一主张:"郑玄以《祭法》禘黄帝及喾为配圜丘之祀。《祭法》说禘无圜丘之名,《周官》圜丘不名为禘,是禘非圜丘之祭也。……按《尔雅》云:'禘,大祭也。'绎,又祭也。皆祭宗庙之名,则禘是五年大祭先祖,非圜丘及郊也。……知禘配圜丘非也,又《诗·思文》后稷配天之颂,无帝喾配圜丘之文,知郊则圜丘,圜丘则郊。所在言之,则谓之郊;所祭言之,则谓之圜丘。"(《礼记正义·郊特牲第十一》)

针对郑玄所说禘为祀天、郊为祈谷的观点,王肃认为,"鲁以冬至郊天,至建寅之月又郊以祈谷,故《左传》云'启蛰而郊',又云'郊祀以祈农事',是二郊也"(《礼记正义·郊特牲第十一》)。"《郊特牲》云:周之始郊日以至。《周礼》云:冬至祭天于圜丘。知圜丘与郊是一也。言始郊者,冬至阳气初动,天之始也。对启蛰及将郊祀故言始。《孔子家语》云:……孔子对之与此《郊特牲》文同,皆以为天子郊祀之事。"(《礼记正义·郊特牲第十一》)

《孔子家语》对此的议论比较清楚:"郊之祭也,迎长日之至也。大报天而主日,配以月,故周之始郊,其月以日至,其日用上辛,至于启蛰之月,则又祈谷于上帝。此二者,天子之礼也。鲁无冬至大郊之事,降杀于天子,是以不同也。"(《孔子家语·郊问第二十九》)

关于这一问题,后世仍有争论。刘宋时期的学者朱膺之同意王肃的观点:"案先儒论郊,其议不一。……诸儒云:圜丘之祭以后稷配,取其所

---

① 参见王葆玹《今古文经学新论》,第 336 页。

在名之曰郊，以形体言之谓之圜丘。名虽有二，其实一祭。"①萧梁时期的著名学者何胤则坚持郑玄郊丘是二非一的主张："圜丘国郊，旧典不同。南郊祠五帝灵威仰之类，圜丘祠天皇大帝、北极大星是也。往代合之郊丘，先儒之巨失。今梁德告始，不宜遂因前谬。"②其议未被采纳。

有一段史料可以清楚地说明这一问题：东魏天平四年（537），李业兴出使萧梁，梁散骑常侍朱异与他有一段对话。朱异问："魏洛中委粟山是南郊邪？"李业兴曰："委粟是圜丘，非南郊。"朱异说："北间郊丘异所，是用郑义，我此中用王义。"李业兴云："然，洛京郊丘之处专用郑解。"③

《隋书·礼仪一》对郑、王两派的观点有精辟概述："儒者各守其所见物而为之义焉。一云：祭天之数，终岁有九，祭地之数，一岁有二，圜丘、方泽，三年一行。若圜丘、方泽之年，祭天有九，祭地有二。若天不通圜丘之祭，终岁有八。地不通方泽之祭，终岁有一。此则郑学之所宗也。一云：唯有昊天，无五精之帝。而一天岁二祭，坛位唯一。圜丘之祭，即是南郊，南郊之祭，即是圜丘。日南至，于其上以祭天，春有一祭，以祈农事，谓之二祭，无别天也。五时迎气，皆是祭五行之人帝太皞之属，非祭天也。天称皇天，亦称上帝，亦直称帝。五行人帝亦得称上帝，但不得称天。故五时迎气及文、武配祭明堂，皆祭人帝，非祭天也。此则王学之所宗也。"

黄侃先生总结道："依郑义，则禘为最大之祭之名，天人共之。故祭圜丘称禘，夏正南郊称禘，禘于大庙称禘，即地祇之祭方丘亦称禘，人鬼之祭祫大于禘亦称禘；南郊可称禘，则北郊祭后土亦可称禘；南郊祭上帝可称禘，则明堂祭上帝亦可称禘；三岁一禘，庙祀定制既称禘，三年丧毕之终禘，即吉禘亦可冡禘之称；是禘之一名所包至广。若王子雍（肃）之义，则据《尔雅》'禘，大祭；绎，又祭'连文，以为皆祭宗庙之名；谓禘祭为

---

① 《宋书》卷十六《礼志三》。
② 《梁书》卷五十一《何胤传》。
③ 《魏书》卷八十四《李业兴传》。需要强调的是，我们在《隋书·礼仪志一》中看到这样的记载："梁陈以减，以迄乎隋……郊丘互有变易。"待考。

祭庙，非祭天。又以《祭法》说禘无圜丘之名，《周官》圜丘不名为禘，故《大传》言王者，禘其祖之所自出，以其祖配之；所谓祖，即后稷；所自出，即喾也。（郑义以所自出为天，祖为喾。）由是讥郑君乱礼之名实。今案二家之义，南北师儒，申彼绌此，自非详察礼名，焉得有定论哉？"①

梁武帝在位前后，情况慢慢发生变化。很多礼学家逐渐淡化了郑、王之争的政治和宗教色彩，从而彰显了人道在祭礼中的重要性。这一点我们可以在南朝萧梁时期一些著名礼学家的议论中得到印证。

南齐著名礼学家王俭在论郊丘之礼时提出，圜丘与郊各自行，不相害也。今之郊礼，义在报天，事兼祈谷。他还指责史官唯见《传》义而未达《礼》旨。②

何佟之说："今之郊祭，是报昔岁之功，而祈今年之福。故取岁首上辛，不拘立春之先后。周冬至于圜丘，大报天也。夏正又郊，以祈农事，故有启蛰之说。自晋太始二年并圜丘、方泽同于二郊，是知今之郊禋，礼兼祈报，不得限于一途也。"③梁武帝十分赞同何佟之的主张："圜丘自是祭天，先农即是祈谷。祭昊天宜在冬至，祈谷必须启蛰。"④他还在南郊后欣喜地在诏书中说："天行弥纶，覆焘功博，乾道变化，资始之德成。朕沐浴斋宫，虔恭上帝。……大礼克遂，感庆兼怀，思与亿兆同其福惠。"⑤

皇侃的观点与何佟之、梁武帝相同："天有六天，岁有八祭。冬至圜丘，一也；夏正郊天，二也；五时迎气，五也，通前为七也；九月大飨，八也。""鲁冬至郊天，至建寅之月又郊以祈谷，故《左传》云'启蛰而郊'，又云'郊祀后稷以祈农事'，是二郊也。"（《礼记正义·郊特牲第十一》）

可以发现，王俭、何佟之、梁武帝和皇侃等人几乎都站在王肃学派的立场来谈论郊祀之礼。但《隋书·礼仪一》记载："梁陈以减，以迄乎隋，

① 黄侃：《礼学略说》，《黄侃论学杂著》，第 457 页，上海，上海古籍出版社，1980。
② 参见《南齐书》卷九《礼志上》。
③《隋书》卷六《礼仪志一》。
④ 见〔唐〕杜佑《通典》卷四十二。
⑤《梁书》卷三《武帝纪下》。

议者各宗所师,故郊丘互有变易。"我们不禁感到困惑不解:为什么郑王之争直到隋初仍然纷纭不止?为了更好地理解这个问题,我们不妨再来看一看两派对禘祫关系的主张。

第二节　六朝禘祫礼制

根据郑玄《鲁礼·禘祫志》之说,郑玄认为:禘祫为四时祭以外的大祭;禘祭分祭于各庙,祫祭将所有毁庙之主及未毁庙之主合祭于太祖庙;禘祭大于四时祭,小于祫祭。①

这一观点与古文经学大相径庭。贾逵、刘歆曾曰:"禘祫,一祭二名,礼无差降。"②"左氏说及杜元凯皆以禘为三年一大祭在太祖之庙。《传》无祫文,然则祫即禘也,取其序昭穆谓之禘,取其合聚群祖谓之祫。"(《礼记正义·王制第五》)

郑玄提出"禘小于祫"的前提是"三年一祫,五年一禘",但此前提不见于先秦经传和古籍而见载于《公羊传·文公二年》:"大祫者何?合祭也。其合祭奈何?毁庙之主陈于大祖,未毁庙之主皆升,合食于大祖。五年而再殷祭。"以及何休注:"殷,盛也,谓三年祫、五年禘"。《公羊传》和《何休注》均本《礼纬》之说,《南齐书·礼志上》引《礼纬·稽命征》曰:"三年一祫,五年一禘。"《诗经·商颂·长发》孔颖达疏:"郑《驳异义》云:三年一祫,五年一禘,百王通义。以为《礼谶》云:殷之五年殷祭,亦名禘也。"③

今人黄侃云:"郑君之论禘、祫也,先据《春秋》以考鲁礼禘、祫之疏数,而后断言之曰:儒家之说禘、祫也,通俗不同。学者竞传其闻,是用讻讻争论,从数百年来矣。窃念《春秋》者,书天子诸侯中失之事,得礼则善,违礼则讥,可以发起是非。故据而述焉。从其禘、祫之先后,考其疏

---

① 参见钱玄《三礼通论》,第471—473页。
② 见〔唐〕杜佑《通典》卷四十九。
③ 参见钱玄《三礼通论》,第481页。

数之所由,而粗记注焉。鲁礼三年之丧毕,则祫于大祖;明年春,禘于群庙;僖也,宣也,八年皆有禘、祫祭;则《公羊传》所云五年而再殷祭,祫在六年,明矣。《明堂位》曰:鲁王礼也;以此相准况,可知也。案禘、祫之说,当以郑君所推三年禘,五年祫之论为定。"①

王肃对郑玄之说加以反驳说:

> 如郑玄言,各于其庙,则无以异四时常祀,不得谓之殷祭,以粢盛百物,丰衍备具,为殷之者。夫孝子尽心于事亲,致敬于四时,比时具物,不可以不备,无缘俭于其亲累年,而后一丰其馔也。夫谓殷者,因以祖宗并陈,昭穆皆列故也。设以为毁庙之主皆祭谓殷者,夫毁庙祭于太祖,而六庙独在其前,所不合宜,非事之理。……禘祫殷祭,群主皆合,举祫则禘可知也。《论语》孔子曰:"禘自既灌而往者,吾不欲观之矣。"所以特禘者,以禘大祭,故欲观其盛礼也。禘祫大祭,独举禘,则祫亦可知也。于《礼记》则以祫为大,于《论语》则以禘为盛,进退未知其可也。……郑玄以为禘者各于其庙,原其所以,夏、商夏祭曰禘,然其殷祭亦名大禘,《商颂·长发》是大禘之歌也。至周改夏祭曰礿,以禘唯为殷祭之名,周公以圣德,用殷之礼,故鲁人亦遂以禘为夏祭之名,是以《左传》所谓"禘于武宫",又曰"蒸尝禘于庙",是四时祀非祭之禘也。郑斯失矣。至于经所谓禘者,则殷祭之谓,郑据《春秋》,与大义乖。②

北魏孝文帝君臣对禘祫关系的一段议论可以帮助我们清楚地理解这一时期的人们对此问题的看法:"孝文帝太和十三年诏:郑玄云天子祭圜丘曰禘,祭宗庙大祭亦曰禘。三年一祫,五年一禘。祫则毁庙、群庙之主于太祖庙合而祭之,禘则增及百官配食者审谛而祭之。鲁礼三年丧毕而祫,明年再禘。圜丘、宗庙大祭俱称禘,祭有两禘明也。王肃又云天子诸侯皆禘于宗庙,非祭天之祭,郊祀后稷不称禘,宗庙称禘,禘祫一名也。

① 黄侃:《礼学略说》,《黄侃论学杂著》,第 461 页。
② 〔唐〕杜佑:《通典》卷四十九。

合祭故称祫,禘而审谛之故称禘,非两祭之名。三年一祫,五年一禘,总而互举,故称五年再殷祭,不言一禘一祫,断可知矣。诸儒之说大略如是,公卿可议其是非。……(君臣讨论的结果是)先王制礼,内缘人子之情,外协尊卑之序。故天子七庙,数尽则毁,藏主于太祖之庙,三年而祫祭之。代尽则毁,以示有终之义,三年而祫以申追远之情。禘祫既是一祭,分而两之,事无所据。毁庙三年一祫,又有不尽四时,于礼为阙。七庙四时常祭,祫则三年一祭而又不究四时,于情为简。王以祫为一祭,王义为长。郑以圜丘为禘,与宗庙大祭同名,义亦为当。今互取郑王二义。禘祫并为一名,从王;禘是祭圜丘大祭之名,上下同用,从郑。若以数则黩,五年一禘,改祫从禘,五年一禘则四时尽禘,以称今情。禘则依《礼》文,先禘而后时祭。便即施行,著之于令,永为世法。"①

皇侃对禘祫关系的观点也颇具代表性,他并不直接介入此问题的争论,也不为自己的主张寻找经典的根据。他说:"禘者,大祭名也。《周礼》四时祭名,春曰祠,夏曰礿,秋曰尝,冬曰蒸。又四时之外,五年之中,别作二大祭,一名禘,一名祫,而先儒论之不同,今不具说。……礼,禘必以毁庙之主陈在太祖庙,未毁庙之主亦升于太祖庙,序谛昭穆而后共合食于堂上。"(《八佾》)"诸侯夏时若祫则不禘,若禘则不合。"(《礼记正义·王制第五》)

皇侃显然回避了郑王之争的具体问题,但从内容看,他仍然倾向于王肃学派。

综合以上所引述南北朝诸人对郊禘、禘祫关系的看法,可以发现,朱膺之、何胤等人还是囿于郑王之争的理论问题,即在郑、王学派各自所宗之理论框架内为具体礼制规范寻找经典依据。而在这一方面最明显的例证就是后人所辑的《圣证论》。在书中,郑、王学派都以经、传、记,甚至谶纬之书为依据,或者论证自己的观点,或者反驳对方的观点。

_____

① 《魏书》卷一百八《礼志一》,〔唐〕杜佑:《通典》卷五十。

另一方面,何佟之、皇侃等人则已经超出郑王之争的范围,他们或者采取一种兼收并蓄的态度(如《圣证论》中所载齐梁时期的学者张融即是);或者避而不谈争论的具体问题(如皇侃即是)。他们感兴趣的并不是礼制本身,而是其中所蕴涵的仁道意义。例如,何佟之说:"圣帝明王之治天下也,莫不尊奉天地、崇敬日月。故冬至祀天于圜丘,夏至祭地于方泽,春分朝日,秋分夕月,所以训民事君之道,化下严上之义也。……《礼记·朝事议》云:'天子冕而执镇圭,尺有二寸,率诸侯朝日于东郊,所以教尊尊也。'《礼记·保傅》云:'三代之礼,天子春朝朝日,秋暮夕月,所以明有敬也。'"①他明显指出郊祀之礼是为了报功、祈福、教尊、明敬而不在于其是否合乎某个权威的经典。皇侃认为禘祫之礼的目的是序谛昭穆,"列诸主在太祖庙堂。太祖之主在西壁东向,太祖之子为昭,在太祖之东而南向。太祖之孙为穆,对太祖之子而北向。以次东陈,在北者曰昭,在南者曰穆,所谓父昭子穆也。昭者,明也,尊父故曰明也;穆,敬也,子宜敬于父也"(《八佾》)。

唐代学者对此认识得更清楚,说得也更明白:

> 故郊以明天道也。②
>
> 禘祫二礼俱为殷祭,祫谓合食祖庙,禘谓谛序尊卑,申先君逮下之慈,成群嗣奉亲之孝。事异常享,有时行之而祭不欲数,数则黩;亦不欲疏,疏则怠。故王者法诸天道指祀典焉。蒸尝象时,禘祫如闰。天道大成,宗庙法之,再为殷祭者也。③

唐人的说法十分明确,郊礼的本质在于明天道、法天道,禘祫礼的本质在于存尊卑、明慈孝,即践人道。礼制的根本目的就是使人明天道、践人道,所以礼制的内容、形式可以随着时代的不同而不断发生变化,但礼

---

① 《南齐书》卷九《礼志上》。
② 〔唐〕杜佑:《通典》卷四十二。
③ 〔唐〕杜佑:《通典》卷五十。

制的目的是恒常不变的。六朝时的很多礼学家仅局限于在前代圣贤的经典中寻经摘句来论证自己所主张的礼制内容和形式的正确性,殊不知这种训诂式的学术方法已经使礼制丧失其真正的目的而异化为一种唯经典马首是瞻的庸俗礼学。以皇侃为代表的礼学家清醒地意识到礼学研究若循此而往必然陷入绝境,故将自己的礼学研究始终集中于礼学的根本目的而对其中具体的枝节问题采取避而不谈的方式。也正因为此,皇侃的礼学思想及其著作才会得到唐人的重视并被作为《礼记正义》的基本内容而流传至今。

第三节　六朝丧服礼制

尊卑贵贱长幼亲疏是古代社会生活中最重要、最广泛的社会秩序,确认并维护这些秩序的就是礼。"夫礼者,所以定亲疏、决嫌疑、别异同、明是非也。"(《礼记·曲礼上第一》)这是礼制的社会基础。进而言之,"民之所由生,礼为大。非礼无以节事天地之神明也,非礼无以辩君臣上下长幼之位也,非礼无以别男女父子兄弟之亲、婚姻疏数之交也"(《大戴礼记·哀公问于孔子》)。这是从尊卑和亲疏两方面来论述礼制的必要性。

可以发现,礼制是从人的日常生活的各个层次、各个方面对人的行为加以规范、约束的一套行为体系。这一体系表现为一种义务性规范,它要求人们在日常生活的祭、丧、婚、冠等礼之实践中按照吉、凶、军、宾、嘉礼的规定行事。但这些义务性的规定并非国家权力所强制,而是表现为人们的自愿选择。人们不是把这些义务视为被迫接受的负担,而是把它们看成人之为人、君之为君的内在规定,这也就是"人之所以为人者,礼义也"(《礼记·冠义第四十三》)。

一、丧服学的基础

古代中国人始终按照礼的规定来安排自己的日常生活,礼制的核心是宗法制度的规定，①贯穿宗法制度所有内容的主要线索就是血缘关系。血缘关系的层次展开是宗法制度的现实社会基础。在宗法社会，人通过血缘关系而展开各种宗族关系，从而成为被撑开的关系的网络，每个人都必须依赖这个网络而生存，并且也为了这个网络而生存。日本的六朝史学家谷川道雄先生在谈到礼制时说："所谓礼制，乃是氏族制已被文明化的面貌。若以封建制度为例，那便是把氏族制社会之社会结合原理的血缘性，提升到政治原理的程度。"②因而，古人对于礼学倾注极大热情，甚至毕其一生之心血来研究礼学，也就毫不奇怪了。

在儒家看来，"礼乐伦常，亲亲尊尊，是维系人群最起码而最普通的一个不可离的底子。儒家的全部教义即顺此底子而滋长壮大，故可为人间的一个骨干"③。

亲亲、尊尊是儒家社会的基础，是儒家礼学的基础，也是儒家治道的基础。王国维先生认为，由亲亲之统出发而立祭法、庙数之制，由尊尊之统出发而立嫡庶之制，由是而生宗法及丧服之制。④ 金景芳先生认为，亲亲之统（宗统）和尊尊之统（君统）是两个不同的范畴。在宗统范围内，血缘身份高于政治身份；而在君统范围内，政治身份高于血缘身份。⑤

亲亲和尊尊在不同的时代背景下存在不同的支配和被支配关系。在以君权为代表的君统占优势时，尊尊之义占支配地位；在以父权为代表的宗统占优势时，亲亲之恩即成为主导因素。将二者很好地结合起来是历代统治者竭力想要达到的目的。东汉经学家甚至把能够协调亲亲、尊尊之间的关系赞誉为王道的实现。⑥ 汉晋时的"以孝治天下"思想就是在中央集权制下一种结合二者的企图，南北朝时丧服制度的繁荣则是在

---

① 参见李学勤《东周与秦代文明》，第 376 页，北京，文物出版社，1984。
② ［日］谷川道雄：《中国的中世》，刘俊文主编：《日本学者研究中国史论著选译》第 2 卷，第107 页。
③ 牟宗三：《政道与治道》，第 36—37 页，台北，学生书局，1983。
④ 参见王国维《观堂集林》卷十，石家庄，河北教育出版社，2001。
⑤ 参见金景芳《古史论集》，第 114 页，济南，齐鲁书社，1981。
⑥ 参见《白虎通德论》卷三《礼乐》。

门阀士族制度下一种结合二者的尝试。清代学者在谈到六朝礼学时一针见血地指出："六朝人礼学极精,唐以前士大夫重门阀,虽异于古之宗法,然与古不相远,史传中所载多礼家精粹之言。……古人于亲亲中寓贵贵之意。"①

以丧服学为代表的六朝礼学是六朝人试图将宗统与君统结合起来的理论成果。

二、丧服学的内容

晋武帝在泰始四年(268)的诏书中说:"国之大事,在祀与农。"②

皇侃对此有一个具体的解释:"民、食、丧、祭四事,治天下所宜重者也。国以民为本,故重民为先也;民以食为活,故次重食也;有生必有死,故次重于丧也;丧毕为之宗庙,以鬼享之,故次重祭也。"(《尧曰》)

皇侃还进一步指出丧、祭的重要性:"丧为人之终,人子宜穷其哀戚,是谓慎终;三年后去亲转远而祭极敬,是谓追远。君上能行慎终追远之事,则民下之德日归于厚也。"(《学而》)

丧祭之礼既是个人的重要活动,也是国家最重要的政治生活之一。丧礼在古人看来就是一种政治活动:"礼之行,由于俗之厚;俗之厚,由于丧之重也。周公所以成周家忠厚之俗,亦惟丧、祭之重而已。丧、祭之重,民俗之厚也;民俗厚而后冠、昏之礼可行矣。"③

丧服学在六朝属礼学重镇,《隋书·经籍志》著录"凡六艺经纬六百三十七部",其中礼类一百三十六部,而明标《丧服》者为四十七种,可见丧服学在整个六朝都十分繁荣。但一个令人惊异的现象是,礼学史上著名的郑、王之争在丧服学中同样存在。如同其在郊禘礼中一样,随着时代的不同,人们对郑王之争的态度也明显有所差异,而这一现象具有十

---

① 〔清〕沈垚:《落帆楼文集》卷八《与张渊甫》。
② 《晋书》卷十九《礼志上》。另《宋书》卷十四《礼志一》所载文字稍异:"夫民之大事,在祀与农。"
③ 〔元〕牟楷:《内外服制通释序》,文渊阁《四库全书》第一一一册。

分重要的意义。

刘宋时期的礼学家王准之叙述了郑王的不同之处："郑玄注《礼》,三年之丧,二十七月而吉,古今学者多谓得礼之宜。晋初用王肃议,祥禫共月,故二十五月而除,遂以为制。江左以来,唯晋朝施用,缙绅之士多遵玄义。夫先王制礼,以大顺群心。'丧也宁戚',著自前训。今大宋开泰,品物遂理。愚谓宜同即物情,以玄义为制,朝野一礼,则家无殊俗。"①所谓"三年之丧,二十七月而吉"是对有关郑注的概括。《仪礼·士虞礼》:"中月而禫。是月也,吉祭犹未配。"注曰:"中犹间也。禫,祭名也,与大祥间一月。自丧至此,凡二十七月。禫之言澹澹然平安意也","是月是禫月也,当四时之祭月则祭,犹未以某妃配某氏,哀未忘也"。《少牢馈食礼》疏曰:"知与大祥间一月,二十七月禫,徙月乐,二十八月复平常正作乐也","引《少牢礼》者,证禫月吉祭未配,后月吉如《少牢》配可知也"。郑玄之意正如孔疏所释,谓禫祭与在禫祭之前举行的大祥间隔一个月,三年之丧再机丧至禫必有二十七月之久,此后则恢复平常生活,唯有四时之祭如《少牢礼》耳。

王肃与郑玄论三年丧的意见不同,其详见《礼记·檀弓上》"孟献子禫"节疏内:"王肃以二十五月大祥,其月为禫,二十六月作乐。……故王肃以二十五月禫除丧毕。而郑康成则二十五月大祥,二十七月而禫,二十八月而作乐复平常。郑必以为二十七月禫者,以《杂记》云'父在为母为妻,十三月大祥,十五月禫',为母为妻尚祥禫异月,岂容三年之丧乃祥禫同月?……其《三年问》云'三年之丧,二十五月而毕',据丧事终除衰去杖,其余衰未尽,故更延两月,非丧之正也。"

从历史记载看,除两晋采用王肃的二十五月说外,关于三年丧的意见多从郑玄的二十七月说。犹如史家所说,"黜王扶郑,自此永为定制"②。

---

① 《宋书》卷六十《王准之传》。
② 〔清〕王鸣盛:《十七史商榷》(中),第767页。

但是顾炎武在《日知录》卷五"三年之丧"条谓郑王"二说各有所据"，"自《礼记》之时而行之已不同矣"。当代学者陈戍国对郑玄之说的疑惑也不是没有道理：

> 《礼记·三年问》："三年之丧，二十五月而毕，哀痛未尽，思慕未忘，然而服以是断之者，岂不送死有已，复生有节也哉？"此文谓三年丧服以二十五月断之，就与郑君之说不完全相同。《郑志》卷下答赵商："'孔子五日弹琴'，自省哀乐未忘耳；'逾月可以歌'，皆自省逾月所为也。"似乎在援引孔子为证。……孔子不赞成大祥与作乐放歌同日同月，他主张大祥之后逾月作乐放歌。郑君说二十八月而作乐，实与夫子之意不合。……孔子的意思，恐怕不是"二十八月作乐复平常"，凡言大祥者均指二十五月，郑王无异词；然则孔子所谓祥而逾月，就是二十六月。王肃谓二十六月作乐，此意与孔子相符。……要之，在三年丧期的时限这个问题上从理论上说宜依孔子，而不必依郑君，亦不必尽依王肃。[①]

皇侃也谈到这个问题。从文中看，他赞成王肃的主张，但他并没有引经据典以论证自己的观点，而是摆脱了那种训诂式的争论，完全从义理的角度解释之："圣人为制礼以三年有二义。一是抑贤，一是引愚。抑贤者言夫人子于父母有终身之恩，昊天罔极之报，但圣人为三才宜理、人伦超绝，故因而裁之以为限节者也。所以然者何？夫人是三才之一，天地资人而成。人之生世谁无父母？父母若丧，必使人子灭性，及身服长凶，人人以尔则二仪便废，为是不可。故断以年月，使送死有已，复生有节。寻制服致节本应断期，断期是天道一变，人情亦宜随之而易。但故改火促期不可权终天之性，钻燧过隙无消创矩之文，故隆倍以再变，再变是二十五月，始末三年之中，此是抑也。一是引愚者，言子生三年之前，未有知识，父母养之，最钟怀抱，及至三年以后，与人相关，饥渴痛疾，有

---

① 陈戍国：《魏晋南北朝礼制研究》，第 291—294 页。

须能言,则父母之怀,稍得宽免。今既终身难遂,故报以极时,故必至三年,此是引也。"(《阳货》)

皇侃还强调了三年丧期适用于任何人:"人虽贵贱不同,以为父母怀抱,故制丧服不以尊卑致殊,因以三年为极。上至天子,下至庶人。"(《阳货》)

由上引述可以发现,皇侃仍然回避郑王之争中对具体问题的烦琐争论,而从礼制中抽绎出其中所蕴涵的礼义,只有这些体证仁道的礼义才是礼学的真谛,而那些礼制的具体规定只是礼的外在形式。皇侃的丧服学与其对郊禘礼的态度一样具有浓厚的义理色彩。

三、恩义关系的变化

前面已经说过,亲亲之义象征着以父权为代表的血缘关系,尊尊之义则象征着以君权为代表的政治关系,丧服学是六朝礼学试图协调这两种关系的理论成果。父权在丧服学中表现为恩(孝),君权在丧服学中则表现为义(忠)。

关于恩义关系的讨论,在先秦时就已存在。郭店楚简《六德》篇云:"仁,内也;义,外也;礼乐,共也。内立父、子、夫也,外立君、臣、妇也。疏斩布绖杖,为父也,为君亦然;疏衰齐牡麻绖,为昆弟也,为妻亦然;袒免,为宗族也,为朋友亦然。为父绝君,不为君绝父。……门内之治恩掩义,门外之治义斩恩。"①这样的观点在汉代的《大戴礼·本命》和《礼记·丧服四制》中都有阐述。但是,强调恩内义外的观点都是在君权较为强大(如两汉)的时候。而在六朝这样君权相对衰弱的时期,则对恩义关系的倾向性存在着一个变化的过程。

以丧服学来协调二者,其中的倾向性十分明显。正如吴承仕先生所言,丧服理论中最重要的是"至亲以期断"这个作为原则的原则。②

---

① 荆门市博物馆编:《郭店楚墓竹简》,第188页,北京,文物出版社,1998。
② 吴承仕:《中国古代社会研究者对于丧服应认识的几个根本概念》,《文史》1934年第1期。

　　《礼记·三年问》记载："曰：'至亲以期断，是何也？'曰：'天地则已易矣，四时则已变矣，其在天地之中者，莫不更始焉，以是象之也。''然则何以三年也？'曰：'加隆焉尔也，焉使倍之，故再期也。''由九月以下何也？'曰：'焉使弗及也。故三年以为隆，缌小功以为杀，期九月以为闲。'"所谓"至亲以期断"即是说增服以期为本位，期服的适用则以至亲为本位。至亲即是一体之亲。《丧服传》云："父子，一体也；夫妻，一体也；兄弟，一体也。"三至亲即是一个血族单位，其互相为服皆是期服。由此而隆杀至九族、五服而止。所以，丧服学最核心者是亲亲之义，而尊尊之义则是在前者的基础上建立起来的。郭店楚简《六德》篇的作者指出："父子不亲，君臣无义。是故先王之教民也，始于孝弟。"这样一种观点既保持了"义"的地位，更强调了"恩"的重要性。魏晋时人庞札所谓"父子天性，爱由自然。君臣之交，出自义合，而求忠臣必于孝子。是以先王立礼，敬同于父，原始要终，齐于所生"①，表达的是同样一种意思。

　　《礼记·檀弓》云："事亲有隐而无犯，左右就养无方，服勤至死，致丧三年；事君有犯而无隐，左右就养有方，无勤至死，方丧三年。"郑玄注曰："方丧，资于事父。彼以恩为制，此以义为制。"郑玄注将恩、义的区别及丧服对此的倾向性说得十分清楚了，他还补充说："服之首主于父母。"晋人刘维所谓"五服之义，以恩为主"也是这个意思。这种以父母之恩为主的倾向性在六朝人的思想中表现得特别强烈。

　　如果恩、义之间发生冲突时，他们甚至公开指责重义轻恩的主张。《宋书·礼志二》曰："汉文帝始革三年丧制。……案《尸子》，禹治水，为丧法，曰毁必杖，哀必三年。是则水不救也，故使死于陵者葬于陵，死于泽者葬于泽。桐棺三寸，制丧三日。然则圣人之于急病，必为权制也。但汉文治致升平，四海宁晏，废礼开薄，非也。"

　　另有一则典型史例：西晋文帝死，朝廷议论丧礼。羊祜认为应该服三年之丧，傅玄则以为三年之丧已废数百年而一旦行之恐难行也。羊祜

―――――――――――

① 《晋书》卷五十《庾纯传》。

退一步，让晋惠帝遂服，傅玄答："若上不除而臣下除，此为但有父子，无复君臣，三纲之道亏矣。"史家习凿齿对傅玄之论不以为然："傅玄知无君臣之伤教，而不知兼无父子为重，岂不蔽哉？"[1]东晋名相王导在上疏中明言"父子、夫妇、兄弟、长幼之序顺，而君臣之义固矣。《易》所谓正家而天下定者也"[2]。

然而，这种重亲亲之义的倾向到梁武帝以后似乎有了一些变化。在梁武帝亲自主持下，曾针对皇子为慈母服制问题展开争论，这场争论似乎令人费解。梁武帝议皇子为慈母服制云："《礼》言'慈母'凡有三条：一则妾子之无母，使妾之无子者养之，命为母子，服以三年，《丧服》齐衰章所言'慈母如母'是也。二则嫡妻之子无母，使妾养之，慈抚隆至虽均乎慈爱，但嫡妻之子，妾无为母之义而恩深事重，故服以小功，《丧服》小功章所以不直言'慈母'而云'庶母慈己者'，明异于三年之'慈母'也。其三则子非无母，正是择贱者视之，义同师保而不无慈爱，故亦有'慈母'之名，师保既无其服，则此慈母亦无服矣。"[3]

梁武帝分"慈母"为三，引《曾子问》载孔子答子游之问，证明《内则》义同师保之慈母无服，然后批评郑玄不辨三慈，混为训释，言之有据。如果细加揣摩，他似乎想从慈母之"恩"中分离出贵贱之义、师保之名，而它们已经是尊尊之义的范畴。站在这个角度来看，梁武帝大动干戈、详细讨论丧服的良苦用心，所谓醉翁之意不在酒，就显得十分明显了。何佟之也表现了与梁武帝同样的倾向："《春秋》之旨，臣子继君亲，虽恩义有殊，而其礼则一。所以敦资敬之情，小祥抑存之礼，斯盖至爱可申，极痛宜屈耳。"[4]

从材料中可以知道，尽管皇侃仍然强调恩、孝的基础地位，但他已经沿着梁武帝、何佟之的方向，大力提升义、忠的重要性。他在疏释"子为

① 《宋书》卷十五《礼志二》。
② 《宋书》卷十四《礼志一》。
③ 《梁书》卷四十八《司马筠传》。
④ 《南齐书》卷十《礼志下》。

父隐,父为子隐"时说:"父子天性,率由自然,至情宜应相隐,若隐惜则自不为非,故云直在其中矣。若不知相隐,则人伦之义尽矣。"(《子路》)

皇侃在承认父子之亲为人伦之义的同时又提出了"君亲宜一"的观点:"夫谏之为义,义在爱惜。既在三事,同君亲宜一。若有不善,俱宜致谏。案《檀弓》云'事亲有隐无犯,事君有犯无隐',则是隐亲之失,不谏亲之过,又谏君之失,不隐君之过,并为可疑。旧通云:君亲并谏,同见《孝经》,微进善言,俱陈记传,故此云事父母几谏。而《曲礼》云为人臣之礼不显谏。郑玄曰:'合几,微谏也。'是知并宜微谏也,又若君亲焉过大,甚则亦不得不极于犯颜,故《孝经》曰:'父有争子,君有争臣。'又《内则》云:'子之事亲也,三谏不从,则号泣而随之。'又云:'臣之事君,三谏不从则逃之。'以就经记并是极犯时也,而《檀弓》所言,欲显真假本异,故其旨不同耳。何者?父子真属,天性莫二,岂父有罪、子向他说也?故孔子曰:'子为父隐,父为子隐,直在其中。'故云有隐也。而君臣既义合,有殊天然,若言君之过,于政有益则不得不言,唯值有益乃言之,亦不恒焉口实。若言之无益则隐也。"(《里仁》)

他进一步说:"人子之礼,移事父孝以事于君则忠,移事兄悌以事于长则从也。孝以事父,悌以事兄,还入闺门宜尽其礼。父兄天性,续莫大焉;公卿义合,厚莫重焉。"(《子罕》)

如果说皇侃在前引注疏中还是强调"君亲宜一"的话,那么他在《论语·微子》的注疏中已经明确提出大伦为君臣之义的看法:"人既生便有在三之义,父母之恩,君臣之义。……大伦谓君臣之道理也。"

综合上述有关丧礼的讨论,虽然没有脱离汉代的师法和家法,然而其现实意义却不可忽视。皇侃非常清醒地知道应该提倡什么、反对什么。父母之恩、君臣之义及其内在道德性的提扬,不仅仅在于稳定社会而直接关乎人的生存意义。穿透烦琐的礼而揭示人心之"仁",是皇侃礼学的指向。

以丧服学为核心的丧礼在六朝时期的兴盛绝非偶然,它既有内在超越的文化原因,又有外在礼制的政治原因。与此同时,六朝丧礼对恩、义倾向性的变化也预示着礼学乃至儒学向义理之学演进的某种征兆。而以皇侃等为代表的南朝梁的礼学家们在这一变化过程中作出了他们自己的贡献。

南朝礼学的繁荣是以丧服学的隆盛为标志的。上述内容仅为丧服学之一隅,但即使如此,我们也能够感觉到丧服学在当时是如何受到人们的重视,又是如何随着时代的变迁而不断变化的。就以丧服学为代表的南朝礼学的文化意义和哲学意义而言,可以从三个层面加以论述。

第一,文化认同的意义。南朝诸代偏安江南,向为文化重地的中原地区沦为夷狄之域。南朝政权的正统性及其政治制度、礼乐文化的正宗性极易招致怀疑。世居江南的土著汉人和未曾迁徙的北方汉人的支持是南朝诸代迫切需要得到的重要力量。而要得到他们的拥护,强化其文化认同感和民族归属感,不失为最好的办法之一。另一方面,拥有强大军事实力的北方少数民族统治者对于汉族高度发达的礼乐文化始终怀有慕化之心,使他们因钦慕而逐渐汉化则是维护南朝政权生存的重要手段。更有甚者,属外来文化的佛教在南朝的广泛传播影响儒学在文化领域的统治地位。在这样的现实环境下,南朝诸代的精英们将传统文化中最具文化底蕴的礼学作为应对的领域。隋唐的历史证明礼学确实发挥了精英们所期待的作用。

第二,社会整合的意义。以丧服学为代表的礼学在南朝的隆盛,一方面固然是中原文化、华夏文明认同的需要,是民族凝聚的需要;另一方面,又是社会重新整合的需要。六朝时期社会的重新整合,分裂战乱之后重新恢复秩序,一定要有社会层面伦理关系的调整,甚至深入人心的道德意识的重建。政府与精英文化层对礼学的提倡固然与民间社会的实际情况有一定的距离,但这种提倡确乎顺应了历史的潮流。关于社会关系、社会秩序的调整与重组,文化精英们只有借重于自身的文化资源,于是礼学,尤其是丧服学在这种社会需要面前得到了长足发展。

第三,道德重建的意义。六朝儒学处于一种天道失落、性道隔绝的困境。无道德根据的儒学成为一种虚伪的、外在的说教。这种状况也促使文化精英们既汲取佛家和道家的思想方法以弥补自身的不足,更试图从儒学内部的礼学中寻找道德重建的途径。从皇侃的礼学思想来看,这一努力趋势对于儒学的发展来说不是没有意义的。

第四节　皇侃与礼治思想

皇侃的政治主张是建立在其礼学基础之上的:"人君能用礼让以治国,则于国事不难。"(《里仁》)"君上若好礼则民下谁敢不敬,礼主敬故也。君上若裁断得宜则民下皆服,义者宜也。君上若好敬则民下有敬不复欺,故相与皆尽于情理也。"(《子路》)

皇侃是以礼教来看待政治的:"教者何谓也? 教者效也。上为之,下效之。民有质朴,不教不成。"①

上述观点是儒家对政治理论基础的共同看法,即所谓礼治。礼被视为治理国家的大纲和根本。《左传》云:"礼,经国家,守社稷,序民人,利后嗣者也。"(《左传·隐公十一年》)孔子也说:"为国以礼。"(《论语·先进》)比皇侃稍早的著名礼学家徐勉在给梁武帝的表中说:"夫礼,所以安上治人,弘风训俗,经国家、利后嗣者也。"②梁武帝同样将礼视为治国之大要,他在即位初就下诏曰:"礼坏乐缺,故国异家殊,实宜以时修定,以为永准。"③

礼治的基础是以亲亲之义为核心的宗统和以尊尊之义为核心的君统所构成的宗法社会的存在。宗统表现为亲疏、长幼等关系,君统则表现为贵贱、尊卑等关系。礼治的作用就是确认并维护这些关系,而发挥这种作用的基本方式就是规定亲与疏、长与幼、贵与贱、尊与卑之间的差别。礼通过规定差别而将亲亲、尊尊等抽象的意义落实为具体的外在现象,而表现为一种等级制度,即《礼记·丧服小记》所谓"亲亲、尊尊、长长、男女之有别,人道之大者也"。而《中庸》则引孔子答鲁

①《白虎通德论》卷八《三教》。
②③《梁书》卷二十五《徐勉传》。

哀公的话说："仁者人也，亲亲为大；义者宜也，尊贤为大。亲亲之杀，尊贤之等，礼所生也。"

传统社会的等级制度是礼治的基础。因此，礼治对于等级制度是极力加以维护的。孔子说："贵贱无序，何以为国？"（《左传·昭公二十九年》）六朝人更将贵贱视为天理之当然："若皆私之，则志过其分。上下相冒，而莫为臣妾矣。臣妾之才而不安臣妾之任，则失矣。故知君臣上下手足外内乃天理自然，岂真人之所为哉。"（郭象：《庄子·齐物论注》）

贵贱之"分"是先天禀受，是维护礼治的根据。沈约更将智愚与贵贱联系起来，认为智愚的品级与贵贱的品级是平行地更换，即因贵而智、因贱而愚，人在各各的"分"上得其性，因此，各各的智愚之"分"、贵贱之"分"都合乎自然理法。①

贵贱之"分"要求个体充分履行自己所处地位的义务，即皇侃所谓："为风政之法，当使君行君德，故云君君也，君德谓惠也。臣当行臣礼，故云臣臣也，臣礼谓忠也。父为父法，故云父父也，父法谓慈也。子为子道，故云子子也，子道谓孝也。"（《颜渊》）君、臣、父、子各司其职，各尽其责，各行其道。只有这样，尊者之"尊"因其与卑者之"别"而呈现，卑者之"卑"亦因其与尊者之"异"而表现。亲疏关系也是如此。

维护等级制度就是对贵贱、亲疏等名分的确定，皇侃对"正名"的重要性有清楚的认识："为政先行者正百物之名也，所以先须正名者，为时昏礼乱、言语番杂，名物失其本号，故为政必以正名为先也。"（《子路》）

皇侃还引《韩诗外传》说明"正名"的意义："孔子侍坐季孙，季孙之宰通曰：'君使人假马，其与之不乎？'孔子曰：'君取臣谓之取，不谓之假。'季孙悟，告宰通曰：'今日以来云君有取谓之取，无曰假也。'故孔子正假马之名而君臣之义定也。"（《子路》）

在皇侃等礼学家看来，"正名"是礼治得以实行的基础，其重要性不

---

① 参见［日］吉川忠夫《六朝士大夫的精神生活》，刘俊文主编：《日本学者研究中国史论著选译》第 7 卷，第 108—109 页，北京，中华书局，1993。

言而喻。"且夫名以召实,实以应名,名若倒错不正,则当言语纰僻不得顺序也。若言不从顺序则政行触事不成也。若国事多失则礼乐之教不通行也。礼以安上治民,乐以移风易俗。若其不行则君上不安,恶风不移故有淫刑滥罚,不中于道理也。刑罚既滥,故下民畏惧刑罚之滥,所以局天束地不敢自安,是无所自措立手足也。既民无所措手足由于名之不正,故君子为政者宜正其名,必使顺序而可言也。"(《子路》)

礼治不行只会导致刑罚泛滥,从而使人民手足无措。皇侃认为不行礼治只会导致法治的盛行,而法治在他看来是不符合礼治精神的。他引时人之论曰:"政者,立常制以正民者也。刑者,兴法辟以割制物者也。制有常则可矫,法辟兴则可避,可避则违情而苟免,可矫则去性而从制;从制外正而心内未服,人怀苟免则无耻于物,其于化不亦薄乎。""立政以制物,物则矫以从之;用刑以齐物,物则巧以避之。矫则迹从而心不化,巧避则苟免而情不耻,由失其自然之性也。若导之以德,使物各得其性,则皆用心不矫其真,体其情则皆知耻而自正也。"(《为政》)

法治只会使人失去自然之性,人性是人之所以为人的根本,失去人性只会使人失去人的尊严和无限可能性,人也不成其为人了。所以说,只有导之以德而得性、齐之以礼而得情的礼治,才是最好的选择。"德者,得其性者也。得其性则本至,本至则无制而自正。"(《为政》)"用情犹尽忠也,行礼不以求敬而民自敬,好义不以服民而民自服,施信不以结心而民自尽信。"(《子路》)

我们可以看到,皇侃秉承儒家礼治思想的传统,将治政的途径引向道德修养,认为修身齐家就是为政治国:"人子在闺门当极孝于父母而极友于兄弟,若行此事,有政即亦是为政也。施行孝、友,有政,家家皆正,则邦国自然得正,亦又何用为官位乃是为政乎?"(《为政》)

东晋初期门阀士族的代表人物王导有一篇很著名的疏奏,从中可以发现六朝人对礼治的基本看法,不妨引之:

夫治化之本,在于正人伦;人伦之正,存乎设庠序;庠序设而五教明,则德化洽通,彝化攸叙,有耻且格也。父子兄弟夫妇长幼之序顺,而君臣之义固矣。《易》所谓正家而天下定者也。故圣人蒙以养正,少而教之,使化沾肌骨,习以成性,有若自然。日迁善远罪而不自知,行成德立,然后裁之以位。虽王之嫡子犹与国子齿,使知道而后贵。其取才用士,咸先本之于学,故《周礼》乡大夫"献贤能之书于王,王拜而受之",所以尊道而贵士也。人知士之所贵由乎道存,则退而修其身,修其身以及其家,正家以及于乡,学于乡以登于朝。反本复始,各求诸己。敦素之业著,浮伪之道息,教使然也。故以之事君则忠,用之莅下则仁,即孟轲所谓"未有仁而遗其亲,义而后其君者也"。[1]

六朝人认为,士族所以事君以忠,莅下以仁,乃是教使然也;士族之贵显在于其存道,而存道在于修身,修身仍为教使然也。少而教之则使人可以成性而有若自然。"教"是礼治实现的前提条件。在皇侃的思想中,"教"与礼治是不相区分的。他引曰:"典籍辞义谓之文,孝悌恭睦谓之行,为人臣则忠,与朋友交则信,此四者,教之所先也。故以文发其蒙,行以积其德,忠以立其节,信以全其终也。"(《述而》)我们很难从以上议论中发现"教"与礼治之间有何不同。

皇侃强调"教"与礼治的密不可分,修身与为政的密不可分,其间的关键在于德行。因为德行既是"教"与修身的结果,又是礼治与为政的开始,而德行之发端,有赖于老师的启迪。正如徐复观先生所说:"既不能上求之于神,也不能内求之于心,故只能求之于圣王的法(伦制),使人接受这种法的就是师。"[2]

既然师的作用如此重要,那么应该让有德者为人师。皇侃说:"记问之学不足以为人师。师人必当温故而知新,研精久习,然后乃可为人传说耳。若听之于道路,道路仍即为人传说,必多谬妄,所以为有德者所弃

---

① 《宋书》卷十四《礼志一》。
② 徐复观:《中国人性论史(先秦篇)》,第217—218页。

也,亦自弃其德也。"(《阳货》)

皇侃引孙绰之释指出为人师的要求:"滞故则不能明新,希新则存故不笃,常人情也。唯心平秉一者,守故弥温,造新必通,斯可以为师者也。"(《为政》)

皇侃对师道的重视还表现在他将师与君、父并列:"夫谏之为义,义在爱惜。既在三事,同君亲宜一。若有不善,俱宜致谏。案《檀弓》云:事亲有隐无犯,事君有犯无隐……又在三有师,《檀弓》云:事师无犯无隐,所以然者,师常居明德,无可隐。无可隐故亦无犯也。"(《里仁》)

六朝的选举制度素以"上品无寒门,下品无世族"的门阀制度而闻名于世。它实际上是"等级制度在家族中的深刻表现和制度化"[1]。著名的九品中正制是将汉末乡间评定习惯加以制度化,综合家世、才德而定品的选举制度。一般认为这是门阀士族操纵选举以垄断仕途的工具。时人谓"台阁选举,徒塞耳目,九品访人,唯问中正。故据上品者,非公侯之子孙则当涂之昆弟也"[2]。九品中正制对于巩固门阀制度发挥了相当大的作用。

但到南北朝时期,门阀制度业已确立,"士庶天隔"已成为普遍性原则,所谓"士庶之别,国之章也"[3]就是当时人们的共识。在这样的情况下,九品等级的升降反而没有魏晋时期那样重要,因为士族进身已不必关心中正给自己的品第,问题只在于自己的血统即姓族的辨别。另一方面,世家大族为维护自己的特权地位而到了辨别姓族的地步,表明他们在政治上已经失去了与君权相抗衡的实力,而只能在社会生活中维护自己的特权。

正是在这样的时代背景下,皇侃在分析人的品第时也分为九品,但他所说的品第已经不以家世和才德为依据,而是从教化的意义上来讲的:"就人之品识大判有三,谓上、中、下也。细而分之则有九也:有上

---

[1] 唐长孺:《魏晋南北朝史论丛(外一种)》,第119页。
[2] 《晋书》卷四十八《段灼传》。
[3] 《南史》卷二十三《王球传》。

上、上中、上下也，又有中上、中中、中下也，又有下上、下中、下下也。凡有九品，上上则是圣人，圣人不须教也；下下则是愚人，愚人不移亦不须教也；而可教者谓上中以下、下中以上，凡七品之人也。今云中人以上可以语上，即以上道语于上分也。中人以下不可以语上，虽不可语上，犹可语之以中及语之以下。何者？夫教之为法恒导引分前也。圣人无须于教，故以圣人之道可以教颜，以颜之道可以教闵。斯则中人以上可以语上也。又以闵道可以教中品之上，此则中人亦可语上也。又以中品之上道教中品之中，又以中品之中道教中品之下，斯即中人亦有可以语之以中也。又以中品之下道教下品之上，斯即中人以下可以语下也。又以下品之上道教下品之中，斯即中人以下可以语下也。……既有九品，则第五为正中人也，以下则六、七、八也，以上即四、三、二也。"(《雍也》)

皇侃所言"九品"完全没有九品中正制中品级所含有的政治色彩，而是为儒家教化所具有的迁善去恶、修身齐家乃至治国平天下的作用提供了充分的人性依据。他也为六朝等级制度的变化提出理论的证据，如其所言："人乃有贵贱，同宜资教，不可以其种类庶鄙而不教之也。教之则善，本无类也。"(《卫灵公》)

由教化而言，只有善恶而无贵贱之分，教之则善，善则品必升，品升则人贵也。这一结论并非皇侃杜撰，而是历史事实。梁武帝立五经博士为五馆，"馆有数百生，给其饩廪，其射策通明者即除为吏"[1]。射策之策即试经，也可概称明经，当时的贵游子弟"明经求第，则雇人答策"[2]，显然已把学馆射策得第者通称为明经。梁武帝在天监八年(509)五月诏云："其有能通一经，始末无倦者，策实之后，选可量加叙录。虽复牛监羊肆，寒品后门，并随才试吏，勿有遗隔。"[3]梁武帝规定的制度实为后来科举制度之滥觞。国子学的生徒以修习儒经为主，而且取消了通一经后至三十

---

① 《梁书》卷四十八《儒林传序》。
② 王利器：《颜氏家训集解·勉学第八》，第 148 页。
③ 《梁书》卷二《武帝纪中》。

岁才能入仕的限制。① 而且"旧国子学生,限以贵贱。(梁武)帝欲招来后进,五馆生皆引寒门隽才,不限人数"②。所有这些政策使得社会上无问贵贱,皆以循习五经而入仕的认识逐渐普及开来。

皇侃在其礼学思想和性道思想的基础上提出了以礼修身、以礼教民和以礼治国的礼治思想。虽然它是传统儒学礼乐文化的一贯主张,但皇侃是在世家大族占据统治核心(尽管已呈衰落趋势),人们存在着贵贱、贤愚是先天而有且无法改变的知识背景下提出的。皇侃的礼治思想认为,人虽然存在着贵贱、贤愚的品第上的不同,但这种不同通过教化是可以改变的。

现实中的九品是以宗法家族的贵贱为前提的,所以个人品第的形成是先天而有且无法改变的。皇侃主张的九品是以禀清浊之气而成的人性为前提,清浊之气是可以通过人的努力加以改变的,所以在此基础上的个人品第的评定同样是可以通过教化而改变的。

从上述分析来看,皇侃的礼治思想为梁武帝在五经博士馆诸生以及无问贵贱而通经者中选拔人才,或者说改革旧的九品选举制度提供了理论上的依据。进而言之,皇侃对于影响深远的科举制度的产生也作出了自己的贡献。

另一方面,皇侃的礼治思想对于政府在现实中不拘一格地选拔、任用门第较低的有才能者,从而团结中下层民众、凝聚社会的向心力、共同抵御外患也发挥了作用。

---

① 梁武帝天监四年诏曰:"今九流常选,年未三十,不通一经,不得解褐。若有才同甘、颜,勿限年次。"见《梁书》卷二《武帝纪中》。
②《隋书》卷二十六《百官志上》。

第十章　六朝礼学与家族之关系

关于六朝的礼乐文化,当时与后世的评价反差甚大。西晋人裴颁称之为"风教陵迟",东晋人范宁慨叹说"礼坏乐崩",之后学者多沿袭裴、范之说。而清代赵翼却说"六朝人最重三《礼》之学"[①],沈垚云"六朝人礼学极精"[②]。这两种观点大相径庭,却各有道理。王葆玹先生认为,六朝礼学在学理上很发达,但在实践上却衰微了。[③] 实际上,六朝的社会基础是家族,而士族最重礼法,因此家门之礼在六朝大有发展,陈寅恪、钱穆、李源澄、谷川道雄诸先生都有论述。[④] 礼学借助家门的势力而在六朝兴盛,这一点已基本成为学者的共识。

王学军在《陈寅恪〈隋唐制度渊源略论稿〉"礼仪"章补论》(以下简称《补论》)一文中提出,"根据魏晋南北朝正史《儒林传》所见儒士学习礼学

---

① 〔清〕赵翼著,王树民校证:《廿二史札记校证》卷二十,第 440 页。
② 〔清〕沈垚:《落帆楼文集》卷八《与张渊甫》。
③ 参见王葆玹《今古文经学新论》,第 519 页。
④ 参见陈寅恪《隋唐制度渊源略论稿》,第 20 页,北京,商务印书馆,2011;钱穆《略论魏晋南北朝学术文化与当时门第之关系》,《中国学术思想史论丛》(三),北京,九州出版社,2011;李源澄《经学通论》,第 23 页,上海,华东师范大学出版社,2010;[日]谷川道雄《六朝士族与家礼——以日常礼仪为中心》,高明士编:《东亚传统家礼、教育与国法》(一),台北,台湾大学出版中心,2005。

途径统计,当时师学为最多,其次为家学,其次为自学,其次为官学",由此来反驳陈寅恪先生提出的魏晋学校沦废之后学术中心移于家族的观点。① 此说有一定的启发性,但在论证方法和结论上还多有可商榷之处。②

六朝的学术重心在于家族,当时礼学的流传与实践也与家族有着密不可分的关系。这些观点,前人论述已多,因此《补论》反驳的也不是陈氏一人之说。笔者在此并不打算重复前人的说法,而是尝试以新的论证来说明六朝礼学与家族的关系:首先,在魏晋以来贵族制社会的历史背景之下来理解礼学对于家族的意义,兼论《补论》的统计方法;其次,梳理六朝国家礼典的修定过程,论证士族在其中的枢纽地位;最后,从六朝家礼和书仪出发,来看此时的礼学实践与家族的关系。

第一节　六朝贵族制社会与礼学的发达

《补论》从六朝正史的《儒林传》中找出与礼学有关的人物,统计其学礼的途径,进而发现有"官学""家学""师学""自学"和"不详"五种,其中师学最多,家学反而较少。姑且不论其统计上偶有疏略之处,③此方法本身就存在两个问题:第一,六朝复杂的历史变动不能反映在简单的统计之中;第二,没有分别考虑南、北朝社会的不同。

---

① 参见王学军《陈寅恪〈隋唐制度渊源略论稿〉"礼仪"章补论》,《孔子研究》2014 年第 2 期。

② 《补论》还针对隋唐礼仪制度的渊源,强调西晋的原点意义,以此来修正陈寅恪先生的观点。此说亦不能成立,但本章主要讨论《补论》关于六朝礼学与家学之关系的相关说法,故对此略而不论。

③ 比如《晋书·儒林传》的徐邈,《补论》断为"不详"。但《晋书》卷八十二《徐广传》载,徐广,"侍中邈之弟也。世好学,至广尤为精纯,百家数术,无不研览",著有《车服仪注》《答礼问》等。《宋书》卷五十五《徐广传》所载略同。徐氏"世好学",且徐邈、徐广兄弟都通礼学,若说不是出自家学,恐怕难以服人。不能因为《晋书·儒林传》没有明说徐邈的学术渊源,就断定为"不详"。另外,《魏书·儒林传》之卢景裕、《周书·儒林传》之卢光,《补论》皆断为"不详"。但据《周书》卷二十四《卢辩传》,范阳卢氏"累世儒学",其父卢靖为太常丞,乃掌礼之官;卢辩后文还有论述。在"累世儒学"之家,卢景裕、卢辩、卢光兄弟三人都精于礼学,不可谓不是家学。《补论》统计中的疏忽,只略举以上三例。

首先，从东汉末到魏晋南北朝的社会变动复杂而深刻，其间学术与家族的关系也是如此，简单的统计不足以反映复杂的历史变动，也不足以支持或否定史家的相关结论。根据六朝正史的体例，只有那些专经为学、足以名家但又不足以别立为传的儒者，才会写入《儒林传》。而那些功德较盛或出自高门盛族之人，则往往自有传，或者有家族合传，所以《儒林传》中人往往出自单家，并非偶然。另外，也并不是只有世传之经学才称得上是"家学"，六朝的家学、家风内容更加丰富，如果只讨论《儒林传》式的经学家，则不免把六朝学术的范围限定得过于狭窄。所以统计《儒林传》中的习礼之人，其样本就不够有代表性。

要深刻理解六朝礼学与家族的联系，还要深入到当时的社会结构与历史变动之中。清人沈垚曾说：

> 六朝人礼学极精，唐以前士大夫重门阀，虽异于古之宗法，然与古不相远，史传中所载多礼家精粹之言。[1]

沈氏已经注意到六朝门阀士族与礼学的关系。钱穆先生说："沈氏谓六朝以有门第而精礼，其言尤有特识。"[2]李源澄先生也说："南朝重门阀，礼为南朝士大夫所业也。"[3]六朝礼学的流传与兴盛，与门阀士族实有莫大关系。

魏晋南北朝时期贵族制占主导地位，门阀士族在国家、社会上占据枢纽的地位。当时的政治、经济、文化无不以贵族为重心，学术也赖贵族传承，而家族又系于地域，陈寅恪先生说"魏、晋、南北朝之学术、宗教皆与家族、地域两点不可分离"[4]，并非夸张。贵族为了维系自己的门第，就不得不依赖儒家的孝道和礼学，这一点钱穆先生已经有透彻的研究，他说："可谓礼法实与门第相始终，惟有礼法乃始有门第，若礼法破败，则门

---

[1] 〔清〕沈垚：《落帆楼文集》卷八《与张渊甫》。
[2] 钱穆：《略论魏晋南北朝学术文化与当时门第之关系》，《中国学术思想史论丛》（三），第230页。
[3] 李源澄：《经学通论》，第23页。
[4] 陈寅恪：《隋唐制度渊源略论稿》，第20页。

第亦终难保。"①史志所载六朝时《丧服》类著作就有五十余部。② 可以说，因为六朝是贵族制社会，门阀士族自然也成了学术中心；又因为维持门第的需求，士族不得不重视礼学。这两方面相互作用，才导致了"六朝人礼学极精"的局面。

六朝学术中心在于家族，是许多学者的共识。除了陈寅恪先生外，钱穆先生也说：

> 魏晋南北朝时代一切学术文化，必以当时门第背景作中心而始有其解答。当时一切学术文化，可谓莫不寄存于门第中，由于门第之护持而得传习不中断；亦因门第之培育，而得生长有发展。③

相比于陈先生，钱先生的观点并无大异，但又进一层，并经过充分论证，可以信服。除此之外，日本学者谷川道雄也说："玄、儒、文、史都是作为中世贵族制社会的知识性果实而产生的。"④把六朝学术放在贵族制社会的背景中来理解，就不难发现其时学术与家族的联系，所以这些学者的观点都是相通的。

当然，《补论》统计出六朝礼学"师学"最多的结果，也非偶然。两汉以后，私相授受的经学传统还有一定的存留，尤其在北朝还比较繁荣，但这并不能反映整个社会的学术实况。如吕思勉先生认为六朝国学凋敝，"学术之重心，仍在私家"⑤。所谓"私家"，就是私相传授的经学。但吕先生只比较了"国学"与"私家"这两个方面，而没有考虑士族的"家学"，得出这样的结论也不足为怪。但后来吕先生的观点又发生了一些变化：

---

① 钱穆：《略论魏晋南北朝学术文化与当时门第之关系》，《中国学术思想史论丛》（三），第268页。
② 统计数参照章权才《魏晋南北朝隋唐经学史》，附录"魏晋南北朝隋唐经学家著述一览表"，第296—300页。
③ 钱穆：《略论魏晋南北朝学术文化与当时门第之关系》，《中国学术思想史论丛》（三），第297页。
④ ［日］谷川道雄：《六朝时代的名望家支配》，刘俊文主编：《日本学者研究中国史论著选译》第2卷，第164页。
⑤ 吕思勉：《吕思勉读史札记》，第997页，上海，上海古籍出版社，2005。

"当时就学之徒,实以贵游为众。不独国子、大学,即私家之门,亦复如是。而教学之风,亦为此辈所坏。"①可见吕先生也认为六朝的师学虽然比较多,但是风气浮华,不足以论学术。吕先生因为出于时事的刺激,要特别彰显"学术之兴盛,皆人民所自为"②,故对六朝门阀贵族多有批评,他不讨论贵族对于当时学术的重要地位,是可以理解的。

其次,把南、北朝混为一体来统计,也不妥当。南朝之士族、北朝之郡姓都重礼、传礼,这是其共同点;但南、北朝因为社会结构的不同,其重视礼学的侧重点又有不同。要之,南朝士族重礼法,是为了区别门第;北朝郡姓重礼法,是出于整合宗族、乡党的需要。

究其原因,则是南、北朝的大族和宗族乡里的关系不同。唐长孺先生说:"南朝士族和宗族乡里的联系日益削弱,而北朝郡姓却在较长时间保持着这种联系。"③南朝的侨姓、吴姓士族逐渐与宗族乡党脱离联系,基本上凭借门第本身与门第中人物来维持本族的政治地位。而礼法在内可以规范家族秩序、教育子弟,在外可以区别门第之高低,所以是必不可少的。北朝郡姓则自汉、魏的地方坞主、宗主延续而来,与地方的联系更为紧密,封建领主的性质也更明显。其重视礼法,则旨在团结宗族、整顿地方秩序、维护自身在地方的势力。所以,讨论六朝之礼学而不分南北,是没有意义的。

第二节　六朝国家礼典制定与家族的关系

《补论》除了统计诸史《儒林传》外,还考察了《通典》关于六朝礼典制定的一段总叙,并认为传承家族礼学可考者只有东晋荀崧、梁朝司马褧与贺玚三人。但六朝礼典的具体制定过程,还要参考正史《礼志》及诸人本传等文献,从国家礼典的制定上更能看出当时礼学与家族的关系。

---

① 吕思勉:《两晋南北朝史》,第 1211 页,上海,上海古籍出版社,2005。
② 吕思勉:《吕思勉读史札记》,第 995 页。
③ 唐长孺:《门阀的形成及其衰落》,《山居存稿续编》,第 15 页,北京,中华书局,2011。

　　西晋初年制礼的主导者为荀𫖮,荀𫖮又选定了羊祜、任恺、庾峻、应贞、孔颢等人共同参与。至于西晋制礼的重任为何落在荀𫖮的身上,荀𫖮又何以选定羊祜等人共事,则因颍川荀氏乃经学世家,史载"(荀)𫖮明三礼,知朝廷大仪"①。荀𫖮之父荀𫖮也特重礼学,其曾祖荀淑"博学而不好章句"②,著有《礼传》《易传》等,可见其也曾措意于礼。至于荀𫖮的族曾孙荀崧,乃东晋制礼的重要人物。如果说颍川荀氏累世经学,有家传之礼学,当非虚测。

　　至于荀𫖮所选定的羊祜等五人也多出自学术世家。羊祜曾祖羊儒,汉桓帝时是太常卿,为掌礼之官;祖父羊续也被征为太常。曾祖、祖父皆被征为太常,可能也是擅礼之家。任恺之父任昊在三国时为魏之太常,专掌礼仪;其子任罕,史称"幼有门风"③。任氏也是有家学的士族。庾峻出自颍川庾氏,其祖庾乘"才学洽闻"④。庾峻本人参修晋礼,自然深于礼学,其侄庾衮也"学通《诗》《书》"⑤。颍川庾氏无疑也是经学世家。应贞家族擅长礼学、史学和文学。应贞之曾祖应奉著《后序》;族祖应劭著《汉仪》《汉官礼仪故事》,"凡朝廷制度、百官典式,多劭所立"⑥;父亲应琚、叔父应瑒以文章擅名于汉魏。应氏家学颇盛。应奉、应劭都是两汉礼仪、故事的专家,应贞可能就是继承此学。汝南应氏一门经学,又擅长朝仪典章,应贞参修晋礼,当也是家学之故。至于孔颢,《晋书》无传,其事迹难考。⑦ 郑冲,《晋书》荀𫖮本传与《南齐书·礼志》都未提及,《通典》之文

---

① 《晋书》卷三十九《荀𫖮传》。
② 《后汉书》卷六十二《荀淑传》。
③ 参见《晋书》卷四十五《任恺传》。
④ 《晋书》卷五十《庾峻传》。
⑤ 《晋书》卷八十八《庾衮传》。
⑥ 《续汉书》中也说:"(应)劭又著《中汉辑录》《汉官仪》及《礼仪故事》,凡十一种,百三十六卷。朝廷制度、百官仪式,所以不亡者,由劭记之。"见《三国志·魏书》卷二十一《王粲传》裴松之注引。
⑦ 《南齐书》卷九《礼志上》载:"晋初荀𫖮因魏代前事,撰为晋礼,参考古今,更其节文,羊祜、任恺、庾峻、应贞共删集,成百六十五篇。"晋初参与制礼的人员,《南齐书·礼志》与《通典》都不载孔颢,与《晋书·荀𫖮传》不同。

当是因袭《南齐书·礼志》而略加修改,增补郑冲。考《晋书》郑冲本传,只说贾充、羊祜等人制礼,咨询郑冲而已,他本人并未参修礼典,所以不予讨论。

综观晋初参与制礼的几人,荀顗、庾峻、应贞都出自经学世家,且荀顗、应贞当有世传之礼学。羊祜、任恺家族则世仕太常,为汉、魏礼官。荀顗选定这几人共修晋礼,并非偶然。同时也可以看出,当时礼学主要存于家族,所谓晋礼,其实是几大家族协定的结果。

东晋的礼仪,主要为荀崧、刁协制定,又经蔡谟修改。刁协因熟悉旧事制礼。蔡谟"世为著姓",其父蔡克"少好学,博涉书记"。传称蔡谟被废居家时,"杜门不出,终日讲诵,教授子弟"①,家学之盛,于斯可见。

宋朝的礼仪,《通典》只说"因循前史",其实也有撰述之人,最重要者当数王准之。史载"(王)准之究识旧仪,问无不对……撰《仪注》,朝廷至今遵用之"②。可见宋朝典章出于王准之。其曾祖王彪之,史称他"博闻多识,练悉朝仪,自是家世相传,并谙江左旧事,缄之青箱,世人谓之'王氏青箱学'"。王准之的仪注之学就是家世相传的礼学,这也是一个朝仪学存于家族的例子。

南齐礼典定于王俭,他"长礼学,谙究朝仪"③,其父王僧绰"好学有礼思,练悉朝典"④,父子都熟悉朝典,除了皆出自士族、历任枢机之外,可能还有家学的缘故。其叔父王僧虔也留意礼乐,并曾让王俭从北朝寻求遗音,以正定雅乐。可以想见,王俭的礼学当也是世传。

梁朝礼典的制定,《通典》所记较略,据徐勉《上修五礼表》可知由何佟之、伏暅先后主持。明山宾掌吉礼,严植之、伏暅、缪昭先后掌凶礼,贺玚掌宾礼,陆琏掌军礼,司马褧掌嘉礼。沈约、张充、徐勉、周舍、庾於陵

---

①《晋书》卷七十七《蔡谟传》。
②《宋书》卷六十《王准之传》。
③《南齐书》卷二十三《王俭传》。
④《宋书》卷七十一《王僧绰传》。

五人共参。① 但主要还是由伏暅、明山宾等七人所定,所以以下主要考察此七人。

　　首先是伏暅。其父伏曼容擅长礼学,曾与司马宪、陆澄共撰《丧服仪》,又撰《丧服集解》,还打算为南齐制定礼乐。伏暅"幼传父业"②,他能主持修订五礼,又继严植之掌修凶礼,和家传之学是分不开的。明山宾之父明僧绍"明经有儒术",并在崂山"聚徒立学";明僧绍的另一个儿子明元琳"亦传家业"③,明山宾之子明震"亦传父业"④。由此可知,明氏也是世传家学。严植之未有家学的证据。缪昭、陆琏,《梁书》俱无传,其事难考。贺瑒、司马褧二人皆有家传礼学,《补论》原文已揭示,此处不再重复。

　　以上所考七人,继承家学的就有四人,严植之、缪昭、陆琏无明确证据,但这已足以证明梁朝制定礼典,主要还是依靠江左学门。因此说当时的学术,尤其是礼学主要存于家族,家族为当时学术的重心,殆非空言。同时,本来属于国家层面的朝仪也被世家大族掌握。

　　北朝则和南朝不同。前揭南朝世家大族注重门第,着重发展家法、家学等,所以盛族也往往多有学术。北朝宗族则更注重整合乡里,经学多是延续师学传统,所以为北齐修礼的阳休之、元循伯、熊安生三人无家学。但并不是说北朝礼典的制定与家学的关系就不大。比如为北周修礼的卢辩就出自经学世家。参撰北周礼典的三人中,宇文弼无考,苏绰早卒,主要是卢辩主导其事。⑤ 卢辩"累世儒学",精于礼学,其兄卢景裕"专经为学",其弟卢光更是"博览群书,精于《三礼》"。⑥ 卢辩主持修订北周礼典,盖得力于家学。

－－－－－－－－－－

① 参见《梁书》卷二十五《徐勉传》。
②《梁书》卷五十三《伏暅传》。
③《南齐书》卷五十四《明僧绍传》。
④《梁书》卷二十七《明山宾传》。
⑤《周书》卷二十四《卢辩传》:"初,太祖欲行《周官》,命苏绰专掌其事。未几而绰卒,乃令(卢)辩成之。"
⑥《周书》卷四十五《卢光传》。

至于隋朝礼典的制定,陈寅恪先生已论,此不赘。简要地说,制定隋礼的牛弘、苏威、辛彦之三人,其中苏威为苏绰之子,父子继世为北齐、隋制礼,家学渊源固然无疑。陈先生也是据苏绰之事得出了"(汉代学校废弛后)学术中心移于家族"的结论,认为苏绰出自世家,因为世传之学而为北周制礼。陈先生又据牛弘、辛彦之而按断:"公立学校之沦废,学术中心移于家族。"①此二人都出自关陇大族,熟悉其地域、家族的传统。而所谓"家学",也并非专经为学、足以名家才称得上是"家学",只要家族有其门风、学术传统,都能称为"家学"。

以上通过考察六朝礼典的修订,不难看出家族在其中发挥了决定性的作用,大多数参与制礼之人都有其家学渊源。《补论》说《通典》所列的六朝制礼之人,史书明确记载有家传礼学的仅三人,其他人都没有家学,又进而否认六朝学术中心在于家族,其实是犯了"默证"(silent evidence)的错误。史传不载,并不代表其没有家学,更何况略稽旧史,有遗绪可缀者,就已灿然在列。其他因文献不足而难以考实的,其有无家学还须存疑,虽不能断其有,但也不可必称其无。

六朝礼典朝仪之学为家族掌控,还能再作论证。如梁武帝见贺琛,说"琛殊有世业",遂使其参修礼仪。② 贺琛即贺玚之侄,会稽贺氏世传礼学,前已论述。东晋孔衍"经学深博,又练识旧典,朝仪轨制多取正焉"③。国家制礼竟然要向私家"取正",可见此时家族对朝仪学的垄断。前面提到的晋朝王彪之"练悉朝仪",并且"家世相传",世人称之为"王氏青箱学"。另外,梁朝江蒨"好学,尤悉朝仪故事,撰《江左遗典》三十卷"④。本应为王官职掌的朝仪之学,竟成为士族"家世相传"的家学,朝廷制礼也不得不倚靠这些家族,这些家族当然也可借以自重,这正是六朝贵族社会的特征。

---

① 陈寅恪:《隋唐制度渊源略论稿》,第 23 页。
② 参见《梁书》卷三十八《贺琛传》。
③《晋书》卷九十一《孔衍传》。
④《梁书》卷二十一《江蒨传》。

但到了隋唐大一统之后,情形就发生了变化:

> 开皇初,(隋)高祖思定典礼。太常卿牛弘奏曰:"圣教陵替,国章残缺,汉晋为法,随俗因时,未足经国庇人,弘风施化。且制礼作乐,事归元首。江南王俭,偏隅一臣,私撰仪注,多违古法。"①

朝仪本应掌于王官,但六朝礼典仪注之学却多存于家族,历代修礼的重任也都需要门阀士族来完成,朝廷很难干预。牛弘对这种情况非常不满,认为王俭只是"一臣",并无权力"私撰仪注"。从隋朝开始,修礼的权柄逐渐复归国家。

第三节　六朝家礼与书仪

六朝礼学主要存于家族,不仅体现在国家礼典的制定主要由家族来承担,还表现为家礼的兴盛。在贵族制社会的背景下,家礼的兴起是很自然的。家礼于内可以整顿宗族、维持门第,于外可以整合乡党、维系地方社会。虽然南、北朝在这两方面的侧重点有所不同,但家族之盛、家礼之兴却是相同的。

六朝士族的家礼、门风之盛,可以从《颜氏家训》所揭示的"士大夫风操"中窥其一斑:

> 及世事变改者,学达君子,自为节度,相承行之,故世号士大夫风操。而家门颇有不同,所见互称长短;然其阡陌,亦自可知。②

世家大族之所以维持不坠,受人尊敬,不仅在于其权势,还因为其有世传之礼,乃礼义之府。六朝家风之醇美,史籍所载既多,学者的研究也不少,这里只略举两例:南朝王昙首,出自琅琊王氏,史称"闺门之内,雍

---

① 《隋书》卷八《礼仪志三》。
② 王利器:《颜氏家训集解·风操第六》,第59页。

雍如也"①;北朝崔挺,出自博陵崔氏,也是"闺门之内,雍雍如也"②。两者如出一辙,并非偶然,而是因为家礼对于整顿宗族、维持门第是不可或缺的工具。

六朝重视家风、家礼,从其他方面也可以得到旁证。晋武帝服其父之丧,"既葬除丧,然犹深衣素冠,降席撤膳",群臣议当除服从吉,武帝表示"吾本诸生家,传礼来久,何心一旦便易此情于所天"③。晋武帝服国丧,不从孝道教化的角度来论证,而以其家传之礼为理由,可见家礼的正当性与影响力。无独有偶,梁武帝遭母忧,哀恸食素。对此钱穆先生说:"梁武以帝王之尊,为思亲而奉佛蔬食,就帝王身份言,可谓不知政要。然梁武亦门第中人,不忘其素,就门第风教言,仍为一种贤德。"④家礼对于士大夫,实乃行为正当性之源,对于帝王之家也不例外。

六朝家族之于礼学的重要性,还体现在其家礼的社会影响上。琅琊王氏是南朝望族,其家礼对当时的社会就颇有影响:

> (王)弘明敏有思致,既以民望所宗,造次必存礼法。凡动止施为,及书翰仪体,后人皆依仿之,谓为"王太保家法"。⑤

王氏家学繁荣,其中王弘一族尤盛,他的家礼后人都遵仿,而且世人称之为"王太保家法",足见其影响之大。除了南朝的王氏之外,北朝的范阳卢氏"闺门之礼,为世所推"⑥;博陵崔氏"闺门整肃,为当世所推"⑦;赵郡李氏家礼的社会影响,日本谷川道雄已有论述。⑧

除此之外,六朝家礼也是当时礼学的重镇,对于汉唐之间礼学的延

---

① 《宋书》卷六十三《王昙首传》。
② 《北史》卷三十二《崔挺传》。
③ 《晋书》卷二十《礼志中》。
④ 钱穆:《略论魏晋南北朝学术文化与当时门第之关系》,《中国学术思想史论丛》(三),第258页。
⑤ 《宋书》卷四十二《王弘传》。
⑥ 《北史》卷三十《卢潜传》。
⑦ 《北史》卷三十二《崔弘度传》。
⑧ 参见[日]谷川道雄《六朝时代的名望家支配》,刘俊文主编:《日本学者研究中国史论著选译》第2卷,第164页。

续、发展，实在起着枢纽的作用。这从《南史》对王昙首一族的评价就能得知：

> 王昙首之才器，王僧绰之忠直，其世禄不替也，岂徒然哉？仲宝雅道自居，早怀伊吕之志，竟而逢时遇主，自致宰辅之隆，所谓衣冠礼乐尽在是矣。齐有人焉，于斯为盛。其余文雅儒素，各禀家风，箕裘不坠，亦云美矣。①

对于王氏，说"衣冠礼乐尽在是矣"，这个评价非同小可，值得注意。所谓的"衣冠礼乐"，就是指王氏各族"文雅儒素"的"家风"与家礼。唐初人认为南齐的衣冠礼乐尽数保存在王氏家门之内，虽未免夸张，但如果说六朝礼学主要存于家族，有此证据，就更可信了。

六朝家礼之盛，还体现在书仪类著作的出现与兴盛上。依吾妻重二的界定，书仪"原本是'书函写法手册'，后成为'私家仪注'亦即日常生活中的规则及各种礼仪的实用书之通称"②。实际上就是《仪礼》的通俗形式的延续，③也是后世家礼的前身。在魏晋之前没有此类书籍，东晋南朝时才出现，并且逐渐增多，隋唐以后更加兴盛。以下列出六朝时可以稽考的书仪类著作，④这一时期家礼的发达就不证自明了：

晋、南朝：

《内外书仪》四卷，谢玄撰；（《隋志》）

《荀氏祠制》；⑤

---

① 《南史》卷二十二《王昙首传》。
② ［日］吾妻重二：《朱熹〈家礼〉实证研究》，第15页，吴震编，吴震、郭海良等译，上海，华东师范大学出版社，2012。
③ 参见赵和平《敦煌写本书仪研究·序言》，台北，台湾新文丰出版社，1993。
④ 其中出自《隋书·经籍志》的，后面标注"《隋志》"；出自《旧唐书·经籍志》的，标注"《旧唐志》"；出自《新唐书·艺文志》的，标注"《新唐志》"；别有出处的则另作注释。
⑤ 据〔清〕丁国钧《补晋书艺文志》卷二补，王承略、刘心明主编：《二十五史艺文经籍志考补萃编》第10卷，第48页，北京，清华大学出版社，2012。

《元日冬至进见仪》，刘臻妻陈氏撰；①

《家仪》一卷，徐爰撰；(《新唐志》)

《书仪》二卷，蔡超撰；(《隋志》)

《书仪》十卷，王弘撰；(《隋志》)

《吉书仪》二卷，王俭撰；(《隋志》)

《吊答仪》十卷，王俭撰；(《隋志》)

《书笔仪》二十卷，谢朏撰；(《隋志》)

《士丧仪注》九卷，何胤撰；(《隋志》)②

《书仪疏》一卷，周舍撰；(《隋志》)

《新仪》三十卷，鲍泉撰；(《隋志》)

《文仪》二卷，梁修端撰；(《隋志》)

《仪》二卷，严植之撰；(《隋志》)

《迩仪》四卷，马枢撰；(《隋志》)

《僧家书仪》五卷，释昙瑗撰；(《隋志》)

......

北朝：

《赵李家仪》十卷，李公绪撰；(《隋志》)③

《婚仪祭仪》二卷，崔浩撰；④

《女仪》，崔浩撰；⑤

---

① 据吴士鉴《补晋书经籍志》卷二补，王承略、刘心明主编：《二十五史艺文志经籍志考补萃编》第 11 卷，第 394 页，北京，清华大学出版社，2012。

② 《新唐志》作"丧服治礼仪注九卷"。佚名《新唐书艺文志注》卷二引姚振宗之说曰："似依《仪礼丧服传》之制度以为仪注，自为一家之学，在五礼之外者。"(王承略、刘心明主编：《二十五史艺文志经籍志考补萃编》第 18 卷，第 149 页，北京，清华大学出版社，2012)则此书并不属于朝廷五礼，而是针对士大夫丧礼而作的。

③ 《隋志》作"李穆叔"，"穆叔"为李公绪之字，据李正奋《补魏书艺文志》改，王承略、刘心明主编：《二十五史艺文志经籍志考补萃编》第 12 卷，第 271 页，北京，清华大学出版社，2012。

④ 据李正奋《补魏书艺文志》补，王承略、刘心明主编：《二十五史艺文志经籍志考补萃编》第 12 卷，第 271 页。

⑤ 据李正奋《补魏书艺文志》补，王承略、刘心明主编：《二十五史艺文志经籍志考补萃编》第 12 卷，第 272 页。

《家祭法》,崔浩撰;①

《王卢婚仪》,崔浩撰;②

《冠婚仪》,游肇撰;③

《士丧仪注》五卷,萧大圜撰;④

《服要记》,王褒撰;⑤

《书仪》十卷,唐瑾撰;(《隋志》)

《妇人书仪》八卷;(《隋志》)⑥

《冯熙书仪》;⑦

……

除此之外,还有家训、诫子书、教子书等各种体裁。这一时期的书仪类著作不仅数量颇丰,而且种类繁多,基本涉及了宗族礼仪冠、婚、丧、祭的各个方面。另外还有针对妇女与僧人的礼仪规范。六朝礼学之盛,主要盛在家门,从书仪的出现与发达就能看出。

对六朝时期的礼学进行整体评估,需要考虑当时社会环境的特殊性——学术文化的家门化。政治地位对于当时的门阀士族来说固然重要,但文化,特别是礼学却是其家族能够长久延续的关键因素。田余庆先生在论及东晋门阀时曾说,有些豪强固然可以通过政治、经济权力取得一定地位,称霸一方,但其地位却无法长久。而依托文化,即使出身寒微之人,也可以由于入仕而逐渐发展家族势力,跻身名流,成为世家望

---

① ② 据徐崇《补南北史艺文志》补,王承略、刘心明主编:《二十五史艺文志经籍志考补萃编》第12卷,第518页。

③ 据李正奋《补魏书艺文志》补,王承略、刘心明主编:《二十五史艺文志经籍志考补萃编》第12卷,第272页。

④ ⑤ 据徐仁甫《补周书艺文志》补,王承略、刘心明主编:《二十五史艺文志经籍志考补萃编》第12卷,第390页。

⑥ 两《唐志》作唐瑾撰,据章宗源《隋书经籍志考证》卷十一,当为两《唐志》误(王承略、刘心明主编:《二十五史艺文志经籍志考补萃编》第14卷,第214页,北京,清华大学出版社,2012)。

⑦ 据徐崇《补南北史艺文志》补,王承略、刘心明主编:《二十五史艺文志经籍志考补萃编》第12卷,第518页。

族。① 这一点，也得到了许多个案研究成果的支持。②

正如陈寅恪先生所指出的，"东汉以后学术文化，其重心不在政治中心之首都，而分散于各地之名都大邑。是以地方大族盛门乃为学术文化之所寄托。中原经五胡之乱，而学术文化尚能保持不坠者，固由地方大族之力，而汉族之学术文化变为地方化及家门化矣。故论学术，只有家学之可言，而学术文化与大族盛门常不可分离也"③。在六朝贵族制社会的背景下，家族实乃学术的重镇与枢纽。六朝礼学主要存于家族，同时，南、北朝的士族、郡姓也需要礼法来区别门第、整顿宗族乡里，这两者相辅相成。综观六朝国家礼典的修订，无不由世家大族来承担，也无不受世家大族的把持，本来应该由国家掌控的朝仪之学，也成了士族世代相传的家学，这种情况到了隋唐才得以改变。另外，六朝的家礼也很兴盛，并有很大的社会影响力，当时的礼仪制度主要保留在家门之内。与此同时，书仪类的著作也开始出现。陈寅恪先生认为魏晋以后学校废弛，"学术中心移于家族"，所论稍显笼统，但若将其说限定在东晋南朝，则实乃知味之言，未可轻易否定。

---

① 参见田余庆《东晋门阀政治》，第 354 页。

② 杨荫楼认为，中古的世家大族累数世而不衰的一个重要原因是其修家法，维护家族门风，并指出士族文化有两个方面的表现：文采辞章和经学道德。见氏著《中古时代的兰陵萧氏》，济南，山东文艺出版社，2004。毛汉光认为，形成士族的主要途径有三条，即政治、文化和经济，而琅琊王氏则是明显地依据文化上位的。见氏著《中国中古社会史论》第十章"中古大士族之个案研究——琅琊王氏"，上海，上海书店出版社，2002。此外，王大建的《东晋南朝士族家学论略》（载《山东大学学报》1995 年第 2 期）、晁成林的《近十年来六朝谢氏家族文学研究的回顾与反思》（载《山西师大学报》2010 年第 6 期）、王永平的《兰陵萧氏"皇舅房"之兴起及门风与家学述论》（载《文史哲》2007 年第 5 期）和《南朝时期河东柳氏"东眷"之家族文化风尚述论》（载《江苏大学学报》2008 年第 5 期）等论文也都以个案证明了六朝家族与文化的密切关系。

③ 陈寅恪：《金明馆丛稿初编》，第 147—148 页。

主要参考文献

（按出版年代先后顺序）

一、玄学部分

严可均. 全上古三代秦汉三国六朝文[M]. 北京：中华书局，1958.

范晔. 后汉书[M]. 李贤，等，注. 北京：中华书局，1965.

房玄龄. 晋书[M]. 北京：中华书局，1974.

肖萐父，李锦全. 中国哲学史：上[M]. 北京：人民出版社，1982.

汤一介. 郭象与魏晋玄学[M]. 武汉：湖北人民出版社，1983.

余嘉锡. 世说新语笺疏[M]. 北京：中华书局，1983.

徐公持. 阮籍与嵇康[M]. 上海：上海古籍出版社，1986.

陈伯君. 阮籍集校注[M]. 北京：中华书局，1987.

任继愈. 中国哲学发展史：魏晋南北朝[M]. 北京：人民出版社，1988.

许抗生，等. 魏晋玄学史[M]. 西安：陕西师范大学出版社，1989.

唐长孺. 魏晋南北朝隋唐史三论：中国封建社会的形成和前期的变化[M]. 武汉：武汉大学出版社，1992.

牟宗三. 中国哲学十九讲[M]. 上海：上海古籍出版社，1997.

高峰，戴洪才，雷海燕. 魏晋玄学十日谈[M]. 合肥：安徽文艺出版社，1997.

贺昌群. 魏晋清谈思想初论[M]. 北京：商务印书馆，1999.

徐斌. 魏晋玄学新论[M]. 上海：上海古籍出版社，2000.

唐长孺. 魏晋南北朝史论丛：外一种[M]. 石家庄：河北教育出版社，2000.

汤用彤. 魏晋玄学论稿[M]. 汤一介，等，导读. 上海：上海古籍出版社，2001.

陈寅恪. 金明馆丛稿初编[M]. 北京:生活·读书·新知三联书店,2001.

陈寅恪. 金明馆丛稿二编[M]. 北京:生活·读书·新知三联书店,2001.

裴传永. 王弼与魏晋玄学[M]. 济南:山东文艺出版社,2004.

余敦康. 魏晋玄学史[M]. 北京:北京大学出版社,2004.

童强. 嵇康评传[M]. 南京:南京大学出版社,2006.

王晓毅. 郭象评传[M]. 南京:南京大学出版社,2006.

冯友兰. 中国哲学史新编:中卷[M]. 北京:人民出版社,2007.

王弼. 老子道德经注校释[M]. 楼宇烈,校释. 北京:中华书局,2008.

康中乾. 魏晋玄学[M]. 北京:人民出版社,2008.

陈寿. 三国志集解[M]. 裴松之,注. 卢弼,集解. 钱剑夫,整理. 上海:上海古籍出版社,2009.

汤用彤. 魏晋玄学论稿及其他[M]. 北京:北京大学出版社,2010.

唐翼明. 中华的另一种可能性:魏晋风流[M]. 北京:民主与建设出版社,2014.

二、佛教部分

任继愈. 中国佛教史:第二卷[M]. 北京:中国社会科学出版社,1985.

任继愈. 中国佛教史:第三卷[M]. 北京:中国社会科学出版社,1988.

释慧皎. 高僧传[M]. 汤用彤,校注. 汤一玄,整理. 北京:中华书局,1992.

潘富恩,马涛. 范缜评传[M]. 南京:南京大学出版社,1996.

刘立夫. 弘道与明教:《弘明集》研究[M]. 北京:中国社会科学出版社,2004.

李小荣. 《弘明集》《广弘明集》论述稿[M]. 成都:巴蜀书社,2005.

麻天祥. 中国宗教哲学史[M]. 北京:人民出版社,2006.

麻天祥. 中国禅宗思想发展史[M]. 武汉:武汉大学出版社,2007.

汤用彤. 汉魏两晋南北朝佛教史[M]. 武汉:武汉大学出版社,2008.

赖永海. 中国佛教通史:第四卷[M]. 南京:江苏人民出版社,2010.

三、儒学部分

僧祐. 弘明集[M]. 四部丛刊本.

释道宣. 广弘明集[M]. 四部丛刊本.

皇侃. 论语集解义疏[M]. 上海:世界书局,1935.

马宗霍. 中国经学史[M]. 上海:商务印书馆,1937.

皮锡瑞. 经学历史[M]. 北京:中华书局,1959.

王利器. 颜氏家训集解[M]. 北京:中华书局,1993.

余敦康. 何晏王弼玄学新探[M]. 济南:齐鲁书社,1991.

朱伯昆. 易学哲学史:第一卷[M]. 北京:华夏出版社,1995.

蒙文通. 经学抉原[M]. 成都:巴蜀书社,1995.

陈戍国. 魏晋南北朝礼制研究[M]. 长沙:湖南教育出版社,1995.

章权才. 魏晋南北朝隋唐经学史[M]. 广州:广东人民出版社,1996.

周予同. 周予同经学史论著选集[M]. 上海:上海人民出版社,1996.

王葆玹. 今古文经学新论[M]. 北京:中国社会科学出版社,1997.

后　记

魏晋南北朝卷终于完成了！

大约十年前，武汉大学中国哲学学科点接到了撰写学术版《中国哲学通史》的任务，业师郭齐勇教授担任全书主编，由前辈麻天祥教授、师兄乐胜奎副教授和我负责其中的魏晋南北朝卷。记得领到任务时，惶恐之余，更多的是踌躇满志！

麻天祥老师是中国佛教领域的研究专家，积累深厚，写起来自然是驾轻就熟、举重若轻，不到两年，他负责的佛教部分书稿即已完成。

但是，乐胜奎师兄承担的儒学部分和我承担的玄学部分，却先后遇到了麻烦。一方面，我们自身的积累不够，对于各自承担部分的了解只能算得上"浅薄"，真正着手了，才发现必须从头学习，边学边写。另一方面，客观地说，魏晋南北朝时期的玄学和儒学均属于"高冷"的知识，不仅专业性极强，而且头绪众多，因此，写作的难度也超乎我们的想象。再加上工作中、家庭里的大事小事层出不穷，书稿的写作经常被打断。就这样，拖延又拖延，我们居然用了十年时间才完成最后的书稿。愧对郭齐勇老师和出版社府总编！

全书各部分写作任务的具体承担情况如下：

导论和第一篇"《易》《老》《庄》会通的玄学"主要由武汉大学秦平副

772

教授完成,几位研究生参与了部分内容的写作:付子轩同学参与了第二章第一节"才性之辨"的写作,王蕾同学参与了第五章第三节"向秀、郭象的《庄子注》"的写作,孙雨楼同学参与了第六章第三节"王徽之和陶渊明"的写作,汤华臻同学参与了第七章第二节"王羲之的道教'千龄'思想"的写作。第二篇"魏晋时期的佛教哲学"由武汉大学麻天祥教授完成,其中,第十一章"三教之争之二:佛道之争"的道教部分内容由李小艳同学整理,第十二章"三教融合论"部分内容由姚彬彬同学整理。第三篇"玄化的儒家哲学与儒家经典之梳理"由湖北大学乐胜奎副教授完成,其中秦平参与了第三章"范宁《春秋穀梁传集解》"的写作,武汉大学任慧峰老师参与了第十章"六朝礼学与家族之关系"的写作。全书由秦平统稿。

　　书稿虽已完成,但我们深知其中粗糙、浅陋之处颇多。我们真诚地恭请学界同仁批评赐正!

秦　平

2019 年 7 月于珞珈山